統計でみる日本

2024

一般財団法人
日本統計協会

まえがき

本書は、我が国の国土や社会、経済の様々な分野、特に国民生活にかかわりの深い分野について、統計数値と図表を用いてその現状や移り変わりを分かりやすく解説したものであり、必要に応じて外国との比較も行っています。1995年に第１回を刊行して以降、毎年、最新の統計データに基づいて改訂を行い、その時々の社会経済情勢を内容に反映させています。

最近の国際情勢をみると、2022年２月から続くロシアによるウクライナへの侵攻、また、23年10月に始まったパレスチナ地域におけるイスラエルとイスラム組織ハマスの間の激しい戦闘などにより、多くの犠牲者が発生し、憂慮される事態に至っています。紛争が一刻も早く解決され、各地に平和が訪れることを祈るばかりです。

こうした世界の動きは､私たちの暮らし･家計や日本の企業活動など様々な面に大きな影響を及ぼしています。日本の「これから」を見通すためにも様々な統計によって客観的に現状を把握することの重要性がますます高まっているものと思います。

日本の姿をありのままに理解するための身近な統計解説書として本書をご愛用いただけることを願っております。本書についてご意見等がございましたらお聞かせいただければ幸いです。

本書の刊行に当たり、執筆者及び統計データの収集にご協力いただいた各位に対して、厚く感謝申し上げます。

2024年１月

一般財団法人　日本統計協会
理事長　　川崎　茂

編集委員・執筆者

飯島　信也　　統計センター 統計技術・提供部
石井　　太　　慶應義塾大学 経済学部 教授
石田　和彦　　長崎県立大学 名誉教授
石原　秀男　　統計センター 統計技術・提供部 技術研究開発課長
市川　　宏　　統計研究研修所 教授
稲垣　誠一　　国際医療福祉大学 大学院 教授
稲葉　由之　　青山学院大学 経営学部 教授
今井　洋夫　　経済産業統計協会 参与
勝浦　正樹　　名城大学 経済学部 教授
加藤　耕二　　統計研究研修所 特任教授
神﨑　淳一　　農林水産省 統計部経営・構造統計課行政専門員
菊地　　進　　立教大学 名誉教授
近藤千恵子　　日本観光振興協会 総合調査研究所 研究員
近藤　登雄　　元統計情報研究開発センター 参与
西郷　　浩　　早稲田大学 政治経済学術院 教授
手塚広一郎　　日本大学 経済学部 教授
樋田　　勉　　獨協大学 経済学部 教授
徳井　丞次　　信州大学 経法学部 教授
中村　英昭　　総務省統計局 国勢統計課長
西岡　慎一　　日本総合研究所 調査部 上席主任研究員、マクロ経済研究センター所長
大戸　隆信　　元学習院大学 経済学部 教授
羽渕　達志　　統計研究研修所 客員教授
星野　光秀　　経済産業省 特許庁 知的財産研究官
宮川　幸三　　立正大学 経済学部 教授
山沖　義和　　信州大学 経法学部 教授、財務省総合政策研究所 上級客員研究員
山口　幸三　　京都大学学術情報メディアセンター 研究員
山本　健一　　経済調査会 審議役
和田　智明　　神戸市立青少年科学館 館長
日本統計協会　編集部

表紙デザイン　勝美印刷株式会社

総　目　次

解 説 項 目 目 次

Ⅰ　国土・人口・社会

第1章　国土・自然環境

第2章　人　　口

第3章　家族・世帯

第4章　地域社会

II　国民生活

第5章　家計と暮らし

第6章　物価・地価

第7章　生活一般

第８章　健康・医療

第９章　社会保障・福祉

第10章　教　　育

第11章　文化・芸術

Ⅰ　国土・人口・社会

第１章　国土・自然環境

1.1　国土と土地利用

国土の総面積は37万８千平方キロメートル

日本の国土は北方領土と竹島を含めて、北は北緯45度33分付近の択捉島から南は沖ノ鳥島のある北緯20度26分付近まで、東は南鳥島の東経153度59分付近から西は沖縄の与那国島の東経122度56分付近までの範囲に位置する。この範囲に14,125の島（2022年）があり、その海岸線の総延長は35,278km（2022年）で、総面積は377,969km^2（2023年）となっている。

全国は行政上47都道府県に区分され、北海道（83,422km^2）がとびぬけて広く、次いで岩手（15,275km^2）、福島、長野、新潟、秋田、岐阜が１万km^{2}以上となっている。最小は香川（1,877km^2）となっている（表1.1、図1.1.1）。

山地は国土の６割で、７県では８割以上

国土面積を地形別にみると、山地が約６割を占め、丘陵地、台地、低地がそれぞれ１割強で、このほか内水域等（２％余り）となっている。

山地についてみると、都道府県面積の半分以上が山地であるのは33県で、このうち鳥取（87％）、山梨、高知（共に86％）など７県では８割以上となっている。一方、１割以下は千葉（８％）だけで、次いで２割台が茨城、沖縄、宮城となっている（表1.1）。

耕地面積は国土の11.6％、広義の市街地面積はわずか3.5％

土地利用の主要な形態は、耕地と市街地である。耕地面積は43,250km^2（2022年）で、国土面積の11.6％となっている。耕地面積の割合は19県で全国平均を上回り、最大は茨城（26.4％）で、千葉と佐賀（20％以上）も高い。最小は東京（2.9％）で、高知（3.6％）も低い。

また、広義の市街地である「人口集中地区」の面積は13,250km^2（2020年）で、国土面積の3.5％にすぎない。都道府県別にみると、東京（49.8％）と大阪（48.7％）はほぼ半分の地域が人口集中地区で、次いで神奈川（39.5％）となっている。一方、岩手、島根、秋田、高知、北海道は１％以下となっている（表1.1、図1.1.3～図1.1.4）。

☆☆☆　日本の島の数　☆☆☆

我が国を構成する島は、2022年４月時点で14,125島であることが発表された（2023年２月国土地理院）。この島の数は、電子国土基本図における陸地のうち周囲の長さが0.1km以上のもので、例えば本州も１つの島に数えられている。

島の数はこれまで6,852島（海上保安庁1987年公表）が用いられていたが、測量技術の進歩によって地図が一層詳細になったことから、この数が更新されたものである。

表1.1　都道府県別総面積と地形・土地利用別面積割合

都道府県	総面積（km²）2023年	地形別割合（%）					森林面積比（%）2017年	耕地面積比（%）2022年	人口集中地区面積比（%）2020年
		山地	丘陵地	台地	低地	内水域等			
全国	377 969	60.9	11.7	11.0	13.7	2.4	67	11.6	3.5
北海道	83 422	49.0	14.4	18.4	11.7	6.4	71	14.5	1.0
青森県	9 645	50.5	16.3	19.0	12.8	1.2	66	15.5	1.7
岩手県	15 275	72.2	13.7	5.8	8.3	0.1	77	9.7	0.6
宮城県	7 282	29.6	36.7	9.0	24.1	0.3	57	17.2	3.7
秋田県	11 638	58.0	14.0	6.1	21.1	0.7	72	12.6	0.7
山形県	9 323	67.6	9.0	8.3	14.9	0.0	72	12.3	1.4
福島県	13 784	75.4	5.1	8.1	10.4	0.9	71	9.9	1.4
茨城県	6 098	23.7	7.2	37.2	27.0	4.8	31	26.4	4.5
栃木県	6 408	52.9	9.6	25.5	11.7	0.2	54	18.9	3.3
群馬県	6 362	76.8	3.5	10.3	9.2	0.2	67	10.2	3.4
埼玉県	3 798	32.4	6.1	23.7	37.2	0.5	32	19.3	18.9
千葉県	5 157	7.5	30.5	32.4	28.2	0.8	30	23.6	13.1
東京都	2 194	38.7	7.5	28.7	12.5	11.2	36	2.9	49.8
神奈川県	2 416	37.0	17.2	18.7	23.8	2.3	39	7.4	39.5
新潟県	12 584	64.7	9.2	3.9	22.1	0.1	68	13.3	2.0
富山県	4 248	64.3	7.8	4.6	23.2	0.1	67	13.6	2.6
石川県	4 186	48.9	30.5	4.8	15.7	0.0	68	9.7	2.8
福井県	4 191	72.1	2.4	2.8	22.2	0.2	74	9.5	2.2
山梨県	4 465	85.5	0.6	5.0	7.7	1.3	78	5.2	1.3
長野県	13 562	85.1	0.7	8.6	5.5	0.2	79	7.7	1.3
岐阜県	10 621	77.7	8.8	2.0	11.1	0.2	81	5.2	1.8
静岡県	7 777	72.6	5.7	4.2	14.9	2.6	64	7.8	5.7
愛知県	5 173	41.3	12.3	18.2	22.2	5.4	42	14.1	18.7
三重県	5 774	64.1	7.4	9.8	17.9	0.7	64	9.9	3.3
滋賀県	4 017	48.5	9.3	4.9	23.3	14.0	51	12.6	3.2
京都府	4 612	68.2	9.3	3.6	17.8	1.0	74	6.4	5.8
大阪府	1 905	37.1	11.1	0.1	32.0	17.5	30	6.4	48.7
兵庫県	8 401	57.8	16.1	5.9	19.1	0.6	67	8.6	7.2
奈良県	3 691	80.2	10.1	1.8	7.4	0.5	77	5.3	4.0
和歌山県	4 725	81.1	8.1	3.7	6.7	0.0	76	6.6	1.9
鳥取県	3 507	87.2	0.1	0.3	11.7	0.7	74	9.6	1.5
島根県	6 708	72.2	17.6	0.1	7.4	2.7	78	5.4	0.6
岡山県	7 115	68.8	13.7	0.6	16.0	0.3	68	8.8	2.9
広島県	8 479	79.7	12.8	0.5	6.6	0.3	72	6.1	3.6
山口県	6 113	66.5	21.5	1.7	7.5	2.6	71	7.2	3.5
徳島県	4 147	79.8	3.5	1.7	13.3	1.5	76	6.7	1.4
香川県	1 877	49.1	5.6	16.8	25.3	2.8	47	15.5	4.1
愛媛県	5 676	82.7	6.1	1.2	9.8	0.0	71	8.0	2.8
高知県	7 102	85.5	7.2	2.5	4.6	0.2	84	3.6	0.7
福岡県	4 988	47.9	10.3	14.1	24.5	2.2	45	15.8	12.0
佐賀県	2 441	50.9	18.4	2.1	26.4	1.7	45	20.6	2.7
長崎県	4 131	61.7	8.7	11.5	8.2	8.4	59	11.1	3.0
熊本県	7 409	76.5	2.8	7.3	12.9	0.2	62	14.3	2.2
大分県	6 341	78.9	3.9	7.0	9.4	0.7	71	8.5	1.9
宮崎県	7 734	73.2	8.3	8.4	9.9	0.3	76	8.3	1.5
鹿児島県	9 186	51.5	19.0	20.7	8.4	0.2	64	12.2	1.4
沖縄県	2 282	24.0	33.6	34.4	6.6	0.5	47	15.9	6.3

資料　総務省「国勢統計（令和２年）」、「日本統計年鑑」
農林水産省「耕地面積及び耕地の拡張・かい廃面積」（令和４年）
林野庁「都道府県別森林率・人工林率」（平成29年）
国土地理院「令和５年全国都道府県市区町村別面積調」

図1.1.1　総面積上位10県

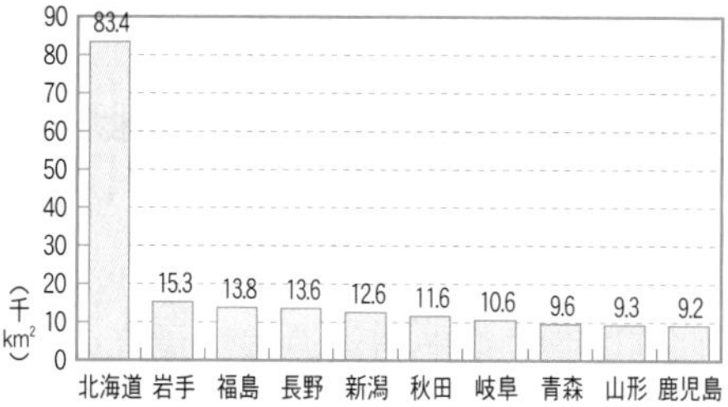

図1.1.2　森林面積比上位10県

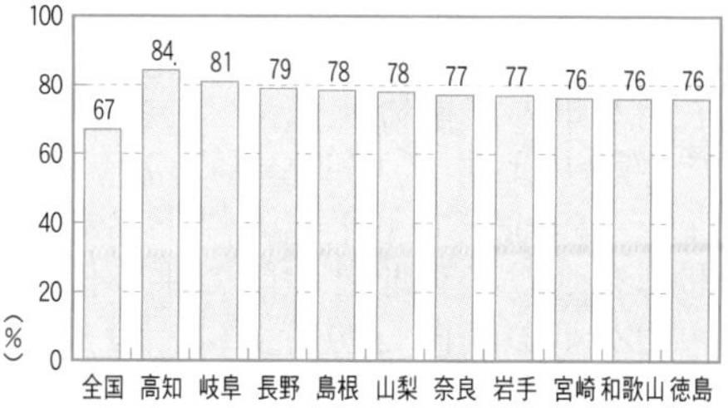

図1.1.3　耕地面積比上位10県

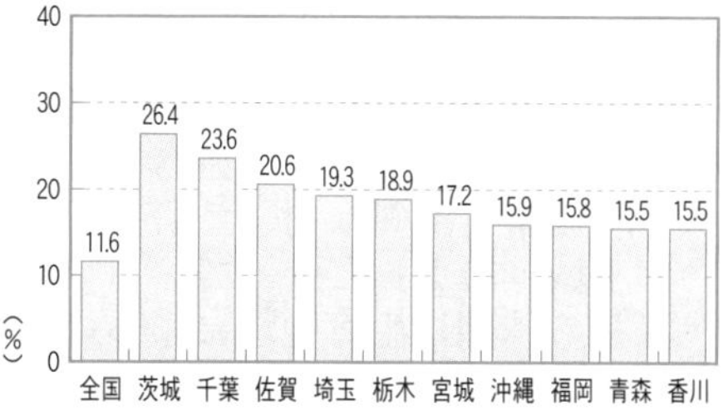

図1.1.4　人口集中地区面積比上位10県

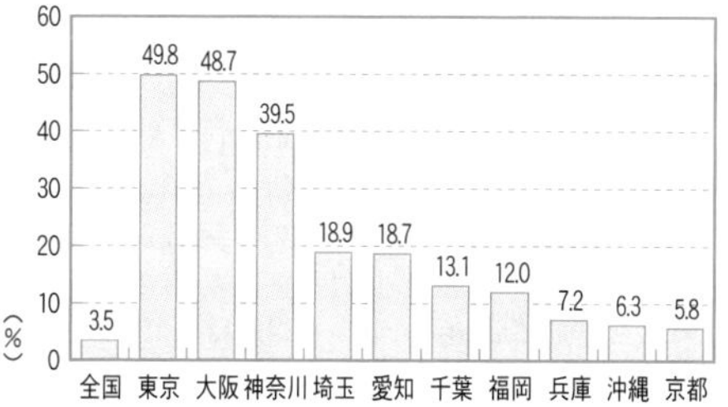

1.2　気候と植生

年平均気温は2018年以降連続して全都道府県で平年値を上回る

日本の気候は、季節風や海流などの影響で地域により異なるが、全体的には海洋性温帯気候である。地形的には本州の南北に脊梁山脈が連なるため、冬は北西季節風によって日本海側が湿潤多雨（雪）、太平洋側が乾燥少雨となり、夏は南東季節風によって日本海側が高温少雨、太平洋側が高温多湿となる。また、梅雨と秋雨と呼ばれる短い雨季がある。

2022年の年平均気温は、最高の沖縄（23.7℃）、最低の北海道（10.2℃）を始め、すべての都道府県で平年値より0.4℃以上高く、このうち11県では0.7℃以上高くなっている。この年平均気温は、5年連続（2018～22年）して全都道府県で平年値を上回っている（表1.2、図1.2.1）。

年間降水量は沖縄・東北・北陸で平年より多く、日照時間は全国的に長い

2022年の年間降水量は、最多が沖縄（2,997mm）、次いで静岡（2,967mm）で、最少は香川（668mm）、次いで岡山（840mm）となっている。降水量は多くの地域で平年並み以下にある中、沖縄と、夏から秋に前線や台風の影響を受けた東北と北陸で平年値より多くなっている（表1.2、図1.2.2）。

2022年の年間日照時間は、最長が大阪（2,320時間）、次いで兵庫（2,310時間）で、最短は沖縄（1,589時間）、次いで秋田（1,654時間）となっている。平年と比べると、春と秋に北日本から西日本にかけて高気圧で晴れの日が多かったこともあり、全国的に長くなっている（表1.2、図1.2.3）。

国土の67％が森林、うち4割は人工林

降雨に恵まれる日本の森林面積は250,482km^2（2017年）で、国土面積の67％を占めている。この割合を都道府県別にみると、最大は高知（84％）、次いで岐阜（81％）、長野（79％）で、最小は千葉、大阪（共に30％）、次いで茨城（31％）となっている（表1.1、図1.1.2）。

森林の種類は生育地域によって特徴があり、南西諸島の亜熱帯性マングローブ林（ヒルギ等）、主に西南日本の平地の常緑広葉樹林（カシ、シイ等）、高山地帯の落葉広葉樹林（ブナ、ミズナラ等）、主に本州の温帯性針葉樹林（スギ、ヒノキ等）、寒冷地域の亜寒帯性針葉樹林（カラマツ等）である。

なお、森林面積の4割（102,038km^2）が人工林となっている。

☆☆☆　気象の平年値　☆☆☆

気温、降水量などの平年値は、時々の天候を評価したり、各地の気候を表す値として用いられている。この平年値は、30年間の観測値の平均で、10年ごとに更新される。現在の平年値は1991～2020年の30年間の平均である。本書で「年平均気温は2018年以降（5年）連続して平年値を上回る」とあるのは、2018年と19年は「1981～2010年の平年値」と比べたもの、2020年・21年・22年は「1991～2020年の平年値」と比べたものである。

表1.2　都道府県庁所在市の気候指標：
2022年値および平年値（1991～2020年の平均値）

都道府県（県庁所在市等）	年平均気温（℃）		年間降水量（mm）		年間日照時間（時間）	
	2022年値	平年値	2022年値	平年値	2022年値	平年値
北海道	10.2	9.2	1 154.0	1 146.1	1 847.8	1 718.0
青森県	11.3	10.7	1 721.5	1 350.7	1 772.1	1 589.2
岩手県	11.2	10.6	1 402.5	1 279.9	1 773.6	1 686.3
宮城県	13.5	12.8	1 224.5	1 276.7	1 951.9	1 836.9
秋田県	12.6	12.1	1 862.0	1 741.6	1 654.3	1 527.4
山形県	12.6	12.1	1 177.5	1 206.7	1 743.9	1 617.9
福島県	13.9	13.4	1 033.0	1 207.0	1 807.5	1 753.8
茨城県	14.8	14.1	1 202.5	1 367.7	2 159.1	2 000.8
栃木県	14.9	14.3	1 303.5 3)	1 524.7	2 070.8	1 961.1
群馬県	15.7	15.0	1 147.5	1 247.4	2 213.6	2 153.7
埼玉県 1)	16.0	15.4	1 251.0	1 305.8	2 213.8	2 106.6
千葉県	16.7	16.2	1 427.5	1 454.7	2 025.1	1 945.5
東京都	16.4	15.8	1 615.5	1 598.2	2 028.9	1 926.7
神奈川県	16.7	16.2	1 657.5	1 730.8	2 111.1	2 018.3
新潟県	14.5	13.9	2 002.0	1 845.9	1 751.7	1 639.6
富山県	15.1	14.5	2 401.5	2 374.2	1 775.5	1 647.2
石川県	15.7	15.0	2 223.5	2 401.5	1 902.7	1 714.1
福井県	15.4	14.8	2 467.0	2 299.6	1 826.4	1 653.7
山梨県	15.7	15.1	1 019.5	1 160.7	2 298.1	2 225.8
長野県	12.7	12.3	1 022.5	965.1	2 041.3	1 969.9
岐阜県	16.7	16.2	1 978.5	1 860.7	2 180.3	2 108.6
静岡県	17.4	16.9	2 967.0	2 327.3	2 239.7	2 151.5
愛知県	16.9	16.2	1 578.0	1 578.9	2 256.3	2 141.0
三重県	16.9	16.3	1 408.0	1 612.9	2 194.5	2 108.6
滋賀県 2)	15.7	15.0	1 426.0	1 610.0	1 996.4	1 863.3
京都府	16.8	16.2	1 459.5	1 522.9	2 004.3	1 794.1
大阪府	17.5	17.1	1 058.0	1 338.3	2 319.6	2 048.6
兵庫県	17.5	17.0	1 160.5	1 277.8	2 310.0	2 083.7
奈良県	16.2	15.2	1 216.0	1 365.1	2 043.1	1 821.1
和歌山県	17.3	16.9	1 006.5	1 414.4	2 260.4	2 100.1
鳥取県	15.7	15.2	1 534.5	1 931.3	1 793.1	1 669.9
島根県	15.8	15.2	1 300.0	1 791.9	1 896.4	1 705.2
岡山県	16.4	15.8	839.5	1 143.1	2 251.8	2 033.7
広島県	17.1	16.5	1 212.5	1 572.2	2 181.8	2 033.1
山口県	16.3	15.6	1 375.0	1 927.7	2 078.1	1 862.0
徳島県	17.2	16.8	1 150.5	1 619.9	2 278.0	2 106.8
香川県	17.3	16.7	667.5	1 150.1	2 227.7	2 046.5
愛媛県	17.3	16.8	1 030.0	1 404.6	2 153.4	2 014.5
高知県	17.7	17.3	2 025.5	2 666.4	2 270.8	2 159.7
福岡県	18.0	17.3	1 232.5	1 686.9	2 160.3	1 889.4
佐賀県	17.7	16.9	1 664.5	1 951.3	2 211.5	1 970.5
長崎県	17.8	17.4	1 742.5	1 894.7	2 015.1	1 863.1
熊本県	17.7	17.2	1 502.0	2 007.0	2 154.8	1 996.1
大分県	17.4	16.8	1 452.5	1 727.0	2 068.9	1 992.4
宮崎県	18.2	17.7	2 865.0	2 625.5	2 106.8	2 121.7
鹿児島県	19.3	18.8	2 416.0	2 434.7	2 003.2	1 942.1
沖縄県	23.7	23.3	2 996.5	2 161.0	1 588.8	1 727.1

注　1）熊谷市　2）彦根市
　　3）栃木県（宇都宮市）の降水量は11か月分の数値
資料　気象庁「気象統計情報」

図1.2.1　年平均気温-平年差

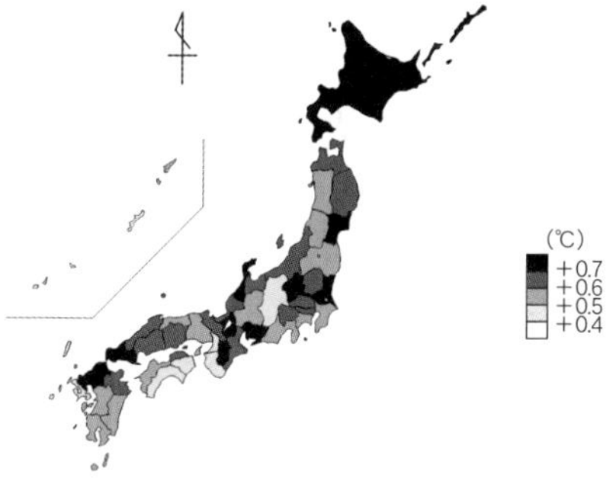

図1.2.2　年間降水量-平年比

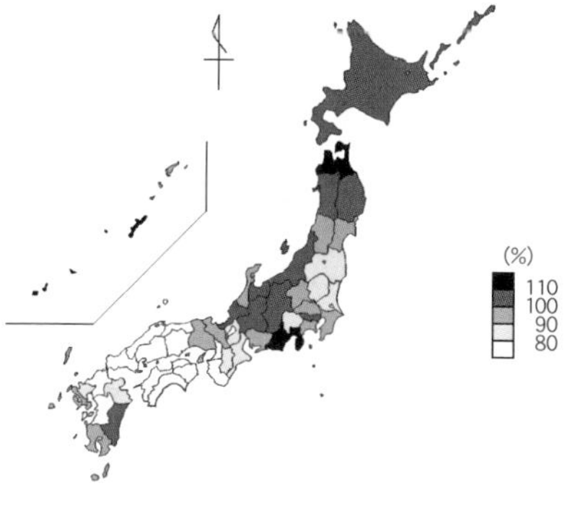

図1.2.3　年間日照時間-平年比

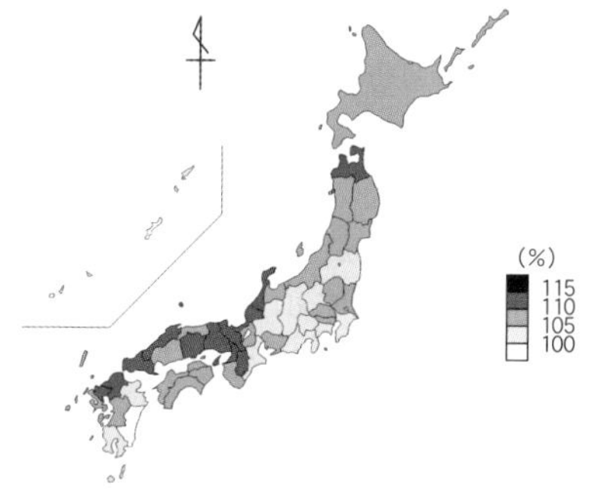

第２章　人　　口

2.1　日本の人口規模・増減率・密度

日本の人口規模は世界で12番目

国連「The 2022 Revision of World Population Prospects」の推計によると、2023年の日本の人口は１億2329万人である。世界の人口は80億4531万人で、日本の人口は、その1.5％を占める。日本を含むアジアの人口は47億5308万人で世界の人口の59.1％、アジアの人口に占める日本の人口の割合は2.6％である。人口推計（総務省）によると、2022年10月１日現在、日本の人口は１億2495万人である。

世界の国々をみると、インドが14億2863万人となり、中国の14億2567万人を抜いて、初めてインドが中国を上回る。この２か国が10億人を超えており世界人口の35.5％を占める。日本の人口規模は12番目である。人口１億以上の国は15か国、１億人未満5000万人以上は14か国、5000万人未満3000万人以上は21か国である（表2.1、図2.1.1）。

3000万人以上の国のなかでは日本など８か国が人口減少

世界人口の2023年の対前年増減率は0.88％の増加である。人口3000万以上の国のなかで人口が減少しているのは８か国である。ウクライナ、日本、イタリア、ロシアのほかドイツ、中国なども人口減少となっている。一方、増加しているのはコンゴ民主共和国が3.29％と最も高く、アンゴラ、タンザニア、ポーランド、ウガンダなどが続いており、増加率はアフリカ地域で高く、ヨーロッパ地域は減少している（表2.1、図2.1.2）。

また、2023年の世界人口の自然増減率（出生率と死亡率の差）は人口千人当たり9.1である。人口3000万以上の国のなかで自然増減率をみると、増加しているのはコンゴ民主共和国が32.5で最も高く、アンゴラ、ウガンダと続き、アフリカ地域で高い。一方、減少しているのはウクライナ、日本、イタリア、ロシアなど８か国である。アジア地域では日本、韓国、中国が減少している（表2.1）。

3000万人以上の国のなかで日本の人口密度は５番目

国連の2022年推計による2023年の日本の人口密度（１km^2当たりの人口）は327人で、世界の平均（62人）の約5.3倍である。人口3000万以上の国のなかでは、バングラデシュ、韓国などに次いで日本は５番目である。一方、最も低いのはカナダで、次いでロシアとなっている（表2.1）。

表2.1　世界の地域・主要国[1)] の人口および人口密度（2022年推計）

地域、国	2023年 人口 （1000人）	世界人口に占める割合 （%）	人口密度 （人/km²）	対前年人口増減率[2)] （%）	自然増減率 （人口千対）
世　界　総　数	8 045 311	100.0	61.7	0.88	9.1
アジア	4 753 080	59.1	151.5	0.64	7.1
インド	1 428 628	17.8	480.5	0.81	9.6
中国	1 425 671	17.7	148.5	−0.02	−0.0
インドネシア	277 534	3.4	145.2	0.74	8.5
パキスタン	240 486	3.0	312.0	1.98	20.3
バングラデシュ	172 954	2.1	1 328.7	1.03	11.9
日本	123 295	1.5	327.2	−0.53	−6.2
フィリピン	117 337	1.5	391.1	1.54	15.7
ベトナム	98 859	1.2	315.4	0.68	7.5
イラン	89 173	1.1	54.7	0.70	7.8
トルコ	85 816	1.1	111.5	0.56	8.9
タイ	71 801	0.9	140.5	0.15	1.1
ミャンマー	54 578	0.7	83.5	0.74	7.9
韓国	51 784	0.6	523.4	−0.06	−1.3
イラク	45 505	0.6	104.8	2.27	22.5
アフガニスタン	42 240	0.5	65.1	2.70	28.2
サウジアラビア	36 947	0.5	17.2	1.48	13.6
ウズベキスタン	35 164	0.4	82.7	1.55	15.5
イエメン	34 450	0.4	65.3	2.24	22.9
マレーシア	34 309	0.4	104.4	1.09	9.3
ネパール	30 897	0.4	209.9	1.14	13.2
アフリカ	1 460 482	18.2	49.4	2.37	23.7
ナイジェリア	223 805	2.8	245.7	2.41	23.9
エチオピア	126 527	1.6	126.5	2.55	25.2
エジプト	112 717	1.4	113.2	1.56	15.7
コンゴ民主共和国	102 263	1.3	45.1	3.29	32.5
タンザニア	67 438	0.8	76.1	2.96	29.7
南アフリカ	60 414	0.8	49.5	0.87	8.1

地域、国	2023年 人口 （1000人）	世界人口に占める割合 （%）	人口密度 （人/km²）	対前年人口増減率[2)] （%）	自然増減率 （人口千対）
ケニア	55 101	0.7	94.9	1.99	20.0
ウガンダ	48 582	0.6	243.1	2.82	30.0
スーダン	48 109	0.6	27.3	2.63	26.1
アルジェリア	45 606	0.6	19.1	1.57	15.3
モロッコ	37 840	0.5	84.8	1.02	11.0
アンゴラ	36 684	0.5	29.4	3.08	30.3
ガーナ	34 122	0.4	150.0	1.93	19.3
モザンビーク	33 897	0.4	43.1	2.81	28.3
マダガスカル	30 326	0.4	52.1	2.41	23.9
北アメリカ	378 904	4.7	20.3	0.54	2.4
アメリカ	339 997	4.2	37.2	0.50	2.5
カナダ	38 781	0.5	4.3	0.85	2.0
ラテン・アメリカ	664 997	8.3	32.8	0.72	7.8
ブラジル	216 422	2.7	25.9	0.52	5.7
メキシコ	128 456	1.6	65.6	0.75	7.7
コロンビア	52 085	0.6	46.4	0.41	8.2
アルゼンチン	45 774	0.6	16.4	0.58	6.2
ペルー	34 353	0.4	26.8	0.89	11.4
ヨーロッパ	742 273	9.2	33.6	−0.17	−2.0
ロシア	144 444	1.8	8.8	−0.19	−2.5
ドイツ	83 295	1.0	239.0	−0.09	−2.3
イギリス	67 737	0.8	279.1	0.34	0.9
フランス	64 757	0.8	117.4	0.20	0.9
イタリア	58 871	0.7	198.9	−0.28	−3.9
スペイン	47 520	0.6	94.6	−0.08	−1.7
ポーランド	41 026	0.5	134.0	2.93	0.2
ウクライナ	36 745	0.5	63.4	−7.45	−12.1
オセアニア	45 576	0.6	5.4	1.19	8.6

注　　1）2022年推計時に23年の人口が3000万人以上の国。
　　　2）「The 2022 Revision of World Population Prospects」のデータから算出。
資料　UN「The 2022 Revision of World Population Prospects」

図2.1.1　主要国[1)]の人口規模：上位30か国（2022年推計　2023年）

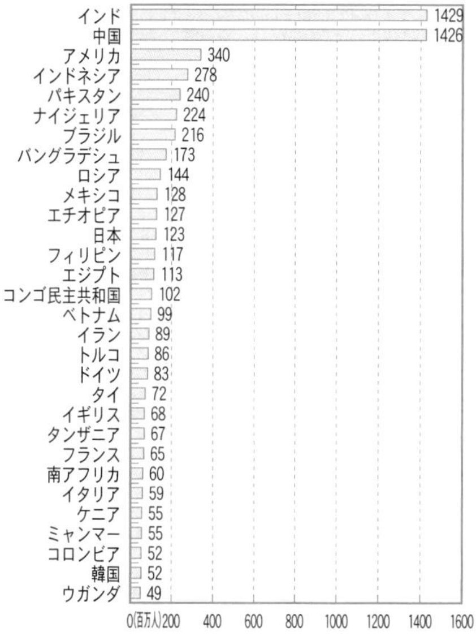

注　　1）表2.1と同じ。
資料　表2.1と同じ。

図2.1.2　主要国[1)] の人口増減率：増加上位20か国と減少国（2022年推計　2023年）

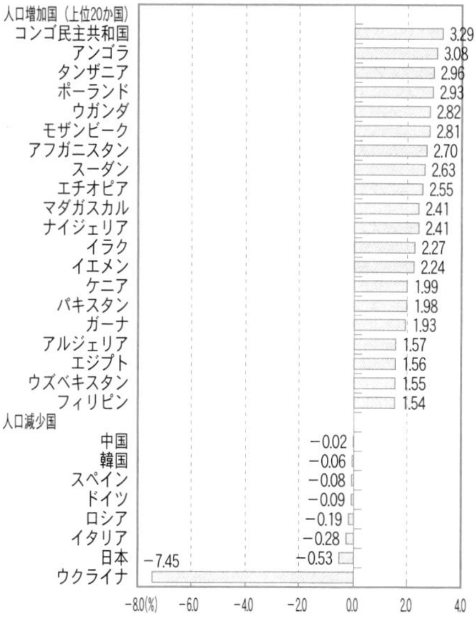

注　　1）表2.1と同じ。
資料　表2.1と同じ。

2.2　日本の人口の長期的推移

日本の人口は12年連続の減少

日本の人口は、1872（明治５）年は3481万人であった。明治の最後の年の1912（明治45）年に5000万人、67年に１億人に達し、84年に１億2000万人を超えた。しかし、20世紀後半からの出生力の低下などによって、2011年以降人口減少が続き、22年は１億2495万人で、21年に比べ56万人の減少と12年連続の減少となった。これは史上最も人口規模が大きかった08年の１億2808万人から314万人減少しており、日本は人口のピークを過ぎ、人口減少社会が進行している（表2.2.1、図2.2）。

人口減少率はやや縮小

日本の人口増減率は、1900年代に入るとおおむね１％台で推移したが、30年代後半になると１％未満に低下した。太平洋戦争終戦後に第一次ベビーブーム（1947～49年）を迎えて高い増加率を示した後、出生力の低下に伴い増加率は鈍化し、57年から62年は１％未満で推移した。その後増加率はやや回復し、丙午（ひのえうま）に当たる66年を除いて、１％を超える水準で推移した。71～74年の第二次ベビーブームにより増加率はやや上昇したが、その後は出生力低下の影響を受けて増加率は低下し、87年には0.5％を下回り、2004年以降は0.1％以下の低い増加や減少で推移した。減少率は、17年に－0.10％となってからは年々拡大を続けていたが、22年は－0.44％と外国人の増加により21年の－0.51％からやや縮小した（表2.2.1、図2.2）。

日本人人口は75万人減と減少幅が1950年以降最大

日本の人口が減少に転じたなかで、日本人人口と日本に住む外国人人口の推移をみると、戦後ほぼ一貫して増加を続けてきた日本人人口は、2011年以降減少が続いており、22年は21年に比べて75万人の減少と減少幅は比較可能な1950年以降最大となった。一方、外国人人口は、50年から83年までは50万～60万人台で推移し、84年に71万人となった後、92年に100万人を超えた。93年に技能実習制度が導入されたことなどからその後も増加を続け、2017年には217万人と200万人を超え、20年には275万人となったが、21年は、新型コロナウイルス感染症の影響などから272万人と2.5万人の減少と12年以来９年ぶりの減少となった。22年は新型コロナウイルスによる入国規制が緩和されたことから292万人と19.4万人の増加となった。総人口に占める外国人人口の割合をみると、2000年に１％台、19年には２％台となり、22年は2.3％である（表2.2.2）。

表2.2.1　人口、人口増減率、性比の推移

年	人口(1000人)	年平均人口増減率(%)	人口性比	年	人口(1000人)	年平均人口増減率(%)	人口性比	年	人口(1000人)	対前年人口増減率(%)	人口性比
1875	35 316	0.49	－	45	72 147	0.22	89.0	11	127 834	－0.17	94.8
80	36 649	0.74	－	50	84 115	2.89	96.2	12	127 593	－0.19	94.8
85	38 313	0.89	－	55	90 077	1.38	96.5	13	127 414	－0.14	94.7
90	39 902	0.82	－	60	94 302	0.92	96.5	14	127 237	－0.14	94.7
95	41 557	0.82	－	65	99 209	1.02	96.4	15	127 095	－0.11	94.8
1900	43 847	1.08	－	70	104 665	1.08	96.4	16	127 042	－0.04	94.8
05	46 620	1.23	－	75	111 940	1.35	96.9	17	126 919	－0.10	94.8
10	49 184	1.08	－	80	117 060	0.90	96.9	18	126 749	－0.13	94.8
15	52 752	1.41	－	85	121 049	0.67	96.7	19	126 555	－0.15	94.8
20	55 963	1.19	100.4	90	123 611	0.42	96.5	20	126 146	－0.32	94.7
25	59 737	1.31	101.0	95	125 570	0.31	96.2	21	125 502	－0.51	94.6
30	64 450	1.53	101.0	2000	126 926	0.21	95.8	22	124 947	－0.44	94.7
35	69 254	1.45	100.6	05	127 768	0.13	95.3				
40	71 933	0.76	100.0	10	128 057	0.05	94.8				

注１）1940年は国勢統計人口から内地外の軍人、軍属等の推計数を除く補正人口。
　２）1945年は人口調査人口に内地の軍人及び外国人の推計数を加えた補正人口。沖縄県を含まない。
　３）1945年、50年の年平均増減率は沖縄県を除く。
資料　総務省「国勢統計」、「人口推計（10月１日現在)」、1915年以前は内閣統計局「明治５年以降我国の人口」

図2.2　全国人口の推移

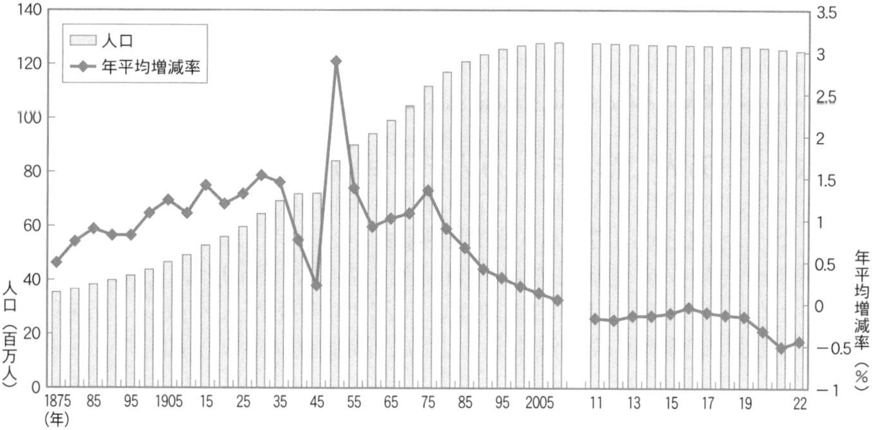

注１）表2.2.1と同じ。
　２）2011～22の年平均増減率は対前年増減率。
資料　表2.2.1と同じ。

表2.2.2　日本人人口および外国人人口の推移

年	人口（千人）		年平均増減率（%）		総人口に占める外国人人口の割合（%）
	日本人	外国人	日本人	外国人	
1980	116 320	669	0.9	0.8	0.6
85	120 287	720	0.7	1.5	0.6
90	122 398	886	0.4	4.2	0.7
95	124 299	1 140	0.3	5.2	0.9
2000	125 387	1 311	0.2	2.8	1.0
05	125 730	1 556	0.1	3.5	1.2
10	125 359	1 648	−0.1	1.2	1.3
15	125 182	1 913	−0.0	3.0	1.4
15*	125 319	1 776	－	－	－
16	125 071	1 971	−0.2	11.0	1.6
17	124 745	2 174	−0.3	10.3	1.7
18	124 349	2 400	−0.3	10.4	1.9
19	123 886	2 669	−0.4	11.2	2.1
20	123 399	2 747	−0.4	2.9	2.2
21	122 780	2 722	−0.5	−0.9	2.2
22	122 031	2 916	−0.6	7.1	2.3

注１）15＊は2015年国勢統計の国籍不詳を日本人人口、外国人人口にあん分した結果。
　２）2016～22年の年平均増減率は対前年増減率。
　３）2016年の対前年増減率は「15＊」の人口を用いて計算。
資料　総務省「国勢統計」、2016年以降は「人口推計（10月１日現在)」、2020年は「国勢統計」不詳補完値

2.3　自然動態と出生力

出生率はさらに低下

日本の人口は2011年以降減少が続いている。これは、専ら出生率の低下と死亡率の上昇による。出生率は、第一次ベビーブームによる高まりがあったものの、その後急速に低下し、1961年には16.9となった。その後75年までおおむね17～19の水準で推移した後、再び低下傾向に転じた。2005年に8.4まで低下した後はやや回復したものの、11年以降は低下傾向が続いており、20年は6.8と初めて7.0を下回り、21年は6.6、22年は6.3とさらに低下している。一方、死亡率は、調査開始（1899年）以来おおむね20台前半の水準で推移していたが、昭和（1926年）に入ると20を下回った。戦後の47年は14.6、51年には9.9と10を下回り、その後も低下傾向を続け、79年には6.0と最も低くなった。その後は６台の前半で推移していたが、90年代に入ると高齢化が進み死亡率の高い高齢者が増加していることにより上昇に転じ、2005年には8.6と出生率の8.4を上回った。その後も緩やかな上昇傾向にあり、21年は11.7、22年は12.9と上昇を続けている（図2.3.1）。

出生数は77.1万人で初めて80万人を下回る

出生数は、2016年に97.7万人と100万人を下回り、19年は86.5万人と80万人台となった。22年は77.1万人と調査開始（1899年）以来初めて80万人台を下回り過去最少を更新した。一方、死亡数は、156.9万人で調査開始以来最多となっている。自然増減数は、2022年は79.8万人の減少と07年に減少となって以降16年連続で減少しており、減少数は年々増加している（図2.3.2）。

合計特殊出生率は７年連続で前年を下回り過去最低

合計特殊出生率（15～49歳の女性１人当たりの産む子どもの数）は1947年以降、３～４台で推移していたが52年に2.98となってからは、丙午の影響による66年を除いておおむね２台の水準で推移していた。74年に2.05と人口置換水準（おおむね2.07）を下回り、2005年には1.26にまで低下した。それ以降は緩やかな上昇傾向となり15年には1.45まで回復したが、16年以降低下を続け、21年は1.30、22年は1.26と７年連続で前年を下回り、過去最低となった（図2.3.2）。

国連の2022年推計による2022年の合計特殊出生率をみると、人口3000万以上の国のなかで日本は、韓国、中国などを上回っているが、フランス、アメリカなどよりも低く、低い水準にある。世界の平均は2.31で、コンゴ民主共和国、アンゴラなどアフリカ地域は高い水準にある（図2.3.3）。

図2.3.1　出生率および死亡率の年次推移

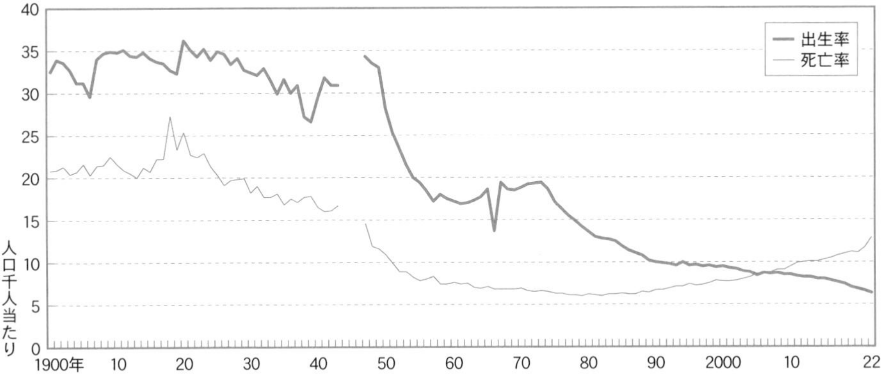

注　　1947～72年は沖縄県を含まない。
資料　厚生労働省「人口動態統計」

図2.3.2　出生数と合計特殊出生率の推移

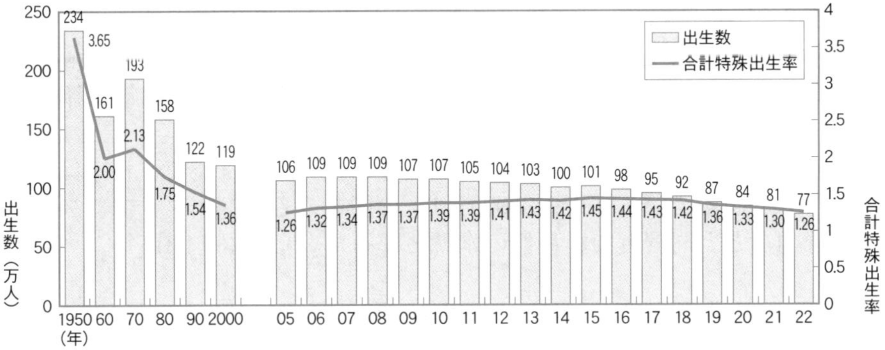

注　　1970年以前は沖縄県を含まない。
資料　図2.3.1と同じ。

図2.3.3　主要国[1]の合計特殊出生率（2022年推計　2022年）

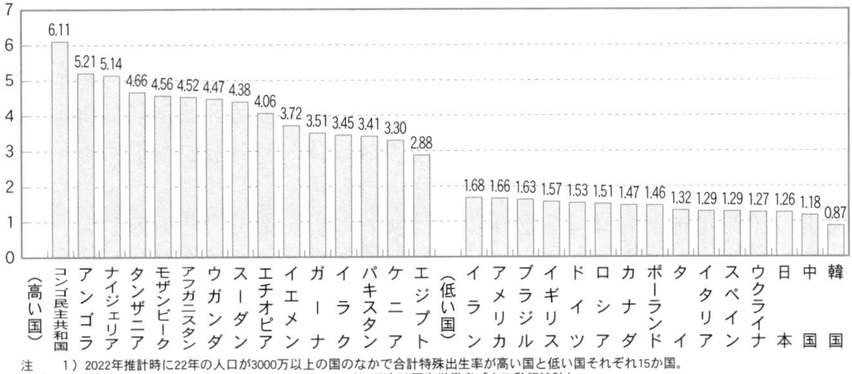

注　　1）2022年推計時に22年の人口が3000万以上の国のなかで合計特殊出生率が高い国と低い国それぞれ15か国。
資料　UN「The 2022 Revision of World Population Prospects」、日本は厚生労働省「人口動態統計」

2.4　死亡率と平均寿命

乳児死亡率は世界最低水準

日本の死亡率の上昇は、日本の人口の高齢化によるものである。死亡率は、計算の分母となる総人口の年齢構成の影響を受ける。1970年と2021年の男女別年齢階級別死亡率を比較すると、各年齢階級において死亡率が低下しており、特に高齢者では大きく低下している。また、年齢調整死亡率（人口の年齢構成に変化がないと仮定）をみても、新型コロナウイルス感染症の影響は見られるものの長期的には低下傾向にある。これらのことから、近年における死亡率の上昇は、高齢化の進展により、他の年齢階級に比べて死亡率が高い高齢者の割合が拡大していることによるものであると言える（図2.4.1）。

このことは、乳児死亡率（出生数1,000人当たりの年間の生後１年未満の死亡数）の推移からも分かる。1950年に60.1と高い水準にあったが、60年は30.7、70年は13.1と、衛生面などの生活改善、医療技術の進歩と母子保健対策の推進などにより急速に低下し、76年には9.3と10を下回った。その後も低下の一途をたどり、88年には4.8と５を下回り、2013年以降は2.0前後で推移し、21年は1.7、22年は1.8となっている（図2.4.2）。

国連の2022年推計による2022年の世界の乳児死亡率は28で、日本はこれを大きく下回っている。人口3000万以上の国をみると、イタリア、スペイン、韓国などと同程度で、最低の水準となっている（図2.4.3）。

日本の平均寿命は男女ともに２年連続で前年を下回る

日本の平均寿命（生命表における０歳の平均余命、死亡水準の的確な指標を示す）は、1921～25年に男が42.06年、女が43.20年であった。その後、戦後の47年に男が50.06年、女が53.96年となって以降ほぼ毎年平均寿命は延び、84年には女が80年を超え、2013年には男も80年を超えた。20年は男が81.56年、女が87.71年となり過去最長を更新していたが、21年は新型コロナウイルス感染症の影響により、男が81.47年、女が87.57年と20年を下回り、22年も男が81.05歳、女が87.09歳と男女共に２年連続で前年を下回った（表2.4）。

国連の2022年推計による2022年の世界の平均寿命は、男が69.1年、女が74.4年である。このうち、先進国では男が75.4年、女が81.7年であり、開発途上国では男が67.9年、女が72.8年である。日本の平均寿命は、世界の国のなかで、男はモナコ（85.1年）、スイス（82.5年）、女はモナコ（88.9年）、韓国（87.1年）などと共に最長の水準にある（図2.4.4）。

図2.4.1　40歳以上人口の男女、年齢５歳階級別死亡率（1970年、2021年）

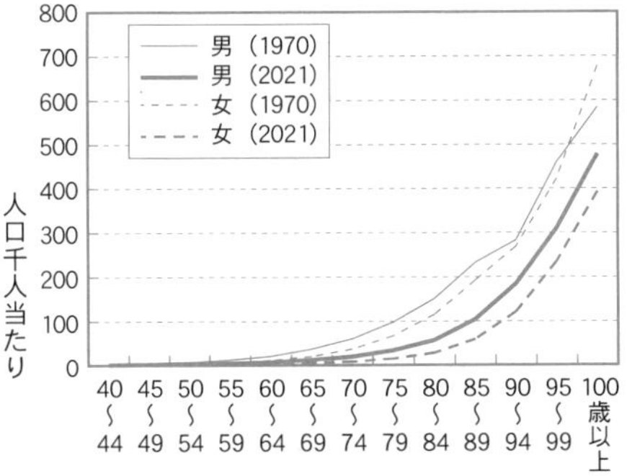

資料　国立社会保障・人口問題研究所「人口統計資料集」

図2.4.2　乳児死亡率の年次推移

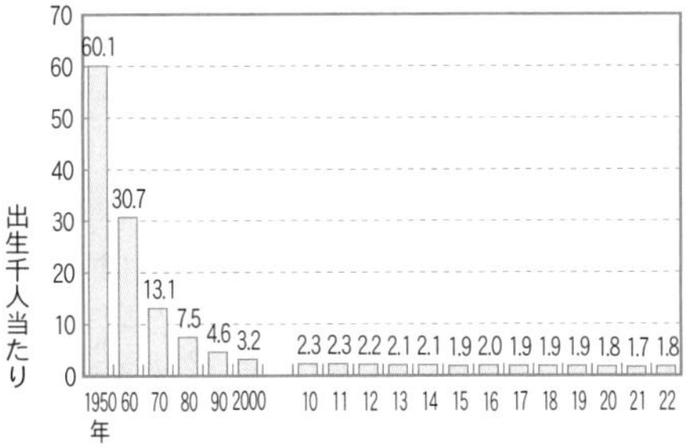

注　1970年以前は沖縄県を含まない。
資料　厚生労働省「人口動態統計」

表2.4　平均寿命の年次推移

年	男	女
1950	58.00	61.50
60	65.32	70.19
70	69.31	74.66
80	73.35	78.76
90	75.92	81.90
2000	77.72	84.60
10	79.55	86.30
11	79.44	85.90
12	79.94	86.41
13	80.21	86.61
14	80.50	86.83
15	80.75	86.99
16	80.98	87.14
17	81.09	87.26
18	81.25	87.32
19	81.41	87.45
20	81.56	87.71
21	81.47	87.57
22	81.05	87.09

注　1960年から2010年までと15年、20年は完全生命表、その他は簡易生命表による。
資料　厚生労働省「生命表」

図2.4.3　主要国[1]の乳児死亡率（2022年推計　2022年）

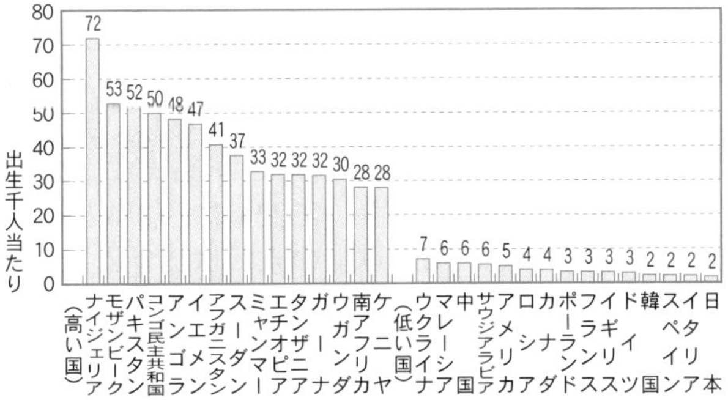

注　1）2022年推計時に22年の人口が3000万以上の国のなかで乳児死亡率が高い国と低い国それぞれ15か国。
資料　UN「The 2022 Revision of World Population Prospects」、日本は厚生労働省「人口動態統計」

図2.4.4　主要国[1]の男女別平均寿命：上位[2] 30か国（2022年推計　2022年）

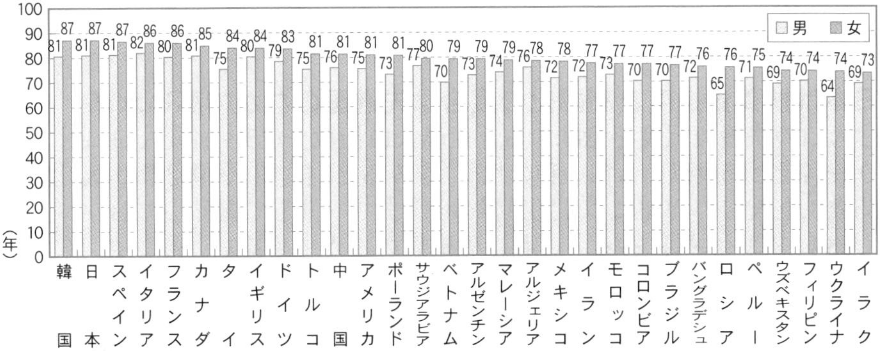

注　1）2022年推計時に22年の人口が3000万人以上の国。
　　2）女の平均寿命上位順。
資料　UN「The 2022 Revision of World Population Prospects」、日本は厚生労働省「簡易生命表」

2.5　超高齢社会となった日本

65歳以上人口は1950年以降初めて減少

年齢区分別に日本の人口をみると、15歳未満人口（年少人口）は、第一次ベビーブーム後の1949～56年は2900万人台で推移していたが、高い出生率は低下し、64年には2500万人台まで減少した。その後第二次ベビーブームにより75～82年は2700万人台で推移したが､その後出生率の低下が続き、96年に2000万人を切り、2021年は1478万人、22年は1450万人とさらに減少している。15～64歳人口（生産年齢人口）は、1995年の8726万人をピークにほぼ一貫して減少しており､2022年は7421万人である。65歳以上人口（高齢者人口）は、1950～63年は400～500万人台であったが、その後一貫して増加し2022年は3624万人となった。23年９月15日現在の推計では3623万人と、前年同期に比べ１万人の減少となり、1950年以降初めて減少した。このうち75歳以上人口についてみると、第一次ベビーブーム期の世代が2022年から75歳を迎えており、2005万人と初めて2000万人を超えた（図2.5.1)。

これを割合でみると､1950年には､年少人口は35.4%､高齢者人口は4.9%であったが、その後、前者は縮小傾向、後者は拡大傾向で推移し、97年には年少人口が15.3%、高齢者人口が15.7%となり、両者の年齢構成上の比重は逆転した。その後も少子高齢化の傾向は続き、2022年は29.0%と高齢者人口の割合は拡大が続いている。また、75歳以上の人口は15年に12.8%となり年少人口の割合を超え、22年は15.5%と初めて15%を超えた（図2.5.2)。

国連の2022年推計によると、2022年の世界の年少人口の割合は25.3%、高齢者人口の割合は9.8%で、多くの国では年少人口の割合は高齢者人口を上回っている。人口3000万以上の国をみると、日本、イタリア、ドイツ、フランスなどは高齢者人口の割合が年少人口を上回っており､特に日本は、高齢者人口の割合が最も高くなっている（図2.5.3)。

日本は扶養負担度と高齢化の度合は先進国のなかで高い水準

人口の扶養負担度を意味する「従属人口指数」(15～64歳人口に対する０～14歳と65歳以上人口の和の比率)をみると､日本は､1992年の43.3以降､65歳以上人口の増加により2021年の68.5まで一貫して上昇しており、22年も68.4と高い水準にある。これは先進国のなかでも高いフランス（63.6、22年（2022年国連推計)、以下同じ)、イギリス（57.8）などを上回っている。また、高齢化の度合を表す「老年化指数」(65歳以上人口の15歳未満人口に対する比率）も22年は249.9と上昇を続けており、イタリア（193.5)、ドイツ（160.6）などを大きく上回り、高い水準である（図2.5.2)。

図2.5.1　年齢区分別人口（1950～2022年）

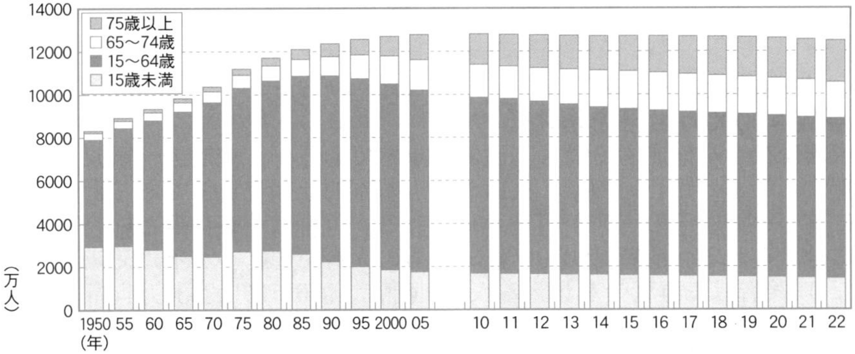

資料　総務省「人口推計（10月1日現在)」、2020年は「国勢統計」不詳補完値

図2.5.2　年齢構成指標（1950～2022年）

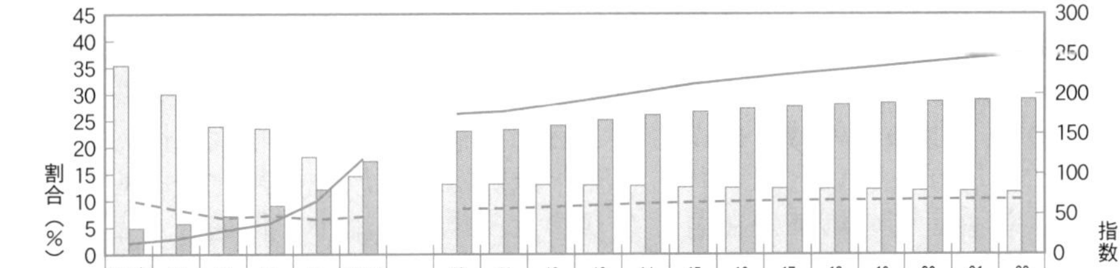

	1950年	60	70	80	90	2000	10	11	12	13	14	15	16	17	18	19	20	21	22
15歳未満	35.4	30.0	23.9	23.5	18.2	14.6	13.1	13.1	13.0	12.9	12.8	12.5	12.4	12.3	12.2	12.1	11.9	11.8	11.6
65歳以上	4.9	5.7	7.1	9.1	12.1	17.4	23.0	23.3	24.1	25.1	26.0	26.6	27.2	27.6	28.0	28.3	28.6	28.9	29.0
従属人口指数	67.5	55.7	44.9	48.4	43.5	46.9	56.7	57.1	59.0	61.1	63.2	64.5	65.7	66.6	67.2	67.5	68.0	68.5	68.4
老年化指数	14.0	19.1	29.5	38.7	66.2	119.1	175.1	178.1	186.1	194.6	203.3	212.4	218.6	224.3	229.3	234.3	239.7	245.0	249.9

資料　図2.5.1と同じ。

図2.5.3　主要国[1]の年少人口・高齢者人口割合（2022年推計　2022年）

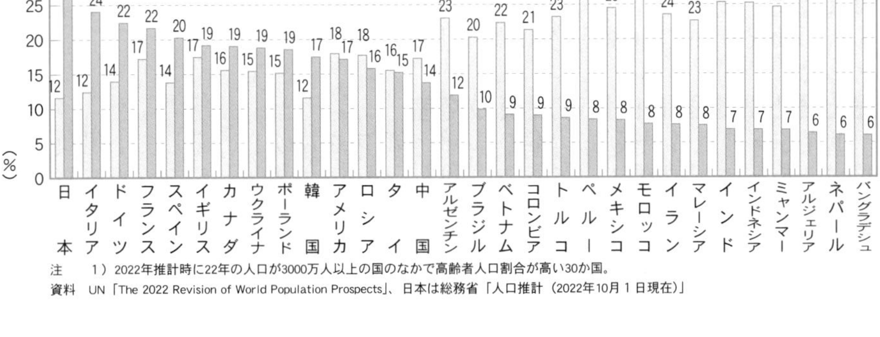

注　1）2022年推計時に22年の人口が3000万人以上の国のなかで高齢者人口割合が高い30か国。

資料　UN「The 2022 Revision of World Population Prospects」、日本は総務省「人口推計（2022年10月1日現在）」

第３章　家族・世帯

3.1　世帯数と世帯規模

世帯数は5000万世帯を超える

家族は社会を構成する最も基礎的な単位であるが、統計上、家族を直接把握することは難しいので、人口の最も基本的な調査単位である世帯の統計に基づいて、その実態が明らかにされる。世帯は一般世帯と施設等の世帯に分けられる。前者は2010年に5000万の大台を超え、20年は5570万世帯となり、後者は13万世帯を数える。一般世帯は1970年には3030万世帯であったので、50年間に年率1.22％の増加を示し、同期間の人口増加率（0.37％）に比べ、かなり顕著な増勢にあったと言える。最近の一般世帯の増加率は、2015～20年に年率0.87％と低下している（表3.1）。

世帯規模は１世帯当たり2.21人

一般世帯の世帯規模は、1960年の4.14人から2020年に2.21人へと大幅な縮小が続いている。世帯の小規模化の傾向は、出生率の低下による１夫婦当たりの子供の数の減少によるところが大きいが、1970年代以降は、核家族化の影響が大きいと思われる。80年以降は核家族化の鈍化がみられるものの、単独世帯の増加が顕著となり、世帯規模の縮小を促進したとみられる。また、世帯人員別世帯分布をみても、１人、２人世帯の割合の上昇と４人以上世帯の割合の低下が、世帯規模の縮小をもたらしている（図3.1.1、図3.1.2）。

世帯規模は東京で最小、山形で最大

2020年の世帯規模について都道府県別にみると、世帯規模が小さいのは、東京が最小で1.92人、次いで北海道（2.04人）、大阪（2.10人）などである。一方、世帯規模が大きいのは、山形が最大で2.61人、次いで福井（2.57人）、佐賀（2.51人）などである（図3.1.3）。都道府県間の世帯規模の格差は、最大と最小で0.69人に上るが、その背景として、出生、死亡や移動はもとより、世帯の家族類型の差異も影響している。

途上国と先進国間に世帯規模の格差

世界各国の世帯規模も、出生率の低下傾向を反映し、総じて小規模化の傾向にある。世帯規模は、インド（4.8人）が４人を超え、シンガポール（3.2人）が３人台である。一方、世帯規模が３人を下回るのは先進諸国に多く、アメリカが2.7人、イタリア、イギリスが2.3人、日本、フランスが2.2人、ドイツは超低出生率を反映し2.0人と非常に小さい（図3.1.4）。

表3.1　世帯の種類別世帯数、世帯人員および1世帯当たり世帯人員の推移（1970〜2020年）

年　次	人口（千人）	世帯数（千世帯）			年平均増加率（%）		世帯人員（千人）		1世帯当たり人員（人）	
		総世帯 1)	一般世帯	施設等世帯	一般世帯数	人口	一般世帯	施設等世帯	一般世帯	施設等世帯
1970	104 665	30 374	30 297	77	2) 2.96	2) 1.04	103 351	1 315	3.41	17.08
1980	117 060	36 015	35 824	137	1.68	1.12	115 451	1 538	3.22	11.23
1990	123 611	41 036	40 670	104	1.27	0.54	121 545	1 742	2.99	16.75
2000	126 926	47 063	46 782	102	1.40	0.26	124 725	1 973	2.67	19.34
2010	128 057	51 951	51 842	108	1.10	0.05	125 546	2 512	2.42	23.26
2015	127 095	53 449	53 332	117	0.57	−0.15	124 296	2 798	2.33	23.91
2020	126 146	55 830	55 705	125	0.87	−0.15	123 163	2 983	2.21	23.86

注　1）世帯の種類「不詳」を含む。
　　2）1960年から70年の年平均増加率。沖縄含む。
資料　総務省「国勢統計」

図3.1.1　一般世帯の1世帯当たり平均人員の推移（1960〜2020年）

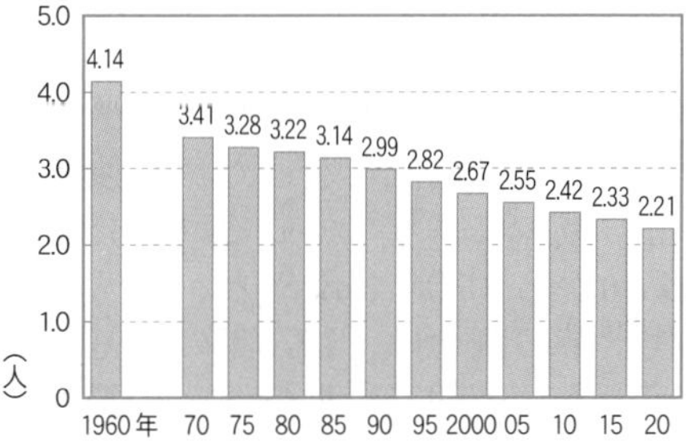

資料　表3.1と同じ。

図3.1.2　一般世帯の世帯人員別分布（1980〜2020年）

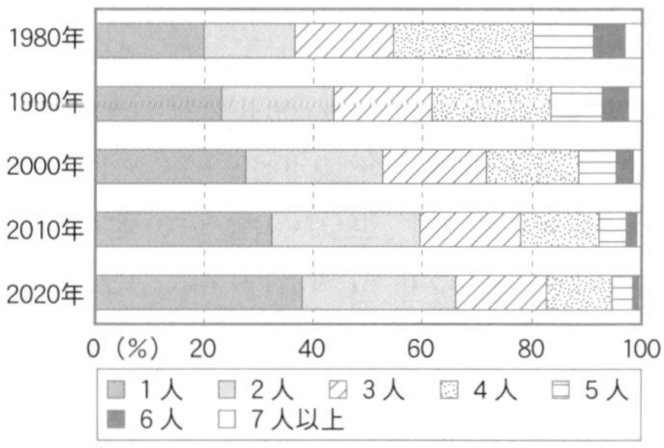

資料　表3.1と同じ。

図3.1.3　一般世帯の1世帯当たり平均人員の上位と下位の都道府県（2020年）

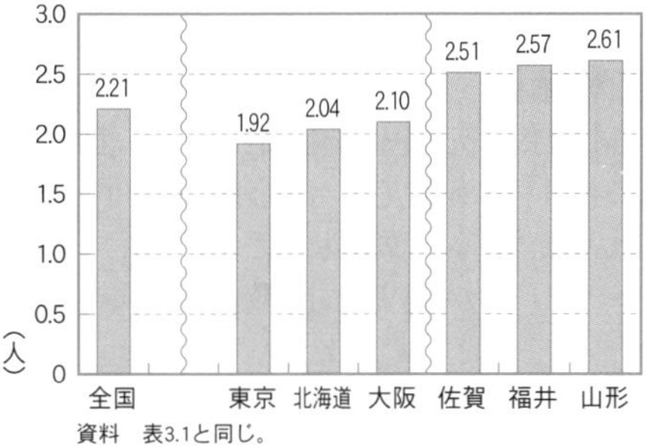

資料　表3.1と同じ。

図3.1.4　一般世帯の1世帯当たり平均人員の国際比較

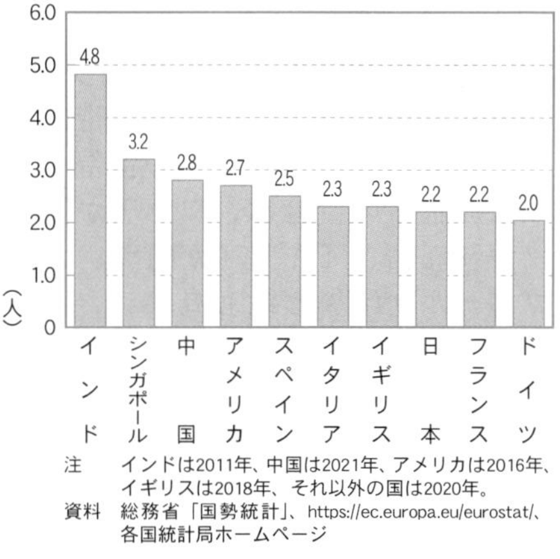

注　インドは2011年、中国は2021年、アメリカは2016年、イギリスは2018年、それ以外の国は2020年。
資料　総務省「国勢統計」、https://ec.europa.eu/eurostat/、各国統計局ホームページ

3.2　一般世帯の家族類型

家族の変容、単独世帯化が一層顕著に

一般世帯の家族類型別構成は、親族世帯、非親族世帯（世帯主と親族関係がない者が同居する世帯）と単独世帯に分けられる。親族世帯の割合が1970年から2020年に79％から61％へ低下する一方、単独世帯の割合は20％から38％へと、顕著な上昇傾向がみられる。親族世帯のうち、核家族世帯の家族類型をみると、夫婦と子供から成る世帯が同期間に41％から25％へ著しい低下を示す一方、夫婦のみ世帯が10％から20％へ２倍に上昇し、ひとり親と子供から成る世帯も６％から９％へ３％ポイントの上昇がみられ、最近の家族構成の変容が窺われる（表3.2）。

３世代世帯の減少、高齢者世帯の増加

一般世帯について、核家族世帯、単独世帯とその他世帯に分類した家族類型別割合をみると、核家族世帯は、1980年に60％でピークに達した後、2020年には54％に低下し、一方、単独世帯は前述のとおり、上昇の一途をたどっている。その他世帯には核家族以外の世帯と非親族世帯が含まれるが、その割合は年々低下し、20年には８％と過去最低となった。単独世帯の増加や３世代世帯の減少がその他世帯の減少に寄与している（図3.2.1）。

子供のいる世帯の割合は、1970年の65％から2020年に38％と、27％ポイントの著しい低下を示している。３世代世帯の割合は、1970年の16％から2020年には４％となり、急速に低下している。高齢夫婦世帯は、2000年から20年の20年間に、366万世帯から653万世帯に増加し、その割合は８％から12％へ上昇している。高齢単身者世帯も、同期間に303万世帯から672万世帯へ２倍以上増加し、その割合も７％から12％へ上昇している。世帯別にみても、高齢化の進展が急速であることが分かる（表3.2）。

家族類型の国際比較：東アジアと欧米諸国

東アジアと欧米の核家族世帯は、日本同様、夫婦と子供から成る世帯、ひとり親世帯と夫婦のみの世帯（夫婦には同棲も含む）から構成される。核家族世帯の割合は、ロシアが50％と低く、日本、韓国、アメリカ、ドイツが50％台、イギリスが61％、オーストラリアが64％と比較的高く、シンガポールが67％と最も高い。

一方、単独世帯の割合は、日本、ドイツ、スウェーデン、フランス、韓国、イギリスが30％台、アメリカ、ロシア、オーストラリアは20％台、シンガポールは16％と最も低い。日本は地理、宗教・文化の面では東アジアに属するが、世界の家族構成の比較から、欧米諸国型に近い家族構成であることが分かる（図3.2.2）。

表3.2　一般世帯の家族類型別世帯数および割合の推移（1970～2020年）

世帯の家族類型	一般世帯数（千世帯）				家族類型別割合（%）			
	1970	2000	2010	2020	1970	2000	2010	2020
一般世帯総数	30 297	46 782	51 842	55 705	100.0	100.0	100.0	100.0
親族のみ世帯	24 059	33 595	34 516	33 890	79.4	71.8	66.7	61.0
核家族世帯	17 186	27 273	29 207	30 111	56.7	58.3	56.4	54.2
夫婦のみ	2 972	8 823	10 244	11 159	9.8	18.9	19.8	20.1
夫婦と子供	12 471	14 904	14 440	13 949	41.2	31.9	27.9	25.1
ひとり親と子供	1 743	3 546	4 523	5 003	5.8	7.6	8.7	9.0
核家族世帯以外の世帯	6 874	6 322	5 309	3 779	22.7	13.5	10.3	6.8
非親族を含む世帯	100	276	456	504	0.3	0.6	0.9	0.9
単独世帯	6 137	12 911	16 785	21 151	20.3	27.6	32.4	38.1
（特掲）子供のいる世帯	19 687	22 796	22 179	20 914	65.0	48.7	42.9	37.7
（特掲）３世代世帯	4 876	4 716	3 658	2 338	16.1	10.1	7.1	4.2
（特掲）高齢夫婦世帯	—	3 661	5 251	6 534	—	7.8	10.1	11.8
（特掲）高齢単身世帯	—	3 032	4 577	6 717	—	6.5	8.8	12.1

注　2010年および2020年の一般世帯総数には「不詳」を含む。
　　2000年の数値は、2010年の新家族類型区分による遡及集計結果による。
　　３世代世帯には４世代世帯以上も含まれる。
　　高齢夫婦世帯とは、夫65歳以上、妻60歳以上の一般世帯をいう。
　　高齢単身世帯は65歳以上の単身の一般世帯をいう。
資料　総務省「国勢統計」

図3.2.1　一般世帯の家族類型別割合の推移（1970～2020年）

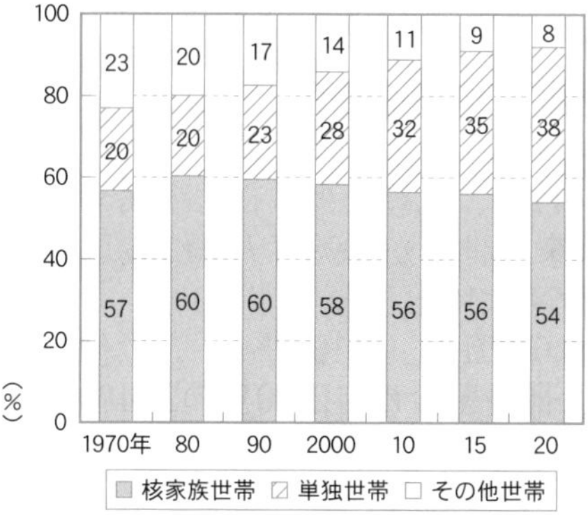

注　2000年の数値は、2010年の新家族類型区分による遡及集計結果による。
資料　表3.2と同じ。

図3.2.2　家族類型別世帯割合の国際比較

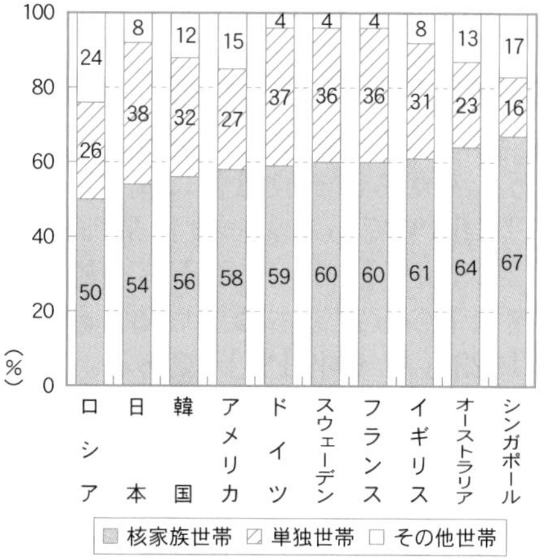

注　ロシア、アメリカは2010年、日本、韓国、シンガポールは2020年、ドイツ、スウェーデン、イギリスは2011年、フランスは2015年、オーストラリアは2016年。
資料　総務省「国勢統計」、https://unstats.un.org/、https://ec.europa.eu/eurostats/、各国統計局ホームページ

3.3　世帯の男女構成とひとり親世帯・高齢者世帯の状況

年齢階級、配偶関係で異なる男女の世帯主率

一般世帯主率について男女・年齢階級別にみると、男性の世帯主率が全年齢階級で女性より高くなっている。男性は20歳代以降世帯主率が高まり、70歳代前半まで上昇するのに対し、女性は20歳代以降ほとんど20％台で推移し、70歳代後半に30％台、80歳代は40％を超えている。

一般世帯主率を配偶関係別にみると、有配偶男性はほとんどの年齢階級で90％前後と高いが、女性は７％以下と低く、有配偶女性の世帯主が非常に少ない。未婚の場合には、男女間で世帯主率の差は小さいが、男性の方がやや高い傾向にある。死別の場合には、40歳代後半まで女性の世帯主率が男性より高い率を示すが、50歳代を過ぎると男性の世帯主率が女性を上回っている（図3.3.1）。

日本と欧米諸国の母子世帯はひとり親世帯の８～９割

欧米のひとり親世帯の割合は、全世帯（親族世帯と単独世帯の和）の10％前後であるが、日本は1.3％を占めるに過ぎない。ひとり親世帯の割合が欧米諸国で低い国はドイツ（6.3％）、スウェーデン（7.1％）、高い国はイタリア（10.7％）、ロシア（10.4％）、イギリス（10.3％）である。

次いで、ひとり親世帯について男女別にみると、多くの国で母子世帯が80％以上を占め、圧倒的に大きな割合である。とりわけ、日本は90％と高く、ロシア（89％）、イギリス（86％）が続いている。一方、スウェーデンは74％と低く、アメリカ（76％）、カナダ（78％）が続いている（図3.3.2）。

高齢者世帯の家族類型：夫婦のみ・単独世帯の増加

65歳以上の高齢者世帯の状況についてみると、2020年の高齢者人口3534万人のうち、一般世帯に属する人口は93.7％、施設等の世帯に所属する人口は6.3％である。一般世帯のうち、核家族世帯が2098万人（65歳以上人口の59.4％）で、そのうち夫婦のみの世帯は1268万人（同35.9％）で核家族世帯の６割を占めている。単独世帯は672万人（同19.0％）、３世代世帯は322万人（同9.1％）である。３世代世帯の割合は、2000年の25.4％から20年に9.1％へと著しい低下を示したのに対し、単独世帯は13.8％から19.0％へ上昇し、３世代世帯を上回るようになった。

施設等の世帯に所属する人口は、2000年から20年に4.7％から6.3％へ上昇している。そのうち老人ホームなど社会施設の入所者は、2.2％から5.1％へ２倍以上に上昇している。20年の高齢者世帯の状況について、性比により比較すると、65歳以上人口が77に対し、単独世帯は52、社会施設入所者は34と、男女の世帯構造に明白な差異がみられる（表3.3）。

図3.3.1　15歳以上男女、年齢階級、配偶関係別一般世帯主率（2020年）

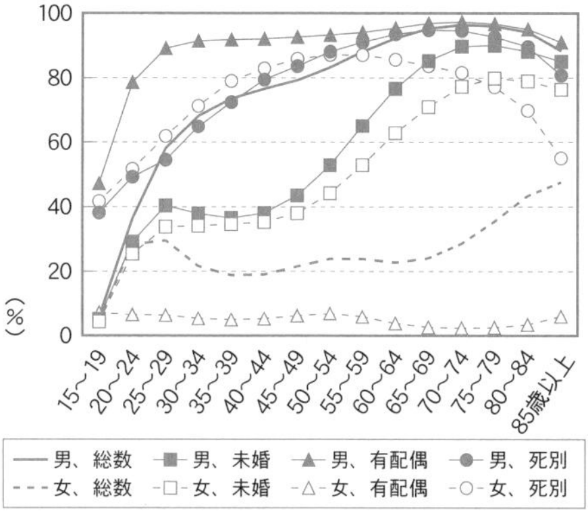

資料　総務省「国勢統計」

図3.3.2　ひとり親世帯の割合と母子・父子世帯の割合の国際比較

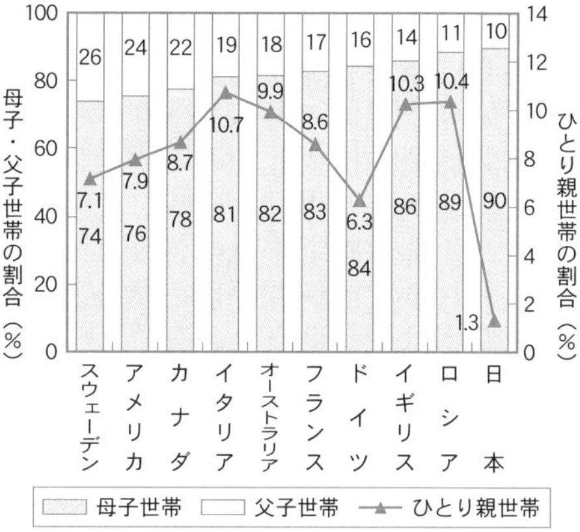

注　ひとり親世帯の割合は全世帯総数（親族世帯と単独世帯の和）に占める割合。（右目盛）
カナダは2021年、オーストラリアは2016年、フランスは2015年、ロシアは2010年、日本は2020年、それ以外の国は2019年。

資料　総務省「国勢統計」、http://www.unece.org/

表3.3　世帯の種類、家族類型別の65歳以上人口の推移（2000～20年）

所属世帯	実数（千人）					割合（%）					
	2000年	2010年	2020年			2000年	2010年	2020年			
			総数	男	女			総数	男	女	性比
65歳以上人口総数	22 005	29 246	35 336	15 345	19 991	100.0	100.0	100.0	100.0	100.0	76.8
一般世帯	20 981	27 578	33 116	14 720	18 396	95.3	94.3	93.7	95.9	92.0	80.0
核家族世帯	10 585	16 178	20 982	10 342	10 640	48.1	55.3	59.4	67.4	53.2	97.2
夫婦のみの世帯	6 798	9 865	12 679	6 733	5 946	30.9	33.7	35.9	43.9	29.7	113.2
単独世帯	3 032	4 791	6 717	2 308	4 409	13.8	16.4	19.0	15.0	22.1	52.4
３世代世帯	5 587	4 493	3 216	1 205	2 011	25.4	15.4	9.1	7.9	10.1	59.9
施設等の世帯	1 024	1 708	2 220	625	1 595	4.7	5.8	6.3	4.1	8.0	39.2
病院・療養所の入院者	528	449	402	149	253	2.4	1.5	1.1	1.0	1.3	58.8
社会施設の入所者	485	1 201	1 798	459	1 340	2.2	4.1	5.1	3.0	6.7	34.2

注　2000年の数値は、2010年の新家族類型区分による遡及集計結果による。

資料　図3.3.1と同じ。

3.4　配偶関係

女性の死別・離別は男性を上回る

15歳以上人口の配偶関係別構成は男女により大きく異なる。2020年に有配偶人口は女性が男性を19万人上回るが、未婚人口は男性が319万人上回り、女性の1.3倍である。一方、死別・離別人口は女性が男性の3.0倍である。配偶関係別の構成比をみると、20年に未婚率は男性が32％、女性が23％、また有配偶率は男性が61％、女性が56％で、いずれも男性が女性を上回る。一方、死別・離別率は男性が７％、女性が21％で女性が男性より高い傾向がみられる。配偶関係別の構成比は2000年と比較し、男女ともに未婚率、有配偶率はやや低下し、死別率、離別率は上昇している（表3.4.1）。

晩婚化は一服したが、非婚化の増勢は続く

男性の平均初婚年齢は、2020年に30.0歳となり、15年に比べて0.7歳低下した。女性も20年に28.9歳となり、15年に比べて0.5歳低下した。男女ともに晩婚化が進んでいたが、この10～20年において、男女とも晩婚化は進まなかった。また、男女間の初婚年齢の格差は、1970年の2.8歳から2020年に1.1歳となり、縮小している。

非婚化の指標である生涯未婚率は、戦争による男性人口の喪失の影響などから1970年には男性が1.7％、女性は3.3％で女性の方が高かったが、90年から逆転し、2020年には男性が26.7％、女性は17.3％となり、生涯にわたって結婚しない男女が増える非婚化傾向が進展している（表3.4.2）。

世界の平均初婚年齢：男女ともに高いヨーロッパ諸国

世界各国の平均初婚年齢についてみると、男性が女性より高い傾向が共通してみられる。インドネシアなどの途上国の初婚年齢は男性が26歳以下、女性が23歳以下と低い。一方、スウェーデン、スペイン、ドイツなど先進諸国は、アメリカを除き男女ともにほぼ30歳以上と晩婚で、低出生率の要因となっている。先進諸国の初婚年齢の男女差は２歳前後で、日本を含め縮小している。北欧、西欧諸国では同棲の増加が顕著となっており、初婚年齢の算出に少なからず影響していると推測される（図3.4.1）。

婚姻件数は減少傾向

婚姻件数は、1970年に100万組を超え、72年には110万組を記録し、婚姻率（人口千対）は10.0以上で、婚姻ブームを呈した。その後、婚姻件数は減少傾向を示したが、2000年、01年には1970年代前半に出生した団塊ジュニアの婚姻が増えたため80万組に上った。以降は概ね減少傾向が続き、2022年には婚姻件数が50.5万組となった。婚姻率も婚姻件数と同様の動きを示し、22年には4.1となった（図3.4.2）。

表3.4.1　15歳以上人口の男女別配偶関係（2000年、2020年）

配偶関係	2000年		2020年	
	男	女	男	女
総数（千人）	52 503	55 721	52 098	56 160
未　婚	16 680	13 201	15 836	12 651
有配偶	32 448	32 435	30 138	30 331
死　別	1 397	7 233	1 574	7 509
離　別	1 418	2 428	2 054	3 548
不　詳	560	425	2 496	2 122
総数（%）	100.0	100.0	100.0	100.0
未　婚	32.1	23.9	31.9	23.4
有配偶	62.5	58.7	60.8	56.1
死　別	2.7	13.1	3.2	13.9
離　別	2.7	4.4	4.1	6.6
不　詳	—	—	—	—

注　人口の総数には配偶関係不詳を含むが、割合の分母人口は不詳を除く。
資料　総務省「国勢統計」

表3.4.2　平均初婚年齢と生涯未婚率の推移（1950～2020年）

年次	平均初婚年齢（歳）			生涯未婚率（%）	
	男	女	男女の差	男	女
1950	26.2	23.6	2.6	1.5	1.4
1960	27.4	25.0	2.4	1.3	1.9
1970	27.5	24.7	2.8	1.7	3.3
1980	28.7	25.1	3.6	2.6	4.5
1990	30.4	26.9	3.5	5.6	4.3
2000	30.8	28.6	2.2	12.6	5.8
2010	31.2	29.7	1.5	20.1	10.6
2015	30.7	29.4	1.3	23.4	14.1
2020	30.0	28.9	1.1	26.7	17.3

注　平均初婚年齢は、SMAMの方法により当該年の国勢調査の年齢別未婚率に基づいて算出。
生涯未婚率は、45～49歳と50～54歳未婚率の平均値であり、50歳時の未婚率を示す。
資料　総務省「国勢統計」、国立社会保障・人口問題研究所「人口統計資料」

図3.4.1　平均初婚年齢の国際比較

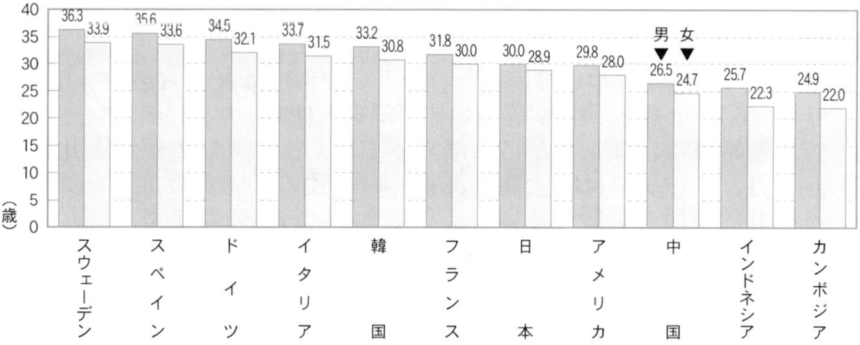

注　イタリアは2018年、韓国、日本は2020年、フランス、中国、インドネシア、カンボジアは2010年、それ以外の国は2019年。
資料　厚生労働省「人口動態統計」、http://www.unece.org/、各国統計局ホームページ

図3.4.2　婚姻件数と婚姻率の推移（1950～2022年）

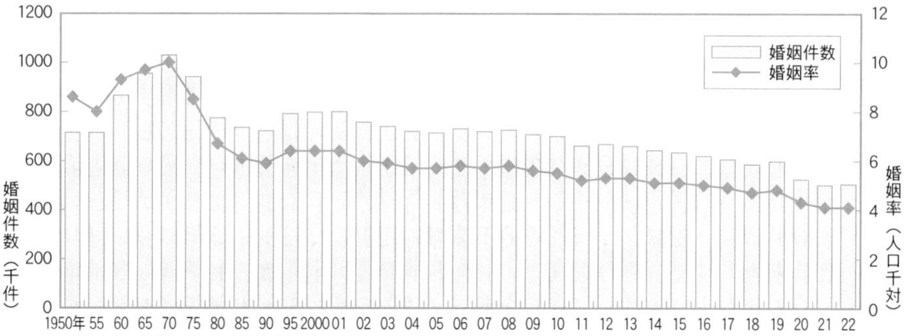

資料　厚生労働省「人口動態統計」、国立社会保障・人口問題研究所「人口統計資料集」

3.5　離婚件数、離婚率

離婚件数は減少が続く

離婚件数は、2022年に17.9万組、離婚率（人口千対）は1.47で、件数、率ともに前年より減少、低下となった。長期的にみると、離婚件数は1960年の７万組から2002年に29万組へ４倍増となった後、年々減少している。離婚率も1960年（0.74）以降上昇傾向を持続し、2002年に2.30と過去最高を記録したが、以降は概ね低下傾向にある（図3.5.1）。

離婚率は沖縄が最高、秋田が最低

2022年の全国の離婚件数17.9万組のうち、最多が東京の1.9万組、次いで大阪の1.4万組、神奈川の1.3万組に対し、最少は鳥取の763組、次いで島根の813組、福井の850組であった。離婚率でみると、全国が1.47であるのに対し、離婚率の高い上位県は、沖縄（2.13）、大阪（1.70）、福岡（1.68）、宮崎（1.68）で、下位県は、富山（1.08）、新潟（1.13）、石川（1.14）である。沖縄の離婚率は、富山のほぼ２倍である（図3.5.2）。

世界の婚姻率と離婚率

世界各国の婚姻率についてみると、ロシアが8.5で高く、イラン（6.7）、アメリカ（6.1）と続き、日本等その他諸国を上回る。

一方、離婚率は、ロシアが4.7と際立って高く、アメリカが2.3と比較的高い。他方、メキシコは0.7と極めて低く、国民の90％がカトリック教徒という宗教的要因も影響しているようである。日本の離婚率（1.5）の婚姻率（4.1）に対する割合37％に対して、スペイン、ロシア、フランスは50％以上と高い。他方、メキシコ、イランは30％前後と低く、宗教、文化等社会的要因との関連が大きいと推測される（図3.5.3）。

離婚は同居後５年未満が最大

夫婦の同居期間別に離婚の分布をみると、最も多いのが同居後５年未満の離婚で、1970年には52％と離婚の半分以上を占めていたが、2022年には32％に低下している。とくに、同居後１年未満の離婚は1970年には15％を占めたが、2022年には５％に低下している。1970年には、同居期間が長期化するにつれ離婚は減少していたが、2000年以降は、同居後20年以上の熟年離婚（50歳代以上の夫婦の離婚）が、10～15年未満や15～20年未満の離婚を上回るようになっている。22年は同居後５年未満（32％）が最も多く、次いで20年以上（24％）、５～10年未満（20％）、10～15年未満（14％）、15～20年未満（11％）の順である。平均同居期間は、1970年に6.8年だったが、2000年には10.3年と10年を超え、22年は12.5年と概ね伸びる傾向を示している（表3.5）。

図3.5.1　離婚件数と離婚率の推移（1950～2022年）

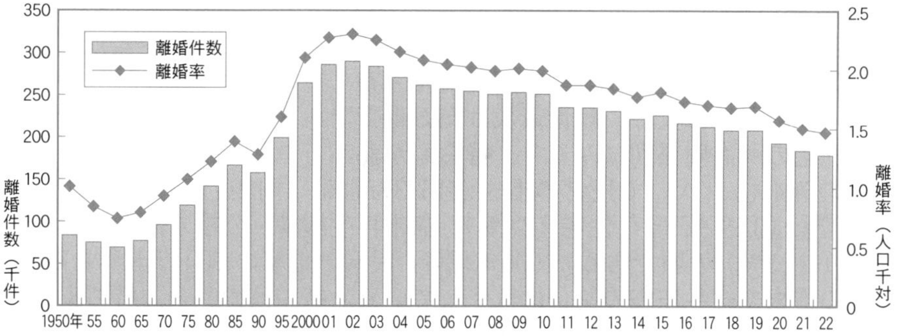

資料　厚生労働省「人口動態統計」、国立社会保障・人口問題研究所「人口統計資料集」

図3.5.2　離婚率の上位と下位の県（2022年）

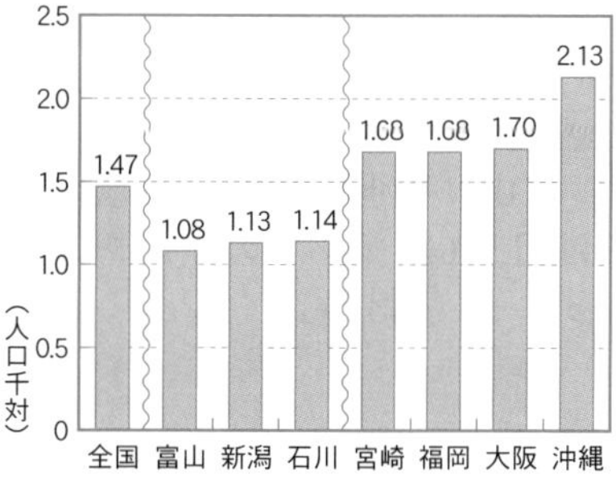

資料　厚生労働省「人口動態統計」

図3.5.3　婚姻率と離婚率の国際比較

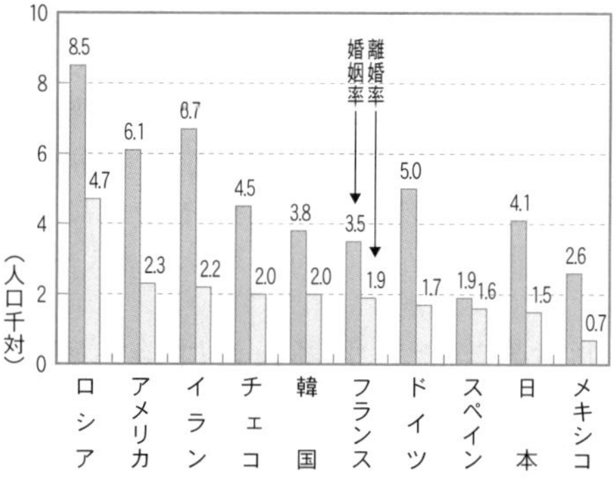

注　ロシアは2013年、アメリカ、ドイツは2019年、チェコ、韓国は2021年、フランスは2018年、日本は2022年、それ以外の国は2020年。

資料　厚生労働省「人口動態統計」、国立社会保障・人口問題研究所「人口統計資料集」、UN「Demographic Yearbook」

表3.5　同居期間別にみた離婚分布の推移（1970～2022年）

同居期間	1970年	80	90	2000	10	15	16	17	18	19	20	21	22
総数	95 937	141 689	157 608	264 246	251 379	226 238	216 856	212 296	208 333	208 496	193 253	184 384	179 099
構成比（%）	100.0	100.0	100.0	100.0	100.0	100.0	100.0	100.0	100.0	100.0	100.0	100.0	100.0
５年未満	51.8	37.3	38.1	37.9	35.0	33.8	33.6	33.5	33.4	32.9	32.5	31.7	31.7
１年未満	15.2	9.2	8.4	6.9	6.6	6.5	6.5	6.5	6.3	6.1	6.1	5.7	5.4
５～10年未満	24.4	27.7	21.2	23.0	22.6	22.2	21.9	21.3	21.0	20.6	20.2	19.9	19.9
10～15年未満	12.4	17.3	14.1	13.0	14.7	14.6	14.6	14.2	14.2	14.0	14.1	14.2	13.6
15～20年未満	6.1	10.0	12.7	9.6	10.8	11.3	11.3	11.6	11.6	11.7	11.6	11.5	11.4
20年以上	5.3	7.7	14.0	16.5	16.9	18.2	18.6	19.3	19.8	20.8	21.5	22.7	23.5
平均同居期間(年)	6.8	8.6	9.9	10.3	10.9	11.3	11.3	11.5	11.6	11.9	12.0	12.3	12.5

注　構成比は同居期間不詳を除いた総数に対する百分率。
資料　図3.5.1と同じ。

3.6　住居

持ち家率は61.4％

2020年国勢統計によれば、一般世帯数5570万世帯のうち、住宅に住む一般世帯数は5495世帯、住宅以外（寄宿舎・寮・病院・学校・旅館・会社・工場・事務所）に住む一般世帯数は75万世帯である。住宅に住む一般世帯数を住宅の所有関係別にみると、持ち家が3373万世帯（住宅に住む一般世帯数の61.4％）、次いで民営の借家が1633万世帯（同29.7％）、続いて、公営の借家（3.5％）、給与住宅（2.8％）、都市再生機構・公社の借家（1.4％）、間借り（1.3％）の順である。1990年以降、民営の借家の割合は上昇したが、公営の借家や給与住宅の割合は低下している。持ち家の割合（持ち家率）は、90年の61.2％から低下、上昇を繰り返し、2020年には61.4％に低下した（表3.6.1）。

持ち家率は秋田が最高、東京が最低

2020年の住宅に住む一般世帯の持ち家率を都道府県別にみると、東京が46.1％と最も低く、続いて、沖縄、福岡、大阪、北海道などである。これに対して、秋田が77.6％と最も高く、以下、富山、山形、新潟、和歌山、福井などが高い。持ち家率の最高と最低では31.5％ポイントの差があり、非大都市圏の県で持ち家率が高い傾向がみられる（図3.6）。

１世帯当たり世帯人員は持ち家が最大

住宅に住む一般世帯の１世帯当たり世帯人員は、1990年から2020年の30年間に3.05人から2.22人に減少した。住宅の所有関係別にみても、ほとんどの住宅において減少している。2020年における住宅の所有関係別にみた世帯人員は、持ち家が2.58人と最も多く、民営の借家が1.61人と最も少ない（表3.6.1）。このような住宅の所有関係にみた世帯人員の差は、住宅の広さも関連しているとみられる。

世帯の家族類型により異なる住居

2020年の住宅に住む一般世帯数を住宅の建て方別にみると、一戸建が2956万世帯（住宅に住む一般世帯数の53.8％）と最も多く、次いで共同住宅が2449万世帯（同44.6％）、長屋建が84万世帯（同1.5％）となっている。

これを世帯の家族類型別にみると、単独世帯については、共同住宅が68.1％と最も高く、一戸建は29.9％である。これに対して、３世代世帯は、一戸建が92.6％と圧倒的に高く、核家族世帯の一戸建の割合は66.2％と、単独世帯の２倍以上である。長屋建は、ほとんどの家族類型において２％以下と低い（表3.6.2）。

表3.6.1　住宅の所有関係別の一般世帯数と１世帯当たり世帯人員の推移（1990～2020年）

年次	住宅の所有関係						
	総数	持ち家	公営の借家	都市再生機構・公社の借家	民営の借家	給与住宅	間借り
				一般世帯数　（千世帯）			
1990	39 319	24 060	1 997	878	10 216	1 843	325
2000	45 693	27 905	2 190	952	12 298	1 799	549
2010	51 055	31 594	2 153	917	14 371	1 442	577
2015	52 461	32 694	2 046	845	15 108	1 291	476
2020	54 954	33 729	1 902	747	16 331	1 552	692
				一般世帯数の割合　（％）			
1990	100.0	61.2	5.1	2.2	26.0	4.7	0.8
2000	100.0	61.1	4.8	2.1	26.9	3.9	1.2
2010	100.0	61.9	4.2	1.8	28.1	2.8	1.1
2015	100.0	62.3	3.9	1.6	28.8	2.5	0.9
2020	100.0	61.4	3.5	1.4	29.7	2.8	1.3
				平均世帯人員　（人）			
1990	3.05	3.51	2.94	2.80	2.09	2.87	1.93
2000	2.70	3.12	2.53	2.42	1.87	2.43	2.12
2010	2.44	2.81	2.23	2.11	1.74	2.11	2.05
2015	2.35	2.70	2.09	1.98	1.69	2.00	1.92
2020	2.22	2.58	1.91	1.85	1.61	1.73	1.69

資料　総務省「国勢統計」

図3.6　住宅に住む一般世帯の持ち家率の都道府県比較（2020年）

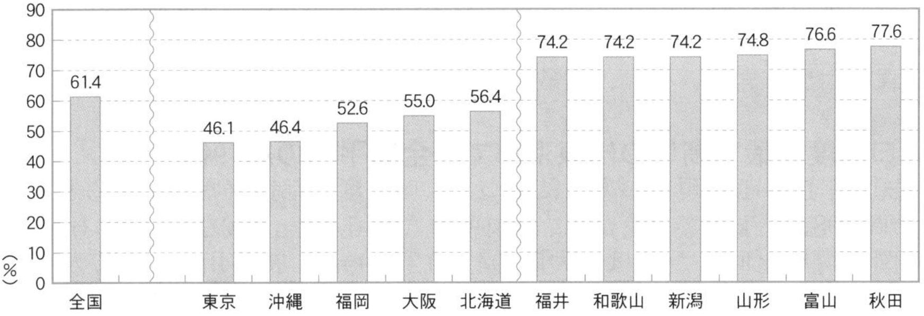

資料　表3.6.1と同じ。

表3.6.2　世帯の家族類型、住宅の建て方別一般世帯数（2020年）

住宅の建て方	世帯の家族類型						
	世帯総数	単独世帯	核家族世帯	夫婦のみの世帯	夫婦と子供から成る世帯	ひとり親と子供から成る世帯	３世代世帯
住宅に住む一般世帯数(千世帯)	54 954	20 524	30 000	11 122	13 904	4 973	2 333
一戸建	29 561	6 140	19 849	7 378	9 508	2 962	2 160
長屋建	839	380	418	150	164	104	11
共同住宅	24 493	13 981	9 701	3 582	4 217	1 902	158
住宅に住む一般世帯の割合(％)	100.0	100.0	100.0	100.0	100.0	100.0	100.0
一戸建	53.8	29.9	66.2	66.3	68.4	59.6	92.6
長屋建	1.5	1.8	1.4	1.4	1.2	2.1	0.5
共同住宅	44.6	68.1	32.3	32.2	30.3	38.2	6.8

資料　表3.6.1と同じ。

第４章　地域社会

4.1　都道府県の人口規模と人口動態

人口が500万以上は９都道府県

2022年10月１日現在の都道府県人口は、東京が1403.8万人で最も多く、500万人以上は神奈川、大阪、愛知など９都道府県である。人口が300万人台は静岡の１県、200万人台は茨城、広島、京都など６府県、100万人台は岐阜、群馬、栃木など21県である。人口が100万人未満は香川、秋田など10県であり、最少は鳥取（54.4万人）である（表4.1.1）。

全国人口に占める割合は、東京が11.24％を占め、神奈川、大阪、愛知、埼玉、千葉が5.0％以上である。一方、最少の鳥取は0.44％である（表4.1.1）。

前年に比べて人口が増加したのは東京都のみ

前年（2021年）に比べて人口が増加したのは、東京のみで人口増加率は0.20％であった。東京は前年26年ぶりの減少であったが、増加に転じている。沖縄は横ばいで、人口が減少したのは、45道府県となっている。埼玉、千葉、神奈川、福岡の４県は、前年減少に転じており、２年連続の減少となっている。人口減少率が最も大きかったのは秋田の1.59％で、次いで、青森、山形、岩手、福島、和歌山などである（表4.1.1）。

人口密度が最も高いのは東京都で、全国平均の約19倍

2022年10月１日現在の人口に基づく人口密度を都道府県別にみると、東京が6,398.2人/km^{2}で最も高く、全国平均（330.6人/km^2）の約19倍であった。全国平均を上回ったのは、大阪の4,609.2人/km^2、神奈川の3,820.7人/km^{2}など15都府県であった。一方、最も低いのは北海道の61.6人/km^{2}で、次いで、岩手（77.3人/km^2）、秋田（79.9人/km^2）、高知（95.2人/km^2）などであり、全国平均を下回ったのは32道県であった（表4.1.1）。

全都道府県で自然減少

2022年１年間の自然増減率（粗出生率と粗死亡率の差、人口1,000人当たり）は－6.5で、都道府県別にみると、すべての都道府県で自然減少となった。前年自然増加であった沖縄も－1.0と減少に転じた。自然減少が一番大きかった秋田は－14.3であった。22年の合計特殊出生率は1.26で、都道府県別にみると、沖縄の1.70が最も高く、東京の1.04が最も低い。

2020年の平均寿命を男女別にみると、男は81.49年、女は87.60年である。都道府県別にみると、最も長いのは男が滋賀の82.73年、女が岡山の88.29年、最も短いのは男女とも青森で、男が79.27年、女が86.33年である（表4.1.2）。

表4.1.1　都道府県別人口、人口増減数、人口増減率、人口割合および人口密度

都道府県	人口（千人）		2021～22年		人口割合	人口密度	都道府県	人口（千人）		2021～22年		人口割合	人口密度
	2021年	2022年	増減数（千人）	増減率（％）	2022年（％）	2022年（人/km^2）		2021年	2022年	増減数（千人）	増減率（％）	2022年（％）	2022年（人/km^2）
全　　国	125 502	124 947	−555	−0.44	100.00	330.6	三重県	1 756	1 742	−14	−0.80	1.39	301.7
北海道	5 183	5 140	−43	−0.83	4.11	61.6	滋賀県	1 411	1 409	−2	−0.14	1.13	350.7
青森県	1 221	1 204	−17	−1.39	0.96	124.8	京都府	2 561	2 550	−11	−0.43	2.04	552.9
岩手県	1 196	1 181	−15	−1.25	0.95	77.3	大阪府	8 806	8 782	−24	−0.27	7.03	4 609.2
宮城県	2 290	2 280	−10	−0.44	1.82	313.1	兵庫県	5 432	5 402	−30	−0.55	4.32	643.0
秋田県	945	930	−15	−1.59	0.74	79.9	奈良県	1 315	1 306	−9	−0.68	1.05	353.8
山形県	1 055	1 041	−14	−1.33	0.83	111.7	和歌山県	914	903	−11	−1.20	0.72	191.1
福島県	1 812	1 790	−22	−1.21	1.43	129.9	鳥取県	549	544	−5	−0.91	0.44	155.1
茨城県	2 852	2 840	−12	−0.42	2.27	465.8	島根県	665	658	−7	−1.05	0.53	98.1
栃木県	1 921	1 909	−12	−0.62	1.53	297.9	岡山県	1 876	1 862	−14	−0.75	1.49	261.7
群馬県	1 927	1 913	−14	−0.73	1.53	300.7	広島県	2 780	2 760	−20	−0.72	2.21	325.5
埼玉県	7 340	7 337	−3	−0.04	5.87	1 931.9	山口県	1 328	1 313	−15	−1.13	1.05	214.8
千葉県	6 275	6 266	−9	−0.14	5.01	1 215.1	徳島県	712	704	−8	−1.12	0.56	169.8
東京都	14 010	14 038	28	0.20	11.24	6 398.2	香川県	942	934	−8	−0.85	0.75	497.6
神奈川県	9 236	9 232	−4	−0.04	7.39	3 820.7	愛媛県	1 321	1 306	−15	−1.14	1.05	230.1
新潟県	2 177	2 153	−24	−1.10	1.72	171.1	高知県	684	676	−8	−1.17	0.54	95.2
富山県	1 025	1 017	−8	−0.78	0.81	239.4	福岡県	5 124	5 116	−8	−0.16	4.09	1 025.7
石川県	1 125	1 118	−7	−0.62	0.89	267.1	佐賀県	806	801	−5	−0.62	0.64	328.2
福井県	760	753	−7	−0.92	0.60	179.7	長崎県	1 297	1 283	−14	−1.08	1.03	310.6
山梨県	805	802	−3	−0.37	0.64	179.6	熊本県	1 728	1 718	−10	−0.58	1.37	231.9
長野県	2 033	2 020	−13	−0.64	1.62	149.0	大分県	1 114	1 107	−7	−0.63	0.89	174.6
岐阜県	1 961	1 946	−15	−0.76	1.56	183.2	宮崎県	1 061	1 052	−9	−0.85	0.84	130.0
静岡県	3 608	3 582	−26	−0.72	2.87	460.6	鹿児島県	1 576	1 563	−13	−0.82	1.25	170.1
愛知県	7 517	7 495	−22	−0.29	6.00	1 448.8	沖縄県	1 468	1 468	0	0.00	1.17	643.3

資料　総務省「人口推計」

表4.1.2　都道府県別粗出生率、粗死亡率、自然増減率、合計特殊出生率および平均寿命

都道府県	粗出生率	粗死亡率	自然増減率	合計特殊出生率	平均寿命（年）		都道府県	粗出生率	粗死亡率	自然増減率	合計特殊出生率	平均寿命（年）	
					男	女						男	女
	2022年				2020年			2022年				2020年	
全　　国	6.3	12.9	−6.5	1.26	81.49	87.60	三重県	6.2	13.8	−7.6	1.40	81.68	87.59
北海道	5.2	14.6	−9.4	1.12	80.92	87.08	滋賀県	7.1	11.0	−3.8	1.43	82.73	88.26
青森県	5.0	16.8	−11.8	1.24	79.27	86.33	京都府	6.1	12.7	−6.6	1.18	82.24	88.25
岩手県	4.9	16.5	−11.6	1.21	80.64	87.05	大阪府	6.7	12.5	−5.7	1.22	80.81	87.37
宮城県	5.7	12.4	−6.7	1.09	81.70	87.51	兵庫県	6.3	12.6	−6.2	1.31	81.72	87.90
秋田県	4.3	18.6	−14.3	1.18	80.48	87.10	奈良県	5.7	13.3	−7.6	1.25	82.40	87.95
山形県	5.5	16.3	−10.9	1.32	81.39	87.38	和歌山県	5.8	16.0	−10.1	1.39	81.03	87.36
福島県	5.5	15.4	−10.0	1.27	80.60	86.81	鳥取県	7.0	14.9	−7.9	1.60	81.34	87.91
茨城県	5.7	13.5	−7.7	1.27	80.89	86.94	島根県	6.4	16.1	−9.7	1.57	81.63	88.21
栃木県	5.6	13.4	−7.8	1.24	81.00	86.89	岡山県	6.8	13.6	−6.8	1.39	81.90	88.29
群馬県	5.8	14.4	−8.6	1.32	81.13	87.18	広島県	6.6	12.9	−6.3	1.40	81.95	88.16
埼玉県	6.1	11.5	−5.4	1.17	81.44	87.31	山口県	6.0	15.9	−10.0	1.47	81.12	87.43
千葉県	6.1	11.8	−5.8	1.18	81.45	87.50	徳島県	5.9	15.7	−9.8	1.42	81.27	87.42
東京都	6.8	10.4	−3.6	1.04	81.77	87.86	香川県	6.3	14.7	−8.4	1.45	81.56	87.64
神奈川県	6.3	11.0	−4.7	1.17	82.04	87.89	愛媛県	5.9	15.5	−9.6	1.39	81.13	87.34
新潟県	5.5	15.1	−9.6	1.27	81.29	87.57	高知県	5.5	17.1	−11.6	1.36	80.79	87.84
富山県	6.0	15.1	−9.0	1.46	81.74	87.97	福岡県	7.2	12.2	−5.0	1.33	81.38	87.70
石川県	6.4	13.0	−6.6	1.38	82.00	88.11	佐賀県	7.0	14.1	−7.1	1.53	81.41	87.78
福井県	6.6	14.3	−7.7	1.50	81.98	87.84	長崎県	6.6	15.2	−8.6	1.57	81.01	87.41
山梨県	6.1	14.1	−8.1	1.40	81.71	87.94	熊本県	7.0	14.4	−7.4	1.52	81.91	88.22
長野県	6.1	14.4	−8.2	1.43	82.68	88.23	大分県	6.2	14.9	−8.7	1.49	81.88	87.99
岐阜県	5.9	13.9	−8.0	1.36	81.90	87.51	宮崎県	6.8	15.4	−8.6	1.63	81.15	87.60
静岡県	5.9	13.6	−7.7	1.33	81.59	87.48	鹿児島県	6.8	15.4	−8.6	1.54	80.95	87.53
愛知県	7.1	11.2	−4.2	1.35	81.77	87.52	沖縄県	9.4	10.4	−1.0	1.70	80.73	87.88

注　　粗出生率、粗死亡率、自然増減率は人口1,000人に対する値。
資料　厚生労働省「令和４年（2022）人口動態統計（確定数）」、「令和２年都道府県別生命表」

4.2　都道府県の人口と世帯の構成

老年化指数は2000年からの22年間で約２倍

2022年の全国人口の性比（女100人当たりの男の数）は94.7で、女が男の数を上回る。都道府県別にみると、茨木が99.7で最も高く、全国平均（94.7）を上回っているのは、栃木（99.6）、愛知（99.3）、埼玉（98.6）、神奈川（98.4）、千葉（98.2）など18都県である。29道府県が全国平均を下回り、最も低いのは奈良と長崎の88.9である（表4.2.1）。

2022年における15～64歳（生産年齢）人口の割合は、東京（66.3％）が最も高く、神奈川、愛知、埼玉、大阪、千葉、沖縄、滋賀、宮城の主として大都市地域がある９都府県で全国平均（59.4％）を上回った。一方、秋田（52.1％）が最も低く、高知、島根、山口、鹿児島など38道府県で全国平均を下回った（表4.2.1）。

65歳以上人口の割合（高齢化率）が全国平均（29.0％）を上回ったのは、秋田（38.6％）、高知（36.1％）、山口（35.2％）、徳島（35.0％）など37道府県である。一方、最も低いのは東京（22.8％）で、次いで、沖縄（23.5％）、愛知（25.6％）など10都府県が全国平均を下回っている（表4.2.1）。

2022年の全国人口の老年化指数（65歳以上人口の０～14歳人口に対する比率）は249.9である。老年化指数は2000年に119.1であったが、05年に146.5、10年に174.0、15年に210.6と200を超え、22年は249.9となった。2000年からの22年間で約2.1倍となり人口の高齢化が進行している。

都道府県別にみると、すべての都道府県で100以上であり、最も低い沖縄で143.5である。最も高いのは秋田の415.1で、続いて、青森（341.2）、高知（339.9）など34道府県で全国平均を上回った（表4.2.1）。

2015～20年の世帯人員は47都道府県すべてで減少

2020年の一般世帯数は5570.5万世帯で、都道府県別にみると、最も多いのは東京の721.7万世帯で初めて700万世帯を超えた。次いで、神奈川421.0万世帯、大阪412.7万世帯と２府県も初めて400万世帯を超え、この３都府県で全国の27.9％と約３割を占めている。最も少ないのは鳥取の21.9万世帯で0.4％となっている。15～20年の一般世帯数の増減を都道府県別にみると、最も増加したのは52.6万世帯の東京で、次いで、神奈川、大阪など43都道府県が増加し、高知、秋田、長崎、山口の４県で減少となった。15～20年の一般世帯数の増加率の最も高かったのは沖縄の9.7％であった（表4.2.2）。

また、2020年の１世帯当たりの人員は2.21人で、15年の2.33人から0.12人減少した。15～20年の１世帯当たりの人員の増減を都道府県別にみると、47都道府県すべてが減少した。減少幅が最も大きかったのは山形、福井の0.18人であった。次いで、0.17人の茨城、新潟、沖縄などが続き、最も小さかったのは東京の0.07人であった（表4.2.2）。

表4.2.1　都道府県の性比、年齢階級別割合および老年化指数

都道府県	性　比 2022年	年齢階級別割合（%）（2022年） 0～14歳	15～64歳	65歳以上	うち75歳以上	老年化指数 2000年	2022年	都道府県	性　比 2022年	年齢階級別割合（%）（2022年） 0～14歳	15～64歳	65歳以上	うち75歳以上	老年化指数 2000年	2022年
全　　国	94.7	11.6	59.4	29.0	15.5	119.1	249.9	三 重 県	95.6	11.7	57.9	30.5	16.4	124.0	260.4
北 海 道	89.4	10.3	56.9	32.8	17.3	130.2	318.2	滋 賀 県	97.4	13.2	60.0	26.8	13.9	97.9	202.9
青 森 県	89.2	10.2	55.0	34.8	18.0	128.7	341.2	京 都 府	91.3	11.1	59.3	29.6	16.3	127.4	267.6
岩 手 県	93.3	10.6	54.9	34.6	18.4	143.1	327.2	大 阪 府	91.7	11.4	60.9	27.7	15.4	105.2	242.7
宮 城 県	95.2	11.3	59.8	28.9	14.6	115.7	255.8	兵 庫 県	90.5	11.9	58.3	29.8	16.1	113.2	249.8
秋 田 県	89.5	9.3	52.1	38.6	20.6	171.5	415.1	奈 良 県	88.9	11.4	56.3	32.4	17.5	112.0	284.7
山 形 県	94.1	10.9	54.3	34.8	18.4	153.4	319.0	和歌山県	89.2	11.2	54.8	34.0	18.5	141.9	302.5
福 島 県	97.6	11.0	56.3	32.7	16.5	126.6	298.1	鳥 取 県	91.7	12.2	54.8	33.1	17.4	144.2	271.9
茨 城 県	99.7	11.3	58.3	30.4	15.6	108.1	269.4	島 根 県	93.8	12.0	53.3	34.7	19.0	168.8	289.5
栃 木 県	99.6	11.4	58.7	29.9	14.9	112.3	263.6	岡 山 県	92.7	12.1	57.1	30.8	17.0	135.1	254.9
群 馬 県	98.0	11.3	57.9	30.8	16.3	119.6	273.2	広 島 県	94.1	12.3	57.7	29.9	16.3	124.2	243.3
埼 玉 県	98.6	11.5	61.1	27.4	14.5	86.8	237.0	山 口 県	90.6	11.2	53.6	35.2	19.3	159.1	314.0
千 葉 県	98.2	11.4	60.6	28.0	15.0	99.3	244.6	徳 島 県	91.5	10.7	54.3	35.0	18.3	154.1	327.2
東 京 都	96.4	10.9	66.3	22.8	12.5	134.5	208.7	香 川 県	93.5	11.8	55.8	32.4	17.4	144.5	274.5
神奈川県	98.4	11.4	62.8	25.8	14.1	98.8	226.3	愛 媛 県	90.4	11.3	54.8	33.9	18.1	145.9	300.8
新 潟 県	94.5	10.9	55.5	33.5	17.7	143.9	307.3	高 知 県	89.7	10.6	53.3	36.1	19.9	171.6	339.9
富 山 県	94.8	10.9	56.1	33.0	18.2	148.1	301.3	福 岡 県	90.0	12.8	58.9	28.3	14.6	117.2	221.5
石 川 県	94.4	11.8	57.9	30.3	16.2	125.1	257.0	佐 賀 県	90.3	13.2	55.4	31.4	16.1	124.4	238.3
福 井 県	95.6	12.2	56.6	31.2	16.5	130.2	256.7	長 崎 県	88.9	12.3	53.8	33.9	17.5	130.0	275.8
山 梨 県	96.6	11.1	57.4	31.5	16.7	126.2	282.8	熊 本 県	90.1	13.0	54.9	32.1	16.9	137.2	247.3
長 野 県	95.7	11.6	55.9	32.5	18.0	142.1	280.1	大 分 県	90.6	11.8	54.2	33.9	18.1	148.2	286.9
岐 阜 県	94.4	11.9	57.1	31.0	16.6	118.7	261.5	宮 崎 県	89.5	12.9	53.7	33.4	17.3	129.0	259.2
静 岡 県	97.3	11.7	57.6	30.7	16.4	117.0	263.8	鹿児島県	89.5	12.9	53.6	33.5	17.2	143.6	259.9
愛 知 県	99.3	12.6	61.7	25.6	13.8	94.3	202.6	沖 縄 県	96.9	16.3	60.2	23.5	10.9	69.1	143.5

資料　総務省「国勢統計」、「人口推計」

表4.2.2　都道府県の一般世帯数および一般世帯の１世帯当たり人員

都道府県	一般世帯数(千世帯) 2020年	2015年	2015～20年の一般世帯の増減 増減数(千世帯)	増減率(%)	一般世帯の１世帯当たり人員（人） 2020年	2015年	2015年～20年の差	都道府県	一般世帯数(千世帯) 2020年	2015年	2015～20年の一般世帯の増減 増減数(千世帯)	増減率(%)	一般世帯の１世帯当たり人員（人） 2020年	2015年	2015年～20年の差
全　　国	55 705	53 332	2 373	4.4	2.21	2.33	−0.12	三 重 県	741	719	22	3.1	2.33	2.47	−0.14
北 海 道	2 469	2 438	31	1.3	2.04	2.13	−0.09	滋 賀 県	571	537	34	6.3	2.44	2.59	−0.15
青 森 県	510	509	0	0.1	2.34	2.48	−0.14	京 都 府	1 189	1 151	37	3.3	2.12	2.22	−0.10
岩 手 県	491	489	1	0.3	2.39	2.54	−0.15	大 阪 府	4 127	3 918	209	5.3	2.10	2.22	−0.12
宮 城 県	981	943	38	4.0	2.30	2.43	−0.13	兵 庫 県	2 399	2 312	87	3.8	2.23	2.35	−0.12
秋 田 県	384	387	−4	−1.0	2.41	2.55	−0.15	奈 良 県	544	529	15	2.8	2.38	2.52	−0.15
山 形 県	397	392	5	1.1	2.61	2.78	−0.18	和歌山県	393	391	2	0.5	2.28	2.40	−0.12
福 島 県	740	730	10	1.4	2.42	2.56	−0.14	鳥 取 県	219	216	3	1.3	2.44	2.57	−0.12
茨 城 県	1 182	1 122	59	5.3	2.37	2.55	−0.17	島 根 県	268	264	4	1.7	2.40	2.53	−0.13
栃 木 県	795	762	34	4.4	2.38	2.54	−0.16	岡 山 県	800	771	28	3.7	2.30	2.43	−0.13
群 馬 県	803	772	31	4.0	2.35	2.50	−0.15	広 島 県	1 241	1 209	32	2.6	2.20	2.29	−0.10
埼 玉 県	3 158	2 968	190	6.4	2.28	2.41	−0.13	山 口 県	597	597	−0	−0.0	2.17	2.27	−0.10
千 葉 県	2 768	2 605	163	6.3	2.23	2.35	−0.12	徳 島 県	307	305	2	0.8	2.26	2.39	−0.14
東 京 都	7 217	6 691	526	7.9	1.92	1.99	−0.07	香 川 県	406	398	8	2.1	2.27	2.39	−0.12
神奈川県	4 210	3 965	245	6.2	2.15	2.26	−0.11	愛 媛 県	600	591	9	1.6	2.16	2.28	−0.12
新 潟 県	863	846	16	1.9	2.48	2.65	−0.17	高 知 県	314	318	−4	−1.2	2.11	2.20	−0.09
富 山 県	403	390	13	3.3	2.50	2.66	−0.16	福 岡 県	2 318	2 197	122	5.5	2.15	2.26	−0.11
石 川 県	469	452	16	3.6	2.34	2.48	−0.14	佐 賀 県	311	301	10	3.4	2.51	2.67	−0.16
福 井 県	291	279	12	4.2	2.57	2.75	−0.18	長 崎 県	556	558	−2	−0.4	2.27	2.37	−0.11
山 梨 県	338	330	8	2.3	2.34	2.47	−0.13	熊 本 県	717	703	14	2.0	2.34	2.46	−0.12
長 野 県	830	805	25	3.1	2.41	2.55	−0.14	大 分 県	488	485	3	0.6	2.22	2.32	−0.10
岐 阜 県	779	752	27	3.6	2.49	2.65	−0.16	宮 崎 県	469	461	7	1.6	2.20	2.31	−0.11
静 岡 県	1 481	1 427	54	3.7	2.40	2.54	−0.14	鹿児島県	726	722	3	0.5	2.11	2.20	−0.09
愛 知 県	3 233	3 060	173	5.7	2.29	2.41	−0.11	沖 縄 県	613	559	54	9.7	2.33	2.50	−0.17

資料　総務省「国勢統計」

4.3　市町村の人口動向

市町村数は、1999年の3,229から2014年には1,718に減少

市町村数（東京都特別区部を１市と数えない。）の推移をみると、1947年（昭和22年）８月に10,505あった市町村は、53（昭和28）～61年（昭和36年）にかけてのいわゆる昭和の大合併により、61年６月には3,472市町村とほぼ３分の１に減少した。その後、3,400～3,200台で推移し、99年（平成11年）４月に3,229あった市町村は、99～2006年（平成18年）にかけてのいわゆる平成の大合併により、06年３月には1,821市町村、14年（平成26年）４月には1,718市町村と大きく減少した。23年（令和５年）10月１日現在も14年４月と同数である（表4.3.1）。

1970～2020年の50年間に市町村数は約５割減少、人口は約２割増加

2020年10月１日の市町村数は、東京都特別区部を１市と数えると1,719市町村で５年前（2015年10月１日）と同じであった。市と町村を５年前と比べると、市は793と２増加したが、町村は926と２減少した。50年前（1970年10月１日）と比べると、1970年の3,331市町村から2020年には1,719市町村と1,612市町村減少し約半数となった。これを市と町村でみると、市は1970年の588市から2020年の793市と205市（34.9％）増加した。一方、町村は1970年の2,743町村から2020年の926町村と1,817町村（66.2％）減少した（表4.3.2）。

人口は５年前（2015年）と比べると、市および町村とも減少し94.9万人減少した。50年前と比べると、1970年は10466.5万人、2020年は12614.6万人で2148.1万人（20.5％）増加した。これを市と町村でみると、市は1970年の7542.9万人から2020年の11575.8万人と4032.9万人（53.5％）増加したが、町村は1970年の2923.7万人から2020年の1038.8万人と1884.8万人(64.5％)減少した(表4.3.2)。

また、2020年の1,719市町村を人口階級別に５年前と比べると、人口５万未満の市は272市から291市に増加、人口５千未満の町村は267町村から290町村に増加し、市町村の人口規模は小さくなっている（表4.3.2）。

市部は市町村数で約５割、人口は９割以上

2020年の1,719市町村を人口階級別にみると、人口10万以上の市は262市で15.2％、人口10万未満の市は531市で30.9％と市全体で46.1％を占めている。町村は、人口１万以上の町村は399町村で23.2％、人口１万未満の町村は527町村で30.7％と市全体で53.9％である。また、20年の人口12614.6万人を人口階級別にみると、人口10万以上の市は8926.9万人で70.8％と７割を超える。人口10万未満の市は2648.9万人で21.0％と市全体では91.8％と９割以上を占めている。町村は、人口１万以上の町村は790.8万人で6.3％、人口１万未満の町村は248.0万人で2.0％と町村全体で8.2％を占めている（図4.3）。

表4.3.1　市町村数の推移

年　月	市町村数							
	1947年８月 (昭和22年８月)	1953年10月 (昭和28年10月)	1961年６月 (昭和36年６月)	1999年４月 (平成11年４月)	2006年３月 (平成18年３月)	2014年４月 (平成26年４月)	2016年10月 (平成28年10月)	2018年10月～ (平成30年10月～)
総　数	10 505	9 868	3 472	3 229	1 821	1 718	1 718	1 718
市	210	286	556	671	777	790	791	792
町	1 784	1 966	1 935	1 990	846	745	744	743
村	8 511	7 616	981	568	198	183	183	183

注　　政令指定都市は含み、特別区数は含まない。
資料　総務省資料

表4.3.2　人口規模別市町村数および人口

人口規模	市町村数					人口（千人）				
	1970年	2015年	2020年	増減数		1970年	2015年	2020年	増減数	
				1970年～2020年	2015年～2020年				1970年～2020年	2015年～2020年
全　国	3 331	1 719	1 719	－1 612	0	104 665	127 095	126 146	21 481	－949
市	588	791	793	205	2	75 429	116 137	115 758	40 329	－379
100万以上	8	12	12	4	0	20 856	29 503	30 330	9 473	826
50万～100万未満	7	17	16	9	－1	4 562	11 717	11 173	6 611	－544
30万～50万未満	21	43	45	24	2	7 890	16 729	17 467	9 577	739
20万～30万未満	42	38	37	－5	－1	10 078	9 520	9 130	－948	－391
10万～20万未満	73	151	152	79	1	10 416	21 270	21 170	10 754	－100
５万～10万未満	176	258	240	64	－18	12 012	18 133	16 850	4 837	－1 283
３万～５万未満	216	181	179	－37	－2	8 416	7 141	7 089	－1 327	－52
３万未満	45	91	112	67	21	1 197	2 124	2 550	1 353	426
町村	2 743	928	926	－1 817	－2	29 237	10 958	10 388	－18 848	－569
３万以上	52	65	61	9	－4	2 009	2 441	2 288	279	－153
２万～３万未満	216	90	79	－137	－11	5 081	2 180	1 928	－3 154	－253
１万～２万未満	894	264	259	－635	－5	12 337	3 840	3 693	－8 644	－147
５千～1万未満	1 120	242	237	－883	－5	8 300	1 772	1 702	－6 599	－71
５千未満	461	267	290	－171	23	1 509	725	778	－731	53

注　　東京都特別区部は１市とした。
資料　総務省「国勢統計」

図4.3　人口規模別市町村数および人口の割合（2020年）

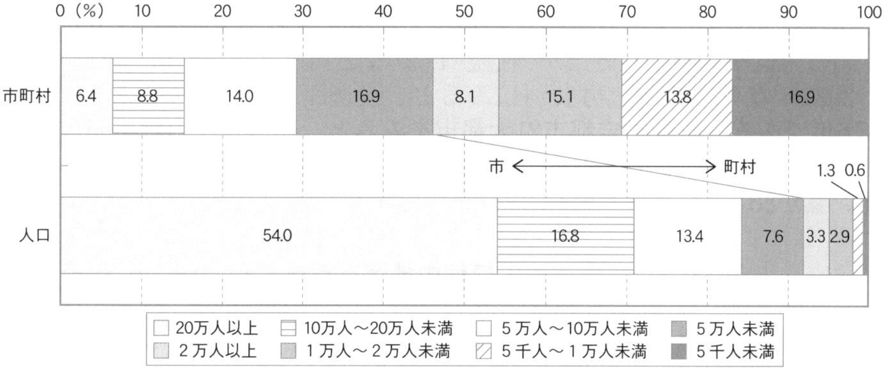

資料　表4.3.2と同じ。

4.4　都市の人口動向

実質的な都市化は緩やかに進行

総人口に占める都市地域の人口の割合は、都市化率とも呼ばれる。行政上の市の地域を「都市」とみなせば、日本の都市化率は1920年の18.0％から2020年の91.8％と100年の間に目覚ましい勢いで進んできたことになる。ただし、この上昇は２度にわたる市町村合併による影響が大きい。したがって、全国の人口に占める市部人口の割合の推移は、都市地域と見なすには適切でない地域も含まれているため、都市化の進展を捉える指標としてふさわしくないといえる。そのため、1960年以降の国勢統計では人口集中地区（DID）の設定が行われた。DIDに基づく都市化率をみると、60年の43.7％以降、2020年の70.0％と緩やかな上昇を示している（図4.4）。

人口100万以上の12市の人口は全国人口の24％

2020年において、793市のうち、人口が最も多いのは、東京都特別区部の973万人である。次いで、横浜（378万人）、大阪（275万人）、名古屋（233万人）、札幌、福岡、川崎、神戸、京都、さいたま、広島、仙台と続き、仙台までの12市が100万人を超えている。人口100万以上の12市の人口は3033万人で、全国人口に占める割合は24.0％である。政令指定都市21大都市の15～20年の人口の増減をみると、13市で増加し、増加率が最も高いのは東京都特別区部の5.0％で、次いで、福岡、さいたまの4.8％などが続く。一方、減少したのは、新潟（－2.6％）、北九州（－2.3％）などの８市である（表4.4.1）。

政令指定都市21全市で自然減少

2022年１年間の自然増減率（粗出生率と粗死亡率の差、人口1,000人当たり）の全国平均は－6.5であるが、政令指定都市21大都市をみると、自然増加となった市はなく、21全市が自然減少となった。20年の合計特殊出生率の全国平均は1.33で、政令指定都市21大都市をみると、熊本（1.51）など７市は全国平均を上回ったが、札幌（1.09）など14市は全国平均を下回った。

2020年の平均寿命を男女別にみると、全国平均では男が81.5年、女が87.6年である。政令指定都市21大都市をみると、最も長いのは男が広島の82.5年、女が岡山と広島の88.4年、最も短いのは男女とも大阪で、男が79.3年、女が86.8年である（表4.4.2）。

☆☆☆人口集中地区☆☆☆

人口集中地区（Densely Inhabited District）とは、市区町村の境域内で、隣接する人口密度の高い国勢調査区（原則として人口密度が１km^{2}当たり4,000人以上）の集合で、その人口が5,000人以上の地域を言い、1960年国勢調査時に初めて設定された。

図4.4　全国に占めるDIDおよび市部の人口割合の推移

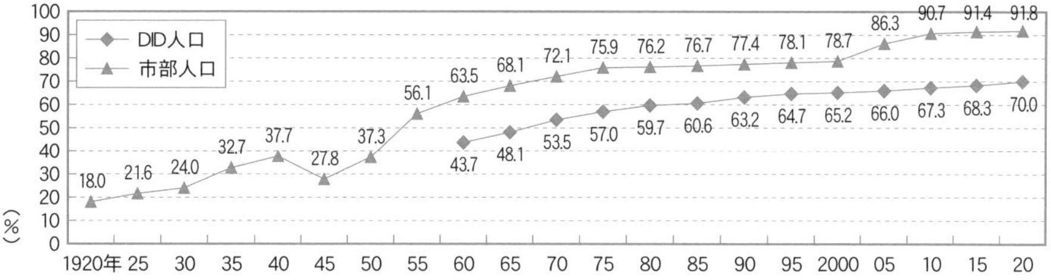

資料　総務省「国勢統計」

表4.4.1　21大都市の人口とその増減

順　位		人　口（千人）			５年間の増減数（千人）		５年間の増減率（％）		面積（km²）	人口密度（人/km²）
		2020年	2015年	2010年	2015～20年	2010～15年	2015～20年	2010～15年	2020年	2020年
1	東京都特別区部	9 733	9 273	8 946	461	327	5.0	3.7	627.5	15 510.5
2	横浜市	3 777	3 725	3 689	53	36	1.4	1.0	437.7	8 630.1
3	大阪市	2 752	2 691	2 665	61	26	2.3	1.0	225.3	12 215.6
4	名古屋市	2 332	2 296	2 264	37	32	1.6	1.4	326.5	7 143.0
5	札幌市	1 973	1 952	1 914	21	39	1.1	2.0	1 121.3	1 760.0
6	福岡市	1 612	1 539	1 464	74	75	4.8	5.1	343.5	4 694.6
7	川崎市	1 538	1 475	1 426	63	50	4.3	3.5	143.0	10 756.3
8	神戸市	1 525	1 537	1 544	−12	−7	−0.8	−0.4	557.0	2 738.1
9	京都市	1 464	1 475	1 474	−11	1	−0.8	0.1	827.8	1 768.1
10	さいたま市	1 324	1 264	1 222	60	42	4.8	3.4	217.4	6 089.4
11	広島市	1 201	1 194	1 174	7	20	0.6	1.7	906.7	1 324.3
12	仙台市	1 097	1 082	1 046	15	36	1.3	3.5	786.4	1 394.7
13	千葉市	975	972	962	3	10	0.3	1.1	271.8	3 587.3
14	北九州市	939	961	977	−22	−16	−2.3	−1.6	491.7	1 909.8
15	堺市	826	839	842	−13	−3	−1.6	−0.3	149.8	5 514.0
16	浜松市	791	798	801	−7	−3	−0.9	−0.4	1 558.1	507.5
17	新潟市	789	810	812	−21	−2	−2.6	−0.2	726.3	1 086.8
18	熊本市	739	741	734	−2	6	−0.3	0.9	390.3	1 893.0
19	相模原市	725	721	718	5	3	0.7	0.5	328.9	2 205.7
20	岡山市	725	719	710	5	10	0.7	1.4	790.0	917.4
21	静岡市	693	705	716	−12	−11	−1.6	−1.6	1 411.8	491.1

注　2010年人口は2015年10月１日現在の境域、また、2015年人口は2020年10月１日現在の境域に基づいて組み替えた人口である。
資料　図4.4と同じ。

表4.4.2　21大都市の粗出生率、粗死亡率、自然増加率、合計特殊出生率および平均寿命

21大都市	粗出生率（人口千対）		粗死亡率（人口千対）		自然増減率（人口千対）		合計特殊出生率	平均寿命（年）2020年	
	2021年	2022年	2021年	2022年	2021年	2022年	2020年	男	女
全国	6.6	6.3	11.7	12.9	−5.1	−6.5	1.33	81.5	87.6
札幌市	6.1	5.7	11.1	11.9	−5.0	−6.3	1.09	81.3	87.1
仙台市	6.7	6.4	8.9	9.9	−2.2	−3.5	1.17	82.4	88.1
さいたま市	7.3	7.2	9.0	9.9	−1.7	−2.7	1.30	82.0	87.9
千葉市	6.1	5.9	9.8	11.1	−3.7	−5.2	1.24	81.2	87.7
東京都特別区部	7.2	6.8	8.8	9.5	−1.7	−2.7	1.10	81.5	87.8
横浜市	6.4	6.1	9.5	10.4	−3.1	−4.3	1.25	82.3	88.1
川崎市	7.8	7.3	8.0	8.8	−0.2	−1.5	1.26	81.7	88.2
相模原市	6.1	5.7	9.8	11.0	−3.6	−5.3	1.23	81.6	87.4
新潟市	6.5	6.1	12.2	12.9	−5.7	−6.9	1.30	81.6	87.7
静岡市	6.0	5.8	12.1	13.6	−6.1	−7.8	1.32	81.7	87.5
浜松市	6.5	6.3	11.2	12.0	−4.7	−5.7	1.44	82.2	87.8
名古屋市	7.4	7.0	10.3	11.2	−3.0	−4.2	1.34	81.3	87.4
京都市	6.0	5.8	10.8	11.8	−4.7	−6.1	1.15	82.1	88.2
大阪市	7.0	6.7	11.5	12.4	−4.4	−5.7	1.17	79.3	86.8
堺市	6.7	6.5	11.3	12.5	−4.6	−6.0	1.44	81.1	87.5
神戸市	6.1	5.9	11.3	11.9	−5.1	−6.0	1.27	81.8	88.0
岡山市	7.4	7.2	10.1	11.2	−2.7	−4.0	1.41	82.3	88.4
広島市	7.4	7.0	9.2	10.2	−1.8	−3.2	1.42	82.5	88.4
北九州市	6.8	6.4	12.8	13.9	−6.1	−7.5	1.47	81.0	87.7
福岡市	7.7	7.5	8.3	8.9	−0.6	−1.4	1.20	81.7	87.9
熊本市	8.3	7.8	10.0	11.2	−1.8	−3.3	1.51	82.3	88.3

資料　厚生労働省「人口動態統計（確定数）」、「令和２年市区町村別生命表」

4.5　国内人口移動

1970年代以降、人口移動は低下傾向

人口の地域分布の変動は、人口移動によるところが大きい。住民基本台帳人口移動報告によると、2022年の１年間における外国人を含めた市区町村間移動人口は532万人、同一都道府県内の移動を除いた都道府県間移動人口は255万人である。そのうち、日本人の市区町村間移動人口は478万人、都道府県間移動人口は226万人である（図4.5.1）。

日本人の市区町村間移動者人口は、1950年代後半の500万人台から増加していたが、73年の854万人をピークに減少傾向に転じ、2022年は478万人であった。日本人の都道府県間移動人口についても同様で、1950年代後半の200万人台から増加していたが、71年の426万人をピークに減少傾向で推移し、2022年は226万人であった（図4.5.1）。

東京都の転入超過率は2021年の0.04％から22年の0.27％に上昇

2022年の転入・転出超過率をみると、転入超過率は埼玉（0.35％）が最も高く、11都府県で転入超過となった。東京は0.27％と前年の0.04％から0.23％ポイント上昇した。一方、転出超過となったのは36道府県で、転出超過率の最も高かったのは福井の0.49％であった（図4.5.2）。

東京圏は転入超過が続き、大阪圏と名古屋圏は転出超過が続く

３大都市圏（東京圏、名古屋圏、大阪圏）の1970年以降の日本人の転入・転出者数の推移をみると、東京圏は93年までは転入超過、94年と95年は転出超過、96年以降は再び転入超過となり、2022年は9.4万人の転入超過となった。大阪圏は1974年以降2010年まで転出超過、11年と12年は転入超過、13年からは10年連続の転出超過となった。名古屋圏は小幅な転入超過と転出超過を繰り返していたが、14年以降９年連続の転出超過となった（図4.5.3）。

人口移動率のピークは都道府県間が22歳、都道府県内が26歳

2022年の人口移動率をみると、０歳から10歳代前半に向け低下し、その後20歳代にかけて上昇傾向で推移する。その後は再び低下傾向になり、56歳と60歳に一時上昇するのは都道府県間および都道府県内ともに同様の傾向である。人口移動率の10歳代後半から20歳代前半を詳細にみると、18歳で急激に上昇し、19歳で低下、20歳で再び上昇するのは都道府県間、都道府県内も同じであるが、都道府県間のピークは22歳であるのに対し、都道府県内ピークは26歳と相違している（図4.5.4）。

図4.5.1　全国の年間人口移動者数の推移

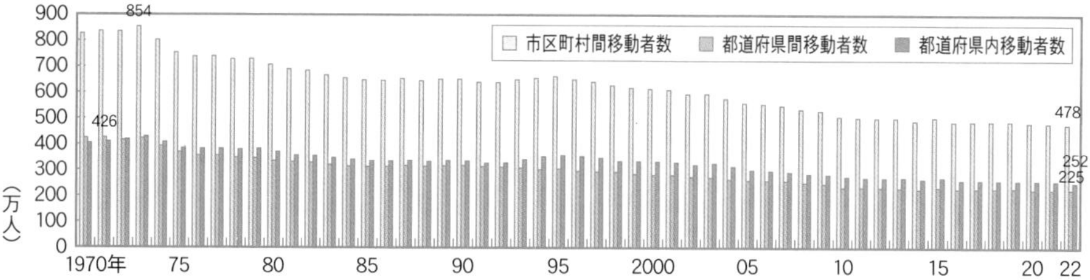

注　　日本人のみ。
資料　総務省「国勢統計」、「住民基本台帳人口移動報告」

図4.5.2　都道府県別転入超過率（2021年、2022年）

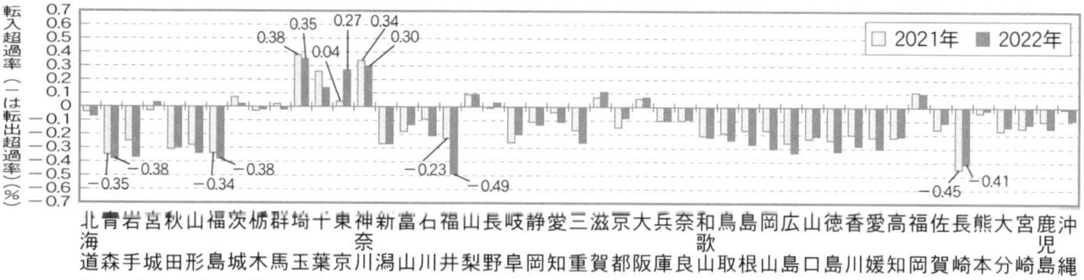

注　　転入（転出）超過率は、当該地域の10月１日現在で推計された人口に対する転入（転出）超過数の比率。
資料　総務省「住民基本台帳人口移動報告」

図4.5.3　３大都市圏の転入超過数の推移

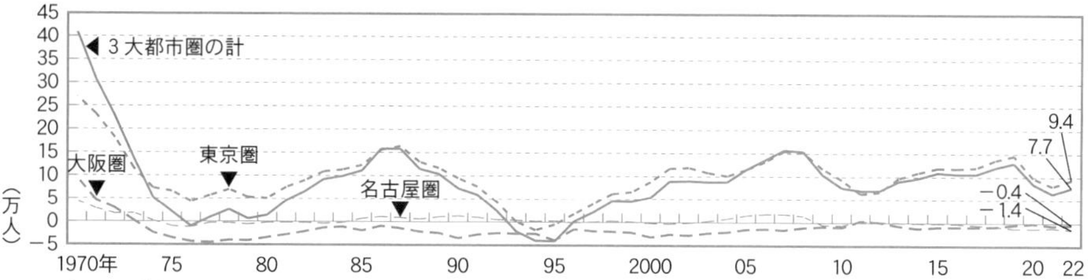

注　　日本人のみ。
　　　３大都市圏の各圏に含まれる地域は、東京圏は東京都、神奈川県、埼玉県、千葉県、名古屋圏は愛知県、岐阜県、三重県、大阪圏は大阪府、兵庫県、京都府、奈良県。３大都市圏の計は各圏の単純合計。
資料　図4.5.2と同じ。

図4.5.4　全国の年齢各歳別の都道府県間および都道府県内人口移動率

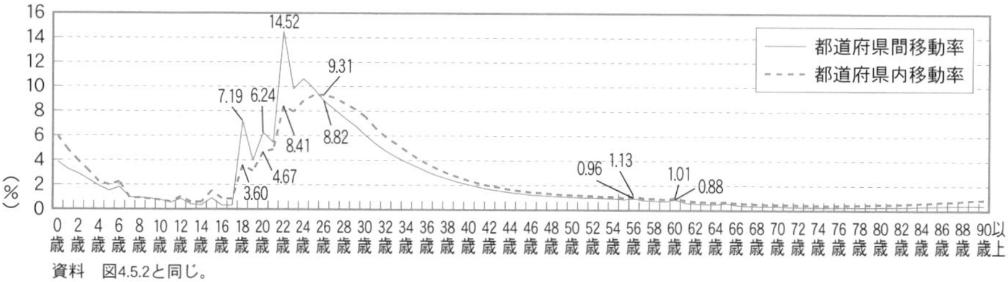

資料　図4.5.2と同じ。

Ⅱ 国民生活

第５章　家計と暮らし

5.1　消費水準、実収入、消費支出

2022年の消費水準は1981年を下回る

世帯の人数、世帯主年齢や物価の変化の影響を取り除いた「消費水準指数（2017年以降は世帯消費動向指数）」について二人以上の世帯の推移をみると、2022年は新型コロナウイルス感染症の影響は続いたが、総じて外出した人が増加したことなどにより、２年連続の上昇となったものの1981年の水準を下回った。

消費水準指数は、バブル期に最も高い水準となり、バブル経済の崩壊後はやや横ばいで推移したものの、1998年の金融システム不安、2008年のリーマンショック、11年の東日本大震災の発生等を背景に低下傾向で推移した。12年、13年と安倍内閣の経済政策、いわゆるアベノミクスによる影響等から世帯の消費水準は上昇したが、14年から低下傾向となった。19年は消費税率引き上げに伴う駆け込み需要などにより上昇したが、20年は大幅に低下し、21年、22年は２年連続して上昇した（図5.1.1）。

2022年の実収入は減少、消費支出は増加

二人以上の勤労者世帯の実収入について実質増減率の推移をみると、2008年後半からはリーマンショックによる景気の急激な悪化で、実収入は09年にかけて減少した。10年は景気拡大等に伴い３年ぶりに増加に転じたが、11年は東日本大震災の影響もあり1.7％の減少となった。12年、13年に２年連続して増加し、14年は3.9％の大幅な減少、15年から17年まで３年連続の増加となり、18年は0.6％の減少となった。19年は0.5％の増加、20年は１人10万円の特別定額給付金などもあって4.0％の大幅な増加となったが、21年は0.4％、22年は1.0％と２年連続の減少となった。

消費支出は実収入にほぼ連動した動きを示しているが、2014年は消費税率引き上げ（４月）後の需要減少で3.3％減少し、15年、16年と３年連続の減少となった。19年は消費税率引き上げ（10月）前の駆け込み需要等により1.2％の増加となり、20年は新型コロナウイルス感染症の影響もあり、5.6％の大幅な減少となったが、その後は感染状況が落ち着いた時期の外出増加などにより、21年は1.5％、22年は0.6％と２年連続の増加となった（図5.1.2）。

家計の収入構成では配偶者収入の上昇が続く

2022年の二人以上の勤労者世帯の１か月平均実収入は617,654円で、その収入構成は40年間で大きく変化している。配偶者収入の割合は少しずつ上昇し、22年は15.8％となっている（表5.1）。

図5.1.1　消費水準指数（二人以上の世帯）

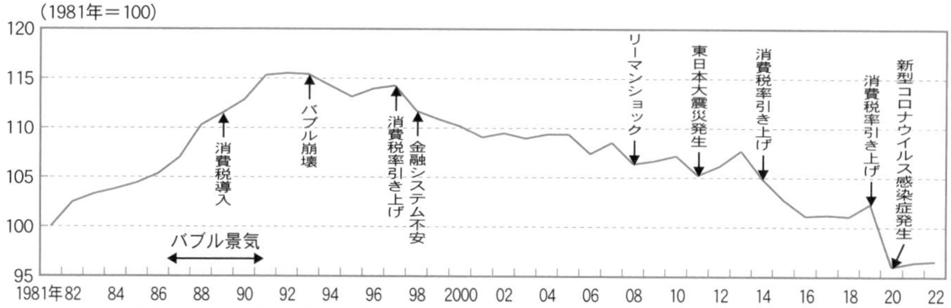

注　2016年以前は消費水準指数（世帯人員及び世帯主の年齢分布調整済）、2017年以降は世帯消費動向指数（分布調整値）。
資料　総務省「家計統計」

図5.1.2　実収入と消費支出の実質増減率の推移（二人以上の勤労者世帯）

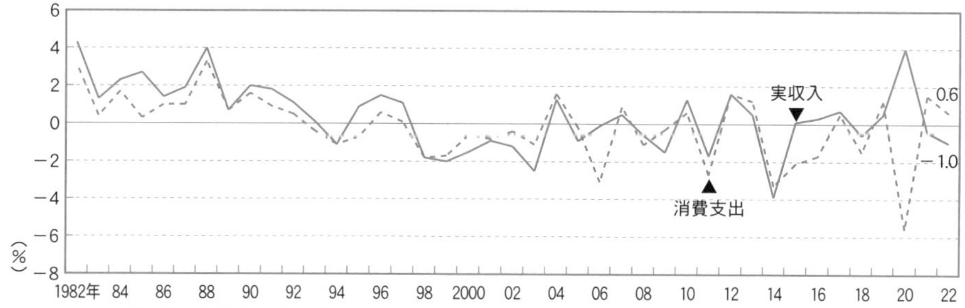

注１）2000年以前は農林漁家世帯を除く。
２）2018年と2019年は、2018年の家計簿変更による変動を調整した変動調整値。
資料　図5.1.1と同じ。

表5.1　実収入と消費支出の実質増減率等（二人以上の勤労者世帯）

年　次	勤労者世帯実収入		実収入構成比（%）実収入＝100				消費支出実質増減率	
	金　額（円）	実　質 増減率(%)	世帯主 定期収入	世帯主 賞与等	配偶者 収　入	他の世帯員 収　入	勤労者世帯	二人以上 世帯（参考）
1980	349 686	1.5	64.7	19.2	7.0	3.7	0.9	1.2
85	444 846	2.1	63.9	18.6	8.0	3.8	1.2	0.7
90	521 757	2.0	63.6	18.9	8.5	3.0	1.5	1.4
95	570 817	0.5	65.5	16.4	9.6	2.5	−0.2	−0.1
2000	560 954	−0.5	67.7	14.4	9.6	2.2	−0.7	−0.9
05	524 585	−0.9	68.6	12.5	10.9	2.1	−0.2	−0.5
10	520 692	−0.1	67.4	12.8	11.1	2.0	−0.6	−0.6
15	525 669	−0.7	66.0	12.6	12.3	1.5	−1.1	−1.1
16	526 973	0.3	65.6	12.9	12.5	1.7	−1.7	−1.7
17	533 820	0.7	65.4	13.1	12.2	1.7	0.5	−0.3
(旧基準値)			(64.6)	(13.3)	(12.9)	(1.7)		
18	558 718	*−0.6*	62.4	13.9	13.1	2.4	*−1.5*	*−0.4*
(新基準値)			(60.3)	(14.4)	(13.2)	(3.1)		
19	586 149	*0.5*	60.6	14.2	14.2	2.5	*1.2*	*0.9*
20	609 535	4.0	57.8	13.1	14.7	2.5	−5.6	−5.3
21	605 316	−0.4	59.5	13.9	15.0	2.6	1.5	0.7
22	617 654	−1.0	59.1	13.9	15.8	2.5	0.6	1.2

注１）2015年以前の実質増減率は、過去5年間の実質増減年率。「二人以上の世帯」の2000年以前は農林漁家世帯を除く。
２）2018年および2019年の実質増減率は、2018年の家計簿変更による変動を調整した変動調整値。
３）「旧基準値」および「新基準値」とは、2018年の家計簿変更の影響をそれぞれ前年および翌年基準に調整した参考値。
資料　図5.1.1と同じ。

5.2　消費支出の構成、非消費支出

食料への支出割合が0.6ポイント低下

二人以上の世帯の費目別支出割合をみると、消費構造が大きく変化してきていることが分かる。食料への支出割合であるエンゲル係数は1980年の29.0％から2000年の23.3％へ６ポイント近く低下した。20年は在宅勤務や休校もあり27.5％となったが、22年は26.6％と、前年から0.6ポイントの低下となった。交通・通信への支出は、1990年代以降の携帯電話の急速な普及の影響もあって大幅に拡大し、80年の8.0％から、2000年には11.4％、20年には14.4％となったが、22年は21年と同じく14.2％となった。保健医療への支出は、消費者の健康志向や高齢化の進展等から1980年代以降拡大し、また、2022年は感染予防もあり21年と同じく5.1％となった。被服及び履物への支出は縮小が続き、22年は3.1％と1980年の7.9％の半分以下となった。（表5.2.1）。

感染症予防、巣ごもり需要や在宅勤務などにより、パスタなどへの支出が増加

二人以上の世帯の2022年の消費支出について前年を100とした季節調整済実質指数を月別にみると、消費支出は、１月および２月は感染が拡大したこともあり、いずれも前月と比べると低下となったが、３月は感染者数が減少し、下旬には多くの地域で実施されていたまん延防止等重点措置が解除されたことで持ち直す動きとなった。４月から６月までは、行動制限がなくなったことで外出した人が増加し、感染者数が落ち着いていた2021年秋頃と同程度の水準となったが、12月は前月と比べると2.1％の低下となった（図5.2.1）。

なお、2022年の二人以上の世帯の品目別対前年実質増減率をみると、外出の機会が減ったことにより減少した品目もある一方で、感染症予防、巣ごもり需要や在宅勤務によりパスタなど増加した品目もある（表5.2.2）。

非消費支出は名目3.6％の増加、実収入に占める割合は18.9％

二人以上の勤労者世帯の2022年の非消費支出は116,740円で、前年に比べ名目3.6％増加した。そのうち、直接税は4.7％の増加、社会保険料は８年連続の増加で2.8％の増加となった。

実収入に対する非消費支出の割合は、2006年から13年まで８年連続で上昇し、08年に17％台、12年に18％台に上昇し、22年は18.9％となった（図5.2.2）。

表5.2.1　二人以上の世帯の消費支出の構成（支出金額、構成比、実質増減率）

年　次	消費支出	食　料	住　居	光熱・水　道	家　具・家事用品	被服及び履　物	保健医療	交通・通　信	教　育	教養娯楽	その他の消費支出
					支出金額（円）						
1980	230 568	66 923	10 682	13 225	9 875	18 163	5 865	18 416	8 325	19 620	59 474
90	311 174	78 956	14 814	17 147	12 396	22 967	8 866	29 469	14 471	30 122	81 966
2000	317 133	73 844	20 787	21 477	11 018	16 188	11 323	36 208	13 860	32 126	80 302
10	290 244	67 563	18 179	21 951	10 266	11 499	12 515	38 965	11 734	31 879	65 695
15	287 373	71 844	17 931	23 197	10 458	11 363	12 633	40 238	10 995	28 314	60 371
20	277 926	76 440	17 365	21 836	12 538	8 799	14 211	39 910	10 290	24 285	52 251
21	279 024	75 761	18 329	21 530	11 932	8 709	14 238	39 702	11 902	24 545	52 377
22	290 865	77 474	18 645	24 522	12 121	9 106	14 705	41 396	11 436	26 642	54 817
					構成比（％）						
1980	100.0	29.0	4.6	5.7	4.3	7.9	2.5	8.0	3.6	8.5	25.8
90	100.0	25.4	4.8	5.5	4.0	7.4	2.8	9.5	4.7	9.7	26.3
2000	100.0	23.3	6.6	6.8	3.5	5.1	3.6	11.4	4.4	10.1	25.3
10	100.0	23.3	6.3	7.6	3.5	4.0	4.3	13.4	4.0	11.0	22.6
15	100.0	25.0	6.2	8.1	3.6	4.0	4.4	14.0	3.8	9.9	21.0
20	100.0	27.5	6.2	7.9	4.5	3.2	5.1	14.4	3.7	8.7	18.8
21	100.0	27.2	6.6	7.7	4.3	3.1	5.1	14.2	4.3	8.8	18.8
22	100.0	26.6	6.4	8.4	4.2	3.1	5.1	14.2	3.9	9.2	18.8
					実質増減率（％）						
20	−5.3	0.2	−0.2	1.9	6.7	−19.3	1.7	−8.3	−2.9	−16.7	−10.5
21	0.7	−0.9	3.5	−2.7	−6.4	−1.4	0.6	4.7	15.7	−0.5	0.5
22	1.2	−2.1	−0.5	−0.8	−2.1	3.0	3.6	5.9	−4.8	7.3	1.7

注　用途分類。2000年以前は農林漁家世帯を除く。
資料　総務省「家計統計」

図5.2.1 消費支出の季節調整済実質指数の推移（二人以上の世帯）

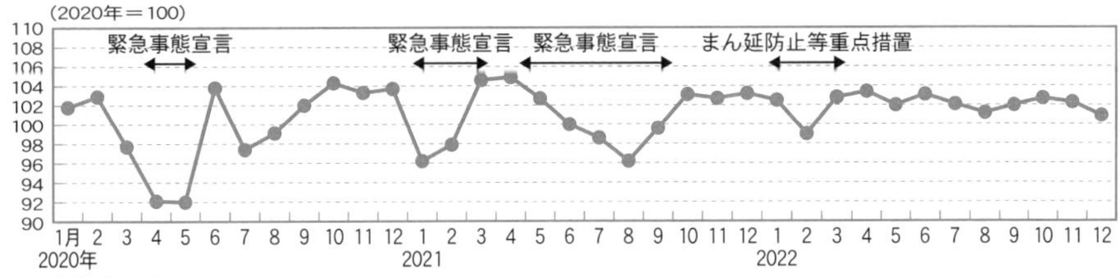

資料　表5.2.1と同じ

表5.2.2　新型コロナウイルス感染症により消費行動に大きな影響がみられた主な品目の対前年実質増減率（％）（二人以上の世帯）

品　目	2022年	品　目	2022年	品　目	2022年
食料		保健医療		教養娯楽	
パスタ	4.0	保健用消耗品注)	66.4	宿泊料	−7.4
生鮮肉	2.3	交通・通信		パック旅行費	−57.8
冷凍調理食品	31.4	鉄道運賃	−32.7	映画・演劇等入場料	−22.6
チューハイ・カクテル	38.5	バス代	−37.8	文化施設入場料	−20.4
食事代	−17.7	タクシー代	−26.3	遊園地入場・乗物代	−28.8
飲酒代	−56.4	航空運賃	−33.9	その他の消費支出	
被服及び履物		有料道路料	−31.4	ファンデーション	−28.5
婦人服	−34.5	ガソリン	−11.0	口紅	−47.0

注）「保健用消耗品」は、マスク、ガーゼなどを含む。
資料　表5.2.1と同じ

図5.2.2　非消費支出の推移（二人以上の勤労者世帯）

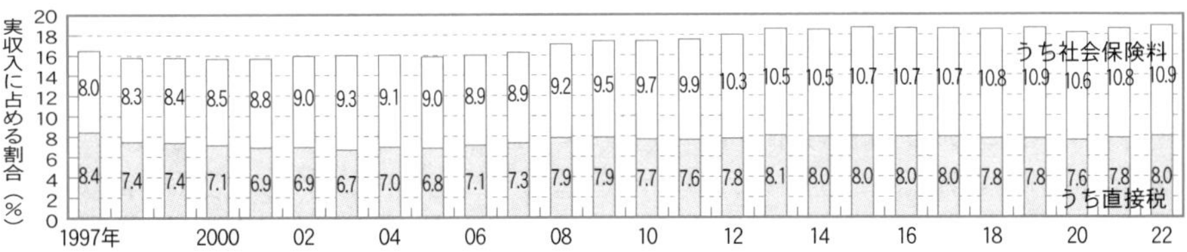

注　1999年以前は農林漁家世帯を除く。
資料　表5.2.1と同じ。

5.3　平均消費性向、貯蓄と負債

2022年の平均消費性向は1.2ポイントの上昇

二人以上の勤労者世帯の平均消費性向（可処分所得に対する消費支出の割合）は、1982年に79.3%となった後、バブル期以降、低下傾向で推移し、98年は71.3%となった。その後は上昇傾向をたどり、2005年には74.7%となったが、08年のリーマンショック、11年の東日本大震災で低下した。20年は新型コロナウイルス感染症による消費の低迷と特別定額給付金による収入の増加で、平均消費性向は61.3%と19年（67.9%）から急速に低下したが、22年は64.0%で、前年に比べ1.2ポイントの上昇となった。

一方、黒字率（可処分所得に対する黒字の割合）は、上昇傾向で推移していたが、2022年は36.0%で、前年に比べ1.2ポイント低下した。

なお、2018年の結果には家計簿の変更に伴う影響が含まれており、参考までに旧基準と新基準に調整した値を図示している（表5.3、図5.3.1)。

貯蓄年収比は1.96倍、貯蓄に占める有価証券の割合は13.3%

二人以上の勤労者世帯の貯蓄現在高は、1980年に初めて年収を超えた後もほぼ一貫して増加し、リーマンショックの影響を受けた2009年を除き、2000年以降は年収の1.7倍以上となり、22年の貯蓄年収比（貯蓄現在高/年収）は、1.96倍となった。

通常、貯蓄が増えるにしたがい預金、保険、株式、不動産投資等の間で幅広く資産選択が行われるようになる。2000年以降の動きをみると有価証券へのシフトがみられたが、08年9月に発生したリーマンショック以降の株価急落、11年のユーロ不安と円高などは、国民にリスク回避型の貯蓄行動を促し、有価証券の割合は10年以降4年連続で10%割れとなった。14年以降10%～11%台で推移した後、18年は9.6%、19年は10.9%、20年は11.5%、21年は13.6%、22年は13.3%となっている（表5.3、図5.3.2)。

負債現在高の年収比は前年より上昇

負債現在高についてみると、住宅購入に際しての住宅金融支援機構や銀行からの借入れが年々増加し、1980年には33.7%であった負債現在高の年収比割合が2000年には75.3%に上昇した。2000年以降は負債残高の増加と年収の低迷から年収比はさらに上昇し、19年は過去最高の116.2%になり、22年は114.5%と21年の114.3%よりやや上昇した。

貯蓄現在高から負債現在高を差し引いた純貯蓄額と年収との比は、バブル経済期には著しく上昇し、100%を超えていた。しかし、2000年以降は負債残高増と年収の伸び悩みから低下し、18年は68.4%となったが、その後は上昇し、22年は81.9%となっている（表5.3、図5.3.2)。

表5.3　貯蓄・負債現在高の推移（二人以上の勤労者世帯）

（単位　金額：千円　比率：％）

年　次	年間収入	貯蓄現在高	通貨性預貯金	定期性預貯金	生命保険など	有価証券	金融機関外	負債現在高	平均消費性向
1975	2 986	2 636	367	1 122	493	470	183	719	77.0
80	4 493	4 734	427	2 326	929	791	262	1 512	77.9
85	5 655	6 920	499	3 222	1 623	1 237	339	2 502	77.5
90	6 941	10 507	753	4 437	2 942	1 966	410	3 401	75.3
95	7 796	12 613	1 027	5 684	3 926	1 419	544	4 515	72.5
2000	7 695	13 558	1 549	5 803	4 473	1 179	554	5 798	72.1
05	7 190	12 920	2 160	5 260	3 640	1 180	670	6 160	74.7
10	6 970	12 440	2 530	4 750	3 290	1 220	650	6 790	74.0
15	7 090	13 090	3 240	4 700	3 100	1 460	590	7 550	73.8
20	7 400	13 780	4 720	3 930	3 050	1 590	480	8 510	61.3
21	7 490	14 540	5 210	3 990	2 930	1 980	440	8 560	62.8
22	7 680	15 080	5 560	3 840	3 210	1 940	520	8 790	64.0

構成比と年収比（％）

年　次	貯蓄現在高／年収比	貯蓄現在高	通貨性預貯金	定期性預貯金	生命保険など	有価証券	金融機関外	負債現在高／年収比	純貯蓄／年収比
1975	88.3	100.0	13.9	42.6	18.7	17.8	6.9	24.1	64.2
80	105.4	100.0	9.0	49.1	19.6	16.7	5.5	33.7	71.7
85	122.4	100.0	7.2	46.6	23.5	17.9	4.9	44.2	78.1
90	151.4	100.0	7.2	42.2	28.0	18.7	3.9	49.0	102.4
95	161.8	100.0	8.1	45.1	31.1	11.3	4.3	57.9	103.9
2000	176.2	100.0	11.4	42.8	33.0	8.7	4.1	75.3	100.8
05	179.7	100.0	16.7	40.7	28.2	9.1	5.2	85.7	94.0
10	178.5	100.0	20.3	38.2	26.4	9.8	5.2	97.4	81.1
15	184.6	100.0	24.8	35.9	23.7	11.2	4.5	106.5	78.1
20	186.2	100.0	34.3	28.5	22.1	11.5	3.5	115.0	71.2
21	194.1	100.0	35.8	27.4	20.2	13.6	3.0	114.3	79.8
22	196.4	103.7	38.2	26.4	22.1	13.3	3.6	114.5	81.9

注１）1995年は、貯蓄現在高合計と内訳の合計の差は金投資口座・金貯蓄口座。
　２）2000年以前は、各年12月末日時点調査。2005年以降は、年平均。2000年以前は農林漁家世帯を除く。
資料　総務省「家計統計＜貯蓄・負債編＞」、「貯蓄動向調査報告」（二人以上の世帯）

図5.3.1　平均消費性向と黒字率の推移（二人以上の勤労者世帯）

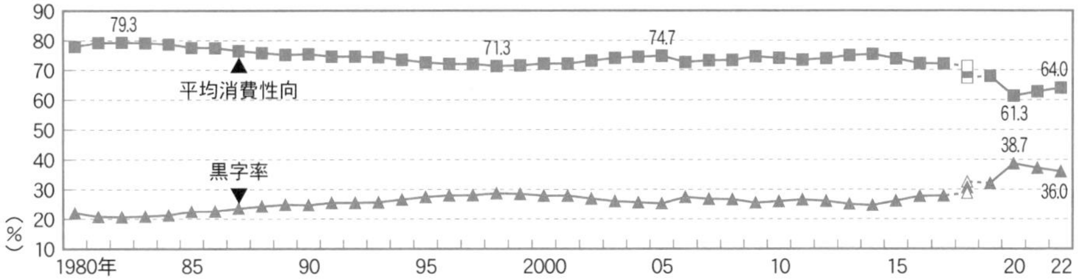

注１）2018年の□および△は、家計簿改正の影響を調整した参考値で、2018年をそれぞれ旧基準（2017年以前）と新基準（2019年以降）に調整した値を示す。
　２）2000年以前は農林漁家世帯を除く。
資料　総務省「家計統計」

図5.3.2　貯蓄高・負債高の年収比（二人以上の勤労者世帯）

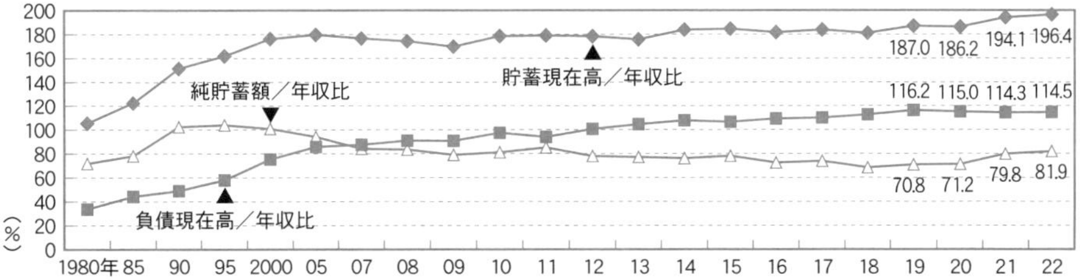

資料　表5.3と同じ。

5.4　ネットショッピングと電子マネーの拡大

ネットショッピング利用世帯の割合は過去最高水準

スマートフォンやパソコン、タブレット端末などの普及を背景に、家計におけるインターネットによる商品やサービスの購入（以下「ネットショッピング」という。）は急激に拡大している。家計消費状況調査から、二人以上の世帯におけるネットショッピングの利用世帯の割合をみると、調査が開始された2002年の5.3％から一貫して上昇を続け、22年は52.7％と過去最高だった前年と同率となった。22年の１か月当たりネットショッピングによる購入額（22品目計）は、21年（18,727円）と比べ11.1％増の20,810円で、02年の1,105円に比べ約19倍となるなど、22年は、21年に引き続き、新型コロナウイルス感染症の影響もあり、ネットショッピングがさらに拡大した（図5.4.1）。

2022年は宿泊料・パック旅行費などが減少

家計消費状況調査の二人以上の世帯の2022年の結果をみると、ネットショッピング利用世帯の割合が前年同様過去最高となり、支出金額が増加した（図5.4.1）。品目別の対前年名目増減率をみると、宿泊料・パック旅行費、チケットなどが大幅な購入増加となっている（図5.4.2）。

2022年の電子マネーの１世帯１か月間の利用金額は28,295円

電子マネーは、公共交通機関、スーパーマーケット、コンビニエンスストアや駅売店などでの利用が広がっている。家計消費状況調査により電子マネーの利用状況をみると、二人以上の世帯における電子マネーを利用した世帯員がいる世帯の割合は、調査を開始した2008年（19.3％）以降ほぼ毎年上昇しており、20年は19年10月からの消費税率引き上げに伴うキャッシュレス・ポイント還元事業が影響したこともあって前年に比べ4.3ポイント上昇の57.5％となった。22年は59.0％で、前年に比べ1.0ポイントの上昇となった。１世帯当たり１か月間の電子マネーを利用した世帯の平均利用金額も、08年（8,727円）以降毎年増加し、22年は21年（26,568円）と比べ6.5％増の28,295円となっている（図5.4.3）。

また、電子マネーの平均利用金額に占める鉄道およびバスの利用金額の割合は12.8％で、前年に比べ1.2ポイントの上昇となった。電子マネーを利用する機会が年々増えている状況がうかがえる。

図5.4.1　１世帯当たり１か月間のインターネットを利用した支出金額の推移およびインターネットを利用して商品等を購入した世帯の割合（二人以上の世帯）

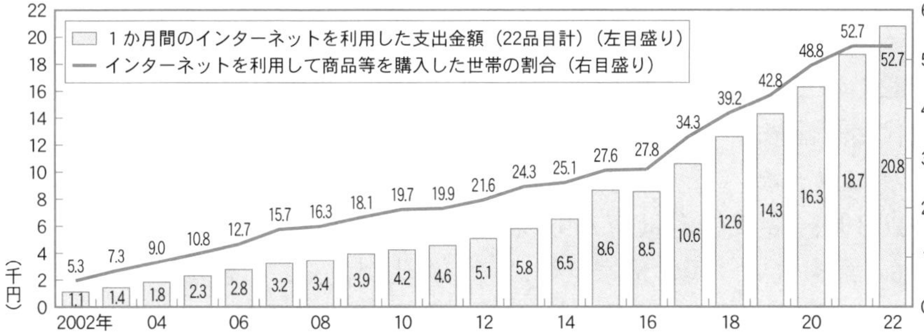

注　　インターネットを利用しない世帯も含めた１世帯当たり平均の支出額。
資料　総務省「家計消費状況調査」

図5.4.2　ネットショッピングによる購入の対前年名目増減率（2022年）（二人以上の世帯）

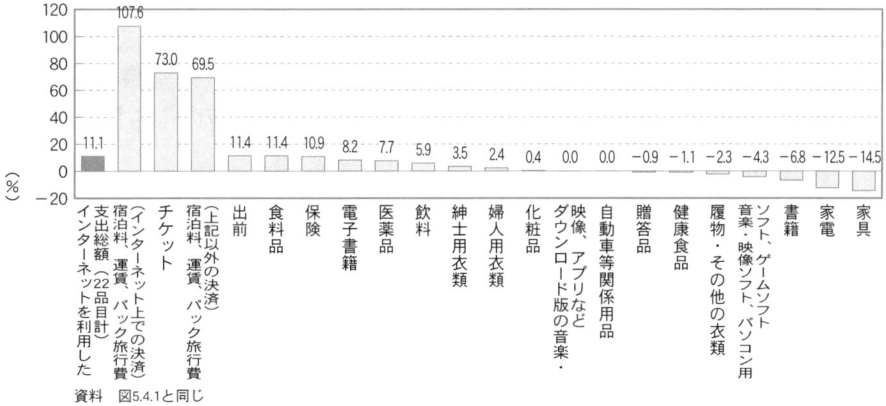

資料　図5.4.1と同じ

図5.4.3　電子マネーの１世帯当たり１か月間の平均利用金額（二人以上の世帯）

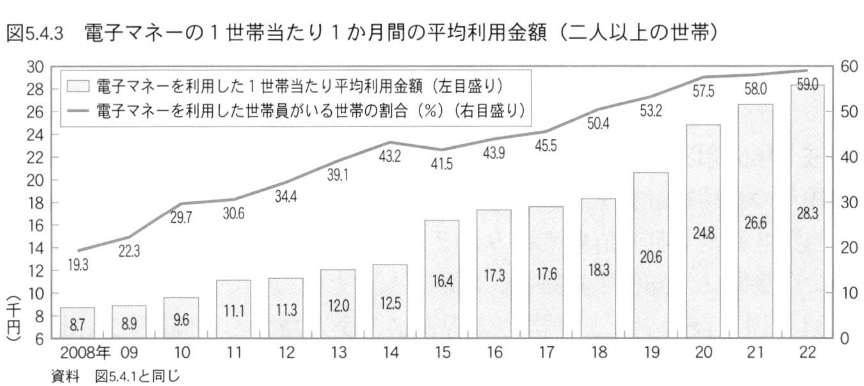

資料　図5.4.1と同じ

5.5　住宅費用、学歴、都道府県の特徴

住宅ローン返済世帯の住宅費用は、可処分所得の17.3％を占め最も多い

2022年の二人以上の勤労者世帯について、住居の所有関係別に住居費（家賃地代と設備修繕・維持）を比較すると、持ち家世帯の住居費は消費支出の3.2％に過ぎない。一方、公営借家世帯の消費支出に占める住居費の割合が20.3％、給与住宅世帯が9.1％であるのに対し、民営借家世帯では21.9％と最も高い。民営借家世帯は若年世代が多く、所得水準も高くはないので、住居費の負担が大きい。給与住宅世帯は年齢層が若いが給与水準が高く、しかも家賃の負担が少ない。その結果、給与住宅世帯の平均貯蓄率は40.2％と高く、民営借家世帯の35.0％を大きく上回っている。

持ち家世帯の住宅費用をみるため、住居費にローン返済額を加えた額を「住宅費用」として、住宅費用の可処分所得に対する比率（コラム参照）を比較してみると、2022年は、給与住宅世帯が5.8％、公営借家世帯が15.7％、民営借家世帯が15.2％であるのに対し、持ち家世帯のうち「住宅ローン返済世帯」は17.3％と最も高くなっている（表5.5.1）。

大学卒業の世帯の年間収入は、高校卒業の世帯の1.8倍

2019年の全国家計構造統計から、二人以上の勤労者世帯について金融資産残高を世帯主の学歴別にみると、高校卒業が802.3万円、大学卒業が1462.0万円、大学院修了が2060.4万円などとなっており、世帯主が大学卒業の世帯が高校卒業の世帯の約1.8倍となっている。一方、金融負債残高を世帯主の学歴別にみると、高校卒業が673.0万円、大学卒業が889.4万円、大学院修了が962.8万円などとなっている（図5.5）。

世帯主が65歳以上の世帯の金融資産残高は、神奈川県が最も多い

2019年の全国家計構造統計から、総世帯のうち世帯主が65歳以上の世帯の金融資産残高を都道府県別にみると、神奈川県が2428.4万円と最も多く、次いで奈良県、愛知県、東京都、兵庫県などとなっている。一方、沖縄県が833.1万円と最も少なく、次いで青森県、鹿児島県、宮崎県、秋田県などとなっている（表5.5.2）。

表5.5.1　住居の所有関係別住居費、住宅ローン返済状況（二人以上の勤労者世帯）（2022年）

区　分	勤労者世帯	持　家	うちローン返済世帯	民営借家	公営借家	給与住宅
世帯数分布	10 000	8 014	3 979	1 415	292	280
世帯主の年齢（歳）	50.4	51.6	46.9	44.6	53.2	42.7
［金額（円）］						
実収入	617 654	637 189	710 723	523 147	426 341	731 067
可処分所得	500 914	514 645	573 213	435 718	361 536	578 903
消費支出	320 627	324 539	335 999	300 389	277 940	358 026
住居費	20 115	10 363	7 086	65 696	56 313	32 507
家賃地代	11 697	303	303	63 671	55 713	30 630
設備修繕・維持	8 418	10 060	6 783	2 026	600	1 877
黒字	180 286	190 106	237 214	135 329	83 596	220 877
貯蓄純増	33.6	33.2	28.3	35.0	26.7	40.2
土地家屋借金純減	7.1	8.8	16.0	－1.6	0.1	0.2
＊住宅ローン返済	36 730	45 651	91 997	738	323	943
［可処分所得に対する比］（%）						
黒字率	36.0	36.9	41.4	31.1	23.1	38.2
平均貯蓄率	33.6	33.2	28.3	35.0	26.7	40.2
土地家屋借金純減	7.1	8.8	16.0	－1.6	0.1	0.2
＊住宅ローン返済	7.3	8.9	16.0	0.2	0.1	0.2
住宅費用【住居費＋ローン返済】	11.3	10.9	17.3	15.2	15.7	5.8
［消費支出に対する比］（%）						
住居費	6.3	3.2	2.1	21.9	20.3	9.1
家賃地代	3.6	0.1	0.1	21.2	20.0	8.6
設備修繕・維持	2.6	3.1	2.0	0.7	0.2	0.5

注　＊住宅ローン返済は、実支出以外の支出の「土地家屋借金返済」と同じ。
資料　総務省「家計統計」

図5.5　世帯主の学歴別金融資産残高及び金融負債残高（二人以上の勤労者世帯）

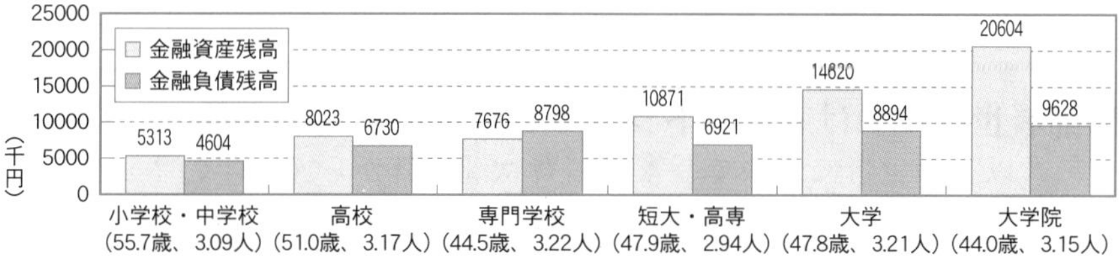

資料　「全国家計構造統計（家計総合集計）」2019年10月と11月の収支を集計したもの

表5.5.2　都道府県別金融資産残高（総世帯のうち世帯主が65歳以上の世帯）

順位	都道府県	金額（千円）	順位	都道府県	金額（千円）	順位	都道府県	金額（千円）	順位	都道府県	金額（千円）	順位	都道府県	金額（千円）
	全国													
1	神奈川県	24 284	11	三重県	17 720	21	群馬県	16 247	31	愛媛県	14 569	41	大分県	11 506
2	奈良県	22 676	12	大阪府	17 414	22	長野県	15 806	32	山口県	13 544	42	高知県	11 485
3	愛知県	21 267	13	京都府	17 320	23	和歌山県	15 657	33	福島県	13 300	43	秋田県	11 254
4	東京都	21 218	14	香川県	17 140	24	福岡県	15 544	34	山梨県	12 925	44	宮崎県	10 208
5	兵庫県	20 838	15	茨城県	17 119	25	岡山県	15 491	35	岩手県	12 894	45	鹿児島県	9 467
6	岐阜県	20 707	16	福井県	17 029	26	宮城県	15 329	36	長崎県	12 855	46	青森県	8 907
7	滋賀県	20 582	17	静岡県	16 944	27	新潟県	14 980	37	山形県	12 722	47	沖縄県	8 331
8	千葉県	19 527	18	石川県	16 929	28	徳島県	14 881	38	佐賀県	11 873			
9	埼玉県	19 244	19	栃木県	16 738	29	島根県	14 689	39	北海道	11 762			
10	富山県	19 107	20	広島県	16 667	30	鳥取県	14 578	40	熊本県	11 664			

注　金融資産残高は2019年10月末日現在。
資料　総務省「全国家計構造統計（所得資産集計、家計総合集計）」

☆☆☆　家計調査における住宅費用の扱い方　☆☆☆

住居費は家賃地代（主に借家の家賃）と設備修繕・維持から成る。ローン等で借金して住宅を購入した場合は、その借入金は「土地家屋借入金」に、その返済は「土地家屋借金返済」にそれぞれ計上され、その差が「土地家屋借金純減」として黒字の一部となる。ここでは便宜上、住居費に「土地家屋借金返済（ローン返済）」を加えた額を「住宅費用」として、可処分所得に対する比率で比較する。

5.6　高齢者世帯の暮らし

高齢夫婦無職世帯の2022年の家計収支は１か月当たり25,856円の赤字

家計統計から、夫が65歳以上、妻が60歳以上の夫婦のみの無職世帯（以下「高齢夫婦無職世帯」という。）の2022年の１世帯当たり１か月間の家計収支をみると、実収入は246,034円となっている。一方、生活費などの消費支出（239,441円）と税金などの非消費支出（32,449円）を合わせた実支出は271,890円で、家計収支は25,856円の赤字となり、不足分は預貯金などの金融資産の取崩しなどで賄われている。

実収入の構成をみると、世帯主が65歳未満の勤労者世帯では世帯主の勤め先収入が67.2％であるのに対し、高齢夫婦無職世帯では公的年金などの社会保障給付が88.6％となっている。

消費支出の構成をみると、食料28.4％（二人以上の世帯は26.6％）、保健医療6.7％（同5.1％）、その他の消費支出20.9％（同18.8％）、うち交際費9.5％（同5.8％）などの割合が高い（図5.6.1）。

高齢者世帯におけるネットショッピングの利用の進展

二人以上の世帯について、家計消費状況調査から2022年のネットショッピング利用世帯の割合をみると、59歳以下の年齢階級はいずれも60％を超えており、30歳台の75.7％が最も高い。一方、60歳台は51.1％と低くなるものの、前年（48.8％）よりも上昇している。

ネットショッピングを利用した世帯に限っての年間支出金額をみると、利用割合が66.5％の50歳台は53.1万円となるなど60歳未満で多く、60歳台は49.3万円、70歳台は41.4万円と年齢が高くなるにしたがって、支出金額は少なくなっている（図5.6.2）。

健康志向で「生鮮食品」、「発酵食品」の購入が多い高齢者世帯

食料への支出を世帯主の年齢階級別にみると、高齢者世帯の生鮮素材にこだわる食生活が見て取れる。「生鮮野菜」への支出額は、世帯主の年齢が70歳以上の世帯で、支出金額が最も少ない29歳以下の世帯と比べて2.1倍の支出金額となっている。また、「生鮮魚介」、「生鮮果物」は、70歳以上の世帯は29歳以下の世帯の3.4倍、4.4倍の支出金額となっている。

発酵食品への支出は、70歳以上の世帯は29歳以下の世帯に比べ、ヨーグルトは2.1倍、納豆は1.6倍、味噌は2.5倍の支出金額となっている。発酵食品は、生活習慣病の予防、アンチエイジング、免疫力向上に効果があるとされ、高齢者の健康志向が浮かび上がる（図5.6.3）。

図5.6.1　高齢夫婦無職世帯の１世帯当たり１か月の家計収支―2022年―

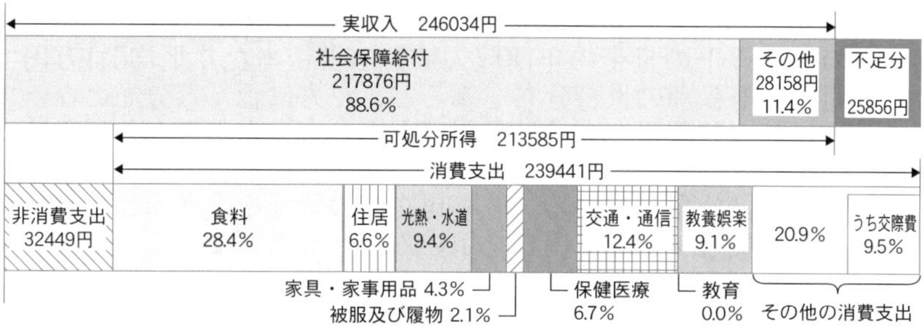

注１）高齢夫婦無職世帯とは、夫65歳以上、妻60歳以上の夫婦のみの無職世帯である。
２）図中の「社会保障給付」および「その他」の割合（％）は、実収入の内訳である。
３）図中の「食料」から「その他の消費支出」の割合（％）は、消費支出の内訳である。
資料　総務省「家計統計」

図5.6.2　世帯主の年齢階級別ネットショッピング利用世帯割合および年間総支出金額
（二人以上の世帯：2021年、2022年）

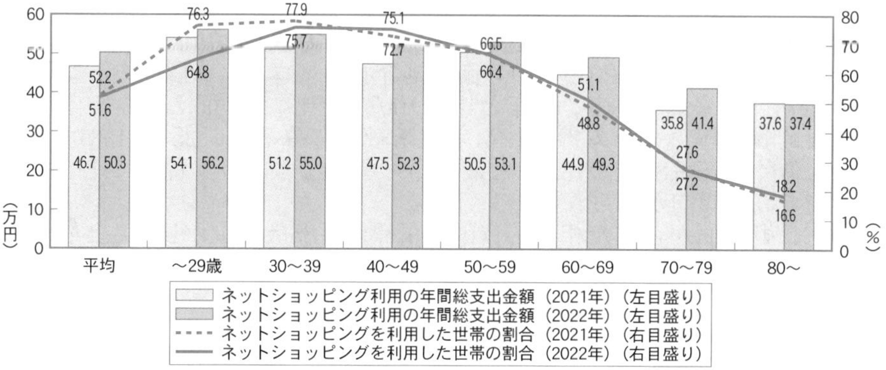

資料　総務省「家計消費状況調査」

図5.6.3　世帯主の年齢階級別１世帯当たり年間支出金額（二人以上の世帯）―2022年―

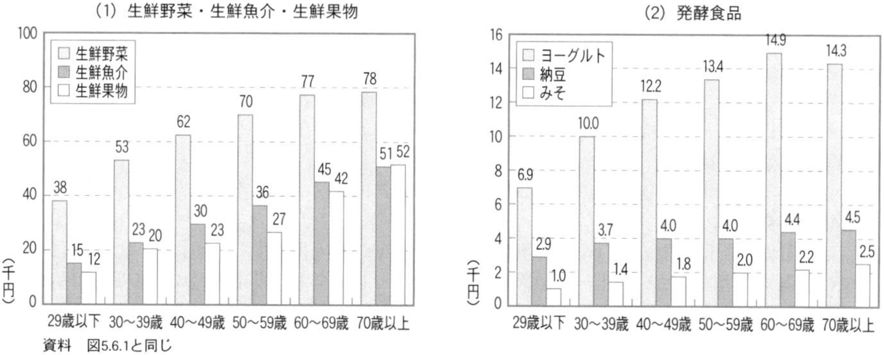

資料　図5.6.1と同じ

5.7　所得と貯蓄の分布

貯蓄現在高の分布は年間収入の分布よりもはるかに広い

2022年の二人以上の世帯の年間収入は、１世帯当たり平均641万円であるが、年間収入階級別の世帯分布をみると、左方に歪んだ分布となっている。これに対し、貯蓄現在高は、年間収入よりも分布の広がりがはるかに大きい。22年の貯蓄現在高は平均1901万円であるが、約３分の２の世帯は平均以下の階級に分布している。貯蓄現在高の状況を捉えるには平均値のみではなく、中央値（1168万円）を用いることも重要である（図5.7.1）。

貯蓄現在高分布の不平等度を示すジニ係数は、年間収入よりも大きい

分布の不平等度を図示する場合にローレンツ曲線（コラム参照）がよく用いられるが、年間収入と比べ貯蓄現在高の方が対角線から大きく乖離した曲線となっている。2022年のジニ係数を計算すると、年間収入は0.307だが、貯蓄現在高では0.557で、収入の場合よりも不平等度が高くなっている（図5.7.2）。

相対的貧困率は若年者層に比べて高齢者層で高い傾向

全国家計構造統計の2019年の等価可処分所得（コラム参照）のジニ係数は、0.274（従来基準）で、14年と比べ0.007低下した（図5.7.3）。

相対的貧困率（コラム参照）を年齢階級別にみると、25～34歳が7.3％と最も低く、75～84歳が18.3％と最も高くなるなど、若年者層に比べて高齢者層で高い傾向がみられる。

一方、資産面からみた相対的貧困の指標は、85歳以上が14.0％と最も低く、18～24歳が31.6％と最も高くなるなど、高齢者層に比べて若年者層で高い傾向がみられる。

所得・資産の両面からみた相対的貧困の指標は、55～64歳が3.7％と最も低く、18～24歳が6.8％と最も高くなっている（表5.7）。

☆☆☆　不平等に関する指標　☆☆☆

○ローレンツ曲線とジニ係数

横軸に世帯累積分布、縦軸に収入累積分布を取ってグラフを描くと、所得が不平等になるほど対角線から右下に離れて行く。したがって対角線とローレンツ曲線の間の弓形の面積は不平等になるほど大きくなる。ジニ係数はこの弓形の面積（２倍する）の正方形の面積（1.0）に対する比のことで、完全平等が０、完全不平等が１で、１に近づくほど不平等となる。

○等価可処分所得

世帯の年間可処分所得を当該世帯の世帯人員の平方根で割って調整したもの。

○相対的貧困率

等価可処分所得の中央値（全ての世帯人員を等価可処分所得の少ない順に並べたときに中央に位置する者の金額）の半分の金額を「貧困線」とし、全ての世帯人員のうち等価可処分所得が貧困線を下回る所得の世帯人員の割合を「相対的貧困率」という。

図5.7.1　年間収入階級別と貯蓄現在高階級別の世帯分布（二人以上の世帯：2022年）

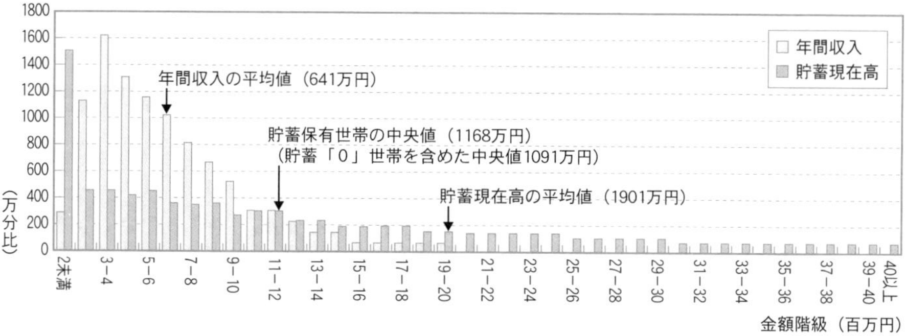

注　金額階級1000万円以上の世帯分布は按分により算出。
資料　総務省「家計統計（家計収支編、貯蓄・負債編）」

図5.7.2　ローレンツ曲線（2022年：二人以上の世帯）

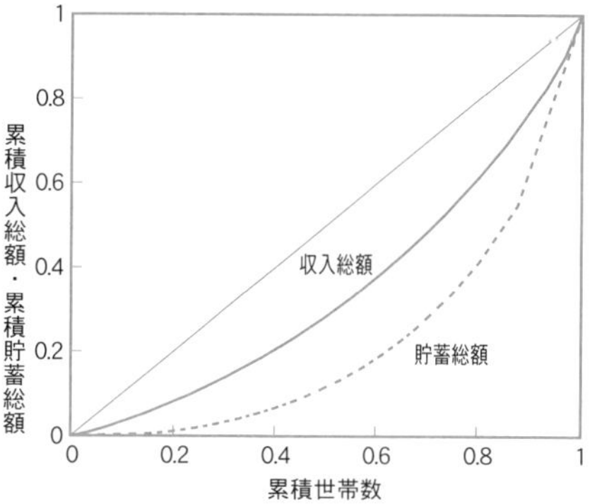

資料　図5.7.1と同じ

図5.7.3　等価可処分所得のジニ係数の推移（従来の算出方法）

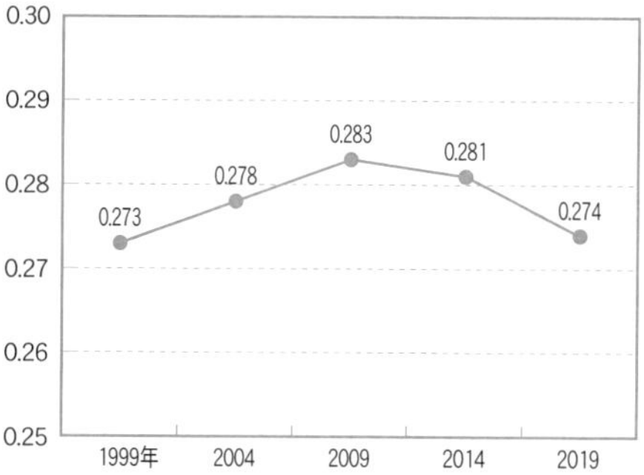

資料　総務省「全国家計構造統計（分布指標）」

表5.7　年齢階級別相対的貧困の指標

（％）

	相対的貧困の指標		
	①	②	③
	相対的貧困率（所得面）	資産面	所得・資産の両面
平均	11.2	21.5	4.8
18歳未満	10.3	27.4	6.0
18～24歳	11.8	31.6	6.8
25～34歳	7.3	26.6	4.2
35～44歳	8.2	23.5	4.2
45～54歳	10.4	22.7	4.6
55～64歳	11.3	16.3	3.7
65～74歳	11.9	14.8	4.0
75～84歳	18.3	16.5	5.8
85歳以上	16.8	14.0	5.3

注　新基準に準拠した算出方法による。
資料　図5.7.3と同じ

第６章　物価・地価

6.1　物価の動き

国内企業物価は国際資源価格、為替、国内需給などの影響を受けて変動

国内企業物価は、戦後から1980年代まで上昇したが、85年のプラザ合意後は、円高による輸入原材料価格下落の影響で下落傾向となった。バブル経済の時期には、国内需給が逼迫して国内企業物価は上昇したが、バブル経済崩壊後は、92年から2003年まで下落した。2000年以降、国内企業物価は輸入原材料価格の影響を強く受けている。09年は、リーマンショックによる国際資源価格下落の影響により国内企業物価は下落した。14年は円安の影響で上昇、15年から16年は、国際資源価格の下落と円高の影響で下落した。18年から19年は、米中貿易摩擦による世界的な景気減速の影響で国際資源価格が下落し、国内企業物価の上昇幅が縮小した。20年は、感染症拡大の影響で国際資源価格が下落し、国内企業物価も下落した。21年は、世界的に経済活動が回復して国際資源価格が上昇し、国内企業物価も上昇した。22年から23年は、ロシアのウクライナ侵攻の影響による原油・天然ガス価格の上昇と、円安の影響を受けて、国内企業物価の上昇幅が拡大している（図6.1.1、図6.1.2）。

2022年から23年は、エネルギーと食料の上昇で消費者物価が上昇

消費者物価は、戦後長期にわたり上昇傾向だったが、1992年以降は上昇幅が縮小した。97年に消費税率が５％へ引き上げられると、一時的に上昇幅が拡大したが、その後は下落傾向となった。2008年は輸入原材料価格が高騰して、消費者物価は上昇傾向となった。その後、リーマンショックの影響で輸入原材料価格が下落すると、09年から13年まで、消費者物価は下落傾向となった。14年４月に消費税率が８％に引き上げられると、消費者物価は上昇した。16年第４四半期以降は、国際資源価格上昇と円安の影響で輸入原材料価格が上昇したため、消費者物価は上昇傾向になった。18年は、米中貿易摩擦の影響を受けて、資源価格上昇の影響が縮小し、食料価格上昇の影響が拡大した。19年10月に消費税率が10％に引き上げられたが、幼児教育・保育無償化、国際資源価格下落、通信料の値下げなどの影響で、消費者物価の上昇幅は１％未満だった。20年から21年は、感染症拡大を受けた消費者の行動制限によって国内需要が減少し、消費者物価は下落傾向となった。22年から23年は、行動制限の緩和とエネルギー価格や食料価格の上昇を受けて、消費者物価は上昇している（図6.1.1、図6.1.2）。

2022年は主要国の物価上昇率が拡大

日本の消費者物価上昇率は主要国のなかで最も低い水準である。各国の物価上昇率は、2020年は感染症拡大の影響で低下したが、21年以降は経済活動の活発化と世界的な金融緩和、22年以降は国際資源価格上昇の影響を受け上昇している（図6.1.3）。

図6.1.1　国内企業物価と消費者物価の前年同期比（四半期）の推移

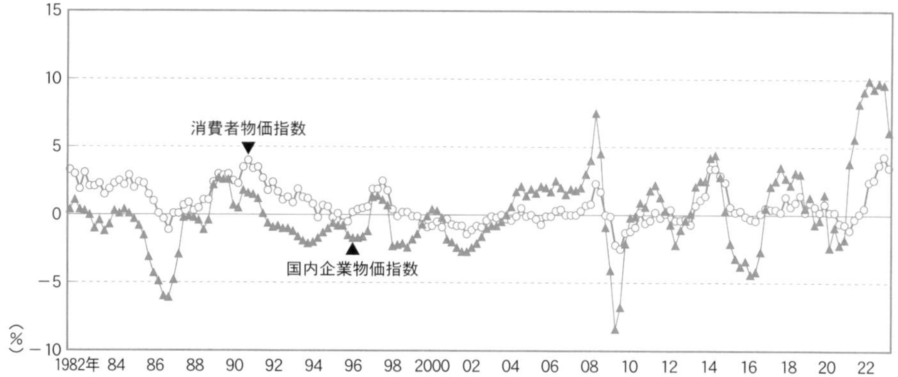

資料　日本銀行「物価指数月報」、「金融経済統計月報」
総務省「消費者物価指数月報」

図6.1.2　国内企業物価指数、企業向けサービス価格指数、消費者物価指数の推移

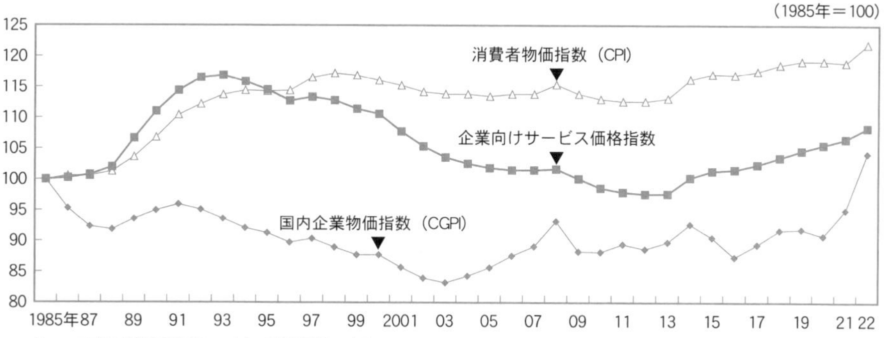

注　1985年の数値を便宜的に100として単純換算してある。
CGPI、CPIは年平均、2020年基準、企業向けサービス価格指数は年平均、2015年基準値。
資料　図6.1.1と同じ。

図6.1.3　消費者物価の上昇率

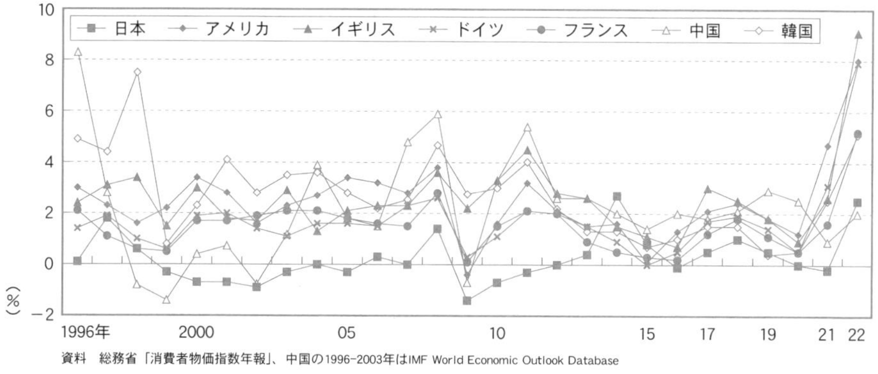

資料　総務省「消費者物価指数年報」、中国の1996-2003年はIMF World Economic Outlook Database

6.2　国内企業物価と消費者物価の動きの違い

国内企業物価の需要段階別・用途別変動要因

海外からの輸入に依存する素原材料は、国際資源価格や為替の影響を受けやすく、プラザ合意後の1986年、リーマンショック後の2009年、22年のロシアによるウクライナ侵攻などで大きな変動をみせた。素原材料は、10年から14年まで上昇した後、国際資源価格の下落を受けて、15年から16年に大きく下落した。中間財は変動幅が小さいが、変化の方向は素原材料と同様である。工業製品を多く含む資本財・耐久消費財は長期的に下落していたが、14年に下げ止まり、21年以降は上昇している。非耐久消費財は1980年から横ばいだったが、2010年以降は上昇傾向にある。

近年、国内企業物価は国際情勢の影響を特に強く受けている。2018年から19年の米中貿易摩擦、20年の感染症拡大による国際資源価格下落、22年のロシアによるウクライナ侵攻後の国際資源価格上昇と円安などの影響で、特に、素原材料と中間財が大きく変動した（図6.2.1）。

消費者物価の財・サービス分類別変動要因

1980年以降、財・サービス分類別指数が最も上昇したのは、私立学校授業料、学習塾等の月謝、宿泊料、娯楽施設料金などを含む他のサービスである。他のサービスは、80年から99年まで上昇したが、2000年以降は、賃金水準低下の影響で横ばい傾向になった。13年以降は上昇傾向だったが、20年以降は感染症拡大の影響で下落した。農水畜産物や、工業製品に含まれる食料工業製品などの食料は、14年以降、上昇が続いている。総合指数に占めるサービスと食料のウエイトは、それぞれ50％と25%であり、総合指数の変動に大きな影響を与えている。一方、ガソリンや灯油を含む石油製品や、電気・都市ガス・水道は、国際資源価格や為替の影響を受けやすい。石油製品や電気・都市ガス・水道などの指数は、15年以降は上昇傾向であったが、20年は感染症拡大の影響で、国際資源価格が下落したために下落し、21年以降は、国際資源価格の上昇と円安の影響で上昇している（図6.2.2）。

国内企業物価指数と消費者物価指数は品目やウエイトが異なる

国内企業物価の変動と消費者物価の変動との差は、主として、指数の計算に用いられる品目構成やウエイトの差に起因する。国内企業物価は、輸送用機器、飲食料品、化学製品、石油・石炭製品などのウエイトが大きく、サービスを含まない。一方、消費者物価は、サービス、食料、家賃のウエイトが大きく、耐久消費財のウエイトは小さい（図6.2.3、図6.2.4）。

図6.2.1　需要段階別・用途別　国内企業物価指数

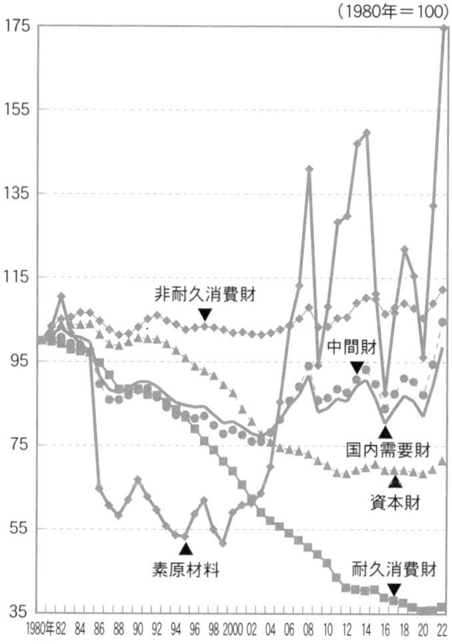

資料　日本銀行「物価指数月報」

図6.2.2　財・サービス分類別消費者物価指数

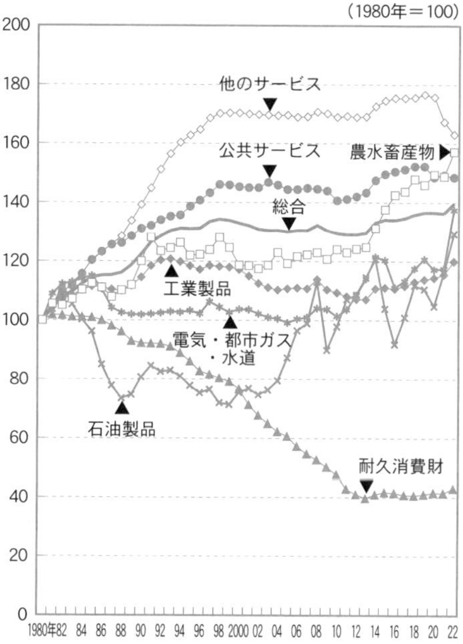

資料　総務省「消費者物価指数年報」

図6.2.3　国内企業物価指数（需要段階別・用途別）（2020年基準）のウエイト

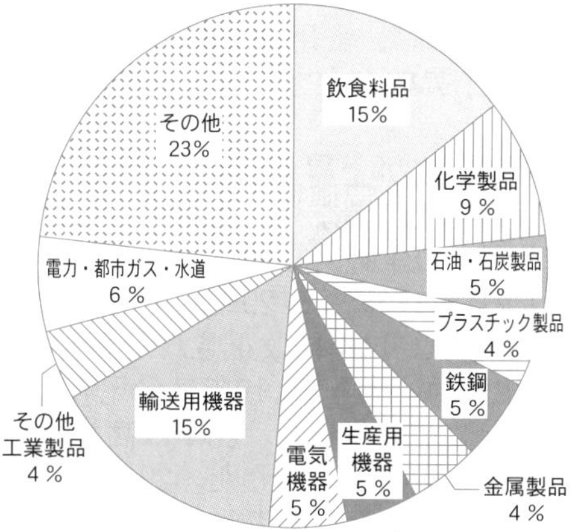

資料　図6.2.2と同じ

図6.2.4　消費者物価指数（2020年基準）のウエイト

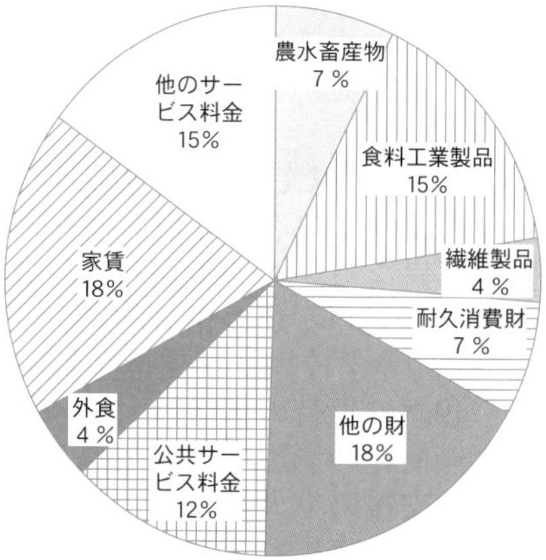

注　他の財は財合計から水産畜産物、食料工業製品、繊維製品、耐久財を除いたもの。
家賃は民営家賃と持家の帰属家賃の合計。

資料　図6.2.3と同じ。

6.3　消費者物価の品目別の動き

2022年は価格上昇した品目の割合が70％に増加

価格変化の方向は品目ごとに異なる。物価上昇時には、価格が上昇する品目が多くなるが、下落する品目もある。消費者物価指数に採用されている品目別指数の騰落を、上昇、不変（±0.5％以内）、下落の３区分に分け、騰落別品目割合を示す。バブル経済崩壊前の1990年は、総合指数の前年比が3.1％、上昇品目の割合は82％、総合指数の前年比が－0.9％だった。2002年は、上昇品目の割合は15％で、1980年以降では最少だった。2008年に、総合指数の前年比が1.4％になると、上昇品目の割合は48％に増加した。リーマンショック後の09年には、総合指数の前年比が－1.4％、上昇品目の割合は32％に減少した。消費税率引き上げが行われた14年と19年は、前年に比べて上昇品目の割合が増加し、順に85.4％と58.2％だった。21年は、感染症の影響で国内需要が低迷し、上昇品目の割合は38％に減少した。22年は、ロシアによるウクライナ侵攻や円安の影響で、エネルギーや食料など幅広い品目が上昇し、上昇品目の割合は70％に増加した（図6.3.1）。

2022年は通信が下落、他の光熱、電気代、ガス代、魚介類の上昇幅が大きい

2021年から22年の物価の変化を中分類別にみると、上昇しなかったのは通信（－12.9％）、上下水道料（－0.6％）、家賃（0.0％）だけで、このほかのすべての中分類が上昇した。特に、他の光熱（20.2％）、電気代（20.0％）、ガス代（18.6％）、魚介類（10.9％）、油脂調味料（6.7％）などの上昇幅が大きい。品目別の騰落率では、通信料（携帯電話）（－28.7％）、振込手数料（－17.7％）、さくらんぼ（－17.5％）、ゴルフクラブ（－14.1％）などの下落幅が大きい。反対に、たまねぎ（47.3％）、食用油（35.1％）、都市ガス代（25.1％）、あさり（23.3％）などの上昇幅が大きい（表6.3）。

2022年はすべての世帯主の年齢階級別指数が上昇

世帯属性が異なると財・サービスの消費構造が異なり、直面する物価の変動も異なる。2005年から18年まで、世帯主の年齢階級別指数は類似した動きをしているが、相対的に、60歳以上の指数が高く、29歳以下の指数が低い。高等学校等就学支援金制度が10年に導入、14年に改正された影響で、40～49歳の世帯の指数は、両年の変化が相対的に大きい。19年は幼児教育・保育無償化の影響で、39歳以下の世帯の指数が下落した。20年は高校生への就学支援の拡大により、49歳以下の世帯の指数が下落した。22年は、高齢者世帯の支出割合が低い通信が下落する一方で、高齢者世帯の支出割合が高い光熱の上昇が大きく、70歳以上の世帯の指数が最も上昇した（図6.3.2）。

図6.3.1　総合指数の前年比伸び率と騰落別指数品目の割合

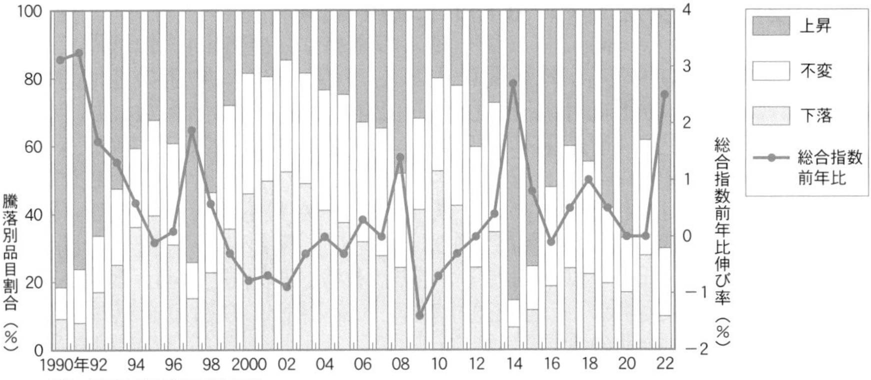

資料　総務省「消費者物価指数年報」

表6.3　中分類別前年比の下位・上位（2022年）

	順位	中分類		品目（率）									
下位	01	通信	−12.9	通信料(携帯電話)	−28.7	はがき	0.0	封書	0.0	通信料(固定電話)	0.0		
	02	上下水道料	−0.6	水道料	−0.8	下水道料	−0.3						
	03	家賃	0.0	公営家賃	−0.1	民営家賃	0.0	民営家賃	0.0				
	04	他の諸雑費	0.2	振込手数料	−17.7	保育所保育料	−0.1	パスポート取得料	0.0	警備料	0.0		
	05	教養娯楽サービス	0.4	サッカー観覧料	−9.7	放送受信料(NHK)	0.0	放送受信料(NHK・ケーブル以外)	0.0	演劇観覧料	0.0	インターネット接続料	0.0
上位	01	他の光熱	20.2	灯油	20.2								
	02	電気代	20.0	電気代	20.0								
	03	ガス代	18.6	都市ガス代	25.1	プロパンガス	8.4						
	04	魚介類	10.9	あさり	23.3	塩さけ	18.5	ぶり	17.7	まぐろ	16.0	たこ	16.0
	05	油脂・調味料	6.7	食用油	35.1	マヨネーズ	18.9	マーガリン	11.8	パスタソース	11.3	しょう油	7.9

資料　図6.3.1と同じ

図6.3.2　世帯主の年齢階級別　消費者物価指数

（2005年＝100）

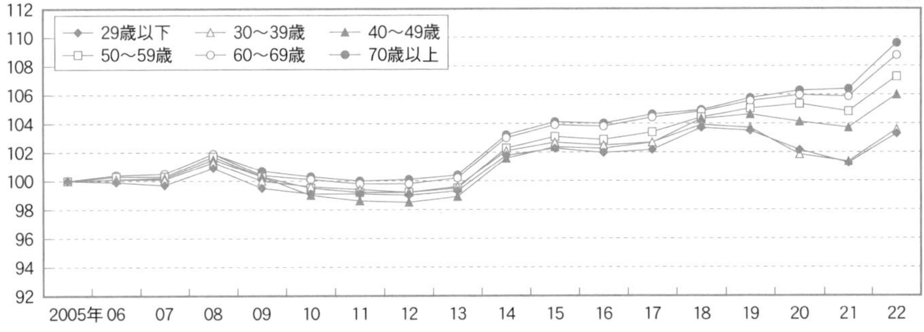

資料　図6.3.1と同じ

6.4　消費者物価の地域差

物価の地域差は安定的で、長期的に縮小傾向

同一時点において、同じ財・サービスの価格が、店舗間・地域間で異なることで、物価水準の差が地域間に生じることがある。物価の地域差は、2007年までは全国物価統計調査、08年～12年は消費者物価指数、13年以降は小売物価統計調査（構造編）から集計された地域差指数で比較できる。22年の地域差指数によると、全国平均を100とした都道府県の指数は、東京（全国平均より4.7ポイント高い。以下同じ。）が最も高く、神奈川（3.1）、北海道（1.1）、千葉（1.0）、京都（0.9）が続く。反対に、宮崎（全国平均よりも3.9ポイント低い。以下同じ。）、群馬（3.8）、鹿児島（3.4）、奈良（3.0）、岐阜（2.8）の指数が低い。地域差指数の上位と下位の都道府県は、毎年大きく変わらず、物価の地域差は安定している。地域差指数の標準偏差は2000年から21年まで減少傾向であり、物価の地域差が縮小傾向であることが示唆されるが、22年は21年よりも増加した（図6.4）。

関東・近畿は住居、教育が高く、光熱・水道が低い

10大費目別指数の地域差を範囲（レンジ）で比較すると、地域差が最も大きい費目は住居、次いで、教育、光熱・水道である。住居は関東と近畿が高く、北海道、四国、北陸、中国、沖縄が低い。これは地価の差を反映している。光熱・水道は、北海道、東北、中国、四国が高く、近畿、北陸、関東が低い。これは、電力会社の電力料金や、地方自治体の水道料金の差を反映している。教育は近畿と関東が高く、四国、沖縄、中国、北陸が低い。一方、交通・通信、保健医療など、全国一律の価格体系をとる品目のウエイトが大きい費目は、地域差が小さい（表6.4.1）。

店舗形態別価格水準差は品目ごとに安定的

全国物価統計調査、小売物価統計調査（構造偏）、総務省「小売物価統計調査関連分析 民間データを用いた店舗形態別価格等に関する分析結果」（以下、「民間データ分析結果」という）では、スーパーや量販専門店などの、店舗形態間の価格差を比較している。民間データ分析結果（2022年）を用いて、21年の店舗形態別価格を比較する。スーパー、ドラッグストア、コンビニで比較可能な６品目では、カップ麺はスーパー、食パン、牛乳、チョコレートはドラッグストアが安い。他の店舗形態に比べて、コンビニは茶飲料、アイスクリーム、カップ麺が高い。スーパー、ドラッグストア、量販専門店で比較可能な５品目では、マスクはスーパー、トイレットペーパーはドラッグストア、ラップ、ティシュペーパー、手洗い用石けんは量販専門店が安い。20年と21年を比較すると、店舗形態間の価格差は品目ごとに安定している。ドラッグストアと量販専門店はスーパーよりも安い品目が多く、コンビニはスーパーよりも高い品目が多い傾向である（表6.4.2）。

図6.4　都道府県別全国物価地域差指数

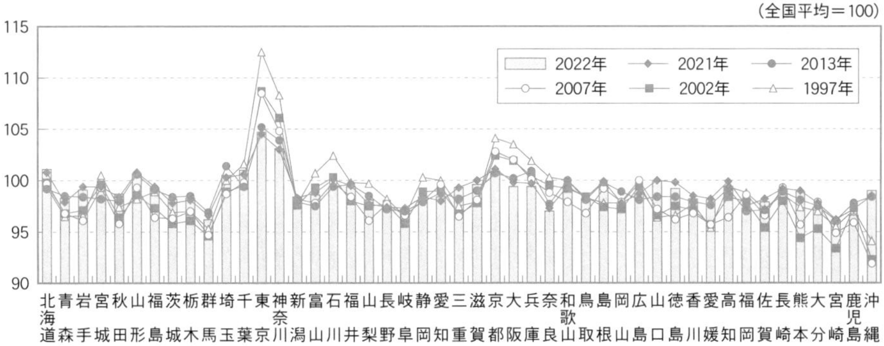

資料　総務省「全国物価統計調査」、「小売物価統計調査（構造編）」

表6.4.1　10大費目別消費者物価地域差指数（2022、全国平均＝100）

	北海道地方	東北地方	関東地方	北陸地方	東海地方	近畿地方	中国地方	四国地方	九州地方	沖縄地方
総合	101.1	99.3	101.8	98.8	98.3	99.4	98.7	98.6	97.6	99.0
家賃を除く総合	102.0	99.8	101	99.2	98.7	99.6	99.3	99.3	98.4	100.3
食料	101.9	98.9	100.6	101.5	98.3	99.6	101.3	100.6	98.1	105.3
住居	85.7	91.9	114.1	87.5	93.1	95.1	88.4	87.3	90.6	89.9
光熱・水道	114.7	107.9	99.2	98.3	99.6	93.5	105.6	101.5	100.2	101.6
家具・家事用品	101.7	100.2	101.3	98.5	98.4	99.5	97.1	101.4	99.3	93.3
被服及び履物	106.9	99.5	101.0	103.3	98.5	98.8	97.6	99.4	97.4	97.8
保健医療	101.5	99.5	100.4	100.3	99.8	99.1	100.1	99.5	99.6	98.9
交通・通信	100.6	100.1	100.8	99.1	99.1	100.0	99.1	99.6	99.1	98.7
教育	93.1	93.0	101.6	92.7	94.2	113.3	92.0	91.8	93.0	91.8
教養娯楽	99.1	97.4	102.6	97.0	99.2	100.2	95.6	96.8	96.0	98.0
諸雑費	101.5	99.1	101.1	99.7	99.2	100.7	98.1	99.4	97.7	91.1

資料　総務省「小売物価統計調査（構造編）」

表6.4.2　店舗形態別価格（スーパーの平均価格との価格差）

		スーパーとの価格差（％）			スーパーとの価格差（％）	
		ドラッグストア	コンビニ		ドラッグストア	量販専門店
2020	食パン（6枚切り）	−7.0	−3.2	ラップ	2.2	−0.4
	カップ麺（レギュラー）	0.7	33.3	ティシュペーパー（150組×５箱）	−4.8	−10.3
	牛乳（成分無調整）	−3.4	8.5	トイレットペーパー（ダブル・30m）	−2.8	−2.8
	チョコレート（板チョコ・ミルク）	−6.5	18.3	マスク（売れ筋）	−0.7	−0.7
	アイスクリーム	−1.0	40.0	石けん（化粧石けん）	−1.9	−5.8
	茶飲料（緑茶）	−1.2	54.9			
2021	食パン	−7.8	8.6	ラップ	1.6	−0.6
	カップ麺	0.5	33.3	ティシュペーパー	−4.4	−7.2
	牛乳	−3.0	12.4	トイレットペーパー	−0.9	3.2
	チョコレート	−7.2	18.6	マスク	7.8	2.7
	アイスクリーム	0.3	41.3	手洗い用石けん	−2.9	−6.6
	茶飲料	3.1	67.1			

出典　総務省統計局「小売物価統計調査関連分析 民間データを用いた店舗形態別価格等に関する分析結果」（2021、2022）

6.5　通信販売・ネット販売価格

家電製品の通信販売・ネット販売価格は実店舗販売価格よりも安い傾向

同じ財の価格は、店舗形態間だけでなく、実店舗販売とネット販売などの、販売方法間で異なることもある。販売方法間の価格差は、2007年までは全国物価統計調査、2019年以降は総務省の「民間データ分析結果」でみることができる。

2007年の全国物価統計調査によると、通信販売企業の通信販売価格は、通信販売を行っていない大規模小売店舗の店頭販売価格に比べて、家電製品やAV機器が安い傾向がある。特に、ノート型パソコン、電気炊飯器、液晶テレビなどの通信販売価格が安い。

民間データ分析結果（19年）では、家電大型専門店の実店舗販売価格とネット販売価格を比較しており、パーソナルコンピュータ（ネット販売が11.1％高い、以下同じ）、ルームエアコン（2.1％）、電気炊飯器（3.1％）はネット販売価格が高いが、空気清浄機（ネット販売が10.5％安い、以下同じ）やプリンタ（9.1％）など、集計対象品目の多くでは、ネット販売の方が安いことが示されている（図6.5.1）。

医療品と日用品のネット販売価格は実店舗販売価格よりも高い傾向

民間データ分析結果（2021年）では、同一のドラッグチェーンにおけるネット販売と実店舗販売の価格を比較しており、ドリンク剤（ネット販売が28.1％高い、以下同じ）、歯磨き（20.0％）、感冒薬（総合かぜ薬）（16.6％）など、集計対象品目の多くでは、ネット販売価格の方が高いことが示されている（図6.5.2）。

ホテルの宿泊料金はインターネット予約料金が通常予約料金よりも安い

2007年の全国物価統計調査によると、平日にホテルを利用する場合の宿泊料金（ツインルーム、食事無し、消費税・サービス料込み、１室２名で宿泊した場合の１名分の料金）を予約形態別に比較すると、インターネット予約料金（自社サイト）が平均7,588円、仲介サイトが7,655円、通常予約料金が9,730円となっている。休前日の場合、それぞれ8,806円、8,807円、10,452円である。インターネット予約料金は通常予約料金よりも平日は22％程度、休前日は16％程度安く、価格のばらつきも小さい。一方、平日に旅館を利用する場合の宿泊料金については、自社サイトが平均15,280円、仲介サイトが15,197円、通常予約料金が15,770円で、インターネット予約料金と通常予約料金の差は小さい（図6.5.3）。

図6.5.1　ネット販売と実店舗販売の価格差（2019年10月）

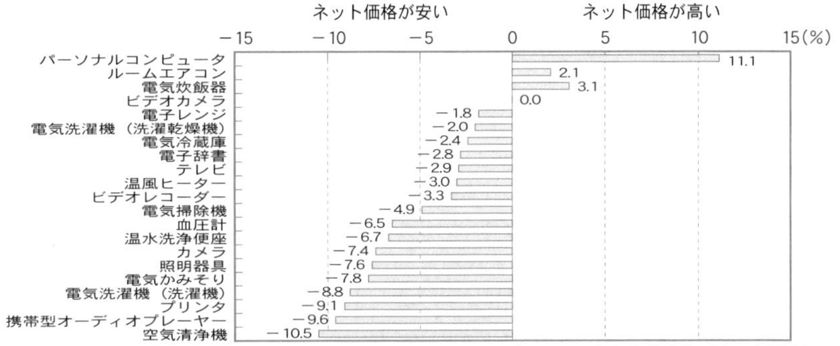

資料　総務省「小売物価統計調査関連分析　民間データを用いた店舗形態別価格等に関する分析結果」(2019)

図6.5.2　ネット販売と実店舗販売の価格差（2021年10月から2022年3月）

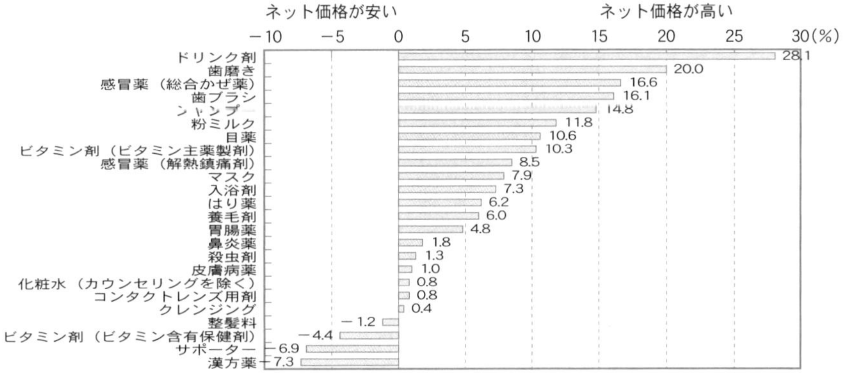

資料　総務省「小売物価統計調査関連分析　民間データを用いた店舗形態別価格等に関する分析結果」(2022)
同一のドラッグチェーンにおける、ネット販売と実店舗販売の価格水準の比較
平均価格

図6.5.3　宿泊料の予約形態別価格分布（2007年）

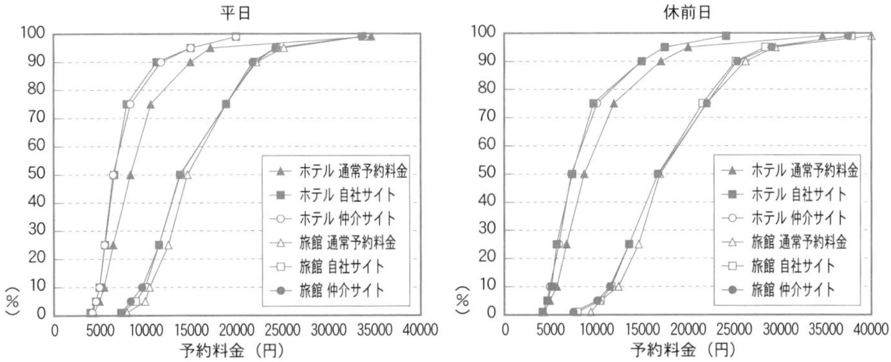

資料　図6.5.1と同じ

6.6　地価の動向

2022年は全国、６大都市ともに指数が上昇

市街地価格指数の全用途平均でみると、日本の地価は、戦後の経済発展とともに上がり始め、オイルショック後の一時期を除き、バブル経済が崩壊する1991年まで、ほぼ一貫して上昇傾向にあった。91年以降は、全国的な地価の下落が長期間続いた。６大都市以外の指数は、2017年まで下落した。18年以降は、感染症の影響で商業地の需要が減少した21年を除き上昇している。６大都市の指数は、1992年から2005年まで下落した後、06年から08年まで上昇したが、リーマンショック後の09年以降は下落した。14年以降は、21年を除き上昇傾向にある。18年以降、６大都市の指数の上昇率は、６大都市以外の指数の上昇率よりも大きい（図6.6.1、図6.6.2）。

過去には２度の地価高騰

日本の地価は、1970年代前半の列島改造ブーム期と80年代後半のバブル経済期に高騰した。高度成長期後半から列島改造ブーム期には、工業化や都市化が進むなかで、全国的に地価が上昇した。63年から70年と、74年には、６大都市以外の市街地価格指数の上昇率が、６大都市の指数の上昇率を上回った。６大都市と６大都市以外に共通して、用途別指数の上昇率は住宅地が最も高く、次いで、工業地、商業地の順であった。バブル経済期には、東京や大阪など、大都市でのオフィス需要の増加や、金融緩和による金利低下により投機的土地需要が増加し、６大都市の地価の上昇幅が大きい。特に、６大都市の商業地の指数は、80年から91年に６倍になった。バブル経済崩壊後は、商業地の地価が住宅地・工業地よりも大きく下落し、2002年には1980年よりも低い水準にまで下落した（図6.6.1、図6.6.2）。

地価は株価の動きに遅れて推移

土地は、住宅地・商業地・工業地としての使用を目的として需要されるだけでなく、株式等と同様に、資産としても需要される。株価と地価を比較すると、1960年から80年は地価の上昇が株価の上昇よりも大きく、80年から90年は株価の上昇が地価の上昇よりも大きい。地価は株価に遅れて変化する傾向が見られる。オイルショックやバブル経済崩壊時には、株価の下落に対して、地価は１～２年遅れて下落した。リーマンショック前後でも、株価は2004年から07年に上昇、08年から下落した。地価の６大都市平均は06年から08年に上昇、09年から下落している。感染症拡大の前後でも、株価は12年以降、16、18年を除いて上昇傾向にあったが、20年２月から３月に感染症拡大の影響で大きく下落した後、21年９月まで上昇した。地価の６大都市平均は14年以降、毎年上昇が続いていたが、21年に工業地以外は下落した後、22年以降は上昇している（図6.6.1、図6.6.2）。

図6.6.1　市街地価格指数と東証株価指数

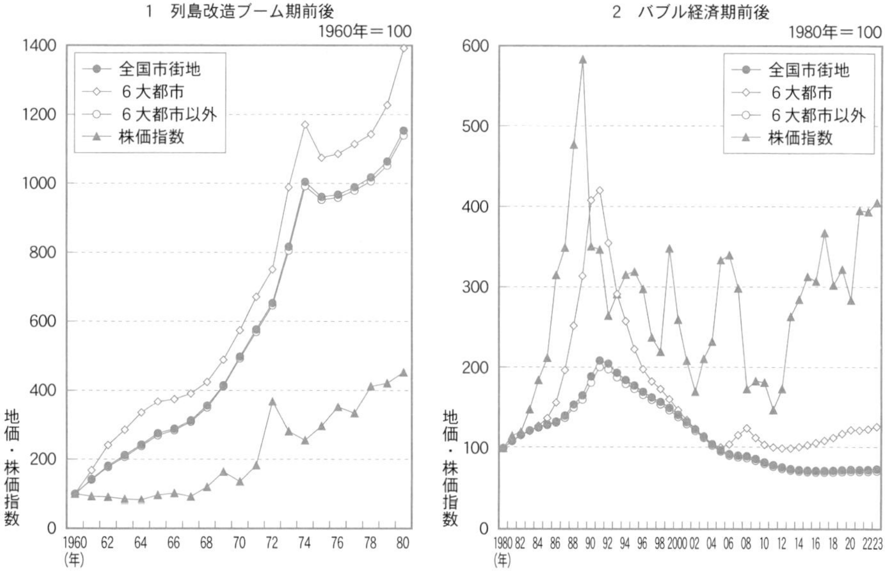

注　6大都市とは、東京区部、横浜、名古屋、京都、大阪、神戸。
資料　(財)日本不動産研究所「市街地価格指数」
東京証券取引所「東証統計月報」

図6.6.2　用途別地価指数の推移（6大都市）

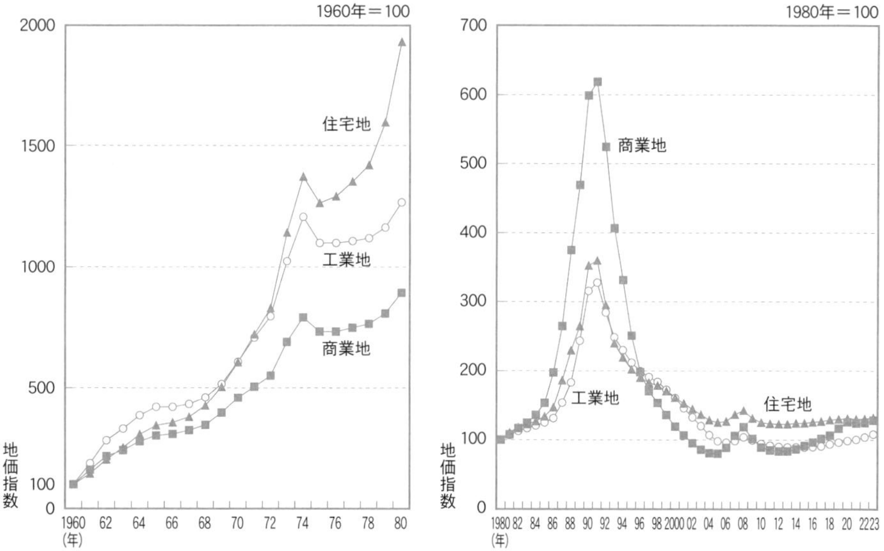

資料　図6.6.1と同じ

6.7　住宅の価格

2022年の首都圏のマンション価格は上昇

2022年に首都圏で新規に発売された民間分譲マンションの販売価格（１戸当たり平均価格）は6288万円である。マンション価格は、バブル経済後の長期間、下落傾向にあったが、06年から上昇に転じた。その後、リーマンショック後の09年に再び下落傾向となったが、13年以降は上昇傾向である。22年のマンション価格は前年比で0.4％上昇し、４年連続の上昇となった。22年のマンション価格は、1990年以降で最も高い水準にある（図6.7.1）。

2022年はマンション価格と建設コストが共に上昇

マンション価格は、建設費・土地代・人件費などの建設コストと、景気や消費者マインドの動向から決定される業者利益等から構成される。マンション価格は1990年から下落した。これは建築費指数や国内企業物価・生産財建設用材料などの建設コストよりも早い動きであった。2003年には、建設コストよりも早くマンション価格は上昇に転じた。11年以降は、東日本大震災の復興需要や東京五輪開催決定を受けて、マンション価格に先行して建設コストが上昇した。19年以降は、建設コストとマンション価格がともに上昇傾向にある。22年は、輸入原材料価格上昇や人件費上昇による建設コストの上昇が大きい（図6.7.1）。

2022年のマンション価格は大都市圏の中心部で下落、周辺部で上昇

マンション価格は、首都圏と近畿圏の中心部では高く、周辺部では低い。これは、大都市圏中心部ほど地価が高いためである。2022年のマンション価格を都府県別にみると、首都圏では東京区部の8236万円が最も高く、次いで神奈川、埼玉、東京都下の順である。21年以降、神奈川、埼玉、東京都下の価格差は縮小している。近畿圏では京都の4927万円が最も高く、次いで大阪、兵庫の順である。21年から22年におけるマンション価格は、中心部の東京区部と大阪で下落、周辺部の東京都下、神奈川、京都、埼玉などで上昇し、20年から21年における動きとは反対になった。22年のマンション価格の平米単価は東京区部、京都、大阪、神奈川の順である（図6.7.2）。

2022年は中古住宅の価格が上昇

住宅価格や建築費は、建物の立地や構造的条件など様々な属性に左右され、住宅ごとに異なっている。住宅価格の平均値の時系列的な変化には、住宅価格の水準の変化と住宅属性の変化とが含まれる。不動産価格指数（住宅）は、属性が同じ中古住宅の価格動向を比較できるように作成されている。不動産価格指数（住宅）によると、2008年以降の大都市圏の住宅価格は、東日本大震災後の11年から13年を除き、23年に至るまで上昇傾向にある。特に、13年以降、マンション価格の上昇が大きい（図6.7.3）。

図6.7.1　首都圏の住宅価格と工事費

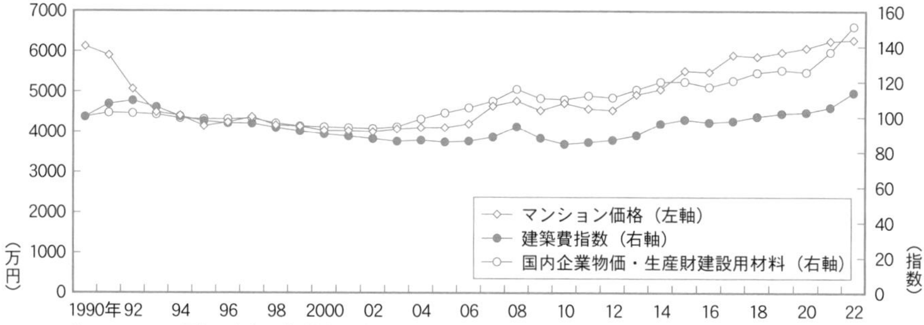

注　マンション価格は、東京、千葉、神奈川、埼玉における新規発売民間分譲の平均値（戸当たり価格）。建築費指数は、集合住宅SRC（1990年＝100）。

資料　不動産経済研究所「首都圏マンション市場動向」、建設物価調査会「建設物価指数月報」
日本銀行「企業物価指数」

図6.7.2　大都市の地域別民間分譲マンション

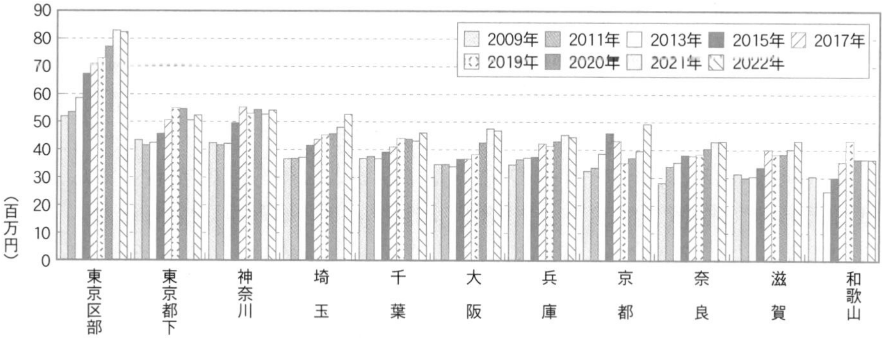

注　2011年の和歌山県のマンション価格は、販売戸数は0戸のため空白になっている。

資料　(株)不動産経済研究所「全国マンション市場動向」

図6.7.3　大都市圏の住宅・マンション価格指数

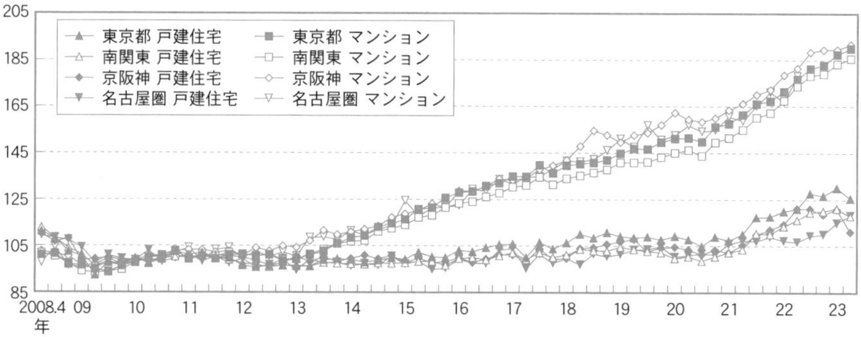

注　南関東は埼玉、千葉、東京、神奈川、名古屋圏は岐阜、愛知、三重、京阪神圏は京都、大阪、兵庫。
月次系列における2010年の年平均＝100。

資料　国土交通省「不動産価格指数（住宅）」

第７章　生活一般

7.1　住生活

住宅の13.6％が空き家

2018年住宅・土地統計調査によると、総住宅数は6241万戸、そのうち居住世帯のある住宅が5362万戸（住宅総数の85.9％）、居住世帯のない住宅が879万戸（同14.1％）である。居住世帯のない住宅の大部分は空き家であり、その数は849万戸に達している。空き家率（総住宅数に占める空き家の割合）をみると、1958年はわずか2.0％であったが、その後急激に上昇し、98年に10％を超え、2018年には13.6％となった。空き家のおよそ半分は賃貸用の住宅であり、18年には51.0％が賃貸用であった（図7.1.1）。

都道府県別に空き家率を比較すると、山梨県が21.3％、和歌山県が20.3％、長野県が19.6％、徳島県が19.5％と非常に高い。

高齢者のいる世帯では持ち家の割合が大きい

居住世帯のある住宅を所有の関係別にみると、持ち家の割合（持ち家率）はほぼ６割で推移しており、2018年は61.2％（3280万戸）であった。

「高齢者のいる住宅」（2253万戸）に限ってみると、持ち家の割合は82.1％と大きく、そのうち「高齢者のいる夫婦のみの世帯」（648万戸）では87.4％と、さらに大きい。なお、「高齢単身世帯」（638万戸）では66.2％となっている（図7.1.2）。

都道府県別にみると、持ち家の割合が大きいのは秋田県（77.3％）、富山県（76.8％）、山形県（74.9％）、福井県（74.9％）などとなっている。

持ち家の増改築・改修

2018年10月現在の持ち家3280万戸のうち27.5％の901万戸で2014年以降に増改築や改修の工事が行われている。工事の内容をみると、「台所・トイレ・浴室・洗面所の改修工事」が15.0％、「屋根・外壁等の改修工事」が11.1％などとなっている。家計を主に支える者が65歳以上の持ち家では工事が行われた割合が高く、いずれかの工事が行われた割合が34.8％、工事区分別にみても、「台所・トイレ・浴室・洗面所の改修工事」が20.0％などと、どの区分でも持ち家全体の値を上回っている（図7.1.3）。

図7.1.1　空き家数および空き家率の推移

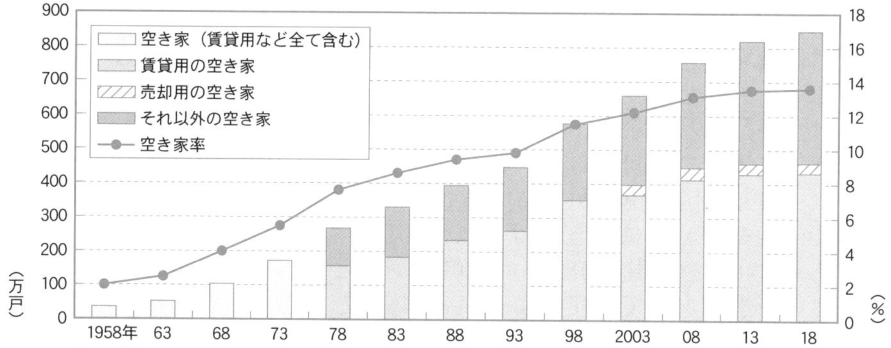

注１　各年10月１日現在。
注２　1978年～1998年の賃貸用には売却用が含まれる。
資料　総務省「住宅・土地統計調査」

図7.1.2　持ち家率の推移

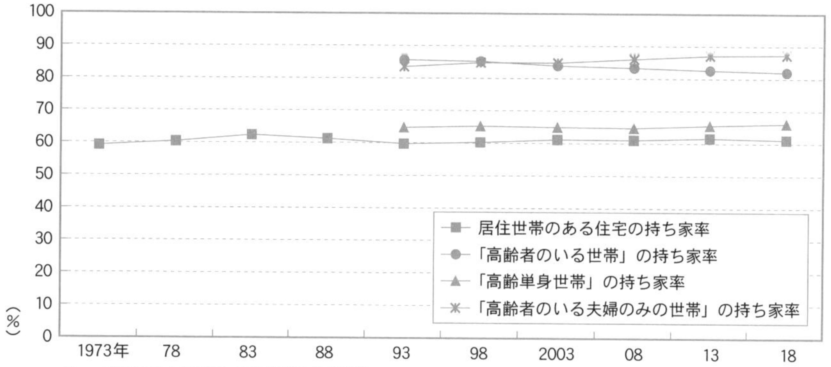

注　　各年10月１日現在。居住世帯のある住宅。
資料　図7.1.1と同じ。

図7.1.3　2014年～2018年９月の間に増改築・改修工事等が行われた持ち家の割合

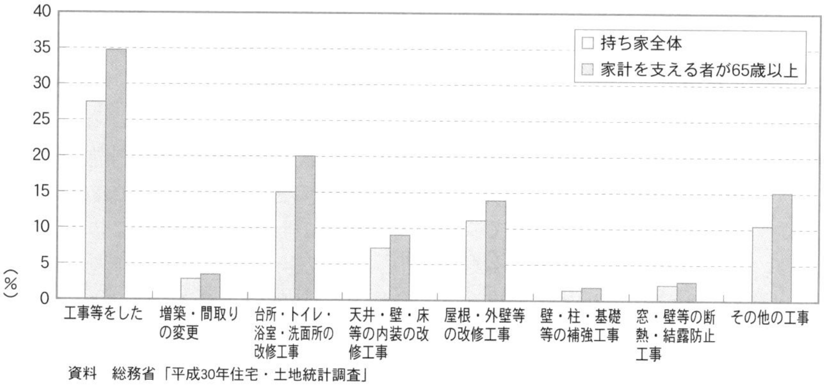

資料　総務省「平成30年住宅・土地統計調査」

7.2　租税公課

税収のおよそ３分の１が消費税

生活に最も関連の深い税金は消費税であるが、その税率は1989年４月に３％で導入された後、97年に５％へ、2014年には８％へ、さらに、19年10月には食料品などを除き10％へと引き上げられた。

消費税は景気の動向にあまり影響されず安定した税収が見込める税だと言われており、消費税率が５％であった時代は毎年度10兆円前後で推移してきた。税率が８％に引き上げられた2014年度の消費税総額は16兆290億円であり、前年度に比べ48.0％の大幅な増加となった。20年度には税率引き上げの影響もあって前年度より14.3％増加して20兆円を超え、22年度は23兆793億円となった。人口１人当たりにすると約18万円を負担していることになる。また、一般会計税収総額に占める消費税の割合も13年度の23.1％から14年度には29.7％となった。その後も30％前後で推移してきており、22年度は32.4％であった（図7.2.1）。

高齢者世帯には所得再分配効果が大きい

税金以外の公的な負担の主要なものに社会保険料がある。家計調査により２人以上の勤労者世帯の状況をみると、2022年は本人負担分として年間約81万円を納付しているが、これは経常収入の11.1％に相当する。これに対して、社会保障給付として年間約41万円を受け取っている。

税金および社会保険には、社会保障給付などを通じて世帯間の所得を平準化する所得再分配の機能があるが、世帯主の年齢別にみると65歳未満の世帯では当初所得が再分配所得を上回り、65歳以上の世帯では再分配所得が当初所得を上回っている。当初所得に対する再分配所得の比率で比較すると、最も低いのは45～49歳の世帯の81.4％であり、仕事からの収入がほとんど無くなる70～74歳は182.6％と２倍に近く、75歳以上の世帯では287.7％とほぼ３倍となっている（図7.2.2）。

たばこ税と酒税

嗜好品の代表格であるたばこと酒には、高率の税が課されている。

たばこには国税と地方税の双方が課され、税収の合計は２兆円程度で推移してきており、2022年度は２兆990億円であった。健康に害があるということで喫煙者数は減少してきているが、税率がしばしば引き上げられているため、税収の総額に大きな変化は見られない。

他方、酒税の総額は、1997年度の１兆9619億円から減少が続いている。2022年度にはやや回復して１兆1876億円となったが、25年間で39.5％の減少となっている（図7.2.3）。

図7.2.1　消費税収の推移

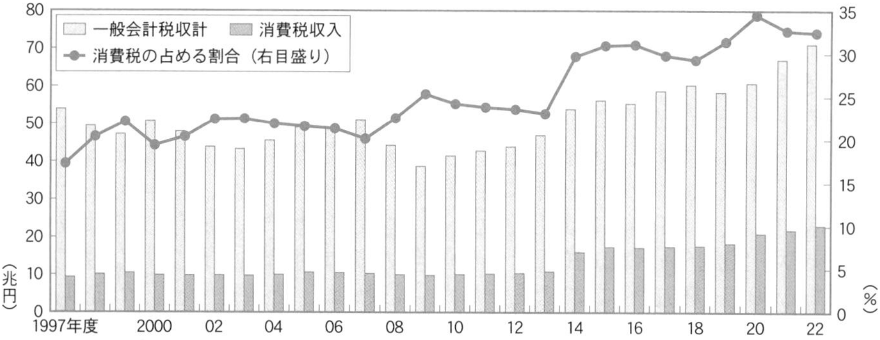

資料　財務省「租税及び印紙収入決算額調」

図7.2.2　世帯主の年齢別所得再分配の状況

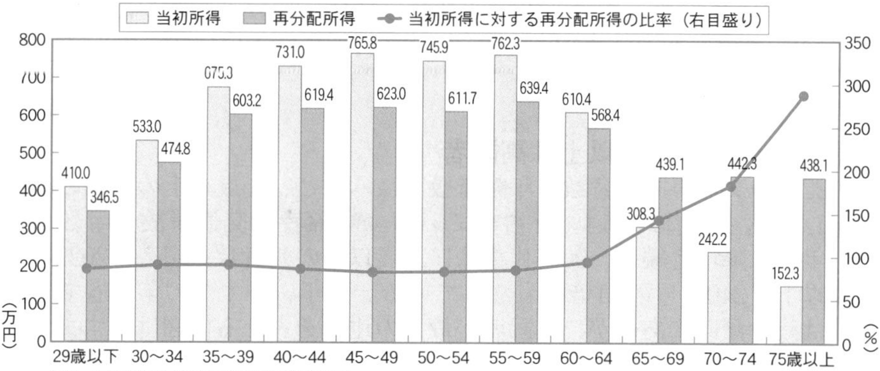

資料　厚生労働省「令和３年所得再分配調査」

図7.2.3　たばこと酒による税収の推移

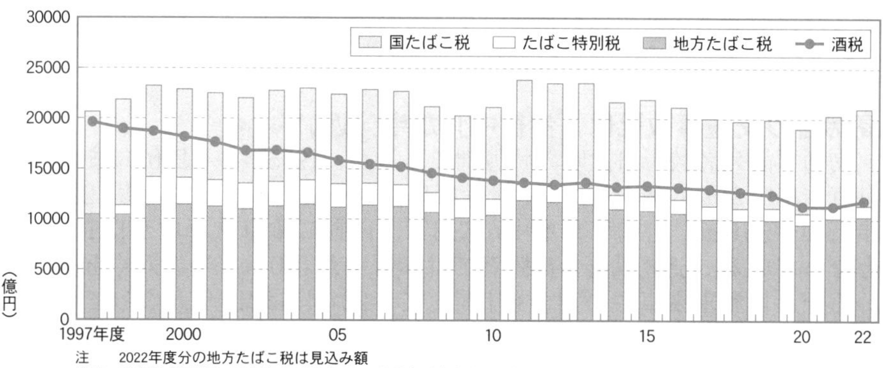

注　2022年度分の地方たばこ税は見込み額
資料　財務省「租税及び印紙収入決算額調」、総務省「地方財政白書」および「地方財政計画」

7.3　交通事故

交通事故死者数は著しく減少

自家用車の普及に伴って1960年代後半から交通事故は増加を続け、70年には交通事故死者（事故から24時間以内に死亡した人）の数は16,765人と過去最多を記録した。このような状況に対処するため、同年に交通安全対策基本法が制定され、総合的交通安全対策が実施されることになった。その後、死者数は減少し、79年に8,466人まで下がったが、80年代になると再び増加に転じ、92年には死者数は11,452人に達した。翌年以降は減少傾向に戻り、2022年には2,610人と、1948年の統計開始以来最少となり、ピークである70年の15.6％にまで減少した。これは、交通安全施設の充実や交通安全思想の普及のほか、自動車の安全装備の改良の結果、運転者・同乗者で事故の犠牲になる人が減ったためと考えられる。

交通事故発生件数をみると、2022年には30万件と、最も多かった04年の95万件の31.6％となっているが、死者数の推移に比べると減少は鈍い。また、負傷者数も36万人とピークであった04年の30.1％となっている（図7.3.1）。

交通事故死者の半分以上は高齢者

2022年の交通事故死者数を年齢階級別にみると、65歳以上の高齢の犠牲者が1,471人と全体の56.4％を占めている。高齢者の交通事故死者数は、1980年代以降増え続け、90年代半ばに24歳以下の死者数を超え、2022年は24歳以下（240人）の6.1倍にもなっている。近年、いずれの年齢層でも死者数は減少傾向にあるが、高齢者が最大の比率を占める構図はますます顕著になっている（図7.3.2）。今後も高齢者人口の増加に伴って、高齢の交通事故犠牲者の増加が懸念されるため、高齢者の交通安全対策として、明るく目立つ色の衣服の着用や反射材用品等の普及促進といった、地域に密着した交通安全活動が行われている。また、高齢運転者に対しては、安全運転支援システムの奨励、高齢者講習等の対策が行われている。

高齢者の交通事故死は「歩行中」が半分近い

交通事故死者数を事故時の状態別にみると、1975年から2007年までは自動車乗車中が最も多かったが、最近は歩行中が最多となっている。22年は、歩行中が36.6％、自動車乗車中が33.3％、自動二輪車乗車中が13.1％などとなっている。65歳以上の高齢者では歩行中が48.0％と半数近くを占めているが、自動車乗車中の割合も上昇して、22年には31.1％となっている。他方、15～24歳の若者層では自動車乗車中が40.8％、自動二輪車乗車中も33.8％と高い割合を占めている（図7.3.3）。

図7.3.1　交通事故死傷者数及び発生件数の推移

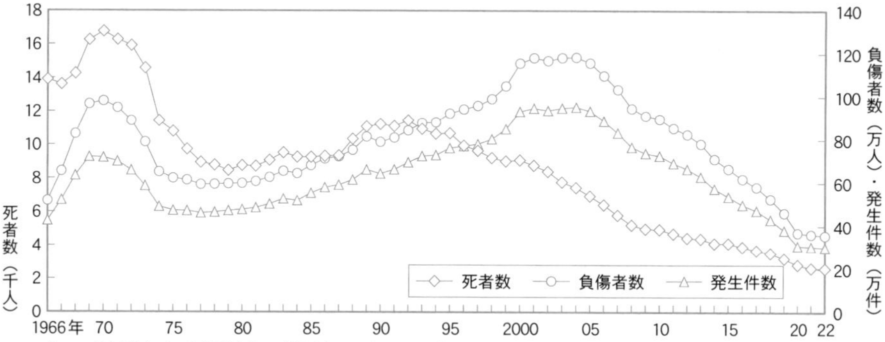

注　「死者数」は、事故発生後24時間以内に死亡した人の数。
資料　警察庁「交通事故の発生状況」

図7.3.2　年齢階級別交通事故死者数の推移

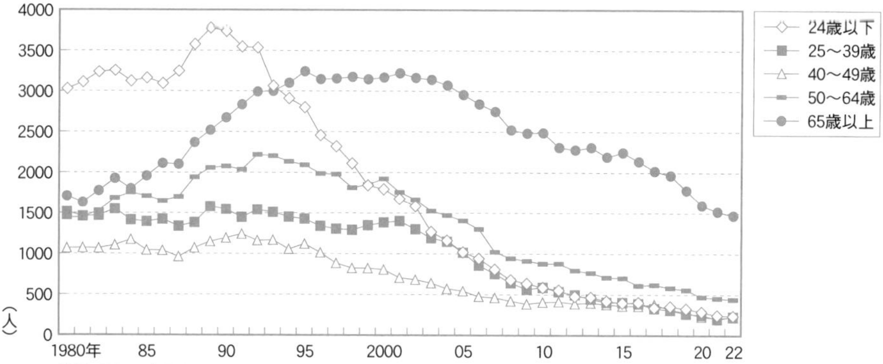

資料　図7.3.1と同じ

図7.3.3　交通事故死者の状態別構成比（2022年）

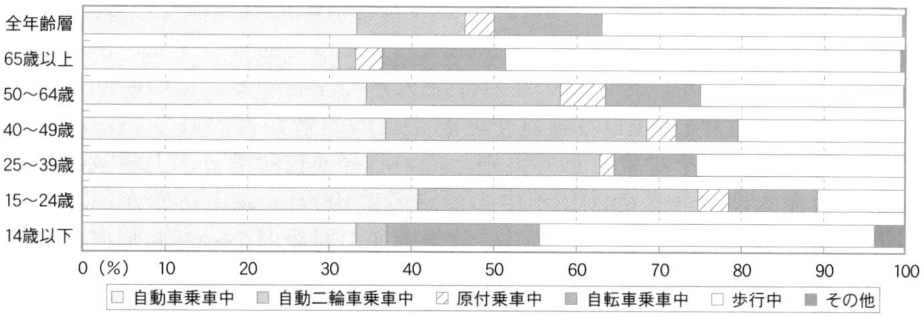

資料　図7.3.1と同じ。

7.4　火災・救急サービス

火災発生件数は減少傾向

2022年に全国で発生し消防機関に通報された火災は36,375件で、損害額は1103億円であった。長期的な変化をみると、発生件数は1960年代から70年代前半に急速に増加し、73年に過去最多（73,072件）となった。その後は６万件前後で推移してきたが、2003年以降は減少傾向にある。損害額も同様の傾向であったが、近年はやや増加している（図7.4.1）。

2022年の火災の内訳をみると、建物火災が20,185件（うち、住宅火災は11,017件）、車両火災が3,414件、林野火災が1,244件となっている。

なお、2022年の火災による死者数は1,446人、負傷者数は5,719人であった。

住宅火災の原因は「こんろ」が多い

2022年の全火災の出火原因の割合をみると、「たばこ」が8.8％で最も多く、「たき火」が8.6％、「こんろ」が7.6％と続いている。次いで「放火」が6.1％であるが、「放火の疑い」を合わせると10.2％に上っている（図7.4.2）。なお、住宅火災のみでみると、「こんろ」が16.3％で最も多く、「たばこ」、「ストーブ」が続いている（図7.4.3）。

救急自動車の出動件数が急増

救急自動車の出動件数は著しい増加を続けてきた。2022年は前年比16.7％の大幅増加で723万件となった。また、現場到着までの所要時間および病院などへの収容までの所要時間は、この数年ほとんど変化がなかったが、21年は前年より長くなり、それぞれ9.4分、42.8分となった（図7.4.4）。

なお、救急搬送された人のうち、入院加療を必要としない「軽症者」が約半数（2022年は47.3％）に上っている。このような出動要請は、119番へのいたずら通報と合わせ、救急車の適正な利用を妨げる要因となるため、「救急安心センター事業（＃7119）」などの施策が進められている。

救急看護の現場においては、症状発生（または傷病者の発見）から処置の開始までの時間が、その後の生存率を大きく左右する。この時間の短縮を図るため、近年、AEDの設置や応急手当の講習が行われている。消防機関が地域住民等を対象として実施している普通救命講習、上級救命講習および救命入門コースの2018年中の受講者は199万人に上ったが、21年は71万人にとどまった。また、実際に救急搬送の対象となった心肺機能停止傷病者129,144人のうち65,284人（50.6％）に対し現場に居合わせた人（家族を含む）により応急手当が実施されている。

図7.4.1　火災の発生件数と損害額

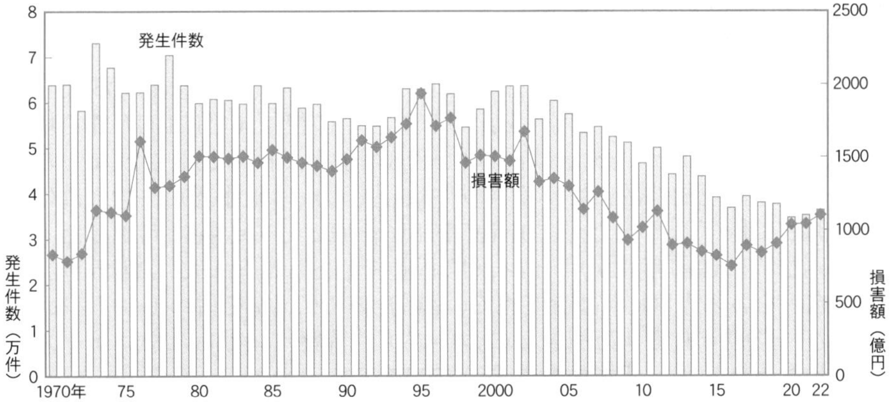

資料　総務省消防庁「消防白書」および「令和４年（１月～12月）における火災の状況（概数）」

図7.4.2　主な出火原因（2022年）

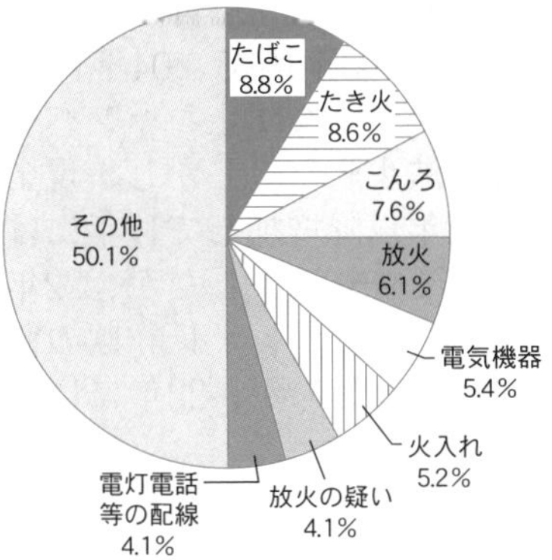

資料　総務省消防庁「令和４年（１月～12月）における
火災の状況（概数）」

図7.4.3　住宅火災の出火原因（2022年）

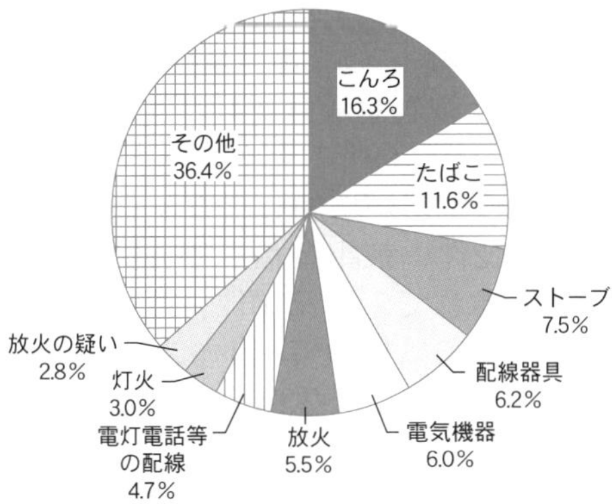

資料　図7.4.2と同じ。

図7.4.4　救急自動車の出動状況

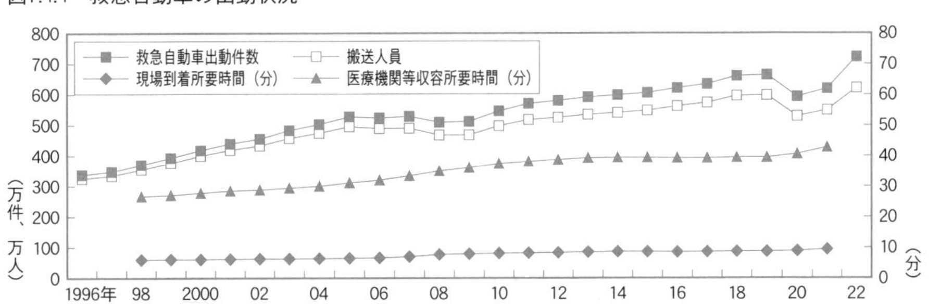

注　2022年分は速報値。
資料　消防庁「令和４年中の救急出動件数等（速報値）」および「令和４年版　救急救助の現況」

7.5　生活と犯罪

犯罪件数は2022年に反転増加

犯罪の統計は捜査当局が「認知」した件数に基づいて作成されているが、犯罪の認知件数（交通事故関係を除く）は1997年頃から急激に増加し、2002年には戦後最多の285万件を記録した。その後は16年に100万件を切って急激に減少したが、22年は前年比5.8％増加して60万1331件となった。検挙率（犯罪認知件数に対する検挙件数の比率）は犯罪認知件数とはほぼ反比例的に低下していたが、01年の19.8％を底として改善に向かった。しかし、22年には前年比5.0ポイント低下して41.6％となった（図7.5.1）。犯罪の内訳をみると、大半は窃盗犯で、犯罪全体の67.8％を占めている。なお、窃盗の一形態である「万引き」については、警察に届けられないケースも多いと思われるが、認知件数は８万3598件であった。

特殊詐欺は増減を繰り返す

オレオレ詐欺・架空請求詐欺（恐喝）・融資保証金詐欺・還付金等詐欺などを総称した「特殊詐欺」が顕在化したのは2003年頃で、04年には25,667件、被害金額は284億円であった。その後、大掛かりな防止キャンペーン等により、09年には件数・被害金額とも大幅に減少した。しかし、現金受取型の手口が増加したことなどから、件数は12年以降増加して17年には１万8212件、被害金額も395億円に達した。その後やや減少したが、22年には増加して１万7570件、371億円となった。そのうちオレオレ詐欺の割合は10年には件数で64.1％、被害金額で70.4％であったのが、22年には、それぞれ24.4％、32.3％へと低下した（図7.5.2）。

自殺は男女とも増加に

年間の自殺者数は1998年に急増して３万人を超え、2003年には34,427人に達した。その後、さまざまな対策が取られたこともあって12年には３万人を下回り、その後も減少が続いてきた。しかし、20年には増加に転じ、22年は21,881人となった（図7.5.3）。男女別にみると、女性は20年から、男性は22年から増加に転じている。年齢別にみると、50歳台が4,093人、40歳台が3,665人で合わせると全体の35.5％を占めている。また、人口動態統計によると、10歳台、20歳台、30歳台では自殺が死因順位の第１位となっている。

原因・動機が遺書などにより推定できたのは、2022年の21,881人のうち、19,164人であり、１人につき４つまでの原因・動機を計上して集計した結果、最も多いのは「健康問題」（12,774人）であり、次いで「家庭問題」（4,775人）、「経済・生活問題」（4,697人）と続いている。

図7.5.1　刑法犯の認知件数および検挙率

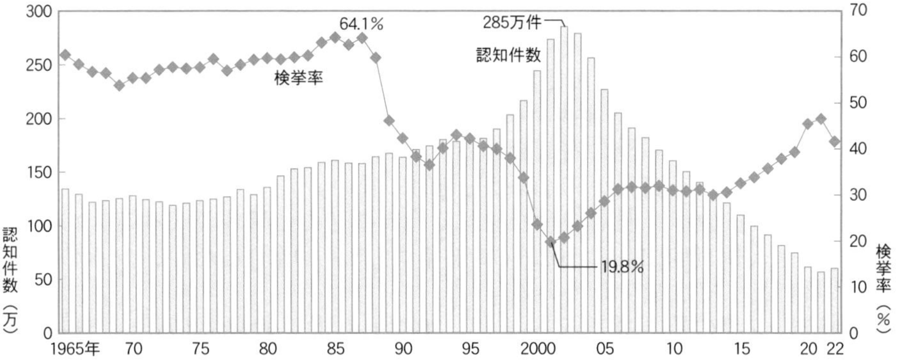

資料　警察庁「犯罪統計資料」

図7.5.2　特殊詐欺の件数および被害金額

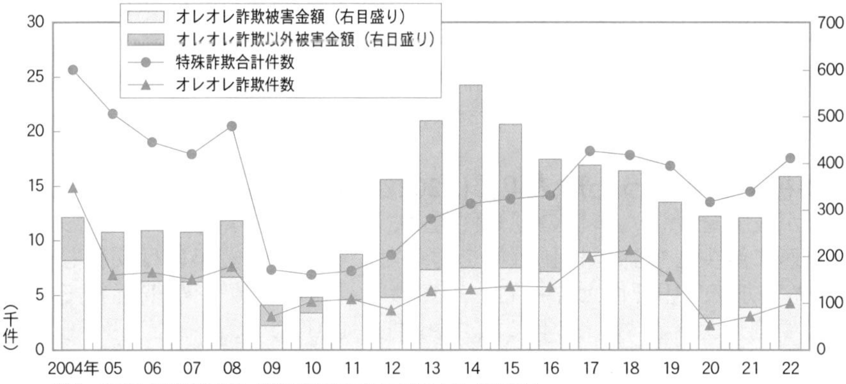

資料　警察庁「特殊詐欺認知・検挙状況等について（令和４年・確定値）」

図7.5.3　自殺者数の推移

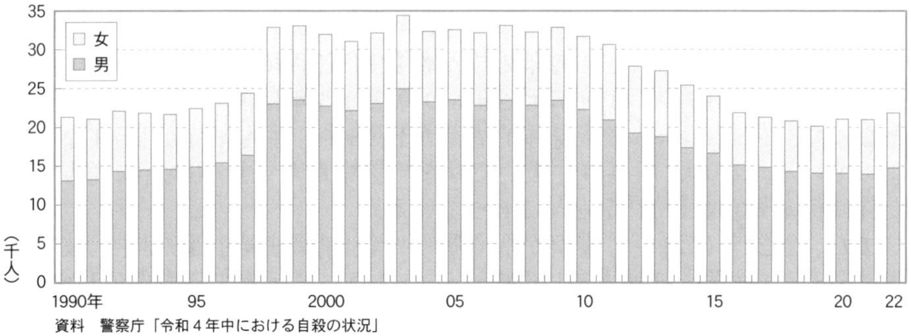

資料　警察庁「令和４年中における自殺の状況」

7.6　少年と犯罪

刑法犯少年は減少傾向

2022年の少年（14～19歳）の刑法犯（交通事故関係を除く）の検挙人員は前年と同程度の14,887人で、同年齢層の人口千人に対する比率では2.3であった（図7.6.1）。刑法犯少年の検挙人員は、04年以降減少を続けている。刑法犯少年の検挙罪種の内訳をみると、凶悪犯が3.3％、粗暴犯が19.1％であるのに対し、窃盗犯が50.4％と圧倒的に多い。

また、触法少年（刑罰法令に触れる行為をした14歳未満の少年）の2022年の補導人員（刑法）は6,025人で前年より8.7％増加したが、少年の刑法犯は傾向としては減少している。

刑法犯少年の再犯状況をみると、2022年の再犯者数は4,715人、再犯者率は31.7％であり、再犯者数は減少、再犯者率は低下となっている。

補導人員も減少

犯罪には至らないが不良行為により補導された少年は、2013年の81万人から急激に減少して22年には29万7078人となった。うち、男子が22万5140人、女子は７万1938人であった。不良行為の種類でみると、深夜はいかい（15万948人）、喫煙（８万7165人）が多い（図7.6.2）。

少年が被害者となった刑法犯罪は2022年に急増

少年が被害を受けた事件の認知件数は、2001年には40万件以上あったのが、急速に減少して19年に10万件を切った。しかし、22年には反転し前年比21.3％増加の72,907件となった。そのうち、高校生が主な被害者であるものが４割以上を占め、22年には31,366件（43.0％）であった（図7.6.3）。少年の被害件数を主な罪種別にみると、窃盗が58,374件（うち、自転車盗が48,696件）で最も多く、次いで暴行、傷害、強制わいせつなどとなっている。罪種と学職別（就学状況・有職・無職）のクロス集計で被害者の分布を詳細にみると、高校生の窃盗被害が26,895件で少年被害のうち36.9％を占めている。

児童虐待については、1999年の検挙件数は120件で、その後は漸増傾向にあったが、2019年には前年比42.9％の急増、22年は前年比微増の2,181件となった。内訳をみると、身体的虐待が1,718件、性的虐待が365件などとなっている。なお、刑事事件扱いではなく警察から児童相談所に通告された件に係る児童数は115,762人に上っている。

また、2022年において警察が取り扱った校内暴力事件は593件、被害者数は628人、検挙・補導人員は636人、「いじめ」に起因する事件は176件、検挙・補導人員は223人であった。

図7.6.1　刑法犯少年（14～19歳）および刑法触法少年（13歳以下）

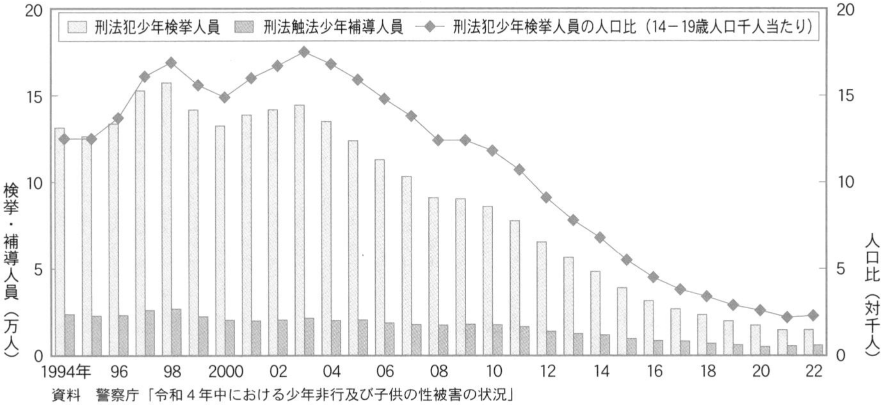

図7.6.2　不良行為により補導された少年

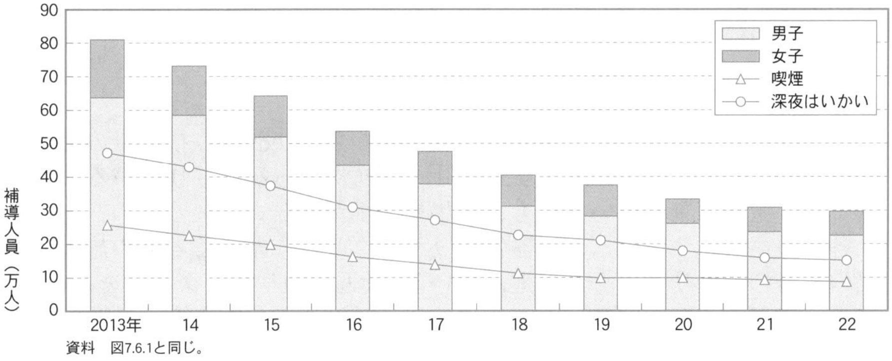

図7.6.3　少年が被害者となった刑法犯の認知件数

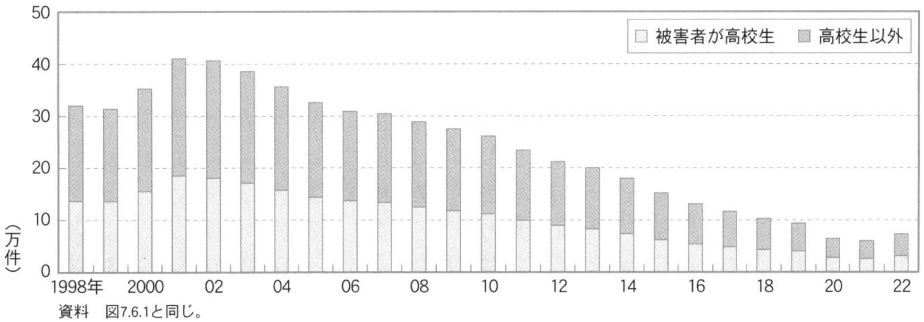

7.7　ごみ問題

ごみの排出量は減少、最終処分率は低下

生活などに伴って発生するごみの総排出量は、2000年度の5483万トンをピークとして近年は減少傾向にあり、21年度は4095万トンとなった。

排出されたごみは、市町村において焼却等の中間処理をされ、燃えがら、灰などの残渣として最終処分場に埋め立てられることになるが、この最終処分量も減少が続いており、2021年度は342万トンであった。さらに、最終処分量のごみ排出量に対する比率も低下傾向にあり、21年度は8.4％と、1996年度の３分の１程度になった（図7.7.1）。

産業廃棄物の半分以上は再生利用

産業廃棄物の総排出量は2005年度の４億2200万トンから減少傾向にあり、21年度には前年度比0.9％減の３億7057万トンとなった（図7.7.2）。排出された産業廃棄物は大部分が再生利用や減量化され、残りが最終処分されることになる。21年度の実績でみると、53.1％が再生利用され、44.5％が減量化、2.3％が最終処分されている。最終処分率は1997年度には16.1％であったのに比べると７分の１以下となっている。

3Rが進む

廃棄物と環境の関係については、3Rすなわち、Reduce（排出量の縮減）、Reuse（再利用）、Recycle（再生利用）が重要であるとされているが、生活ごみ、産業廃棄物のいずれも、排出量の縮減が続いている。

各種の容器については、容器包装リサイクル法に基づく各種の施策や国民の協力によりリサイクルが進んでいる。最近年のリサイクル率をみると、アルミ缶が93.9％（2022年度）、スチール缶が92.7％（22年度）と非常に高く、ペットボトルが86.0％（21年度）、牛乳用などの使用済み紙パックの回収率が29.5％（21年度）となっている（図7.7.3）。

その他、家電リサイクル法、食品リサイクル法、建設リサイクル法などにより、分野ごとの3Rが推進されている。たとえば、建設廃棄物であるコンクリート塊の再資源化率は、1990年度には48％であったが、2018年度には99％にまで達している。

なお、我が国において１年間に食料、燃料、原材料などでどれだけの物質が投入されているか、それがどのように使われ、あるいは処分されているかを示す「物質フロー」によると、2020年度の総物質投入量（天然資源等投入量＋循環利用量）13億6300万トンに対し循環利用量は２億1600万トン、循環利用率（循環利用量／総物質投入量）は15.9％であり、1990年度の7.4％から着実に上昇している。

図7.7.1　ごみの排出量と最終処分量

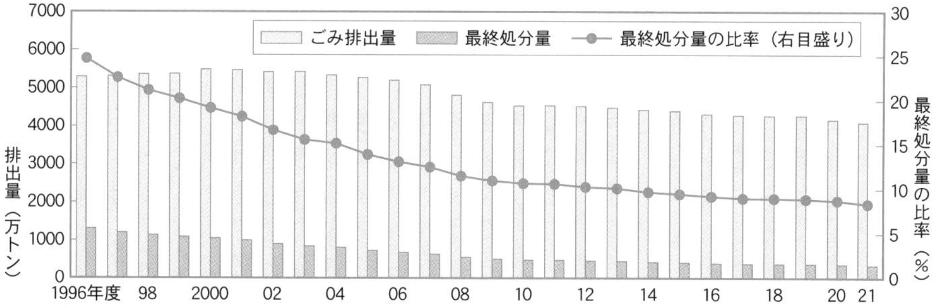

資料　環境省「一般廃棄物の排出及び処理状況等（令和３年度）について」

図7.7.2　産業廃棄物の排出と処分

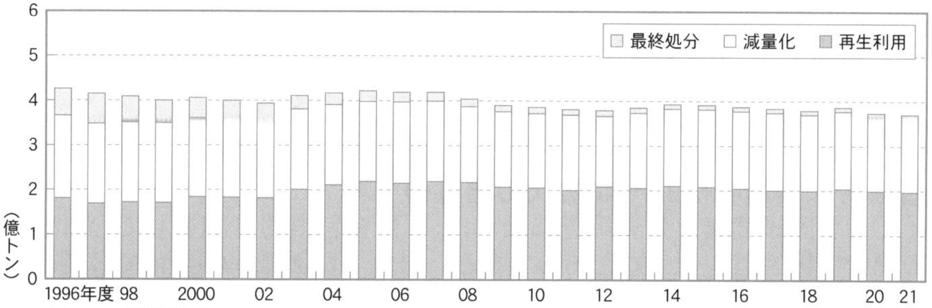

注　2021年度は速報値。
資料　環境省「産業廃棄物の排出及び処理状況等」

図7.7.3　リサイクル率の推移

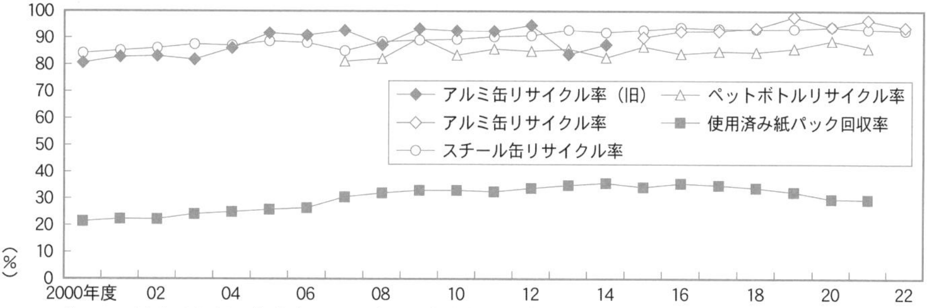

注　アルミ缶リサイクル率（旧）：分母は「アルミ缶消費重量（輸入、輸出を含む）」。分子は「国内で回収され国内で再生利用されたアルミ缶の重量」。
アルミ缶リサイクル率：分母は「アルミ缶消費重量（輸入、輸出を含む）」。分子は「国内で回収された使用済みアルミ缶全体（輸出量を含む）」。
スチール缶リサイクル率：分母は「分母はスチール缶消費重量（輸入、輸出を含む）」。分子は「国内におけるスチール缶再資源化重量」。
ペットボトルリサイクル率：分母は「指定PETボトル販売量（総重量）」。分子は「使用済み紙パック回収量」。
使用済み紙パック回収率：分母は「飲料用紙パック出荷量」。分子は「国内紙パック回収量」。
資料　環境省「環境統計集」、アルミ缶リサイクル協会資料、スチール缶リサイクル協会資料、PETボトルリサイクル推進協議会資料、全国牛乳容器環境協議会資料

第８章　健康・医療

8.1　国民の健康

年々肥満化する男性、年々スリム化する女性

2019年国民健康・栄養調査によると、肥満者の割合は男性では40歳代で39.7%と最も高く、女性では最も高い60歳代の28.1%までは年齢階級の上昇とともに高くなるが、70歳以上では26.4%とやや低くなっている。女性の肥満者の割合は男性より低いが、40歳代以上では高齢になるほど差が小さくなり、70歳以上では2.1%ポイント下回っている。1985年の結果と比較すると、男性の肥満者割合はすべての年齢層で大幅に上昇したのに対して、女性は40～69歳で低下した。近年では、男性の肥満とは対照的に、女性の低体重（やせ過ぎ）が問題であり、2019年は、20歳代で20.7%、30歳代で16.4%がやせ過ぎである（図8.1.1）。

2008年４月からは生活習慣病の早期発見のための健康診査とその予防のための保健指導が医療保険者に義務付けられている。

習慣的な喫煙者は30～40歳代の男性の４割

2019年国民健康・栄養調査によれば、「現在習慣的に喫煙している者」の割合は男性27.1%、女性7.6%である。男性では30歳～60歳代で３割以上が習慣的に喫煙しており、40歳代が36.5%と最も多い。女性では50歳代の12.9%が最も高く、70歳以上の3.0%が最も低い（図8.1.2）。病気のリスク要因には喫煙・高血圧・肥満・運動不足などがあるが、中でも喫煙は最大のもので、健康に有害なことは広く周知されている。しかし、20歳以前に喫煙習慣が形成され、疾患の発現が数十年後であるという点に対策の困難さがある。

主要先進国の中では日本の平均寿命が最長

2022年簡易生命表によれば、男性の平均寿命は81.05年、女性の平均寿命は87.09年と、新型コロナ感染症の影響もあり男女とも前年を下回った。男性の平均寿命も80年を超えているが、平均寿命の男女差は6.03年と依然として大きい。世界各国の平均寿命（男女計）の順位は、世界保健機関（WHO）が発表した世界保健統計2023によると、１位日本（84.3年）、２位スイス（83.4年）、３位韓国（83.3年）であった。

図8.1.3は、主要先進国の平均寿命の推移を男女計で示したものである。日本は1980年代前半にトップになり、今日もその地位を維持している。また2020年以降、多くの先進諸国において、新型コロナ感染症の影響による平均寿命の低下が観察されている。

図8.1.1　肥満者の割合（2019年）

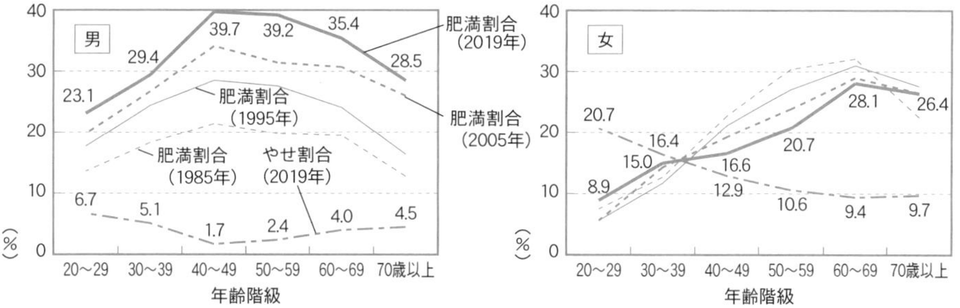

注　肥満の判定は日本肥満学会が定めたBMI（Body Mass Index）による。
BMI＝体重（kg）／（身長m）^{2}、肥満＝BMI 25以上、低体重（やせ）＝BMI 18.5以下
資料　厚生労働省「国民健康・栄養調査」（2019年）

図8.1.2　習慣的な喫煙者の割合（2019年）

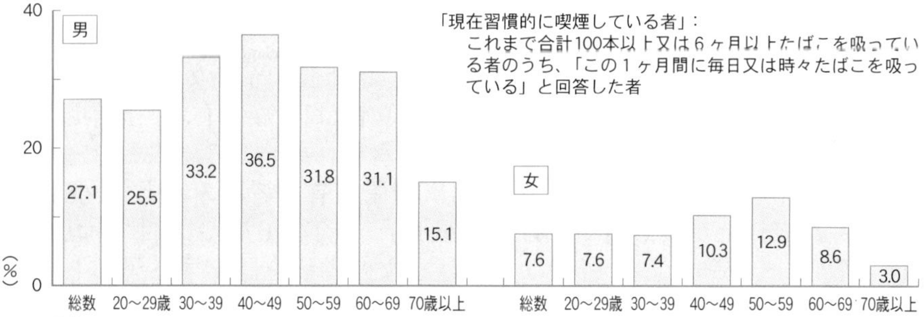

資料　図8.1.1と同じ。

図8.1.3　主要先進国の平均寿命の推移（男女計）

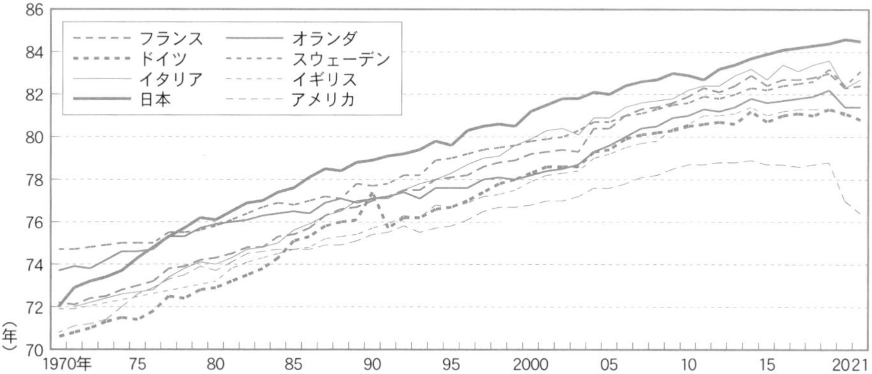

資料　OECD Health Statistics 2023

8.2　病気

人口の１％が入院患者、６％が外来患者

「患者調査」は、調査日における医療機関の入院患者、外来患者を３年ごとに調査している。直近の2020年調査から国民の傷病状況をみると、入院患者は121.1万人、外来患者は713.8万人であった。入院患者の内訳は悪性新生物11.3万人、統合失調症14.3万人、脳血管疾患12.3万人、心疾患5.8万人等であり、外来患者の内訳は高血圧疾患59.4万人、糖尿病21.5万人、悪性新生物18.2万人、心疾患13.0万人、ぜん息9.0万人等であった。人口10万人当たりの入院患者は960人、外来患者は5,658人であった。調査日に通院しなかった通院継続中の患者を含めた総患者数は、高血圧疾患が1511.1万人、糖尿病579.1万人、悪性新生物365.6万人、心疾患305.5万人、ぜん息179.6万人、脳血管疾患174.2万人等となっている（表8.2.1）。

糖尿病有病者は男性で２割、女性で１割

2019年の国民健康・栄養調査によれば、20歳以上で糖尿病が強く疑われる者（糖尿病有病者）の割合は男性が19.7％（前年18.7％）、女性が10.8％（同9.3％）であり、男性は1.0％ポイント上昇、女性は1.5％ポイント上昇しており、この10年間では男女とも有意な増減はみられないとの結果となっている。40歳以上について性・年齢階級別に糖尿病有病者をみると（図8.2）、男女とも70歳以上が最も高く、男性は26.4％（前年24.6％）、女性では19.6％（同15.7％）であった。糖尿病はさまざまな合併症を誘発する恐ろしい疾病であるが、自覚症状がないので発見されたときには病状が進んでいる。

死因の１位は悪性新生物、２位は心疾患、３位は老衰

2022年における死因順位は、男性の第１位は悪性新生物、第２位は心疾患で全体の約４割強を占めている。第３位は脳血管疾患、第４位は老衰、第５位は肺炎であった。女性の第１位は悪性新生物、第２位は老衰で、全体の約４割弱を占めている。第３位は心疾患、第４位は脳血管疾患、第５位は肺炎であった。2000年と比べて、男女とも老衰の順位が上昇した一方で、2000年に男性の第６位、女性の第８位の死因であった自殺が、2022年には男性は10位に、女性は10位以内から消えている（表8.2.2）。全死因の死亡率は男女とも2000年より2022年の方が高いが、これは人口高齢化による影響であり、年齢構成の違いを調整した年齢調整死亡率（人口10万対）は、男性では1761.3から1437.4、女性は976.4から785.8と低下している。近年、多くの死因で年齢調整死亡率が低下する中、老衰は男性で42.8から104.1、女性は42.5から106.4へと大幅に上昇している。

表8.2.1　主要傷病別患者数と受療率（2020年）

	入院 推計患者数[1]（千人）	入院 受療率[2]（人）	外来 推計患者数[1]（千人）	外来 受療率[2]（人）	総患者数[3]（千人）
悪性新生物〈腫瘍〉	113	89	182	144	3 656
胃	10	8	16	13	281
結腸及び直腸	17	14	27	21	488
気管、気管支及び肺	16	13	19	15	328
糖尿病	15	12	215	170	5 791
統合失調症[4]	143	113	50	40	880
高血圧性疾患	5	4	594	471	15 111
心疾患[5]	58	46	130	103	3 055
脳血管疾患	123	98	74	59	1 742
慢性閉塞性肺疾患	6	5	16	12	362
喘息	2	1	90	71	1 796
計	1 211	960	7 138	5 658	…

注　1）調査日当日に、病院、一般診療所で受療した患者の推計数。
　　2）2020年10月１日現在の国勢調査人口による人口10万人あたりの推計患者数。
　　3）調査日現在において継続的に医療を受けている者の推計数。
　　4）統合失調症障害及び妄想性障害を含む。
　　5）高血圧性のものを除く。
資料　厚生労働省「患者調査」（2020年）

図8.2　性・年齢階級別糖尿病の人の割合（2019年）

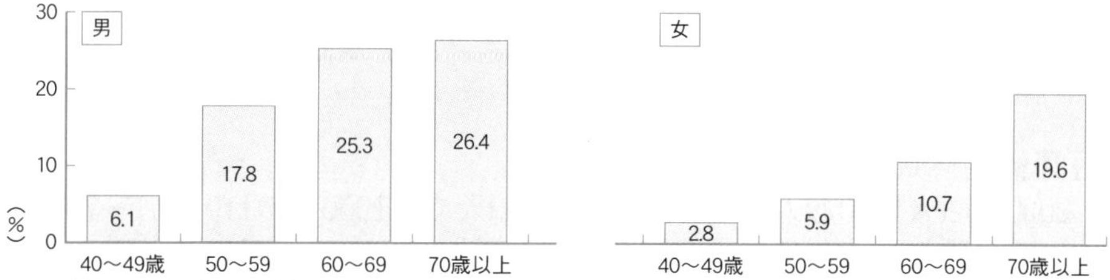

資料　厚生労働省「国民健康・栄養調査」（2019年）

表8.2.2　性別にみた死因順位

性 順位	2000年 死因	死亡数	死亡率（人口10万対）	死亡割合（%）	2022年 死因	死亡数	死亡率（人口10万対）	死亡割合（%）
男								
	全死因	525 903	855.3	100.0	全死因	799 420	1 347.8	100.0
1	悪性新生物	179 140	291.3	34.1	悪性新生物〈腫瘍〉	223 291	376.5	27.9
2	心疾患	72 156	117.3	13.7	心疾患	113 016	190.5	14.1
3	脳血管疾患	63 127	102.7	12.0	脳血管疾患	53 188	89.7	6.7
4	肺炎	46 722	76.0	8.9	老衰	49 964	84.2	6.3
5	不慮の事故	25 162	40.9	4.8	肺炎	42 851	72.2	5.4
6	自殺	21 656	35.2	4.1	誤嚥性肺炎	33 458	56.4	4.2
7	肝疾患	11 068	18.0	2.1	不慮の事故	24 652	41.6	3.1
8	慢性閉塞性肺疾患	9 593	15.6	1.8	腎不全	16 188	27.3	2.0
9	腎不全	8 029	13.1	1.5	間質性肺疾患	14 815	25.0	1.9
10	糖尿病	6 489	10.6	1.2	自殺	14 362	24.2	1.8
女	死因	死亡数	死亡率	死亡割合（%）	死因	死亡数	死亡率	死亡割合（%）
	全死因	435 750	679.5	100.0	全死因	769 630	1 227.2	100.0
1	悪性新生物	116 344	181.4	26.7	悪性新生物〈腫瘍〉	162 506	259.1	21.1
2	心疾患	74 585	116.3	17.1	老衰	129 565	206.6	16.8
3	脳血管疾患	69 402	108.2	15.9	心疾患	119 948	191.3	15.6
4	肺炎	40 216	62.7	9.2	脳血管疾患	54 293	86.6	7.1
5	老衰	15 196	23.7	3.5	肺炎	31 162	49.7	4.0
6	不慮の事故	14 322	22.3	3.3	誤嚥性肺炎	22 611	36.1	2.9
7	腎不全	9 231	14.4	2.1	不慮の事故	18 768	29.9	2.4
8	自殺	8 595	13.4	2.0	アルツハイマー病	16 167	25.8	2.1
9	糖尿病	5 814	9.1	1.3	血管性等の認知症	15 271	24.3	2.0
10	肝疾患	5 011	7.8	1.1	腎不全	14 551	23.2	1.9

注１　「心疾患」は「心疾患（高血圧性を除く）」、「血管性等の認知症」は「血管性及び詳細不明の認知症」である。
注２　「死亡割合」は死亡総数に占める割合である。
注３　「死亡率」の分母人口は、総務省「国勢調査」、「人口推計」の性別日本人人口を用いた。
資料　厚生労働省「人口動態統計（確定数）」（2000年、2022年）

8.3　医療サービス

医師数は年々増加し、病床数は1990年以降減少

2020年において、医師数は34.0万人、歯科医師数は10.7万人、薬剤師数は32.2万人、保健師数は5.6万人、看護師数は128.1万人、准看護師数は28.5万人であった。一方、20年において、病院数は8,328、一般診療所数は102,612、歯科診療所数は67,874であり、病床数は病院が150.8万床、一般診療所が8.6万床であった。1990年以降、病院や病床数は減少し、一般診療所は増加傾向にある（表8.3.1）。

新型コロナウイルス感染症は、わが国の保健・医療提供体制に大きな負荷をもたらした。政府は次の感染症危機に備え、感染症の初期段階から効果的に対策を講じるための保健・医療提供体制の方向性について、2022年９月に「新型コロナウイルス感染症に関するこれまでの取組を踏まえた次の感染症危機に備えるための具体策」を決定し、これを踏まえ、同年12月に感染症法等の一部改正が行われたほか、感染症危機に対応する政府の司令塔組織として、2023年９月に内閣感染症危機管理統括庁が設置されることとなった。

医師偏在への対応

2020年の人口10万人当たり医師数は269人で、1960年の110人から倍増した。70年代後半から日本の医師数は年々増加し、2008年度以降医学部定員が増員されたこともあり、現在も増加基調にある（図8.3）。

しかしながら、全国的な医師数の増加にも関わらず、地域や診療科ごとに医師が不足する医師偏在は引き続き問題となってきた。そこで、2020年度から、全国ベースでの医師の多寡を評価する医師偏在指標に基づき、都道府県が医師確保の必要な区域を設定し、医師確保の方針、確保すべき目標医師数や今後の医師確保に向けた施策を定める「医師確保計画」に基づいた医師偏在対策が進められている。

人口千人当たりの医師数は欧米よりも少なく、病床数は顕著に多い

OECD Health Statistics 2023によると、日本の医師数は32.7万人で、ドイツの37.7万人より少ない。人口千人当たり医師数は、スペインとドイツが4.5人と多く、日本は2.6人と他国に比べて低水準である（表8.3.2）。一方、人口千人当たり病院病床数は、日本は12.6床と主要国の中では顕著に多く、ドイツ（7.8床）の1.6倍、アメリカ（2.8床）の4.5倍となっており、平均在院日数をOECD Health at a Glance 2021から見ると、日本は他国よりも長いものとなっている（表8.3.3）。また、国民１人当たりの年平均外来受診回数が多いのも日本の特徴である。

表8.3.1　医療従事者数及び医療関連施設数の推移

年次	医療従事者数（人）						医療関連施設数				
	医師	歯科医師	薬剤師	保健師	看護師	准看護師	病院	一般診療所	歯科診療所	病院病床数	一般診療所病床数
1960	103 131	33 177	60 257	13 010	123 226	62 366	6 094	59 008	27 020	686 743	165 161
70	118 990	37 859	79 393	14 007	127 580	145 992	7 974	68 997	29 911	1 062 553	249 646
80	156 235	53 602	116 056	17 957	248 165	239 004	9 055	77 611	38 834	1 319 406	287 835
90	211 797	74 028	150 627	25 303	404 764	340 537	10 096	80 852	52 216	1 676 803	272 456
2000	255 792	90 857	217 477	36 781	653 617	388 851	9 266	92 824	63 361	1 647 253	216 755
10	295 049	98 723	276 517	45 028	952 723	368 148	8 670	99 824	68 384	1 593 354	136 861
12	303 268	102 551	280 052	47 279	1 015 744	357 777	8 565	100 152	68 474	1 578 254	125 599
14	311 205	103 972	288 151	48 452	1 086 779	340 153	8 493	100 461	68 592	1 568 261	112 364
16	319 480	104 533	301 323	51 280	1 149 397	323 111	8 442	101 529	68 940	1 561 005	103 451
18	327 210	104 908	311 289	52 955	1 218 606	304 479	8 372	102 105	68 613	1 546 554	94 853
20	339 623	107 443	321 982	55 595	1 280 911	284 589	8 328	102 612	67 874	1 507 526	86 046

注１　「医師・歯科医師・薬剤師」は各年末現在登録数である。1982年までは毎年、同年以降は２年ごとに実施している。
　２　「保健師・看護師・准看護師」は各年末現在就業届出数である。1966年までは就業者名簿から。
　３　「医療関連施設数」は各年10月１日現在の数である。
資料　厚生労働省「医師・歯科医師・薬剤師統計」、「衛生行政報告例（就業医療関係者）」、「医療施設調査・病院報告」

図8.3　人口10万人当たり医師数

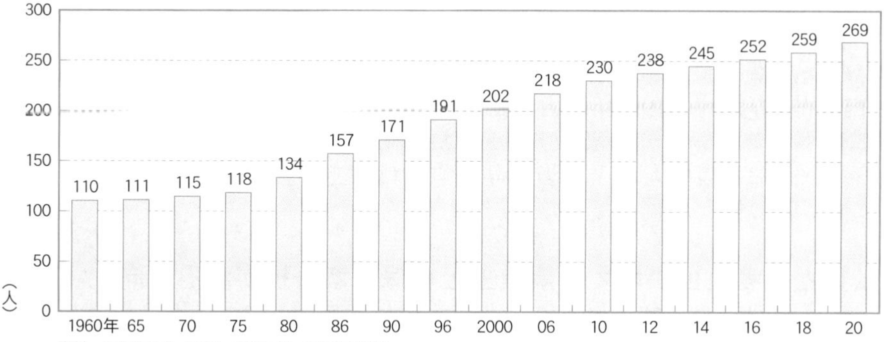

資料　厚生労働省「医師・歯科医師・薬剤師統計」

表8.3.2　主要国の医師数（2021年または直近年）

国名	医師総数（千人）	人口千人当たり医師数（人）	国名	医師総数（千人）	人口千人当たり医師数（人）
オーストラリア	103.2	4.0	韓国	132.5	2.6
フランス	215.7	3.2	スペイン	212.7	4.5
ドイツ	376.9	4.5	スウェーデン	44.7	4.3
イタリア	242.7	4.1	イギリス	213.8	3.2
日本	327.4	2.6	アメリカ	885.8	2.7

資料　OECD Health Statistics 2023
注　日本とスウェーデンは2020年の値

表8.3.3　医療提供体制の国際比較（2021年または直近年）

国名	人口千対医師数	人口千対看護職員数	人口千対病院病床数	平均在院日数	年平均外来受診回数
日本	2.6	9.9	12.6	16.0	11.1
ドイツ	4.5	12.0	7.8	8.9	9.6
フランス	3.2	8.6	5.7	8.8	5.5
イギリス	3.2	6.9	2.4	6.9	…
アメリカ	2.7	10.1	2.8	6.1	3.4

資料　OECD Health Statistics 2023、平均在院日数はOECD Healt at a Glance 2021
注１　人口千対医師数の日本は2020年の値
　２　人口千対看護職員数の日本は2020年の値
　３　平均在院日数は2019年の値
　４　年平均外来受診回数の日本とアメリカは2020年の値

8.4　医療費

国民医療費総額は45.0兆円、GDPの8.2％

2021年度における国民医療費の総額は45.0兆円で、20年度の43.0兆円から4.8％増加した。国民１人当たり医療費は35.9万円で、20年度の34.1万円から5.3％の増加となっている。国民医療費は、長期的には人口の高齢化に伴って増加傾向が続いてきたが、20年度は新型コロナ感染拡大による受診控えなどにより対前年度で減少したものの、21年度は再び増加となっている（表8.4）。

65歳以上の高齢者１人当たり医療費は65歳未満の４倍

2021年度の国民医療費の年齢階級別の人口１人当たり医療費をみると、65歳以上は75.4万円、70歳以上は82.4万円、75歳以上は92.3万円であり、65歳未満の19.9万円に対して、65歳以上では3.8倍、70歳以上では4.2倍、75歳以上では4.6倍となっている。図8.4.1は年齢５歳階級別に人口１人当たり医療費を最も低い15～19歳を基準（1.0）として示したものである。介護保険導入前の1999年度と2021年度を比べると、65～69歳では8.5から5.0に3.5ポイント、また、85歳以上では22.7から10.8に11.9ポイント低下しており、高齢者層の人口１人当たり医療費は大きく低下した。ただし、近年は横ばいの傾向が続いている。

公費と患者負担が増え、事業主と被保険者負担が減る傾向

医療費の財源割合をみると、2021年度は公費負担が38.0％、患者負担等が12.1％で、残りの50.0％は保険料負担で事業主負担が21.6％、被保険者負担が28.3％となっている。患者負担等は皆保険体制の構築とともに急激に低下した。1990年代後半から2000年代前半にかけて一時的に上昇したが、近年は12％台で推移している。公費負担は2010年ころまで上昇傾向にあったが、近年は38％台で推移している。事業主負担は1992年度の25.1％から減少に転じ、2003年度以降20～21％台で推移している。被保険者負担は1993年度の32.5％から減少に転じ、2005年度以降は28％台で推移している（図8.4.2）。

日本は高齢化の割には医療費が少ない

OECDの中の15か国について、総医療費の対GDP比と高齢化率の散布図をみると、アメリカを除いた先進諸国の医療費は高齢化の度合にかかわらず、GDPの９～13％台に集中している（図8.4.3）。アメリカの医療費の高さは特異的であり、一方、日本は高齢化が最も進んでいる割には、医療費は低い水準にある。ポルトガル、イタリアは、ドイツと同様に高齢化率が20％を超えているが、医療費のGDP比はドイツよりもかなり低い。

表8.4　人口と医療費の長期トレンド

年次	人口		合計特殊出生率（TFR）	平均寿命（年）		国民医療費				
	100万人	65歳以上（%）		男	女	総額（兆円）	1人当たり（万円）	GDP（兆円）	対GDP比（%）	患者負担割合（%）
1960	93.4	5.7	2.00	65.3	70.2	0.41	0.4	16.7	2.45	30.0
70	103.7	7.1	2.13	69.3	74.7	2.50	2.4	75.3	3.32	19.3
80	117.1	9.1	1.75	73.4	78.8	12.0	10.2	248.4	4.82	11.0
90	123.6	12.1	1.54	75.9	81.9	20.6	16.7	451.7	4.56	12.1
2000	126.9	17.4	1.36	77.7	84.6	30.1	23.8	537.6	5.61	13.4
10	128.1	23.0	1.39	79.6	86.3	37.4	29.2	504.9	7.41	12.7
20	126.1	28.6	1.33	81.6	87.7	43.0	34.1	537.6	7.99	11.5
21	125.5	28.9	1.30	81.5	87.6	45.0	35.9	550.5	8.18	11.6

資料　厚生労働省「国民医療費」など

図8.4.1　年齢階級別人口１人当たり国民医療費（15～19歳=1.0）：1999、2010、2021年度

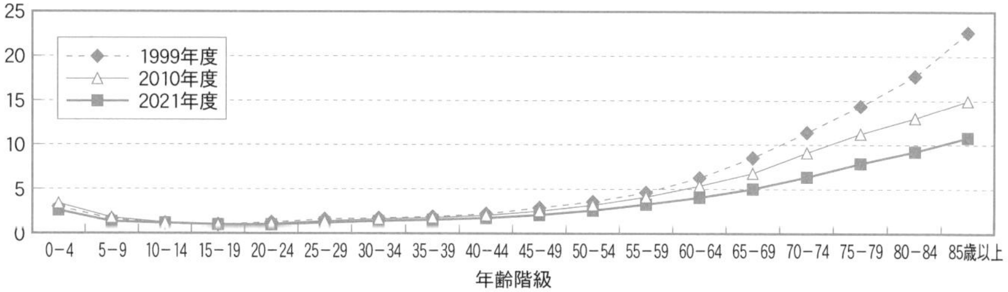

資料　厚生労働省「国民医療費」

図8.4.2　国民医療費の財源割合

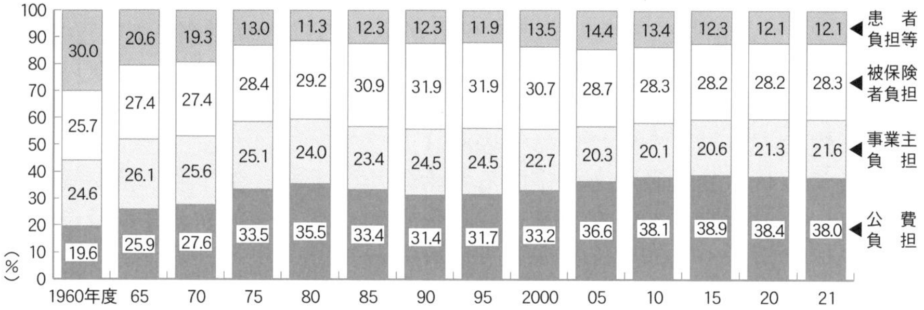

資料　図8.4.1と同じ。

図8.4.3　医療費（対GDP比）と高齢化率：2022年

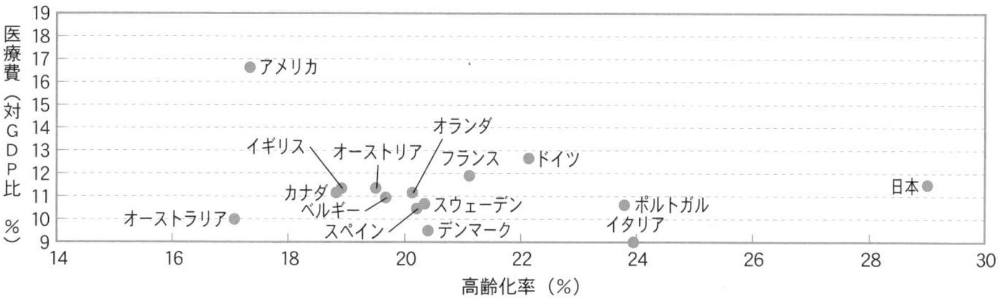

資料　OECD Health Statistics 2023

8.5　高齢者の介護

2021年度の介護総費用は11.0兆円

表8.5.1は、介護保険の費用及び受給者数の推移を示したものである。2021年度の介護費総額は11.00兆円（GDP比2.0％）で、20年度の10.72兆円から2.6％増加した。介護費総額のうち、居宅サービスが5.53兆円（前年度5.34兆円）、地域密着型サービスが1.90兆円（同1.85兆円）、施設サービスが3.57兆円（同3.54兆円）であった。対前年度で居宅サービス3.6％増、地域密着型サービス2.8％増、施設サービス1.0％増であった。

22年度の65歳以上の介護サービス受給者数は540.0万人で、65歳以上人口の14.9％であった。サービス受給者の割合は年齢の上昇とともに急増しており、95歳以上では、男性の71.1％、女性の88.0％がサービスを受給している。男性は65～74歳では女性よりサービス受給者の割合が高いが、75歳以上では女性の方が高い（表8.5.1）。

介護サービス受給者の７割は女性

2022年３月現在の要介護（要支援）認定者数は689.6万人で、要介護度区分別に最も多いのは要介護１の142.9万人で、次に多いのが要介護２の116.2万人である（図8.5）。男女別には、男性218.7万人に対して女性470.9万人と、女性が男性の2.2倍である。とくに、要介護５では2.7倍、要介護４、要支援２でも2.4倍と高い。女性の利用が多いのは、高齢者人口が女性に偏っていることを考慮すれば当然に思えるが、要介護者が多い75歳以上について、年齢階級別に人口当たり受給者の割合をみると、すべての年齢階級で女性の方が高くなっている（表8.5.1）。

介護サービス受給者数を決定する要素の一つである要介護（要支援）認定率は、都道府県ごとにかなり大きな格差がある。しかも、その格差は要介護度区分によって大きく異なっている。

介護保険施設の利用率は８割以上

介護保険施設は、従来の介護老人福祉施設、介護老人保健施設、介護療養型医療施設に加えて、2018年度に創設された介護医療院の４種類がある。2021年10月１日現在の介護保険施設の定員は、介護老人福祉施設58.6万人、介護老人保健施設37.1万人、介護医療院3.8万人、介護療養型医療施設1.4万人であり、それぞれの利用率は95.5％、88.3％、92.9％、83.2％と、８割以上となっている（表8.5.2）。

従事者数は、介護老人福祉施設が48.7万人と最も多く、次いで介護老人保健施設27.4万人、介護医療院3.2万人、介護療養型医療施設1.7万人となっている。その多くは介護職員であり、医師や看護師などは少ない。

表8.5.1　介護保険の費用及び受給者数の推移

年度	支出（兆円）					受給者（千人）								
	介護総費用	GDP比（%）	居宅	地域密着	施設	65歳以上	割合（%）	65–69	70–74	75–79	80–84	85–89	90–94	95歳以上
2000	3.60													
10	7.56	1.5	3.90	0.69	2.96	3 997	13.6	172	319	626	978	1 010	623	268
15	9.49	1.8	5.19	1.13	3.17	5 062	14.9	220	370	667	1 181	1 372	896	357
16	9.66	1.8	4.94	1.53	3.19	5 092	14.7	228	347	650	1 160	1 379	945	382
17	9.90	1.8	4.99	1.66	3.26	4 930	14.0	207	331	605	1 080	1 348	961	398
18	10.11	1.8	5.03	1.73	3.35	4 973	14.0	191	334	608	1 054	1 358	1 006	423
19	10.46	1.9	5.21	1.80	3.45	5 068	14.2	175	343	628	1 043	1 380	1 049	450
20	10.72	2.0	5.34	1.85	3.54	5 177	14.4	166	369	613	1 032	1 417	1 092	489
21	11.00	2.0	5.53	1.90	3.57	5 312	14.7	161	397	593	1 049	1 451	1 134	527
22						5 400	14.9	154	384	604	1 059	1 470	1 181	549
					2022年度	男性の割合（%）		2.3	4.4	7.9	14.8	28.2	46.6	71.1
						女性の割合（%）		1.8	3.9	9.1	21.0	42.3	64.4	88.0

資料　厚生労働省「介護保険事業状況報告」、「介護給付費等実態統計」

図8.5　要介護（要支援）認定者数（2022年３月）

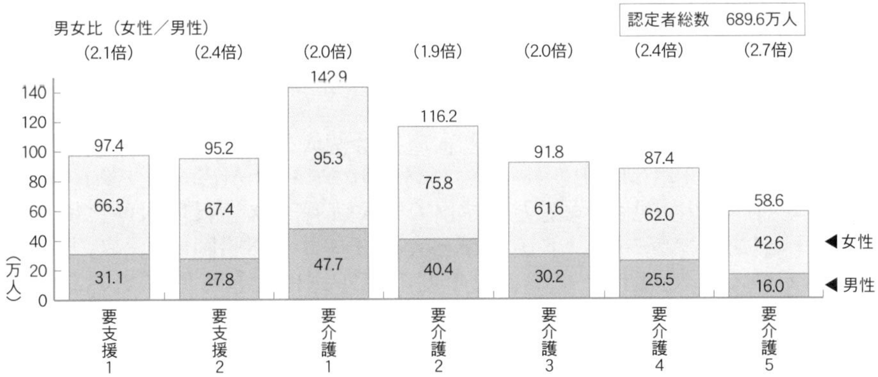

資料　厚生労働省「介護保険事業状況報告」（令和３年度末）

表8.5.2　介護保険施設の状況（2021年10月１日現在）

	介護老人福祉施設	介護老人保健施設	介護医療院	介護療養型医療施設
施設数	8 414	4 279	617	421
定員（人）	586 061	371 323	38 159	13 533
１施設当たり定員（人）	69.6	87.0	62.5	32.5
１施設当たり９月末の在所者（院）数（人）	66.5	76.9	58.1	27.0
９月末の利用率（%）	95.5	88.3	92.9	83.2
従事者数（人）	486 697	273 797	31 748	16 541
うち　医師	12 615	8 406	3 747	2 554
看護師	27 418	29 732	6 072	3 346
介護職員（訪問介護員）	295 957	127 611	11 529	4 820

注１　介護療養型医療施設における「定員」は、介護指定病床数である。
　２　「利用率」は、定員に対する在所（院）者数の割合である。
　３　従事者数について、「介護療養型医療施設」は、介護療養病床を有する病棟の従事者を含む。
　４　従事者数について、「看護師」は、保健師及び助産師を含む。
資料　厚生労働省「介護サービス施設・事業所調査」

第９章　社会保障・福祉

9.1　社会保障給付費

社会保障給付費は138.7兆円

社会保障に関する費用は、社会保障給付費（ILO基準）と社会支出（OECD基準）の２つがあるが、我が国では伝統的に社会保障給付費について詳しく分析されていることから、分野別配分など詳細については社会保障給付費により、国際比較については社会支出により行われることが多い。

「2021年度社会保障費用統計」（国立社会保障・人口問題研究所）によると、21年度の社会保障給付費は総額138.7兆円（GDP比25.2％、以下同じ）で、その内訳は医療47.4兆円（8.6％）、年金55.8兆円（10.1％）、福祉・その他35.5兆円（6.4％；うち介護は11.2兆円、GDP比2.0％）であった。21年度は、対前年度6500億円（4.9％増）と、大幅な伸びを示しているが、これは、医療では新型コロナウイルスワクチン接種関連費用や医療保険給付、福祉・その他では子育て世帯等臨時特別支援事業費補助金など、臨時の大幅な支出があったためである（図9.1）。

社会保障給付費に施設整備費など、直接は個人に移転されない支出も加えた社会支出は143.0兆円であった。諸外国のデータが得られる2019年度について対GDP比で比較すると、アメリカやイギリスとは同水準にあり、スウェーデンやフランス、ドイツなど大陸ヨーロッパ諸国に比べると小さくなっている（表9.1.1）。なお、21年度のGDP比は大きく伸びているが、これは新型コロナウイルス対策の一時的な要因によるものである。

社会保険料の割合は46.2％

2021年度の社会保障制度の収入総額は163.4兆円で、給付費を含む支出を賄っている。収入の内訳は、社会保険料が75.5兆円（構成比46.2％、以下同じ）と2.0兆円増加、公費負担が66.1兆円（40.4％）と7.2兆円増加、他の収入が21.8兆円（8.8％）と30.5兆円減少した（表9.1.2）。他の収入は、資産収入、積立金からの受入、利用者負担等であるが、21年度の減少は、前年度の年金積立金の高い運用実績の反動減であり、短期的な変動であることに留意する必要がある。また、公費負担については、新型コロナ対策のため、一時的に大幅に増加した。

一方、社会保険料の増加は、新型コロナ下においても雇用が確保されたことによるものと考えられる。いずれにしても、社会保険料が安定した主要な財源であることには変わりなく、21年度の社会保険料の内訳は、被保険者拠出39.8兆円、事業主拠出35.7兆円、公費負担の内訳は国47.8兆円、地方18.3兆円（地方単独分は計上されていない）であった。

図9.1　社会保障給付費（対GDP比）の推移

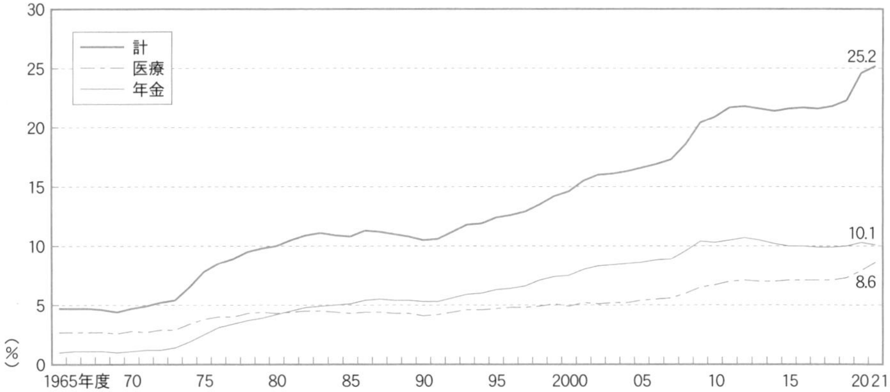

資料　国立社会保障・人口問題研究所　「社会保障費用統計」

表9.1.1　社会支出（対GDP比）の国際比較（2019年度）

	日本（2021年度）	日本	アメリカ	イギリス	ドイツ	フランス	スウェーデン
社会支出（対GDP比）	26.0%	23.0%	24.0%	20.1%	28.2%	31.5%	25.5%

資料　図9.1と同じ

表9.1.2　社会保障の財源

（単位：兆円）

	1980年度	90	2000	10	15	20	21
社会保険料	18.6	39.5	55.0	58.5	66.9	73.5	75.5
被保険者拠出	8.9	18.5	26.7	30.3	35.4	38.7	39.8
事業主拠出	9.7	21.0	28.3	28.2	31.6	34.8	35.7
公費負担	11.0	16.2	25.1	40.8	48.3	59.0	66.1
国	9.8	13.5	19.7	29.5	32.6	41.0	47.8
地方	1.2	2.7	5.4	11.3	15.7	18.0	18.3
他の収入	3.9	9.6	9.0	10.4	10.2	52.3	21.8
資産収入	3.3	8.4	6.5	0.8	2.1	43.9	14.5
その他	0.6	1.2	2.5	9.6	8.1	8.4	7.3
合　　計	33.5	65.3	89.0	109.7	125.4	184.8	163.4

資料　図9.1と同じ。

9.2　公的年金

公的年金加入者は6730万人、年金総額は56.1兆円

2021年度末で公的年金制度の加入者数は6730万人、受給者数は延べ7700万人（実人員4020万人）、年金総額は56.1兆円に達している（表9.2.1）。加入者数の内訳は、厚生年金保険（厚生年金保険の第１号）が4070万人、共済組合（厚生年金保険の第２～４号）が470万人であり、いわゆる正社員が4540万人と被保険者全体の７割を占めている。これに対して、自営業者や非正規雇用者などの第１号被保険者と第２号被保険者の被扶養配偶者（主として専業主婦）である第３号被保険者は近年減少傾向にある。受給者数は増加の一途をたどっている。年金総額56.1兆円の内訳は、国民年金が43.7％、厚生年金が45.5％、共済年金が10.8％であった（表9.2.1）。

高齢者世帯の所得は年金が６割

高齢者世帯の所得状況を2022年国民生活基礎調査でみると、21年における高齢者世帯の平均所得318.3万円のうち、年金・恩給が199.9万円で62.8％を占めていた（図9.2.1）。高齢者世帯の所得に占める年金・恩給の割合は、公的年金の成熟化とともに７割程度まで上昇した。近年では稼働所得の増加により低下傾向にあるが、依然として高齢者の生活を支える重要な収入源となっている（図9.2.2）。なお、高齢者世帯の１世帯当たり平均所得の推移は、世帯人員の違いなどに留意する必要があるが、概ね全世帯の動向と類似している（図9.2.3）。

国民の年金制度に対する不信

2004年には国民から集めた保険料が大規模年金保養基地「グリーンピア」など年金給付以外に流用されていたこと、07年にはオンライン化したデータにミスや不備が多いことなど年金記録のずさんな管理が明らかになった。これらの問題は国民年金の納付率低下の問題などに表れている国民の年金制度に対する不信感をさらに高め、国民年金保険料の納付率は大幅に低下し、10年には59.3％と６割を下回った。その後、日本年金機構が設立されるなど信頼回復への努力が続けられ、近年では納付率が大きく改善している。

国民年金の22年度保険料（現年度）納付率は76.1％となり（表9.2.2）、最終納付率では20年度分が80.7％と、８割を超える水準まで回復した。しかし、保険料免除や納付猶予が半数近くを占めており、保険料を実際に納付しているものは多くはない。また、若年層（25～29歳）の20年度分の最終納付率が72.0％にとどまっており、若年層に対する保険料納付の重要性の啓蒙は大きな課題である。

表9.2.1　公的年金加入者数、受給者数および年金総額の推移

（年度末）

年度	加入者数（100万人）					受給者数（延人数：100万人）					年金総額（兆円）			
	計	第１号	厚生年金	共済組合	第３号	計	国民年金	厚生年金	共済年金	実人数	計	国民年金	厚生年金	共済年金
2000	70.5	21.5	32.2	5.2	11.5	40.9	19.3	18.1	3.4	28.6	39.4	11.6	21.1	6.7
05	70.5	21.9	33.0	4.6	10.9	50.7	24.0	23.2	3.6	32.9	45.8	15.1	24.1	6.6
10	68.3	19.4	34.4	4.4	10.1	61.9	28.3	29.4	4.1	38.0	51.1	18.5	25.9	6.7
15	67.1	16.7	36.9	4.4	9.2	71.6	33.2	33.7	4.7	40.3	54.6	22.2	25.8	6.6
16	67.3	15.8	38.2	4.5	8.9	72.6	33.9	34.1	4.7	40.1	54.8	22.7	25.7	6.4
17	67.3	15.1	39.1	4.5	8.7	74.7	34.8	35.1	4.8	40.8	55.4	23.3	25.8	6.3
18	67.5	14.7	39.8	4.5	8.5	75.4	35.3	35.3	4.8	40.7	55.6	23.6	25.7	6.3
19	67.6	14.5	40.4	4.5	8.2	75.9	35.7	35.4	4.8	40.4	55.6	24.0	25.5	6.2
20	67.6	14.5	40.5	4.7	7.9	76.7	36.0	35.8	4.9	40.5	56.0	24.3	25.6	6.1
21	67.3	14.3	40.7	4.7	7.6	77.0	36.1	35.9	5.0	40.2	56.1	24.5	25.5	6.1

注　受給者数と年金総額の計は福祉年金を含む。
資料　厚生労働省「厚生年金保険・国民年金事業の概況」

図9.2.1　高齢者世帯の所得状況（2021年）

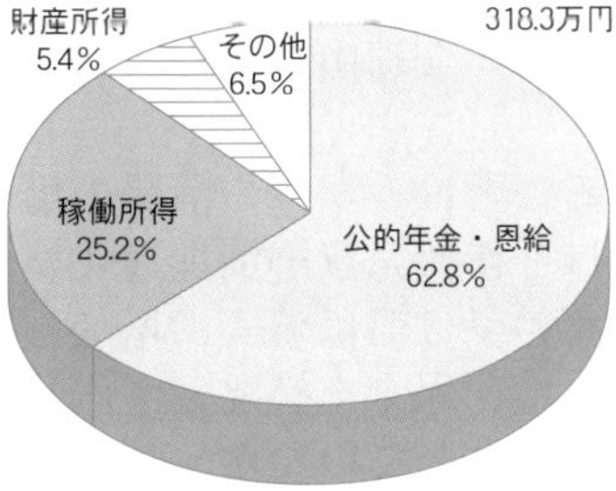

注　高齢者世帯とは65歳以上の者のみで構成するか、またはこれに18歳未満の者が加わった世帯。
資料　厚生労働省「2022年国民生活基礎調査」

図9.2.2　高齢者世帯の所得に占める稼働所得と年金・恩給の割合

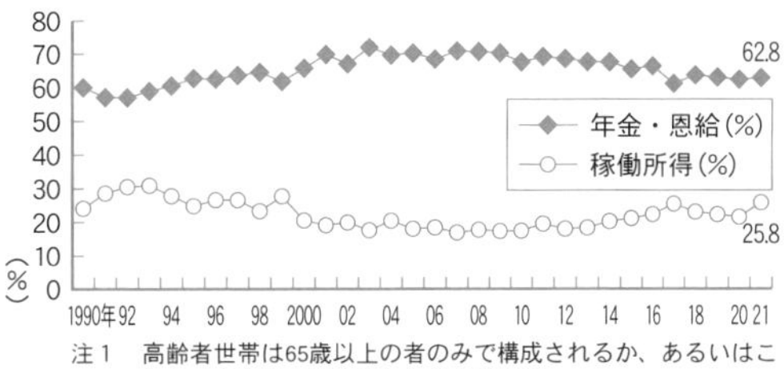

注１　高齢者世帯は65歳以上の者のみで構成されるか、あるいはこれに18歳未満未婚の子とからなる世帯。
注２　2010年は岩手県、宮城県および福島県を、2011年は福島県を、2015年は熊本県を除いたデータである。
資料　厚生労働省「国民生活基礎調査」

図9.2.3　１世帯当たり平均所得の年次推移：全世帯と高齢者世帯

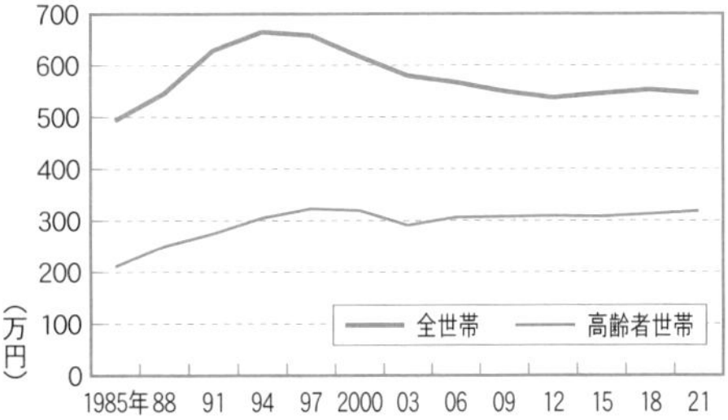

資料　図9.2.2と同じ。

表9.2.2　国民年金保険料の納付率の推移

（単位：%）

年度	現年度納付率	最終納付率
1990	85.2	…
95	84.5	…
2000	73.0	…
05	67.1	72.4
10	59.3	64.5
15	63.4	73.1
20	71.5	80.7
21	73.9	
22	76.1	

注　最終納付率は過年度分（納付遅れ分）を含む。
資料　厚生労働省「令和４年度　国民年金の加入・保険料納付状況」

9.3　子育て支援

少子化と健全育成施策

少子化の進展とともに、児童がいる世帯の全世帯に占める割合は1986年の46.2%から2022年には18.3%まで低下した（表9.3.1）。児童の多くは両親とともに、あるいは三世代世帯に住んでいるが、6.3%はひとり親と住んでいて、その多くは貧困世帯であることが、「子どもの貧困」として認識されている。

一般の児童を対象にその健全育成のために各種施策が実施されている。育児支援策としては児童手当（子ども手当）と保育所サービスがその代表例である。保育サービスについては、15年4月に、従来の保育所に加え、子ども・子育て支援新制度において新たに位置づけられた幼保連携型認定こども園等の特定教育・保育施設と特定地域型保育事業が施行されたことから、施設数や定員が大幅に増加している。

2023年4月1日現在、保育所利用児童数は271.7万人であり、保育所待機児童数は2,680人である（表9.3.2）。待機児童とは、認可保育所への入所申請をしているにもかかわらず、定員超過など様々な理由により入所することができない児童のことである。

保育の受け皿を増やし、待機児童を解消することは、女性の活躍の場を拡げる観点からも重要であり、13年4月からは「待機児童解消加速化プラン」に基づいて様々な取組みが進められ、保育の受け皿は着実に増加してきている。一方、女性の就業者数の増加によって、保育を必要とする子どもの人数も増えたことから、待機児童数は若干増加していたが、これらの取組みによって、待機児童数が大きく減少した。

働き方と子育て支援

国は2003年に少子化社会対策基本法を制定し、少子化の流れを変えるための総合的な施策を展開するとともに、企業等も巻き込んだ少子化対策や仕事と家庭の両立（ワーク・ライフ・バランス）のため、次世代育成支援法が制定された。また、2023年には、内閣府や厚生労働省に分かれていた子育て支援に関する基本的な政策の企画立案・推進事務を一元化・強化するため、こども家庭庁が発足した。

一方で、日本では雇用者（被用者）に占める非正規就業者の数も率も増加の一途をたどり、出生率の低下を招いているだけでなく、所得格差問題の元凶にもなっている。非正規就業の雇用者に占める割合は、1990年には20.2%であったが、2022年にはその割合が34.9%に上昇し、女性では51.9%にのぼっている（図9.3）。

表9.3.1　児童のいる世帯の年次推移

年次	児童のいる世帯（千世帯）							
	計		平均児童数（人）	夫婦と未婚の子のみの世帯	ひとり親と未婚の子のみの世帯			三世代世帯
		全世帯に占める割合（%）				母子世帯	父子世帯	
1986	17 364	46.2	1.83	11 359	722	600	115	4 688
89	16 426	41.7	1.81	10 742	677	554	100	4 415
92	15 009	36.4	1.80	9 800	571	480	86	4 087
95	13 586	33.3	1.78	8 840	580	483	84	3 658
98	13 453	30.2	1.77	8 820	600	502	78	3 548
2001	13 156	28.8	1.75	8 701	667	587	80	3 255
04	12 916	27.9	1.73	8 851	738	627	90	2 902
07	12 499	26.0	1.71	8 645	844	717	100	2 498
10	12 324	25.3	1.70	8 669	813	708	77	2 320
13	12 085	24.1	1.70	8 707	912	821	91	1 965
16	11 666	23.4	1.69	8 576	810	712	91	1 717
19	11 221	21.7	1.68	8 528	724	644	76	1 488
22	9 917	18.3	1.66	7 744	629	565	75	1 104

注　　1995年は兵庫県を、2016年は熊本県を除いた数値である。
資料　厚生労働省「国民生活基礎調査」

表9.3.2　保育所の概況（各年4月1日現在）

	2005年	2010	2015	2020	2021	2022	2023
施設数	22 570	23 069	28 783	37 652	38 666	39 244	39 589
定員数（千人）	2 053	2 158	2 507	2 967	3 017	3 044	3 051
利用児童数（千人）	1 994	2 080	2 374	2 737	2 742	2 730	2 717
待機児童数	23 338	26 275	23 167	12 439	5 634	2 944	2 680

資料　厚生労働省「保育所関連状況取りまとめ」

図9.3　非正規の職員・従業員の割合の推移

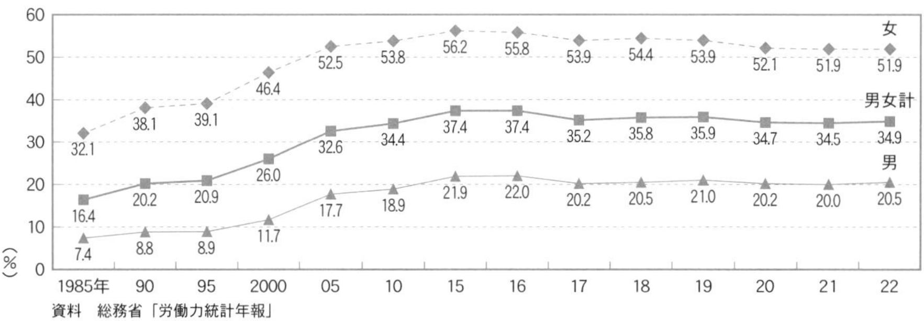

資料　総務省「労働力統計年報」

9.4　社会福祉

生活保護受給者の増加

生活保護を受けている世帯数と人数は、高齢化の進展や景気後退の影響を受けて1995年度の60.2万世帯、88.2万人を底に、その後は増加傾向で推移して2015年度は163万世帯、216.4万人となった（表9.4.1）。その後、人数は減少に転じたが、世帯数は増加を続け、21年度の受給世帯数は164.2万世帯となった。21年度における被保護世帯の割合は総世帯では3.2％であったが、高齢者世帯は6.0％、母子世帯は11.4％と高水準である。また、高齢者世帯では、被保護世帯の92.1％が単身世帯である。

生活保護を受けている人数の総人口に占める割合（保護率）も1995年度の0.70％以降徐々に上昇し、2021年度は1.62％に達した（図9.4）。21年度の都道府県別保護率は北海道の2.24％が最も高く、次いで沖縄県の2.22％、青森県の2.21％、福岡県の2.17％、東京都の2.01％の順に高く、富山県の0.26％が最も低かった。このように、依然として大きな地域差がある。

生活保護を受ける人が近年増加していることを反映して、生活保護費は08年度の2.7兆円（GDPの0.53％）から、21年度には3.6兆円（同0.66％）へと増加した。

障害者は1160万人

内閣府『令和５年版障害者白書』によると、障害者の総数は1160万人で、全人口の9.1％を占めている（表9.4.2）。そのうち、身体障害児・者は436.0万人（人口1,000人に対し34人）であり、在宅者428.7万人、施設入所者7.3万人である。知的障害児・者数は109.4万人（人口1,000人に対し９人）であり、在宅者96.2万人、施設入所者13.2万人である。精神障害者数は、患者調査に基づき、総数614.8万人（人口1,000人に対し49人）、入院28.8万人、外来586.1万人と推計されている。

各種福祉施設の数と在所者数

2006年に施行された障害者自立支援法によって施設体系や名称が変更されたため、05年までとそれ以降の施設数や在所者数は不連続になっているので、トレンドを見る際には注意が必要である。21年10月１日現在で、社会福祉施設数は82,611か所、在所者数は368.6万人である。このうち、老人福祉施設は、5,192か所で在所者数142,021人、障害者支援施設は、5,530か所で在所者数151,126人である。また、児童福祉施設は、46,560か所で在所者数283.5万人であり、施設数、在所者数とも、近年増加傾向にある（表9.4.3）。

表9.4.1　生活保護を受けている世帯・人数の推移

年度	生活保護を受けている世帯数（万世帯）					生活保護世帯の割合（%）			被保護実人員	
	総数	高齢者世帯	障害者・傷病者世帯	母子世帯	その他の世帯	総数	高齢者世帯	母子世帯	万人	総人口に対する割合（%）
1980	74.7	22.5	34.3	9.6	8.1	2.1	13.4	21.7	142.7	1.22
85	78.1	24.3	34.9	11.4	7.3	2.0	11.1	22.3	143.1	1.18
90	62.4	23.2	26.7	7.3	5.1	1.5	7.4	13.5	101.5	0.82
95	60.2	25.4	25.3	5.2	4.2	1.4	5.8	10.9	88.2	0.70
2000	75.1	34.1	29.1	6.3	5.5	1.6	5.5	10.5	107.2	0.84
05	104.2	45.2	39.0	9.1	10.7	2.1	5.4	13.1	147.6	1.16
10	141.0	60.3	46.6	10.9	22.7	2.7	5.9	15.4	195.2	1.52
15	163.0	80.3	44.2	10.4	27.2	3.2	6.3	13.1	216.4	1.70
16	163.7	83.7	43.0	9.9	26.3	3.3	6.3	13.9	214.5	1.69
17	164.1	86.5	42.0	9.3	25.6	3.3	6.5	12.1	212.5	1.68
18	163.7	88.2	41.2	8.7	24.8	3.2	6.3	13.1	209.7	1.66
19	163.6	89.6	40.7	8.1	24.3	3.2	6.0	12.6	207.3	1.64
20	163.7	90.4	40.5	7.6	24.5	3.2	6.0	12.0	205.2	1.63
21	164.2	90.9	40.5	7.1	24.9	3.2	6.0	11.4	203.9	1.62

注　各年度の平均値、総数には保護停止中の世帯も含む。
資料　厚生労働省「福祉行政報告例」、2012年度以降は「被保護者調査」

図 9.4　生活保護を受けている人・世帯の総人口・総世帯数に占める割合

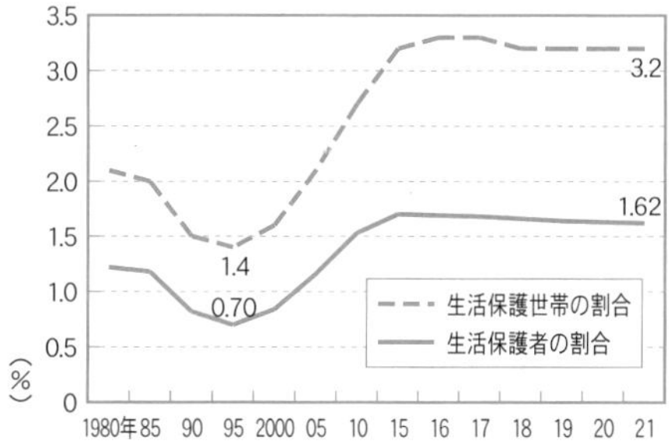

資料　表9.4.1と同じ

表9.4.2　障害者数（推計）

（単位：万人）

		総数	在宅者	施設入所者
身体障害児・者	18歳未満	7.2	6.8	0.4
	18歳以上	419.5	412.5	7.0
	年齢不詳	9.3	9.3	0.0
	合　計	436.0	428.7	7.3
	人口千対(人)	34	34	1
知的障害児・者	18歳未満	22.5	21.4	1.1
	18歳以上	85.1	72.9	12.2
	年齢不詳	1.8	1.8	0.0
	合　計	109.4	96.2	13.2
	人口千対(人)	9	8	1
精神障害者	20歳未満	59.9	59.5	0.4
	20歳以上	554.6	526.3	28.4
	年齢不詳	0.3	0.3	0.0
	合　計	614.8	586.1	28.8
	人口千対(人)	49	46	2

資料　内閣府「令和５年版　障害者白書」

表9.4.3　社会福祉施設数と在所者数

区　分	2000年	05	10	15	20	21
施設数	58 860	65 209	50 343	66 213	80 723	82 611
保護施設	296	298	297	292	289	288
老人福祉施設	11 628	13 882	4 858	5 327	5 228	5 192
障害者支援施設等	—	—	3 764	5 874	5 556	5 530
身体障害者更生援護施設	1 050	1 466	498	—	—	—
知的障害者援護施設	3 002	4 525	2 001	—	—	—
精神障害者社会復帰施設	521	1 687	504	—	—	—
身体障害者社会参加支援施設	716	828	337	322	316	315
婦人保護施設	50	50	47	47	47	47
児童福祉施設	33 089	33 545	31 623	37 139	45 722	46 560
（再掲）保育所	22 199	22 624	21 681	25 580	29 474	29 995
母子福祉施設	90	80	63	58	56	57
その他の社会福祉施設等	8 418	8 848	6 351	17 154	23 509	24 622
在所者数	2 382 632	2 718 474	2 653 865	3 008 594	3 642 649	3 685 856
保護施設	19 891	19 935	19 745	19 112	18 216	17 813
老人福祉施設	120 094	140 760	136 230	141 033	144 390	142 021
障害者支援施設等	—	—	71 162	150 006	151 215	151 126
身体障害者更生援護施設	48 905	57 507	19 322	—	—	—
知的障害者援護施設	150 873	188 646	90 831	—	—	—
精神障害者社会復帰施設	8 640	23 899	9 124	—	—	—
婦人保護施設	722	669	521	374	296	257
児童福祉施設	1 976 976	2 191 996	2 127 760	2 388 023	2 807 519	2 834 592
（再掲）保育所	1 904 067	2 118 079	2 056 845	2 295 346	2 624 335	2 643 196
その他の社会福祉施設等	56 531	95 062	179 170	310 046	521 013	540 047

注　障害者自立支援法の施行により、2007年から障害者の施設体系等や調査に変更があった。
　　身体障害者社会参加支援施設、母子福祉施設は在所者数について調査を行っていない。
資料　厚生労働省「社会福祉施設等調査」

9.5　社会保障改革

2023年度予算の社会保障関係費は36.9兆円（一般歳出の50.7％）

2023年度の国の一般会計予算（当初予算）は114.4兆円で、そこから国債費25.3兆円と地方交付税交付金等16.4兆円を除いた一般歳出は72.7兆円である。そのうち、社会保障関係費の総額は36.9兆円で、一般歳出の50.7％を占めている（図9.5.1）。なお、23年度は、新型コロナ対策などの予備費として５兆円が計上されている。

2023年度の国の歳出114.4兆円に対して、税収見込みは69.4兆円（内訳：所得税21.0兆円、法人税14.6兆円、消費税23.4兆円等）に過ぎず、35.6兆円を公債金に頼っている（公債依存率31.1％）。その結果、23年度末の国債残高は1068兆円（GDPの187％）、国及び地方の長期債務残高は1,279兆円（GDPの224％）にのぼると推計されている。

中福祉・中負担？

社会保障の規模に関して、ヨーロッパ大陸諸国とイギリスやアメリカとではかなりの差がみられる。図9.5.2は主要６か国の2019年における公的制度による社会支出の対GDP比を政策分野別に示したものである。社会支出の対GDP比は、イギリスが20.1％と最も低く、次いで日本（23.0％）、アメリカ（24.0％）となっており、ヨーロッパ大陸諸国は25～32％である。しかし、アメリカでは高齢者・障害者・低所得者以外の一般国民に対する公的医療保険制度がないため、その分だけ社会保障の規模は小さくなっている。また、イギリスの公的老齢年金給付は、最低限の生活を支える制度として創設されたため、給付水準が低いことや一定の要件を満たす私的年金加入者には適用除外制度があるため少ない。このような状況を考慮すると、日本の社会支出の規模は主要先進諸国の中で最も小さいといえる。その中でも、日本の家族給付、障害者給付が少ないことは特徴的である（図9.5.2）。

国民と向き合う社会保障

社会保障制度は国民のニーズに応じて改革されなければならない。2040年度の社会保障給付費の推計値（対GDP比）をみると、現状から年金は規模の縮小、医療と介護は拡大が見込まれている（表9.5）。喫緊の課題として新型コロナへの対応があるが、将来に向けては、どのような社会保障を構築するか、国民の合意形成が求められている。若年世代支援の各種施策を充実させる取り組みは特に急がれる。世界で最も高齢化が進んでいる日本では、元気な高齢者が支える側に回ることができるよう、高齢者雇用の推進を図る政策が不可欠である。

図9.5.1　令和５年度一般会計予算

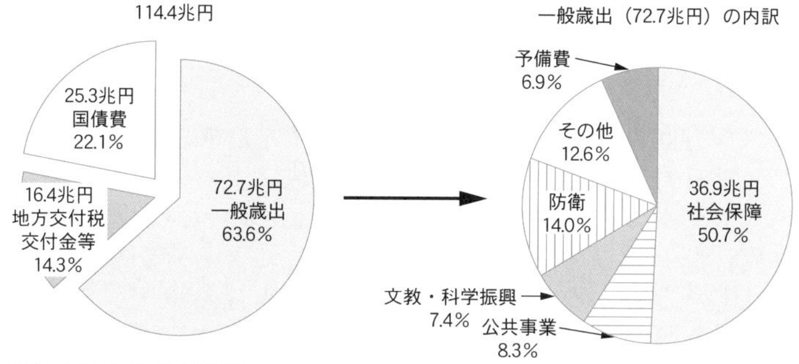

資料　令和５年度一般会計予算

図9.5.2　分野別社会支出の対GDP比（公的支出）：2019年

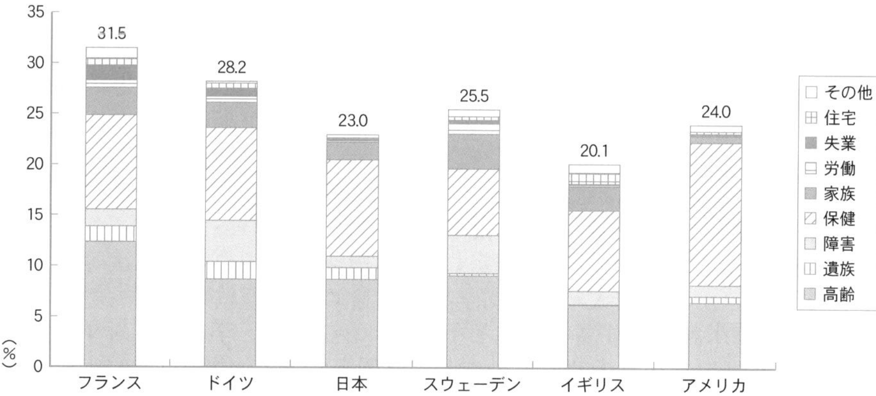

資料　国立社会保障・人口問題研究所「2021年度社会保障費用統計」

表9.5　2040年を見据えた社会保障の将来見通し

年度	2018		2025		2040	
	兆円	GDP比	兆円	GDP比	兆円	GDP比
給付費	121.3	21.5%	140.2−140.6	21.7−21.8%	188.2−190.0	23.8−24.0%
年金	56.7	10.1%	59.9	9.3%	73.2	9.3%
医療	39.2	7.0%	47.4−47.8	7.3−7.4%	66.7−68.5	8.4−8.7%
介護	10.7	1.9%	15.3	2.4%	25.8	3.3%
子ども・子育て	7.9	1.4%	10.0	1.5%	13.1	1.7%
その他	6.7	1.2%	7.7	1.2%	9.4	1.2%
（参考）GDP	564.4		645.6		790.6	

資料　内閣官房・内閣府・財務省・厚生労働省（2018年）

第10章　教　　育

10.1　日本の教育

教育政策の進むべき方向性を示す第４期教育振興基本計画（2023年度～27年年度）が令和５年６月策定された。これは少子化による人口減少やグローバル化の進展、デジタル社会構築に向けた取組などの視点を踏まえ検討がなされ、一貫教育など学びの継続と発展・高度化による確かな学力の育成、いじめへの対応など豊かな心の育成、グローバル社会やデジタル社会に向けた人材育成等を目標としている。

以下、国際比較や教育段階別の状況を通じて、我が国の教育をみる。

小・中学校の学級規模は欧米諸国よりも10人前後大きい

初等中等教育における１学級当たり生徒数をみると、欧米諸国に比べ2010年代から小・中学校の公私立ともに10人前後多く、教育環境の改善があまり進んでいないことがうかがえる。国別にみると、アメリカが最も少なく、次いでイギリスとなっている。また、児童生徒と教職員との比率においても、アメリカおよびイギリスで教職員の割合が高い傾向となっている。（図10.1.1、表10.1）。

高等教育機関への進学率は、日本が74.1％と高い

高等教育への進学率の国際比較は、人口構成、学制や対象年次等の違いがあり難しいが、短期大学、専門学校等も含めた高等教育機関への進学率は74.1％と欧米諸国より高い水準となっている。一方、学部生に対する大学院生の比率は、高い欧米諸国と日本とでは開きがある（図10.1.2、図10.1.3）。

学部は法経等の割合が高いが、大学院では理工系が４割を超えている

高等教育在学者の専攻分野をみると、日本は学部では「法経等」が30.9％と最も高く、次いで理工系が20.6％となっており、両者で過半数を占めている。一方、大学院では、理工系が43.6％と各国に比べ高くなっている（図10.1.4）。

英米の高等教育費は抜きん出て高く、日本はその半分程度

教育支出についてみると、在学者１人当たり支出は、高等教育でアメリカとイギリスが抜きん出て高く、日本はその半分程度である。これを公財政支出の割合でみると、初等中等教育では各国で９割前後となっているが、高等教育ではフランスおよびドイツが高い。（図10.1.5、図10.1.6）。

図10.1.1　１学級当たりの児童・生徒数の推移（2010年・19年）

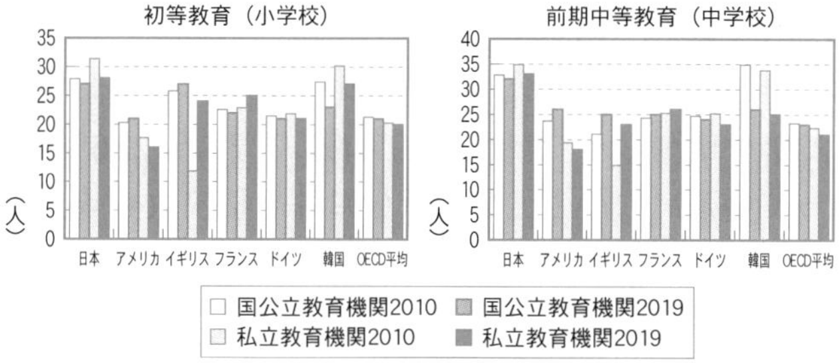

注　各教育段階に在籍する児童・生徒数を学級数で除して算出
資料　OECD「図表でみる教育」

表10.1　教育段階における児童生徒と教職員との比率

（%）

	初等教育（小学校）	前期中等教育（中学校）
日本	15	12
アメリカ	14	15
イギリス	19	18
フランス	18	13
ドイツ	15	13
韓国	16	12
OECD平均	15	13

資料　OECD「図表でみる教育」

図10.1.2　高等教育機関への進学率（2020年）

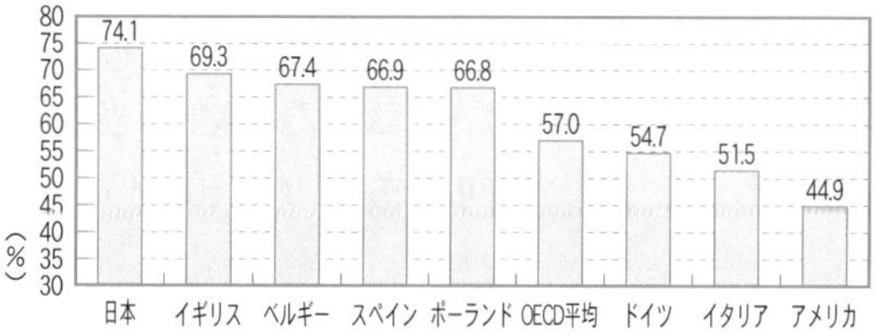

資料　OECD.Stat

図10.1.3　学部生に対する大学院生の比率

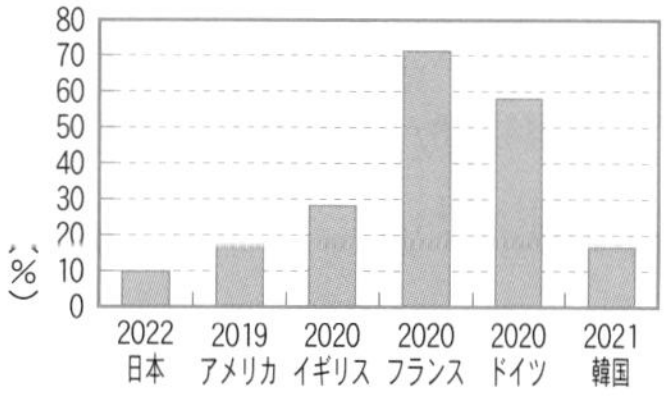

注　在学者には留学生を含む。
資料　文部科学省「諸外国の教育統計」

図10.1.4　高等教育在学者の専攻分野の構成

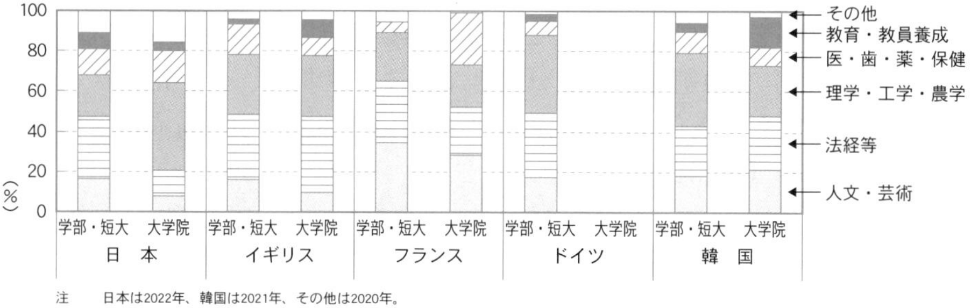

注　日本は2022年、韓国は2021年、その他は2020年。
※）アメリカおよびドイツ（大学院）はデータが得られない。
資料　文部科学省「諸外国の教育統計」

図10.1.5　在学者１人当たり教育支出（2020年）

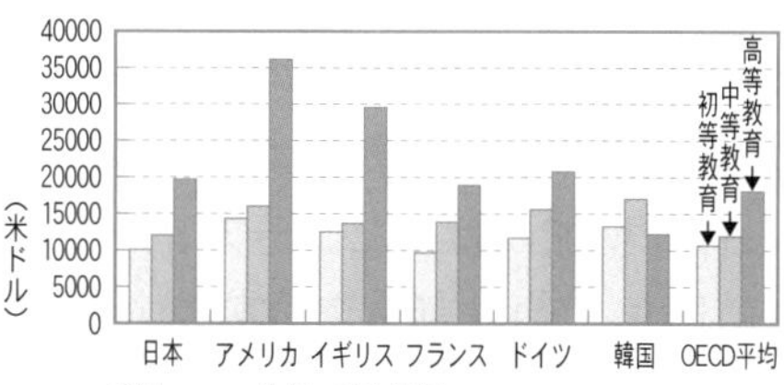

資料　OECD「図表でみる教育」

図10.1.6　教育支出に占める公財政支出の割合（2020年）

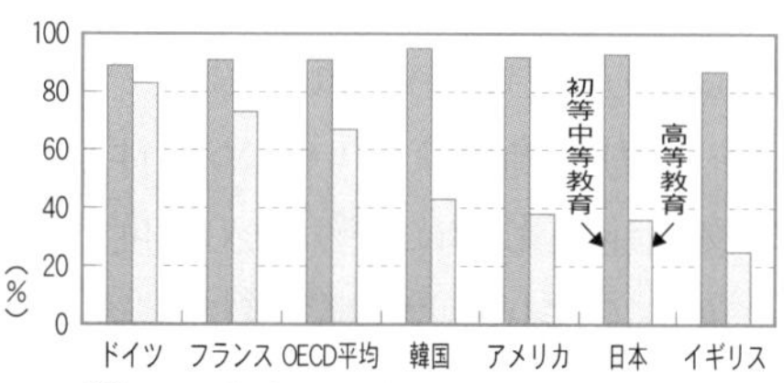

資料　OECD「図表でみる教育」

10.2　初等中等教育

人口の少子化に伴い減少が続く生徒数

人口の少子化に伴い、生徒数はそれぞれの教育段階において減少傾向が続いている。2000年と23年を比べると、高校が29.9％減、中学校が22.6％減、小学校が17.9％減となっている。この生徒数の減少に併せ学校数も減少してきているが、本務教員数は同水準で推移している。

令和３年人口動態統計において出生数が過去最少の81万人となるなど、今後においても、更なる生徒数の減少傾向が見込まれる（表10.2.1）。

減少傾向にある１教員当たりおよび１学級当たりの生徒数

少子化や義務教育水準の維持向上、欧米諸国並みの水準を目指した政策的教員定数計画もあって、義務教育（小・中学校）における１教員当たりの生徒数および１学級当たりの生徒数は、減少傾向にある（図10.2.1）。

高校生の学科構成は普通科が７割以上を占める傾向が続く

高校生の学科構成は、普通科73.6％と突出して高く、次いで工業科、商業科、総合学科となっており、この傾向が続いている。

構成の推移をみると、商業科および工業科が低下傾向にあるが、総合学科、「その他」での割合が高まってきている。近年は、少子化、グローバル化およびデジタル化など社会経済の高度化に伴い、学科構成の多様化がうかがわれる（表10.2.2）。

暴力行為・いじめ・不登校児童生徒、いずれも過去最多

2022年度児童生徒の問題行動・不登校等生徒指導上の諸課題に関する調査において、小学校での認知率の大きい暴力行為の発生件数は9.5万件およびいじめの認知件数は68万件、中学校での割合が大きい不登校児童生徒数は36万人と、いずれにおいても過去最多となっている。この推移をみると、暴力行為およびいじめの件数は増加傾向で推移し、新型コロナウイルス感染症の影響により2020年度に減少し再び増加に転じた。一方、不登校児童生徒は16年度以降増加を続け、対前回比で約２割もの大幅な増加となっている（表10.2.3～2.4、図10.2.2）。

表10.2.1　小・中・高校の学校数、教員数および生徒数

年	小学校			中学校			高等学校		
	学校数	本務教員数（千人）	生徒数（千人）	学校数	本務教員数（千人）	生徒数（千人）	学校数	本務教員数（千人）	生徒数（千人）
2000	24 106	408	7 366	11 209	258	4 104	5 478	269	4 165
10	22 000	420	6 993	10 815	251	3 558	5 116	239	3 369
15	20 601	417	6 543	10 484	254	3 465	4 939	235	3 319
20	19 525	423	6 301	10 142	247	3 211	4 874	229	3 092
21	19 340	423	6 223	10 077	248	3 230	4 857	227	3 008
22	19 161	423	6 151	10 012	247	3 205	4 824	225	2 957
23	18 979	424	6 050	9 944	247	3 178	4 791	223	2 918

資料　文部科学省「学校基本調査」（2023年は速報）

図10.2.1　「1教員当たり」および「1学級当たり」の生徒数

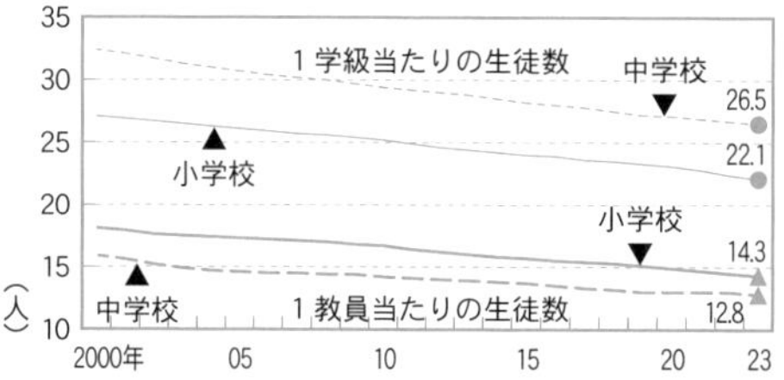

資料　文部科学省「学校基本調査」（2023年は速報）

表10.2.2　高校生（本科）の学科構成

		2000年	2010年	2020年	2021年	2022年
生徒数（千人）		4,157	3,360	3,083	2,999	2,948
学科別生徒数の割合（%）	普通科	73.3	72.3	73.1	73.3	73.6
	工業科	8.8	7.9	7.5	7.3	7.2
	商業科	8.5	6.6	5.8	5.7	5.6
	総合学科	1.7	5.1	5.5	5.5	5.4
	農業科	2.8	2.6	2.4	2.4	2.4
	家庭科	1.7	1.3	1.2	1.2	1.2
	看護科	0.5	0.4	0.4	0.4	0.4
	水産科	0.3	0.3	0.3	0.3	0.3
	福祉科	—	0.3	0.3	0.3	0.2
	情報科	—	0.1	0.1	0.1	0.1
	その他	2.5	3.1	3.5	3.5	3.6

注　「その他」は、理数科、英語科、音楽科、体育科など
資料　文部科学省「学校基本調査」

表10.2.3　暴力行為の発生件数および発生率

年度	発生件数（件）				発生率（千人比）		
	計	小学校	中学校	高校	小学校	中学校	高校
2010	60 305	7 092	42 987	10 226	1.0	12.0	3.0
18	72 940	36 536	29 320	7 084	5.7	8.9	2.1
19	78 787	43 614	28 518	6 655	6.8	8.8	2.0
20	66 201	41 056	21 293	3 852	6.5	6.6	1.2
21	76 441	48 138	24 450	3 853	7.7	7.5	1.2
22	95 426	61 455	29 699	4 272	9.9	9.2	1.3

注　「発生率（千人比）」は、生徒1千人当たりの発生件数
資料　文部科学省「児童生徒の問題行動・不登校等生徒指導上の諸課題に関する調査」

表10.2.4　いじめの認知件数および認知率

年度	認知件数（件）				認知率（千人比）		
	計	小学校	中学校	高校	小学校	中学校	高校
2010	77 630	36 909	33 323	7 018	5.7	10.2	2.0
18	543 933	425 844	97 704	17 709	66.0	29.8	5.2
19	612 496	484 545	106 524	18 352	75.8	32.8	5.4
20	517 163	420 897	80 877	13 126	66.5	24.9	4.0
21	615 351	500 562	97 937	14 157	79.9	30.0	4.4
22	681 948	551 944	111 404	15 568	89.1	34.3	4.9

注　「計」には、特別支援学校の数値も含む
「認知率（千人比）」は、生徒1千人当たりの認知件数
資料　文部科学省「児童生徒の問題行動・不登校等生徒指導上の諸課題に関する調査」

図10.2.2　不登校の生徒数

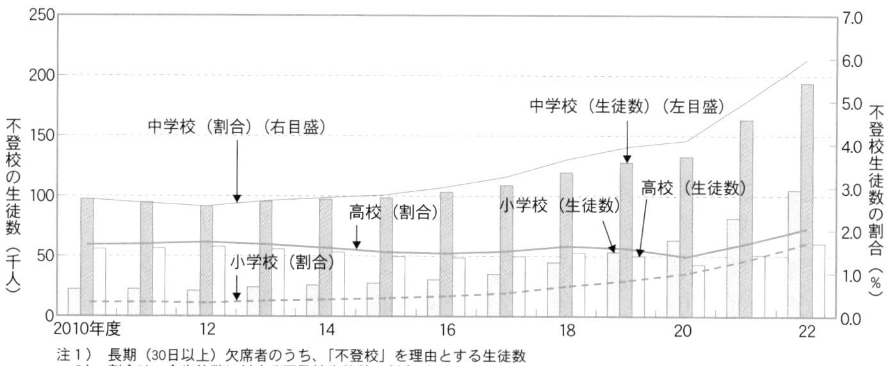

注1）　長期（30日以上）欠席者のうち、「不登校」を理由とする生徒数
2）　割合は、全生徒数に対する不登校生徒数の割合（%）
資料　文部科学省「児童生徒の問題行動・不登校等生徒指導上の諸課題に関する調査」

10.3　高等教育

上昇が続く大学進学率、男女間の進学率の差は縮小傾向にある

大学（学部）への進学率は、ほぼ一貫して上昇しており、2022年には男子が59.7％、女子が53.4％で、男女とも過去最高となった。近年女子進学率の上昇が男子より高い傾向にあり、このため男子進学率と拮抗し、その差は縮小してきている。

一方、短大（本科）は、男女ともに進学率の低下が続いており、男子0.9％、女子6.7％となっている（図10.3.1、表10.3.1）。

大学の学校数は810校と過去最多、学生数は295万人で増加傾向

大学の学校数は、1949年の新制大学発足以来、2013年からの一時期を除き増加傾向で推移し、23年は前年より３校多い810校と過去最多となった。学生数は、少子化の状況でも大学進学率の上昇を背景に増加基調にあり、290万人台での高水準が続き、23年は295万人となっている。

短大は、学校数、学生数ともに減少が続いており、特に学生数は10万人を割るような状況になってきている。

デジタル社会やSociety5.0の構築に向け大学改革等様々な施策がなされていることから、今後において高等教育に新たな動きがうかがえる（表10.3.2）。

引き続き社会科学、工学、人文科学で学生割合が高い傾向

大学学部の専攻分野別の学生数割合をみると、社会科学、工学、人文科学で割合が高い傾向が続いている。これを2000年からの推移をみると、割合が高い社会科学、工学、人文科学が低下傾向で推移し、一方、保健、家政、教育、芸術、その他での割合が増加傾向で推移してきている。人口の高齢化や経済社会の進展を反映して、保健および多彩な学科を包含する「その他」など、専攻分野に広がりがみられる（表10.3.3）。

大学生は大都府県で多く、大都府県近郊での進学率は60％を超えている

大学生の都道府県別の分布をみると、修学の場が多い大都府県で学生数が多くなっており、東京が全大学生の26.2％を占め突出して多く、次いで大阪8.6％、愛知6.6％、神奈川6.4％、京都5.7％となっている。

一方、都道府県別に進学率をみると、広島、奈良、埼玉、千葉など大都市圏に近い県で進学率は60％を超えている（図10.3.2）。

図10.3.1　大学及び短大への進学率

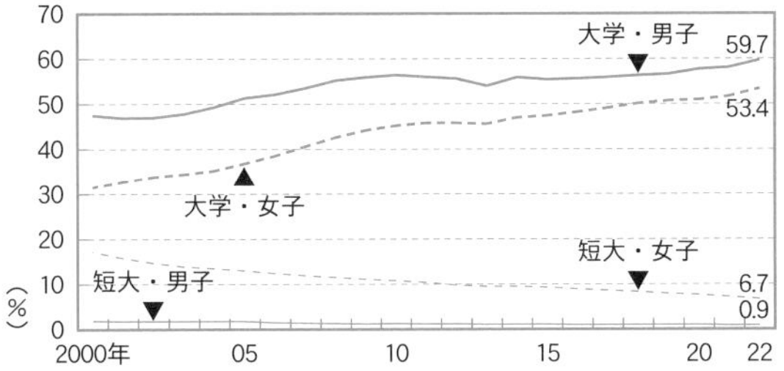

注　　大学（学部）、短大（本科）への進学率（過年度卒業者を含む）
資料　文部科学省「学校基本調査」

表10.3.1　大学・短大等への現役進学率

（%）

年	計	男	女
2000	45.1	42.6	47.6
10	54.3	52.8	56.0
15	54.6	52.2	57.0
18	54.8	51.9	57.8
19	54.8	51.7	57.9
20	55.9	53.4	58.5
21	57.5	55.3	59.7
22	59.6	57.9	61.4

資料　文部科学省「学校基本調査」

表10.3.2　高専・短大・大学の学校数、教員数および学生数

年	高等専門学校			短期大学			大学		
	学校数	本務教員数（人）	学生数（千人）	学校数	本務教員数（人）	学生数（千人）	学校数	本務教員数（人）	学生数（千人）
2000	62	4 459	57	572	16 752	328	649	150 563	2 740
10	58	4 373	60	395	9 657	155	778	174 403	2 887
15	57	4 354	58	346	8 266	133	779	182 723	2 860
20	57	4 114	57	323	7 211	108	795	189 599	2 916
21	57	4 085	57	315	7 015	102	803	190 479	2 918
22	57	4 025	57	309	6 785	95	807	190 655	2 931
23	58	3 984	56	300	6 529	87	810	191 879	2 946

注　　大学の学生数には、学部生のほか、大学院生、専攻科・別科の学生等を含む。
資料　文部科学省「学校基本調査」（2023年は速報）

表10.3.3　大学生（学部）の専攻分野構成

年	学生数（学部）（人）	専攻分野別学生数の割合（%）											
		人文科学	社会科学	理学	工学	農学	保健 医学・歯学	保健 薬学	保健 他の保健	家政	教育	芸術	その他
2000	2 471 755	16.6	39.9	3.6	18.9	2.8	2.6	1.5	1.7	1.8	5.6	2.6	2.4
10	2 559 191	15.2	34.9	3.2	15.7	3.0	2.5	2.4	4.9	2.7	6.5	2.8	6.2
15	2 556 062	14.4	32.4	3.1	15.2	2.9	2.8	3.0	6.5	2.8	7.4	2.7	6.7
19	2 609 148	14.0	32.1	3.0	14.6	3.0	2.8	2.8	7.2	2.7	7.3	2.8	7.9
20	2 623 572	13.9	31.8	3.0	14.6	3.0	2.8	2.7	7.4	2.7	7.2	2.8	8.0
21	2 625 688	13.8	31.7	3.0	14.5	3.0	2.8	2.7	7.7	2.7	7.2	2.9	8.0
22	2 632 216	13.6	31.8	3.0	14.5	3.0	2.7	2.7	7.8	2.7	7.1	3.0	8.0

注　　「その他」は、国際関係、人間関係、教養、環境、メディア文化など
資料　文部科学省「学校基本調査」

図10.3.2　大学等進学率と大学生の割合（2022年）-都道府県

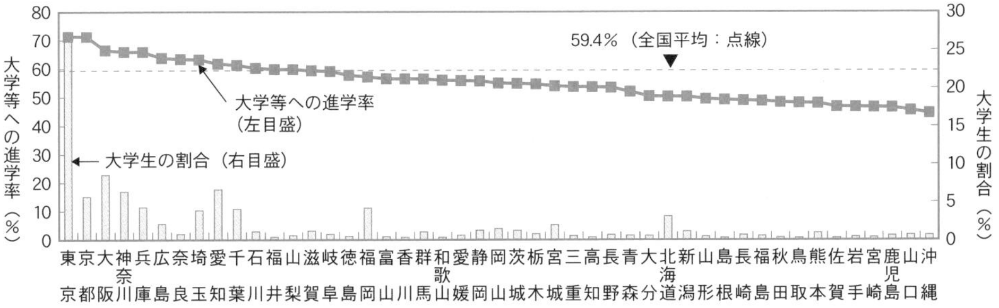

注1）「大学等進学率」は、高卒者のうち大学・短大・高校専科に進学した学生の割合（%）
　2）「大学生」には、学部生のほか、大学院生、専攻科の学生等を含む。
資料　文部科学省「学校基本調査」

10.4　教育機会の多様性と高度化

小中校の義務教育学校が207校、生徒数が7.6万人、増加傾向で推移

小中学校９年間の課程を一体化させた義務教育学校が2016年の制度発足時と比べ約９倍の207校と増加しているが、小中一貫を行う小学校（866校）・中学校（525校）は減少している。一方、中高一貫校については、小中一貫校とは異なり、1998年に制度化された中等教育学校（57校）は横ばいの状況にあるものの、中高一貫を行う中学校（688校）・高校（616校）とも増加している（表10.4.1）。

減少を続ける専修学校入学者は29万人

1976年に制度が発足した実践的な職業教育・専門技術教育の場である専修学校の入学者は、少子化や大学進学率の上昇により、長期的な減少傾向にある。2005年までは40万人前後、ここ10年ほどは31万人台で推移し、2022年では29万人となっている。

専修学校の３つの課程、すなわち、高等課程、一般課程、専門課程のうち高等学校卒業程度を入学対象とする専門課程（いわゆる専門学校）の入学者（2022年）は25万人で、専修学校入学者のほぼ９割を占めているものの、前年に比べ2.1万人減となっている（図10.4.1、表10.4.2）。

海外留学生は4.3万人で対前年比約２万人減少

日本人の海外留学生は、経済発展やグローバル化等の下で、一貫して増加傾向で推移してきたが、2004年をピークに減少に転じ、15年以降再び増加傾向、しかし、20年では新型コロナウイルス感染症の世界的な流行の影響もあり、42,709人、対前年比約２万人減少した。

主な留学先は、アメリカ、中国および台湾で、この３地域で留学生全体の約６割を占めている。（図10.4.2）。

修士課程7.6万人と最も多く、博士課程1.4万人、専門職学位課程0.9万人

大学院の入学者数は、修士課程が7.6万人と最も多く、博士課程が1.4万人、専門職学位課程が0.9万人で、近年はそれぞれにおいて同水準で推移している。しかし、博士課程においては、2005年と比べ２割減少しており、減少傾向となっている。第４期教育振興基本計画やデジタル社会の構築に向けた累次の閣議決定において、人材育成、大学改革、大学等と産業界の連携等によるリカレント教育の充実などが盛込まれており、今後の入学者の増加が見込まれる（表10.4.3）。

表10.4.1　一貫教育の学校

義務教育学校（小中学校９年間の教育課程の一体化校）

年	学校数	本務教員数(人)	生徒数(人)
2016	22	934	12 702
21	151	5 382	58 568
22	178	6 370	67 799
23	207	7 447	76 045

「小中一貫教育」を行う小学校および中学校

年	小学校数	うち 施設一体型	施設隣接型	中学校数	うち 施設一体型	施設隣接型
2016	142	62	11	101	53	10
20	745	107	38	430	105	38
21	917	135	44	537	134	45
22	866	146	52	525	143	48

中等教育学校（中高学校６年間の教育課程の一体化校）

年	学校数	本務教員数(人)	生徒数(人)
2016	52	2 556	32 428
21	56	2 721	32 756
22	57	2 749	33 367
23	57	2 827	33 817

「中高一貫教育」を行う中学校および高校

年	中学校数	併設型	連携型	高校数	併設型	連携型
2016	669	464	205	552	465	87
20	665	495	170	584	496	88
21	684	517	167	605	519	86
22	688	530	158	616	532	84

資料　文部科学省「学校基本調査」(2023年は速報)

図10.4.1　専修学校の入学者数

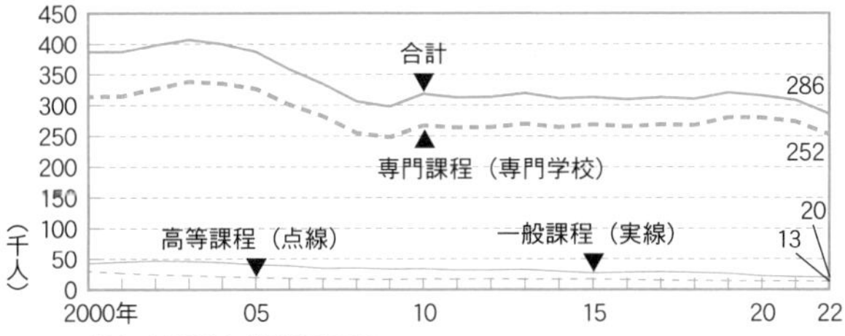

資料　文部科学省「学校基本調査」

表10.4.2　専修学校の入学者数

（人）

年	合　計	高等課程	専門課程	一般課程	専門課程の割合%
2000年	386 471	30 017	313 718	42 736	81.2
05	386 836	19 678	326 593	40 565	84.4
10	318 324	17 445	266 915	33 964	83.9
15	312 821	17 125	268 604	27 092	85.9
20	315 451	13 701	279 586	22 164	88.6
21	308 229	13 986	273 462	20 781	88.7
22	285 914	13 436	252 375	20 103	88.3

資料　文部科学省「学校基本調査」

図10.4.2　海外の大学等への日本人留学者数

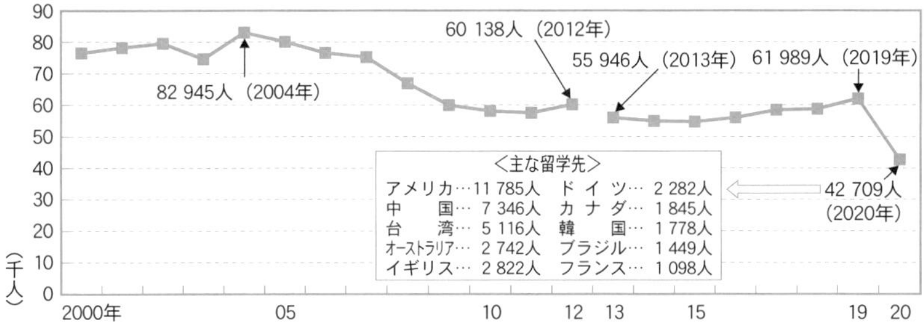

注　2012年までは、もともとその国に居住していた学生の数を含む。
2013年からは、勉学を目的としてその国に移り住んだ学生の数（留学等の短期留学は含まない）であるため、2012年までとは直接の比較はできない。
資料　文部科学省公表資料「「外国人留学生在籍状況調査」及び「日本人の海外留学者数」等について」

表10.4.3　大学院の入学者数（総数および社会人）

年	入学者数（人）					うち　社会人の入学者（人）		
	修士課程	博士課程	専門職学位課程	うち法科大学院	教職大学院	修士課程	博士課程	専門職学位課程
2000	70 336	17 023	0	0	0	7 264	0	0
05	77 557	17 553	5 969	3 516	1 459	7 957	4 709	3 044
10	82 310	16 471	8 931	4 121	805	7 930	5 384	3 626
15	71 965	15 283	6 759	2 185	874	7 684	5 832	3 306
19	72 574	14 976	7 722	1 850	1 649	7 359	6 349	4 000
20	71 954	14 659	8 103	1 713	1 823	7 085	6 335	4 237
21	74 325	14 629	8 295	1 717	1 927	6 897	6 100	4 182
22	75 749	14 382	9 074	1 968	2 148	6 833	6 001	4 600

資料　文部科学省「学校基本調査」

10.5　教育支出・教育費負担

教育費総額は２年続けて大幅な増加

学校等の教育に要する国および地方公共団体の支出額は、学齢人口が少子化を反映して減少していることもあり、近年は微増傾向で推移した。しかし、デジタル社会構築に向けた人材育成のための教育改革等の施策により2019年度には0.9兆増、20年度は1.6兆円増と急増し、対GDPの割合も、これまで５％台で推移してきたが、6.3％となっている（表10.5）。

家計に占める教育費の割合が減少に転じる

家計の中で消費支出に占める教育費の割合は、高校や大学での授業料の値上げ等により2021年は4.3％に上昇したが、22年には減少に転じた。

教育費の支出構成を教育段階別にみると、大学等が38.2％と最も高く、高校の17.8％、小・中学校の9.4％、幼児教育の5.0％となっている。進学率の上昇に伴って、大学等が高い割合で推移している傾向は変らない。幼児教育については、19年まで大学等・高校と同様高い割合を示していたが、20年に幼児教育無償化（19年10月開始）制度の導入により、大きく割合が低下し減少傾向となっている（図10.5.1）。

私立での保護者負担が大きく、小学校、中学校、高校で100万円を超える

教育費の保護者負担の状況を生徒１人当たりでみると、私立の小学校167万円が最も大きく、次いで、私立の中学校144万円、私立の高校105万円と100万円を超えており、公立に比べ私立での負担が大きい。これを公私別の負担費で比較すると、小学校では私立は公立の4.7倍、中学校では2.7倍、高校が2.1倍、幼稚園で1.9倍と、小学校での比率が最も高くなっている（図10.5.2）。

「下宿、アパート、その他」での支出が最も多く、地方出身者の負担は大きい

居住形態別に大学生の生活費を2016年学生生活調査からみると、収入および支出ともに「下宿、アパート、その他」が最も多く、地方出身者の負担は大きい。20年調査の収入をみると、いずれの居住形態とも減少している。これは新型コロナ感染症による緊急事態宣言により、アルバイトが減収となっており、オンライン授業により自宅にいることが多く、交通費や交友費の減少などの影響も考えられる。これらの状況を踏まえ、奨学金収入の増加など、学生への経済的支援策の充実が図られている（図10.5.3）。

表10.5　教育費総額と国内総生産

年度	教育費総額（10億円）	教育分野別（10億円） 学校教育費	社会教育費	教育行政費	国内総生産（10億円）	国内総生産に対する教育費総額の割合(%)
2000	30 717	25 672	2 515	2 531	537 614	5.7
10	29 592	25 222	1 641	2 729	504 874	5.9
15	30 798	26 631	1 614	2 553	540 741	5.7
16	30 750	26 529	1 605	2 617	544 830	5.6
17	31 049	26 829	1 580	2 640	555 713	5.6
18	31 108	26 820	1 527	2 761	556 571	5.6
19	32 030	27 667	1 559	2 804	556 836	5.8
20	33 631	28 101	1 514	4 015	537 562	6.3
《2020年：財源内訳（10億円）》						
国	9 078	6 089	70	2 920		
地　　方	16 295	13 756	1 444	1 095		
学校法人等	8 257	8 257	…	…		

資料：
文部科学省
「文部科学統計要覧」
内閣府「国民経済計算」

図10.5.1　家計における教育費の割合とその内訳（２人以上の世帯）

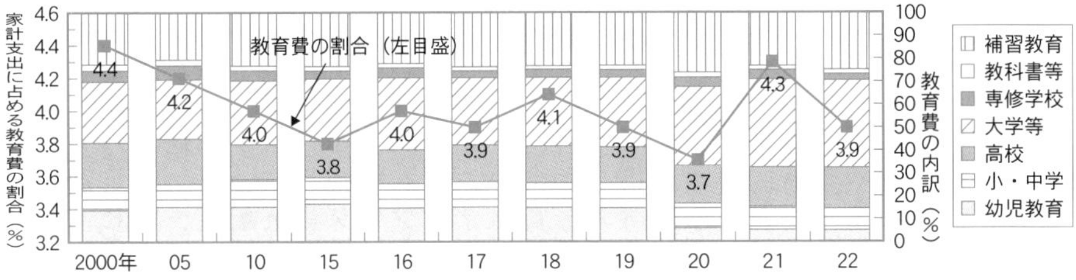

資料　総務省「家計調査」

図10.5.2　保護者が支出した生徒１人当たりの年間教育費（2018年度、2021年度）

資料　文部科学省「子供の学習調査」

図10.5.3　大学生の居住形態別生活費（2016年、18年、20年）

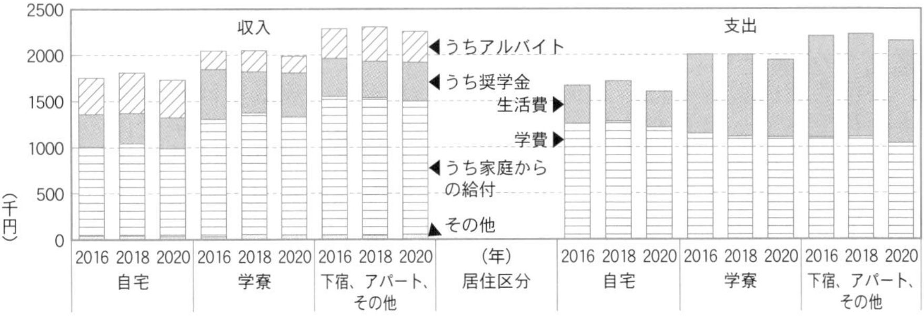

注　　大学昼間部の学生
資料　（独）日本学生支援機構「学生生活調査」

第11章　文化・芸術

11.1　舞台芸術

鑑賞は女高男低

1960年代から70年代の初めにかけての高度経済成長によって、耐久消費財に代表される物質的な充足感がある程度満たされるにしたがい、精神的な満足度の向上がより求められるようになってきた。それに伴い国民の文化・芸術への関心も高まり、2001年に「文化芸術振興基本法」が成立し、17年にはそれを改正した「文化芸術基本法」が施行されるなど、政府も積極的にその振興を担うようになっている。

文化・芸術の代表的活動である舞台芸術（音楽、演劇、舞踊など）のライブでの鑑賞について、社会生活基本統計における行動者率（過去１年間にその活動を行った人の割合）でみると、女性の鑑賞する割合が男性よりどの種目でも高くなっている。これは、女性の方がピアノの稽古など、幼少時から音楽や芸術に接する機会が多いことも影響している。種目別に行動者率の推移をみると、演劇等の鑑賞、クラシック音楽鑑賞、ポピュラー音楽鑑賞の行動者率は、2011年までは低下または横ばい傾向にあり、16年にはいずれも上昇したものの、21年は新型コロナウイルス感染拡大で大幅に低下した（図11.1）。

公演数は2005年までは増加傾向、20年は大幅減、22年にはやや回復

クラシック音楽の演奏会回数の動向をみると、2005年頃まではほぼ一貫して増加し、1975年に比べて約８倍まで増えた。種類別でみるとオーケストラや声楽の割合が減少する一方で、「その他」の演奏会が増えており、多様化の傾向がみられた。しかし、2005年以後は減少ないし横ばいであった。また、来日演奏家による公演の割合は、1980年代後半から90年代初めにかけて20％台後半に高まったが、その後は低下している。

2011年は東日本大震災の影響で来日演奏家のキャンセルが相次ぎ、来日公演が大幅に減少した。その後持ち直したが、20年には新型コロナウイルス感染拡大で演奏会回数は激減し、1980年代半ばの水準にまで落ち込んだ。特に、2020年には来日演奏家による演奏会は前年比９割近くの減少となった（邦人演奏家は57％減）。しかし、その後邦人演奏家を中心に持ち直し、22年にはコロナ禍前の９割近くまで戻している（表11.1.1）。

鑑賞・公演ともに東京の一極集中

舞台芸術の鑑賞には、地域間の格差が大きい。演奏会回数や興行場・興業団数でみても東京が圧倒的に多い。演奏会回数では東京が全体の３分の１程度を占める。鑑賞率においても同様で、東京以外では神奈川、大阪、京都などが上位を占める。首都圏など大都市圏において、公演機会などのソフト、劇場やホールなどのハードのいずれも多いのは、人口や所得水準なども大きく影響している。また、新型コロナウイルス感染拡大の影響を受けた2020～22年における演奏会回数の上位５位までの都府県は、回数は減少しているものの順位はそれ以前とほぼ同じである（表11.1.1、表11.1.2）。

図11.1　舞台芸術の鑑賞の行動者率（15歳以上）

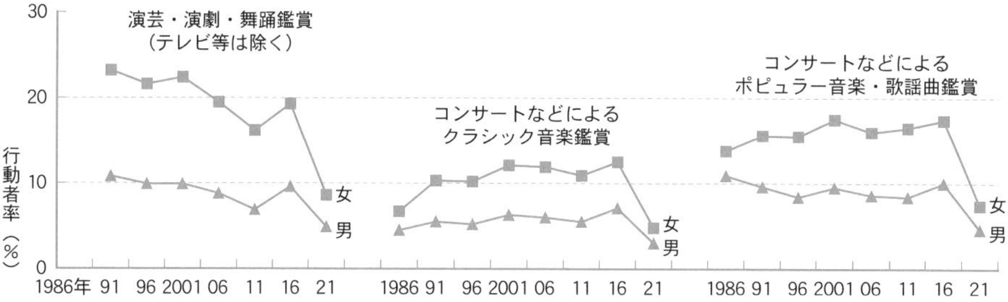

資料　総務省「社会生活基本調査」

表11.1.1　演奏種類別クラシック音楽の演奏会回数

年	オーケストラ		室内楽		ピアノ		オペラ		声楽（独唱）		その他		合計		総計
	邦人	来日	邦人	来日	邦人	来日	邦人	来日	邦人	来日	邦人	来日	邦人	来日	
1975	335	66	190	61	172	67	63	17	267	36	165	43	1 192	290	1 482
80	398	59	374	116	430	114	125	31	507	78	540	158	2 374	556	2 930
85	1 043	178	408	144	649	188	220	52	421	53	1 285	359	4 026	974	5 000
90	1 426	453	619	468	915	377	266	43	594	134	1 621	597	5 441	2 072	7 513
95	1 898	611	1 011	462	1 133	439	301	88	878	153	3 494	873	8 715	2 626	11 341
2000	1 740	587	898	510	1 198	297	333	196	688	92	3 575	928	8 428	2 610	11 038
05	1 816	474	1 262	508	1 492	495	417	212	894	139	3 739	880	9 620	2 708	12 328
06	1 826	471	1 197	507	1 500	515	424	239	900	154	3 788	788	9 635	2 674	12 309
07	1 767	446	1 271	511	1 368	466	385	136	926	142	3 295	757	9 012	2 458	11 470
08	1 688	386	1 172	440	1 253	343	379	229	957	117	2 883	558	8 332	2 073	10 405
09	1 861	394	1 443	489	1 492	383	429	77	1 135	111	3 451	674	9 811	2 128	11 939
10	2 024	421	1 484	348	1 692	479	422	124	1 134	103	3 904	799	10 660	2 274	12 943
11	1 911	288	1 282	340	1 415	395	385	78	1 112	132	3 427	578	9 532	1 811	11 343
12	1 858	342	1 271	378	1 538	432	413	79	1 154	112	3 473	752	9 707	2 095	11 802
13	1 905	351	1 339	411	1 589	354	433	84	1 278	89	3 458	735	10 002	2 024	12 026
14	1 970	375	1 315	434	1 451	413	452	62	1 194	191	3 547	686	9 929	2 161	12 090
15	1 830	319	1 318	381	1 534	360	470	71	1 164	120	3 451	752	9 767	2 003	11 770
16	1 915	345	1 451	438	1 602	398	449	77	1 248	107	4 056	780	10 721	2 145	12 866
17	1 926	390	1 304	363	1 550	384	438	38	1 118	120	3 791	792	10 127	2 087	12 214
18	1 913	392	1 363	403	1 638	436	453	42	1 225	124	3 963	789	10 585	2 186	12 771
19	1 901	385	1 397	435	1 555	386	437	68	1 239	94	4 006	830	10 535	2 198	12 733
20	1 010	95	635	36	695	59	157	0	372	7	1 625	70	4 494	267	4 761
21	1 701	19	1 339	58	1 306	99	278	0	814	21	2 966	114	8 404	311	8 715
22	2 046	95	1 712	146	1 688	207	372	13	839	76	3 942	266	10 599	803	11 402
東京	593	37	630	42	553	78	174	3	233	30	1 173	78	3 356	268	3 624
(構成比)	(29.0)	(38.9)	(36.8)	(28.8)	(32.8)	(37.7)	(46.8)	(23.1)	(27.8)	(39.5)	(29.8)	(29.3)	(31.7)	(33.4)	(31.8)

注　　邦人は邦人演奏家、来日は来日演奏家。
資料　社団法人日本演奏連盟「演奏年鑑」（昭和54年度版以前は「音楽資料」）、東京のデータは2022年。

表11.1.2　芸術鑑賞等の都道府県ランキング（上位５位まで）

	行動者率（%）[1]						クラシック音楽演奏会回数[1]		興行場（別掲を除く）・興行団数[1]	
	演芸・演劇・舞踊鑑賞（テレビ・DVDなどは除く）		コンサートなどによるクラシック音楽鑑賞		コンサートなどによるポピュラー音楽・歌謡曲鑑賞					
1位	東　京	12.6	東　京	6.2	東　京	8.3	東　京	3 624	東　京	1 339
2位	京　都	8.8	神奈川	4.8	神奈川	7.9	大　阪	886	大　阪	165
3位	大　阪	8.2	福　井	4.6	大　阪	7.7	神奈川	773	神奈川	156
4位	神奈川	7.8	兵　庫	4.5	京　都	7.6	愛　知	749	愛　知	116
5位	埼　玉	7.6	京　都	4.4	愛　知	6.7	兵　庫	623	福　岡	78

注１　行動者率は2021年（10歳以上）、演奏会回数は2022年、興行場・興行団は2021年。
資料　行動者率は図11.1、演奏会回数は表11.1.1と同じ。興行場・興業団数は総務省「経済センサスー活動調査」

11.2　文化施設
美術館、歴史博物館が大幅に増える
美術館や動物園等を含む博物館は、文化資産の収集・保存・展示を行い、次世代に継承するなど文化振興の拠点として、文化施設の中でも重要な位置を占める。また、近年では博物館の教育的機能も注目されている。

我が国の博物館は、高度経済成長後の1975年頃から急速に増えた。これは第１次オイルショックを境に経済優先の政策が見直され、文化がより重視されるようになったからである。この世相を受けて各地方自治体が競って美術館や郷土史館を建設したほか、私立の博物館も増え、75年当時はそれぞれ100館程度であった美術館と歴史博物館の数は、2008年までにいずれも４倍程度の増加をみせ、その後は横ばいである。また、21年の博物館数をみると、館数自体は、新型コロナウイルス感染拡大の影響を受けていないことがわかる（表11.2）。

博物館の入館者数は2000年代でやや増加傾向、21年は大幅減
博物館の入館者数は、歴史、美術、科学のいずれの博物館でも1970年代までは増加したが、80年代に入館者数を著しく増加させたのは美術館だけである。これは、バブル期の絵画ブームで、美術館が名画を盛んに購入したことも反映している。その後、美術館の入館者は減少する時期もあったが、2010年代は3000万人台を維持していた。一方、科学博物館や歴史博物館に関しては、1980年以降は少子化の影響も受けほぼ横ばいであったものの、最近はやや増加傾向にあった。しかし、新型コロナウイルス感染拡大で、2021年にはいずれも大幅に減少した（図11.2.1）。

動物園の入場者数は減少に歯止め、水族館は堅調に推移
動物園は、戦後、施設の充実や人口増加を背景に入園者数を増加させたが、1970年代に入ってからは入園者数が減少し始めた。とりわけ、86年の2941万人から98年までに1000万人以上減少した。これは、子どもの人口が70年代から減少傾向に転じたことの影響が大きい。しかし、最近になって新機軸の動物園の人気等もあり、減少に歯止めがかかっている。

一方、水族館は成人にも人気があるため、館数も2002年にかけて増加した。入館者数も1977年から増加し、2000年代に入ってやや減少したものの、最近は堅調に推移している。これは巨大水槽等の技術革新による新たな展示方法の開発や海獣のショーといったアトラクションなどにより、子どもだけでなく大人も楽しめる施設となっているためである。しかし21年には、動物園・水族館とも、新型コロナウイルス感染拡大で３年前に比べて入館者数が40％前後減少した（図11.2.2）。

文化施設数は横ばい
文化施設の全般的な動向を公立文化施設数でみると、2000年頃まではほぼ一貫して増加しており、施設数は1970年に比べて約７倍に増加している。こうした背景には、ふるさと創生事業など公的な支援によるところも大きいが、近年は新規施設の建設はあまりみられず、2,200施設ほどで頭打ちとなっている（図11.2.3）。

表11.2　博物館数の推移

館数（館）

年	1975	90	93	96	99	2002	05	08	11	15	18	21
合　　計	409	799	861	985	1 045	1 120	1 196	1 248	1 262	1 256	1 286	1 305
総合博物館	62	96	109	118	126	141	156	149	143	152	154	157
科学博物館	52	81	89	100	105	102	108	105	109	106	104	100
歴史博物館	113	258	274	332	355	383	405	436	448	451	470	476
美術博物館	101	252	281	325	353	383	423	449	452	441	453	457
野外博物館	3	11	9	11	13	11	13	18	18	16	16	18
動　物　園	28	35	31	33	28	31	32	29	32	35	34	36
植　物　園	19	21	22	18	16	17	12	11	10	10	11	11
動 植 物 園	6	7	9	9	10	10	9	10	8	7	6	7
水　族　館	25	38	37	39	39	42	38	41	42	38	38	43

資料　文部科学省「社会教育調査」

図11.2.1　博物館等の入館者数の推移

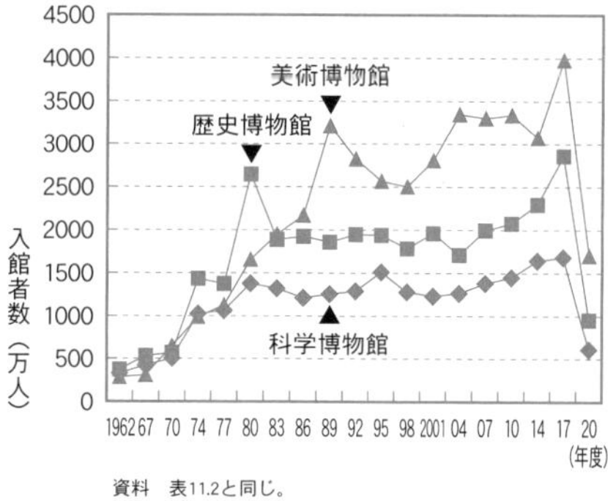

資料　表11.2と同じ。

図11.2.2　動物園等の入館者数の推移

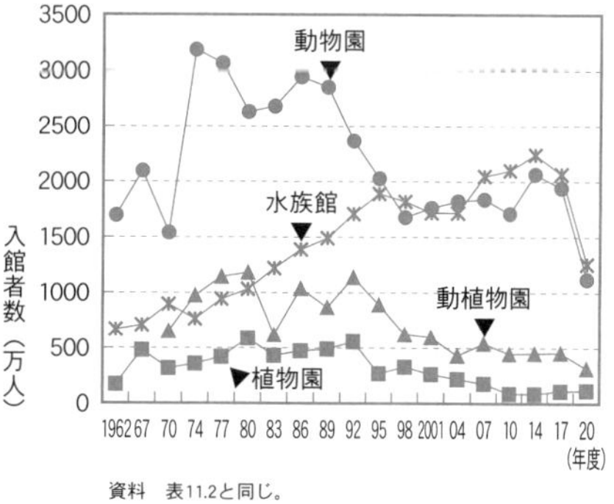

資料　表11.2と同じ。

図11.2.3　公立文化施設数の推移

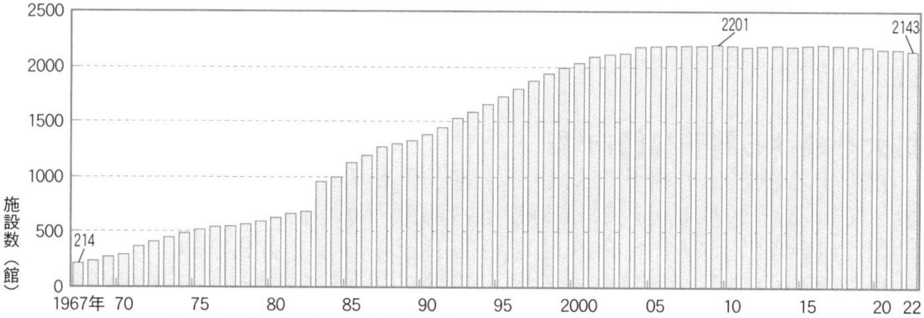

資料　社団法人全国公立文化施設協会「全国公立文化施設名簿」

11.3　出版

書籍・雑誌の発行部数は1998年以降減少、新刊点数も2014年以降減少

書籍の（推定）発行部数は、第１次オイルショック後の1975～78年に大きく増加したが、その後は書籍離れが進み、90年代は発行部数がほとんど増えず、98年の出版不況を境に減少傾向が続いている。2004年からはやや回復したものの、08年から再び減少している。月刊誌・週刊誌は、書籍を上回る速度で発行部数が増えたが、やはり1998年の出版不況から減少に転じている。書籍離れは、インターネットや電子書籍の普及の影響も大きい。ただし、90年代の後半から2000年代前半にかけて、書籍の発行部数は落ち込んだものの、新刊点数は大きく増加した。つまり、書籍の発行部数の減少を新刊書の数を増やすことでカバーしようとする傾向がみられた。しかし、近年は新刊点数も減少傾向を示している（図11.3.1、表11.3）。

社会科学・文学・芸術の割合が高い新刊書籍

書籍の2021年の新刊点数を部門別にみると、社会科学（20.2％）、文学（18.1％）、芸術・生活（18.1％）などの部門の割合が大きくなっており、部門の構成に大きな変化はみられない。工学系はコンピュータ関連などの書籍が多い。一方、学習参考書は少子化の影響があるものの、減少傾向にあるわけではなく、その新刊点数は、学習指導要領改訂などの影響も受ける（表11.3）。

新聞の発行部数は2000年前後で頭打ち

新聞の発行部数は戦後一貫して増加してきたが、1990年代の後半から2000年代の初めにかけて5300万部台に達した後、減少傾向を示しており、特に08年以降は減少が著しい。22年には3085万部と、ピークの６割を切っている。これは書籍と同様、インターネット等による影響が大きいと思われる。朝夕刊セットは1980年代から停滞し、夕刊を分離する新聞社も出て、90年代からは減少している。75年には朝夕刊セットが約45％を占めていたが、2022年には約19％に低下し、朝刊のみが約80％を占めている（図11.3.2）。

拡大を続ける電子書籍市場

減少する紙媒体の書籍に対して、電子書籍の市場は一貫して増加傾向を示している。その市場規模は2002年の10億円から22年の6026億円へと、20年間で600倍以上の拡大をみせている（22年は前年比9.4％増）。電子書籍を読むためのプラットフォームとしては、近年、スマートフォンが多く、タブレット、パソコン、電子書籍専用端末なども利用されている。電子書籍のコンテンツ自体もさらに充実してきており、今後も電子書籍市場は拡大していくことが予想される（図11.3.3）。

図11.3.1　書籍新刊点数と書籍出回り・雑誌推定発行部数

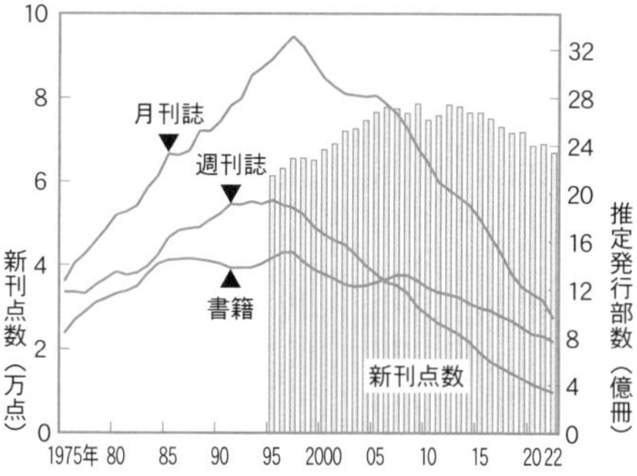

資料　出版科学研究所「出版指標年報」

図11.3.2　新聞の発行部数の推移

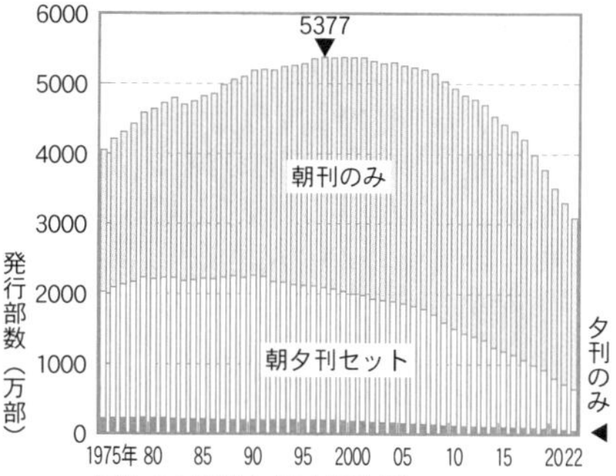

資料　日本新聞協会「日本新聞年鑑」

表11.3　書籍の部門別新刊点数と構成比

年　次	総記	哲学	歴史・地理	社会科学	自然科学	工学・工業	産業	芸術・生活	語学	文学	児童書	学習参考書
1995	1 262	2 806	4 076	12 509	4 198	4 960	2 144	9 360	1 450	11 682	3 466	3 389
2000	1 048	3 098	4 509	13 965	4 911	5 863	2 791	10 930	1 800	11 731	3 308	3 568
05	1 049	3 699	4 306	15 631	5 218	5 835	3 018	12 817	2 051	14 134	4 754	4 016
10	666	4 223	4 228	16 168	5 766	5 351	2 994	13 115	1 899	13 732	4 160	2 412
11	728	4 323	3 554	15 635	5 582	5 381	2 543	13 778	1 856	13 281	3 920	5 229
12	678	4 262	3 585	16 910	5 490	5 564	2 778	13 733	1 908	13 894	4 270	5 277
13	805	4 140	3 414	17 266	5 924	5 247	2 724	13 718	1 742	13 581	4 370	4 979
14	844	4 131	3 634	16 067	6 030	4 644	2 703	13 895	1 761	13 391	4 455	4 910
15	828	4 199	3 953	16 745	6 044	4 327	2 565	12 939	1 615	13 478	4 305	5 447
16	763	4 176	3 685	16 078	5 639	4 391	2 625	13 299	1 604	13 270	4 319	5 190
17	858	3 932	3 404	15 422	5 757	4 176	2 652	12 676	1 628	13 327	4 350	4 875
18	767	3 955	3 530	15 220	5 325	3 906	2 492	11 856	1 535	13 048	4 721	5 306
19	804	3 743	3 890	15 482	5 066	3 951	2 444	12 383	1 473	12 979	4 583	5 105
20	805	3 507	3 927	14 068	5 177	3 608	2 310	12 068	1 329	12 104	4 295	5 470
21	760	3 402	3 902	14 159	5 043	3 662	2 275	12 289	1 332	12 071	4 446	5 711
22	705	3 280	3 339	13 537	4 972	3 659	2 177	12 104	1 161	12 108	4 465	5 378
2022年構成比（%）	1.1	4.9	5.0	20.2	7.4	5.5	3.3	18.1	1.7	18.1	6.7	8.0
前年比（%）	−6.8	−3.5	−14.3	−4.4	−1.4	−0.1	−4.2	−1.5	−12.9	0.3	0.4	−6.1

資料　図11.3.1と同じ。

図11.3.3　電子書籍の市場規模の推移

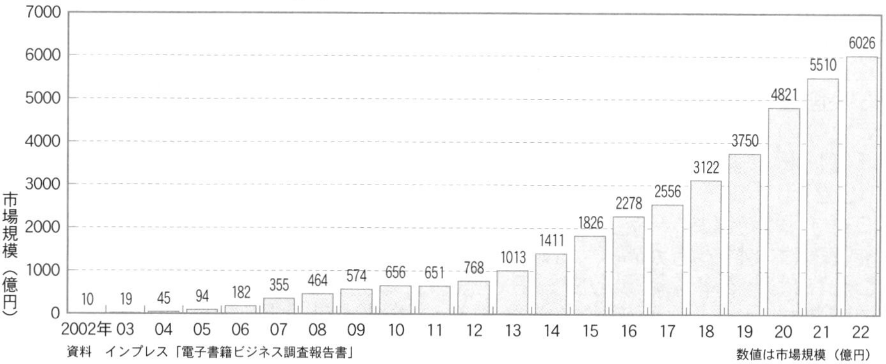

資料　インプレス「電子書籍ビジネス調査報告書」　　数値は市場規模（億円）

11.4　映画

2000年代に入って入場者数は回復へ、20年は大幅減

映画館数の推移をみると、1950年代までは戦後の復興とともに増加を続けたが、60年の約7,500館をピークに減少に転じ、93年には1,734館にまで減少した。入場者数の減少はさらに著しく、60年に延べ約10億人あった入場者が、2000年には約１億3500万人と８分の１近くに激減している。映画産業の縮小に最も大きな影響を与えたのはテレビの出現で、その後のビデオの普及がさらに拍車を掛けた（表11.4、図11.4.1）。

しかし、近年、特に2012年以降は、映画館数、入場者数とも回復している。入場者数の回復には、公開本数の増加、CGや3Dに代表される技術革新を含んだコンテンツの充実、ヒット作の存在（01年の「千と千尋の神隠し」など）、シネマコンプレックス（幾つものスクリーンを備えた映画館）が立地のよさや映画選択の利便性などによって浸透してきたこと、インターネットでの座席予約、シート等の設備の改善など多くの要因が考えられる。20年は、「鬼滅の刃」が歴代最高の興行収入を記録したものの、新型コロナウイルス感染拡大の影響で、休館・時短、入場者数の制限、新作映画の公開延期などにより、公開本数、入場者数、興行収入はいずれも大幅に減少した。しかし22年には、入場者数、興行収入ともにコロナ禍前の８割程度まで回復した（表11.4）。

邦画が洋画を逆転

映画の公開本数でみると、邦画は1960年頃は年間500本を超えていたが、その後は減少傾向で推移し、90年代初めには240本前後と約半分になった。これに対して、洋画は60年頃は年間200本前後であったが、バブル期の80年代後半に邦画を逆転し500本を超えた。しかし、90年代の後半になると邦画も再び増加傾向を示し、2006年には洋画を20年ぶりに上回り、現在に至っている。邦画の好調さは、アニメ作品をはじめとするヒット作に恵まれていることも大きく、興行収入においても洋画を上回る傾向が定着している（表11.4）。

映画館とDVD等の鑑賞は代替関係から、補完関係へ

社会生活基本統計によって映画館における鑑賞率とDVD等による映画鑑賞率の関係をみると、1996年までは、DVD（当時はビデオ）などによる映画鑑賞率の上昇とともに、映画館における鑑賞率は低下しており、ビデオ等の普及が入場者を減少させたことを裏付けている。その後、両者はほぼ同様に動いており、最近は両者が代替的な関係にあるわけではない（2021年を除く）。上で述べた様々な要因の影響を受け、映画館での鑑賞に対する需要は、一定水準で存在していると考えられる。映画館における鑑賞率は女性の方が高く、DVDなどによる映画鑑賞率は男性の方が高い。これには就業率も影響していると思われる。2021年は、新型コロナウイルス感染拡大で、映画鑑賞・美術鑑賞の鑑賞率は大幅に低下したが、DVDなどによる映画鑑賞率は若干上昇した（図11.4.2）。

表11.4　映画館数、公開本数、入場者数、興行収入

年次	映画館数（スクリーン）	うちシネマコンプレックス	公開本数			入場者数（100万人）	興行収入（百万円）			平均料金（円）
			総数	邦画	洋画		総数	邦画	洋画	
1960	7 457		763	547	216	1 014	72 798			72
70	3 246		659	423	236	255	82 488			324
80	2 364		528	320	208	164	165 918			1 009
90	1 836		704	239	465	146	171 910			1 177
2000	2 524	1 123	644	282	362	135	170 862	54 334	116 528	1 262
05	2 926	1 954	731	356	375	160	198 160	81 780	116 380	1 235
06	3 062	2 230	821	417	404	165	202 934	107 944	94 990	1 233
07	3 221	2 454	810	407	403	163	198 443	94 645	103 798	1 216
08	3 359	2 659	806	418	388	160	194 836	115 859	78 977	1 214
09	3 396	2 723	762	448	314	169	206 035	117 309	88 726	1 217
10	3 412	2 744	716	408	308	174	220 737	118 217	102 521	1 266
11	3 339	2 774	799	441	358	145	181 197	99 531	81 666	1 252
12	3 290	2 765	983	554	429	155	195 190	128 181	67 009	1 258
13	3 318	2 831	1 117	591	526	156	194 237	117 685	76 552	1 246
14	3 364	2 911	1 184	615	569	161	207 034	120 715	86 319	1 285
15	3 437	2 996	1 136	581	555	167	217 119	120 367	96 752	1 303
16	3 472	3 045	1 149	610	539	180	235 508	148 608	86 900	1 307
17	3 525	3 096	1 187	594	593	174	228 572	125 483	103 089	1 310
18	3 561	3 150	1 192	579	613	169	222 511	122 029	100 482	1 315
19	3 583	3 165	1 278	689	589	195	261 180	142 192	118 988	1 340
20	3 616	3 192	1 017	506	511	106	143 285	109 276	34 009	1 350
21	3 648	3 229	959	490	469	115	161 893	128 339	33 554	1 410
22	3 634	3 228	1 143	634	509	152	213 111	146 579	66 532	1 402

資料　日本映画制作連盟調べ

図11.4.1　映画館数およびテレビ等普及率

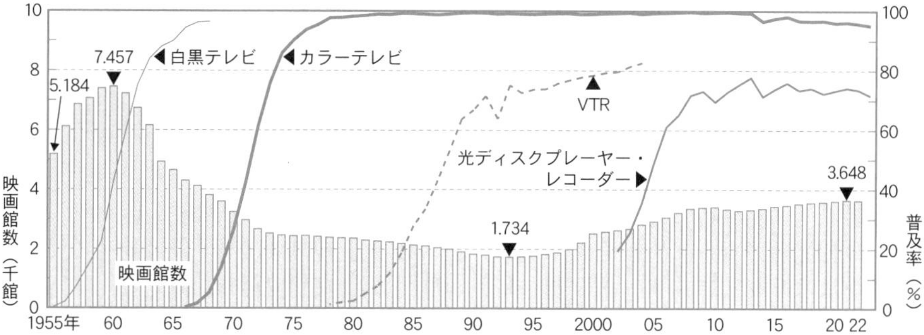

注　普及率は各年度末の数値。DVDにはブルーレイを含む。
資料　日本映画制作連盟調べおよび内閣府「消費動向調査」

図11.4.2　映画・美術鑑賞の行動者率（15歳以上）

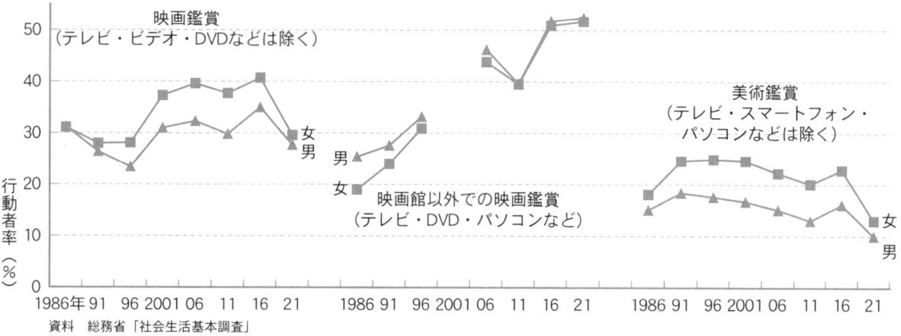

資料　総務省「社会生活基本調査」

11.5　芸術家と文化・芸術関係就業者

生活の余裕とともに著しい芸術家の増加

戦後、芸術家の数（国勢統計における芸術・文化関係就業者数）は、国民の生活水準の上昇とともに著しく増加した。芸術家は戦中から戦後にかけて減少したため、1960年代までは戦前の芸術家の数の水準への復帰という側面が強かったが、60年代の後半に入ると、高度経済成長などを背景とした生活の余裕が芸術への需要を呼び、それに応える形で芸術家が増えた。こうした増加の特徴として、戦後のテレビ・ラジオによる放送文化の発展、週刊誌ブーム、漫画ブーム、音楽教育ブーム等によって新しい分野における文化・芸術関係就業者が増加したこと、各分野で女性の進出が著しく、現代の芸術活動の多くを女性が支えていることなどが挙げられる。

文芸家・著述家では、テレビの普及や出版の多様化とともに、新しいタイプの著述家やシナリオライター等が大幅に増加した。画家・彫刻家の中には、漫画家・イラストレーターが含まれており、漫画ブーム等を反映して大きく増加している。音楽家には、作曲や演奏を主体とする音楽家と、主に個人に教授する音楽家の２種類あるが、特に急増したのはピアノを中心とした後者の個人教師であり、女性の音楽家の多くはこの個人教師が占めている。2020年の文化・芸術関係就業者数をみると、彫刻家・画家、俳優・舞踊家・演芸家、デザイナー、写真家などで過去最高となっており、減少傾向にあった音楽家、文芸家・著述家なども下げ止まっている（図11.5.1）。

パート・アルバイト比率の高い女性の音楽家

音楽家を従業上の地位別にみると、雇人のない業主であるいわゆるフリーの音楽家の割合が最も高くなっている。正規職員の割合は男女でほとんど差はないが、パート・アルバイトの比率は女性の方が高くなっている（図11.5.2）。

存在感を増しつつある博物館でのボランティア

文化庁では、「文化芸術に自ら親しむとともに、他の人が親しむのに役立ったり、お手伝いするようなボランティア活動」を、「文化ボランティア活動」と捉えている。多くの博物館は運営費が潤沢ではなく、ボランティアはそうした面からも重要な役割を果たしている。博物館におけるボランティアの登録者数は、2015年度までは増加傾向にあり、02年度の22,422人から15年度の37,942人へと1.7倍となったが、15年度から21年度にかけては減少している。ボランティアの登録方法には団体登録と個人登録があるが、特に個人登録者の増加が大きい。また、団体登録では女性が男性の約1.4倍、個人登録では約1.7倍といずれも女性の方が多くなっている（図11.5.3、図11.5.4）。

図11.5.1　芸術・文化関係就業者数

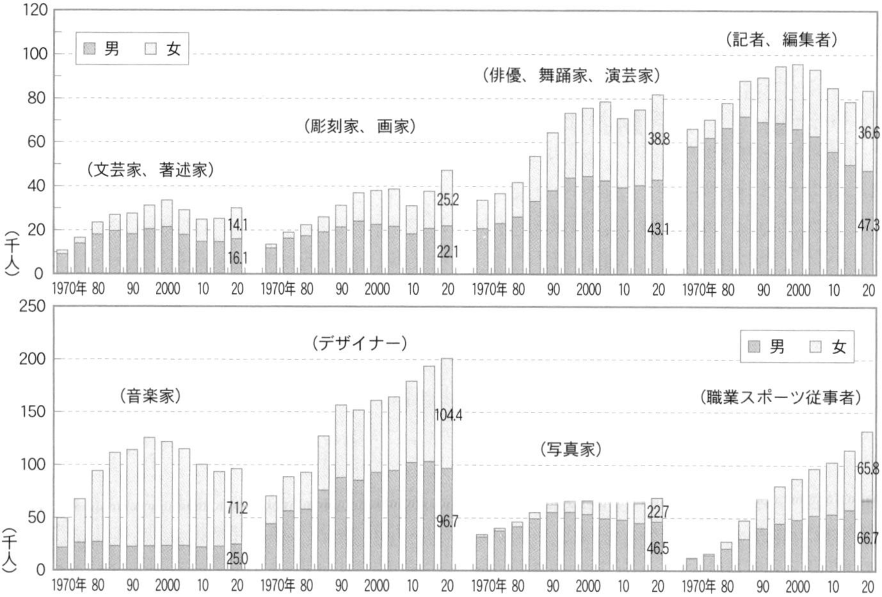

注　　グラフの中の数値は2020年の値（千人）。音楽家、俳優・舞踏家・演芸家、職業スポーツ従事者には、個人教師を含む。
資料　総務省「国勢調査」（抽出詳細集計）

図11.5.2　音楽家の従業上の地位別就業者数（2020年）

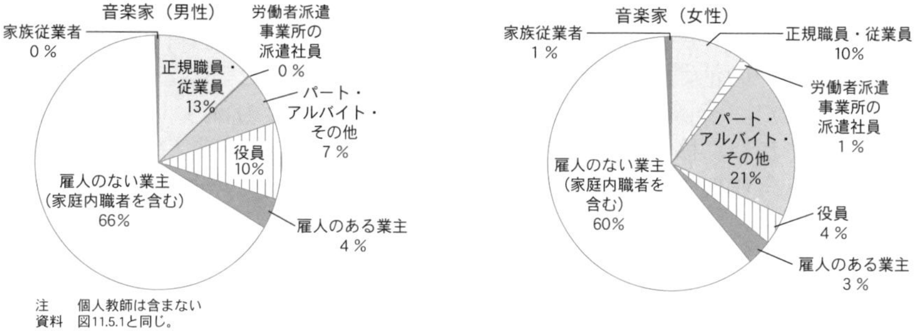

注　　個人教師は含まない
資料　図11.5.1と同じ。

図11.5.3　博物館におけるボランティア数の推移

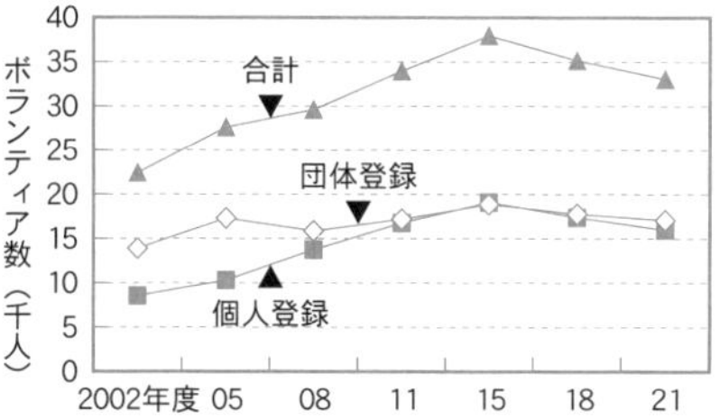

資料　文部科学省「社会教育調査」

図11.5.4　男女別文化ボランティア数（2021年度）

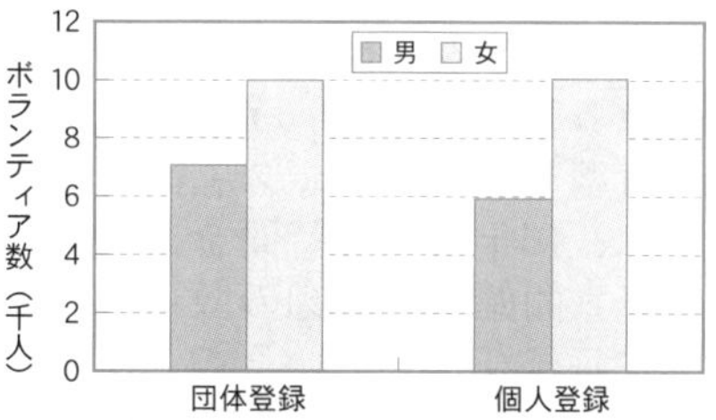

資料　図11.5.3と同じ。

第12章　余暇活動

12.1　生活時間の配分

1次活動、2次活動および3次活動の時間の変化

「社会生活基本統計」にみられる1996年から2021年にかけての行動の種類別生活時間の変化は以下のようにまとめられる（表12.1）。

1次活動、すなわち、生理的に必要な活動の時間は、1996年から2016年にかけて増加した。高齢者ほど食事などに時間をかける傾向があり、高齢化の影響が認められる。21年には、睡眠時間が増加した。新型コロナウイルス感染症拡大防止措置のために在宅時間が増加した結果と推察される。

2次活動、すなわち、社会生活を営む上での義務的な性格が強い活動の時間は、2001年まで減少して、それ以降は下げ止まっていた。とくに、男女のうち女について、家事の時間が減る一方、仕事と通勤・通学の時間が増加していた。項目別には男女間で大きな相違がみられる。仕事と通勤・通学については男の活動時間が長く、家事と買い物、育児については女の活動時間が長い。21年には、男の通学・通勤や仕事の時間が減少して家事の時間が増加した一方で、女の通学・通勤の時間は若干減少したけれども仕事や家事の時間は増加した。

3次活動、すなわち、各人の裁量で自由に行動する時間は、2011年まで増加傾向にあった。しかし、16年には男女ともわずかながら減少した。項目別には、11年から16年にかけて男女ともテレビ・ラジオ・新聞・雑誌（以下、テレビ等）の活動時間が減少し、休養・くつろぎと趣味・娯楽の活動時間が増加した。交際・付き合いの活動時間は男女とも減少し続けた。21年には、男女とも、移動やテレビ等、交際・付き合いの時間が減少した分、休養・くつろぎの時間が増加し、全体として男の時間は増加し、女の時間は減少した。

朝食開始時刻・夕食開始時刻の変化

2016年から21にかけて、平日における朝食と夕食を取る時刻は変化した。男女とも、朝食開始平均時刻は遅くなり、夕食開始平均時刻は早くなった。また、男の夕食開始時刻を除くと、16年から21年にかけて、開始時刻の散らばりは大きくなった（図12.1.1、図12.1.2）。その理由としては、21年には新型コロナウイルス感染を防止するために通勤・通学や就業時間が制限され、16年よりも時間を自由に使える余地が増えたことが挙げられる。男の夕食開始平均時刻の散らばりが小さくなったのは、有業率の高い男性が夕食時に在宅していることが多くなった結果、自分の望む時刻に夕食を取りやすくなったためと推察できる。

表12.1　男女別生活時間（15歳以上、週全体１日平均）　（単位 時間・分）

行動の種類	男						女					
	1996	2001	06	11	16	21	1996	2001	06	11	16	21
［１次活動］	10.26	10.28	10.29	10.31	10.32	10.49	10.39	10.40	10.40	10.45	10.47	11.02
睡眠	7.52	7.49	7.47	7.46	7.42	7.56	7.36	7.35	7.32	7.33	7.32	7.47
身の回りの用事	0.58	1.02	1.06	1.09	1.12	1.15	1.19	1.23	1.25	1.30	1.32	1.33
食事	1.36	1.36	1.37	1.36	1.38	1.38	1.43	1.41	1.43	1.42	1.43	1.42
［２次活動］	7.15	6.55	7.02	6.51	6.52	6.38	7.21	7.04	7.06	6.59	7.04	6.58
通勤・通学	0.44	0.41	0.41	0.40	0.43	0.38	0.22	0.21	0.21	0.22	0.25	0.23
仕事	5.36	5.14	5.17	5.03	4.56	4.41	2.48	2.35	2.40	2.31	2.36	2.39
学業	0.29	0.27	0.25	0.25	0.28	0.25	0.24	0.22	0.20	0.22	0.26	0.23
家事	0.11	0.14	0.17	0.19	0.20	0.26	2.47	2.42	2.41	2.40	2.31	2.33
介護・看護	0.01	0.01	0.02	0.02	0.02	0.02	0.05	0.05	0.05	0.05	0.06	0.04
育児	0.03	0.04	0.05	0.05	0.06	0.07	0.20	0.23	0.23	0.24	0.26	0.22
買い物	0.12	0.14	0.15	0.17	0.17	0.19	0.34	0.35	0.35	0.36	0.35	0.33
［３次活動］	6.19	6.37	6.28	6.38	6.36	6.34	6.00	6.15	6.14	6.16	6.09	6.00
移動（通勤・通学を除く）	0.25	0.32	0.30	0.29	0.28	0.21	0.24	0.34	0.32	0.31	0.30	0.23
テレビ・ラジオ・新聞・雑誌	2.39	2.40	2.31	2.34	2.23	2.16	2.30	2.28	2.23	2.27	2.14	2.09
休養・くつろぎ	1.13	1.18	1.23	1.30	1.37	1.59	1.16	1.20	1.26	1.30	1.36	1.54
学習・研究（学業以外）	0.10	0.12	0.11	0.12	0.11	0.12	0.10	0.11	0.10	0.10	0.10	0.10
趣味・娯楽	0.42	0.49	0.51	0.53	0.57	0.59	0.30	0.35	0.38	0.36	0.37	0.37
スポーツ	0.14	0.13	0.16	0.15	0.16	0.15	0.08	0.08	0.09	0.09	0.09	0.09
ボランティア活動・社会参加活動	0.04	0.04	0.05	0.04	0.04	0.02	0.04	0.05	0.05	0.04	0.04	0.02
交際・付き合い	0.28	0.26	0.20	0.18	0.15	0.08	0.27	0.27	0.24	0.21	0.19	0.12
受診・診療	0.07	0.07	0.08	0.07	0.07	0.07	0.09	0.10	0.11	0.10	0.09	0.08
その他	0.18	0.15	0.15	0.16	0.18	0.15	0.22	0.18	0.17	0.18	0.20	0.17

資料　総務省「社会生活基本統計」

図12.1.1　都道府県別平均夕食開始時刻と平均朝食開始時刻（男、15歳以上、平日、2016年と2021年）

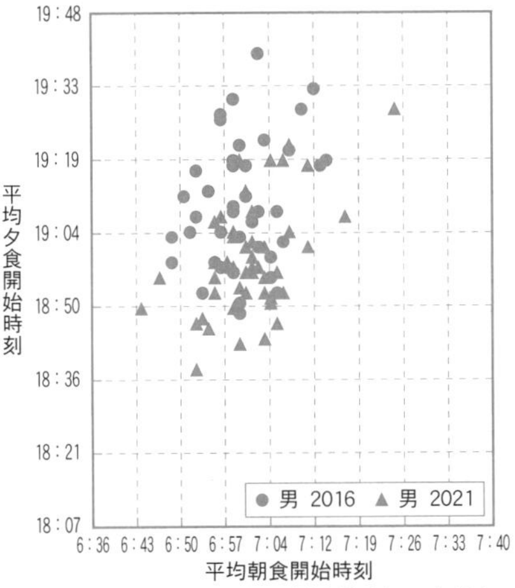

資料　総務省「社会生活基本統計」2016年調査、2021年調査

図12.1.2　都道府県別平均夕食開始時刻と平均朝食開始時刻（女、15歳以上、平日、2016年と2021年）

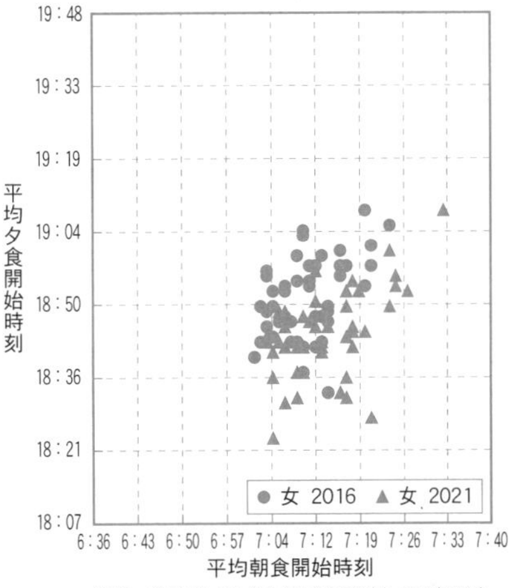

資料　総務省「社会生活基本統計」2016年調査、2021年調査

12.2　生活時間の曜日効果
曜日による総平均時間の比較

平日と土曜日・日曜日では、仕事や趣味・娯楽に費やす時間に大きな違いがある（表12.2）。男女とも、有業者の方が無業者よりも平日と土曜日・日曜日の時間差が大きい。とくに、男において顕著な差がある。その一因は、女は有業者のパート・アルバイト比率が男よりも高く、男の有業者の平日の自由時間が短いことにあると考えられる。2016年から21年にかけて、男の有業者の仕事時間が約20分減少したのに対し、女の有業者の仕事時間は約２分の減少にとどまった。

有業者について平日よりも日曜における時間が長くなる活動は、男ではテレビ等、休養・くつろぎ、睡眠、趣味・娯楽、女では睡眠、休養・くつろぎ、テレビ等、趣味・娯楽の順となる。平日に仕事や通勤・通学に費やされる時間が、休日には睡眠や３次活動に向けられる。就業状態が同じ場合、女性の睡眠時間は男性のそれよりも短く、かつ、平日と土曜日・日曜日の差が男性より小さい。

３次活動のうち、テレビ等と休養・くつろぎは心身を休める活動と位置付けられる。男の有業者については、これらの行動が土曜日・日曜日に大きく増える。女の有業者についても同様の傾向が認められる。2021年には、平日・土曜日・日曜日のすべてにおいて休養・くつろぎの時間が大きく増えた。

これに対し、自由時間を利用した活発な行動としては、趣味・娯楽やスポーツが挙げられる。とくに、男の有業者においては、これらの行動時間は土曜日・日曜日に増える。女の有業者については、趣味・娯楽の行動時間が土曜日・日曜日に増えるが、スポーツの行動時間には平日と土曜日・日曜日とで大差がない。2016年から21年にかけて、スポーツの行動時間はほとんど変わらなかった。

有業者の男女、曜日、時間帯別テレビ等の行動者率の変化

2016年から21年にかけて、テレビ・ラジオ・新聞・雑誌の行動者率は低下した。男については、午前０時から午後５時までの時間帯別行動者率には大きな変化がなく、夕刻における行動者率がわずかに低下した。一方、女については、すべての時間帯で行動者率の低下がみられ、とくに、夕刻の時間帯における低下が大きい。これらの変化は、休養・くつろぎの時間帯別行動者率の上昇と表裏の関係にあるようにみえる。そもそも、テレビ等は媒体の名称であり、それ自体が活動の目的ではない。本来の目的は、テレビの視聴によってくつろぐなどにある。そうした機能を果たす家庭用電気機器が増えて、従来はテレビ等と記録されていた時間が、くつろぎ等の時間として記録されるようになった可能性がある（図12.2.1～図12.2.4）。

表12.2　男女・ふだんの就業状態・曜日別生活時間（20歳以上、１日平均）　（単位 時間・分）

行動の種類	男						女					
	有業			無業			有業			無業		
	平日	土曜日	日曜日	平日	土曜日	日曜日	平日	土曜日	日曜日	平日	土曜日	日曜日
[１次活動]	10.10	11.03	11.38	11.47	11.52	11.58	10.21	11.08	11.35	11.29	11.44	11.54
睡眠	7.30	8.07	8.34	8.29	8.36	8.39	7.20	7.53	8.14	8.01	8.13	8.23
身の回りの用事	1.11	1.16	1.21	1.24	1.21	1.22	1.32	1.34	1.36	1.35	1.34	1.32
食事	1.30	1.40	1.44	1.54	1.55	1.57	1.30	1.41	1.45	1.53	1.58	1.59
[２次活動]	9.34	5.29	3.57	1.59	1.42	1.35	9.33	6.38	5.42	4.54	4.28	4.16
通勤・通学	1.00	0.25	0.14	0.06	0.02	0.01	0.44	0.19	0.11	0.03	0.02	0.01
仕事	7.55	3.41	2.12	0.08	0.07	0.07	5.45	2.43	1.45	0.03	0.03	0.03
学業	0.06	0.03	0.02	0.21	0.09	0.08	0.08	0.04	0.04	0.09	0.04	0.03
家事	0.16	0.28	0.30	0.51	0.49	0.47	2.07	2.15	2.22	3.30	3.08	3.02
介護・看護	0.01	0.01	0.01	0.05	0.05	0.04	0.03	0.03	0.03	0.07	0.06	0.05
育児	0.06	0.16	0.17	0.02	0.02	0.02	0.23	0.26	0.26	0.24	0.21	0.20
買い物	0.09	0.35	0.40	0.26	0.28	0.26	0.24	0.48	0.52	0.37	0.44	0.42
[３次活動]	4.16	7.27	8.25	10.15	10.26	10.27	4.06	6.14	6.43	7.38	7.48	7.50
移動（通勤・通学を除く）	0.15	0.37	0.36	0.23	0.21	0.19	0.18	0.37	0.36	0.22	0.23	0.20
テレビ・ラジオ・新聞・雑誌	1.19	2.00	2.26	4.36	4.49	5.00	1.16	1.39	1.53	3.17	3.23	3.33
休養・くつろぎ	1.36	2.20	2.42	2.08	2.15	2.14	1.34	2.06	2.20	2.00	2.08	2.09
学習・研究（学業以外）	0.06	0.10	0.10	0.22	0.16	0.17	0.06	0.07	0.08	0.11	0.09	0.10
趣味・娯楽	0.34	1.21	1.31	1.23	1.29	1.30	0.23	0.48	0.53	0.41	0.44	0.47
スポーツ	0.07	0.17	0.18	0.25	0.23	0.21	0.05	0.08	0.08	0.13	0.11	0.09
ボランティア活動・社会参加活動	0.01	0.04	0.05	0.04	0.04	0.05	0.01	0.02	0.03	0.02	0.03	0.03
交際・付き合い	0.05	0.15	0.14	0.08	0.11	0.11	0.08	0.21	0.21	0.12	0.14	0.13
受診・診療	0.04	0.05	0.02	0.17	0.10	0.04	0.05	0.06	0.02	0.15	0.10	0.05
その他	0.08	0.18	0.19	0.29	0.28	0.25	0.10	0.19	0.19	0.23	0.23	0.21

資料　総務省「社会生活基本統計」2021年調査

図12.2.1　曜日・時間帯別テレビ等行動者率（2021年、男、10歳以上）

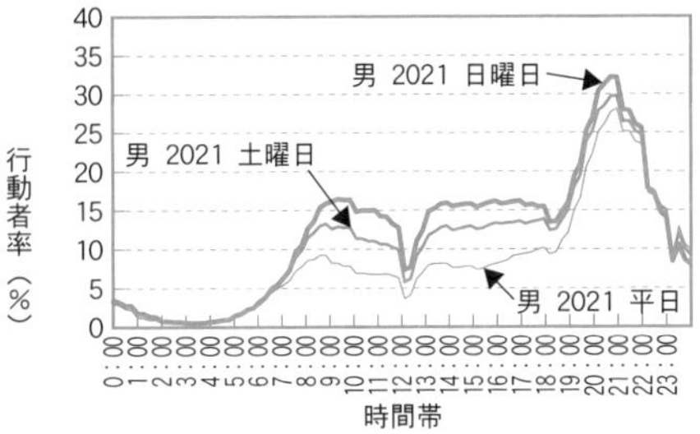

図12.2.2　曜日・時間帯別テレビ等行動者率（2021年、女、10歳以上）

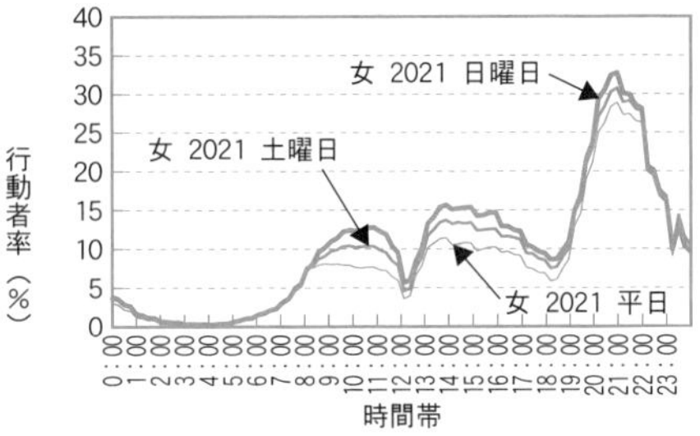

図12.2.3　曜日・時間帯別テレビ等行動者率（2016年、男、10歳以上）

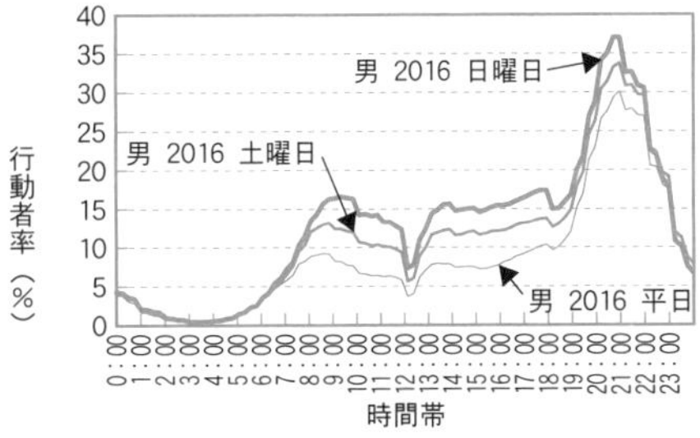

図12.2.4　曜日・時間帯別テレビ等行動者率（2016年、女、10歳以上）

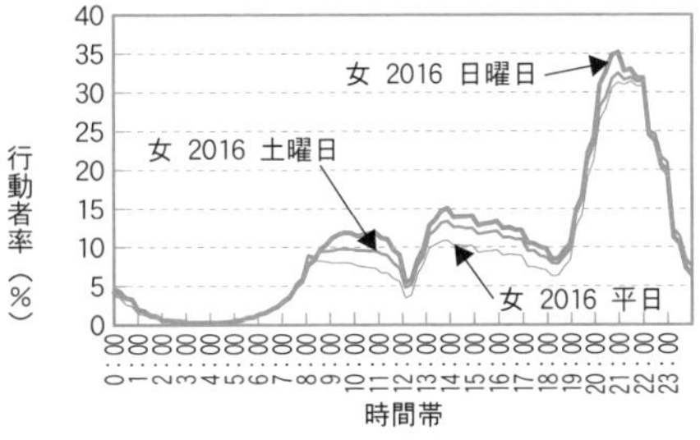

資料　総務省「社会生活基本統計」（2016年調査、2021年調査）

12.3　趣味・娯楽

趣味・娯楽行動者率の推移

趣味・娯楽の行動者率は、1986年から91年に一旦上昇し、その後、2006年まで低下していた。06年から16年にかけて再び上昇したが、21年には男女とも若干低下した。1986年には３ポイントほどであった男女差が、近年では１ポイント程度に縮小している（図12.3.1）。

種目別趣味・娯楽行動者率の推移

余暇に楽しむ趣味・娯楽の種類については男女差が見られる。

男の主な趣味・娯楽の行動者率を図12.3.2に示す（第11章で解説されている映画館内外での映画鑑賞を除く）。全体的に趣味・娯楽の行動者率は低下する傾向にある。ただし、種目別にみた趣味・娯楽の行動者率の低下幅は、スポーツよりも小さい。スマホ等によるゲームの行動者率は上昇傾向にある。

女の主な種目別趣味・娯楽行動者率を図12.3.3に示す。2001年以降、低下傾向にあるものは、趣味としての読書、園芸・庭いじり・ガーデニング、カラオケ、和裁・洋裁である。逆に上昇しているのはスマホ等によるゲームである。

2021年には、カラオケや美術鑑賞などの自宅外での活動の行動者率が低下した。また、21年に「マンガを読む」が趣味としての読書から分離され、趣味としての読書の行動者率が低下した。

「マンガを読む」行動者率

2021年調査における10歳以上男女の「マンガを読む」行動者率は、それぞれ、40.1％、33.7％であった。年齢階級別行動者率は、男女とも、10～14歳で最高であり、いったん低下した後、35～39歳までほぼ一定となり、40歳以降は年齢の増加とともに行動者率が低下し、85歳以上では２％未満となる。男女の差については、10～14歳以外は、男の行動者率が女の行動者率よりも高い。ただし、男女差はおおむね５ポイント未満であり、年齢の増加とともに男女差は縮小する（図12.3.4）。

地域差は男女差よりも大きい。実際、都道府県別行動者率の最大値と最小値との差は、男で約15ポイント、女で約14ポイントである（表12.3）。これらの差の一部は、都道府県別男女・年齢構成の相違による。しかし、それ以外にも都道府県間の差をもたらす要因があることも確かめられる。

☆☆☆ 行動者率 ☆☆☆

社会生活基本統計生活行動編における行動者率とは、ある特定の属性を持つ人口のうち、該当する種類の活動を過去１年間に少なくとも１回行った者（行動者）の比率（パーセント）である。

図12.3.1　男女別趣味・娯楽行動者率の推移

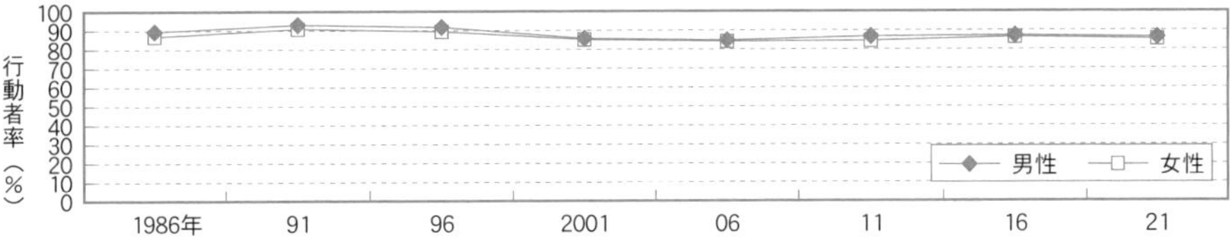

資料　総務省「社会生活基本統計」

図12.3.2　種目別趣味・娯楽行動者率（男）の推移

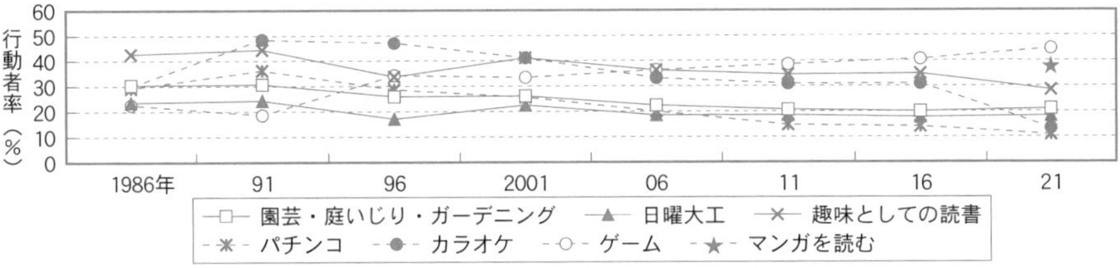

資料　総務省「社会生活基本統計」

図12.3.3　種目別趣味・娯楽行動者率（女）の推移

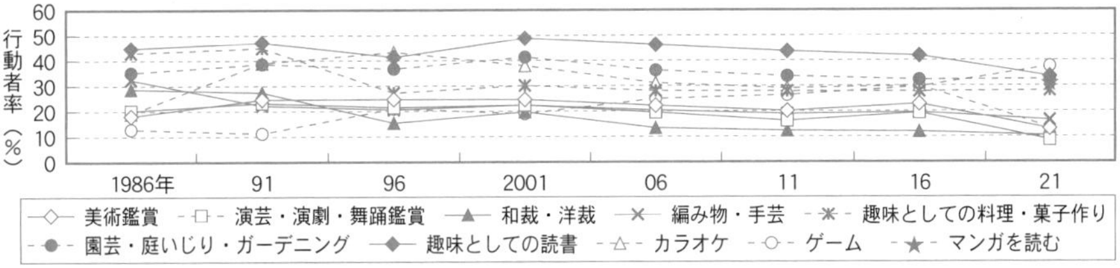

資料　総務省「社会生活基本統計」

図12.3.4 年齢階級別「マンガを読む」の行動者率

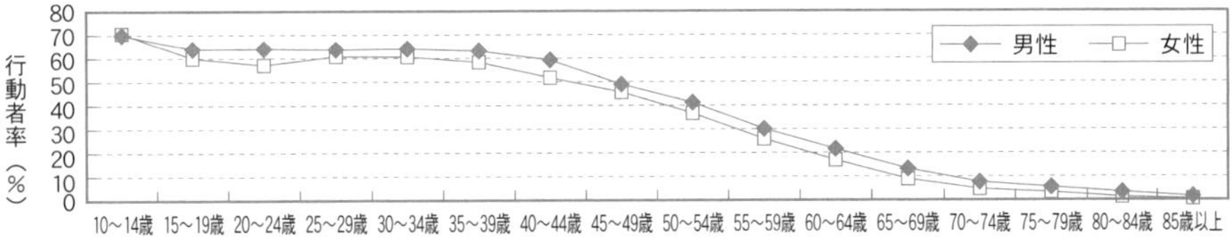

表12.3　都道府県別「マンガを読む」の行動者率

順位	男（10歳以上）		女（10歳以上）	
	都道府県	行動者率（%）	都道府県	行動者率（%）
1	東京都	47.0	東京都	39.5
2	愛知県	44.6	神奈川県	38.3
3	神奈川県	44.2	宮城県	36.4
4	滋賀県	42.2	大阪府	36.2
5	埼玉県	41.9	石川県	35.8
…	…	…	…	…
43	岩手県	33.7	山口県	27.2
44	秋田県	33.2	秋田県	27.0
45	鳥取県	33.1	宮崎県	27.0
46	青森県	32.7	青森県	26.3
47	宮崎県	32.3	長崎県	25.6

資料　総務省「社会生活基本統計」（2021年調査）

12.4　スポーツ

スポーツ行動者率の推移

スポーツの行動者率の時系列は、2011年まで男女とも低下傾向で推移した。低下傾向は男の方が顕著であった。リオデジャネイロ五輪開された16年には反転した。しかし、１年の延期を経て東京五輪が開催された21年には行動者率が再び低下した（図12.4.1）。新型コロナウイルス感染症拡大防止のために集団で活動することが困難であったことが一因であろう。

種目別スポーツ行動者率の推移

スポーツの種目別に見ると（図12.4.2）、行動者率が上昇している種目には、ウォーキング・軽い体操、ジョギング・マラソン、器具を使ったトレーニングなどがある。逆にそれが低下している種目には、ボウリング、水泳、スキー・スノーボード、ゴルフなどがある。2021年においては、野球やバレーボールなどの球技全般の行動者率が低下した。

有業者の平日におけるスポーツ行動者率の低下

2021年には、男女とも、就業時間帯に当たる８:00～18:00における有業者のスポーツ行動者率が低下した一方、夕刻には変化がなかった。（図12.4.3、12.4.4）。在宅率増加の効果よりも行動規制の効果が勝った。

スポーツ観覧の推移

スポーツは観覧の対象でもある。スポーツ観覧（テレビなどによる観覧を除く）の行動者率は、男で1986年（約30％）から2011年（約21％）にかけて10ポイント程度低下し、女では1986年（約16.3％）から2011年（約15％）の間、わずかな上下動はあるものの、ほとんど変化しなかった。2016年には、スポーツ観覧の行動者率は男女とも06年のそれを上回った。しかし、複数の都道府県に緊急事態宣言が発出される中で東京オリンピック・パラリンピックが開催された21年には、スポーツ観覧の行動者率が低下して、男女とも、1986年以降で最低となった（図12.4.1）。

プロ野球（公式戦）とJリーグ（Ｊ１）の年間入場者数を図12.4.5に、１試合当たり入場者数を図12.4.6に示す。新型コロナウイルス感染症拡大防止のために入場者数が制限された2020年におけるプロ野球入場者数は約275万人（19年約2654万人）、Jリーグは約177万人（19年約635万人）だった。プロ野球の１試合当たりの平均入場者数は約6,700人（19年約３万人）、Jリーグは約5,800人（19年約２万人）だった。21年においても入場制限が継続したため、入場者数は例年よりも少なかった。22年から入場者数が回復し始めて、23年には、１試合当たり入場者数は17年並みにもどった。

図12.4.1　スポーツ行動者率とスポーツ観覧行動者率の推移（15歳以上人口）

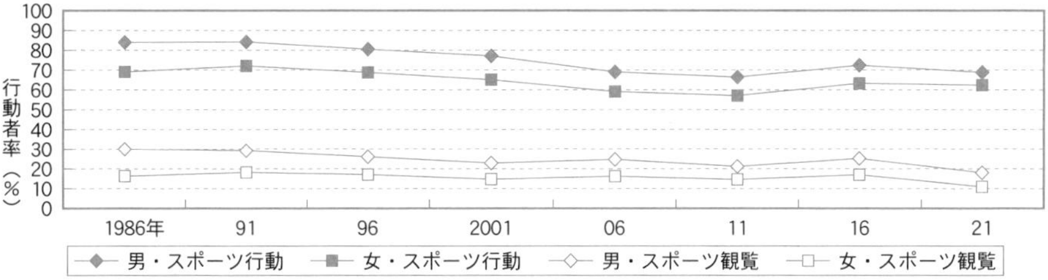

資料　総務省「社会生活基本統計」

図12.4.2　種目別スポーツ行動者率の推移

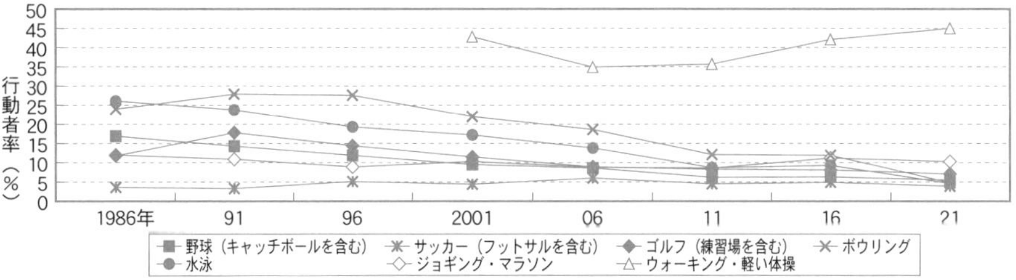

注　ウォーキング・軽い体操は、2001年から統合された（もとは、「運動としての散歩」と「軽い体操」）ので、2001年以降のみ表示。

資料　総務省「社会生活基本統計」

図12.4.3　時間帯別スポーツ行動者率（男、有業者）

図12.4.4　時間帯別スポーツ行動者率（女、有業者）

図12.4.5　プロ野球・Jリーグの入場者数

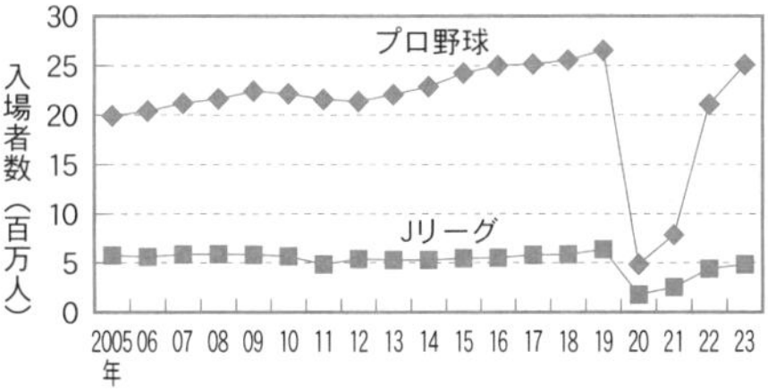

注　2023年のJリーグのデータは、10月14日までで集計した参考値。

資料　日本野球機構調べ、日本プロサッカーリーグ調べ。

図12.4.6　プロ野球・Jリーグの入場者数（1試合平均）

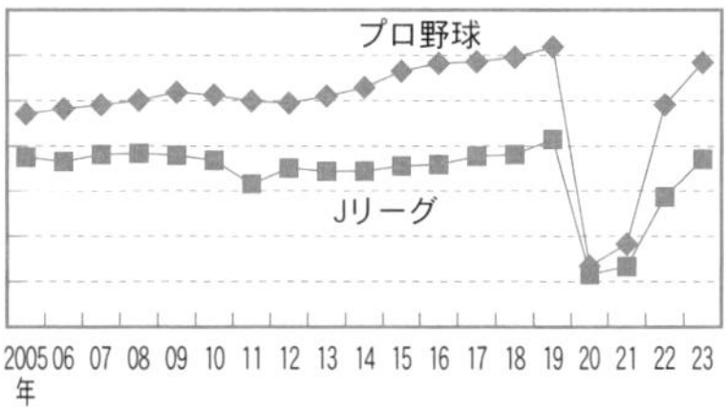

注　2023年のJリーグのデータは、10月14日までで集計した参考値。

資料　図12.4.3と同じ。

12.5　ボランティア活動

ボランティア活動・社会的参加活動の行動者率

総務省「社会生活基本統計」におけるボランティア活動は、報酬を目的としないで自分の労力、技術、時間を提供して地域社会や個人・団体の福祉増進のために行う活動と定義される。2001年から21年までの男女別ボランティア活動行動者率を図12.5.1に示す。男（10歳以上）の行動者率は2001年（約27％）から06年（約25％）に低下した後は16年まで約25％、女（10歳以上）も同じ時期に低下（約31％から約27％）した後は約27％で推移した。しかし、21年には行動者率が急落し、男女とも約18％となった。

2016年と21年における年齢別の行動者率を図12.5.2に示す。16年においては、30歳まで行動者率が低下する傾向は男女に共通している。しかし、男の行動者率は概ね年齢が高くなるほどボランティア活動行動者率も高くなるのに対して、女の行動者率は、45歳まで上昇し、その後は低下する。21年では、この年齢別行動者率の形状は維持されたものの、16年よりも全年齢階層において行動者率が低下した。とくに、男女の10～14歳、女の35～39歳、40～44歳、45～49歳の低下が大きかった。その結果、2021年のボランティア行動者率は男女の大小関係がわずかながら逆転した（図12.5.1）。

表12.5は、2016年と2021年における15歳以上の男女・配偶関係・就業状態別ボランティア活動行動者率の変化を示す。2016年から2021年にかけて、15歳以上の男女のボランティア活動行動者率は、それぞれ、6.5ポイント、9.0ポイント低下した。男では、有配偶の有業者の行動者率が8.0ポイントの低下となり、総数のそれより大きかった。女では、未婚の無業者、有配偶の有業者、有配偶の無業者が、それぞれ、10.1ポイント、11.9ポイント、9.5ポイントの低下となり、総数のそれより大きかった。

ボランティア活動と健康状態

余暇活動は自発的な選択に基づく行動であるため、行動者本人の健康状態が及ぼす影響は大きい。このことはボランティア活動にも当てはまる。実際、すべての年齢階級において、本人が回答した健康状態が良いほどボランティア活動の行動者率が高い（図12.5.3、図12.5.4）。男では、年齢が増加するにつれてボランティア活動の行動者率が高まる傾向があり、健康状態による行動者率の差もより顕著になる傾向がある。女については、10歳から34歳までは健康状態による差は判然としない一方で、それ以降の年齢階級では健康状態による差が顕著になる。健康状態に関する回答は主観的ではあるが、自発的な活動とは密接な関係がある。

図12.5.1　男女別ボランティア活動の行動者率

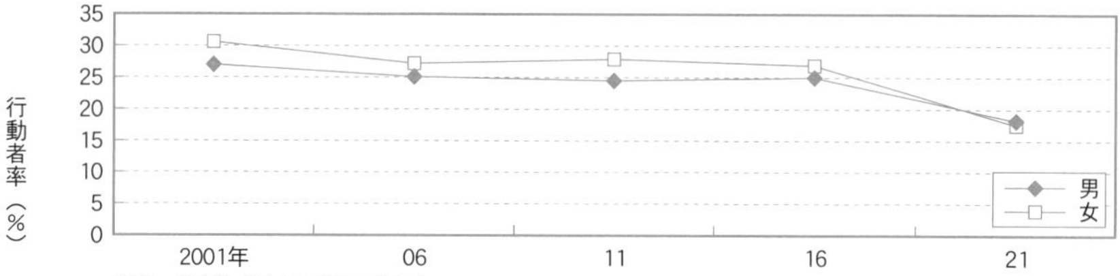

資料　総務省「社会生活基本統計」

図12.5.2　男女・年齢別ボランティア活動の行動者率

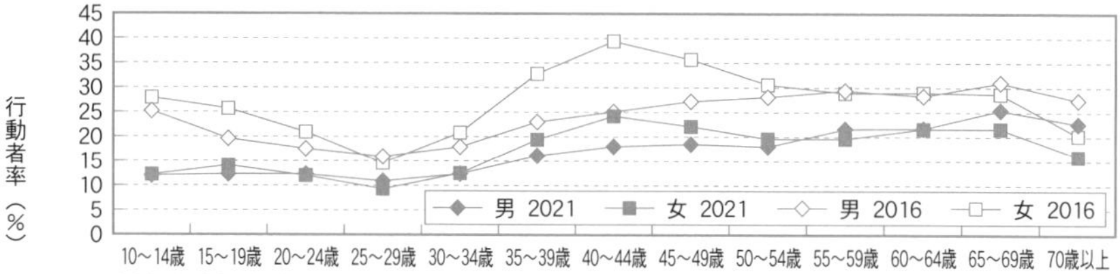

資料　総務省「社会生活基本統計」（2016年調査、2021年調査）

表12.5　男女・年・配偶関係・就業状態別ボランティア活動行動者率（15歳以上）

性	年	総数	未婚		有配偶		死別・離別	
			有業	無業	有業	無業	有業	無業
男	2016	25.0	16.1	16.7	30.1	28.0	23.1	19.2
	2021	18.5	12.3	11.5	22.1	22.0	19.2	14.9
女	2016	26.8	18.0	22.9	34.3	29.0	25.2	17.3
	2021	17.8	11.9	12.8	22.4	19.5	18.2	12.9

資料　総務省「社会生活基本統計」（2016年調査、2021年調査）

図12.5.3　健康状態、年齢階級別ボランティア活動行動者率（男、2021年）

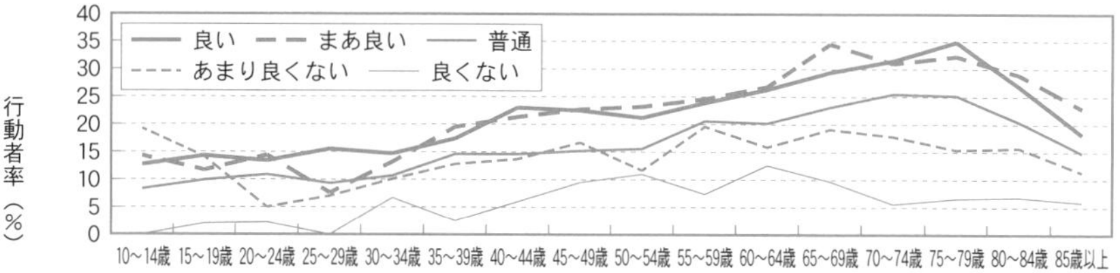

資料　総務省「社会生活基本統計」2021年調査

図12.5.4　健康状態、年齢階級別ボランティア活動行動者率（女、2021年）

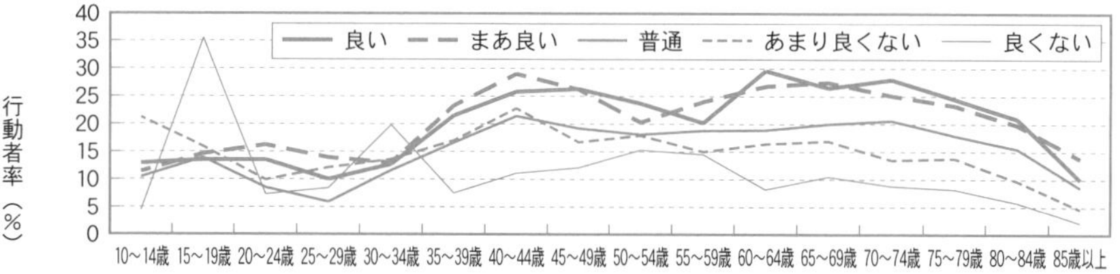

Ⅲ　経　済　活　動

第13章　国民経済

13.1　GDPと経済成長

包括的・整合的な体系としての国民経済計算

国民経済計算（SNA：System of National Accounts）は、一国経済の動向についてフロー面（生産、分配所得、支出）からストック面（資産・負債残高）まで包括的・整合的に記録する唯一の統計であり、国内総生産（GDP：Gross Domestic Product）、GDPデフレーター、可処分所得、貯蓄、純貸出／純借入、さらには国富など重要なマクロ経済指標を包含する体系である。SNAは、その国際比較可能性を大きな特徴としており、国際連合で合意・採択された国際基準に準拠し、各国の政府・政府関係機関がそれぞれ自国のSNA を整備している。我が国では、内閣府経済社会総合研究所が国連の国際基準に則り、作成している。

GDPは、「ある期間に、一国経済が生み出した付加価値の合計」であり、生産面、支出面、分配面が存在する。生産面のGDPとは国内におけるモノやサービスの産出額の合計から、産出に使用した原材料等の中間投入を差し引いたものである。支出面のGDPとは産出されたモノやサービスがどのような形で最終的に使用されたのかを見たものになる。分配面のGDPとは付加価値が生産活動への貢献に応じ、どのように所得として分配されたかを表す。これら３つの側面のGDPは概念的には一致するため、「三面等価」と呼ばれるが、推計手法等の違いから必ずしも一致しない。

2022年の名目GDPは541兆円

2022年の名目GDPを支出面からみると、その内訳は民間最終消費支出308.4兆円（GDPの55.4％）、政府最終消費支出121.1兆円（21.8％）、民間企業設備投資94.5兆円（17.0％）、民間住宅投資21.2兆円（3.8％）、公的固定資本形成29.6兆円（5.3％）、財貨・サービスの輸出120.2兆円（21.6％）、輸入（GDPから控除）141.4兆円（25.4％）となる（表13.1）。

2022年の実質GDPはプラス成長

名目GDPから価格の変化を除いて数量ベースの動きを見たものが実質GDPである。実質GDP成長率は、1974年に第１次石油危機によって戦後初のマイナスとなってから、５％前後で推移したが、バブル崩壊後の90年代に大きく低下し、とりわけ98年（金融システム不安）、2008年、09年（世界金融危機）、20年（新型コロナウイルスの感染拡大）には、大幅なマイナスを記録した（図13.1）。21年以降、コロナ禍で落ち込んだ経済活動が持ち直したことから、プラス成長に転じた。

表13.1　国内総生産（支出側）の構成（名目）

（単位　10億円、％）

区　　分	1980年	90	2000	05	10	20	22	
民間最終消費支出	131 659	232 791	287 352	291 829	287 488	291 149	308 448	(55.4)
政府最終消費支出	36 748	61 441	88 607	94 489	97 075	113 194	121 198	(21.8)
民間住宅投資	19 069	29 906	25 164	23 758	16 868	20 017	21 216	(3.8)
民間企業設備投資	45 337	96 086	87 106	86 061	71 855	87 156	94 563	(17.0)
公的固定資本形成	24 143	35 259	40 255	28 108	25 626	30 386	29 688	(5.3)
民間在庫変動	1 731	2 213	−385	746	−126	−1 300	2 942	(0.5)
公的在庫変動	−171	72	12	60	−23	−70	−254	(−0.0)
財貨・サービスの輸出	32 901	46 361	56 023	73 572	75 418	83 824	120 233	(21.6)
（控除）財貨・サービスの輸入	35 341	42 834	48 717	66 107	68 651	85 275	141 482	(25.4)
国内総生産（支出側）	256 076	461 295	535 418	532 516	505 531	539 082	556 553	(100.0)

注　　2008SNAで2015年基準。括弧内は国内総生産に占める割合。
資料　内閣府「四半期別GDP速報」、「2015年（平成27年）基準支出側GDP系列簡易遡及」

図13.1　国内総生産（支出側）の前年比変化率

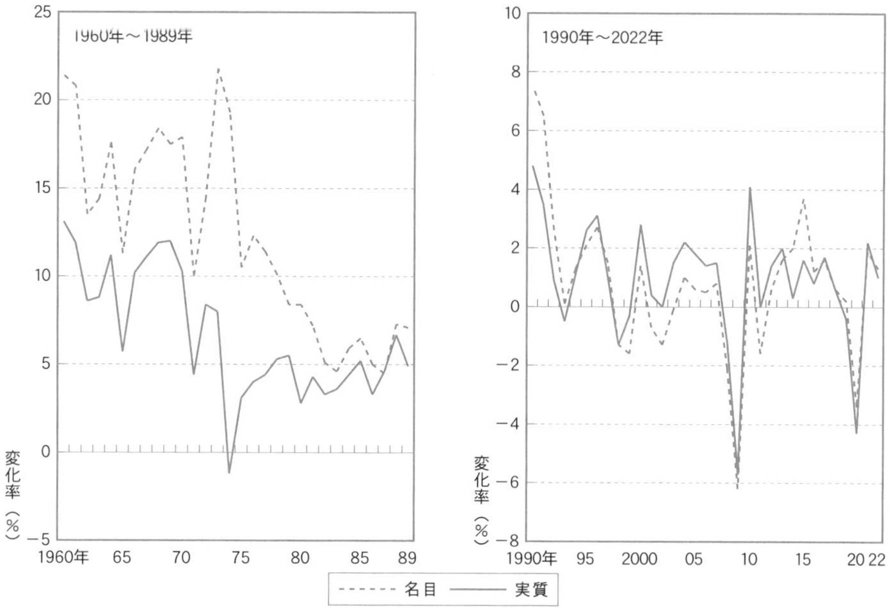

注　　1980年までは1968SNAで1990年基準、1981年以降は2008SNAで2015年基準。
資料　表13.1と同じ

13.2　分配と支出

2021年の国民所得は395.9兆円

GDPに、居住者が海外に所有する資産からの財産所得や海外で稼得する雇用者報酬から、財産所得や雇用者報酬の海外居住者への支払いを差し引いた純受取を加えると国民総所得（GNI：Gross National Income）となる。

GDPは、固定資本減耗と生産・輸入品に課される税－補助金を控除した後、各生産要素の間で報酬として配分される。雇用者報酬は労働という生産要素への、営業余剰・混合所得は企業の経営資源への報酬とみなすことができる。これら雇用者報酬と営業余剰・混合所得に海外からの所得の純受取を加えたものが国民所得（NI：National Income）である。2021年の国民所得は395.9兆円であった（表13.2）。

労働分配率はコロナ禍で大きく上昇

国民所得に占める雇用者報酬の比率である労働分配率は1990年代に上昇したが、2000年代は賃上げが抑制され、低下した（図13.2.1）。世界金融危機時の08～09年に２年連続で上昇したが、その後は緩やかな低下傾向をたどった。新型コロナウイルスの感染が拡大した20年以降、大きく上昇し、09年の水準を上回っている。

内需はコロナ禍で大幅に落ち込む

生産要素を提供した各主体は、配分された報酬から所得・富等に課される経常税や社会保険料等を一般政府へ支払うとともに、一般政府から年金等の給付を受け取るほか、各主体間で配当や利子等の受払を行う。こうした再分配が行われた後の所得（可処分所得）をもとにして、家計は最終消費支出と貯蓄を行う。企業の場合、総資本形成（設備投資など）などに振り向ける。GDP(支出側）には、家計の最終消費支出や企業の民間設備投資に加えて、日本に対する外国の支出である輸出が含まれるほか、輸入は、マイナスの輸出とも考えられ、GDPから控除される。

高度成長期の日本では、純輸出（輸出－輸入）の増加に加え、総資本形成や民間最終消費支出といった内需の増加が高成長に寄与したが、バブルが崩壊した1990年以降は総資本形成と民間最終消費支出がともに伸び悩み、実質GDP成長率が低下した（図13.2.2)。2002年から約６年続いた景気拡張期には、純輸出が景気をけん引したが、総資本形成などの内需が低迷したため、成長率は低水準にとどまった。世界金融危機の渦中にあった08年と09年は、純輸出と総資本形成が落ち込み、マイナス成長となった。20年にもコロナ禍により内需が大幅に減少したため、成長率は－4.6％と大幅なマイナスとなった。21年以降はプラス成長に転じた。

表13.2　国民所得

（単位　10億円）

区　　分	1980年	90	2000	10	20	21
雇用者報酬	129 516	227 448	270 610	251 021	283 445	289 399
海外からの雇用者報酬（純）	－18	－105	127	134	105	110
営業余剰・混合所得	67 283	109 221	111 323	99 880	72 305	77 283
海外からの財産所得（純）	－30	2 877	8 104	13 654	19 534	29 141
国民所得（要素費用表示）	196 750	339 441	390 164	364 688	375 389	395 932

注　1990年までは1993SNAで2000年基準、2000年以降は2008SNAで2015年基準。
資料　内閣府「国民経済計算年次推計」

図13.2.1　労働分配率

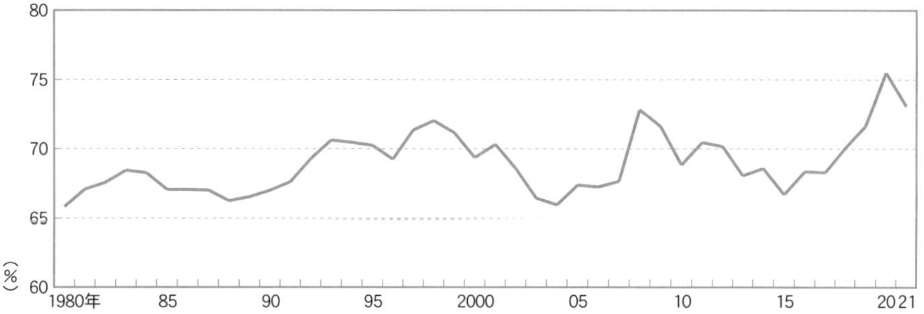

注　労働分配率は国民所得に占める雇用者報酬の比率。1993年までは1993SNAで2000年基準、1994年以降は2008SNAで2015年基準。
資料　表13.2と同じ

図13.2.2　実質GDPの前年比変化率と項目別の寄与度

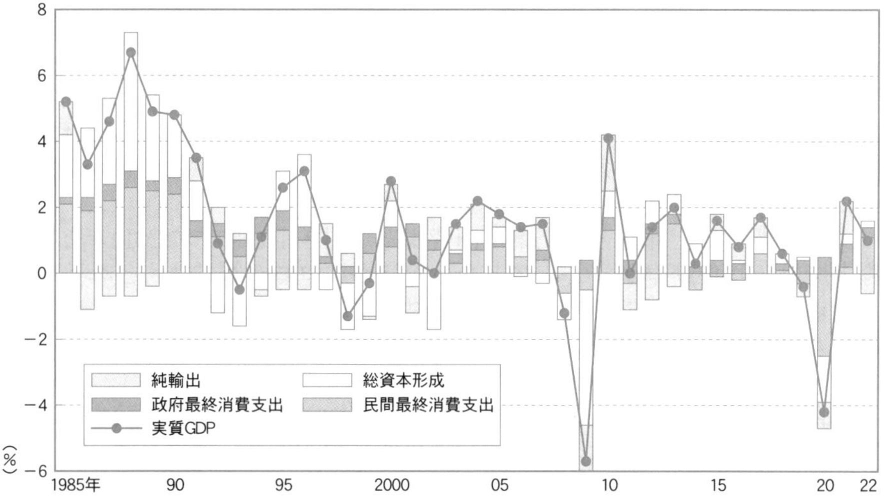

注　2008SNAで2015年基準。
資料　内閣府「四半期別GDP速報」、「2015年（平成27年）基準支出側GDP系列簡易遡及」

13.3　経済活動別生産活動

SNAでは、取引の主体を分類するに際して「経済活動別分類」と「制度部門別分類」という２つの分類を採用している。経済活動別分類とは、財貨・サービスの生産について分析する視点から分類する方法であり、生産技術の同質性に着目したものとなっている。各経済活動部門には市場生産者と非市場生産者が含まれる。市場生産者は市場での利益追求を行動原理としており、産出する財貨・サービスは基本的に市場取引が行われ、市場価格での評価が行われる。非市場生産者は、一般政府と対家計民間非営利団体からなり、営利活動を行わず、その主な生産物であるサービスを市場取引しないとされる。

着実に進むサービス化

産業構造を部門別の構成比でみる場合には付加価値（産出－中間投入）が使用されることが多い。中間投入を含む産出ベースでは、各部門で中間投入の割合が異なるため、各部門が産み出した経済的価値の割合を正しく反映しない。

名目付加価値額による主要産業別構成比をみると、農林水産業が大幅に低下したほか、建設業も長い目で見れば低下している。1970年に36％だった製造業も低下を続けており、2021年は20.6％となっている。それに対し、第３次産業のうち不動産業とサービス業はシェアを上げており、とくにサービス業は、主要産業の中で最大のシェアを占めている（表13.3.1）。

日本のサービス化は先進国と比べても見劣りしない水準

実質付加価値（産出の実質値から中間投入の実質値を控除して推計）の増減について、2000年以降をみると、製造業は03年から07年にかけて高い伸びとなったが、世界金融危機により景気が後退した09年に大きく落ち込んだ。11年には東日本大震災による影響もあって再び減少したほか、20年にはコロナ禍を背景に大きく減少した（図13.3）。

非製造業では、卸売・小売業は消費税率が引き上げられた2014年と19年などで前年比伸び率がマイナスとなったほか、コロナ禍により20年も減少した。さらに、対面型のサービスを提供する宿泊・飲食サービス業では、コロナ禍による外出規制などの影響で20年に前年比伸び率が－30％超ときわめて大きなマイナスを記録した。

国際標準産業分類にもとづいてサービス化の進展を国際比較すると、2021年における日本のサービス産業の比率は約70％と、アメリカ、イギリス、フランスなどには及ばないながらも、中国や韓国を上回っている（表13.3.2）。

表13.3.1　経済活動別国内総生産（主要産業）

（単位　%）

年	農林水産業	製造業	建設業	卸売・小売業	金融・保険業	不動産業	サービス業	その他
1970	6.1	36.0	7.7	14.4	4.3	8.0	13.3	10.2
80	3.6	28.0	9.2	15.1	5.4	9.0	18.5	11.2
90	2.5	26.5	9.8	13.2	7.0	9.7	20.0	11.3
2000	1.5	22.4	6.7	13.0	5.0	10.8	22.5	18.0
10	1.1	20.8	4.6	13.4	4.8	12.3	24.7	18.2
20	1.0	20.1	5.7	12.8	4.2	12.3	26.0	17.8
21	1.0	20.6	5.5	13.7	4.3	12.0	25.8	17.3

注1　1970年は1968SNAで1990年基準、1980年・1990年は1993SNAで2000年基準、2000年以降は2008SNAで2015年基準。

注2　1990年までの「サービス業」は「産業」のうち「サービス業」、「政府サービス生産者」のうち「サービス業」、および「対家計民間非営利サービス生産者」の合計。2000年以降の「サービス業」は「宿泊・飲食サービス業」、「専門・科学技術、業務支援サービス業」、「教育」、「保健衛生・社会事業」、および「その他のサービス」の合計。

資料　内閣府「国民経済計算年次推計」

図13.3　経済活動別国内総生産（主要産業、実質）の変化率

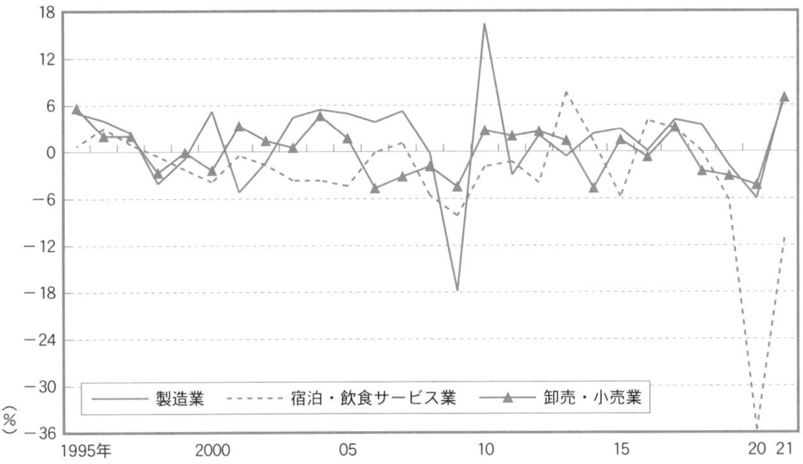

資料　表13.3.1と同じ

表13.3.2　全付加価値に占めるサービス産業の割合

（単位　%）

年	日本	アメリカ	ドイツ	フランス	イギリス	イタリア	スペイン	韓国	中国
2000	66.0	75.5	68.2	73.9	73.9	70.0	65.1	57.2	39.4
05	69.2	76.8	70.1	76.3	76.9	71.9	66.6	59.4	40.9
10	70.6	78.9	69.2	78.4	78.5	73.7	72.1	60.1	43.7
15	70.2	79.6	69.1	78.5	79.1	74.5	74.9	60.6	50.3
20	69.8	80.9	69.8	79.8	80.5	73.9	74.8	62.4	54.0
21	70.1	80.5	69.5	79.4	79.9	72.5	74.6	62.5	53.0
2000～2021年の増加幅	〈4.2〉	〈4.9〉	〈1.3〉	〈5.4〉	〈6.0〉	〈2.5〉	〈9.5〉	〈5.3〉	〈13.6〉

注　サービス産業は、国際標準産業分類第4版コードの45～99に対応する産業を集計。

資料　OECD "OECD.Stat"

13.4　税・社会保障負担と貯蓄

趨勢的には上昇しているが、国際的には低い国民負担率

国民負担率は、租税負担および社会保障負担を合わせた義務的な公的負担の国民所得に対する比率である。租税負担は国税と地方税に対応する部分に分けられる。

これらの推移をみると、国税と地方税の負担を合算した租税負担率は1990年度まで上昇基調で推移したものの、バブルが崩壊してからは、景気対策の一環として減税が実施されることが多く、低下した（図13.4.1）。2002年から約６年続いた景気拡張期には上昇傾向にあったが、世界金融危機で景気が大きく悪化した09年度と10年度に法人税収が急減したことから、租税負担率は落ち込んだ。その後は、14年４月と19年10月の消費税率の引き上げや、景気の改善を背景に緩やかな上昇傾向にあった。2020年以降、コロナ禍で景気が悪化したことを受けて、租税負担率は低下している。財務省によれば、23年度には28.1％となる見通しである。

租税負担に社会保障負担を加えた国民負担率は上昇傾向にある（図13.4.1）。社会保障負担は、高齢化による年金や医療費の増加を背景に増加している。財務省によれば、2021年度の国民負担率は48.2％と過去最高を記録したが、23年度には46.8％と２年連続で低下する見通しである。海外と比較すると、我が国の国民負担率は、３割台にとどまるアメリカより高いものの、70％近くに達しているフランスや50％半ばのドイツ、スウェーデンなど欧州各国に比べれば、低い水準にとどまっている（表13.4）。

家計貯蓄率はコロナ禍で大幅に上昇

可処分所得から最終消費を支出した残りが貯蓄である。家計貯蓄率（可処分所得に対する比率）は低下傾向にあったが、近年は上昇に転じている（図13.4.2）。家計貯蓄率の推移をみると、1975年度に23.1％を記録した後、趨勢的に低下し、2013年度と14年度には－１％程度まで落ち込んだ。貯蓄を取り崩して消費に回す高齢者世帯が増加したことが貯蓄率低下の背景として考えられる。その後、貯蓄率は再びプラス圏で推移し、コロナ禍の20年度は前年度から10％ポイント程度上昇し、12.1％にまで達した。多額の特別定額給付金が給付された一方、行動制限などでサービス消費が抑制されたことが背景にある。その後、経済が正常化に向かったことから、22年度には2.6％まで低下したがコロナ前と同水準にある。海外と比較すると、我が国の家計貯蓄率は、アメリカやスウェーデン、ドイツ、フランスといった米欧諸国を総じて下回っている（表13.4）。

図13.4.1　国民負担率（対国民所得比）

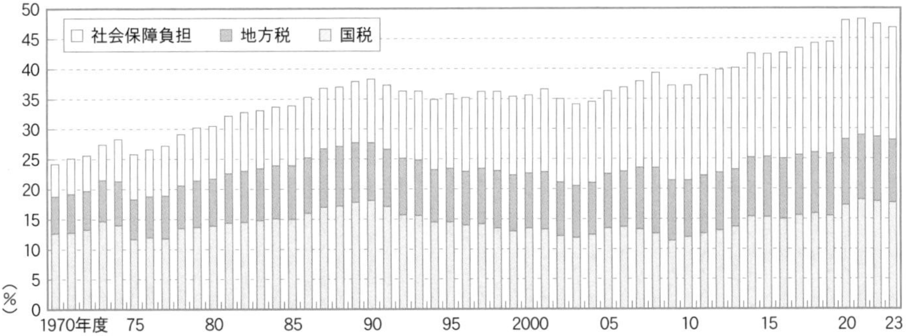

注　2021年度までは実績、22年度は実績見込み、23年度は見通し。
資料　財務省「国民負担率（対国民所得比）の推移」

表13.4　国民負担率と家計貯蓄率の国際比較

（単位　%）

区　　分	日　本	フランス	ドイツ	スウェーデン	イギリス	アメリカ
租税負担率	28.2	45.0	30.3	49.5	34.3	23.8
国民負担率	47.9	69.9	54.0	54.5	46.0	32.3
家計貯蓄率	7.8	12.8	15.1	15.5	6.9	12.4

注　上段の数値は2020年。下段は2021年の数値。
資料　財務省「国民負担率の国際比較」、OECD “Household savings (indicator)”

図13.4.2　家計貯蓄率

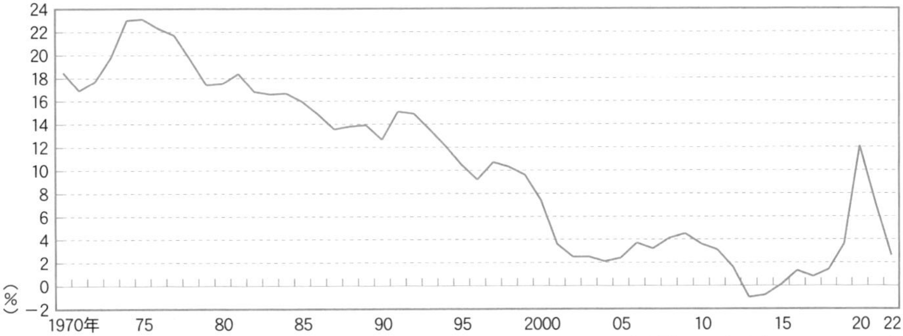

注　1979年までは1968SNAで1990年基準、1980年から1993年までは1993SNAで2000年基準、1994年以降は2008SNAで2015年基準。
資料　内閣府「国民経済計算年次推計」、「家計可処分所得・家計貯蓄率四半期別速報（参考系列）」

13.5　資本の蓄積と貯蓄投資のバランス

国民経済計算では、各経済主体が行う様々な取引を経常取引（一次所得の受取、再分配所得の受取と支払および最終消費）と資本取引に大別し、前者の取引は所得支出勘定で、後者の取引は資本勘定・金融勘定で記録している。資本勘定・金融勘定では、資本取引と金融取引に区分して記録しており、制度部門毎に、非金融資産投資と自己資金の純増額（貯蓄＋他部門からの資本純移転）との間のバランス関係を計数的に把握する（資本取引）とともに、不足あるいは過剰となった資金がどのようにして金融市場で調達あるいは運用されたのかを明らかにする（金融取引）。

資本勘定の「純貸出（＋）/純借入（－）」は、「自己資金の調達合計」－「純貸出（＋）/純借入（－）を除いた非金融資産の蓄積合計」と定義され、これがマイナスであればその制度部門が赤字（借入超過）、逆にプラスであればその制度部門が黒字（貸出超過）であることを示す（図13.5）。

企業と家計は資金余剰、政府は大幅な資金不足

資金不足の企業部門が資金余剰の家計部門から資金を借り入れ、これを原資に設備投資などに支出することが､かつての貯蓄･投資パターンであった（表13.5）。しかし、1990年代後半以降、企業は設備投資や土地購入を抑制し、大幅な純貸出に転じている。家計の純貸出は高齢化の進展による貯蓄率の低下で縮小傾向をたどってきたが、2020年には特別定額給付金や外出自粛に伴う消費減少の影響で大幅に拡大した。

一般政府の純借入は、バブル崩壊後の度重なる景気対策によって、1990年代後半にかけて拡大した（図13.5）。2000年代に入ってからは、景気回復や財政再建への取り組みから縮小傾向にあったが、09年には世界金融危機による景気後退や経済対策の影響から再び拡大した。その後、一般政府の純借入は14年と19年の消費増税や景気改善による税収増で縮小傾向にあったが、20年にはコロナ禍における経済対策により、大幅に拡大した。

国全体としては黒字が続く

純貸出あるいは純借入を国全体で合計したものは、海外の純借入あるいは純貸出と一致する。国全体が黒字ならば海外部門は赤字となるが、この金額は経常対外収支に海外からの純資本移転を加えたものに等しい。
海外部門は２度の石油危機後の短い期間を除いて赤字（日本の黒字）を続け、純借入は2007年に名目GDPの4.5％まで拡大した（図13.5）。その後、世界金融危機による世界経済の悪化から輸出が減少し、海外部門の純貸出は縮小傾向にあったが、14年後半の原油価格急落で経常収支が改善したことで、再び拡大方向にある。

図13.5　純貸出（+）/純借入（−）の推移（名目GDPに対する比率、%）

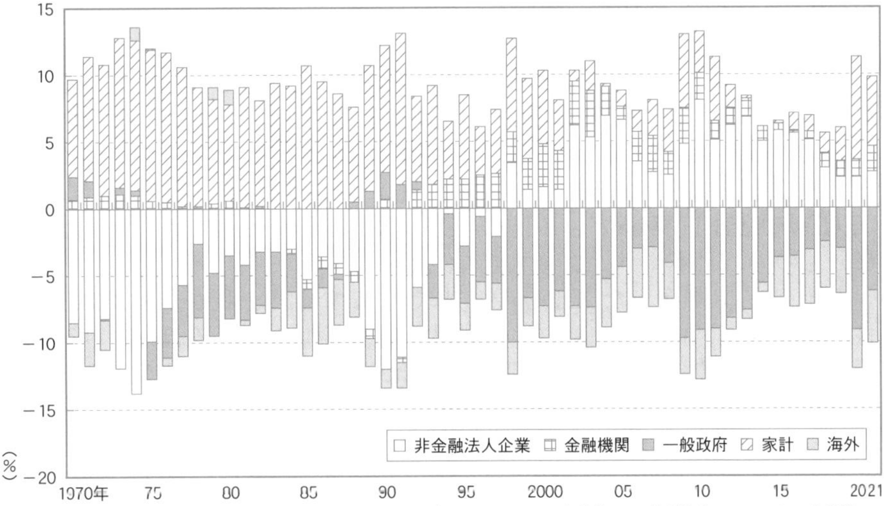

注　1979年までは1968SNAで1990年基準、1980〜1993年は1993SNAで2000年基準、1994年以降は2008SNAで2015年基準。
資料　内閣府「国民経済計算年次推計」

表13.5　企業と家計の資本勘定

（単位　10億円）

	1980年	85	90	2000	10	20	21
（1）非金融法人企業							
1　総固定資本形成	38 026	50 819	83 732	89 229	72 620	89 933	91 945
2　（控除）固定資本減耗	18 571	27 755	42 487	75 743	80 168	87 459	89 145
3　在庫変動	1 288	1 929	2 762	−381	−155	−1 255	121
4　土地の購入（純）	141	6 892	16 968	2 042	−1 681	3 118	3 245
5　純貸出（+）/純借入（−）	−8 557	−17 293	−53 108	8 365	40 903	12 445	14 818
資産の変動	12 328	14 593	7 866	23 512	31 519	16 782	20 983
6　貯蓄（純）	10 088	12 685	5 530	20 094	28 305	13 388	18 038
7　資本移転等（受取）	2 628	2 440	2 911	4 866	3 768	4 192	4 025
8　（控除）資本移転等（支払）	389	533	575	1 448	554	798	1 080
貯蓄・資本移転による正味資産の変動	12 328	14 593	7 866	23 512	31 519	16 782	20 983
（2）家計(個人企業を含む)							
1　総固定資本形成	23 080	22 442	32 214	29 439	18 374	19 519	20 545
2　（控除）固定資本減耗	10 409	13 649	18 119	27 238	24 250	24 046	24 669
3　在庫変動	−44	72	−124	13	27	−22	24
4　土地の購入（純）	−2 651	−11 065	−22 629	−9 118	−2 181	−3 557	−5 733
5　純貸出（+）/純借入（−）	17 383	34 660	41 971	27 355	20 498	44 588	29 438
資産の変動	27 359	32 461	33 314	20 452	12 468	36 481	19 605
6　貯蓄（純）	28 093	33 735	35 970	22 545	10 324	38 459	22 129
7　資本移転等（受取）	131	203	203	417	3 868	713	612
8　（控除）資本移転等（支払）	865	1 478	2 859	2 510	1 725	2 691	3 136
貯蓄・資本移転による正味資産の変動	27 359	32 461	33 314	20 452	12 468	36 481	19 605

注　1980年と1990年は1993SNAで2000年基準、2000年以降は2008SNAで2015年基準。
資料　図13.5と同じ

13.6　GDPの国際比較

為替レートによる比較

SNAは国際間で比較可能な統計であることから、我が国のGDPを為替レートによって米ドル換算すると、経済規模の大きさを他国と比べることができる。我が国のGDPは2022年時点で4.2兆ドルであり、OECD加盟国と比較すると、最大のアメリカ（25.5兆ドル）に次いで、全体の２位であった（図13.6.1）。日本に続く３位がドイツ（4.1兆ドル）である。なお、OECD非加盟国もみると、中国のGDPは18.1兆ドルと、アメリカには及ばないものの、日本やドイツを大きく上回っている。

上記のドル換算したGDPを１人当たりにすると、我が国は33,863ドル（2022年時点）であり、OECD平均の43,322ドルを下回るほか、OECD加盟国中21位と１人当たりにする前から比べると順位が大幅に低くなる。OECD加盟国をみると、１位ルクセンブルグ（125,558ドル）、２位ノルウェー（106,180ドル）となっている。我が国と同様に、アメリカとドイツも１人当たりにすることでそれぞれ５位（76,360ドル）、16位（48,631ドル）と順位を下げている。

購買力平価（PPP）による比較

ドル円レートなど為替レートを用いてGDPを国際比較すると、①貿易の対象にはならない国内の物価（教育、医療、建設、政府サービス等）は反映されない、②投機や国家間の資本移動の影響を受けやすい、という理由から問題が生じ得ると指摘されている。この点を踏まえ、国際比較に当たっては、国内の広い範囲の商品・サービスの価格を反映し、かつ、資本移動の影響を受けにくく安定性のある購買力平価（PPP：Purchasing Power Parity）によって通貨を換算することがある。ここで、購買力平価とは、一国の通貨と他国の通貨との換算比率の一種で、それぞれの通貨の購買力が等しくなるように計算して求められる。具体的には、１商品だけで購買力平価を考えると、ビール１缶の値段を日本では200円、米国で70セントとした場合、ビールでみた円とドルの購買力平価は１ドル＝285.7円（200円÷0.7ドル）となる。

PPPを用いると先進国間の比較における影響は小さいものの、新興国の経済規模が拡大する。実際、OECD加盟国でトルコの順位が６位、メキシコが８位と上昇している（図13.6.2）。

PPPを用いて我が国の１人当たりGDPをみると、高度経済成長を受けて、1970年代後半以降、OECD平均を上回って推移していたものの、バブル崩壊以降、格差が縮小し、2016年以降は逆転されている（図13.6.3）。

図13.6.1　OECD加盟国のGDP・1人当たりGDPの上位10か国（為替レート換算、2022年）

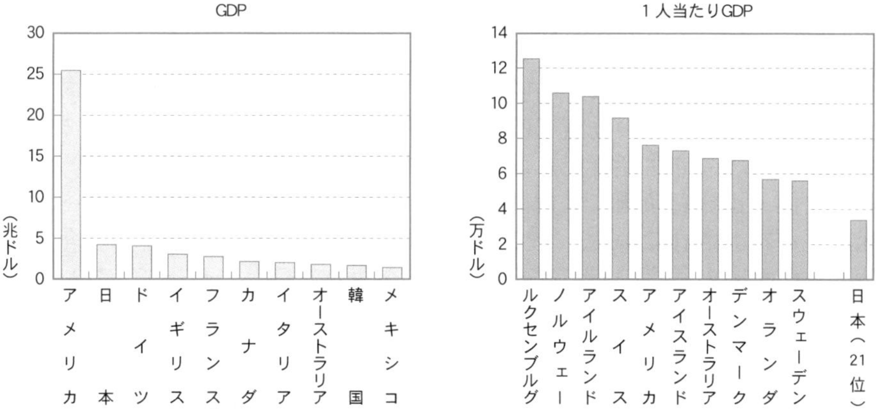

資料　OECD“OECD.Stat”

図13.6.2　OECD加盟国のGDP・1人当たりGDPの上位10か国（購買力平価換算、2022年）

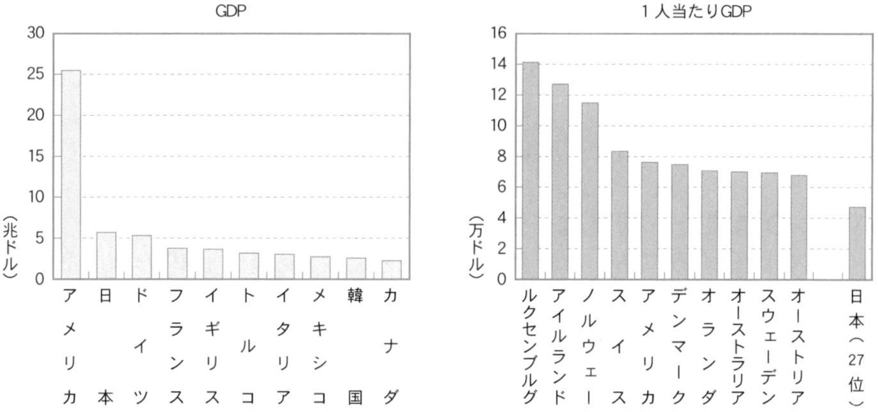

資料　図13.6.1と同じ

図13.6.3　我が国の1人当たりGDP（購買力平価換算）

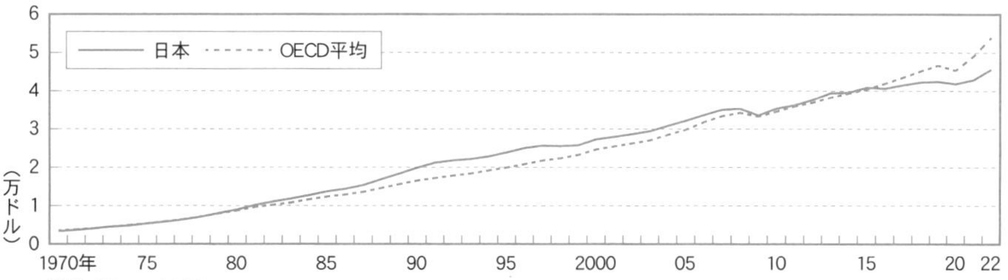

資料　図13.6.1と同じ

13.7　ストック編

2020年末の国富は3668.5兆円

各経済主体は様々な資産と負債からなるストックを保有している。国民経済計算において、これを制度部門別に見たものが制度部門別期末貸借対照表勘定である。この勘定では、資産側に非金融資産（固定資産等の生産資産、土地等の非生産資産）および金融資産（現金・預金、貸出等）の残高、負債・正味資産側には負債の残高、および資産と負債の差額である正味資産が計上されている。全ての資産項目と負債項目について、当年末の残高と前年末の残高の間に次の恒等式を組み込むことによって、フローの勘定とストックの勘定が整合的に連結されている。

前年末の残高＋当年の資本取引額＋調整額＝当年末の残高

ここで、当年の資本取引額とは、その制度部門の資本勘定・金融勘定に計上された当該項目の取引額であり、調整額とは、調整勘定で記録される資産の資本取引あるいは金融取引以外の要因による資産・負債額の変動分である。制度部門別の期末貸借対照表勘定を統合したものがストックの統合勘定である。

これをみると、一国経済全体の2021年末における非金融資産は3445兆円、金融資産は9000兆円となり、総資産は１京2445兆円である。一方、負債は8586兆円となり、国富とも呼ばれる正味資産は3859兆円である（表13.7）。

バブルの崩壊後、国富は一進一退

国富を計算するにあたり資産から負債を控除する際、国内の制度部門間で相互に保有し合っている金融資産・負債は相殺されることから、国富は、非金融資産と、国外に対する金融資産と負債の差額である対外純資産の合計値と等しくなる。

国富の推移をみると、1970年末の296兆円から、土地や株式の価格上昇とともに増加し、90年末には3531兆円に達した（図13.7.1）。その後、バブル崩壊による土地や株式の価格下落から、国富は減少に転じ、93年末には3193兆円となった。土地や株式の価格変動が国富に及ぼす影響は調整額に含まれる保有利得・損失により確認できる。これをみると、80年代後半、土地、株式ともに巨額の利得が発生したものの、その後は価格下落から損失が続き、とりわけ土地については、2005年まで15年連続で損失超となった（図13.7.2）。2000年代に入ってから、国富は金融経済情勢の影響から増減を繰り返したが、12年以降は、生産資産や対外純資産が押し上げに作用していることから、緩やかな増加傾向にある。

表13.7　期末貸借対照表（一国経済）

（単位　兆円）

区　分	2020年 期末残高	2021年 資本取引	2021年 調整額	2021年 期末残高
1．非金融資産	3 327	2	116	3 445
生産資産	2 055	2	104	2 161
土地	1 265	0	12	1 277
2．金融資産	8 575	227	198	9 000
株式	826	－4	133	955
総資産	11 901	229	315	12 445
3．負債	8 217	206	163	8 586
4．正味資産	3 684	23	151	3 859
負債・正味資産	11 901	229	315	12 445

資料　内閣府「国民経済計算年次推計」

図13.7.1　国富

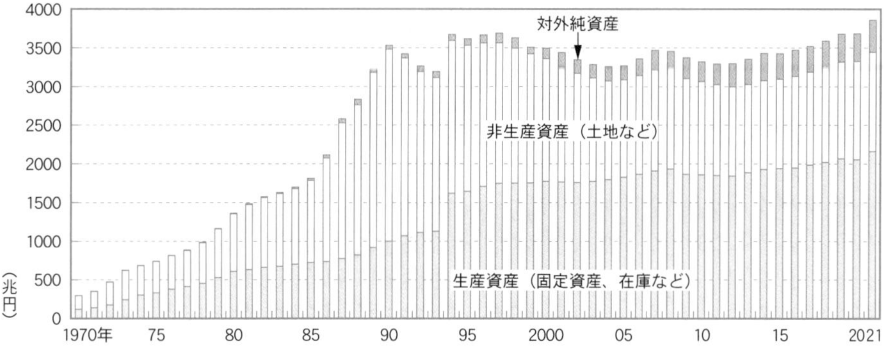

注　1979年までは1968SNAで1990年基準、1980～1993年は1993SNAで2000年基準、1994年以降は2008SNAで2015年基準。
資料　表13.7と同じ

図13.7.2　土地と株式の名目保有利得・損失（キャピタル・ゲイン/ロス）

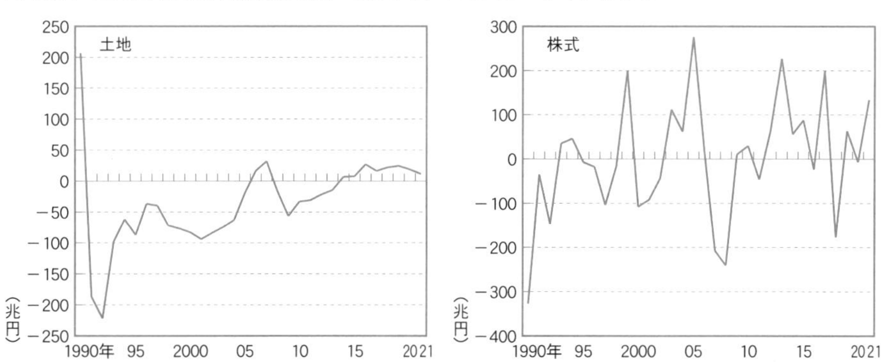

注　1985～1993年は1993SNAで2000年基準、1994年以降は2008SNAで2015年基準。
資料　表13.7と同じ

13.8　産業連関表

各産業の相互に密接な取引関係を詳細に描く

産業連関表は、国または地域において一定期間（通常１年間）に行われた財・サービスの生産状況や、産業間の取引状況等を、行列形式でまとめた統計であり、各産業が相互に支え合って社会が成り立っているという実態を、具体的な数値の形で見ることが可能である。我が国では、統一的な産業連関表が、1955年以来、おおむね５年ごとに関係府省庁の共同事業として作成されている。

産業連関表は、SNA体系の中に含まれている。SNAが付加価値を生産面、分配面および支出面から捉えることに重点を置く一方、産業連関表は財・サービスの実態的な流れを明らかにするものと位置付けられている。SNAとの関係では、産業連関表の粗付加価値から家計外消費支出を控除したものがSNAのGDP（生産側）にほぼ対応し、産業連関表の最終需要から輸入と家計外消費支出を控除したものがSNAのGDP（支出側）にほぼ対応する。

最終需要によって誘発される国内生産額

産業連関表は、産業構造を明確に描き出すとともに、経済に加わる様々なインパクトが産業間にどのように波及していくかを把握するのに有用である。国内における生産活動は最終需要を過不足なく満たすために行われる。これを踏まえると、国内生産が究極的には全て最終需要によって誘発されたものといえる。この考え方に基づけば、最終需要を賄うために直接・間接に発生した国内生産額である生産誘発額を算出することが可能となる。これをみると、2015年の国内生産額1018兆円のうち、447兆円が民間消費支出、次いで226兆円が総固定資本形成、162兆円が輸出、159兆円が一般政府消費支出によって誘発されている（表13.8）。

製造業における生産波及が大きい

他にも、産業連関表を用いることによって、ある産業に新たな需要が１単位発生した場合に、その需要を満たすために直接・間接に必要とされる各産業の生産量の大きさ（生産波及）を算出することが可能である。全産業平均の生産波及の大きさは1.7746であり、新規需要がその1.7746倍の生産を産業全体で生じさせることを示している。産業別にみると、輸送機械は2.4822、鉄鋼では2.4718、金属製品では2.0193と、全産業平均を上回っており、製造業の生産波及が大きい（図13.8）。製造業以外では、建設が1.8365倍と大きく、全産業平均を上回っている一方、不動産では1.2307倍と小さい。

表13.8　最終需要項目別の生産誘発額（2015年、13部門分類）

（単位　10億円）

	家計外消費支出	民間消費支出	一般政府消費支出	国内総固定資本形成	在庫純増	輸出計	合計
農林漁業	239	6 484	855	2 312	178	2 820	12 888
鉱業	12	340	59	178	0	258	848
製造業	4 345	98 438	16 464	76 632	212	106 717	302 809
建設	70	1 940	674	57 687	2	463	60 837
電力・ガス・水道	541	17 821	3 191	3 871	15	3 739	29 179
商業	2 470	59 635	4 819	16 390	209	11 955	95 479
金融・保険	248	27 232	2 028	2 575	9	3 356	35 448
不動産	282	72 845	1 491	4 886	9	1 206	80 719
運輸・郵便	1 097	27 854	4 661	8 455	83	12 859	55 009
情報通信	931	25 791	5 417	14 550	−16	3 300	49 975
公務	26	1 631	37 560	362	1	159	39 739
サービス	12 709	105 519	81 361	36 415	43	14 150	250 196
分類不明	107	1 880	590	1 466	4	645	4 693
合計	23 078	447 411	159 173	225 779	751	161 628	1 017 818

資料　総務省「平成27年（2015年）産業連関表」

図13.8　産業別の生産波及の大きさ（2015年）

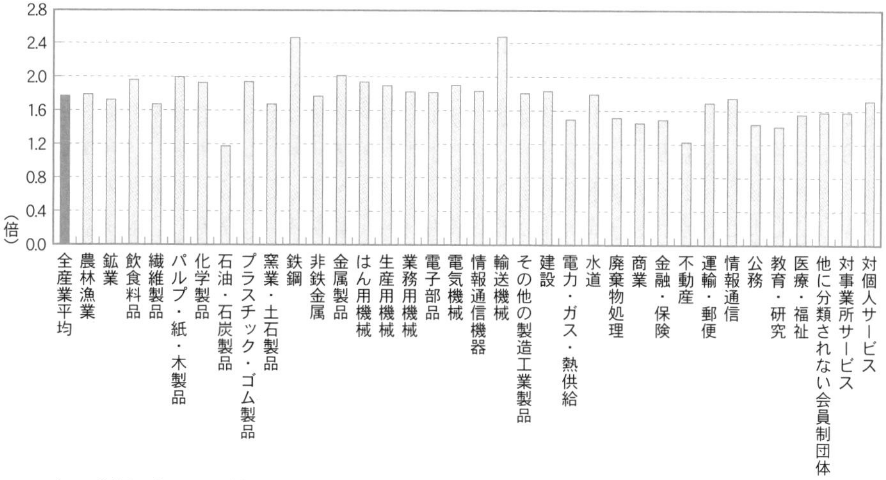

注　統合大分類による。「全産業平均」には「事務用品」および「分類不明」を含む。
資料　表13.8と同じ。

13.9　県民経済計算

県民経済の実態を明らかにする県民経済計算

県民経済計算は、県民経済の循環と構造を、生産、分配、支出の３面にわたり記録することにより県民経済の実態を包括的に明らかにしている。県民経済計算は、総合的な県経済指標として政策運営に資するとともに、家計・企業の意思決定の基礎を提供する。また、国民経済における各地域の経済的な位置を明らかにするとともに、都道府県間の経済比較などを通じて、国民経済の地域的な分析を可能とする。

2019年度の県内総生産をみると、東京都（115.7兆円）が最も大きく、次いで大阪府（41.2兆円）、愛知県（40.9兆円）、神奈川県（35.2兆円）、埼玉県（23.6兆円）、兵庫県（22.2兆円）、千葉県（21.3兆円）、北海道（20.5兆円）、福岡県（19.9兆円）と続いている（図13.9.1）。逆に最も小さいのは、鳥取県（1.9兆円）であり、高知県（2.5兆円）、島根県（2.7兆円）、佐賀県（3.2兆円）、徳島県（3.2兆円）、山梨県（3.6兆円）、秋田県（3.6兆円）、福井県（3.7兆円）、宮崎県（3.7兆円）がそれに続いている。

１人当たり県民所得は東京都が最も高い

2019年度の１人当たり県民所得をみると、最高の東京都（576万円）に続いて愛知県（366万円）、静岡県（341万円）、栃木県（335万円）、福井県（333万円）、滋賀県（332万円）、富山県（332万円）、群馬県（329万円）、山口県（325万円）が比較的高い県となっている。最低は沖縄県の240万円で、東京都と沖縄県の間には2.4倍の所得格差がある。また、沖縄県に続く所得の低い県として、宮崎県（243万円）、鳥取県（244万円）、鹿児島県（256万円）、青森県（263万円）、長崎県（266万円）、高知県（266万円）、大分県（270万円）、秋田県（271万円）が挙げられる（図13.9.1）。

所得格差の縮小ペースは低下

都道府県間の所得格差について、年代ごとにみると、1990年度から2000年度にかけて、全体的に県民所得が増加するなかで、県民所得が低い県の増加幅が大きくなっている（図13.9.2）。したがって、1990年代は、所得水準の低い県が所得水準の高い都府県にキャッチアップしていくかたちで、緩やかに所得格差が縮小したとみることができる。

2000年度から19年度にかけても、全体として県民所得水準と成長率の間には負の関係があり、所得格差は縮小している。ただし、成長率が総じて低下し、格差縮小ペースは低下している。１％を超える都道府県がなくなったほか、マイナス成長となる都府県が増加している。

図13.9.1　1人当たり県民所得と実質県内総生産（2019年度）

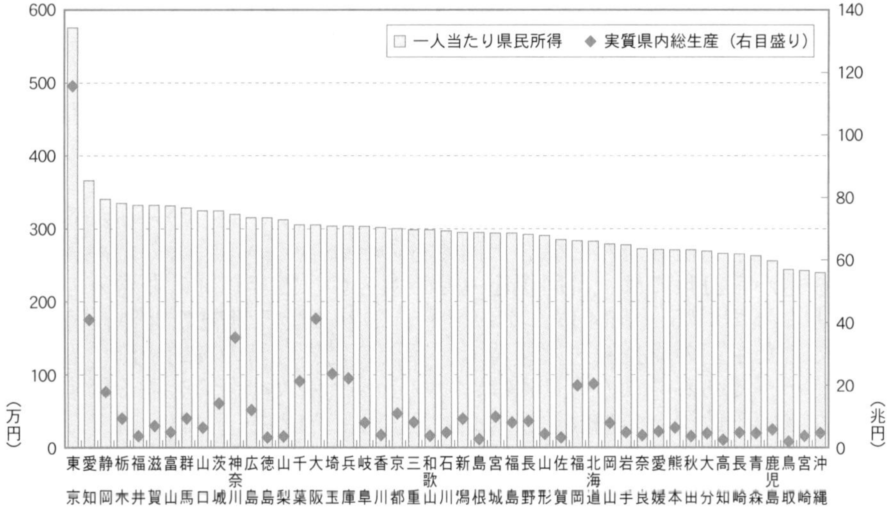

注　　2008SNAで2015年基準。
資料　内閣府「県民経済計算」

図13.9.2　1人当たり県民所得と変化率の関係

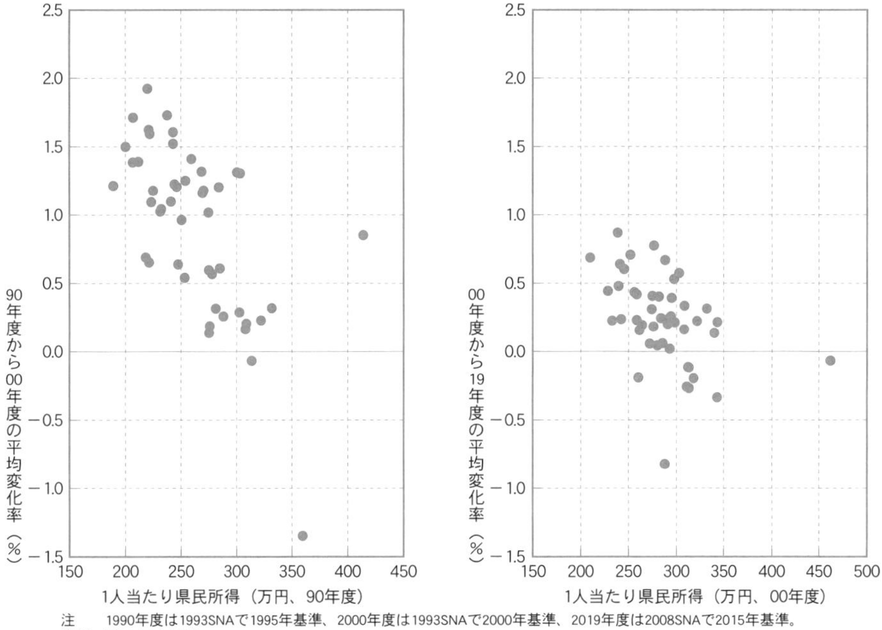

注　　1990年度は1993SNAで1995年基準、2000年度は1993SNAで2000年基準、2019年度は2008SNAで2015年基準。
資料　図13.9.1と同じ。

第14章　国際経済・貿易

14.1　世界経済の動向

2022年２月にロシアのウクライナ侵攻によって始まった戦争が長引くなかで、23年10月にはイスラエル・パレスチナ紛争が拡大し、世界情勢がますます混沌とするなかで世界経済にも暗雲を投げかけている。また、先進国でのインフレは繰り返された利上げによって低下の兆しがみられるものの、23年の予想値も未だ２％を上回るものとなっている。このため、20年の急後退から21年には一旦回復をみせたものの、22年以降は弱含みの成長予想となっている（表14.1）。なかでも、これまで21世紀の世界経済を牽引してきた中国の成長減速は顕著で、今後の世界経済の長期予測にも影響を与えそうである。この背景には、ウクライナ侵攻や台湾を巡る緊張の高まりなど国際政治上の地政学リスクの高まりに加えて、コロナ禍で浮き彫りになったサプライチェーン途絶のリスク認識が、国際的な生産拠点の再配置の機運をもたらしていることがある。また、21年の実質世界輸出の伸び率は、前年の大幅縮小からの反動で大きな伸び率を記録したものの、22年以降停滞気味に推移する予想となっている（表14.1、図14.1）。

インフレ加速を受けた米国金融政策の引き締め

米国の金融政策は、２％をインフレ目標として長年運営されてきたとされるが、2021年には年平均4.7％、22年には８％と目標を大きく上回る状態が続いた。米国の中央銀行であるFRBは、コロナ禍での経済減速を受けて金融緩和のスタンスを続けてきたが、こうしたインフレ加速を受けて、21年末頃から金融引き締めに転じる構えを見せ始め、22年３月以降政策金利上昇に転じ、その後連邦公開市場委員会（FOMC）開催のたびに大幅な利上げを繰り返してきた。しかしその割には、22年、23年と続けて２％台の成長予想と堅調を維持している。

コロナ禍の世界で分かれる明暗

2022年に入ってのインフレ加速にはユーロ圏の同様に直面しており、ウクライナ侵攻に伴って発生したエネルギー供給問題の顕在化がさらに問題を深刻にした。これを受けてユーロ圏でも低い成長予測となっている。

また、新興国・発展途上国の経済成長にもコロナ前の勢いは見られない。コロナ禍の21年に８％台の成長を実現した中国も、その後は成長率鈍化の兆しが見えてきた。ロシアは22年のマイナス成長の後も低成長が見込まれている。こうしたなかで、比較的堅調なのは22年に７％台の成長が見込まれているインドで、この人口大国の行方が今後注目される。

表14.1　世界経済の概観

地　域	実質GDP成長率（%）								見通し（%）		
	2014	2015	2016	2017	2018	2019	2020	2021	2022	2023	2024
世　界　計	3.5	3.4	3.2	3.8	3.6	2.8	−2.8	6.3	3.5	3.0	2.9
先進国	2.0	2.3	1.8	2.5	2.3	1.7	−4.2	5.6	2.6	1.5	1.4
アメリカ合衆国	2.3	2.7	1.7	2.2	2.9	2.3	−2.8	5.9	2.1	2.1	1.5
日本	0.3	1.6	0.8	1.7	0.6	−0.4	−4.2	2.2	1.0	2.0	1.0
イギリス	3.2	2.4	2.2	2.4	1.7	1.6	−11.0	7.6	4.1	0.5	0.6
ユーロ圏	1.4	2.0	1.9	2.6	1.8	1.6	−6.1	5.6	3.3	0.7	1.2
ドイツ	2.2	1.5	2.2	2.7	1.0	1.1	−3.8	3.2	1.8	−0.5	0.9
フランス	1.0	1.0	1.0	2.5	1.8	1.9	−7.7	6.4	2.5	1.0	1.3
イタリア	0.0	0.8	1.3	1.7	0.9	0.5	−9.0	7.0	3.7	0.7	0.7
ギリシャ	0.5	−0.2	−0.5	1.1	1.7	1.9	−9.0	8.4	5.9	2.5	2.0
韓国	3.2	2.8	2.9	3.2	2.9	2.2	−0.7	4.3	2.6	1.4	2.2
台湾	4.7	1.5	2.2	3.3	2.8	3.1	3.4	6.5	2.4	0.8	3.0
新興国・発展途上国	4.7	4.3	4.4	4.8	4.6	3.6	−1.8	6.9	4.1	4.0	4.0
アジア途上国	6.9	6.8	6.8	6.6	6.4	5.2	−0.5	7.5	4.5	5.2	4.8
ASEAN 5	4.5	4.6	4.8	5.2	5.0	4.3	−4.4	4.0	5.5	4.2	4.5
中国	7.4	7.0	6.9	6.9	6.8	6.0	2.2	8.5	3.0	5.0	4.2
インド	7.4	8.0	8.3	6.8	6.5	3.9	−5.8	9.1	7.2	6.3	6.3
中東・中央アジア	3.3	3.0	4.3	2.5	2.8	1.6	−2.6	4.3	5.6	2.0	3.4
中南米	1.3	0.3	−0.8	1.3	1.1	0.2	−7.0	7.4	4.1	2.3	2.3
ブラジル	0.5	−3.5	−3.3	1.3	1.8	1.2	−3.3	5.0	2.9	3.1	1.5
中・東ヨーロッパ	1.9	1.0	1.8	4.2	3.6	2.5	−1.6	7.3	0.8	2.4	2.2
ロシア	0.7	−2.0	0.2	1.8	2.8	2.2	−2.7	5.6	−2.1	2.2	1.1
サハラ以南アフリカ	5.0	3.2	1.5	3.0	3.3	3.2	−1.6	4.7	4.0	3.3	4.0
実質世界輸出伸び率	3.6	3.1	2.3	5.5	3.8	1.3	−7.5	10.9	4.9	1.1	3.5

資料　IMF World Economic Outlook Database, October 2023。
「先進国」、「新興国・発展途上国」などの国グループの分類はIMFによるもの。「中・東ヨーロッパ」は、Emerging and developing Europe。
「世界実質輸出伸び率」は、財・サービスのもの。

図14.1　実質世界輸出の伸び率

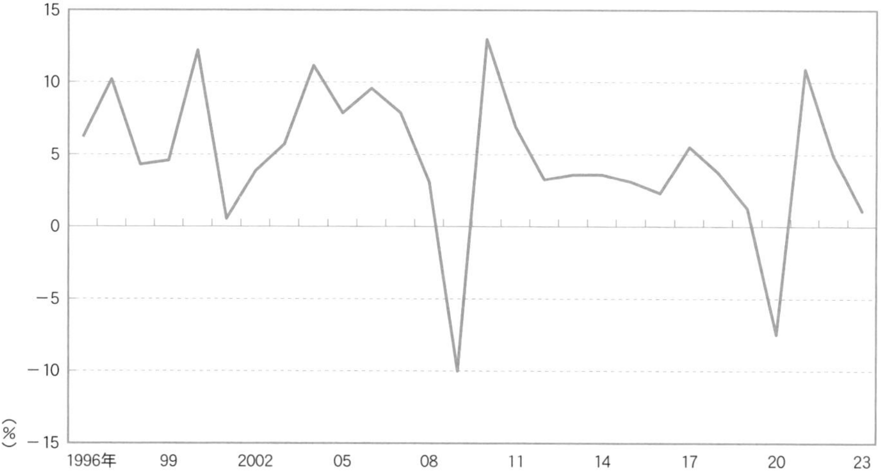

資料　IMF World Economic Outlook Database

14.2　日本の国際収支と為替レート

世界経済の動きのなかで、日本の対外経済活動の姿を要約して示すのが国際収支表である。表14.2には、2000年から2015年までの５年おきとそれ以降22年までの各年の国際収支を示している。図14.2.1には、1998年以降の経常収支とその内訳の推移を描いている。また、図14.2.2では、近年の為替レートの動きを、購買力平価に対比させて示している。

経常収支の動向

日本の貿易・サービス収支は、長年に渡って黒字基調が続いてきたが、2011年から赤字に転じた。これは石油・天然ガスなど鉱物性燃料の輸入金額が拡大した要因が大きい。15年には前年夏からの原油安から赤字幅が大きく縮小し、16年には黒字に戻ったものの、19年から再び小幅な赤字に転じ、21年、22年と赤字額が急拡大している。それに対して、海外の事業に投資することによって生まれた稼ぎを表す所得収支は、13年以降15兆円から20兆円の幅で安定した黒字を続けており、21年から22年にかけて円安の影響から黒字額が急拡大している。その結果、近年は貿易・サービス収支の赤字を所得収支の黒字が上回って経常収支の黒字の黒字を生み出す状態が続いている。これは日本企業の積極的な海外展開を反映して海外の事業活動で稼ぐ所得が増えているからだが、現在の国内での働きによる稼ぎよりも過去の海外投資から生まれる収益に頼って生活する「金利生活者」国家となっている側面もあるといえよう。

金融収支の動向

金融収支の黒字は、日本の対外資産の純取得（フロー）を表している。国際収支表の恒等式によって、金融収支は概ね経常収支とコインの表裏の関係にある。その内訳をみると、直接投資の大きさは近年概ね10兆円から20兆円の黒字幅（対外投資超過）で推移している。一方、証券投資は2017年が赤字（対内受入超過)、18年以降には再び黒字に転じ推移した後、21年と22年には20兆円前後の赤字と大きく振れているのが特徴的である。

為替レートの推移

図14.2.2には、近年の円ドルレートの動き（月中平均）と、1980年初頭を基準年にして日米の生産者物価指数（日本は国内企業物価指数）を使って作成した購買力平価の推移を示し、購買力平価と比較した円高円安を示している。2008年のリーマンショックを境にして円高の時期が続いたが、12年末からは円安方向への修正が起こり、14年秋以降の約１年半は一層の円安期となった。さらに、22年に入って円安が加速している。こうした為替レートの推移は、日米の金融緩和政策のズレによって説明できる。

表14.2　日本の国際収支　（単位：億円）

	2000	2005	2010	15	16	17	18	19	20	21	22
経常収支（a+b+c）	140 616	187 277	193 828	165 194	213 910	227 779	195 047	192 513	159 917	215 363	115 466
(a) 貿易・サービス収支	74 298	76 930	68 571	−28 169	43 888	42 206	1 052	−9 318	−8 773	−24 834	−211 638
貿易収支	126 983	117 712	95 160	−8 862	55 176	49 113	11 265	1 503	27 779	17 623	−157 436
サービス収支	−52 685	−40 782	−26 588	−19 307	−11 288	−6 907	−10 213	−10 821	−36 552	−42 457	−54 202
(b) 第一次所得収支	76 914	118 503	136 173	213 032	191 478	206 843	214 026	215 531	194 387	263 788	351 857
(c) 第二次所得収支	−10 596	−8 157	−10 917	−19 669	−21 456	−21 271	−20 031	−13 700	−25 697	−23 591	−24 753
資本移転等収支	−9 947	−5 490	−4 341	−2 714	−7 433	−2 800	−2 105	−4 131	−2 072	−4 232	−1 144
金融収支（d+e+f+g+h）	148 757	163 444	217 099	218 764	286 059	188 113	201 361	248 624	141 251	168 376	64 922
(d) 直接投資	36 900	51 703	62 511	161 319	148 587	174 118	149 093	238 591	93 898	192 428	169 582
(e) 証券投資	38 470	10 700	127 014	160 294	296 496	−56 513	100 528	93 666	43 916	−219 175	−192 565
(f) 金融派生商品	5 090	8 023	−10 262	21 439	−16 582	34 523	1 239	3 700	7 999	21 685	51 362
(g) その他投資	15 688	68 456	−89	−130 539	−136 662	9 467	−76 127	−115 372	−16 541	104 539	107 114
(h) 外貨準備	52 609	24 562	37 925	6 251	−5 780	26 518	26 628	28 039	11 980	68 899	−70 571
誤差脱漏	18 088	−18 343	27 612	56 283	79 583	−36 866	8 419	60 242	−16 594	−42 755	−49 400

注　1996年～2013年の計数は、国際収支マニュアル第５版準拠統計を第６版の基準により組み替えたもの。
資料　財務省「国際収支統計・総括表」

図14.2.1　日本の経常収支の推移

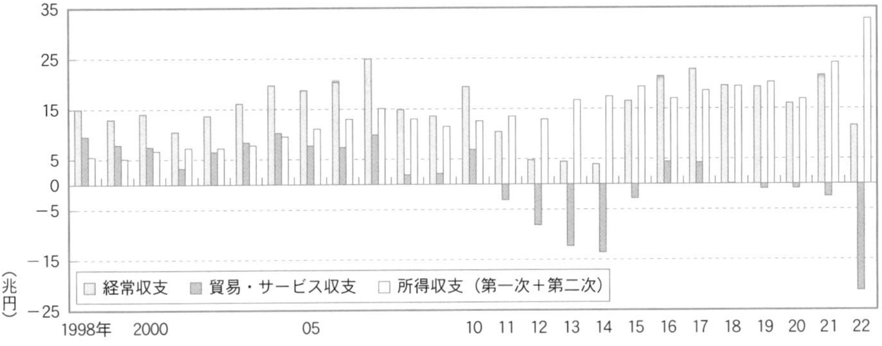

資料　表14.2と同じ。

図14.2.2　円ドル為替レートと購買力平価の推移（2007年以降）

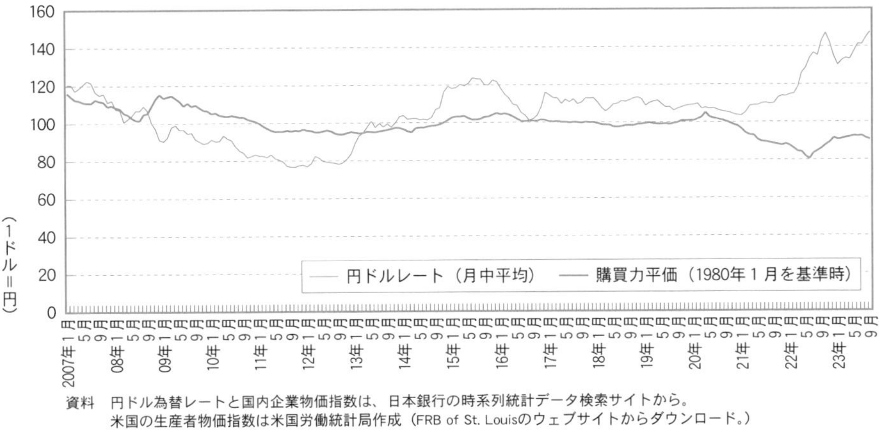

資料　円ドル為替レートと国内企業物価指数は、日本銀行の時系列統計データ検索サイトから。
米国の生産者物価指数は米国労働統計局作成（FRB of St. Louisのウェブサイトからダウンロード。）

14.3　日本の貿易

輸出額は、世界経済の低迷や円高を反映して、2011年、12年と２年連続して減少を続けたが、13年には円安に転じたこともあって増加に転じ、16年の減少を経て17年以降拡大に転じていたが、19年、20年と再び減少が続き、21年には再拡大した。輸入額は11年以降も伸び続け、とくに13年、14年には、円安が輸入金額を大幅に膨らませることになった（ドル建て契約の輸入は、円安が進行すると、円建て換算金額で膨らむ)。しかし、15年、16年と原油価格の低下から輸入額は減少に転じた後、17年、18年には経済活動の好調を反映して増加し、19年、20年と減少が続いたものの21年には回復し、22年は円安や原油高を背景に大幅に増加した。

地域別の輸出入

図14.3.1は、日本の輸出の地域別構成を1985年から2010年までの５年おきと、その後の各年について示している。1985年には対米輸出が全体の37％と４割近くを占めるまで膨み、その後も2000年頃までは３割前後を占めていたが、その後は割合が低下し、10年以降は１割台になっている。これは、この間に中国、アジアNIES、ASEANといったアジア地域への輸出が拡大してきたことが大きい。

一方、輸入の地域別構成は図14.3.2に示されている。輸入についても、過去30年くらいのトレンドを追うと、アジア地域のシェア拡大が顕著で、中国、アジアNIES、ASEANの合計で1985年には２割強に留まっていたものが、2000年以降は４割台にまで倍増している。このように、輸出、輸入の両面でアジア地域内の貿易取引が拡大していることがみられ、その背景としてこの地域の経済活動の連携が進んでいることをうかがわせる。

品目別の輸出入

図14.3.3をみると、一般機械、電気機器、輸送用機器の機械系製造業が輸出総額に占める割合はあいかわらず高い比重を示しているが、1990年代初めには７割を占めていたことと比べると、幾らか機械製品の輸出割合が縮小した。これは、国内と海外で工程間分業を行って生産過程を分業するパターンに変化してきたことを反映した結果である。近年、化学製品と原料別製品の割合が増しているが、これもこうした製造業の国際分業が進んだためと考えられる。

2010年から14年にかけて、輸入は大幅に増加したが、そのほとんどは鉱物性燃料の輸入増加によるものであった。14年夏以降の原油価格下落を受けて、15年以降は鉱物性燃料の輸入が大きく減少していたが、22年には原油高等を受けて前年比で倍増の大幅増加となった（図14.3.4)。

図14.3.1　日本の地域別輸出額

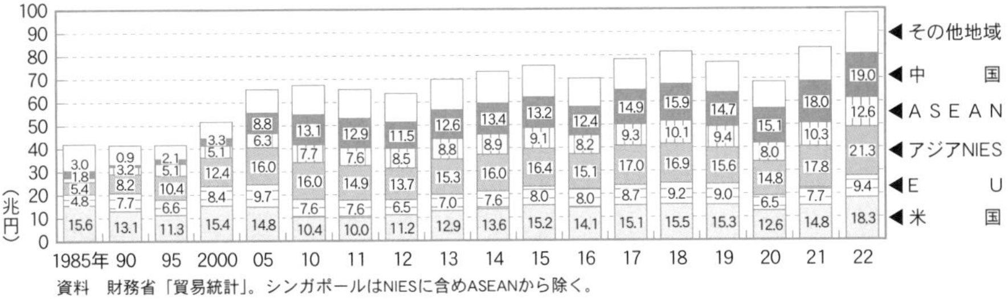

資料　財務省「貿易統計」。シンガポールはNIESに含めASEANから除く。

図14.3.2　日本の地域別輸入額

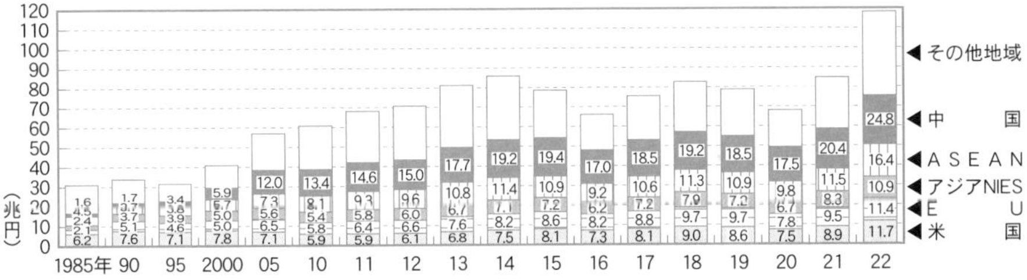

資料　図14.3.1と同じ。

図14.3.3　日本の品目別輸出額

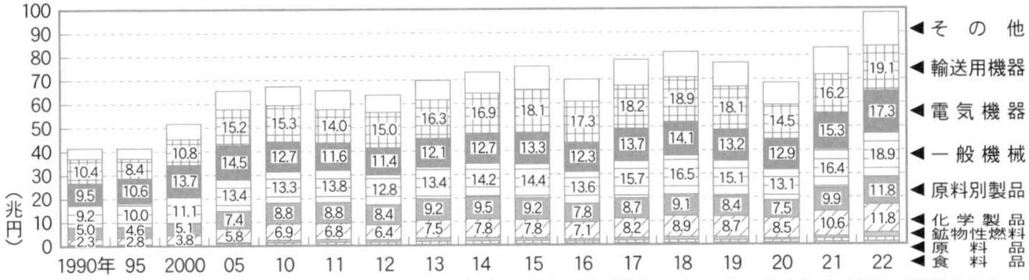

注　食料品は「食料品及び動物」と「飲料及びたばこ」の合計。原料別製品には、鉄鋼、非鉄金属、繊維などが含まれる。
資料　財務省「貿易統計」の概況品別表から集計。

図14.3.4　日本の品目別輸入額

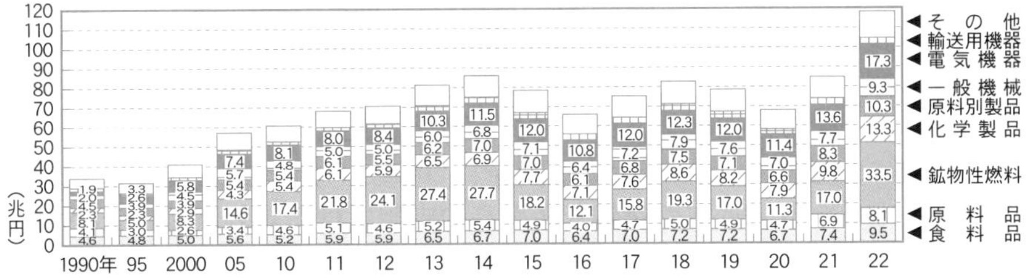

注　品目分類は図14.3.3と同じ。
資料　図14.3.3と同じ。

14.4　直接投資と海外資産

対外直接投資ネットフローの状況

直接投資とは、企業活動を行うための外国法人の株式取得、長期貸付け、支店や工場の設立などのことである。日本から海外への直接投資を対外直接投資、海外から日本への直接投資を対内直接投資という。図14.4.1には、1999年以降の対外直接投資および対内直接投資のネットフローを示している。

日本の対外直接投資は、1980年代後半に企業が生産拠点の海外展開を積極化したことから急増した。90年代前半には一服したが、後半は再び増加に転じた。とくに、2005年から08年にかけて顕著な増加がみられた。09、10年にはやや停滞したが、11年以降は一段と増加し、13年以降も高水準が続いている。19年には、対外直接投資が一層伸びる年となった。

一方、外国企業の日本への投資である対内直接投資は、2007、08年には盛り上がりをみせたが、その後は低迷を続けていた。しかし近年になって、再びやや多めに推移するようになった。

対外直接投資残高の地域別状況

前述の対外直接投資のフローが積み上がって直接投資残高（ストック）となる。こうした直接投資残高に着目して、日本企業の海外展開の地域別状況を、図14.4.2でみてみよう。2022年末時点の日本企業の投資先としては、米国を中心とした北米地域が最大の投資先の地位を維持している。しかし、近年アジア地域と、EUを含むヨーロッパ地域への投資がほぼ匹敵する残高に近づいてきた。アジア地域のなかでは、中国への直接投資残高はほぼ横ばいとなっているのに対して、ASEAN地域への伸びが著しい。

対外資産、対外純資産の状況

表14.4は、1996年から2010年までの５年おきと、その後の各年の対外資産、負債の残高と、その差額である対外純資産残高の推移を示す。22年末には、対外資産残高が1338.2兆円、対外負債残高が919.6兆円で、両者の差額の対外純資産残高は前年からやや増加して418.6兆円となった。対外資産残高、対外負債残高ともに、概ね国際収支マニュアル第５版準拠の数字よりも僅かに膨らんだ数字となっているが、これはマニュアル第６版準拠から新たに金融派生商品の残高が資産、負債に両側に計上されるようになったためである。日本の対外資産残高の内訳では、対外直接投資が大きな割合を占めているのに対して、対外負債残高では、証券投資、その他投資がほとんどで、対内直接投資はごく僅かな割合に留まっている。

図14.4.1　対外・対内直接投資（ネットフロー額）

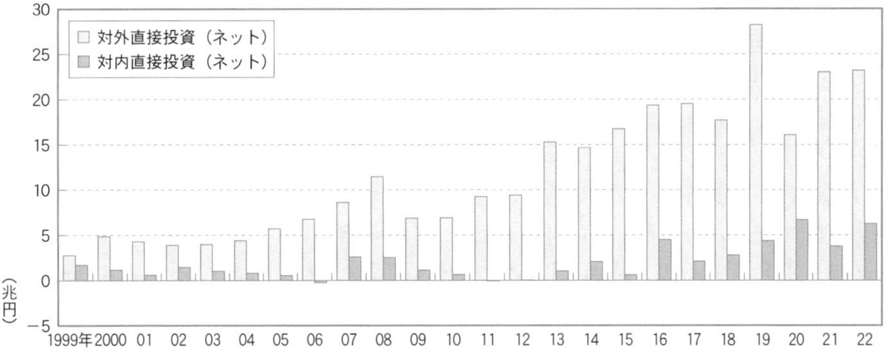

資料　財務省「対外・対内直接投資」

図14.4.2　日本の地域別対外直接投資残高

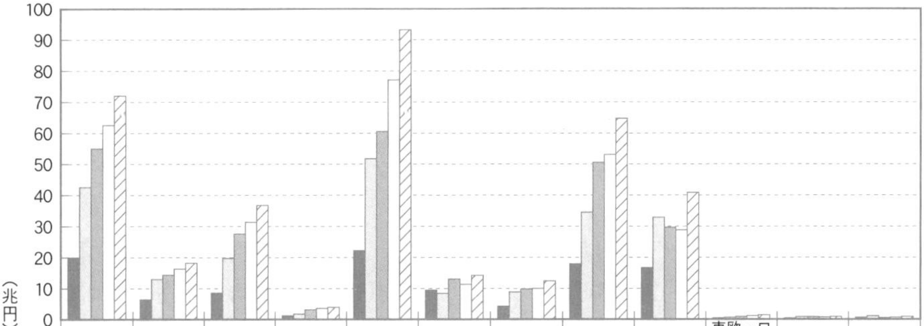

	アジア	中国	ASEAN	インド	北米	中南米	大洋州	欧州	ＥＵ	東欧・ロシア等	中東	アフリカ
■2011年末	19.99	6.47	8.61	1.20	22.20	9.48	4.20	17.92	16.72	0.43	0.41	0.63
□2015年末	42.56	12.96	19.76	1.70	51.74	8.46	8.90	34.51	32.89	0.63	0.82	1.07
▒2020年末	55.02	14.36	27.59	3.10	60.59	13.04	9.86	50.53	29.65	0.87	0.85	0.49
□2021年末	62.56	16.34	31.34	3.55	77.12	11.36	10.00	53.01	28.79	1.12	0.70	0.66
▨2022年末	72.04	18.21	36.76	3.90	93.23	14.23	12.43	64.75	40.83	1.40	0.90	0.91

資料　日本銀行「対外直接投資残高（地域別・業種別）」

表14.4　日本の対外資産負債残高（暦年末）
国際収支マニュアル第6版準拠（BPM6）　　（単位　10億円）

年末	資産残高						負債残高					対外純資産
		直接投資	証券投資	金融派生商品	その他投資	外貨準備		直接投資	証券投資	金融派生商品	その他投資	
1996	302 809	30 571	111 165	461	135 372	25 242	199 451	4 045	66 077	315	129 013	103 359
2000	341 520	32 307	150 115	381	117 239	41 478	208 473	6 096	101 609	366	100 402	133 047
05	506 664	46 079	249 493	3 104	108 544	99 444	325 965	12 377	181 959	3 921	127 709	180 699
10	561 448	68 925	269 207	4 287	129 700	89 330	305 542	18 735	152 051	5 267	129 488	255 906
11	583 100	75 565	262 639	4 188	140 192	100 517	317 359	18 824	157 481	5 641	135 413	265 741
12	658 927	91 232	308 099	4 623	145 509	109 464	359 625	19 227	180 504	5 326	154 568	299 302
13	797 686	119 302	361 253	8 207	175 394	133 529	471 955	19 551	252 008	8 656	191 739	325 732
14	942 381	142 017	409 939	56 288	183 057	151 080	578 971	23 748	285 081	59 555	210 586	363 409
15	949 919	151 852	423 314	45 080	181 121	148 553	610 702	24 770	320 544	45 692	219 696	339 217
16	986 289	158 885	441 421	43 451	199 971	142 560	649 982	28 232	325 214	45 471	251 066	336 306
17	1 013 364	175 141	463 596	33 880	198 340	142 406	684 062	28 926	376 721	33 971	244 444	329 302
18	1 018 047	181 882	450 942	32 137	212 809	140 276	676 597	30 683	351 191	30 698	264 026	341 450
19	1 090 549	204 168	494 979	34 301	212 579	144 521	733 534	34 330	396 243	33 305	269 656	357 015
20	1 149 589	209 598	525 594	44 698	225 486	144 214	789 597	40 188	426 043	42 350	281 017	359 992
21	1 257 141	234 224	579 954	35 543	245 669	161 751	839 232	40 692	471 250	35 108	292 182	417 908
22	1 338 236	274 749	531 290	76 766	293 292	162 140	919 608	46 168	458 225	77 403	337 812	418 629

注　　平成25年末までの計数は、国際収支マニュアル第５版基準統計を第６版の基準により組み替えたもの。
資料　財務省「本邦対外資産負債残高の推移」

14.5　経済協力

ODA供与国としての先進国中の順位

OECDのDAC（開発援助委員会）加盟29か国が2022年に供与した政府開発援助（ODA）の総額（支出純額ベース＝支出総額から貸付の返済額を差し引いた純額）は2133億ドルであったが、日本はその9.4％に当たる201億ドルを供与し、ドル建て金額ベースでみて米独に次ぐ世界第３位の援助国であった（表14.5）。20年の５位から英仏を抜いて順位を上げた。一方、21年のODA（贈与相当額ベース、表の純支出額ベースとは定義が異なることに注意）の対国民総所得（GNI）比は、日本は0.34％で12位である。なお、1970年に国連総会はODAの目標をGNP比で0.7％と定めている。

日本のODAの特徴

日本政府は2023年にODA大綱を８年ぶりに改訂し、（1）平和と繁栄への貢献、（2）新しい時代の「人間の安全保障」、（3）開発途上国との対話と協働を通じた社会的価値の共創、（4）包摂性、透明性及び公正性に基づく国際的なルール・指針の普及と実践の主導の４つを基本方針としてODAを推進することとしている。

2021年ODA実績（支出純額）の内訳は、二国間ODAが約74％、国際機関を通じたODAが約26％であった。二国間ODAの援助手法別内訳では、無償資金協力と技術協力などの贈与計が49％、政府貸付等（回収額を差し引いた純額）が51％となっている。かつて指摘されていた贈与比率の低さは、近年は必ずしも当たらない。

図14.5には、日本の二国間ODA実績（支出総額ベース）の地域間配分の推移が示されている。1970年には、二国間ODAの９割以上がアジア地域に集中していたが、その後その割合は徐々に低下し、2000年代以降は概ね５割から６割の間で推移してきた。これに対して、1970年代以降に比率を上げてきたのは中東、アフリカなどの地域である。また、90年代に入って社会主義圏が崩壊し東欧地域が援助対象地域として登場してきたが、欧州地域への二国間援助は2021年では0.5％に留まっている。

このように、以前に比べるとアジア地域の割合は低下しているものの、日本の主要なODA先であることには変わりがない。2021年の東アジア地域における日本のODA先をみると、贈与と政府貸付等の合計（支出総額）で、フィリピンが第１位で、インドネシア、カンボジア、ベトナム、ミャンマーと続いている。

表14.5　DAC諸国のODA動向（支出純額ベース）

金額（100万ドル）、GNI比（%）

	2000年		2010年		2014年		2015		2016		2017		2018	2019	2020	2021	2022
	金額	GNI比	金額	GNI比	金額	GNI比	金額	GNI比	金額	GNI比	金額	GNI比	金額	金額	金額	金額	金額
オーストラリア	2 022	0.27	3 367	0.32	3 705	0.31	3 571	0.29	3 352	0.27	2 907	0.23	3 477	3 320	3 301	3 546	3 081
オーストリア	742	0.23	1 196	0.32	1 131	0.28	1 479	0.35	1 800	0.42	1 338	0.30	1 240	1 355	1 398	1 492	1 979
ベルギー	1 372	0.36	2 928	0.64	2 242	0.46	2 124	0.42	2 525	0.50	2 323	0.45	2 501	2 437	2 538	2 649	2 834
カナダ	2 812	0.25	4 657	0.34	3 748	0.24	4 392	0.28	4 153	0.26	4 344	0.26	5 301	5 227	5 632	6 258	8 908
チェコ共和国	39	0.03	220	0.13	212	0.11	240	0.12	309	0.14	341	0.15	343	352	331	366	978
デンマーク	2 766	1.06	2 624	0.91	2 612	0.86	2 774	0.85	2 557	0.75	2 561	0.74	2 757	2 842	2 824	2 914	2 960
エストニア	1		21	0.10	36	0.14	40	0.15	50	0.19	46	0.16	53	54	55	60	198
フィンランド	609	0.31	1 316	0.55	1 463	0.59	1 400	0.55	1 154	0.44	1 148	0.42	1 041	1 263	1 360	1 498	1 713
フランス	6 422	0.30	11 800	0.50	9 358	0.37	9 841	0.37	10 453	0.38	12 013	0.43	13 572	13 185	16 839	16 722	19 067
ドイツ	7 900	0.27	12 711	0.39	15 192	0.42	20 042	0.52	27 356	0.70	26 725	0.67	27 560	26 736	31 356	32 456	37 559
ギリシャ	344	0.20	414	0.17	208	0.11	243	0.12	378	0.19	315	0.16	295	393	345	341	376
ハンガリー			109	0.09	137	0.11	173	0.13	220	0.17	154	0.11	301	338	451	435	428
アイスランド	13	0.10	38	0.26	41	0.22	44	0.24	59	0.28	60	0.28	73	65	65	71	93
アイルランド	393	0.29	900	0.52	778	0.38	770	0.32	863	0.32	878	0.32	965	1 028	1 030	1 155	2 600
イスラエル	266		179	0.07	216	0.07	274	0.08	405	0.11	442	0.12	427	320	317	409	567
イタリア	2 317	0.13	2 790	0.15	3 539	0.19	4 323	0.22	5 449	0.27	6 111	0.30	5 268	4 639	4 586	6 272	7 103
日本	12 095	0.28	9 042	0.20	9 452	0.20	10 623	0.20	10 767	0.20	12 225	0.23	10 194	11 648	13 171	15 765	20 074
韓国	296	0.04	1 303	0.12	1 797	0.13	1 932	0.14	2 279	0.16	2 129	0.14	2 405	2 668	2 423	2 998	3 186
ラトビア			17	0.06	24	0.08	26	0.09	34	0.11	34	0.11	38	39	45	48	99
リトアニア			39	0.10	43	0.10	56	0.12	66	0.14	65	0.13	72	77	80	86	236
ルクセンブルグ	243	0.70	416	1.05	389	1.06	402	0.95	439	1.00	458	1.00	534	553	498	539	562
オランダ	5 248	0.84	5 998	0.81	5 086	0.64	6 461	0.75	5 594	0.65	5 411	0.60	6 057	5 801	5 669	5 266	6 858
ニュージーランド	252	0.25	369	0.26	438	0.27	457	0.27	455	0.25	434	0.23	612	626	594	685	568
ノルウェー	2 226	0.76	3 599	1.05	3 849	1.00	3 840	1.05	4 157	1.12	3 709	0.99	4 522	4 960	5 374	4 673	4 784
ポーランド	50	0.02	340	0.08	400	0.09	474	0.10	743	0.15	716	0.13	801	829	861	971	[illegible]
ポルトガル	477	0.26	612	0.29	396	0.19	345	0.16	379	0.17	406	0.18	409	417	442	447	450
スロヴァキア共和国	15	0.03	68	0.09	74	0.09	94	0.10	118	0.12	129	0.13	148	128	150	155	180
スロヴェニア			55	0.13	56	0.12	70	0.15	90	0.19	81	0.16	89	96	97	116	173
スペイン	2 044	0.22	5 273	0.43	1 660	0.13	1 512	0.12	4 572	0.34	2 684	0.19	2 726	2 963	2 908	3 358	4 343
スェーデン	2 427	0.80	4 029	0.97	5 036	1.09	7 171	1.40	4 947	0.94	5 504	1.02	6 554	6 033	7 024	5 934	6 053
スイス	1 632	0.32	2 361	0.39	3 193	0.49	3 586	0.51	3 748	0.53	3 303	0.47	3 320	3 375	3 863	3 911	4 539
トルコ	94	0.04	582	0.13	2 378	0.45	2 779	0.50	4 723	0.76	6 431	0.95	7 928	8 231	8 294	7 711	7 004
イギリス	5 579	0.32	12 680	0.57	16 340	0.70	17 799	0.70	19 243	0.70	19 852	0.70	21 776	22 169	20 725	16 278	16 726
アメリカ	14 314	0.10	34 641	0.20	35 850	0.19	33 637	0.17	36 995	0.19	36 634	0.18	36 407	34 912	36 986	47 528	51 446
DAC諸国計	74 651	0.22	125 856	0.31	128 381	0.30	139 821	0.30	155 155	0.32	154 892	0.31	161 319	160 438	172 923	184 886	213 340

注　DAC諸国は、OECD加盟国のうちOCEDガイドラインに沿ったODA政策を明示するなどしていると認定された国。ODA諸国計の数字は、その時点の対象国による合計。OCDE加盟国は現在37ヶ国ある。

資料　OECDウェブサイト上のNet Official Development Assistanceデータから。

図14.5　日本の二国間ODA実績（支出総額ベース）の地域別配分の推移

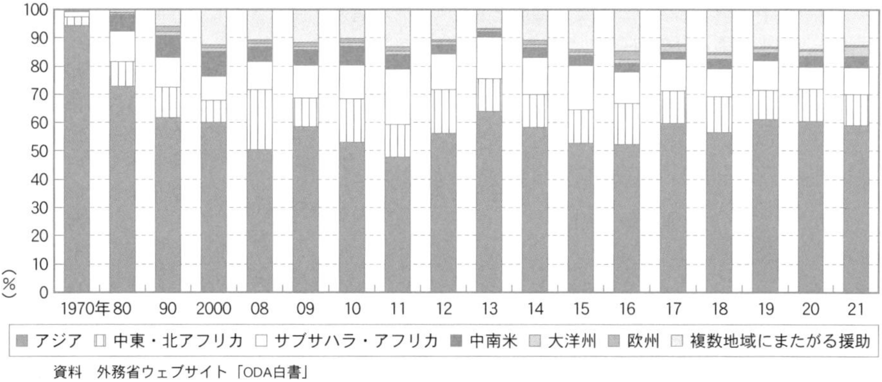

資料　外務省ウェブサイト「ODA白書」

第15章　労働・賃金

15.1　就業状態の推移

2022年の労働力人口は6902万人と横ばいに推移している

労働力人口は、15歳以上人口のうち、仕事をもつ就業者と仕事を探している完全失業者を合わせた人口である。労働力人口は2000年代において人口高齢化（第２章人口を参照）に伴い減少傾向にあったが、10年代には増加に転じ、20年6902万人、21年6907万人、22年6902万人と横ばいに推移している（表15.1）。

非労働力人口のうち家事、通学の減少傾向が続く

非労働力人口の内訳として、家事は2010年の1672万人から22年の1228万人へと444万人減少（10年比で26.6％減）し、通学は10年の696万人から22年の578万人へと118万人減少（10年比で17.0％減）した（表15.1）。

2022年の女性20～59歳の労働力人口比率は75％超

2000年と22 年の年齢階級別労働力人口比率を男女、年齢５歳階級別に比べると、男性では25～59歳で若干低下し、女性では15歳以上のすべての年齢階級で上昇した。22年の女性の労働力人口比率は、20～59歳で75％を超えている。2000年から22年にかけて、女性の労働力人口比率は25～69歳で10％ポイント以上の上昇であった。とくに、30～34歳と60～64歳での上昇幅は20％ポイント以上であった（図15.1.1）。

2023年の就業者数はコロナ禍前の水準に戻りつつある

コロナ禍による就業状態への影響として、2019年７月から23年６月までの就業者の対前年同月増減の推移をみる。就業者数は、20年４月から21年３月までは前年同月と比べて減少したが、21年４月から９月までは20年度の減少分を補うように増加した。その後、21年10月から22年３月までは減少し、22年８月以降は増加傾向にある。19年７月の就業者数6756万人と比べて、23年６月の就業者数は6785万人と、コロナ禍前の水準に戻りつつある（図15.1.2）。

☆☆☆　就業状態の定義（労働力調査）　☆☆☆

15歳以上人口について「月末１週間に収入を伴う仕事を１時間以上したかどうかの別」により、つぎのように分類した。

- 15歳以上人口
  - 労働力人口
    - 就業者
      - 従業者　＜おもに仕事＞　＜通学のかたわらに仕事＞　＜家事などのかたわらに仕事＞
      - 休業者　＜仕事を休んでいた＞
    - 完全失業者　＜仕事を探していた＞
  - 非労働力人口　＜通学＞　＜家事＞　＜その他（高齢者など）＞

○労働力人口比率：15歳以上人口に占める労働力人口の割合

○完全失業率：労働力人口に占める完全失業者の割合

表15.1　就業状態別15歳以上人口、労働力人口比率

（単位　万人）

年	15歳以上人口	労働力人口			非労働力人口				労働力人口比率（%）
			就業者	完全失業者		家事	通学	その他	
1980	8 932	5 650	5 536	114	3 249	1 568	834	847	63.3
90	10 089	6 384	6 249	134	3 657	1 528	989	1 140	63.3
2000	10 836	6 766	6 446	320	4 057	1 775	815	1 466	62.4
10	11 111	6 632	6 298	334	4 473	1 672	696	2 106	59.6
15	11 110	6 625	6 402	222	4 479	1 528	678	2 274	59.6
20	11 108	6 902	6 710	192	4 197	1 317	588	2 292	62.0
21	11 087	6 907	6 713	195	4 171	1 269	588	2 314	62.1
22	11 038	6 902	6 723	179	4 128	1 228	578	2 321	62.5

注　数値は既公表値とは異なり、時系列接続用に補正した数値に置き換えた（比率は除く）。
資料　総務省「労働力統計」

図15.1.1　男女、年齢5歳階級別労働力人口比率

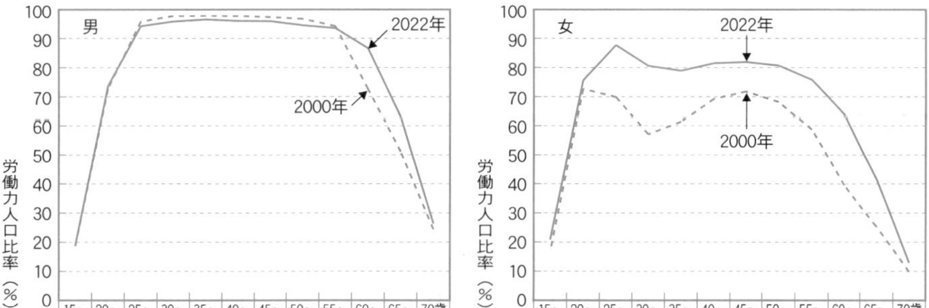

男

	15～19歳	20～24歳	25～29歳	30～34歳	35～39歳	40～44歳	45～49歳	50～54歳	55～59歳	60～64歳	65～69歳	70歳以上
2000年	18.4	72.7	95.8	97.7	97.8	97.7	97.3	96.7	94.2	72.6	51.1	24.3
2022年	18.7	73.6	94.2	95.8	96.5	96.0	95.9	94.5	93.5	86.6	63.1	26.3

（単位　%）

女

	15～19歳	20～24歳	25～29歳	30～34歳	35～39歳	40～44歳	45～49歳	50～54歳	55～59歳	60～64歳	65～69歳	70歳以上
2000年	16.6	72.7	69.9	57.1	61.4	69.3	71.8	68.2	58.7	39.5	25.4	9.8
2022年	20.8	75.6	87.7	80.6	78.9	81.5	81.9	80.7	75.8	64.0	41.8	12.9

（単位　%）

資料　表15.1と同じ。

図15.1.2　就業者数の対前年同月増減（2019年７月～23年６月）

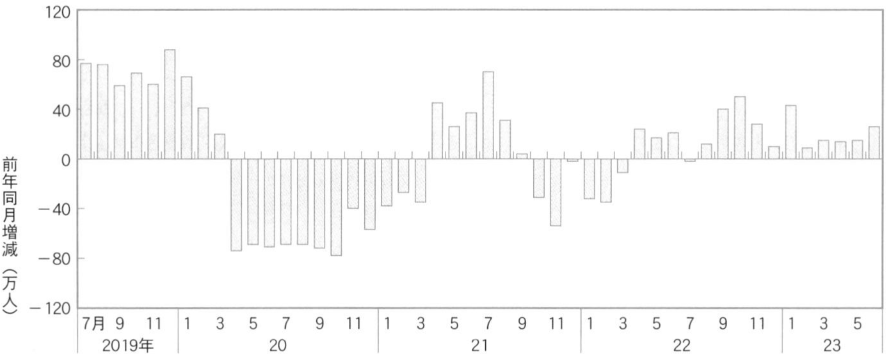

資料　表15.1と同じ。

15.2　産業別・職業別就業者

2022年の医療、福祉の就業者数は908万人と増加が続いている

2010年から22年までの産業別就業者数の推移をみると、「農業、林業」などでは減少傾向にあり、「医療、福祉」と「情報通信業」、「学術研究、専門・技術サービス業」、「教育、学習支援業」などは増加した。「農業、林業」は10年の237万人から22年には192万人へと45万人の減少（10年比で19.0％減）であった。一方、「医療、福祉」は10年の656万人から22年には908万人へと252万人の増加（10年比で38.4％増）、「情報通信業」は10年の197万人から22年の272万人へと75万人の増加（10年比で38.1％増）、「学術研究、専門・技術サービス業」は10年の199万人から22年の254万人へと55万人の増加（10年比で27.6％増）、「教育、学習支援業」は10年の290万人から22年の349万人への59万人の増加（10年比で20.3％増）であった（表15.2.1）。

医療、福祉の増加は社会保険・社会福祉・介護事業の寄与が大きい

就業者数が大きく増加した医療、福祉において、2010年と22年の就業者数を産業中分類、男女別に比べると、医療業は10年の342万人から22年には433万人へと91万人の増加（10年比で26.6％増）、社会保険・社会福祉・介護事業は10年の301万人から22年には460万人へと159万人の増加（10年比で52.8％増）であった。10年から22年までの医療、福祉の就業者数の増加255万人のうち、男性は69万人、女性は185万人であり、就業者数増加の73％は女性の増加分によるものであった（表15.2.2）。

専門的・技術的職業従事者は長期的に増加している

2010年から22年までの職業別就業者数の推移をみると、販売従事者、生産工程従事者、農林漁業従事者などは減少し、専門的・技術的職業従事者、事務従事者などは増加した。販売従事者は10年の890万人から22年には826万人へと64万人の減少（10年比で7.2％減）、生産工程従事者は10年の925万人から22年には870万へと55万人の減少（10年比で5.9％減）、農林漁業従事者は10年の253万人から22年には199万人へと54万人の減少（10年比で21.3％減）であった。一方、専門的・技術的職業従事者は10年の962万人から22年には1277万人へと315万人増加（10年比で32.7％増）、事務従事者は10年の1237万人から22年には1401万人へと164万人増加（10年比で13.3％増）であった。専門的・技術的職業従事者は、10年は就業者全体の15.3％であったものの、22年には就業者全体の19.0％を占めることになった（表15.2.3）。

表15.2.1　産業別就業者数

（単位　万人）

年	総数	農業、林業	非農林業	漁業	鉱業、採石業、砂利採取業	建設業	製造業	電気・ガス・熱供給・水道業	情報通信業	運輸業、郵便業	卸売業、小売業
2010	6 298	237	6 062	18	3	504	1 060	34	197	352	1 062
15	6 402	209	6 194	20	3	503	1 039	29	210	336	1 058
20	6 710	200	6 510	13	2	494	1 051	32	241	349	1 062
21	6 713	195	6 517	13	3	485	1 045	34	258	352	1 069
22	6 723	192	6 531	13	2	479	1 044	32	272	351	1 044
対前年増減率（%）											
2021	0.0	−2.5	0.1			−1.8	−0.6		7.1	0.9	0.7
22	0.1	−1.5	0.2			−1.2	−0.1		5.4	−0.3	−2.3

年	金融業、保険業	不動産業、物品賃貸業	学術研究、専門・技術サービス業	宿泊業、飲食サービス業	生活関連サービス業、娯楽業	教育、学習支援業	医療、福祉	複合サービス事業	サービス業（他に分類されないもの）	公務（他に分類されるものを除く）
2010	163	110	199	386	240	290	656	45	457	223
15	154	121	215	385	231	304	788	59	409	231
20	167	140	245	392	236	341	867	51	454	249
21	168	142	254	371	227	348	891	50	452	250
22	160	141	254	381	225	349	908	50	463	251
対前年増減率（%）										
2021	0.6	1.4	3.7	−5.4	−3.8	2.1	2.8		−0.4	0.4
22	−4.8	−0.7	0.0	2.7	−0.0	0.3	1.9		2.4	0.4

注1　数値は既公表値とは異なり、時系列接続用に補正した数値に置き換えた。
　2　対前年増減率（%）は、100万人未満の産業における数値を表示していない。
資料　総務省「労働力統計」

表15.2.2　医療、福祉における男女別　就業者数、増加幅、寄与率

（単位　万人）

	2010年				2022年				10年から22年までの増加幅				10年から22年までの増加の寄与率			
	医療、福祉				医療、福祉				医療、福祉				医療、福祉			
	総数	医療業	保健衛生	社会保険・社会福祉・介護事業	総数	医療業	保健衛生	社会保険・社会福祉・介護事業	総数	医療業	保健衛生	社会保険・社会福祉・介護事業	総数	医療業	保健衛生	社会保険・社会福祉・介護事業
総数	653	342	10	301	908	433	15	460	255	91	5	159	100%	36%	2%	62%
男	158	91	4	63	227	115	4	108	69	24	0	45	27%	9%	0%	18%
女	495	251	6	238	680	317	11	352	185	66	5	114	73%	26%	2%	45%

資料　表15.2.1と同じ。

表15.2.3　職業別就業者数

（単位　万人）

年	総数	管理的職業従事者	専門的・技術的職業従事者	事務従事者	販売従事者	サービス職業従事者	保安職業従事者	農林漁業従事者	生産工程従事者	輸送・機械運転従事者	建設・採掘従事者	運搬・清掃・包装等従事者
2010	6 298	162	962	1 237	890	754	125	253	925	224	299	413
15	6 402	145	1 059	1 262	856	790	126	223	887	218	299	447
20	6 710	129	1 221	1 360	852	831	133	209	873	218	293	482
21	6 713	129	1 265	1 389	848	806	130	203	865	214	284	488
22	6 723	124	1 277	1 401	826	817	129	199	870	216	276	489
対前年増減率（%）												
2021	0.0	0.0	3.6	2.1	−0.5	−3.0	−2.3	−2.9	−0.9	−1.8	−3.1	1.2
22	0.1	−3.9	0.9	0.9	−2.6	1.4	−0.8	−2.0	0.6	0.9	−2.8	0.2

注　　数値は既公表値とは異なり、時系列接続用に補正した数値に置き換えた。
資料　表15.2.1と同じ。

15.3　従業上の地位別・雇用形態別就業者

2022年の雇用者は6041万人と就業者のうち89.9％

従業上の地位別就業者数を1980年からの長期的な推移でみると、自営業主と家族従業者は減少傾向にあり、雇用者は増加傾向にある。就業者のうち雇用者の占める割合は80年の71.7％から2022年の89.9％へと18.1％ポイント上昇した。雇用者は10年の5500万人から22年には6041万人へと541万人増加（10年比で9.8％増）した。雇用者のうち女性は、10年の2342万人から22年には2765万人へと423万人増加（10年比で18.1％増）し、雇用者のうち女性の占める割合は、10年の42.6％から22年の45.8％へと3.2％ポイント上昇した。一方、自営業主は10年の582万人から22年には514万人へと68万人減少（10年比で11.7％減）、家族従業者は10年の190万人から22年には133万人へと57万人減少（10年比で30.0％減）した（表15.3.1）。

2022年の非正規の職員・従業員の占める割合は36.9％

雇用形態別に2010年から22年までの雇用者数の増減をみると、正規の職員・従業員よりも非正規の職員・従業員の増加分が大きい。正規の職員・従業員は10年の3374万人から22年の3588万人へと214万人増加（10年比で6.3％増）し、非正規の職員・従業員は10年の1763万人から22年の2101万人へと338万人増加（10年比で19.2％増）した。非正規の職員・従業員の内訳として、パート・アルバイトは10年の1196万人から22年の1474万人へと278万人増加（10年比で23.2％増）し、労働者派遣事業所の派遣社員は10年の96万人から22年の149万人へと53万人増加（10年比で55.2％増）した。非正規の職員・従業員の占める割合は、10年の34.4％から22年には36.9％へと2.5％ポイント上昇した（表15.3.2）。

2022年２月以降、非正規の職員・従業員は増加傾向

コロナ禍による就業状態への影響として、2019年７月から23年６月までの正規の職員・従業員と非正規の職員・従業員の対前年同月増減の推移をみる。正規の職員・従業員は増加傾向が続いている一方、非正規の職員・従業員は、20年３月以降、前年同月と比べて大幅な減少がつづき、20年４月から21年３月までの20年度における非正規の職員・従業員の減少幅はすべての月で50万人を超えていた。コロナ禍は非正規の職員・従業員の雇用により強く影響を及ぼしたことがわかる。非正規の職員・従業員は22年２月以降、おおむね増加傾向に転じており、19年７月の2179万人に対して23年６月には2133万人まで回復している（図15.3）。

表15.3.1　従業上の地位別就業者数

（単位　万人）

年	就業者	自営業主		家族従業者	雇用者			雇用者の占める割合（%）	雇用者のうち女性の占める割合（%）
			雇有業主			男	女		
1980	5 536	951	186	603	3 971	2 617	1 354	71.7	34.1
90	6 249	878	193	517	4 835	3 001	1 834	77.4	37.9
2000	6 446	731	182	340	5 356	3 216	2 140	83.1	40.0
10	6 298	582	154	190	5 500	3 159	2 342	87.3	42.6
15	6 402	546	131	162	5 663	3 181	2 483	88.5	43.8
20	6 710	527	118	140	6 005	3 284	2 721	89.5	45.3
21	6 713	523	115	139	6 016	3 278	2 739	89.6	45.5
22	6 723	514	111	133	6 041	3 276	2 765	89.9	45.8

注　数値は既公表値とは異なり、時系列接続用に補正した数値に置き換えた。
資料　総務省「労働力統計」

表15.3.2　雇用形態別雇用者数

（単位　万人）

年	雇用者	役員を除く雇用者	正規の職員・従業員	非正規の職員・従業員	パート・アルバイト	労働者派遣事業所の派遣社員	契約社員・嘱託	その他	正規の職員・従業員の占める割合（%）	非正規の職員・従業員の占める割合（%）
2010	5 508	5 138	3 374	1 763	1 196	96	333	138	65.6	34.4
15	5 653	5 304	3 317	1 986	1 370	127	406	84	62.5	37.5
20	6 000	5 655	3 556	2 100	1 479	139	395	86	62.8	37.2
21	6 007	5 662	3 587	2 075	1 463	141	390	82	63.3	36.7
22	6 032	5 689	3 588	2 101	1 474	149	395	83	63.1	36.9

注1　表15.3.1と同じ。
　2　割合は「正規の職員・従業員」と「非正規の職員・従業員」の合計に占める割合を示す。
　3　詳細集計は基本集計の約４分の１の世帯が対象であることなどから、雇用者数は基本集計の数値と一致しない。
資料　総務省「労働力統計（詳細集計）」

図15.3　正規と非正規の職員・従業員の対前年同月増減（2019年７月～23年６月）

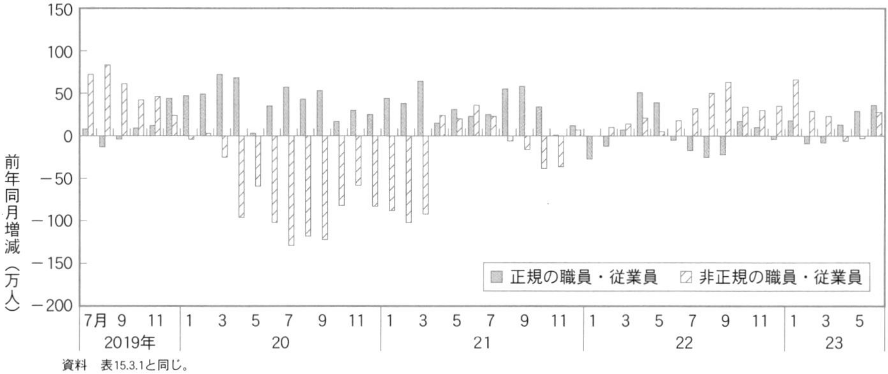

資料　表15.3.1と同じ。

15.4　完全失業者と求人状況

2022年の完全失業率は2.6％、有効求人倍率は1.28倍

完全失業者は、仕事がなくて調査週間中に少しも仕事をしなかった者で、かつ仕事があればすぐ就くことができる状態にあり、調査週間中に仕事を探す活動や事業を始める準備をしていた者である。完全失業率は労働力人口に占める完全失業者の割合である。また、有効求人倍率は、公共職業安定所で扱った有効求人数を有効求職者数で除したものである。

完全失業率を1980年からの長期的な推移でみると、完全失業率は90年代において次第に高まり、80年代の２％台から98年には４％の水準に達した。2011年以降、完全失業率は低下傾向にあり、19年の2.4％を底に、20年2.8％、21年2.8％と上昇し、22年は2.6％であった。また、有効求人倍率は12年の0.80倍から上昇し続け、19年1.60倍に達したのち、21年1.13倍へと低下し、22年は1.28倍であった（図15.4）。

非自発的な離職の割合は男性28.0％、女性21.9％

仕事を探し始めた理由によって2022年の完全失業者を分類すると、仕事をやめたことを求職理由とする者は65.9％であり、新たに求職しはじめた者は26.3％であった。離職は、定年又は雇用契約の満了、勤め先や事業の都合による「非自発的な離職による者」と自分又は家族の都合による「自発的な離職による者」に分けられる。男性と女性の求職理由別割合を比べると、非自発的な離職による者は男性28.0％、女性21.9％と男性の方が6.1％ポイント高い。また、自発的な離職による者は男性37.4％、女性42.5％と女性の方が5.1％ポイント高い（表15.4.1）。

2022年の追加就労希望就業者は195万人、潜在労働力人口は35万人

労働力調査（詳細集計）は、未活用労働を含む就業状態区分を採用し、パートタイム等の就業者の中で仕事を追加したい者（追加就労希望就業者）や非労働力人口の中で仕事に就くことを希望しているが、今は仕事を探していない者等（潜在労働力人口）の区分を設けている。就業者のうち、就業時間が35時間未満で就業時間の追加を希望する追加就労希望就業者は2022年に195万人（女性の占める割合66.7％）であった。非労働力人口のうち、潜在労働力人口は22年に35万人（女性の占める割合62.9％）であった。潜在労働力人口35万人は拡張求職者７万人と就業可能非求職者28万人から成る。また、失業者のうち、「定年又は雇用契約の満了」及び「勤め先や事業の都合」などの理由で失業した深刻度の高い非自発的失業者は50万人（女性の占める割合38.0％）と、失業者198万人のうちの25.3％を占めている（表15.4.2）。

図15.4　完全失業率と有効求人倍率

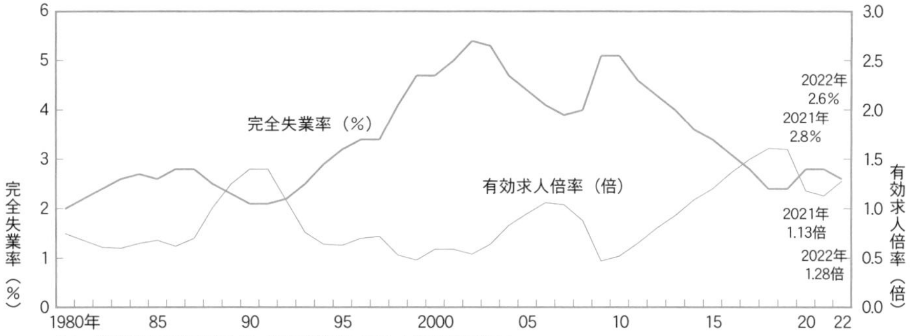

注１　数値は既公表値とは異なり、時系列接続用に補正した数値に置き換えた。
　２　2011年の数値は、東日本大震災で被災した岩手県、宮城県及び福島県の数値に関して補完的に推計した値である。
　３　有効求人倍率は新規学卒者を除きパートタイムを含む。
資料　総務省「労働力統計」、厚生労働省「一般職業紹介状況」

表15.4.1　求職理由別完全失業者数（2022年）

	男女計		男		女	
	（万人）	（％）	（万人）	（％）	（万人）	（％）
完全失業者	179	100.0	107	100.0	73	100.0
仕事を辞めたため求職	118	65.9	70	65.4	48	65.8
非自発的な離職による者	46	25.7	30	28.0	16	21.9
定年又は雇用契約の満了	18	10.1	12	11.2	6	8.2
勤め先や事業の都合	29	16.2	18	16.8	11	15.1
自発的な離職による者（自分又は家族の都合）	72	40.2	40	37.4	31	42.5
新たに求職	47	26.3	28	26.2	20	27.4
学卒未就職者	7	3.9	5	4.7	3	4.1
収入を得る必要が生じたから	24	13.4	13	12.1	11	15.1
その他	15	8.4	10	9.3	6	8.2

注　　完全失業者には「仕事を探しはじめた理由」が不詳である者を含む。
資料　総務省「労働力調査」

表15.4.2　男女別　追加就労希望就業者、非自発的失業者、拡張求職者、就業可能非求職者（2022年）

	男女計（万人）	男（万人）	女（万人）	女性の占める割合（％）
15歳以上人口	11 017	5 312	5 705	51.8
労働力人口	6 911	3 803	3 108	45.0
就業者	6 713	3 690	3 023	45.0
うち追加就労希望就業者	195	65	130	66.7
失業者	198	113	85	42.9
うち完全失業者	179	107	72	40.2
うち非自発的失業者	50	32	19	38.0
非労働力人口	4 105	1 508	2 597	63.3
うち潜在労働力人口	35	13	22	62.9
拡張求職者	7	2	5	71.4
就業可能非求職者	28	12	17	60.7

注１　「追加就労希望就業者」とは、就業時間が週35時間未満の就業者のうち、就業時間の追加を希望しており、追加できる者である。
　２　「非自発的失業者」とは、失業者のうち、「定年又は雇用契約の満了」及び「勤め先や事業の都合」により失業した深刻度の高い者である。
　３　「潜在労働力人口」とは，就業者でも失業者でもない者のうち、１か月以内に求職活動を行っており、すぐではないが２週間以内に就業できる者（拡張求職者）と１か月以内に求職活動を行っていないが、就業を希望しており、すぐに就業できる者（就業可能非求職者）からなる。
資料　総務省「労働力統計（詳細集計）」

15.5　労働時間

2022年の一般労働者の実労働時間は162.3時間と横ばいに推移

常用労働者は、労働時間の長短によりフルタイム労働者である一般労働者とパートタイム労働者に区分される。一般労働者の労働時間は、2012年の169.2時間/月から18年の167.5時間/月までの期間、ほぼ横ばいに推移して、19年164.8時間/月、20年160.4時間/月と減少し、22年は162.3時間/月であった。パートタイム労働者の労働時間は、12年の92.0時間/月から21年の78.8時間/月へと減少し、22年は79.6時間/月であった。また、パートタイム労働者の占める割合は12年の28.7％から22年には31.6％へと2.9％ポイント上昇した（図15.5.1）。

2022年の一般労働者の所定外労働時間は前年から4.8％増

労働時間は、正規の始業時刻と終業時刻の間の実労働時間である所定内労働時間と早出・残業、休日出勤等による所定外労働時間から成る。一般労働者に限定すると、2015年から19年までの期間において、所定内労働時間と所定外労働時間はともに大きな変動はなかった。19年から20年への労働時間の変化は、所定内労働時間1.5％減、所定外労働時間13.0％減であり、所定外労働時間の減少によるところが大きい。また、所定外労働時間の変化は21年に前年比6.2％増、22年に前年比4.8％増であり、コロナ禍以前の状況に戻りつつある（図15.5.2）。

年間就業日数200日以上の雇用者でテレワーク実施者は22.8％

コロナ禍による就業状態への影響として、情報通信技術を活用して、オフィスから離れた場所で仕事を行うテレワークの導入が挙げられる。2022年の有業者6706万人のうちテレワークを実施した者は1265万人であり、テレワークを実施した者の割合は18.9％であった。テレワークを実施した者の割合は、年間就業日数200日未満では9.4％、200日以上では21.9 ％と12.5％ポイントの差がある。年間就業日数200日未満と200日以上の両方とも、週間就業時間が49～59時間の有業者においてテレワークを実施した者の割合が高く、年間就業日数200日以上で週間就業時間49～59時間の雇用者のうち、テレワークを実施した者の割合は30.5％に達している（表15.5）。

☆☆☆ 常用労働者、一般労働者、パートタイム労働者（毎月勤労統計調査）☆☆☆

常用労働者は、給与を支払われる労働者のうち、調査期間の前２か月にそれぞれ18日以上雇い入れられた者である。常用労働者は一般労働者とパートタイム労働者に分けられ、パートタイム労働者は、１日の所定労働時間、あるいは所定労働日数が一般の労働者よりも短い者と定義されている。一般労働者は常用労働者のうちパートタイム労働者以外の者であり、フルタイム労働者と考えることができる。

図15.5.1　常用労働者　就業形態別平均月間実労働時間（事業所規模５人以上）

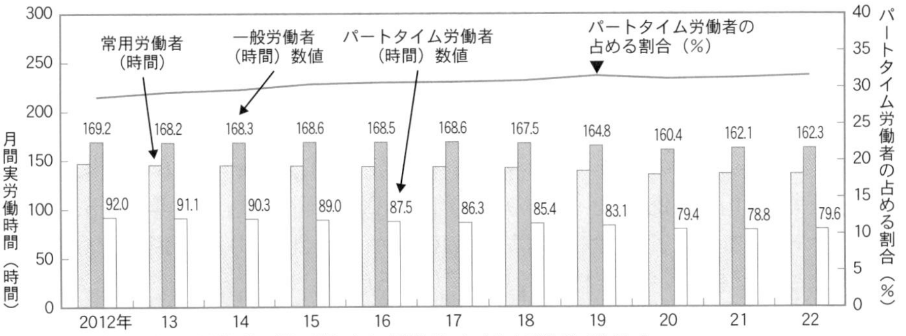

注　　常用労働者は所定労働日数・時間の長短により一般労働者とパートタイム労働者に分けられる。
資料　厚生労働省「毎月勤労統計」

図15.5.2　一般労働者　労働時間指数（事業所規模５人以上）

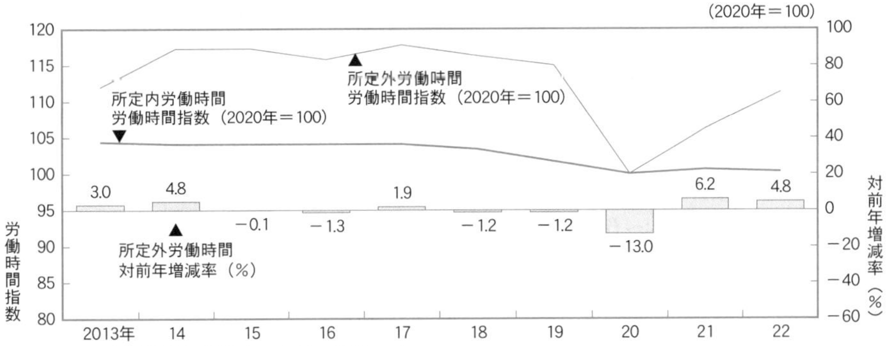

注１　労働時間指数は、基準年を2020年として遡及改訂した。
　２　対前年増減率は遡及改訂していないため、改定後の指数で計算したものと一致しないことがある。
資料　図15.5.1と同じ。

表15.5　年間就業日数、週間就業時間、テレワーク実施の有無別有業者数（2022年）

	総数（万人）	うちテレワークを実施した者（万人）	テレワークを実施した者の割合	うち雇用者（万人）	うちテレワークを実施した者（万人）	テレワークを実施した者の割合
総数	6 706	1 265	18.9%	6 077	1 186	19.5%
200日未満	1 532	143	9.4%	1 330	116	8.7%
35時間未満	740	49	6.7%	694	42	6.1%
35～42時間	158	28	17.7%	152	27	17.7%
43～48時間	35	5	15.0%	34	5	15.2%
49～59時間	27	6	24.2%	25	6	25.1%
60時間以上	18	2	11.3%	17	2	11.6%
200日以上	5 077	1 114	21.9%	4 679	1 065	22.8%
35時間未満	767	106	13.8%	660	90	13.6%
35～42時間	2 431	545	22.4%	2 319	528	22.8%
43～48時間	810	201	24.8%	754	197	26.1%
49～59時間	680	195	28.7%	622	190	30.5%
60時間以上	327	59	18.1%	273	54	19.6%

注　　テレワークを実施した者とは、情報通信技術を活用して、本拠地のオフィスから離れた場所で仕事をしたことがある者である。
資料　総務省「就業構造基本統計」

15.6　賃金

2022年の一般労働者の実質賃金指数は100.1と横ばいに推移

現金給与総額は、定期給与（所定内給与と所定外給与）と特別給与（賞与、期末手当等）から成る。一般労働者における現金給与総額の実質賃金指数は、名目賃金指数を消費者物価指数（持家の帰属家賃を除く総合）で除して算出したものである。名目賃金指数は2012年96.4、16年99.4、19年101.8と上昇傾向にあったものの、20年は100.0に下落し、21年100.5、22年102.8であった。実質賃金指数は14年101.1から、20年100.0、21年100.8、22年100.1とほぼ横ばいに推移している（図15.6.1）。

男性45～59歳における雇用形態別の所定内給与の格差は月15万円超

常用労働者を雇用形態別に正社員・正職員と正社員・正職員以外とに分類して、１か月当たりの所定内給与の格差をみる。2022年の所定内給与額では、男女ともにすべての年齢５歳階級において、正社員・正職員の給与額の方が多く、女性よりも男性の方が雇用形態間の賃金格差は大きい。男性の45～59歳では１か月当たり15万円を超える格差が、女性の50～59歳では１か月当たり10万円を超える格差が生じている。また、正社員・正職員の給与額を年齢階級でみると、男女ともに55～59歳の所定内給与額が最も多くなっており、60～64歳では少なくなっている。正社員・正職員以外の給与額は、男女ともに正社員・正職員の給与額の状況とは大きく異なり、年齢とともに多くなっていない。ただし、正社員・正職員以外の勤続年数は、正社員・正職員の勤続年数に比べて短いため、正社員・正職員以外の給与額には、勤続年数や仕事内容の違いによる影響もある（図15.6.2）。

2023年の最低賃金全国加重平均額は1,004円、引き上げ幅は39～47円

最低賃金制度とは、国が賃金の最低限度を定め、使用者は、その最低賃金額以上の賃金を支払わなければならないとする制度であり、最低賃金はほぼ毎年改定されている。最低賃金のうち地域別最低賃金は、各都道府県別に、産業や職種にかかわりなく定められており、所定内給与のうちの基本給に該当する。地域別最低賃金は、2002年から06年まではほぼ横ばいに推移していたが、07年以降は上昇し続け、23年の全国加重平均額は1,004円と22年から43円上がり、平均額として1,000円を上回ることになった。23年の最高額は1,113円、最低額は893円であった。最高額と最低額との差は、2000年代前半までは100円程度であったが、13年以降は200円以上となり、23年は220円の差であった（図15.6.3）。

図15.6.1　一般労働者賃金指数（事業所規模５人以上）

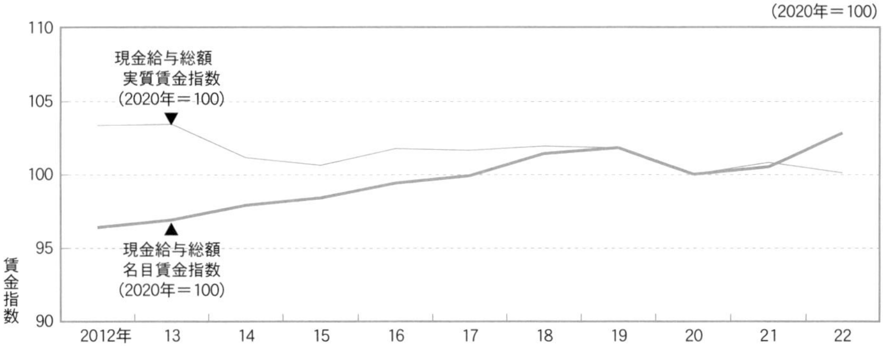

注　　実質賃金指数は名目賃金指数を消費者物価指数（持家の帰属家賃を除く総合）で除して算出した。
資料　厚生労働省「毎月勤労統計」

図15.6.2　男女、雇用形態、年齢５歳階級別所定内給与（2022年）

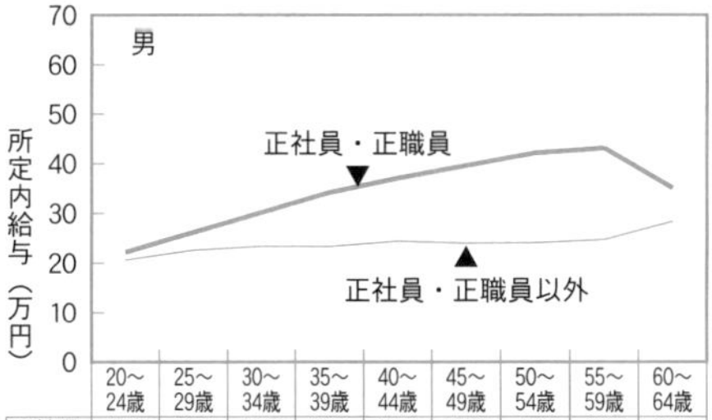

男	20〜24歳	25〜29歳	30〜34歳	35〜39歳	40〜44歳	45〜49歳	50〜54歳	55〜59歳	60〜64歳
正社員	22.2	26.2	30.2	34.2	37.1	39.6	42.1	43.1	35.1
正社員以外	20.6	22.6	23.4	23.3	24.4	24.0	24.1	24.7	28.4

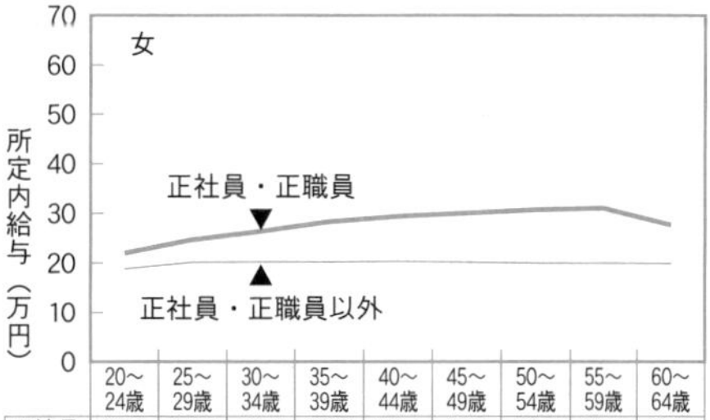

女	20〜24歳	25〜29歳	30〜34歳	35〜39歳	40〜44歳	45〜49歳	50〜54歳	55〜59歳	60〜64歳
正社員	22.0	24.7	26.4	28.3	29.4	30.0	30.7	31.0	27.7
正社員以外	18.8	20.2	20.2	20.2	20.4	20.2	20.0	20.0	19.9

注　　常用労働者10人以上を雇用する事業所に雇用される一般労働者の所定内給与を示す。
資料　厚生労働省「賃金構造基本統計」

図15.6.3　地域別最低賃金の全国加重平均額、最高額、最低額

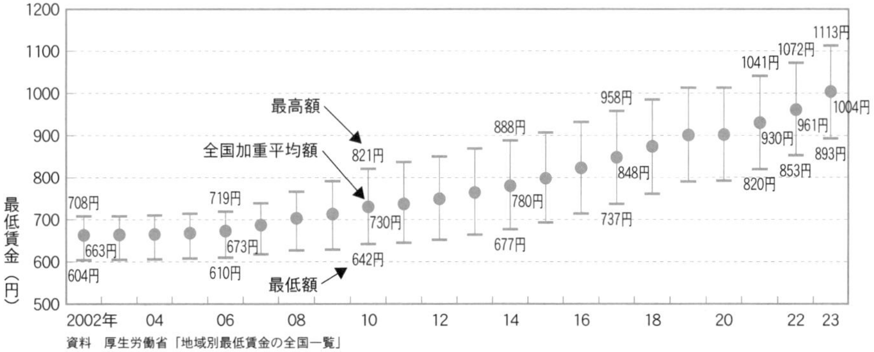

資料　厚生労働省「地域別最低賃金の全国一覧」

15.7　一般労働者の教育別・企業規模別給与

高卒と大卒の給与額の差は、男女とも55～59歳で最も大きい

フルタイム労働者である一般労働者に限定して、高校卒と高専・短大卒、大学卒別に、年齢階級別１か月当たりの所定内給与をみると、男女ともにすべての年齢層において大学卒の給与額が最も多い。所定内給与の教育別格差が大きい年齢階級は男女とも55～59歳であり、男性の場合、高校卒の35.0万円と大学卒の51.4万円では１か月当たり16.4万円の差、女性の場合、高校卒の24.2万円と大学卒の37.6万円では１か月当たり13.4万円の差がある。また、教育と年齢階級の同じ区分で所定内給与を男女で比べると、男性は女性よりも給与額が多く、45～59歳の大学卒で10万円以上の差がある（図15.7.1）。ただし、男女間には勤続年数や職種、雇用形態等の違いもあり、単純な比較によって男女間の格差を指摘することはできない。

女性の高校卒における企業規模別給与の格差は小さい

教育別を高校卒と大学卒に限定して、男女、企業規模、年齢５歳階級別の所定給与をみる。男性の高校卒の場合、すべての年齢階級において大企業（1000人以上）のみ給与額が多い状況であり、中企業（100～999人）と小企業（10～99人）との給与格差は大きいとは言えない。例えば、企業規模別の給与格差の最も大きい55～59歳において、１か月当たりで小企業32.0万円、中企業33.9万円、大企業40.6万円であり、小企業と中企業では1.9万円の差、中企業と大企業では6.7万円の差である。これに対して、女性の高校卒の場合は、企業規模と年齢階級による差は男性ほど大きくなく、給与格差の最も大きい55～59歳において小企業と大企業は１か月当たり4.2万円の差である（図15.7.2）。

男性の大学卒における企業規模別給与の格差は大きい

大学卒の場合、男女ともに企業規模の大きい方が給与額は多い。例えば、男性50～54歳の場合、１か月当たりで小企業41.0万円、中企業47.5万円、大企業56.3万円であり、小企業と大企業では15.3万円の差である。女性50～54歳の場合、１か月当たりで小企業32.0万円、中企業36.6万円、大企業39.7万円であり、小企業と大企業では7.7万円の差である（図15.7.2）。

企業規模別の給与格差をみると、高校卒の女性を除いて、男女ともに、ほとんどの年齢階級において企業規模の大きいほど給与額が多い。小企業と大企業との給与格差が最も大きいのは、男性の大学卒である。また、女性は男性ほど企業規模別の給与格差はない。

図15.7.1　男女、教育、年齢５歳階級別所定内給与（2022年）

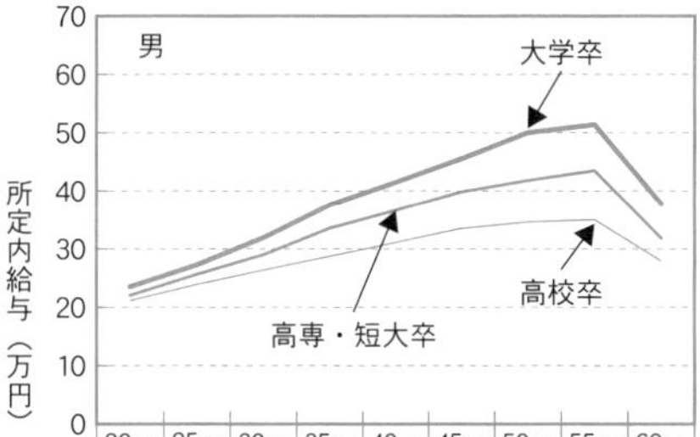

	20～24歳	25～29歳	30～34歳	35～39歳	40～44歳	45～49歳	50～54歳	55～59歳	60～64歳
高校卒	21.1	23.9	26.4	28.7	31.1	33.5	34.6	35.0	27.9
高専・短大卒	22.0	25.7	29.0	33.6	36.4	39.8	41.8	43.5	31.8
大学卒	23.5	27.3	31.9	37.6	41.5	45.5	50.0	51.4	37.7

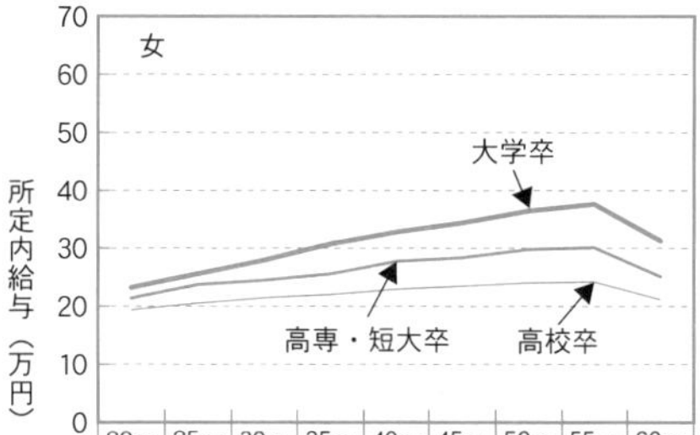

	20～24歳	25～29歳	30～34歳	35～39歳	40～44歳	45～49歳	50～54歳	55～59歳	60～64歳
高校卒	19.4	20.5	21.4	22.0	22.9	23.5	24.0	24.2	21.1
高専・短大卒	21.4	23.7	24.5	25.6	27.7	28.4	29.8	30.1	25.1
大学卒	23.2	25.6	27.9	30.7	32.8	34.3	36.4	37.6	31.2

注　常用労働者10人以上を雇用する事業所に雇用される一般労働者の所定内給与を示す。
資料　厚生労働省「賃金構造基本統計」

図15.7.2　男女、教育、企業規模、年齢５歳階級別所定内給与（2022年）

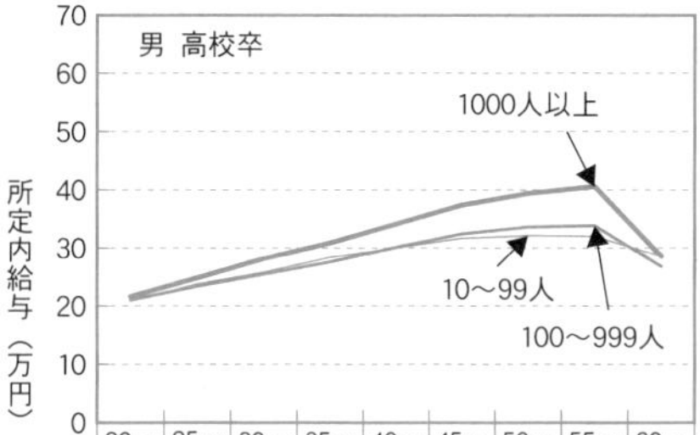

	20～24歳	25～29歳	30～34歳	35～39歳	40～44歳	45～49歳	50～54歳	55～59歳	60～64歳
10～99人	20.8	23.8	25.8	28.4	30.0	31.7	32.1	32.0	28.5
100～999人	21.0	23.4	25.5	27.6	30.1	32.4	33.6	33.9	26.8
1000人以上	21.6	24.8	28.2	30.9	34.2	37.4	39.4	40.6	28.5

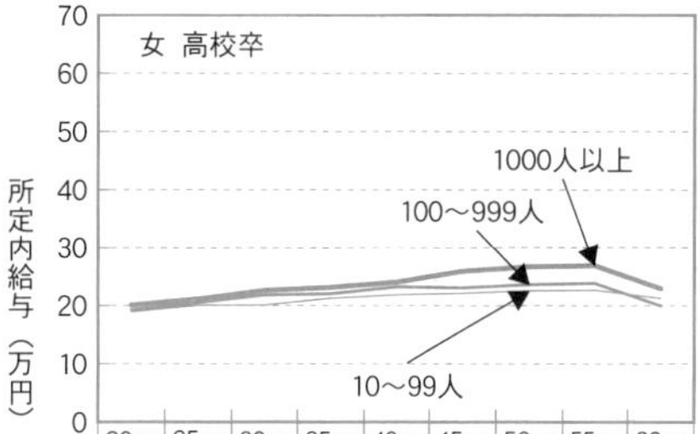

	20～24歳	25～29歳	30～34歳	35～39歳	40～44歳	45～49歳	50～54歳	55～59歳	60～64歳
10～99人	18.9	20.0	20.1	21.3	21.9	22.1	22.6	22.7	21.3
100～999人	19.2	20.5	21.8	22.0	23.2	23.1	23.6	23.8	20.0
1000人以上	20.1	21.1	22.6	23.1	24.0	25.9	26.7	26.9	22.9

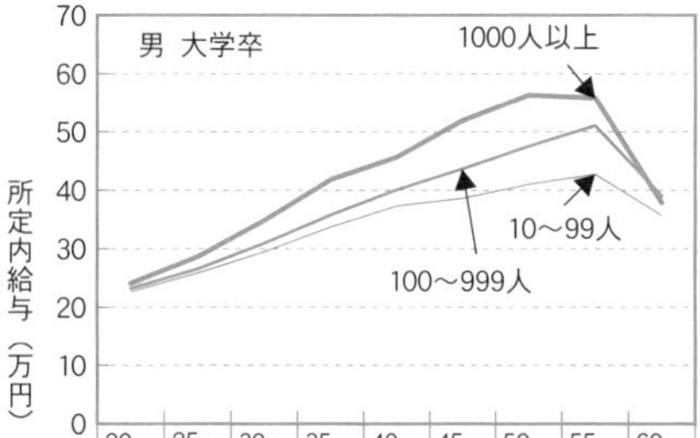

	20～24歳	25～29歳	30～34歳	35～39歳	40～44歳	45～49歳	50～54歳	55～59歳	60～64歳
10～99人	22.6	25.9	29.5	33.7	37.3	38.6	41.0	42.7	35.7
100～999人	23.2	26.6	30.9	35.8	40.1	43.7	47.5	51.0	39.0
1000人以上	24.1	28.6	34.8	41.8	45.7	51.9	56.3	55.8	37.8

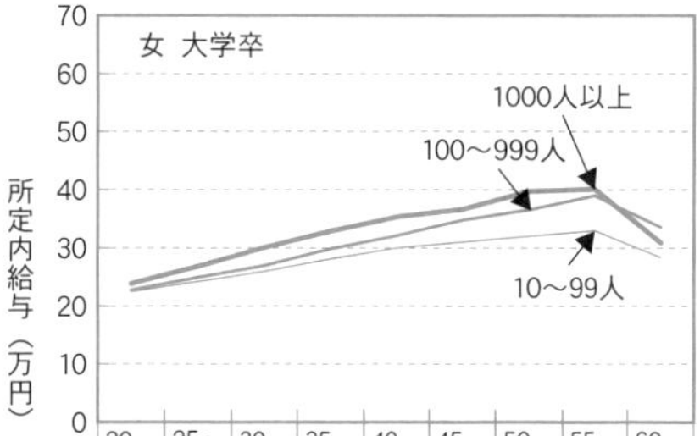

	20～24歳	25～29歳	30～34歳	35～39歳	40～44歳	45～49歳	50～54歳	55～59歳	60～64歳
10～99人	22.5	24.2	26.0	28.1	30.0	31.0	32.0	33.0	28.4
100～999人	22.8	24.9	27.0	29.8	32.1	34.8	36.6	39.0	33.6
1000人以上	23.9	26.8	30.1	32.9	35.3	36.6	39.7	40.1	30.9

資料と注　図15.7.1と同じ

第16章　企業活動

16.1　企業等組織、産業別、規模別

企業等数、常用雇用者数で増加

企業等数は、2014年から16年にかけて24.2万減少し、16年から21年にかけてさらに17.2万減少した。うち個人企業はそれぞれ11.1万の減少、36万の減少となっている。個人企業はこのように減少が続いている。一方、法人企業は14年から16年にかけて13.1万の減少であったが、16年から21年かけては18.8万の増加となっている。こうして、会社企業の常用雇用者数も16年から21年にかけて196.1万人増加した。これは、2019年実施の経済センサスから国税庁法人番号公表サイトの登録データが利用できるようになったため、新たに把握された企業が増えたことにもよる（表16.1.1）。

常用雇用者の94.0％が法人企業で雇用

2021年調査では、海外を含む常用雇用者数では、株式・有限・相互会社が78.1％を占めている。常用雇用者数の95.4％が法人企業で雇用されており、個人企業での雇用は4.6％である（表16.1.1）。会社以外の法人の常用雇用者数が16.6％を占めているが、これは学校法人、医療法人、宗教法人、事業協同組合などによる雇用である。

常用雇用者数は医療・福祉で最も増え、宿泊・飲食で大幅減

2016年から21年にかけて常用雇用者数が最も増えたのは医療・福祉で、76.8万増の710.3万、しかし企業等数は0.4万増の29.9万にとどまった。医療・福祉は、21年の企業等数の割合は8.1％（第７位）にとどまるものの、常用雇用者数の割合は14.2％（第３位）である。

常用雇用者数が多いのは、卸売業・小売業と製造業、次いで医療・福祉である。いずれも16年から21年にかけて増加している。一方、減少が激しいのが、宿泊業・飲食サービス業である（表16.1.2）。

会社企業の75.6％が常用雇用者10人未満

2021年に178.1万社あった会社企業のうち75.6％が常用雇用者規模10人未満の企業であるが、常用雇用者数の構成比は8.2％にとどまる。他方、常用雇用者数5000人以上の企業等数は0.03％に過ぎないが、常用雇用者数では19.9％を占める。資本金をみると、1000万円未満の企業等数は58.2％であるが、その常用雇用者数は65.9％である。他方、資本金50億円以上の企業等数は、0.1％にとどまる（表16.1.3）。

注：本章では、産業大分類の表記は紛れのないよう○、○を○・○とした。

表16.1.1　経営組織別の企業等数、増減数、常用雇用者数

経営組織別	実数（万）						2016年→2021年	
	2014年		2016年		2021年		企業等の増減数	常用雇用者の増減数
	企業等数	常用雇用者数	企業等数	常用雇用者数	企業等数	常用雇用者数		
総数	409.8	4809.9	385.6	4793.1	368.4	4989.2	－17.2	196.1
法人	200.9	4508.5	187.7	4507.1	206.5	4760.5	18.8	253.4
会社企業	175.0	3777.7	162.9	3755.7	178.1	3931.8	15.2	176.1
株式・有限・相互会社	172.1	3757.6	160.0	3735.3	172.5	3898.9	12.4	163.6
合名・合資会社	1.6	8.7	1.4	7.6	1.3	6.1	－0.1	－1.5
合同会社	1.2	11.5	1.5	12.9	4.3	26.8	2.9	14.0
会社以外の法人	25.8	730.8	24.8	751.4	28.4	828.6	3.6	77.3
個人	209.0	301.4	197.9	286.0	161.9	228.7	－36.0	－57.3

注　企業等とは、事業・活動を行う法人（外国の会社を除く）又は個人経営の事業所をいう。常用雇用者数には海外を含む。
資料　総務省「平成26年経済センサス－基礎調査」、「平成28年経済センサス－活動調査」、「令和３年経済センサス－活動調査」

表16.1.2　産業大分類別企業等数、常用雇用者数

産業大分類	実数（万）						2016年→2021年	
	2014年		2016年		2021年		企業等の増減数	常用雇用者の増減数
	企業等数	常用雇用者数	企業等数	常用雇用者数	企業等数	常用雇用者数		
合計	409.8	4 810	385.6	4 793	368.4	4 989	－17.2	196.1
農林漁業（個人経営を除く）	2.7	23.7	2.6	24.2	3.5	29.1	0.9	4.9
鉱業、採石業、砂利採取業	0.2	1.9	0.1	1.9	0.1	1.9	0.0	0.1
建設業	45.6	288.2	43.2	280.7	42.6	293.3	－0.6	12.7
製造業	41.8	921.4	38.5	891.0	34.0	893.2	－4.5	2.1
電気・ガス・熱供給・水道業	0.1	19.8	0.1	19.0	0.5	20.6	0.4	1.6
情報通信業	4.6	148.0	4.4	150.7	5.7	183.4	1.3	32.7
運輸業、郵便業	7.5	290.9	6.9	282.9	6.7	299.4	－0.2	16.5
卸売業、小売業	90.8	944.4	84.2	938.8	74.1	943.3	－10.1	4.5
金融業、保険業	3.2	141.5	2.9	145.2	3.1	142.4	0.2	－2.8
不動産業、物品賃貸業	32.3	93.4	30.3	94.9	32.8	102.2	2.5	7.3
学術研究、専門・技術サービス業	19.6	129.9	19.0	133.8	21.5	152.6	2.5	18.8
宿泊業、飲食サービス業	54.7	401.8	51.2	402.9	42.7	360.7	－8.5	－42.2
生活関連サービス業、娯楽業	38.6	178.4	36.6	170.9	33.5	157.2	－3.1	－13.7
教育、学習支援業	12.0	162.5	11.4	167.6	10.9	186.6	－0.5	19.0
医療、福祉	30.1	610.8	29.4	633.5	29.9	710.3	0.4	76.8
複合サービス事業	0.6	67.6	0.6	67.2	0.5	62.8	－0.0	－4.4
サービス業（他に分類されないもの）	25.5	385.6	24.3	387.9	26.3	450.2	2.0	62.2

資料　表16.1.1と同じ。

表16.1.3　会社企業の常用雇用者別、資本金額別企業数及び常用雇用者数

常用雇用者規模	2021年企業等数（万）	構成比％	2021年常用雇用者数(万)	構成比％	資本金規模	2021年企業等数（万）	構成比％
合計	178.1	100.0	3 931.8	100.0	合計	178.1	100.0
０～４人	107.2	60.2	143.2	3.6	300万円未満	20.3	11.4
５～９人	27.4	15.4	181.2	4.6	300万～500万円未満	57.9	32.5
10～19人	19.1	10.7	259.6	6.6	500万～1000万円未満	25.4	14.3
20～29人	7.8	4.4	185.7	4.7	1000万～3000万円未満	55.5	31.1
30～49人	6.7	3.8	254.6	6.5	3000万～5000万円未満	7.3	4.1
50～99人	5.0	2.8	348.9	8.9	5000万～１億円未満	5.2	2.9
100～299人	3.4	1.9	555.7	14.1	１億～３億円未満	1.7	1.0
300～999人	1.1	0.6	568.0	14.4	３億～10億円未満	0.7	0.4
1000～1999人	0.2	0.1	289.1	7.4	10億～50億円未満	0.4	0.2
2000～4999人	0.1	0.1	361.5	9.2	50億円以上	0.2	0.1
5000人以上	0.1	0.03	784.3	19.9			

注　資本金不詳の企業を含むため、各階級の計は合計と一致しない。
資料　総務省「令和３年経済センサス－活動調査」

16.2　産業別にみた企業等数、事業所数、従業者数

企業等数は、卸・小売、宿泊・飲食、製造、生活関連で大きく減少

東日本大震災の後、コロナ禍を経て、2014年、16年、21年と調査のたびに企業等数が減少してきた。14年から16年にかけて24.2万（5.9%）の減少、16年から21年にかけて17.2万（4.5%）の減少である。

企業等数は、16年にかけては産業を問わず軒並み減少していたが、21年にかけては様相が変わってきた。企業等数が増加する産業と減少する産業に分かれてきたのである。企業等数10万以上の産業で減少数が最も多かったのが卸売業・小売業の10.1万減（12.0%減）である。次いで減少数の多かったのが、宿泊業・飲食サービス業の8.5万減、製造業の4.5万減、生活関連サービス業・娯楽業の3.1万減である。増加したのは不動産・物品賃貸業、学術研究・専門・技術サービス業の2.5万増である。次いでサービス業（他に分類されない）の2.0万増である（表16.2、図16.2.1）。

事業所数は多くが減少、顕著な増加は医療・福祉

事業所数は、2014年から16年にかけて22.7万（4.2%）、16年から21年にかけて13.1万（2.5%）減少した。企業等数の減少率に比べると、事業所数の減少率は多少小さいが、多くの産業で企業数が減少するとともに、事業所数も減少している。事業所数10万以上の産業で、16年から21年にかけて特に事業所数の減少率が高いのが、宿泊業・飲食サービス業の8.6万（13.0%）減少、卸売業・小売業の10.8万（8.5%）減少、製造業の4.2万（8.3%）減少、生活関連サービス業・娯楽業の3.4万（7.4%）減少である。

一方、増加したのは、学術研究・専門・技術サービス業の2.9万（13.2%）増加、医療・福祉の4.0万（9.7%）増加、不動産業・物品賃貸業の2.5万（7.3%）増加である（表16.2、図16.2.2）。

従業者数は、宿泊・飲食、生活関連、卸・小売で減少、増加は医療・福祉で顕著

国内従業者数は、2014年から16年にかけて104万人（1.8%）減少し、16年から21年にかけて160万人（2.9%）増加した。事業所数の全体としての減少は続いたが、16年から21年にかけて従業者数は増加している。従業者数100万人以上で特に増加が多かったのは、医療・福祉の84万人（12.1%）増加、サービス業（他に分類されないもの）の51万人（11.3%）増加、情報通信業の34万人（21.3%）増加である。

逆に減少が多かったのは、宿泊業・飲食サービス業の58万人（11.7%）減少、生活関連サービス・娯楽業の21万人（9.2%）、卸売業・小売業の15万人（1.4%）減少である（表16.2、図16.2.3）。

表16.2　産業大分類別企業等数、事業所数、従業員数（2014年、2016年、2019年新規把握）

産業大分類	企業等数（千）			国内事業所数（千）			国内従業者数（万人）		
	14年	16年	21年	14年	16年	21年	14年	16年	21年
合計	4 098	3 856	3 684	5 428	5 201	5 070	5 625	5 521	5 681
農林漁業（個人経営を除く）	27	26	35	31	30	40	35	35	44
鉱業、採石業、砂利採取業	2	1	1	2	2	2	2	2	2
建設業	456	432	426	518	492	490	381	367	378
製造業	418	385	340	538	509	467	982	954	958
電気・ガス・熱供給・水道業	1	1	5	4	5	9	20	19	22
情報通信業	46	44	57	66	63	77	159	160	194
運輸業、郵便業	75	69	67	132	126	128	314	302	316
卸売業、小売業	908	842	741	1 325	1 271	1 163	1 122	1 093	1 078
金融業、保険業	32	29	31	85	82	82	149	150	148
不動産業、物品賃貸業	323	303	328	377	344	369	147	145	157
学術研究、専門・技術サービス業	196	190	215	225	219	248	161	163	187
宿泊業、飲食サービス業	547	512	427	702	664	578	522	496	438
生活関連サービス業、娯楽業	386	366	335	475	457	423	241	228	207
教育、学習支援業	120	114	109	163	159	156	191	191	208
医療、福祉	301	294	299	407	412	452	679	692	776
複合サービス事業	6	6	5	47	47	45	71	71	66
サービス業（他に分類されないもの）	255	243	263	332	318	341	450	452	503

資料　総務省「平成26年経済センサス－基礎調査」、「平成28年経済センサス－活動調査」、「令和３年経済センサス－活動調査」

図16.2.1　産業大分類別企業等の増減寄与度

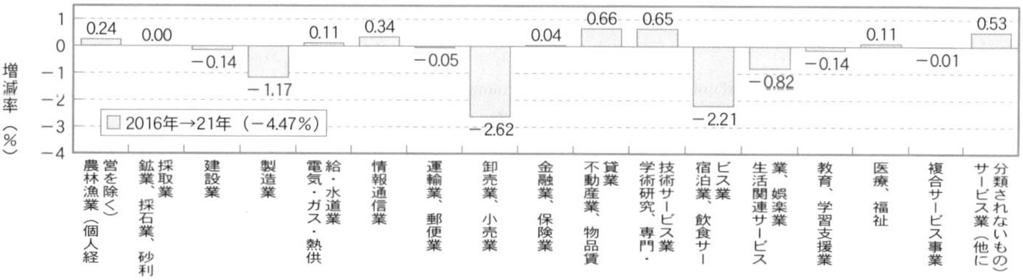

図16.2.2　産業大分類別事業所数の増減寄与度

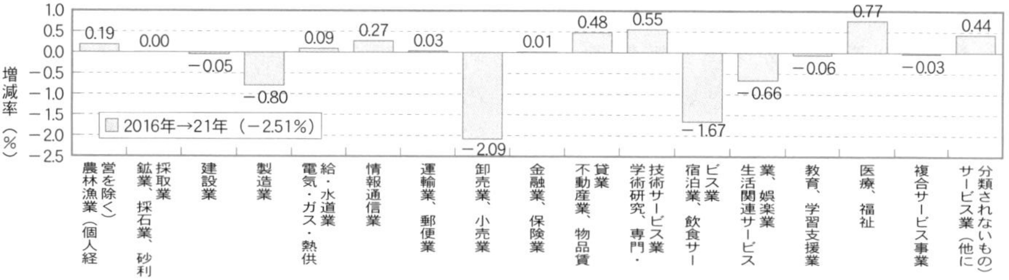

図16.2.3　産業大分類別従業者数の増減寄与度

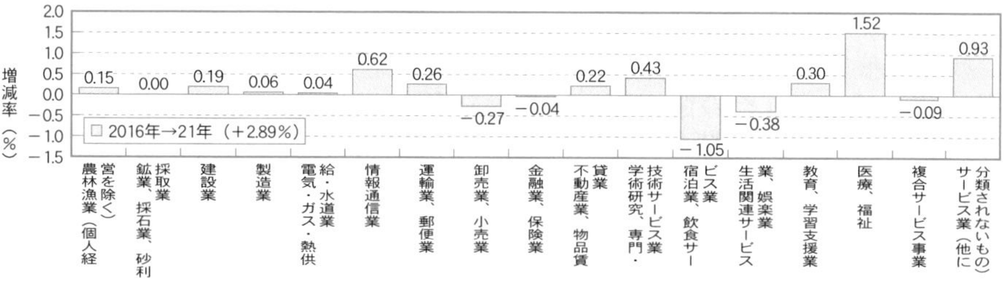

16.3　売上高の増減、利益率、付加価値率、労働分配率

卸売業・小売業、製造業の売上高割合が高い

産業別の売上高を令和３年経済センサス－活動調査（2021年）でみると、産業全体に占める売上高（構成比％）は、卸売業・小売業が480.2兆円（28.4％）、製造業が387.1兆円（22.9％）で、これらで全体の51.3％を占めている。次いで、医療・福祉の173.3兆円（10.2％）、建設業の120兆円（7.1％）、金融業・保険業の117.8兆円（7.0％）である。

平成28年経済センサス－活動調査（2016年）に比べると、売上高は全体で68.6兆円（4.2％）増加している。売上高10兆円以上の業種で、売上高の増加が大きかったのは、医療・福祉の61.9兆円（55.5％）増加、情報通信業の15.6兆円（26.0％）増加、不動産業・物品賃貸業の13.5兆円（29.3％）増加、建設業の11.6兆円（10.7％）増加である。逆に売上高が減少したのは、卸売業・小売業の20.6兆円（4.1％）減少、生活関連サービス業・娯楽業の15.2兆円（33.3％）減少、製造業の9.2兆円（2.3％）減少である（表16.3、図16.3.1）。

産業別１企業当たりの利益率は５％前後

令和３年経済センサス－活動調査から、利益率、付加価値率などのデータは得られない。そのため、調査対象の産業、企業規模は異なるが、直近の状況を得ることができる2022年企業活動基本統計（2021年度実績）により、産業別の売上高営業利益率、売上高経常利益率をみた。売上高営業利益率と売上高経常利益率を比べると、両者にバブル期のような乖離は見られない。対象事業等数の少ない鉱業・採石業・砂利採取業、クレジットカード業・割賦金融業、個人教授所を除く各産業の売上高経常利益率は５％前後と全体の利益率に近い値となっている。そのうち最も高いのが、生活関連サービス業・娯楽業の6.4％である。対象企業数の最も多い製造業は4.5％である（図16.3.2）。

付加価値率の平均は18.1％、労働分配率の平均は48.0％

企業活動基本統計から、付加価値率と労働分配率をみると、事業の特徴がよく表れている。付加価値額は売上高から原材料費等を引いて求められ、営業利益、人件費、賃借料、租税公課、支払特許料、減価償却費等からなる。

付加価値額に占める人件費の割合が労働分配率であるが、飲食サービス業、サービス業（その他のサービス業を除く）は付加価値率が高く、労働分配率も高い。生活関連サービス業・娯楽業は、付加価値率は高いが、労働分配率は平均的である。仕入額の大きい卸売業は付加価値率が低く、労働分配率が高い。情報通信業は付加価値率が比較的高く、労働分配率も高い（図16.3.3）。

表16.3　産業別売上金額（2016、2021年）

企業産業小分類	全産業（S公務を除く）	農林漁業（個人経営を除く）	鉱業、採石業、砂利採取業	建設業	製造業	電気・ガス・熱供給・水道業	情報通信業	運輸業、郵便業	卸売業、小売業
2016年売上金額（千億円）	16 247.1	49.9	20.4	1 084.5	3 962.6	262.4	599.4	647.9	5 007.5
2021年売上金額（千億円）	16 933.1	59.3	15.0	1 200.3	3 870.6	362.3	755.0	622.0	4 801.7
2021年売上金額指数	100.0	0.4	0.1	7.1	22.9	2.1	4.5	3.7	28.4

企業産業小分類	金融業、保険業	不動産業、物品賃貸業	学術研究、専門・技術サービス業	宿泊業、飲食サービス業	生活関連サービス業、娯楽業	教育、学習支援業	医療、福祉	複合サービス事業	サービス業（他に分類されないもの）
2016年売上金額（千億円）	1 251.2	460.5	415.0	254.8	456.6	154.1	1 114.7	95.9	408.5
2021年売上金額（千億円）	1 177.7	595.3	480.3	207.8	304.6	173.9	1 733.4	89.2	484.6
2021年売上金額指数	7.0	3.5	2.8	1.2	1.8	1.0	10.2	0.5	2.9

資料　総務省「平成28年経済センサス－活動調査」、「令和３年経済センサス－活動調査」

図16.3.1　産業別売上金額指数（2016年、2021年）全産業100

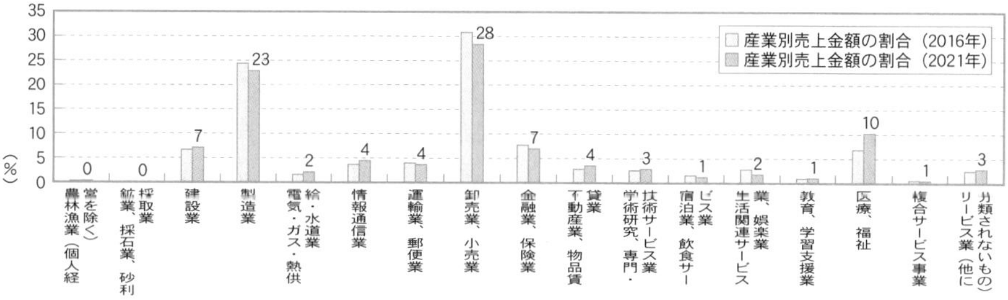

図16.3.2　企業活動基本調査（2022年）にみる産業別営業利益率と経常利益率

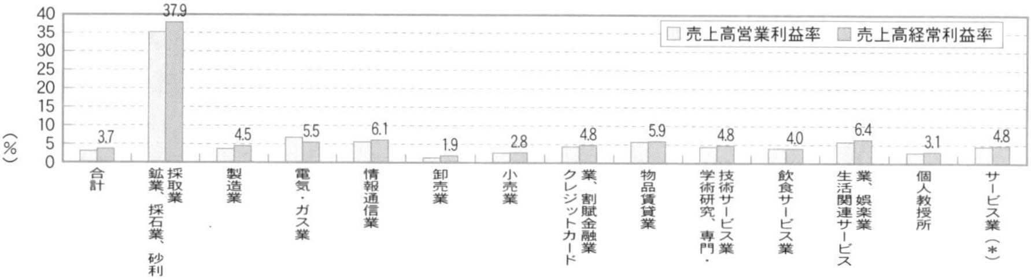

図16.3.3　企業活動基本調査（2022年）にみる産業別付加価値率と労働分配率

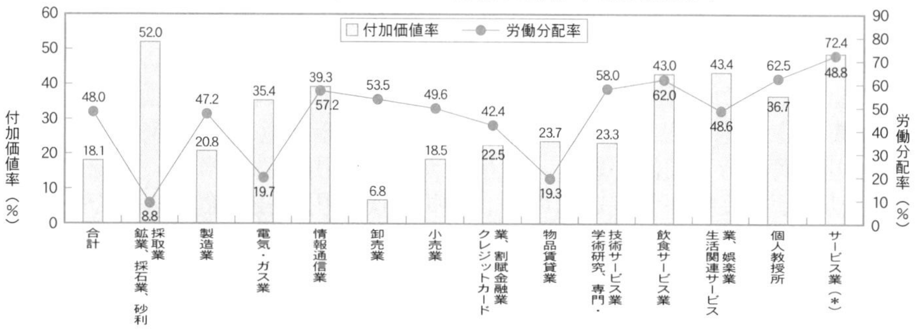

16.4　資本金規模および同規模推移

資本金１億円を超えると付加価値額はけた違いに大きく

企業等数を資本金規模別に捉えると、その58.6％が資本金1000万円以下である。3000万円未満で91.1％に達し、5000万円未満では94.3％に上る。一方、資本金１億円以上の企業等数は1.7％、5000万円以上に広げても4.7％である。しかし、その階層の付加価値額でみると、資本金１億円以上で56.8％、5000万円以上で67.2％となる。

これは、資本金規模が大きくなるにつれて、１企業当たりの事業所数、従業者数が多くなるからである。その結果、１企業当たりの付加価値額は、1000万円以下の24.8（10億円）に対して、１億円以上では5316.2（10億円）と実に214倍の高さに達している（表16.4）。

法制度変更の影響で資本金規模別の企業数は大きく変動

1990年の商法と有限会社法の改正で､最低資本金は株式会社が1000万円、有限会社が300万円に引き上げられ、５年の経過措置期間後に実施された。そのため、96～97年度に資本金１千万円未満の株式会社を中心として企業数が大きく減少する一方、資本金１千万以上５千万円未満の企業数が大きく増加した。

他方、2003年２月に最低資本金規制特例制度が創設され、資本金１円でも株式会社や有限会社を設立することが可能となった。さらに、06年５月施行の会社法によって最低資本金の規制が撤廃された。こうして、資本金１千万円未満の企業数が年々増加し、１千万以上５千万円未満の企業数が減少してきている（図16.4.1）。

売上高経常利益率2019年度以降全規模で低下、21年度は反転

1990年代半ばまでは、資本金10億円以上と１千万円未満の間の規模の売上高経常利益率にそれほど差がなかった。それが90年代半ばより差が出始め、2000年代以降拡大してきた。と同時に、１千万円未満と10億円以上の格差は年々大きくなり、４％、５％、６％と拡大し、21年度には6.7％の差に達した。19年度以降、売上高経常利益率は、景気反転、コロナ禍の影響により全規模で低下するが、21年度以降一部を除き反転した（図16.4.2）。

従業員１人当たり付加価値額は2000年代以降三極化してきた。資本金１億円未満は低下傾向が続き、１億円から10億円未満は横ばいを続け、10億円以上は振れ幅が大きいものの、時折1400万円前後を窺う水準で来ている。景気反転、コロナ禍の影響はここにも表れてきており、21年度以降の反転の大きさも、規模が大きいほど大きく、１千万円以下はなお減少している（図16.4.3）。

表16.4　資本金規模別企業等数、事業所数、従業者数、付加価値額

資本金階級	企業等数（千）	企業等数割合（%）	事業所数（千）	従業者数（千）	付加価値額（10億円）	割合（%）	1企業当たり 事業所数	1企業当たり 従業者数（人）	1企業当たり 付加価値額（10億円）
全体	1 692	100.0	2 840	42 028	276 540	100.0	1.7	24.8	163.5
1 000万円以下	991	58.6	1 132	7 058	24 551	8.9	1.1	7.1	24.8
1 000～3 000万円未満	532	31.5	817	10 054	47 181	17.1	1.5	18.9	88.6
3 000～5 000万円未満	70	4.2	187	3 510	18 484	6.7	2.7	49.9	262.7
5 000～1億円未満	50	3.0	233	5 175	28 733	10.4	4.6	102.5	569.2
1億円以上	30	1.7	447	15 999	156 951	56.8	15.1	541.9	5 316.2

資料　総務省「令和3年経済センサスー活動調査」

図16.4.1　資本金規模別企業数の推移（金融業、保険業を除く営利法人；千社）

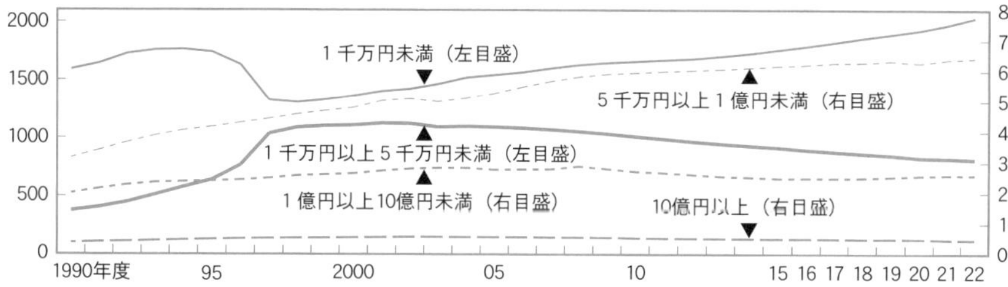

資料　財務省『法人企業統計調査』

図16.4.2　資本金規模別売上高経常利益率の推移（金融業、保険業を除く営利法人）

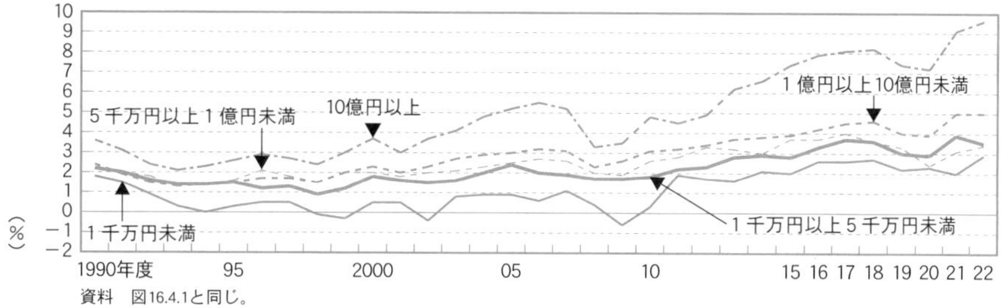

資料　図16.4.1と同じ。

図16.4.3　資本金規模別従業員1人当り付加価値の推移（金融業、保険業を除く営利法人）

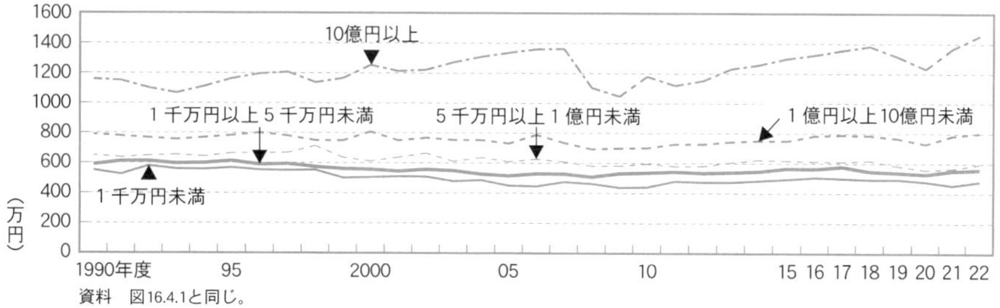

資料　図16.4.1と同じ。

16.5　法人企業の動向、企業収益の動向

2013年以降好転が続いていた収益率に陰りが見えたが21年度に反転

企業の収益性を売上高営業利益率でみると、全産業では1990年度に3.5%を付けて以降、低迷を続けてきた。IT不況からの回復過程で2005年度にやや好転したものの翌年度以降再び低下し、08年度にさらに下がり、10年度には2.8%にまで低下した。その後、金融緩和の始まった13年度以降上昇し、16年度には4.0%にまで達した。しかし、18年度半ばに景気が山を越え、19、20年度と低下したが、21年度には反転し、22年度も続いている。ただし、業種別にみると一様ではない（図16.5.1）。

総資本営業利益率、１人当たり付加価値額で建設業が伸び、製造業も伸びる

総資本営業利益率も売上高営業利益率と同様、2010、11年度に低下したのち、13年度以降上昇している。これをけん引したのは建設業で12年度以降急速に上昇し、14年度以降は、製造業の値をも上回り、最も高くなっている。製造業は13年度に上昇した後、横ばいが続いていたが、17、18年度に４％を超えたのち、19、20年度と急低下した。しかし、21年度にいったん上昇した。１人当たり付加価値額については、2000年度以降、全産業に比べて製造業における増加が突出しているが、東日本大震災の翌12年度以降は、建設業における増加も顕著となり、両者は競う形となったが、19、20年度は製造業が急減したが、21、22年度は再び増加した（図16.5.1）。

利益率の資本金規模の差は顕著

資本金規模別の売上高営業利益率は、小規模企業ほど低い。アベノミクスの影響を受けて2013年度からの収益性の改善が見られるが、それは主に資本金10億円以上の階層である。総資本営業利益率や１人当たり付加価値額についても同様である。1990年度に比べて１人当たり付加価値額が改善したのは、１億円以上の階層で、１億円未満は依然下回っている。2013年度以降、資本金５千万円以上は一定の改善がみられたが、資本金５千万円未満は厳しいままであった。そして、こうした差がついたまま19、20年度は各層とも一斉に低下し、22年度は１千万円未満を含め上昇した（図16.5.2）。

1990年度以降すべての資本金階層において自己資本比率が上昇

資本金規模別に自己資本比率をみると、1995年度以降は資本金１千万円以上のすべての階層において顕著な改善が見られる。とくに、１千万円以上10億円未満での改善が顕著で、３倍近い上昇である。これに対し、１千万円未満では上昇が緩やかである。

一方、資本金１千万円以上の各階層では自己資本比率は上昇したものの、自己資本経常利益率については低迷が続いている（図16.5.2）。

図16.5.1　主要産業の財務指標

売上高営業利益率（%）

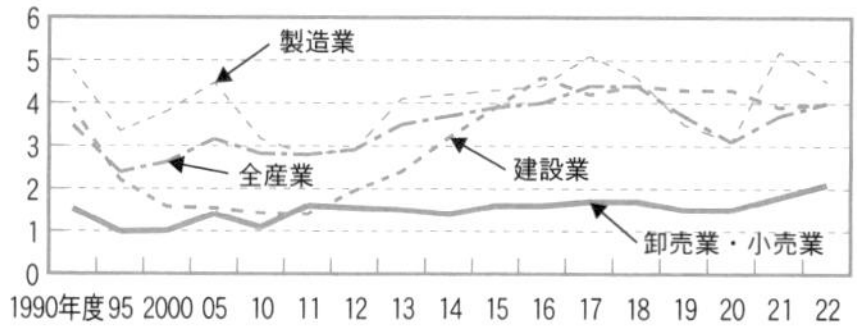

1人当たり付加価値額（十万円）

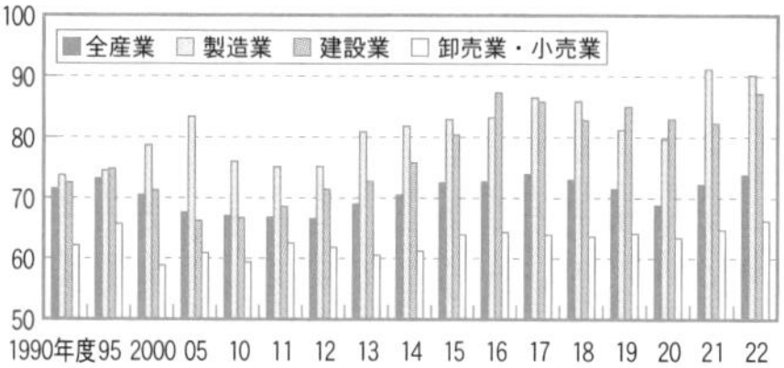

自己資本比率（%）

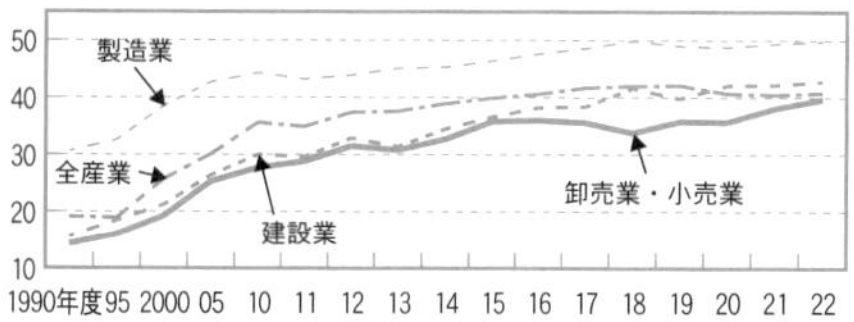

総資本営業利益率（%）

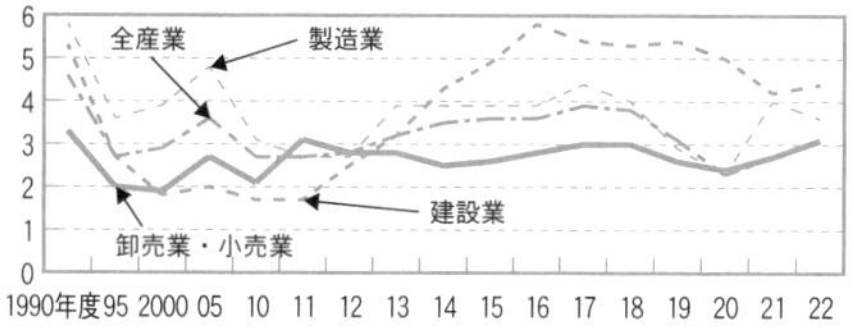

自己資本経常利益率（%）

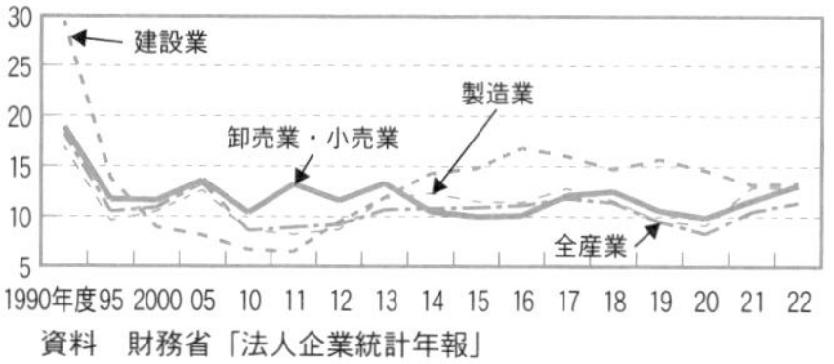

資料　財務省「法人企業統計年報」

図16.5.2　資本金規模別にみた財務指標

売上高営業利益率（%）

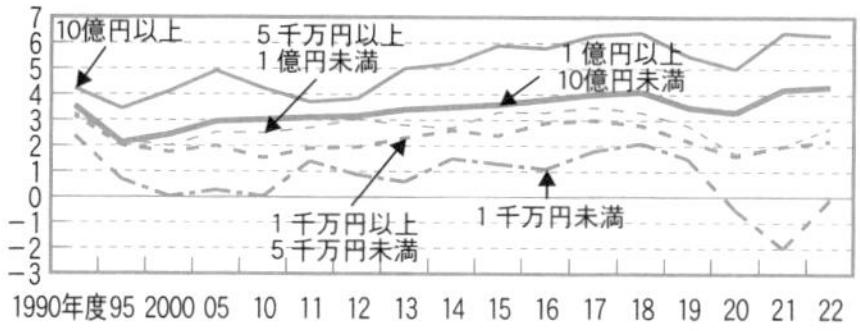

1人当たり付加価値額（十万円）

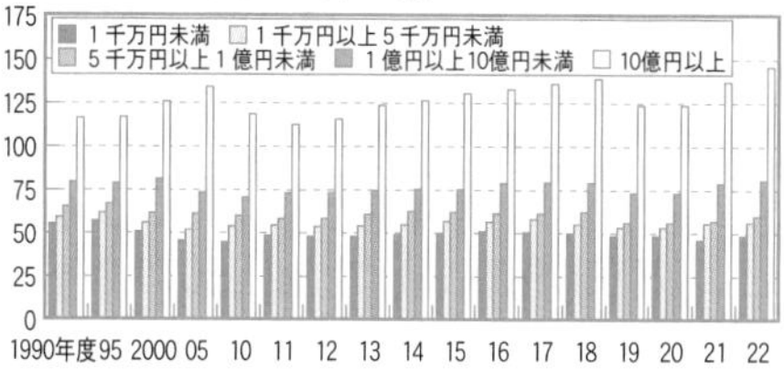

自己資本比率（%）

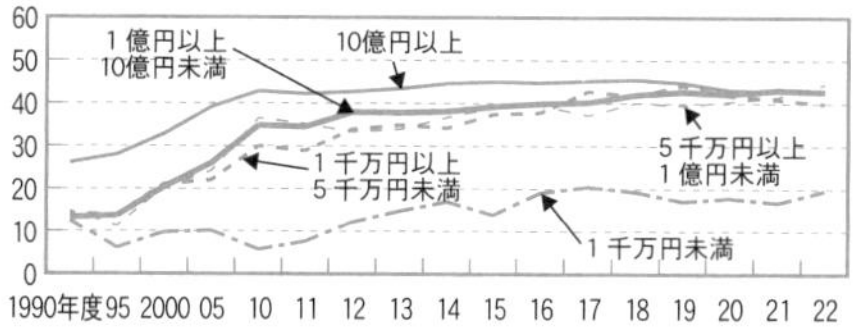

総資本営業利益率（%）

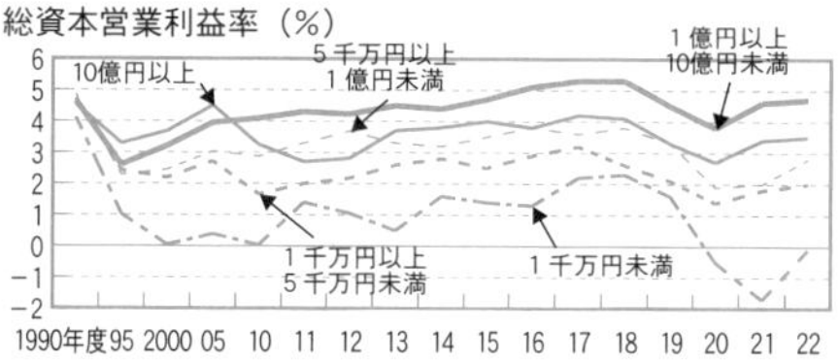

自己資本経常利益率（%）

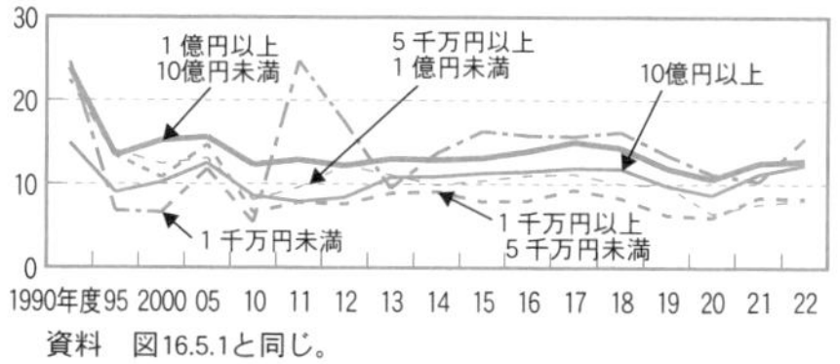

資料　図16.5.1と同じ。

16.6　事業所数の地域分布

産業横断集計による企業等数は368.4万、事業所数は507.0万

産業横断的集計に関する企業等を都道府県別にみると図16.6のようになる。横断的集計とは、全産業分野の売上（収入）金額や費用等の経理事項を同一時点で網羅的に把握するよう行われる集計で、「経済センサス－活動調査」で公表されている。統計調査として、「令和３年経済センサス－活動調査」によると、企業等数は368.4万、事業所数は507.0万、従業者数は5680.6万人である。

事業所は、東京に17.3％、主要４都府県に36.2％が集中

本社・本店あるいは親企業がどこにあろうと、地域の経済活動はその地域に属する事業所によって展開される。そのため、各地の事業活動、従業者の動向は、事業所をベースに捉えることが必要である。事業所数をみると、東京が878.3千で全国5070.2千事業所の17.3％を占めている。事業所数が東京に次いで多いのは、大阪の403.3千（8.0％）、愛知の290.6千（5.7％）、神奈川の264.3千（5.2％）、埼玉の205.2千（4.0％）、福岡の198.8千（3.9％）、北海道の196.5千（3.9％）、兵庫の187.4千（3.7％）である。平成28年経済センサス－活動調査に比べると東京の割合がさらに上がり、主要４都府県（東京、大阪、愛知、神奈川）を合わせた割合も上昇している。そのぶん、その他の道府県の割合が低下しているということでもある（図16.6）。

2016年に比べ企業等数は4.5％減少

産業横断的集計による企業等数は、2016年に比べ4.5％減少した。減少割合が大きかったのは、秋田、新潟、山口の－10.2％である。次いで大きかったのは、栃木の－9.6％、山形の－8.7％、高知の－8.6％、岩手の－8.4％、岐阜の－8.3％、島根－8.2％、群馬の－8.1％、三重の－8.0％である。増加したのは東京で＋2.6％の増加であるが、東京周辺は減少している。増加は東京のみということになる（表16.6）。

2016年に比べ事業所数は2.5％減少

産業横断的集計による事業所数は、2016年に比べ2.5％減少した。減少割合が大きかったのは、秋田の－8.3％、新潟の－8.1％、栃木の－7.8％、島根の－7.7％、山口の－7.3％、山形の－7.2％、岩手の－6.9％、三重の－6.4％である。逆に増加したのは、東京の＋3.0％、熊本の＋1.0％、神奈川の＋0.4％、岡山の＋0.1％である。事業所数については、企業等数の増減との違いが出てきている。こうして、企業等数、事業所数の都道府県別分布に合わせて、従業者数では、東京、大阪、愛知、神奈川が上位を占めている。都市部への集中は変わっていない（表16.6）。

図16.6　都道府県別の企業等数、事業所数、従業者数

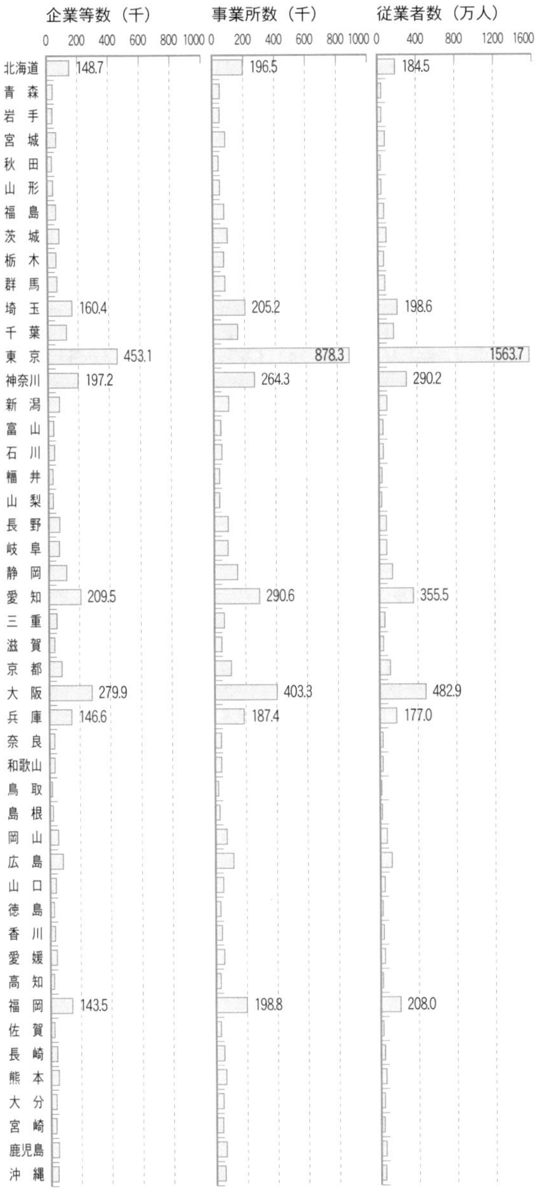

注　事業所数には事業内容等不詳の事業所を含む
資料　総務省「令和３年経済センサス－活動調査」

表16.6　都道府県別企業等数、事業所数、増減率

都道府県名	2021年		2016年から21年にかけて	
	企業等数（千）	事業所数（千）	企業等数の増減率％	事業所数の増減率％
全国	3684.0	5070.2	－4.5	－2.5
北海道	148.7	196.5	－5.0	－2.9
青森県	39.6	49.2	－7.1	－5.4
岩手県	37.2	47.6	－8.4	－6.9
宮城県	61.2	82.5	－3.9	－2.0
秋田県	32.4	39.8	－10.2	－8.3
山形県	38.6	47.0	－8.7	－7.2
福島県	58.4	73.8	－7.2	－6.1
茨城県	78.5	94.9	－7.0	－5.6
栃木県	57.8	70.7	－9.6	－7.8
群馬県	63.7	78.1	－8.1	－5.7
埼玉県	160.4	205.2	－5.8	－3.9
千葉県	123.6	157.1	－4.1	－2.5
東京都	453.1	878.3	2.6	3.0
神奈川県	197.2	264.3	－1.0	0.4
新潟県	74.7	96.6	－10.2	－8.1
富山県	35.4	45.2	－7.1	－5.6
石川県	40.9	51.6	－7.4	－5.1
福井県	30.3	36.9	－6.0	－4.6
山梨県	31.4	36.6	－5.1	－4.2
長野県	72.9	90.4	－7.5	－5.9
岐阜県	69.7	88.9	－8.3	－5.5
静岡県	117.4	149.0	－7.9	－6.0
愛知県	209.5	290.6	－4.9	－3.2
三重県	52.0	63.6	－8.0	－6.4
滋賀県	37.8	47.1	－4.0	－1.8
京都府	83.7	106.7	－3.7	－2.0
大阪府	279.9	403.3	－2.5	－0.7
兵庫県	146.6	187.4	－5.8	－5.0
奈良県	34.1	40.8	－2.4	－0.8
和歌山県	35.3	41.7	－5.6	－4.5
鳥取県	16.7	21.3	－7.3	－5.9
島根県	22.9	29.4	－8.2	－7.7
岡山県	55.7	74.4	－2.6	0.1
広島県	85.5	116.6	－4.8	－3.2
山口県	39.0	51.0	－10.2	－7.3
徳島県	26.2	31.4	－6.3	－4.9
香川県	32.0	41.1	－5.5	－4.0
愛媛県	44.0	55.2	－7.5	－5.8
高知県	24.8	31.1	－8.6	－3.4
福岡県	143.5	198.8	－1.6	－0.2
佐賀県	25.6	31.4	－6.0	－4.9
長崎県	42.7	52.4	－6.9	－6.0
熊本県	52.7	64.6	－0.4	1.0
大分県	36.5	45.4	－5.6	－4.5
宮崎県	35.7	43.3	－6.7	－5.0
鹿児島県	51.3	64.8	－6.6	－4.7
沖縄県	47.5	56.5	－4.3	－2.3

資料　総務省「平成28年経済センサス－活動調査」「令和３年経済センサス－活動調査」

第17章　食料・農林水産業

17.1　食料需給

１億2600万人の「食」を支えるために

我が国においては、１億2600万人の食を支えるため、毎年膨大な量の食料が供給されている。カロリー源として最も大きな地位を占めるのは穀類、とりわけ米であるが、2021年度においては818万９千トンが供給されている。もう１つの柱である小麦の供給量は642万１千トンで、そのうち国内生産量は、前年度に比べ15.6％増加しているものの、供給量の17.1％にあたる109万７千トンに過ぎない。国境措置に違いもあり、米の供給量に占める国内生産量の割合が100.5％であるのと対照的である。

品目別にみて、供給量として最も多いのは野菜であり、1422万１千トンが供給されている。これを１人１日当たりにすると241.4gとなるが、健康維持の観点から目標とすべき摂取量とされる350グラムには不十分な水準である。

農産物は、直接口に入るものの他、家畜の飼料や加工原料として迂回的に消費者に届けられるものも多い。穀類ではトウモロコシを中心に1476万３千トンが家畜の飼料に振り向けられ、供給量に占める割合は46.0％となっている。豆類では供給量の６割を超える261万３千トンが植物油等加工用の原料となっている（表17.1）。

品目別では米を始め多くの品目で減少

食料消費は総体として減少傾向となってきたが、構成する主要な食料の2021年度の１人１年当たり品目別供給量は、米および肉類が前年度に比べわずかに増加、牛乳・乳製品が前年度と同量で、それ以外の果実、魚介類などは前年度に比べ減少している（図17.1）。かつて供給熱量の４割以上を占めていた米の供給量は、1962年度の118.3kgをピークに減少を続け、2021年度は51.4kgとピーク時の半分以下となっている。

この半世紀で供給量が大きく増加したのは牛乳・乳製品である。最近では2009年度を底に増加傾向で推移していたが、20年度（94.4kg）でわずかに減少し、21年度も同じとなっている。

魚介類の供給量は、2002年度以降減少を続けており、10年度に肉類に並ばれ11年度には逆転された。その肉類は、消費者の低価格志向・健康志向の高まり等により鶏肉の需要が高まってくるなど、その内訳には変動があるものの、肉類総体としてはほぼ一貫して増加している。

果実の供給量は、2001年度をピークに、多少の増減はあるが減少傾向で推移している。

野菜の供給量は、1968年度の123.1kgをピークに減少傾向が続き、2015年度には牛乳・乳製品に逆転された。21年度の野菜の供給量は88.1kgと前年度に比べ減少を示しており、牛乳・乳製品との差は拡大傾向にある（図17.1）。

表17.1　我が国の食料供給の全体像（2021年度食料需給表－抜粋－）

	国内生産量	輸入量	国内消費仕向量	国内消費仕向量の内訳				1人当たり供給			
				飼料用	種子用	加工用	純食料	1年当たり数量	1日当たり		
									数量	熱量	たんぱく質
	千トン	千トン	千トン	千トン	千トン	千トン	千トン	kg	g	kcal	g
穀類	9 599	23 675	32 095	14 763	67	4 416	10 608	84.5	231.6	794.5	18.1
米	8 226	878	8 189	665	29	227	6 453	51.4	140.9	481.8	8.6
小麦	1 097	5 375	6 421	883	21	275	3 966	31.6	86.6	298.7	9.1
いも類	2 847	1 140	3 959	4	145	1 006	2 411	19.2	52.6	37.4	0.9
でんぷん	2 243	141	2 403	0	0	504	1 899	15.1	41.5	149.3	0.0
豆類	312	3 464	3 897	80	10	2 613	1 086	8.7	23.7	93.9	7.3
野菜	11 350	2 894	14 221	0	0	0	11 059	88.1	241.4	66.1	3.0
果実	2 589	4 180	6 665	0	0	18	4 065	32.4	88.7	67.0	0.9
肉類(鯨肉を除く)	3 482	3 138	6 593	0	0	0	4 271	34.0	93.2	180.0	17.4
鶏卵	2 587	115	2 678	0	85	0	2 160	17.2	47.2	67.0	5.8
牛乳・乳製品	7 646	4 755	12 220	88	0	0	11 848	94.4	258.6	162.9	8.3
飲用向け	3 998	0	3 990	0	0	0	3 950	31.5	86.2	54.3	2.8
乳製品向け	3 599	4 755	8 181	57	0	0	7 880	62.8	172.0	108.4	5.5
れん乳	33	2	38	0	0	0	38	0.3	0.8	2.5	0.1
粉乳	188	5	173	9	0	0	164	1.3	3.6	13.7	1.1
チーズ	45	286	330	0	0	0	330	2.6	7.2	25.6	1.9
バター	75	10	84	0	0	0	84	0.7	1.8	13.0	0.0
魚介類	3 775	3 649	6 562	1 374	0	0	2 854	22.7	62.3	81.2	12.2
海藻類	80	39	117	0	0	16	101	0.8	2.2	4.9	0.6
砂糖類							2 118	16.9	46.2	180.4	0.0
粗糖	143	1 018	1 177	0	0	1 177	0	0.0	0.0	0.0	0.0
精糖	1 733	412	2 127	2	0	22	2 086	16.6	45.5	178.1	0.0
含みつ糖	27	6	27	0	0	0	27	0.2	0.6	2.1	0.0
糖みつ	84	140	221	150	0	66	5	0.0	0.1	0.3	0.0
油脂類	2 012	991	2 994	102	0	471	1 749	13.9	38.2	338.5	0.0
みそ	465	0	446	0	0	0	445	3.5	9.7	17.7	1.2
しょうゆ	708	3	661	0	0	0	659	5.3	14.4	10.9	1.1
その他 食料 計	2 310	1 866	4 173	3 077	0	435	567	4.5	12.4	14.2	0.9

注　食料需給表の主要部分を抜粋したものであるため計算過程が省かれており、個々の数値は突合しない。
資料　農林水産省「食料需給表」令和３年度確定値

図17.1　国民１人１年当たり供給純食料

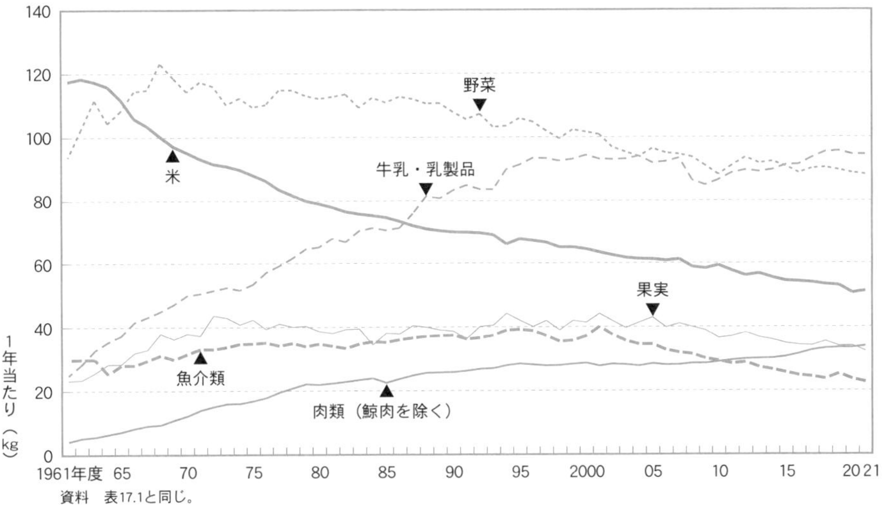

資料　表17.1と同じ。

17.2　食料自給率

食料自給率はカロリーベースが38％、生産額ベースは63％

「食料自給率が40％を切った」と大きく報道されたのが2006年度であった。その後の３年間は40％台に戻し、10年度から15年度までの６年間は39％台が続いたが、16年度に38％となってから、37％または38％で推移しており、21年度は38％となった。ここでいう食料自給率とは「供給熱量（オリジナルカロリー）ベースの総合自給率」のことを意味する。この指標は、生命維持のために必要なカロリーを国内産でどれだけ賄っているかという食料安全保障的な発想に基づき、各品目の重量を供給熱量に換算し、国産供給熱量を輸入も含めた総供給熱量で除して算出したものである。

しかし、こうした算出方式だとカロリーの低い野菜などが過小に評価されてしまう弊害もあるため、生産額ベースの自給率も公開されている。2021年度の生産額ベースの総合自給率は前年度に比べ４ポイント減少し63％となっている（図17.2.1）。

なお、2020年３月に新たな食料・農業・農村基本計画が閣議決定され、その中で示された我が国の食料の潜在生産能力を評価する指標である「食料自給力指標」では、カロリーの高いいも類中心の作付で農地を最大限活用すれば、国民１人１日当たり2,586キロカロリーの熱量供給が可能とされている。

食料自給率が低下した要因

図17.2.2は、1965年度と2021年度について、縦軸に各品目の供給熱量シェア、横軸にそれぞれの国産と輸入の割合を示したものである。両年度を比較すると、総熱量はほとんど変わっていないが、内容は大きく変化している。まず、目につくのが米の地位の低下である。1965年当時はカロリーの４割以上を米から得ていたのに対し、最近では約２割にまで減っている。様々な政策を駆使して米の国内生産を高水準で維持してきたものの、その食生活上の位置づけが低下したことが自給率低下の最大の要因である。

一方、カロリーベースで役割が最も高まったのは畜産物である。もっとも、畜産物は国内産であっても、その生産過程で投入される飼料の大部分は外国産である（飼料自給率26％）。飼料を海外に依存せざるを得ない畜産物や、原料を海外に依存する油脂類の消費が増加したことも、カロリーベースの自給率が押し下げられたもう１つの要因である。

また、食料消費の高度化・多様化に、国内の農業生産も質的・量的に対応してきたが、食料需要のすべてを国内で賄うことはできていない。国土・農地の狭さから、国内で必要な生産量を確保できないことに併せて、非効率で高コストの麦・大豆・飼料穀物については、国際競争力の観点から輸入に依存せざるを得ない状況であったことも、自給率低下要因の１つである（図17.2.3）。

図17.2.1　食料自給率の推移

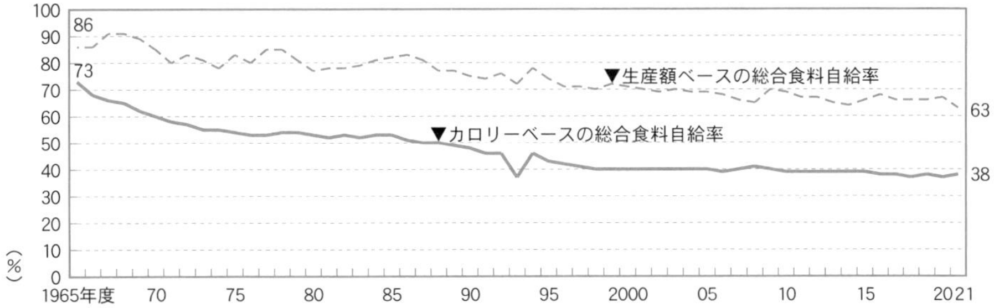

資料　農林水産省「食料需給表」

図17.2.2　カロリーベースの自給率の内訳の変化

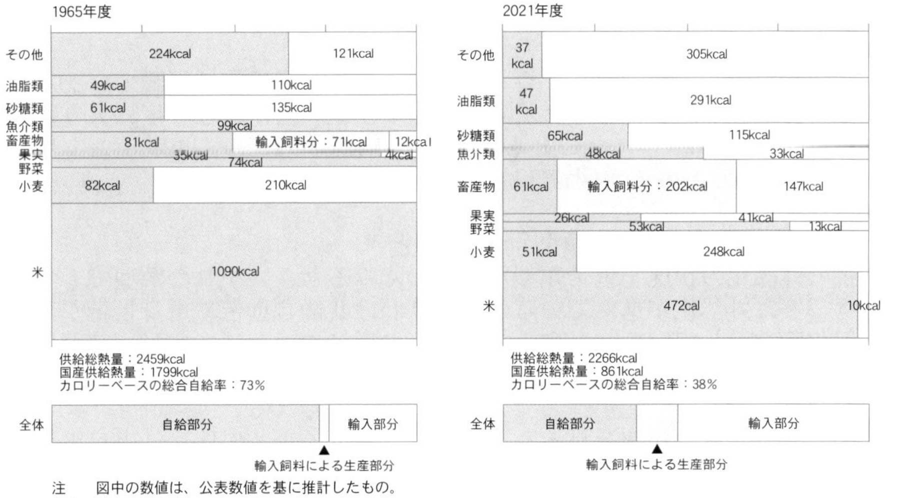

注　　図中の数値は、公表数値を基に推計したもの。
資料　図17.2.1と同じ。

図17.2.3　輸入量の推移

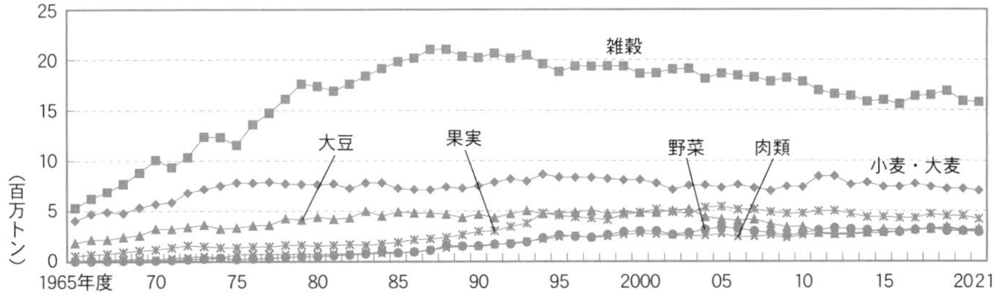

注1　小麦・大麦は裸麦を含まず。
　2　雑穀は、とうもろこし、こうりゃん、その他雑穀の合計。
　3　肉類は、鯨肉を除く。
資料　図17.2.1と同じ。

17.3　食生活の変化

「食の外部化」が進んでいる

我が国の食生活の変化を反映して、長期的に米の消費が減少する一方、畜産物等の消費が増加し、それが食料自給率の低下につながったことは「17.2食料自給率」でみたとおりであるが、図17.3.1に示す支出の品目別構成割合によれば、肉類が極端に増えているわけではない。

一方で、外食や調理食品の増加で「食の外部化」が進展しており、特に外食は1970年代に大きく増加した。95年以降2019年までは外食の割合は16～17%で推移するとともに、調理食品もほぼ一貫して増加しており、食料費支出の約３割を外食と調理食品が占めるに至っている。

このことから、食の外部化の進展という形で食事の形態が変化するなかで、供給が増加した肉類の多くは、外食や調理食品を通じて消費されていると推測される。我が国では、食生活の「内容」と「形態」双方が互いに関連し合いながら変化してきたことがうかがえる。

しかしながら、新型コロナウイルスに伴う外出自粛等の影響で、2020年には外食割合が減少に転じ、21年まで減少が続いたが、22年度に入り徐々に行動制限が緩和されたこともあり、22年は前年に比べ1.6ポイント増加し14.0%となっている（図17.3.1）。

「食の外部化」を世帯類型別にみると

食の外部化の状況を世帯類型別に細かくみると、いずれの類型でも年を追うごとに外部化が進んでいるが、とりわけ共働き世帯や単身世帯が高い外部化率を示している。外食チェーン店の増加やコンビニ弁当・惣菜の多様化など、中食・外食の供給体制や高品質化が整ってきたことを背景に、おしなべて食の外部化が進んでいることがみてとれる。

一方で、直近の傾向を見ると、新型コロナウイルスに伴う外出自粛等の影響から、いずれの類型でも外食割合が2020年に減少に転じており、特に外食比率が高かった単身世帯でその低下が顕著で、これに代替する形で調理食品の割合が高まっている（表17.3）。

エンゲル係数の上昇が続く

我が国のエンゲル係数は、家計収入の増加に伴う自由裁量的な消費支出の増加により、戦後一貫して低下してきた。しかし、1995年に23%を下回って以降は、家計収入の減少に伴い消費支出が減少する一方、食料消費支出の落ち込みは相対的に小さいため、エンゲル係数は下げ止まっていることに注目する必要がある。近年では、2005年の21.5%を底に上昇傾向で推移しており、22年は25.1%となっている（図17.3.2）。

図17.3.3は、2022年の世帯主の年齢階級別のエンゲル係数を10年前の12年と比較したものであり、22年は、いずれの年齢階級もエンゲル係数が高くなっており、年齢が高くなるほどその差が開いている。

図17.3.1　飲食費支出の構成割合

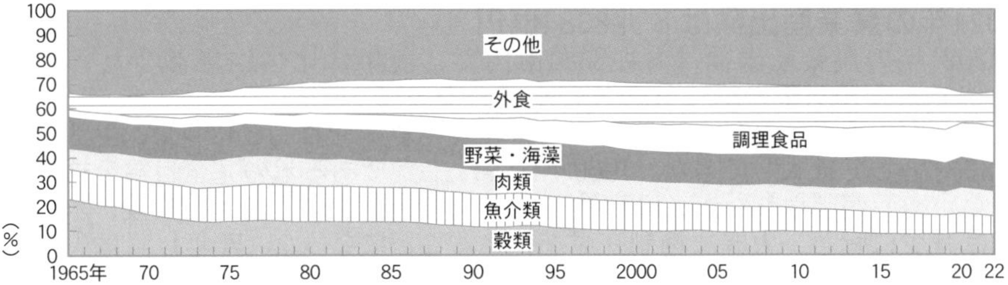

注　　二人以上世帯（全世帯）の飲食費支出であり、2000年以降は農林漁家世帯を含む。
資料　総務省「家計調査」

表17.3　世帯類型別にみた食の外部化率の推移　　　　　　　　　　　　　　　　　　　　（単位　%）

		1985年	90	95	2000	05	10	15	18	19	20	21	22
全世帯 （二人以上）	調理食品	6.5	8.1	9.4	10.8	11.8	11.9	12.6	13.4	13.8	14.1	15.0	15.2
	外　　食	14.1	15.6	16.2	16.9	16.7	16.9	16.7	16.6	16.9	12.5	12.4	14.0
	計	20.6	23.7	25.6	27.7	28.6	28.7	29.2	30.0	30.7	26.6	27.4	29.2
専業主婦世帯	調理食品	6.1	7.9	9.2	10.6	11.2	10.8	11.2	12.2	12.9	13.3	13.9	14.3
	外　　食	15.3	16.9	18.1	19.1	20.1	21.1	21.2	20.4	20.4	14.8	14.7	16.8
	計	21.4	24.8	27.3	29.7	31.3	31.9	32.4	32.6	33.2	28.1	28.5	31.1
共働き世帯	調理食品	6.9	8.6	10.0	11.3	12.4	12.1	12.6	13.2	13.5	13.9	15.0	14.8
	外　　食	18.4	19.7	21.1	22.8	24.1	22.6	23.6	22.7	23.3	17.8	17.8	19.5
	計	25.3	28.3	31.1	34.1	36.5	34.7	36.1	35.9	36.8	31.6	32.7	34.3
夫婦高齢者世帯	調理食品			8.9	10.3	11.5	11.5	11.9	12.6	13.4	13.6	14.4	14.9
	外　　食			10.2	10.1	11.0	11.0	11.2	10.7	10.5	7.1	6.7	7.6
	計			19.1	20.4	22.5	22.5	23.2	23.2	23.9	20.6	21.1	22.5
単身世帯	調理食品				12.7	13.2	13.5	15.5	16.8	16.4	18.4	18.9	19.3
	外　　食				40.0	37.8	31.6	29.5	26.6	27.4	19.6	19.1	20.1
	計				52.7	51.0	45.1	45.0	43.5	43.8	38.0	38.0	39.4

注1　食の外部化率とは、飲食料支出に占める調理食品と外食の割合。
　2　専業主婦世帯は、勤労者世帯の核家族のうち有業人員が１人の世帯。
　3　共働き世帯は、勤労者世帯の核家族のうち有業人員が２人の世帯。
　4　夫婦高齢者世帯は、65歳以上の夫婦一組の世帯。
資料　図17.3.1と同じ

図17.3.2　１世帯当たり年平均１月間の消費支出とエンゲル係数

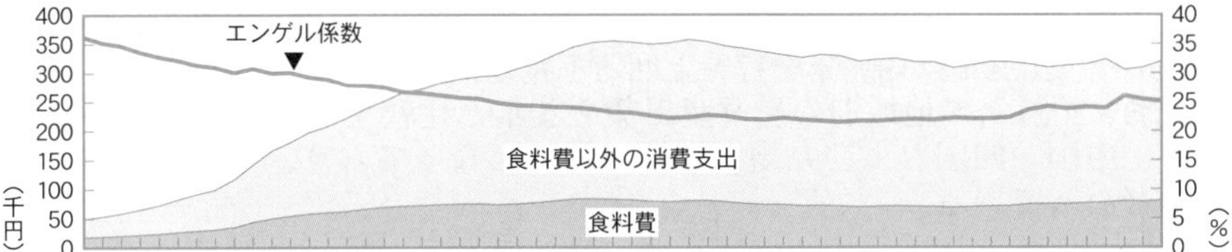

注　　二人以上の世帯のうち勤労者世帯
資料　図17.3.1と同じ

図17.3.3　世帯主の年齢階級別にみたエンゲル係数の推移

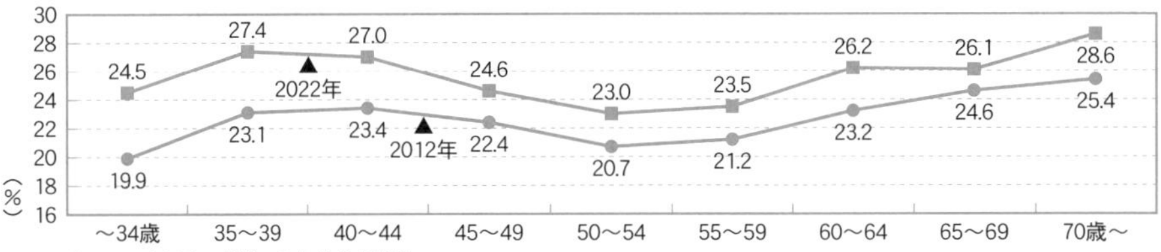

注　　二人以上の世帯のうち勤労者世帯
資料　図17.3.1と同じ

17.4　農業生産

2021年の農業産出額は８兆8384億円

2021年の農業産出額は８兆8384億円で、前年に比べ1.1％減少し、ピーク時である1984年の約４分の３の水準となっている。

我が国の農業生産は、国民への食料の安定供給を目的としつつ、生活の変化に対応して拡大してきた。1960年代には主食である米の完全自給を達成するため増産が図られたが、「17.1食料需給」で述べたように、その後、米の消費は減少に転じ、大幅な過剰在庫を抱えることになった。70年以降は生産調整を実施し、需要に見合う水準にまで米の生産を抑制し続けてきた。近年、低下傾向で推移してきた米の価格は、2015年以降上昇に転じていたが、新型コロナウイルスの影響で外食需要が減り、民間在庫が積み上がるなどにより価格が低下し、21年の米の産出額は１兆3699億円と、前年に引き続き減少した。

最も大きなウエイトを占めるのは畜産である。近年では、2003年の２兆3289億円を底に04年以降は増加傾向が続き、21年の畜産の産出額は３兆4048億円で、過去最高を示した。これは、新型コロナウイルスの影響を受けた前年からの需要回復により価格が上昇したこと、20年11月から続いた鳥インフルエンザによる鶏卵の生産量減少に伴う価格上昇が要因と考えられる。

畜産に次いで大きなウエイトを占めるのが野菜であり、2021年は２兆1467億円となっている（図17.4.1、図17.4.2）。

地域別にみると米の主産地における減少が大きい

地域別の農業産出額について、1990年と2021年とを比較すると、北海道は増加、その他の地域はいずれも減少している。

米が主要な生産品目である東北では１兆９千億円から30％減少し１兆４千億円、北陸では７千億円から46％減少し４千億円となった。他方、北海道では、米の産出額は減少したものの、野菜や畜産の産出額が増加したことから、2021年は1990年を17％上回る１兆３千億円となっている（表17.4）。

なお、2021年の地域別の農業産出額を20年と比較すると、北海道、東海、近畿、中国・四国および九州・沖縄は増加となっており、その他の地域は減少となっている。

農産物価格は上昇傾向

農産物の価格は、近年、概ね上昇傾向で推移している。

米の価格は、2012年に東日本大震災後の需給混乱により上昇した後、翌13年は豊作であったにもかかわらず、生産者団体の販売価格が高水準であったため上昇した。その後、中食・外食産業を中心としたコメ離れから14年、15年と下落し、16年以降は上昇傾向が続いていたが、20年に下落に転じ、21年は、新型コロナウイルスの影響により業務用需要が減少したこと等により、大きく下落した。

2022年は、この米の価格低下が続いたものの、野菜価格が上昇したことから、農産物の総合指数は102.2と21年を1.4ポイント上回った（図17.4.3）。

図17.4.1　品目別に見た農業産出額の推移

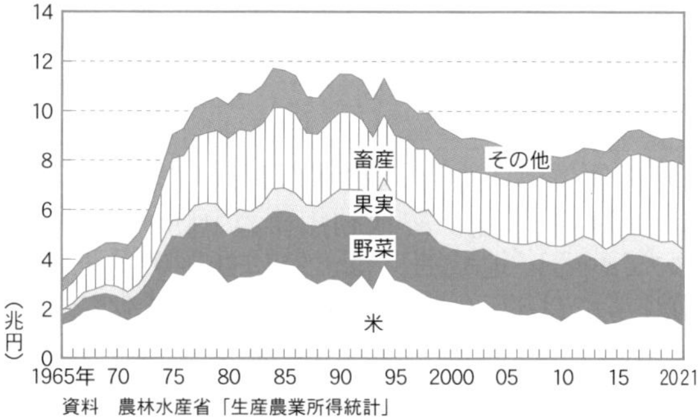

資料　農林水産省「生産農業所得統計」

図17.4.2　2021年の農業産出額の内訳

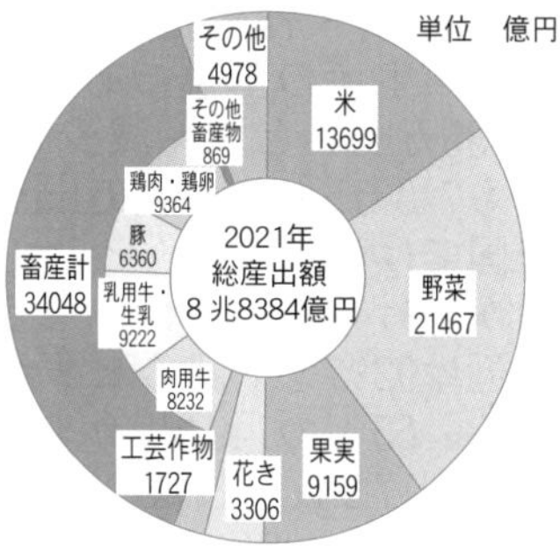

資料　図17.4.1と同じ。

表17.4　全国農業地域別・品目別農業産出額（名目）

		米		野菜		果実		畜産		その他		合計	
		産出額	増減率	産出額	増減率	産出額	増減率	産出額	増減率	産出額	増減率	産出額	増減率
		億円	%	億円	%	億円	%	億円	%	億円	%	億円	%
全国	1990年	29 219		28 005		11 025		31 320		15 300		114 869	
	2021年	13 699	▲53.1	21 467	▲23.3	9 159	▲16.9	34 048	8.7	10 011	▲34.6	88 384	▲23.1
北海道	1990年	2 000		1 574		69		4 765		2 759		11 175	
	2021年	1 041	▲48.2	2 094	33.0	77	11.6	7 652	60.6	2 244	▲18.7	13 108	17.3
東北	1990年	8 757		2 682		1 859		4 836		1 327		19 461	
	2021年	3 635	▲58.5	2 441	▲9.0	2 314	24.5	4 624	▲4.4	578	▲56.4	13 592	▲30.2
北陸	1990年	4 543		767		172		957		417		6 856	
	2021年	2 057	▲54.7	541	▲29.5	153	▲11.0	730	▲23.7	206	▲50.6	3 687	▲46.2
関東・東山	1990年	5 356		8 147		1 971		6 088		3 374		24 936	
	2021年	2 333	▲56.4	6 568	▲19.4	2 201	11.7	5 622	▲7.7	2 227	▲34.0	18 951	▲24.0
東海	1990年	1 794		2 740		678		2 649		2 274		10 135	
	2021年	802	▲55.3	2 125	▲22.4	603	▲11.1	2 274	▲14.2	1 374	▲39.6	7 178	▲29.2
近畿	1990年	1 975		1 543		1 018		1 442		689		6 667	
	2021年	1 065	▲46.1	1 098	▲28.8	995	▲2.3	1 010	▲30.0	404	▲41.4	4 572	▲31.4
中国・四国	1990年	3 014		2 837		1 723		3 270		1 303		12 147	
	2021年	1 344	▲55.4	2 340	▲17.5	1 415	▲17.9	2 980	▲8.9	606	▲53.5	8 685	▲28.5
九州・沖縄	1990年	3 476		4 251		1 856		7 817		4 010		21 410	
	2021年	1 474	▲57.6	4 260	0.2	1 402	▲24.5	9 171	17.3	2 520	▲37.2	18 827	▲12.1

注1　全国の数値は県間・地域間で流通した種子等の中間生産物を控除しているので各地域の数値を単純に合計した数値とは一致しない。
　2　その他は、構成する品目に一部非公表値があるため、合計から米、野菜、果実、畜産の額を差し引いたものとした。
資料　図17.4.1と同じ。

図17.4.3　農産物価格指数の推移

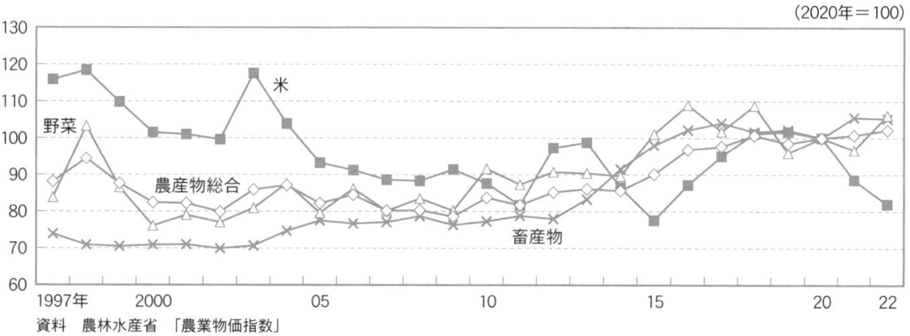

資料　農林水産省「農業物価指数」

17.5　農地と担い手

農地面積・作付面積は減少

農業生産の基盤である農地（耕地）は、1965年の600万haから2021年には435万haへと28％減少した（図17.5.1の実線）。同様に、農作物の作付面積も743万haから398万haへと46％減少した。もともと耕地面積の狭い我が国では、米の裏作として小麦を作付けるなど、耕地の利用率を高める努力が続けられてきた。しかし、1994年以降、耕地利用率は100％を切り、最近は92％を下回る水準が続いている。地域別には、特に四国の低下が著しく、65年の149.3％から、2021年には83.7％へと65.6ポイント減少している（図17.5.1、表17.5.1）。

農家戸数は175万戸

農業の担い手である農家の動きをみると、総農家戸数は、1965年には567万戸であったが、2020年には175万戸となった。このうち、販売農家は103万戸、自給的農家は72万戸となっている（図17.5.2）。

注釈：2020年農林業センサスでは、法人格のある販売農家について主副業別の区分による分類を取りやめたことから、販売農家の主副業別の統計は廃止となっている。

１戸当たりの経営規模は拡大、担い手への農地の集積が進む

農地・農家共に減少するなかで、個々の経営規模は拡大している。1970年と2020年を比較すると、１戸当たりの経営耕地面積は全国平均で2.7倍に、離農跡地の集積が進んだ北海道では4.9倍に拡大している。経営部門別にみると、水稲は2.9倍にとどまるが、土地の制約の少ない畜産ではケタ違いの伸びをみせている（表17.5.2）。

また、大規模経営への農地の集積も進んでおり、担い手の１つとみられる経営耕地面積5ha以上の農業経営体が経営する経営耕地面積の割合は、2005年の43％から20年は66％へと大幅に増加し、経営耕地の過半が同規模階層に集積されたことになる（図17.5.3）。

農業の６次産業化が進む

我が国農業の空洞化が進むなか、一方で、第１次産業である農業に、２次産業・３次産業の要素を取り込んで農業・農村を活性化しようとする、いわゆる「６次産業化」に着目した取り組みが進んでいる。法律の制定などバックアップ体制も整備され､農業者が中心となって営業している加工･販売、観光事業等の売上高は、2021年度は２兆666億円に達している（表17.5.3）。

また、2011年度から開始された「総合化事業計画」の認定件数も、22年度には2,621件に増えている（図17.5.4）。

図17.5.1　農作物作付面積の推移（田畑計）

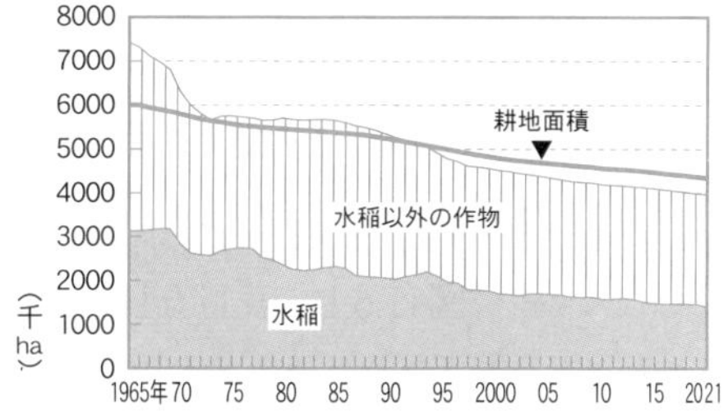

注　1973年以前は沖縄県を含まない。
資料　農林水産省「耕地及び作付面積統計」

表17.5.1　耕地利用率の推移

	1965年	1975	1985	1995	2005	2021	ポイント差 2021−1965
全国	123.8	103.3	105.1	97.7	93.4	91.4	▲32.4
北海道	101.2	97.9	99.1	99.2	99.6	99.1	▲2.1
東北	112.1	99.5	98.7	92.7	87.4	83.3	▲28.8
北陸	105.7	95.9	97.1	91.8	88.7	89.2	▲16.5
関東・東山	135.9	106.4	110.6	99.2	91.7	90.3	▲45.6
東海	124.3	100.7	101.9	94.1	90.9	89.0	▲35.3
近畿	120.0	99.9	101.7	94.4	88.5	87.1	▲32.9
中国	126.5	98.4	99.1	91.4	81.1	76.0	▲50.5
四国	149.3	113.6	116.5	102.2	93.0	83.7	▲65.6
九州	149.1	118.3	124.0	108.8	104.3	102.3	▲46.8

注　耕地利用率とは、耕地面積を「100」とした作付（栽培）延べ面積の割合をいう。
資料　図17.5.1と同じ

図17.5.2　総農家数の推移

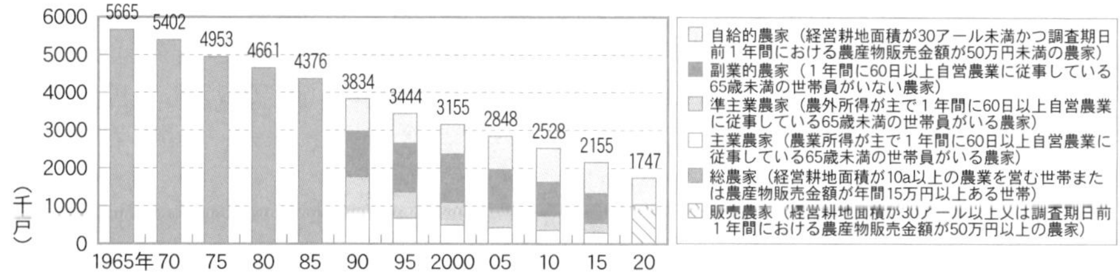

資料　農林水産省「農林業センサス」

表17.5.2　農家一戸当たりの平均規模の推移

		1970年	80	90	2000	10	20	20年/70年
経営耕地（ha）	全国	0.95	1.01	1.41	1.60	1.96	2.55	2.7倍
	北海道	5.36	8.10	11.88	15.98	21.48	26.21	4.9
	都府県	0.81	0.82	1.10	1.21	1.42	1.78	2.2
経営部門別（全国）	水稲(ha)	0.62	0.60	0.72	0.84	1.05	1.80	2.9
	乳用牛(頭)	5.9	18.1	32.5	52.5	67.8	93.9	15.9
	肉用牛(頭)	2.0	5.9	11.6	24.2	38.9	58.2	29.1
	養豚(頭)	14.3	70.8	272.3	838.1	1436.7	2119.4	148.2
	採卵鶏(羽)	70	…	1 583	28 704	44 987	66 883	955.5
	ブロイラー(羽)	3 408	…	27 210	35 175	44 791	61 435	18.0

注１　経営耕地および水稲は、1980年までは総農家、1990年以降は販売農家（2020年は農業経営体）の数値である。
　２　水稲の1990年以前は水稲を収穫した農家、2000年以降は販売目的で水稲を作付けた農家（2020年は農業経営体）の数値である。
　３　養豚、採卵鶏およびブロイラーの2010年は2009年、2020年は2019年の数値である。
資料　農林水産省「農林業センサス」、「畜産統計」、「畜産物流通統計」

図17.5.3　経営耕地面積規模別の経営耕地面積集積割合（全国）

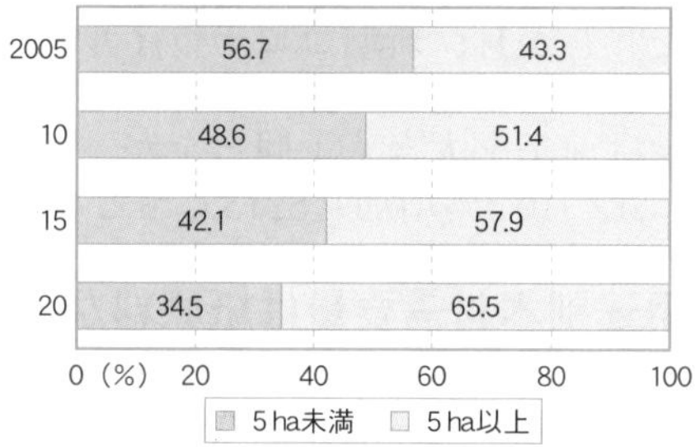

注　農業経営体の経営耕地面積規模別割合を５ha未満と５ha以上に分けたものである。
資料　図17.5.2と同じ

表17.5.3　農業の６次産業化の規模（全国）

	販売金額	事業体数	従事者数
	百万円	事業体	百人
農業生産関連事業計	2 066 615	60 650	4 227
農産物の加工	953 268	30 550	1 888
農産物直売所	1 046 385	22 680	1 747
観光農園	32 634	4 990	426
農家民宿	3 992	1 180	45
農家レストラン	30 336	1 260	121

資料　農林水産省「６次産業化総合調査」（令和３年度）

図17.5.4　「総合化事業計画」の認定件数の推移（全国）

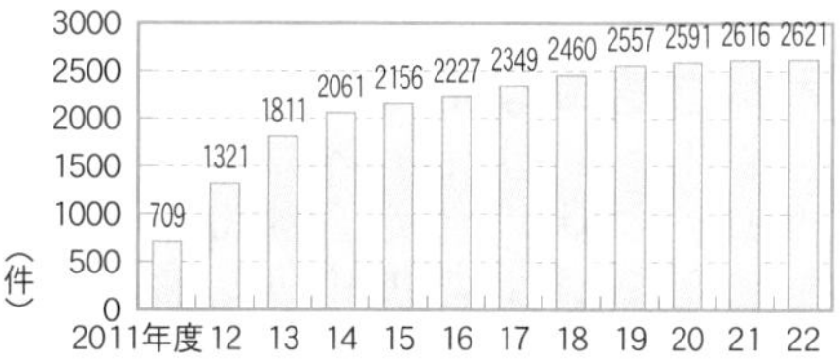

注　2011年度以降の認定件数の累積値を示す。
資料　農林水産省調べ

17.6　林業

我が国の国土の３分の２は森林

我が国は､国土の約３分の２が森林に覆われた世界有数の森林国である。我が国の国土面積3780万haのうち、森林面積は2505万ha(国土面積の66％）に達する。森林のうち、1020万haが人工林となっており、所有形態別には、私有林が1439万ha(森林面積の57％)、国有林が766万ha(同31％)、公有林が299万ha(同12％）となっている（図17.6.1、表17.6.1)。

森林資源は量的には充実してきたが

我が国の森林の蓄積は、2017年に約52億㎥となった。これは、戦後復興の過程で精力的に進められた植林による人工林が成長した結果であり、本格的に利用可能な概ね50年生以上の森林は年々増加しつつある。一方で、労働力不足や林業経営の悪化から間伐等の管理が十分に行われない森林も増加しており、森林資源の維持・管理が課題となっている（図17.6.2、表17.6.2)。

木材需要量が減少に転じる

木材需要量は、高度経済成長期を通じて増大を続け、1973年には過去最高の１億2102万㎥を記録した。その後、バブル崩壊やそれに伴う景気後退により96年以降は減少傾向に入り、2009年の木材需要量は前年比19％減の6480万㎥と、1950年代の水準にまで落ち込んだ。2010年以降は、住宅着工戸数の増加等により７千万㎥台に回復し、近年では８千万㎥台となっていた。しかし、新型コロナウイルスの拡大による行動制限等により、住宅展示場への来場者の減少などから、住宅着工戸数が減少し、20年の木材需要量は前年を大きく下回ったが、その後の経済活動の回復により21年は前年に比べ10.3％増加し8213万㎥となった（図17.6.3)。

用途別木材需要量は紙原料が第１位

木材需要は、かつては建築用材としての製材需要が中心であり、1965年の製材需要量は全体の６割を超えていたが、徐々にシェアを落とし2021年には32％となった。一方、紙の原料であるパルプチップの需要は増加しており、21年には全体の約35％を占めている。21年におけるその他の用途別需要量の割合は、合板用材が13％、その他用材が２％、燃料材（薪炭材）が18％などとなっている（図17.6.3)。

木材自給率は36％

木材（用材）自給率は、国産材供給の減少と木材輸入の増加により、1950年代以降低下を続け2000年に過去最低の18.2％となった。その後、国産材の供給量は増加傾向で推移したのに対し、木材の輸入量は大きく減少したことから、木材自給率は回復傾向が続いており、21年は35.9％と上昇傾向が続いている（図17.6.3)。

図17.6.1　国土面積と森林面積

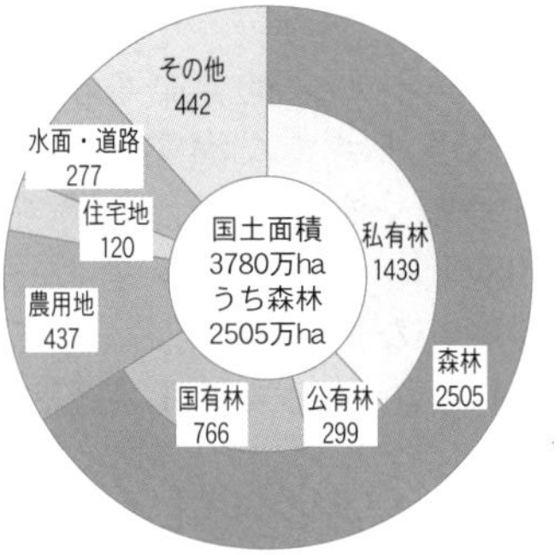

資料　農林水産省「令和３年度 森林・林業白書」、国土交通省「令和３年度土地に関する動向」（森林面積は平成29年、それ以外の面積は令和２年）

表17.6.1　森林資源の現況（平成29年３月31日現在）

（単位：面積 万ha、蓄積 百万m³）

区分			総数	人工林	天然林	その他
面積	総数		2 505	1 020	1 348	136
	民有林	計	1 739	792	875	73
		公有林	299	133	153	13
		私有林	1 439	658	722	60
	国有林		766	229	473	64
蓄積	総数		5 242	3 308	1 932	1
	民有林	計	4 016	2 795	1 220	0
		公有林	616	397	218	0
		私有林	3 400	2 398	1 002	0
	国有林		1 226	513	712	0

注　私有林には、公有林以外の民有林を含む。
　　その他は、伐採跡地、未立木地、竹林である。
資料　農林水産省「森林資源の現況」（平成29年３月31日現在）

図17.6.2　森林蓄積の推移

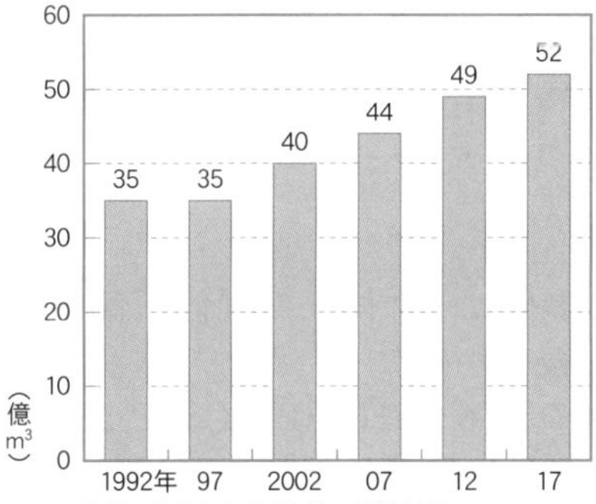

資料　農林水産省「森林・林業白書」

表17.6.2　森林管理の状況

	年度	2010年	15	16	17	18	19	20	21
間伐実績（千ha）	民有林	445	341	319	304	269	268	261	269
	国有林	110	112	121	106	101	98	96	96
	計	556	452	440	410	370	365	357	365

	年度	2010年	15	16	17	18	19	20	21
林道開設（新設）量（km）	民有林	337	238	217	193	175	162	179	161
	国有林	97	175	147	163	129	131	118	105
	計	434	413	364	356	305	294	297	266

資料　農林水産省「令和４年度 森林・林業白書」

図17.6.3　木材の用途別需要量と用材自給率の推移

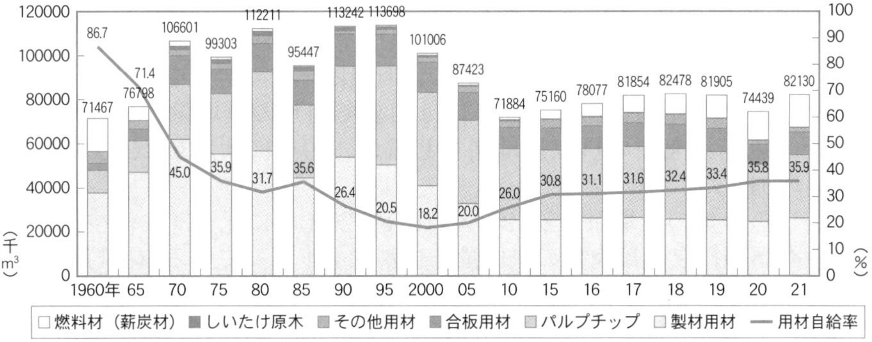

注　燃料材（薪炭材）の2014年以降は、木質バイオマス発電施設等における燃料用チップを含む。
資料　農林水産省「木材需給表」

17.7　水産業

漁業・養殖業の生産量と産出額は減少傾向

我が国は、国土面積の約12倍、447万平方キロメートル、世界第６位の排他的経済水域を擁する海洋大国である。古くからさまざまな漁業が営まれ、すぐれた魚食文化を育みながら、タンパク質の多くを魚介類から得てきた。しかし、近年の漁業・養殖業の生産量は、1984年の1282万トンをピークに95年頃にかけて急速に減少した。その後も緩やかな減少傾向が続いており、2021年の生産量は417万トン（図17.7.1）、産出額ベースで１兆3783億円となった（図17.7.2）。

長期間の推移をみると、生産量では沖合漁業の減少が最も大きい。これは、1960年代後半以降、マイワシ等の資源の増大により、まき網漁業を中心に漁獲量が大きく増加したものの、その後は資源量が減少したことに伴い、生産量が急減して回復していないことによる。また、産出額でみると遠洋漁業の減少が著しい。これは、70年代後半から米国・旧ソ連等各国で排他的経済水域が設定され、これらの漁場からの撤退が相次いだこと、90年代以降も資源状況の悪化や国際的な漁業規制の強化といった背景があったことによる。

食用魚介類自給率は55％

食用魚介類の自給率は、1964年度の113％をピークに長期間低下傾向で推移したが、その後、国内生産量の減少が緩やかになったことや水産物の輸入量が減少したことから、2000～02年度の53％を底に10年度まで上昇傾向で推移した。その後は多少の変動傾向を示して推移しており、21年度は、前年度を２ポイント下回る55％となった（図17.7.3）。

タンパク源は魚から肉にシフト

魚介類と肉類の国民１人１日当たり摂取量の推移をみると、魚介類が2002年以降、減少傾向にあるのに対し、肉類は一定の変動をみせつつも、基調として増加傾向にあり、06年には初めて肉類の摂取量が魚介類を上回った。以降、肉類の摂取量は増加し続け、19年には103gと2000年に比べ32％増加した。

一方、魚介類の摂取量は2019年には64gと2000年に比べ30％減少し、19年の魚介類の摂取量は肉類の摂取量を３割以上下回っている（図17.7.4）。

2017年のそれぞれの摂取量を年齢階層別にみると、魚介類は年齢が高くなるとともに摂取量が増加する傾向にある。一方、肉類の摂取量は15～19歳をピークに年齢が高くなるとともに大きく減少している（図17.7.5）。

図17.7.1　漁業・養殖業の生産量の推移

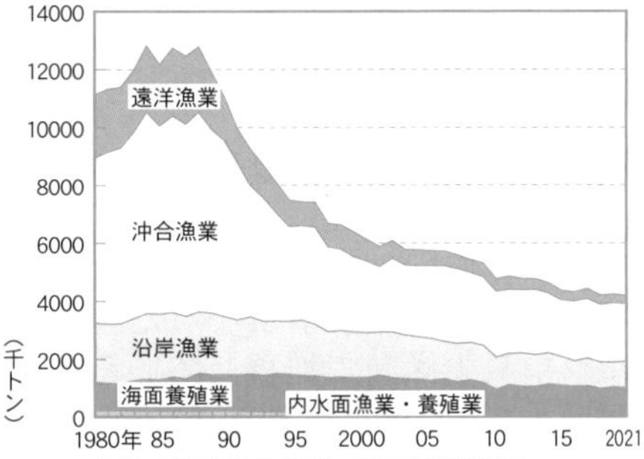

資料　農林水産省「漁業・養殖業生産統計」

図17.7.2　漁業・養殖業の産出額の推移

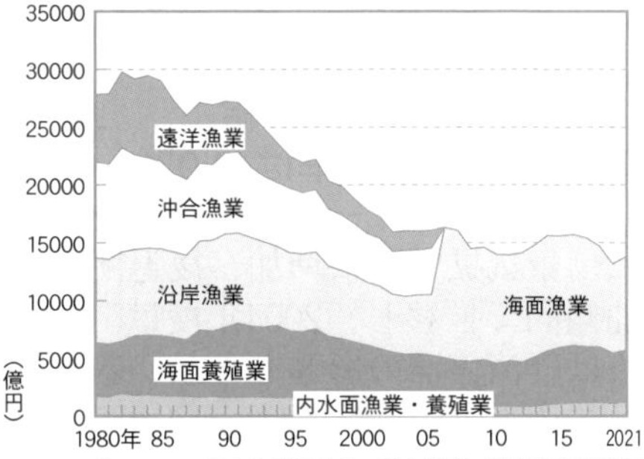

注　2007年から遠洋漁業・沖合漁業・沿岸漁業が海面漁業に一本化された。
資料　農林水産省「漁業産出額」

図17.7.3　魚介類の国内生産量・輸入量、自給率の推移

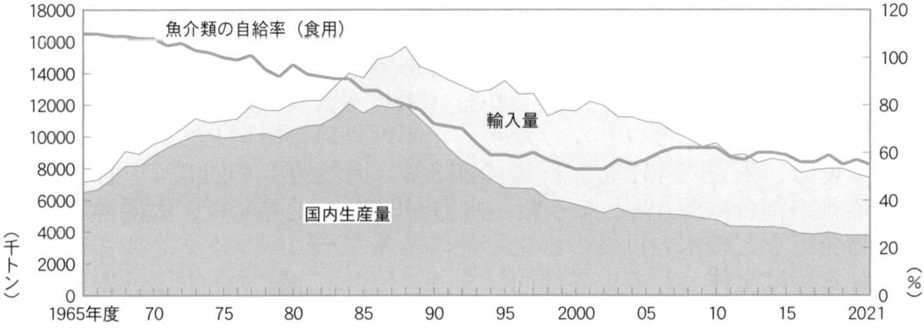

資料　農林水産省「食料需給表」

図17.7.4　国民１人１日当たり魚介類と肉類の摂取量の推移

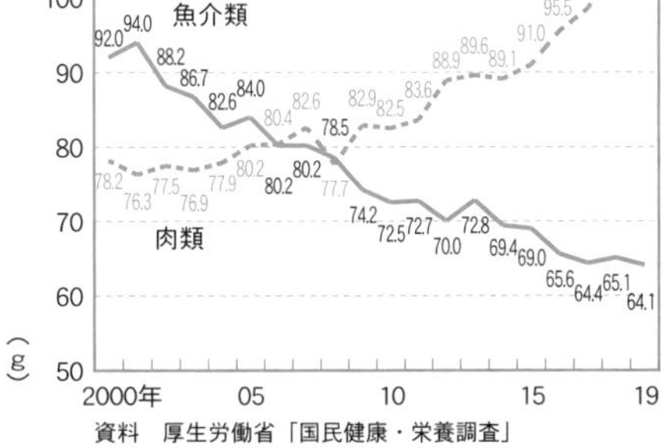

資料　厚生労働省「国民健康・栄養調査」

図17.7.5　年齢階層別にみた１人１日当たり魚介類と肉類の摂取量（2019年）

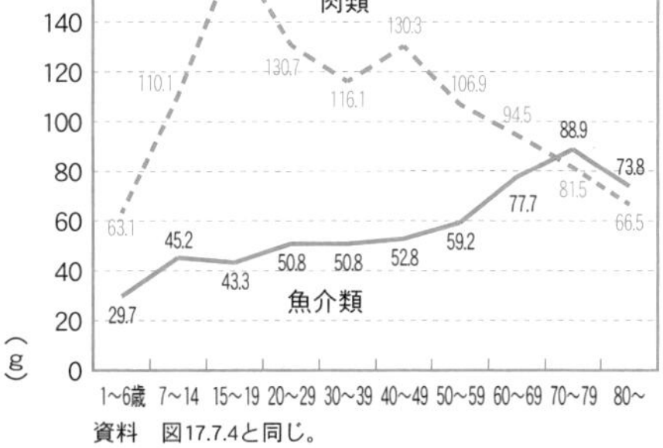

資料　図17.7.4と同じ。

第18章　資源・エネルギー・水

18.1　エネルギー需給

エネルギー自給率は14.0%、化石燃料の割合は89%（うち石油40%）

１次エネルギー消費（石油換算トン）の推移を長期的にみると、基本的には景気拡大期に増加、後退期に若干減少する傾向はあるものの、ほぼ増加傾向で推移し、2004年度は5.44億トンと過去最高の水準となった。その後は経済停滞の影響もあり、基本的にはやや減少傾向で推移している。

エネルギー自給率は、1970年代前半に低下し、75年度には13%となったが、石油代替エネルギーの導入努力もあり、その後は持ち直し、近年は16〜18%で推移していた。しかし、東日本大震災以降は、原子力が激減したため、2012年度のエネルギー自給率は1965年度以降最低の7.3%まで低下したが、その後は、上昇傾向にあり、2021年度は13.8%であった（図18.1.1）。

１次エネルギー消費のエネルギー源別構成比の推移を長期的にみると、高度成長期には石油の割合が増大し、1970年代は70%を超えていた。その後、石油危機を契機とした脱石油政策もあって、80年度以降は天然ガスや原子力の割合が上昇していた。しかし、東日本大震災以降、原子力は激減し、2014年度には、ゼロとなったが、15年度以降は微増している。その結果21年度は、石油の40.2%、石炭の26.3%、天然ガスの21.0%を合計した化石燃料の割合は87.6%となった。水力が3.6%、地熱発電、太陽熱利用、廃棄物発電などの水力以外の再生可能エネルギー（ソフトエネルギーとも呼ばれる）は全体として上昇傾向にあり、5.6%に達した（図18.1.2）。

日本のエネルギー消費量は世界で５番目

2020年の世界全体の１次エネルギー消費量は139.6億トンである。最も多く消費している国は、中国で35.0億トン（世界全体消費量の25.1%、以下同じ）、次いでアメリカ20.4億トン（14.6%）、インド8.7億トン（6.2%）、ロシア7.6億トン（5.4%）、日本3.9億トン（2.8%）である。続いて、ブラジル2.9億トン（2.0%）、カナダ2.8億トン（2.0%）、ドイツ2.8億トン（2.0%）、韓国2.8億トン（2.0%）である（図18.1.3）。

日本の省エネルギーは世界のトップレベル

マクロレベルでの省エネルギーを示すGDP当たりエネルギー消費量（エネルギー消費原単位）（2020年）をみると、日本は88トン/GDP（2015年価格：百万米ドル）であり、イギリス（53トン）、イタリア（79トン）、ドイツ（81トン）、に次いで世界第４位である。以下、フランス、スペインと欧州の国が続く（図18.1.4）。世界平均は171トンである。

図18.1.1　一次エネルギー消費とエネルギー自給率の推移

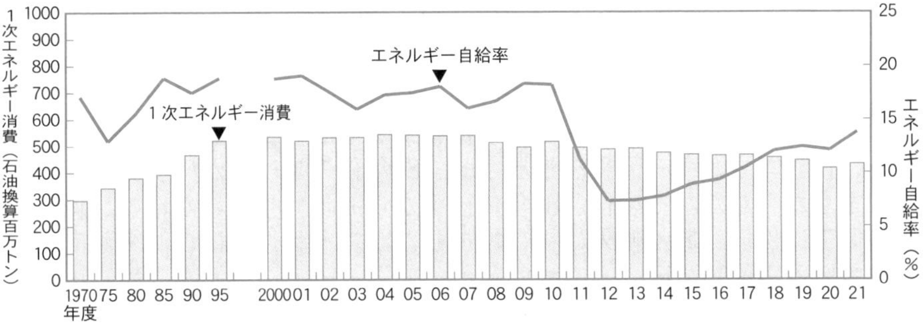

注　エネルギー自給率=国内生産/一次エネルギー消費（一次エネルギー国内供給）
資料　日本エネルギー経済研究所計量分析ユニット（EDMC）「エネルギー・経済統計要覧」、経済産業省/EDMC「総合エネルギー統計」

図18.1.2　国内の一次エネルギー別構成比の推移

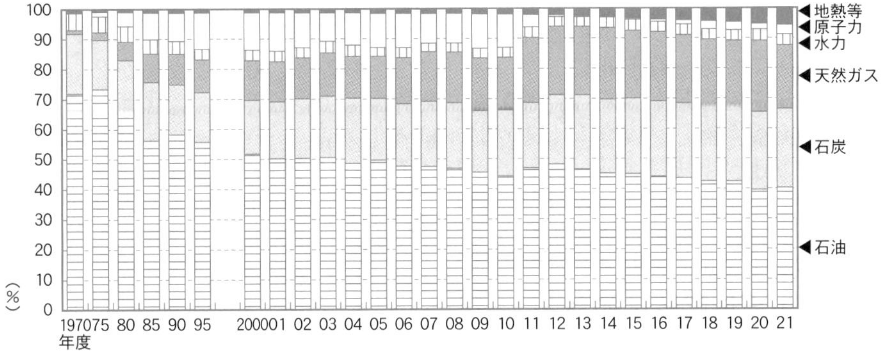

注　1次エネルギー源とは、自然界に存在しているエネルギー源を指し、図に掲げられたものである。
1次エネルギーを変換したものが2次エネルギーで電気、ガソリン等を指す。
資料　図18.1.1と同じ

図18.1.3　一次エネルギー消費量国際比較（2020年）

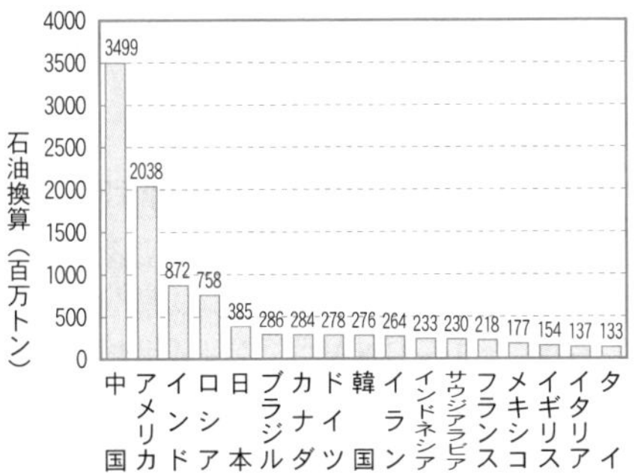

資料　日本エネルギー経済研究所　計量分析ユニット（EDMC）「エネルギー・経済統計要覧」
国際エネルギー機関（International Energy Agency）「World Energy Balances」よりEDMC集計

図18.1.4　GDP当たり一次エネルギー消費量国際比較（2020年）

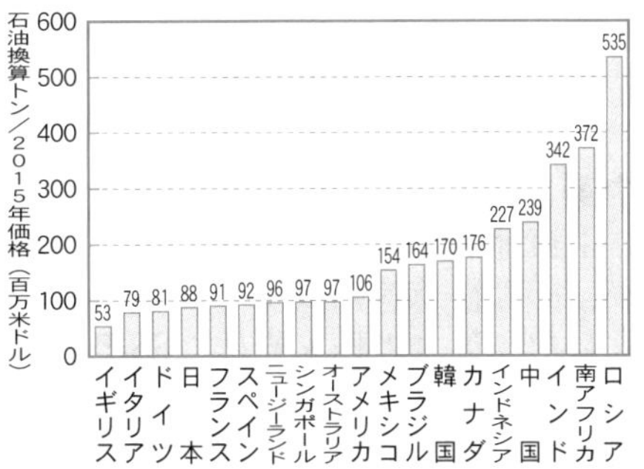

資料　日本エネルギー経済研究所　計量分析ユニット（EDMC）「エネルギー・経済統計要覧」
国際エネルギー機関（International Energy Agency）「World Energy Balances」
世界銀行（World Bank）「World Development Indicators」等よりEDMC算出

18.2　石油

原油輸入は1990年半ば以降長期的に減少傾向

原油輸入は、1960年代から70年代前半まで原油価格が低位で推移していたこともあり、高度成長期に伴なって、右肩上がりに増加した。73年の第１次石油危機、79年の第２次石油危機による原油価格の高騰は、省エネルギー、代替エネルギー開発を進展させ、80年代の半ばにかけて原油輸入の減少をもたらした。その後、80年代後半から90年代半ばにかけて、原油価格の低下に伴い、原油輸入は再び増加したが、それ以降は、減少傾向で推移している（図18.2.1）。

原油価格は2017年以降上昇傾向の後、19年以降下落傾向にあったが21年以降再び上昇傾向

原油輸入価格（１バーレル当たり、年平均）を長期的にみると、石油危機前は２～４ドルという低価格であったが、２度の石油危機を経て、1980年代前半には28～37ドルにまで上昇した。その後、80年代後半から、省エネルギー等の進展による需要の減少を背景に16～23ドルに低下したが、2000年以降急騰し、08年には102ドルに達した。リーマンショックのため09年には61ドルまで急落したものの、その後上昇傾向に転じ、12年には115ドルに達した後、下落傾向の後、17年以降上昇の後、19年以降下落傾向にあったが、21年以降再び上昇傾向にある（図18.2.1）。

原油の中東依存度は90％

原油の輸入先は、高度成長期には中東依存度が８割を超えていたが、石油危機を契機に輸入先の多様化を図ったこともあり、1980年代には７割程度にまで低下した。しかし、その後、東南アジア地域等における国内需要増大を背景として、これらの地域の原油産出国からの輸入が減少したことによって、中東依存度は再び上昇し、2021年度では92.5％となった。東南アジア地域（インドネシアなど）は0.8％、その他は6.7％、中東依存度は石油危機以前の状況に戻っている（図18.2.2）。

中東からの輸入の約８割はサウジアラビアとアラブ首長国連邦

中東地域からの原油輸入は、1974年度までイランが最大の割合であったが、その後急速に減少し、サウジアラビアとアラブ首長国連邦の割合が拡大した。最大の輸入先は、85年度以降はアラブ首長国連邦、2004年度以降はサウジアラビアとなっている。中東地域からの原油輸入の国別割合（22年度）は、サウジアラビアが41.2％（中東地域全体における比率、以下同じ）、アラブ首長国連邦が40.5％で、この２か国で約８割を占める。このほか、クウェート9.0％、カタール6.8％などである（図18.2.3）。

図18.2.1　原油輸入量と輸入価格（CIF価格）

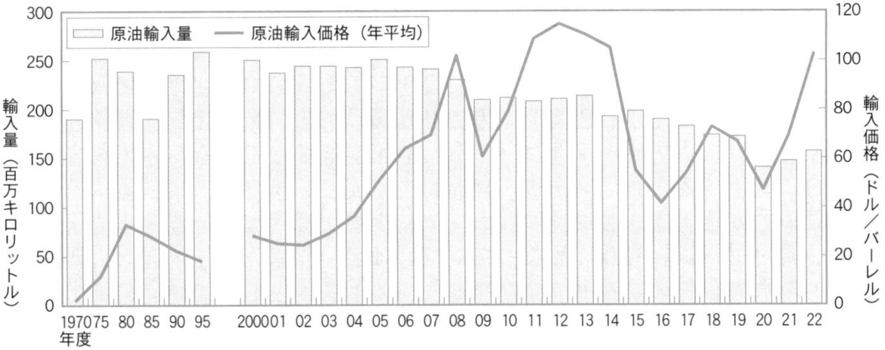

資料　エネルギー経済研究所　計量分析ユニット「データバンク」
　　　財務省「日本貿易月表」

図18.2.2　原油輸入の地域別構成比と中東依存度の推移

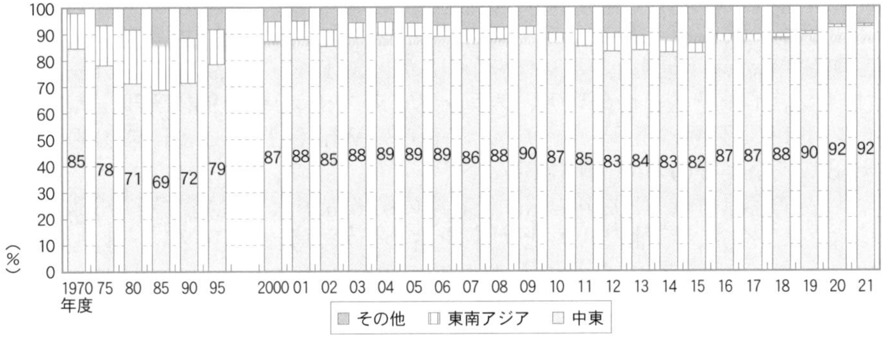

資料　エネルギー経済研究所　計量分析ユニット「エネルギー・経済統計要覧」
　　　経済産業省「資源・エネルギー統計年報」

図18.2.3　中東地域からの原油輸入の中東地域国別構成比（2022年度）

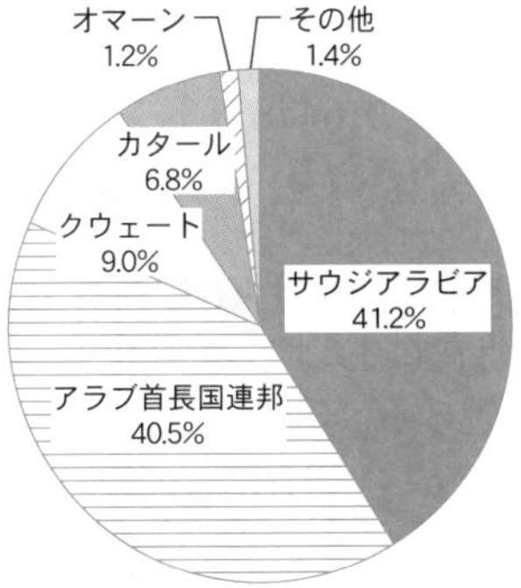

資料　経済産業省「資源・エネルギー統計年報」

18.3　電力事情

発電量はゆるやかな減少傾向、電源構成の太宗は火力

発電電力量は、かつては堅調に増加し、2007年度には１兆1950億kwhに達したが、その後は減少傾向にあり、20年度は、2000年度以降で最も低い9490億kwhであったが、21年度は9698億kwhと若干増加した（図18.3.1）。

電源構成は、火力が一貫して大宗を占めて推移している。水力の割合が趨勢的に低下する反面、原子力の割合が上昇してきたが、東日本大震災以降、原子力が激減し、2021年度は、全体の80.0％が火力発電、水力発電が9.0％、原子力発電が7.0％となっている。地熱発電、風力発電、太陽光発電などの水力以外の再生可能エネルギーは全体として増加傾向にあり、21年度には、3.9％に達した（図18.3.2）。

世界の総発電量は増加傾向、電源構成の太宗は火力

世界の総発電量は増加傾向にあり、2019年には26,958TWhに達したが、20年は、若干減少し、26,721TWhであった。20年の実績を国または地域別にみると、最も多く発電している国は中国で7,732TWh（世界全体の発電量の28.9％、以下同じ）、次いでアメリカ4,239TWh（15.9％）、欧州主要国（ドイツ、イギリス、イタリア、フランス、スペイン）計1,942TWh（7.3％）、インド1,533TWh（5.7％）、ロシア1,088TWh（4.1％）、日本1,009TWh（3.8％）などである（図18.3.3）。

世界の電源構成（2020年）は、全体の61.6％が火力発電（石炭35.4％、天然ガス23.7％、石油2.5％）と太宗を占め、水力発電が16.2％、地熱発電、風力発電、太陽光発電などの水力以外の再生可能エネルギーが12.2％、原子力発電が10.0％である（図18.3.4）。

日本の電力消費量は世界で４番目

2020年の世界全体の電力消費量は19.6億トンである。最も多く消費している国は中国で５億8712万トン（世界全体消費量の30.0％、以下同じ）、次いでアメリカ３億2483万トン（16.6％）、インド１億165万トン（5.2％）、日本7802万トン（4.0％）、ロシア6446万トン（3.3％）である。続いて、カナダ4497万トン（2.3％）などである（図18.3.5）。

日本の最終エネルギー消費における電力化率は世界のトップレベル

世界の最終エネルギー消費における電力化率（2020年）をみると、日本は29.7％で、世界第１位である。以下、ベトナム（28.2％）、南アフリカ（27.3％）、ブルネイ（27.1％）、中国（26.9％）である。電力化率の低い国には、インド（17.0％）、インドネシア（15.6％）、ロシア（12.7％）などがある。世界平均は20.5％である（図18.3.6）。

図18.3.1　発電電力量の推移

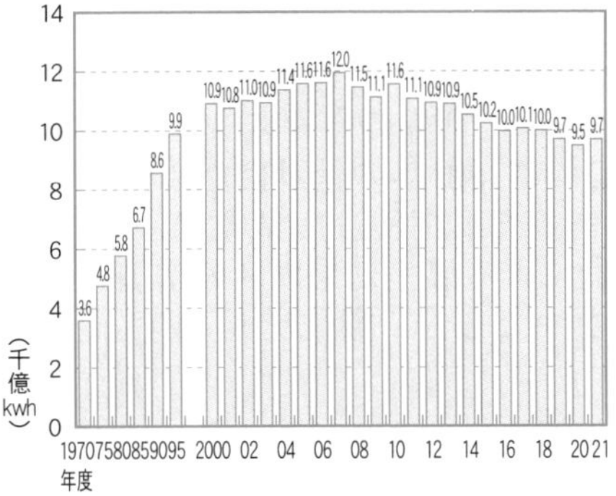

資料　日本エネルギー経済研究所　計量分析ユニット「データバンク」、電気事業連合会「電気事業便覧」

図18.3.2　電源構成の推移

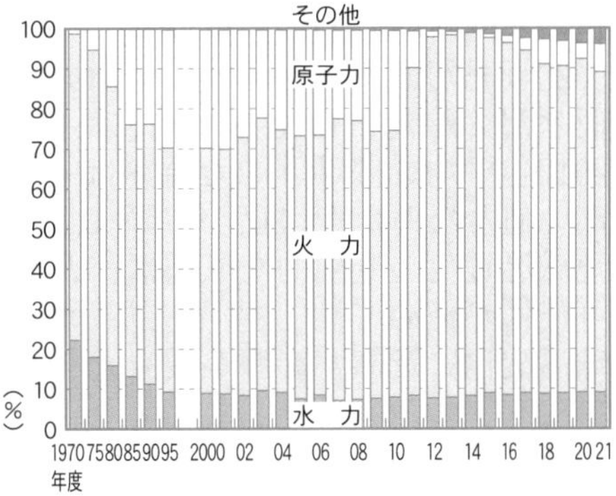

資料　図18.3.1と同じ

図18.3.3　世界の総発電量の推移

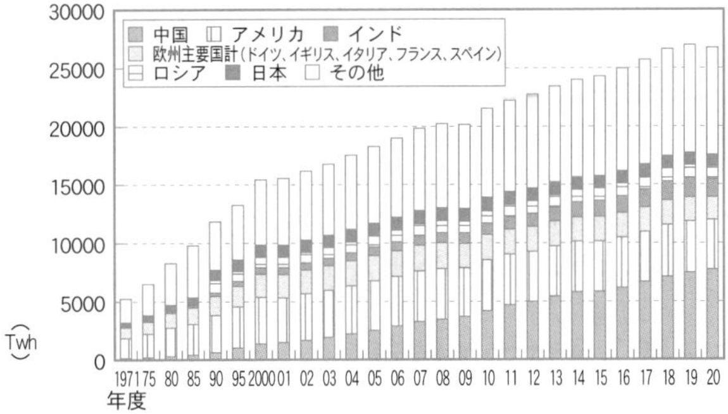

資料　日本エネルギー経済研究所　計量分析ユニット(EDMC)「エネルギー・経済統計要覧」国際エネルギー機関（International Energy Agency）「World Energy Balances」よりEDMC集計

図18.3.4　世界の電源構成（2020年）

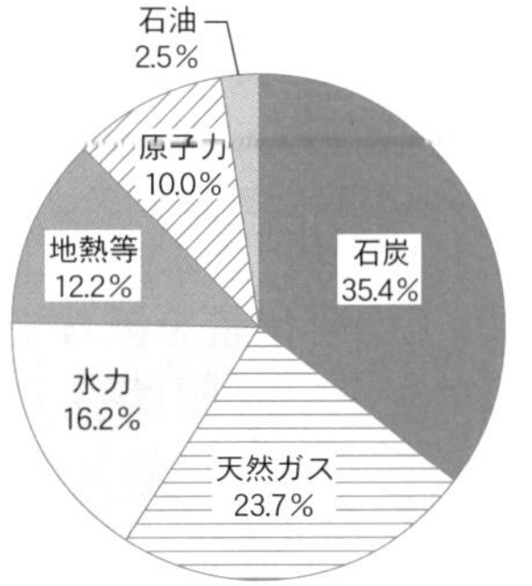

資料　図18.3.3と同じ

図18.3.5　電力消費量国際比較（2020年）

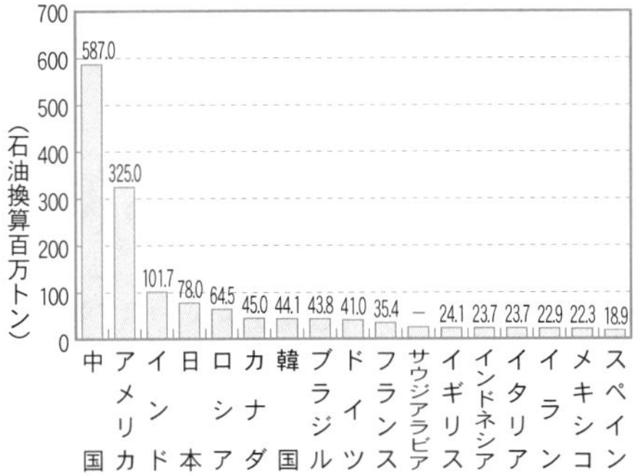

資料　図18.3.3と同じ

図18.3.6　最終エネルギー消費における電力化率国際比較（2020年）

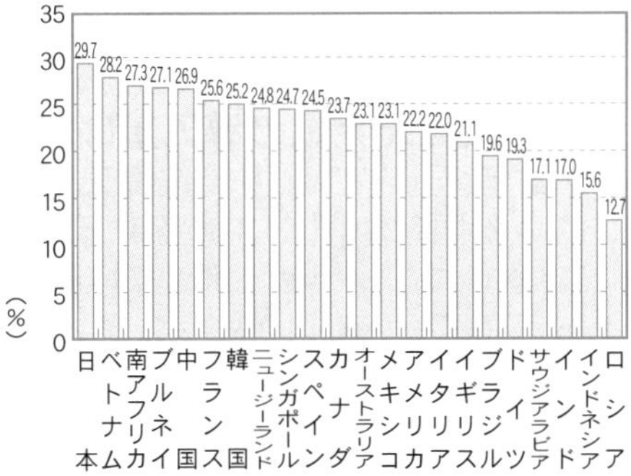

注　最終エネルギー消費とは、二次エネルギー等を経済活動や社会生活等に直接利用することを指す。
資料　図18.3.3と同じ

18.4　地球温暖化と再生可能エネルギー

世界の平均気温は上昇傾向

20世紀初頭より、世界の年平均気温（陸域における地表付近の気温と海面水温の平均）は上昇傾向にあり、2016年の世界の年平均気温の1981～2010年平均を基準とした偏差は＋0.35℃で、1891年の統計開始以降、最も高い値となったが、2024年は＋0.24℃であった（図18.4.1）。気象庁によれば、地球温暖化の支配的な原因は、人間活動による温室効果ガスの増加である可能性が極めて高く、温室効果ガスのなかでも、二酸化炭素（CO_2）は地球温暖化に及ぼす影響が最も大きい。

世界のCO_2排出量は増加傾向

世界のCO_2排出量は増加傾向にあり、2018年には、334.5億トンに達したが、その後減少傾向にあり、20年は、313.8億トンであった。20年の実績を国または地域別にみると、最も多く排出している国は中国で100.8億トン（世界全体の排出量の30.3％、以下同じ）、次いでアメリカ42.6億トン（12.8％）、インド20.8億トン（6.2％）、欧州主要国（ドイツ、イギリス、イタリア、フランス、スペイン）計16.2億トン（4.9％）、ロシア15.5億トン（4.7％）、日本9.9億トン（3.0％）などである（図18.4.2）。気象庁によれば、CO_2排出量を減らすには化石燃料の消費を減らす必要があり、この観点からCO_2を排出しない再生可能エネルギーの導入が重要となる。

世界の再生可能エネルギー導入量は増加傾向

世界の再生可能エネルギー導入量は増加傾向にあり、2022年には、約10億7911万トンに達した。21年の実績を国または地域別にみると、最も多く導入している地域は中国で３億1767万トン（世界全体の導入量の33.3％、以下同じ）、次いで欧州２億4458万トン（25.6％）、アメリカ２億135万トン（21.1％）、ブラジル6043万トン（6.3％）、インド5135万トン（5.4％）、日本3654万トン（3.8％）などである（図18.4.3）。

世界の太陽光発電の導入量は風力発電を若干上回る

2021年の世界の風力発電導入量は８億2487万kwである。最も多く導入している国は中国で３億2897万kw（世界全体の導入量の39.9％、以下同じ）、次いでアメリカ１億3274万kw（16.1％）、ドイツ6376万kw（7.7％）、インド4007万kw（4.9％）などである（図18.4.4）。一方21年の世界の太陽光発電導入量は８億4309万kwである。最も多く導入している国は中国で３億640万kw（世界全体の導入量の36.3％、以下同じ）、次いでアメリカ9371万kw（11.1％）、日本7419万kw（8.8％）、ドイツ5846万kw（6.9％）などである（図18.4.5）。

図18.4.1　世界の年平均気温偏差の推移（1891～2021年）

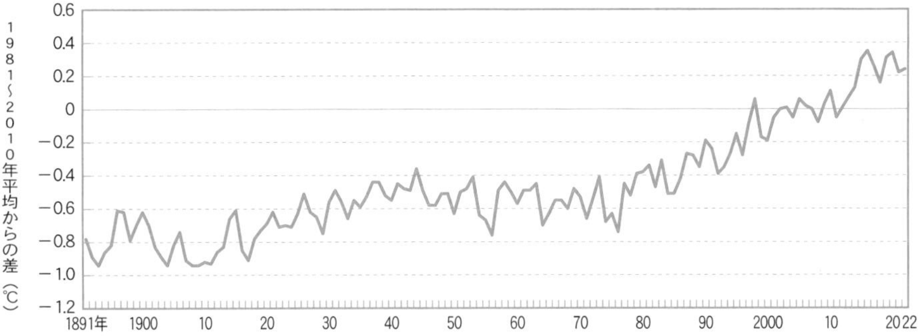

資料　気象庁「世界の年平均気温偏差」

図18.4.2　世界のCO_2排出量の推移

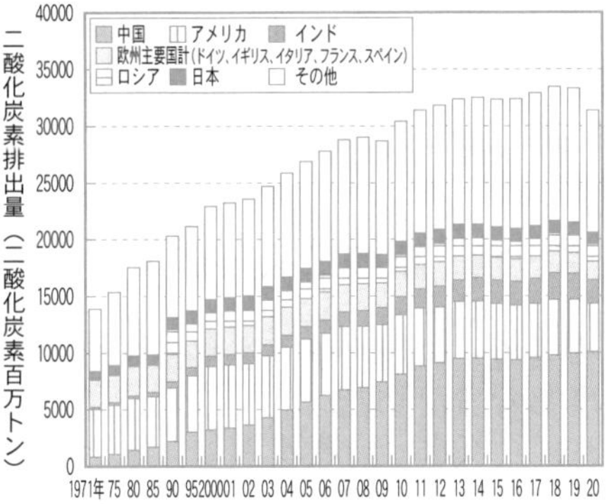

資料　日本エネルギー経済研究所　計量分析ユニット（EDMC）「エネルギー・経済統計要覧」
国際エネルギー機関（International Energy Agency）「World Energy Balances」、「CO_2 Emissions from fuel combustiones」よりEDMC推計

図18.4.3　世界の再生可能エネルギー導入量の推移

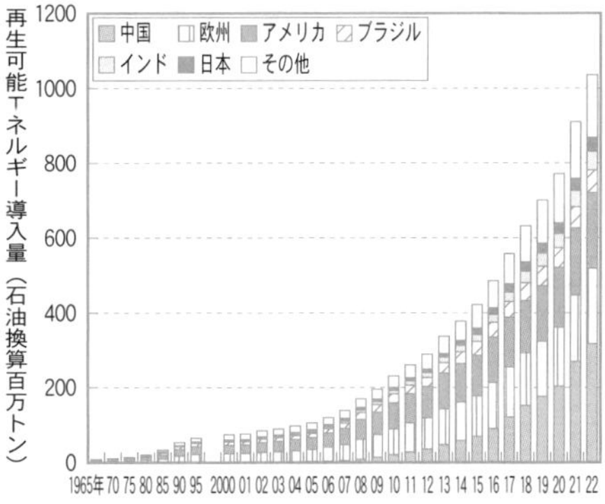

資料　日本エネルギー経済研究所　計量分析ユニット「データバンク」
BP（British Petroleum）「BP Statistical Review of World Energy」

図18.4.4　風力発電導入量国際比較（2021年）

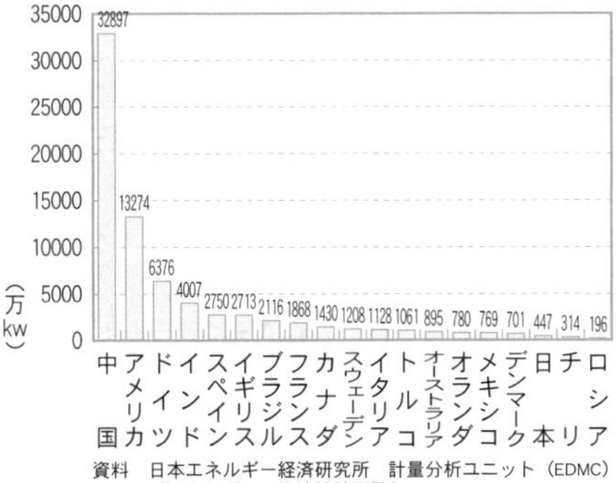

資料　日本エネルギー経済研究所　計量分析ユニット（EDMC）「エネルギー・経済統計要覧」
BP（British Petroleum）「BP Statistical Review of World Energy」よりEDMC集計

図18.4.5　太陽光発電導入量国際比較（2021年）

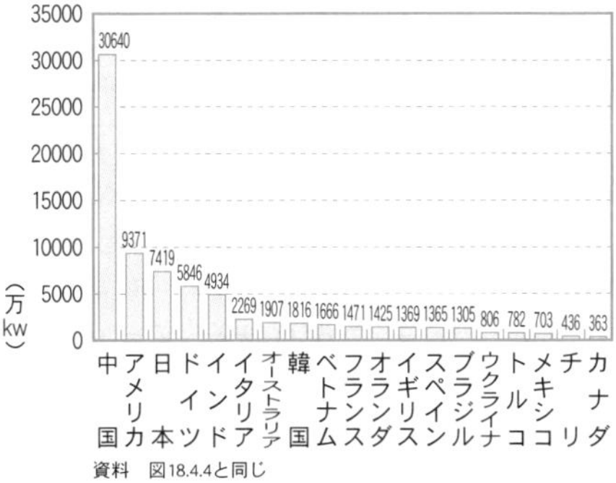

資料　図18.4.4と同じ

18.5　水使用量

約３分の２が農業用水

2019年の取水量ベースによる水の使用量（工業用水は淡水補給量、農業用水量は一部推計）は、約785億m^3であった。農業用水、生活用水の増加を受けて、1996、97年までは全体として増加傾向にあったが、その後の農業用水、生活用水および工業用水の減少により、全体として減少傾向が続いている。2019年の内訳は、生活用水が148億m^3で18.9％、工業用水が103億m^3で13.1％、農業用水が533億m^3で67.9％と、農業用水が約３分の２を占めている（図18.5.1）。

我が国の水道普及率は98％

上水道の給水人口は、2021年度末現在、１億2087万人で、普及率は96.6％と高い水準である。上水道に、簡易水道と専用水道を加えた水道全体の給水人口は１億2290万人で、普及率は98.2％に達する。水道の水源を20年度についてみると、ダムが48.0％、河川水が25.2％、井戸が19.2％などとなっており、取水の74.6％がダム、河川水などの地表水である（図18.5.2）。

製造業淡水用水の大口使用はパルプ・紙・紙加工品製造業、化学工業等

2020年の製造業（従業者30人以上の事業所）の用水量（淡水のみ）は１日当たり7671万m^3であった。また、１事業所当たりでは、約1630m^3であった。水源の構成比は、公共水道が22.4％、回収水（一度使用した水を回収して再利用している水）が56.6％である。製造業淡水用水の使用状況を産業別にみると、鉄鋼業が36.7%、化学工業が22.6％で、これらの産業で約６割を占めている。公共水道では、鉄鋼業、化学工業の２産業で51％、回収水では、鉄鋼業、化学工業の２産業で78％を占めている（表18.5）。

ミネラルウォーターの消費量は10年前に比べて1.4倍に増加

ミネラルウォーターの消費量は右肩上がりで増加しており、2022年は471万kl(輸入を含む）となった。うち、国産は前年比7.4％増の446万kl、輸入は前年比12.9％減の25万kl(輸入率5.3％）である。ミネラルウォーターの消費量は10年前（12年の314万kl）に比べ1.5倍に増加している（図18.5.3）。

また、ミネラルウォーターの１人当たり消費量は、2022年で37.7リットルと10年前の24.6リットルから大幅に増加しているが、イタリアの201.1リットル（22年、以下同様)、スペインの172.4リットル、フランスの138.7リットルと比べると低い水準にあるが、イギリスの34.8リットルと比べると高い水準にある。

図18.5.1　形態別水使用量の推移

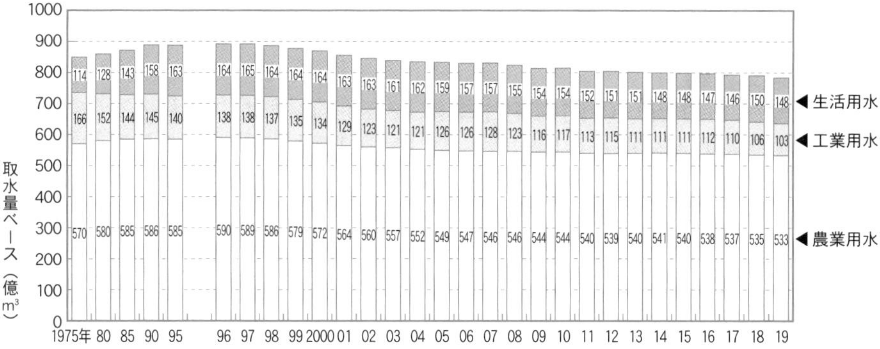

注　取水量ベースの値
資料　国土交通省「日本の水資源の現況」

図18.5.2　水道の水源別構成比（2020年度）

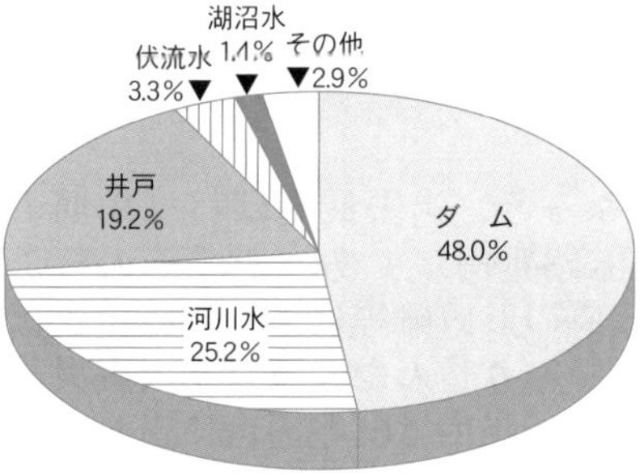

資料　公益社団法人　日本水道協会

表18.5　製造業の産業別用水量（2020年）

（千m³/日）

区　分	淡水用水量合計	構成比	公共水道	回収水	その他	1事業所当たり
全製造業計	76 711	100.0	17 158	43 431	16 122	1.630
食料品製造業	4 901	6.4	1 544	291	3 066	0.636
パルプ・紙等	7 259	9.5	1 889	946	4 424	4.618
化学工業	17 374	22.6	3 574	11 814	1 986	7.362
鉄鋼業	28 169	36.7	5 102	22 118	949	22.094
その他の製造業	19 008	24.8	5 049	8 261	5 697	0.557

注　従業者30人以上の製造業事業所。
資料　総務省「2021年 経済センサス―活動調査（産業別統計表）」

図18.5.3　ミネラルウォーターの消費量と輸入率の推移

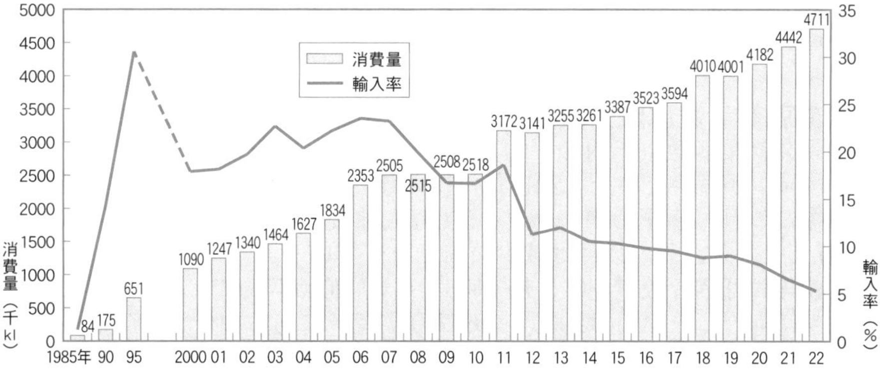

注　消費量は国産と輸入の合計。輸入率＝輸入/(国産＋輸入)×100
資料　一般社団法人　日本ミネラルウォーター協会、財務省関税局「日本貿易統計」

第19章　建　　設

19.1　建設活動

建設投資（名目値）の対GDP比率は12％台で横ばい推移

国土交通省が2023年８月に公表した「建設投資見通し」によると、22年度の建設投資（名目値）は68.8兆円と微増（前年度比1.5％増）となり、このうち政府投資は24.3兆円（同0.9％増）、民間投資は44.5兆円（同1.8％増）となる見込みである。23年度についても、70.3兆円と微増（同2.2％増）となり、政府投資は25.3兆円（同4.5％増）、民間投資は45兆円（同1.0％増）となる見通しである。

建設投資（名目値）が国内総生産（名目値）に占めるGDP比率については、バブル期の1990年度は18.0％であったが、その後は年々減少し、10年度は8.3％と過去最低を記録した。15年度からは10％台に回復し、21年度以降の３カ年度（見込みまたは見通し）はいずれも12.3％を示している（図19.1.1）。

建設投資（実質値）は減少傾向

建設投資を実質値（2015年度基準）でみると、過去最高はバブル期の1990年度の93.9兆円（政府30.1兆円、民間63.8兆円）であった。その後、バブル崩壊に伴う民間投資の冷え込みや政府の財政難等により建設投資は減少の一途をたどり、2010年度には45兆円を割り込んだ。東日本大震災後は復興需要を契機に12年度より増加に転じ、20年度は61兆円台に達した。それ以降は減少傾向にあり、22年度は57.4兆円（政府20.4兆円、民間37兆円）の見込みである。

23年度については56.9兆円（前年度比0.8％減）となり、政府投資は20.7兆円（同1.4％増）、民間投資は36.3兆円（同2.0％減）となる見通しである（図19.1.2）。

建設業就業者数は減少傾向、建設業許可業者数はほぼ横ばい

建設業就業者数（年間の平均）は、1997年の685万人をピークとして、その後減少が続いていた。2010年代に入り震災復興事業等による建設投資の回復につれて歯止めがかかり、500万人前後で推移していたが、19年に500万人を割り、それ以降は減少傾向となっている。

建設業許可業者数（各年３月末時点）は、2000年代になって趨勢としては減少傾向（ピーク時は2000年の60.1万業者）にある中で、19年から微増に転じ、22年は47万5,293業者（前年比0.3％増）であったが、23年は47万4,948業者（同0.1％減）と５年ぶりの減少を示した（図19.1.3）。

図19.1.1　建設投資のGDP比率（名目）の推移

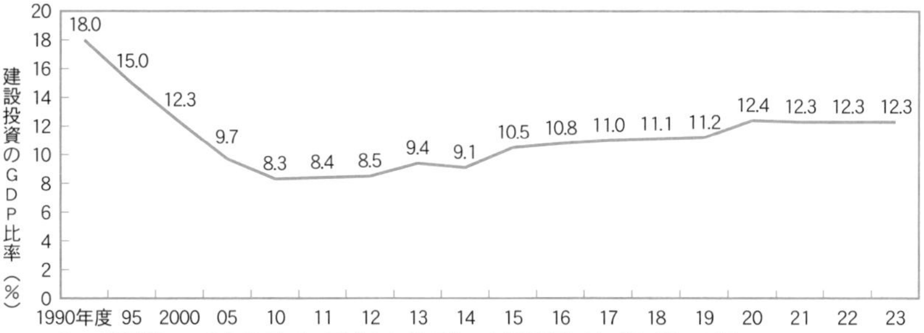

注1　建設投資のGDP比率（名目）は、国内総生産（名目値）のうち建設投資（名目値）が占める割合。
　2　現在公表されている国内総生産（GDP）には「建築物リフォーム・リニューアル投資額」は含まれていないため、上記比率は「建築補修（改装・改修）投資額」分を除いた建設投資額で算出。
　3　建設投資額の2021及び2022年度は見込み、2023年度は見通し［実質値は2015（平成27）年度価格］。
資料　国土交通省「令和5年度（2023年度）建設投資見通し」

図19.1.2　建設投資（実質）の推移

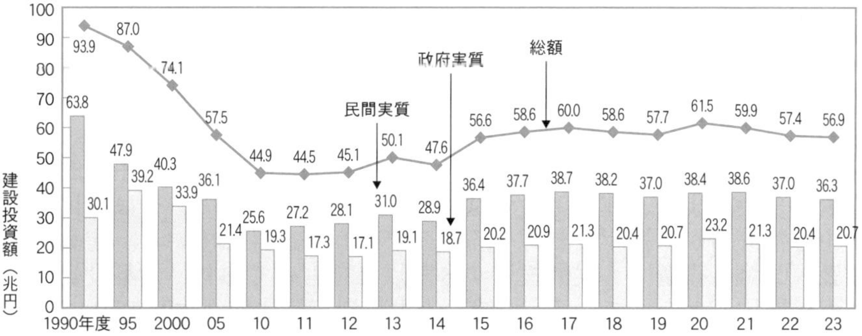

注1　建設投資額の2021及び2022年度は見込み、2023年度は見通し［実質値は2015（平成27）年度基準］。
　2　2015年度以降は「建築補修（改装・改修）投資額」も建設投資額に計上。
資料　国土交通省「令和5年度（2023年度）建設投資見通し」

図19.1.3　建設投資（実質）と建設業就業者数等の推移

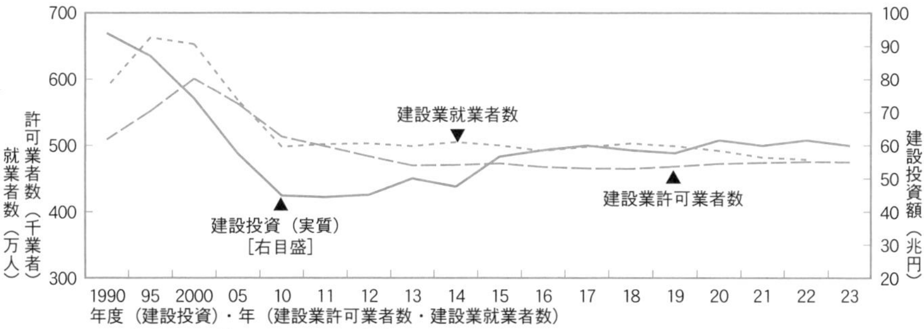

注1　建設投資の実質値は2015（平成27）年度価格。2021・2022年度は見込み、2023年度は見通し。
　2　2015年度以降は「建築補修（改装・改修）投資額」も建設投資額に計上。
　3　建設業就業者数は年平均。2011年は東日本大震災により補完的に推計した数値。
　4　建設業許可業者数は各年3月末時点の数。
資料　国土交通省「令和5年度（2023年度）建設投資見通し」・「建設業許可業者数調査」、総務省「労働力調査」

19.2　工事種類別建設投資

建設投資のうち建築が６割強

建設投資（実質値：2015年度価格）の2023年度見通しを建築投資と土木投資に大別すると、建築：土木＝61：39で建築が６割強を占める。建築割合は17年度（67%）をピークにして、21年度（63%）に一旦増加を示した以外は減少傾向が続いている（図19.2.1）。

なお、国土交通省では2019年度の建設投資見通し作成時に「リフォーム・リニューアル」の投資額を15年度分まで遡り建設投資額（建築）に含め、その内訳として発表し、20年度時点でその内訳名称を「リフォーム・リニューアル」から「建築補修（改装・改修）」へ変更した。「建築補修（改装・改修）」とは、既存建築物の増築、一部改築・改修工事等のことであり、劣化等の維持・修理に加え、従前の建築物の機能や耐久性を高めるものを含んでいる。

建築のうち住宅は４割強

2023年度の建築投資（実質値：2015年度価格）を住宅投資、非住宅投資、建築補修（改装・改修）投資に３分類すると、41：33：26と住宅が４割強を占めている（図19.2.1）。

発注者別にみると、住宅投資は民間：政府＝98：２であり、圧倒的に民間投資が多い。また、非住宅投資は民間：政府＝72：28で、やはり民間投資が中心であるが、前年度と比べると政府比率が上昇している。建築補修（改装・改修）投資でも民間投資が８割以上を占めており、建築投資はいずれも民間中心となっている。一方、土木投資では民間：政府＝29：71と、政府投資が全体の約７割を占めている。

建築の発注者別の投資額を前年度と比較すると、政府は住宅、非住宅、建築補修がいずれも増加している一方、民間は非住宅が約１割の減少を示している。

民間投資、特に非住宅投資の先行き見通しは、企業の設備投資意欲の強さがポイントとなるが、建設コストの高止まりなど懸念材料もあるため、動向を注視する必要がある。

公共工事は道路、民間土木工事は鉄道が中心

公共工事について、建設工事受注動態統計調査報告により目的別工事分類を受注額割合でみると、2022年度の公共工事で最も多いのは道路で30%を占め、教育・病院の13%、治山・治水の12%がこれに次ぐ（図19.2.2）。

民間工事は、建築工事が大半を占めるが（図19.2.1）、残る民間土木工事について工事種類別分類による受注額割合をみると、鉄道が26%と最も多く、電線路の17%、発電用土木の16%が続いている（図19.2.2）。

図19.2.1　建設投資（実質）の工事種類別割合（2023年度見通し）

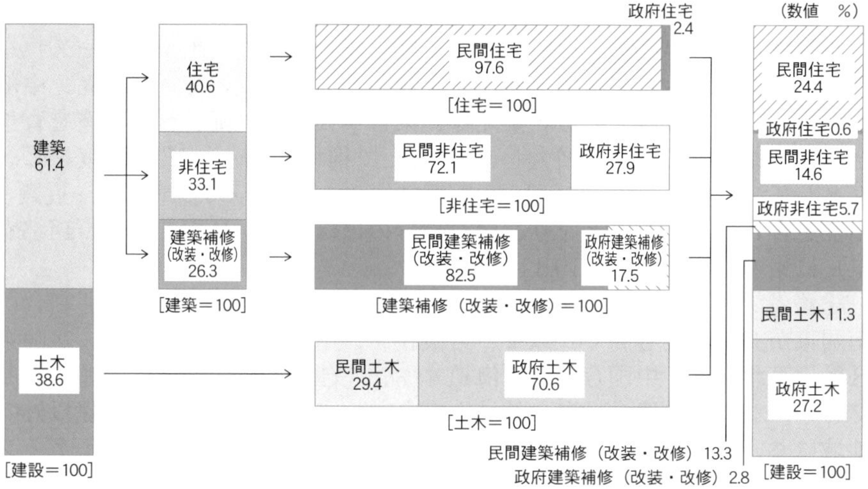

注　　建設投資は2023年度見通し。実質値（2015年度価格）
資料　国土交通省「令和5年度（2023年度）建設投資見通し」

☆☆☆　建設投資推計　☆☆☆

建設市場を示す指標は、建設活動過程の切り口により、受注ベース、着工ベース、出来高ベース等がある。「建設投資」は、その内の出来高ベースにより建設市場を把握したものである。種々の既存統計値を加工・推計することにより作成され、過去の実績、当該年度の予測、名目・実質値等が公表されている。

図19.2.2　建設工事の目的・種類による分類（2021・2022年度）

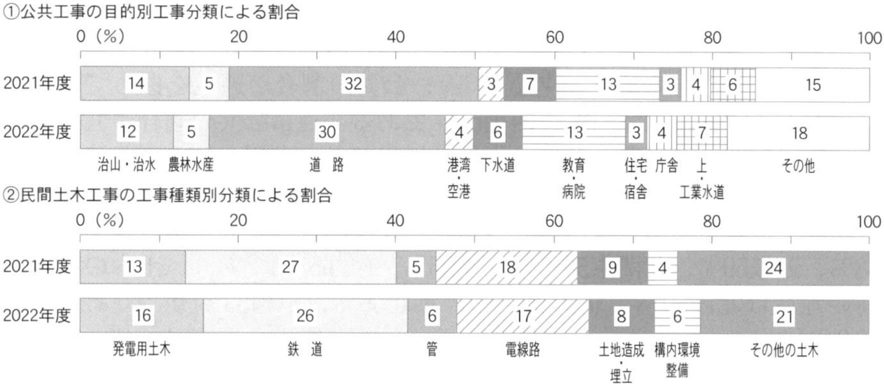

注　　公共工事は1件500万円以上の公共機関からの受注工事。民間土木工事は１件500万円以上の民間等からの受注工事。
資料　国土交通省　「建設工事受注動態統計調査報告」

19.3　地域別建設投資

建設投資の半分が３大都市圏に集中

建設総合統計年度報を用いて2022年度の建設工事費（出来高ベース）を地域別割合でみると、南関東が26％と最多であり、次いで近畿14％、中部と九州が12％となっている。東北は、東日本大震災以降、復興事業を背景として公共工事の割合が増大し、10％以上で推移していたが、15年度をピークとして減少し、震災前の2010年と同水準の８％となった。南関東・近畿・中部を合わせると52％となり、建設投資のほぼ半分が３大都市圏（14都府県）に集中している（図19.3.1）。

総務省「人口推計」（2022年10月時点）によると、人口の地域別割合は南関東が30％と最も高く、以下、近畿16％、中部12％、九州11％、北関東８％、東北７％、中国６％、北海道４％、北陸４％、四国３％の順となっており、22年度の建設投資の地域別割合と比べると、南関東と近畿以外の地域においては同ウエイト（北関東・中部・中国・四国）または１ポイント差（いずれも建設投資割合の方が高い＝北海道、東北・北陸・九州）であり、人口と建設投資額の相関は比較的高い。

南関東は、建設投資割合（26％）が人口割合（30％）より４ポイント低く、近畿も２ポイント低くなっているが、国土地理院「全国都道府県市区町村別面積調」（23年４月時点）による同地域の面積割合をみると、南関東が４％弱、近畿が７％強であり、両地域とも面積割合と比較すると建設投資割合は大きい。

３大都市圏は民間建築、北海道・北陸・四国は公共土木の割合が高い

上記統計を用いて、2022年度の建設工事費（出来高ベース）の地域ごとの傾向を比較する。公共（公共土木および公共建築）と民間（民間建築および民間土木）で分類すると（数値の単位は四捨五入しており、合計数値と内訳計が一致しないケースもある）、公共の割合が過半を占めている地域は北海道57％、北陸54％、四国51％である。逆に公共の割合が低い地域は、南関東26％、北関東36％、中部と近畿37％、九州44％、東北45％、中国47％である。

建設工事費を建築・土木に分けると、建築の割合が高い地域は、南関東68％、近畿59％、北関東56％、九州55％、中部53％であり、土木の割合が高い地域は北陸60％、北海道58％、東北56％、中国53％などである（図19.3.2）。

総じていえば、南関東、近畿など人口の多い地域は民間建築工事が活発であり、北海道、北陸、四国などは公共土木工事が中心を占めている。

図19.3.1　建設工事の地域別割合の推移

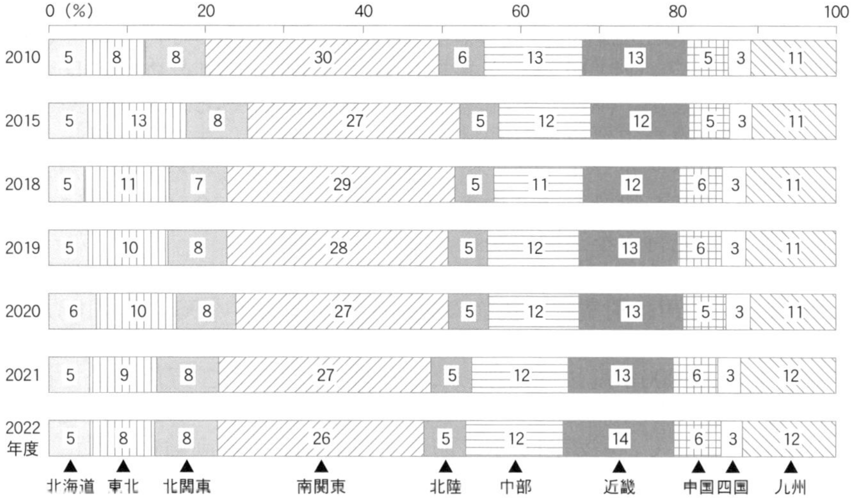

注１　［東　北］青森、岩手、宮城、秋田、山形、福島　［北関東］茨城、栃木、群馬、山梨、長野
［南関東］埼玉、千葉、東京、神奈川　［北　陸］新潟、富山、石川、福井
［中　部］岐阜、静岡、愛知、三重　［近　畿］滋賀、京都、大阪、兵庫、奈良、和歌山
［九　州］沖縄を含む
２　建設工事は出来高ベース
資料　国土交通省「2022年度建設総合統計年度報」

図19.3.2　各地域の建設工事の種類別内訳（2022年度）

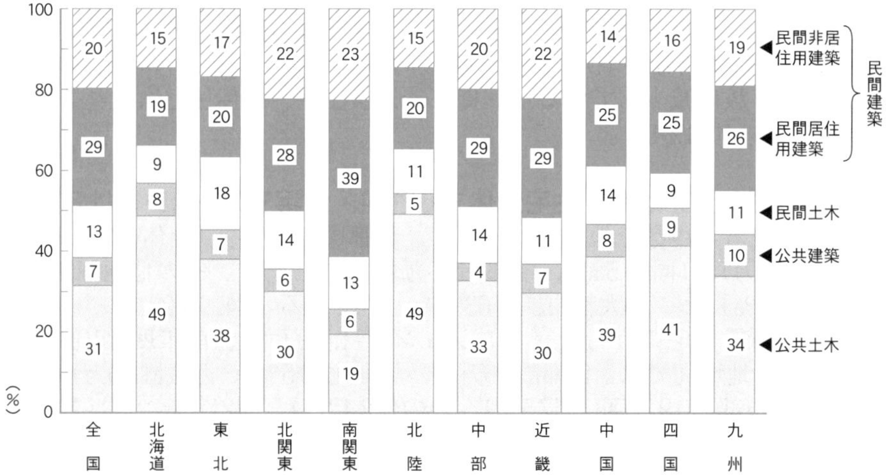

注．資料 図19.3.1と同じ

19.4　新設住宅着工戸数

2022年度は前年度比0.6％減

2022年度の新設住宅着工戸数は、前年度比0.6％減の86万戸となり、２年ぶりに減少した（図19.4.1）。21年度は前年度比6.6％増と新型コロナウイルスの感染拡大が一段落して住宅需要の回復傾向がみられたが、22年度に関しては、急激な主要資材（鋼材、木材、セメント、生コンクリートなど）の価格高騰などがマイナス要因となり、住宅需要はやや減少したと考えられる。23年度も建設コストの高止まりや住宅ローン金利の上昇に対する懸念の影響で先行き不透明感が続くであろう。

過去に遡ると、高度経済成長期の1972年度には186万戸、バブル景気の90年度には167万戸、消費税増税前の駆込み需要があった96年度は163万戸などの時期を含め、1967～2008年度の42年間に100万戸を下回ることはなかった。また、2000年度以降に限っても06年度までは120万戸前後で推移してきた。09年度以降の100万戸割れは、リーマンショックの影響に加え、構造的な要因として、我が国が本格的な人口減少、少子高齢化時代に入ったことがあげられる。

こうした人口減少、少子高齢化は空き家を増加させる要因ともなっている。総務省「平成30年住宅・土地統計調査」（５年に１回実施）によれば、住宅総戸数6241万戸に対し、空き家が849万戸（13.6％）に達したが、前回調査の平成25年の空き家率（13.5％）から0.1ポイント増加し、過去最高となった。

持ち家は減少、貸家・分譲住宅・給与住宅は増加

2022年度の新設住宅着工戸数を利用関係別にみると、貸家が34.7万戸（全体の40.4％）と最多で、分譲住宅が26.0万戸（同30.2％）、持ち家が24.8万戸（同28.8％）、給与住宅が0.6万戸（同0.7％）と続く。前年度との比較では、持ち家の戸数は減少しているが、貸家、分譲住宅、給与住宅はそれぞれ増加している（図19.4.1）。

３大都市圏シェアは新設住宅全体で６割強、分譲マンションでは８割弱

新設住宅着工戸数を地域別にみると、首都圏30.2万戸（全体の35.1％）、近畿圏14.2万戸（同16.5％）、中部圏9.8万戸（同11.4％）、その他地域31.8万戸（同37.0％）と、３大都市圏で63％を占めている（図19.4.2）。

また、新設住宅のうち分譲マンションは11.4万戸で、前年度比10.8％増となった。地域別では、首都圏5.6万戸（全国比49.5％）、近畿圏2.5万戸（同21.6％）、中部圏0.9万戸（同7.5％）、その他2.4万戸（同21.4％）と、３大都市圏で78.6％を占めている。前年度比でみると、首都圏が15.4％増、近畿圏が13.2％増と全国平均以上の伸びを示している（図19.4.3）。

図19.4.1　新設住宅着工戸数（総数・利用関係別）の推移

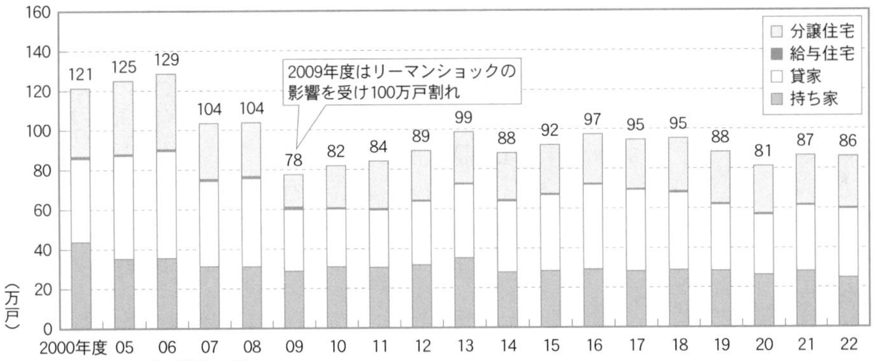

資料　国土交通省「建築着工統計」

図19.4.2　新設住宅着工戸数（地域別）の推移

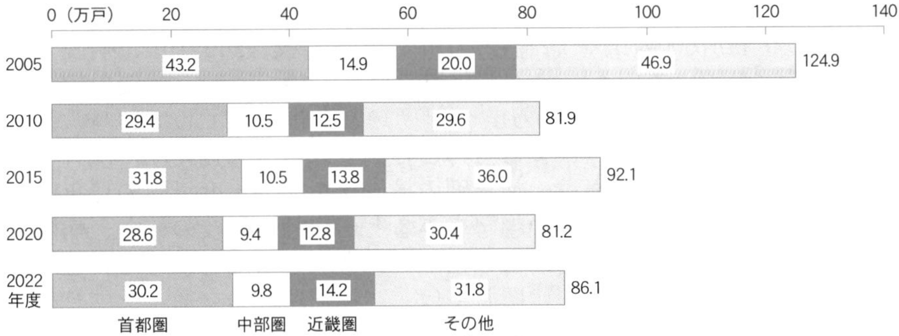

注　首都圏（埼玉、千葉、東京、神奈川）、中部圏（岐阜、静岡、愛知、三重）
近畿圏（滋賀、京都、大阪、兵庫、奈良、和歌山）

資料　図19.4.1と同じ。

図19.4.3　分譲マンション着工戸数（総数・地域別）の推移

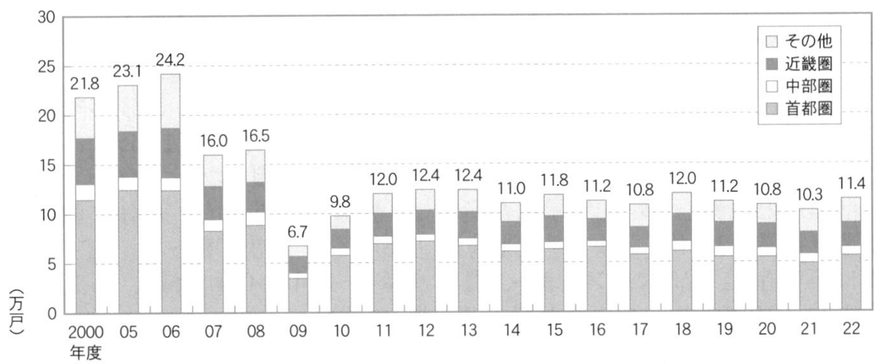

注　圏域区分は図19.4.2と同じ。

資料　図19.4.1と同じ。

19.5　非居住用建築物着工床面積

非居住用建築物の2022年度着工床面積は前年度比2.4％減

事務所、店舗、工場、倉庫等の非居住用建築物の着工床面積（民間・公共の両者を含む）は、景気変動との関連性が高く、バブル景気の1990年度には１億2700万m^2に達したが、バブル崩壊後は落ち込みが続き、2000年度前後からは６千万から７千万m^2の状況が続いた。

さらに、08年度のリーマンショック後は４千万m^2台に急落し、12年度以降は概ね５千万m^2で推移してきた。21年度は４年ぶりの増加（7.0％増）を示したが、22年度は前年度比2.4％減の4690万m^2と再び減少した（図19.5.1）。

使途別では倉庫が４カ年度連続最多

2022年度における非居住用建築物の使途についてみると（その他の1070万m^2は除く）、倉庫が1281万m^2で４年続けて最多となった。次いで工場874万m^2、事務所600万m^2、店舗427万m^2、学校の校舎249万m^2、病院・診療所188万m^2が続いている。前年度比較では、工場、店舗、学校の校舎が増加している。特に工場は150万m^2（21％）と大幅増を示しており、製造業の設備投資意欲の高まりによるものと推測される（図19.5.1）。

非居住用建築物着工床面積の使途別の構成比を2008年度以降の15年間について５年ごとの平均値でその趨勢をみると、店舗、学校の校舎、病院・診療所が減少、事務所と工場がほぼ横ばい、倉庫が増加を示している。倉庫の伸びが継続している要因に関しては、高速道路等の交通インフラの整備進展により高機能、マルチテナント型の物流施設整備が堅調であったとみられるが、eコマースの普及による需要拡大の影響が背景にあると推測される（図19.5.2）。

産業別では運輸業が最多、前年度比では製造業が高い伸び

建築物の用途について、非居住用建築物の着工床面積を産業別に分類した2022年度の構成比をみると、運輸業（22.0％）が最も多く、３年続けて最多であった。以下、製造業（21.2％）、卸売業・小売業（11.6％）、その他のサービス業（10.2％）、医療・福祉（10.1％）の順となっている。

前年度と比較して増加を示した産業は、製造業（3.6ポイント増）、教育・学習支援業（1.0ポイント増）、運輸業（0.5ポイント増）である。他方、減少は不動産業（2.6ポイント減）、農林水産業（1.4ポイント減）、卸売業・小売業（0.9ポイント減）などである（図19.5.3）。

産業別において運輸業の伸びが目立つ点は、使途別における倉庫が堅調であることと関連していよう。

図19.5.1　非居住用建築物着工床面積の推移（使途別）

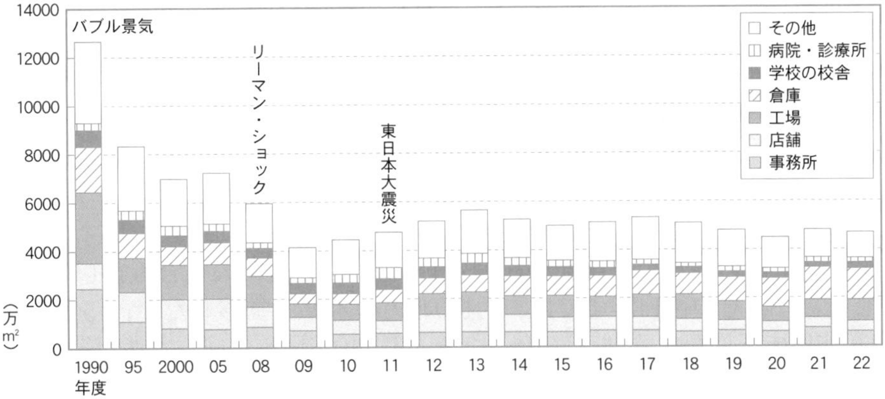

注　非居住用建築物の着工床面積を主な使途別に分類しその推移を示したものであり、民間および公共の両者を含む。
資料　国土交通省「建築着工統計」

図19.5.2　非居住用建築物着工床面積の使途別構成比

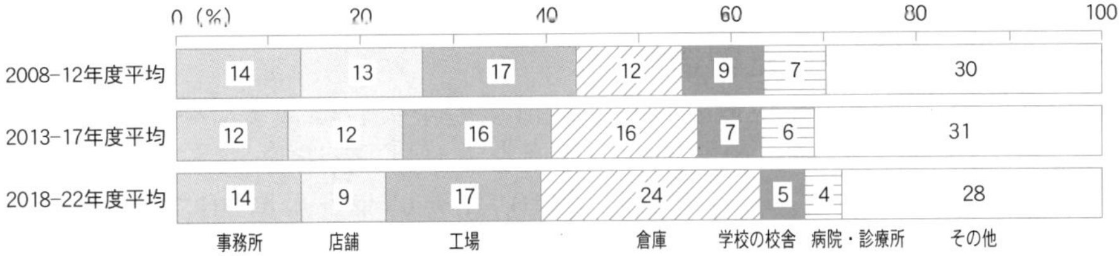

資料　図19.5.1と同じ。

図19.5.3　非居住用建築物着工床面積の産業別構成比

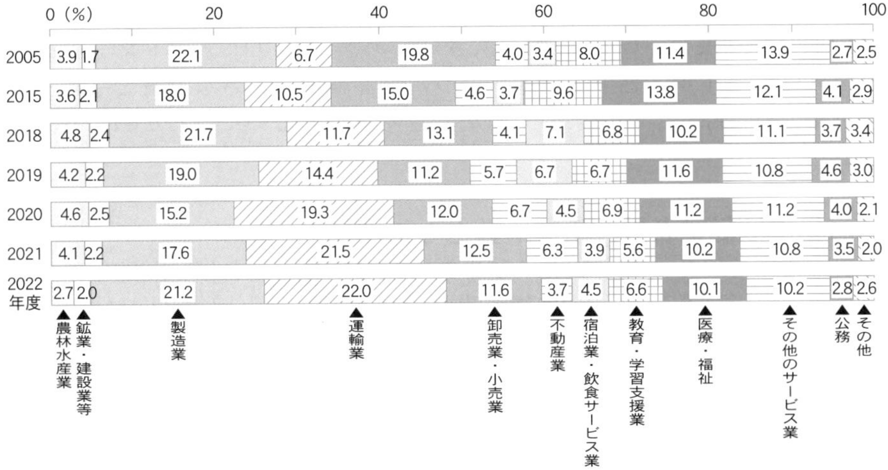

注　「その他のサービス業」には、「電気・ガス・熱供給・水道業」、「情報通信業」、「金融業，保険業」を含む。
資料　図19.5.1と同じ。

第20章　製 造 業

20.1　製造業の概要

国内総生産の20.5％を占める製造業

2021年における日本国内の名目国内総生産（GDP）は549.4兆円であり、そのうち製造業は112.5兆円で全体の20.5％を占める。

製造業の名目GDPについて2007年以降の推移をみれば、リーマン・ショック後の09年には金額が100兆円を切り、製造業の割合も19.0％まで低下した。その後14年までは、約100兆円の水準で推移したが、15年に約110兆円まで回復すると、その後19年までは110兆円を上回る水準が続いた。20年には、新型コロナウイルス感染症の影響もあり、名目GDPは107.8兆円、製造業の割合も20.0％までおちこんだものの、21年には新型コロナウイルス発生前の19年とほぼ同水準まで回復している（図20.1.1）。

GDPを1.6％増加させた製造業

2021年の実質国内総生産（ただし統計上の不突合は含まない）の対前年増加率は3.1％であった。産業別の寄与度をみれば、製造業が1.6％と大きく、商業・運輸では0.9％、サービス業では0.7％といずれも増加に寄与していたのに対し、その他産業のみ－0.1％であった。

製造業の寄与度について過去の推移をみれば、2021年の1.6％という水準は、09年のリーマン・ショックの影響による急激な生産減少から回復した10年の寄与度（3.0％）に次ぐ大きさであった。リーマン・ショックや新型コロナウイルス感染症拡大といった世界経済に大きな影響を与える事象が起こった際に、製造業の生産が大きく変動していたことがわかる（図20.1.2）。

2021年には従業者数、事業所数ともに増加

製造業について従業者数および事業所数の推移をみれば、2020年から21年にかけて、従業者数が2.0％増、事業所数が0.8％増と回復傾向にあった。しかしいずれも、新型コロナウイルス感染症拡大前の19年の水準には達していない。

また長期的な傾向をみれば、事業所数、従業者数ともに、1990年代後半に比較して大幅に減少しており、この約20年の間に我が国の製造業が大きく生産規模を縮小させてきたことがわかる（図20.1.3）。

図20.1.1　製造業の名目国内総生産の推移

資料　内閣府「国民経済計算年報」

図20.1.2　実質国内総生産の対前年増加率および産業別寄与度

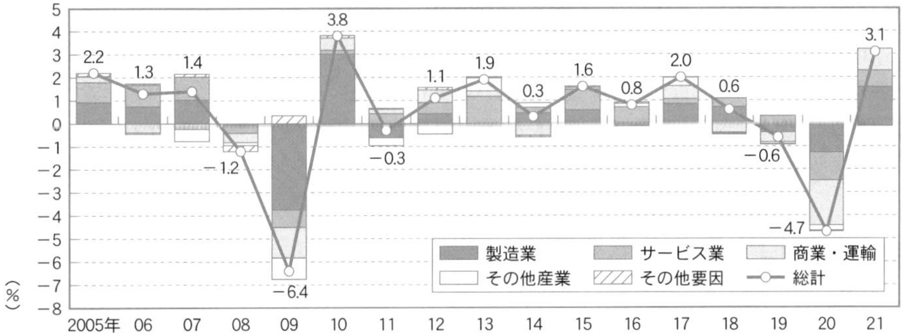

注　　実質国内総生産には統計上の不突合を含まない。
資料　図20.1.1と同じ。

図20.1.3　製造業の事業所数・従業者数の推移（従業者４人以上の事業所）

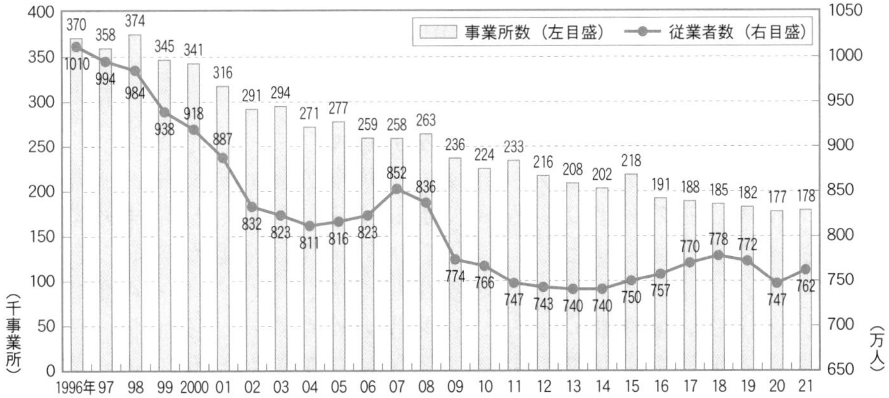

注　　2011年、15年、20年値は「経済センサス－活動調査」のデータ、21年値は「経済構造実態調査」を利用した推定値、それ以外の年は「工業統計調査」のデータを使用している。
資料　経済産業省「工業統計調査」、総務省・経済産業省「経済センサス－活動調査」「経済構造実態調査」

20.2　産業別の製造品出荷額等・事業所数・従業者数
輸送用機械器具の出荷額等が全体の約２割を占める

2021年の製造業全体の製造品出荷額等（製造品出荷額、加工賃収入額、くず廃物の出荷額およびその他の収入額の合計）は330.2兆円であった。これを産業中分類別にみると、輸送用機械器具が63.1兆円（構成比19.1%）と最も多く、次いで、化学（同9.6%）、食料品（同9.1%）の順となっている。一方事業所数では、金属製品（構成比13.8%）が最も多く、食料品（同11.1%）、生産用機械（同10.5%）が続いている。輸送用機械器具は１事業所あたりの製造品出荷額等の平均規模が大きいため、事業所数では第７位（同5.0%）にとどまっている（表20.2）。

多くの部門で製造品出荷額等が増加

2021年の製造品出荷額等の対前年比をみれば、24部門中22部門で前年に比べて増加、事業所数でも16部門が増加しており、製造業全般にわたって、新型コロナウイルス感染症拡大の影響による生産減少からの回復がみられた（表20.2）。

多くの部門で従業者数が回復

2021年の産業別従業者数をみれば、食料品が110.6万人（構成比14.3%）、輸送用機械器具が103.5万人（同13.4%）と、この２部門のみ従業者数が100万人を超えている。

また2020年から21年の変化をみれば、24部門中21部門で従業者数が増加しており、部門別には生産用機械器具の前年比（7.1%）が突出して高い結果であった。この期間は、製造品出荷額等や事業所数と同様に、従業者数も多くの部門で回復基調にあったといえる（図20.2.1）。

ロボットや半導体を中心に従業者数が拡大

2020年から21年にかけての従業者数の増加率が最も高かった生産用機械器具について、その変化の内訳を明らかにするために、より詳細な部門別に従業者数の前年比をみたところ、全ての部門で従業者数が増加していた。伸び率はロボット製造業が32.6%と突出して高く、次いで、その他の生産用機械（21.7%）、半導体・フラットパネルディスプレイ製造装置（16.1%）が高い。この時期生産用機械器具製造業では、従業者数だけでなく製造品出荷額等も増加しており、ロボットや半導体などを中心として生産を大きく拡大させていたことがわかる（図20.2.2）。

表20.2　2021年製造業の産業別製造品出荷額等・事業所数（全事業所）

産業中分類	製造品出荷額等			事業所数		
	2021年実数（兆円）	構成比（%）	前年比（%）	2021年実数	構成比（%）	前年比（%）
合計	330.2		8.8	222770		0.8
食料品製造業	29.9	9.1	0.7	24654	11.1	−0.3
飲料・たばこ・飼料製造業	9.6	2.9	2.7	5159	2.3	0.0
繊維工業	3.7	1.1	3.3	13316	6.0	3.0
木材・木製品製造業（家具を除く）	3.2	1.0	16.5	6223	2.8	2.0
家具・装備品製造業	2.0	0.6	−1.7	6366	2.9	3.4
パルプ・紙・紙加工品製造業	7.2	2.2	1.3	5960	2.7	0.6
印刷・同関連業	4.9	1.5	4.1	13536	6.1	1.5
化学工業	31.7	9.6	10.4	5623	2.5	−0.2
石油製品・石炭製品製造業	14.4	4.4	29.1	1281	0.6	−4.1
プラスチック製品製造業（別掲を除く）	13.0	3.9	3.0	13719	6.2	0.4
ゴム製品製造業	3.4	1.0	12.5	2378	1.1	0.0
なめし革・同製品・毛皮製造業	0.3	0.1	3.0	1261	0.6	5.9
窯業・土石製品製造業	8.0	2.4	4.4	10871	4.9	1.1
鉄鋼業	19.7	6.0	30.4	5010	2.2	1.3
非鉄金属製造業	12.0	3.6	26.4	3060	1.4	2.4
金属製品製造業	15.9	4.8	4.5	30648	13.8	1.2
はん用機械器具製造業	12.2	3.7	6.4	8124	3.6	0.1
生産用機械器具製造業	22.9	6.9	16.1	23478	10.5	1.4
業務用機械器具製造業	6.6	2.0	2.4	4811	2.2	0.1
電子部品・デバイス・電子回路製造業	16.4	5.0	12.5	4490	2.0	−1.3
電気機械器具製造業	19.5	5.9	9.1	9942	4.5	−0.6
情報通信機械器具製造業	6.1	1.9	−4.5	1277	0.6	−1.5
輸送用機械器具製造業	63.1	19.1	4.8	11113	5.0	−0.5
その他の製造業	4.5	1.4	3.7	10470	4.7	1.3

注　2021年は「経済構造実態調査」より、2020年は「経済センサス－活動調査」より得られるデータを使用している。同統計調査の調査手法や調査対象が異なっているため、厳密な比較はできないことに注意が必要である。
資料　総務省・経済産業省「経済センサス－活動調査」「経済構造実態調査」

図20.2.1　2021年製造業の産業別従業者数（全事業所）

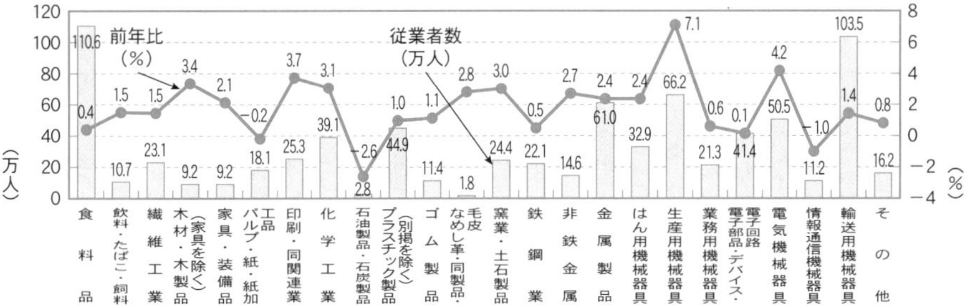

資料　表20.2と同じ。

図20.2.2　生産用機械器具製造業部門別従業者数（全事業所）

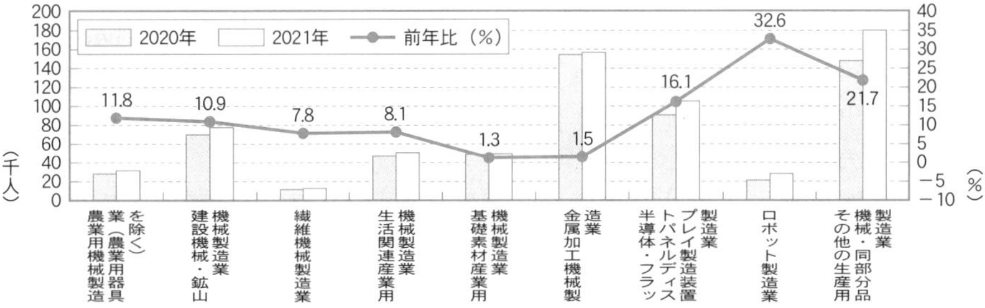

注　「ロボット製造業」のみ細分類であり、小分類の「その他の生産用機械」部門から抜き出して別掲している。その他は小分類。
資料　表20.2と同じ。

20.3　地域別の事業所数・従業者数・製造品出荷額等

事業所数は大阪、愛知、東京、埼玉、静岡の順で多い

2021年の製造業の事業所数を地域別にみると、大阪（18,584）および愛知（18,476）が突出して多く、東京（15,416）、埼玉（13,216）、静岡（10,526）と続いている。

また前年比をみれば、17県で減少する一方、30都道府県では横ばいもしくは増加していた。増加率は東京（3.7％）および大阪（3.1％）で高く、もともと事業所数が多かった２地域でさらに事業所数が増加していたことがわかる。また、東北地方の６県では全て前年比で事業所数が減少していたのに対し、近畿地方の２府５県では全て増加しているなど、事業所数の変化については地域によって偏りがみられた（図20.3.1）。

従業者数は前年に比較して40都府県で増加

2021年の製造業の従業者数を地域別にみると、愛知の84.7万人が突出して多く、次いで大阪（44.7万人）、静岡（40.4万人）、埼玉（39.0万人）、神奈川（35.9万人）となっている。これら上位５府県の従業者数合計が全国の従業者数に占める割合は31.7％にのぼり、製造業の従業者が特定の地域に集中している姿をみることができる。

前年比では、７道県のみ従業者数が減少、40都府県では増加していた。伸び率は、東京（7.5％）、徳島（6.0％）、大阪（5.0％）、愛媛（4.4％）の順で高い。また近畿地方・中国地方・四国地方・九州地方では、沖縄を除く全地域で増加しており、特に西日本で増加率が高い傾向がみられた（図20.3.2）。

輸送用機械器具製造業中心の生産構造

2021年の製造品出荷額等を地域別にみれば、第１位の愛知（47.9兆円)が、２位の大阪（18.6兆円）、３位の神奈川（17.4兆円）、４位の静岡（17.3兆円）に大きく差をつけている。これら４府県を含む14の都府県では、輸送用機械器具が出荷額等構成比の第１位になっており、多くの地域で輸送用機械器具中心の産業構造が築かれていることがわかる。

また、関東地方１都６県のうち、１都４県において出荷額構成比の第１位が輸送用機械器具であることや、出荷額構成比の第１位が食料品製造業である９地域のうち８地域が北海道・東北・四国・九州地方に集中していることなど、産業の分布には地域的な偏りが観察される（表20.3）。

図20.3.1　2021年都道府県別の事業所数と前年比（全事業所）

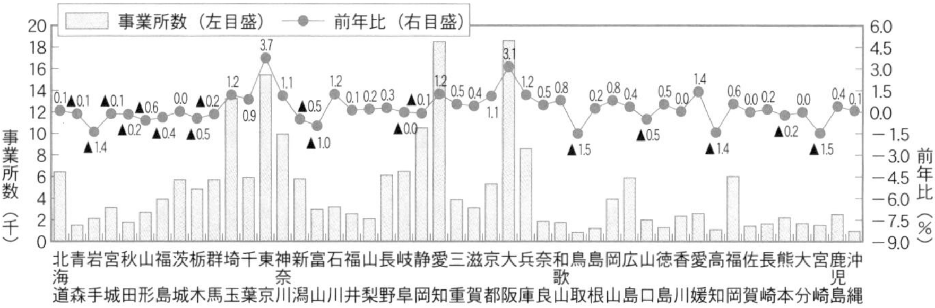

資料　総務省・経済産業省「経済センサス－活動調査」「経済構造実態調査」

図20.3.2　2021年都道府県別の従業者数と前年比（全事業所）

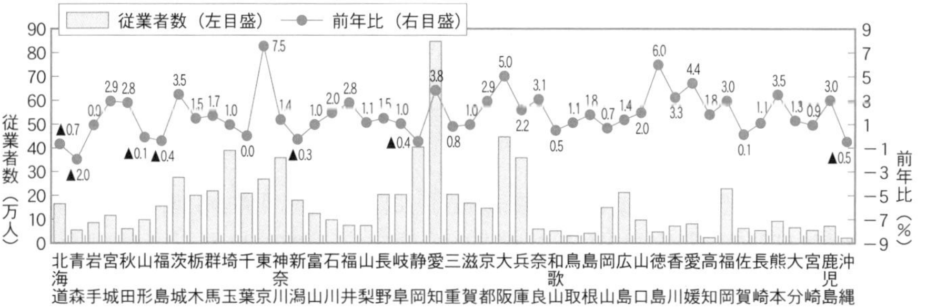

資料　図20.3.1と同じ。

表20.3　2021年都道府県別の出荷額等順位

都道府県	出荷額等(十億円)	出荷額等順位	平均出荷額(百万円)	1位		2位		3位	
				産業	構成比	産業	構成比	産業	構成比
全国計	330 220	-	1 482	輸送	19%	化学	10%	食料	9%
北海道	6 129	19	954	食料	37%	石油	12%	鉄鋼	8%
青森	1 695	41	1 130	食料	23%	非鉄	15%	電子	13%
岩手	2 713	32	1 283	輸送	23%	食料	14%	生産	11%
宮城	5 003	24	1 606	食料	14%	生産	13%	電子	12%
秋田	1 406	43	792	電子	31%	生産	10%	業機	7%
山形	3 024	29	1 120	電子	23%	食料	11%	化学	10%
福島	5 163	22	1 322	化学	13%	電子	10%	輸送	8%
茨城	13 687	7	2 405	化学	14%	生産	11%	食料	11%
栃木	8 576	12	1 773	輸送	12%	飲料	11%	電気	10%
群馬	8 383	13	1 470	輸送	32%	食料	10%	化学	9%
埼玉	14 254	6	1 079	輸送	17%	食料	14%	化学	12%
千葉	13 097	8	2 215	石油	21%	化学	19%	鉄鋼	15%
東京	7 623	16	494	輸送	16%	印刷	10%	食料	10%
神奈川	17 375	3	1 752	輸送	20%	石油	15%	化学	11%
新潟	5 119	23	886	化学	16%	食料	15%	金属	11%
富山	3 904	27	1 321	化学	19%	非鉄	12%	金属	11%
石川	2 802	30	874	生産	29%	電子	13%	化学	6%
福井	2 395	35	933	電子	18%	化学	10%	繊維	9%
山梨	2 711	33	1 292	生産	31%	食料	10%	電子	9%
長野	6 646	18	1 085	情報	16%	電子	14%	生産	14%
岐阜	6 116	20	943	輸送	19%	プラ	9%	金属	9%
静岡	17 291	4	1 643	輸送	24%	電気	14%	化学	13%
愛知	47 895	1	2 592	輸送	53%	電気	8%	鉄鋼	6%

都道府県	出荷額等(十億円)	出荷額等順位	平均出荷額(百万円)	1位		2位		3位	
				産業	構成比	産業	構成比	産業	構成比
三重	11 034	9	2 853	輸送	24%	電子	17%	化学	12%
滋賀	8 187	15	2 633	化学	15%	輸送	12%	電気	10%
京都	5 907	21	1 113	飲料	14%	そ他	11%	生産	9%
大阪	18 606	2	1 001	輸送	12%	生産	10%	化学	10%
兵庫	16 502	5	1 924	化学	13%	鉄鋼	13%	食料	10%
奈良	1 871	39	997	食料	13%	輸送	10%	プラ	9%
和歌山	2 402	34	1 369	化学	18%	鉄鋼	18%	石油	15%
鳥取	844	45	997	電子	21%	食料	19%	電気	13%
島根	1 287	44	1 061	電子	24%	鉄鋼	14%	情報	13%
岡山	8 365	14	2 132	石油	20%	化学	15%	鉄鋼	14%
広島	9 944	10	1 687	輸送	31%	鉄鋼	14%	生産	9%
山口	6 650	17	3 337	化学	34%	石油	15%	輸送	13%
徳島	2 058	38	1 582	化学	36%	電子	17%	電気	9%
香川	2 801	31	1 188	非鉄	18%	食料	14%	輸送	9%
愛媛	4 758	25	1 833	非鉄	24%	石油	14%	紙パ	12%
高知	601	46	547	食料	15%	生産	14%	紙パ	11%
福岡	9 445	11	1 568	輸送	29%	鉄鋼	11%	食料	11%
佐賀	2 105	37	1 467	食料	19%	電子	11%	輸送	10%
長崎	1 518	42	922	輸送	25%	電子	19%	食料	18%
熊本	3 223	28	1 454	生産	20%	電子	13%	食料	13%
大分	4 713	26	2 817	非鉄	17%	鉄鋼	16%	輸送	13%
宮崎	1 724	40	1 129	食料	23%	化学	11%	飲料	10%
鹿児島	2 206	36	872	食料	33%	飲料	20%	電子	13%
沖縄	460	47	470	食料	39%	飲料	13%	金属	12%

注　「平均出荷額」は1事業所あたりの出荷額等を、「構成比」は地域全体の出荷額等に対する産業別出荷額等の比率を表す。

資料　総務省・経済産業省「経済構造実態調査」

20.4　製造業の輸出

大きく回復した輸出

2020年から22年にかけて、円安などの影響もあり製造業の輸出額は２年連続して増加し、22年には総額98.2兆円と、17年以降最大の水準に達している。22年の品目別輸出額をみれば、全ての品目が対前年比で増加しており、中でもその他（30.8%）、原材料製品（19.1%）、輸送用機器（17.7%）の伸び率が高い。また21年には、一般機械の輸出額が輸送用機器を上回っていたが、22年には輸送用機器が最大の輸出品目となっている。輸送用機器については、半導体不足などによる国内生産の遅れが徐々に解消されたことにより、輸出が堅調に増加したと考えられる（図20.4.1）。

輸出比率の高い機械産業

延長産業連関表より輸出額の国内生産額に対する割合（輸出比率）をみれば、2020年値では電子部品、生産用機械、業務用機械、電気機械、輸送機械で30%を、はん用機械と情報通信機器でも20%を上回っており、機械産業全般における高い輸出比率がみられる。

また18・19・20年の輸出比率を比較すれば、18部門中15部門で、20年の輸出比率が18年もしくは19年に比較して低い。この結果から、新型コロナウイルス感染症拡大の影響などにより、多くの部門で国内よりも国外において需要が大きく減少していたことがわかる（図20.4.2）。

輸出に依存する製造業

例えば、輸出される乗用車の生産に使用された自動車部品は、直接的には輸出額に含まれないものの、輸出向けの生産であるといえる。産業連関表を用いて輸出が生み出す生産波及効果を求めることにより、このような間接輸出額を把握することができる。2020年の間接輸出額は、自動車部品・同付属品（9.8兆円）、鉄鋼（8.2兆円）の２部門が突出して大きく、次いで電子部品（3.5兆円）、プラスチック・ゴム製品（3.3兆円）という結果であった。これらの多くは、直接輸出額の最も大きな乗用車の中間財として使用されるものであり、乗用車の輸出にけん引されて他部門の生産が拡大していたことがわかる。全部門の直接輸出額58.8兆円と間接輸出額43.7兆円を合計した102.5兆円は、製造業全体の生産額278.0兆円の36.9%を占めていることから、我が国の製造業は輸出に大きく依存する構造であるといえる（図20.4.3）。

図20.4.1　品目別輸出額の推移

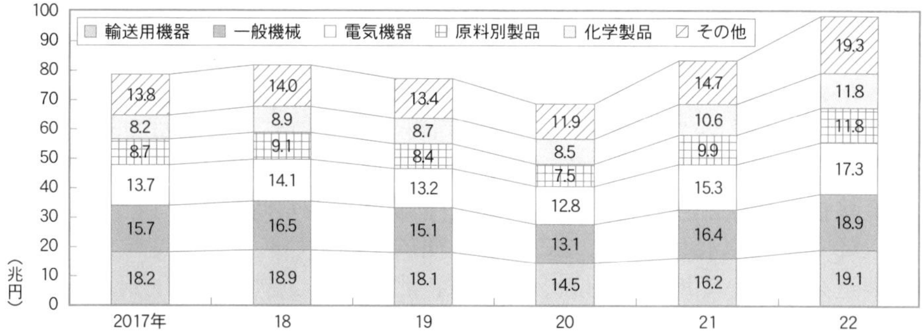

資料　財務省「貿易統計」

図20.4.2　国内生産額に占める輸出の割合

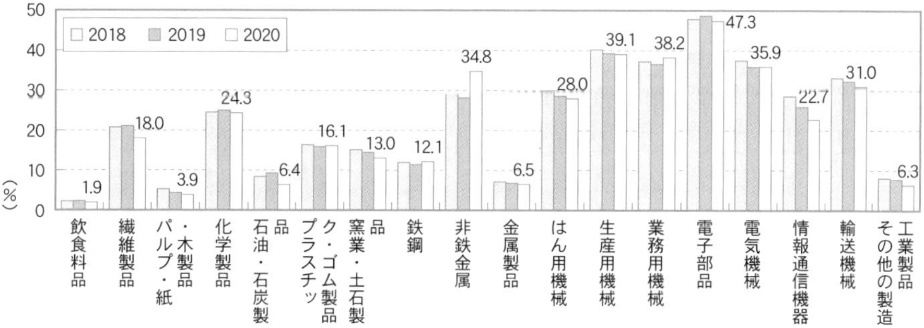

注　　グラフ中の数字は2020年値。

資料　経済産業省「延長産業連関表」

図20.4.3　2020年産業別直接輸出と間接輸出

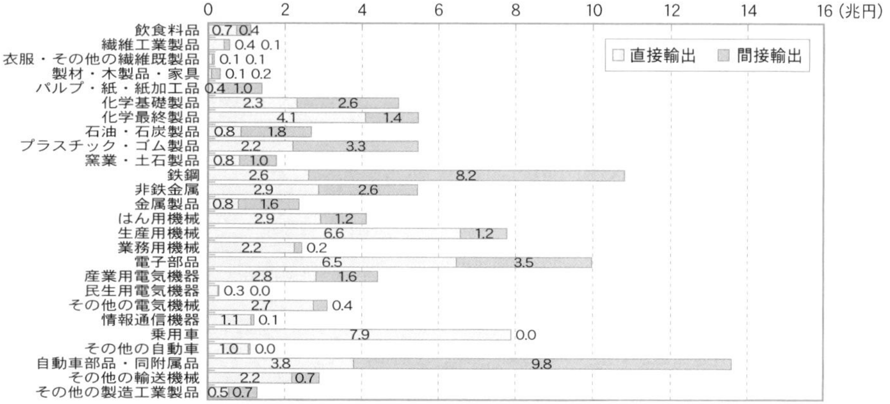

注　　グラフ中の数字は生産者価格評価の金額。

資料　図20.4.2と同じ。

20.5　製造業の海外展開

回復が遅れる製造業の対外直接投資

製造業の対外直接投資額は、新型コロナウイルス感染症等の影響もあり、2019年の11.7兆円から20年には7.3兆円、21年には4.2兆円と２年連続して減少していた。22年には6.8兆円まで回復したものの、新型コロナ拡大前の19年と比較すれば、はるかに低い水準である。この点は、非製造業の対外直接投資額が20～22年にかけて増加を続け、22年時点では14.5兆円と17年以降で最大の水準に達したことと対照的である。

製造業について地域の内訳をみれば、北米および欧州では2021年から22年にかけて投資額が大きく増加している一方、21年に最も大きかったアジアでは減少しており、結果として全世界の対外直接投資の約９割がアジア、北米、欧州に３分割される結果となった（図20.5.1）。

製造業現地法人売上高、海外生産比率ともに増加

経済産業省の海外事業活動基本調査によれば、海外に進出した製造業の海外現地法人売上高は、2018年度の138.6兆円をピークに19年度には121.6兆円、20年度には112.8兆円まで減少したが、21年度には18年度と同水準の139.4兆円まで回復した。

また海外生産比率をみれば、国内全法人（製造業）ベースで2020年度の23.6％から21年度には25.8％、海外進出企業（製造業）ベースでは20年度の37.9％から21年度には40.7％と、いずれも前年度に比較して増加している。同時期には国内生産も増加していたが、海外生産はそれを上回るスピードで拡大していたことがわかる（図20.5.2）。

長期的には拡大傾向にある製造業の海外生産

業種別に製造業の国内全法人の売上高を分母とした海外生産比率の水準をみれば、2021年度では輸送機械が47.0％と突出して高く、はん用機械（34.4％）、情報通信機械（27.4％）が続く。

2020年度から21年度への変化をみれば、16部門中14部門で海外生産比率が高まっている。特に電気機械、石油・石炭、化学、はん用機械で20年度から21年度にかけての上昇幅が大きく、これら４部門を含む６部門では、21年度の海外生産比率が12年度以降で最大となった。

また2012年度と21年度の比較では、14部門で21年度の海外生産比率が12年度を上回っており、長期的にも多くの製造業部門で海外生産活動が拡大していたことがわかる（表20.5）。

図20.5.1　対外直接投資額

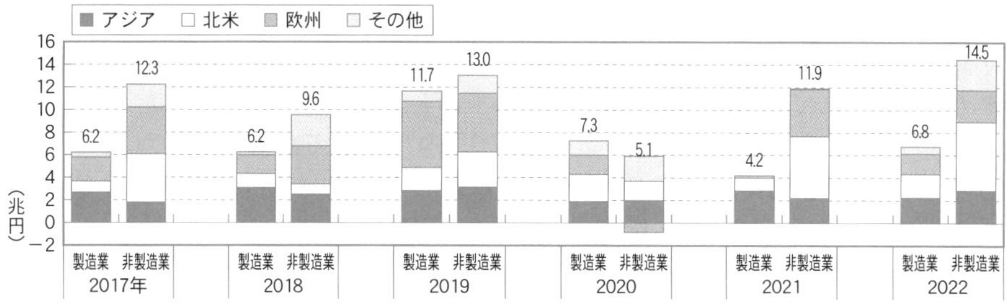

資料　日本銀行「国際収支統計」

図20.5.2　現地法人売上高・海外生産比率の推移

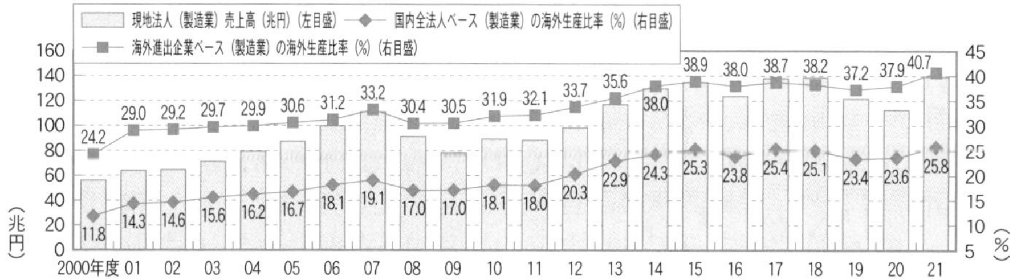

注　国内全法人（製造業）ベースの海外生産比率＝現地法人（製造業）売上高／（現地法人（製造業）売上高＋国内法人（製造業）売上高）×100.0
　　海外進出企業（製造業）ベースの海外生産比率＝現地法人（製造業）売上高／（現地法人（製造業）売上高＋本社企業（製造業）売上高）×100.0
資料　経済産業省「海外事業活動基本調査」、財務省「法人企業統計調査」

表20.5　業種別海外生産比率の推移（国内全法人ベース（製造業））

（単位：%）

	12年度	13年度	14年度	15年度	16年度	17年度	18年度	19年度	20年度	21年度
食料品	5.7	8.3	11.4	12.2	10.6	11.4	10.7	9.8	9.9	12.0
繊維	11.9	12.3	12.4	12.9	11.1	14.0	14.2	13.2	13.1	15.2
木材紙パ	4.7	5.7	7.8	9.7	8.2	9.8	10.3	10.0	10.5	12.3
化学	19.5	20.5	22.4	19.4	18.0	20.1	19.8	18.0	18.4	23.4
石油・石炭	9.8	12.5	10.1	9.6	6.3	12.8	17.4	3.1	5.4	11.1
窯業・土石	15.2	16.2	14.1	17.4	16.3	19.0	19.5	17.4	15.5	17.6
鉄鋼	11.5	13.6	14.5	14.0	17.6	19.3	20.8	20.0	20.6	19.2
非鉄金属	15.3	17.5	19.1	18.8	19.0	20.7	21.5	18.1	18.4	20.6
金属製品	5.3	6.2	8.1	6.4	5.7	7.9	7.2	6.7	6.8	8.8
はん用機械	26.6	27.6	34.2	33.8	32.9	31.9	29.2	28.2	29.5	34.4
生産用機械	11.8	13.6	14.6	15.7	13.9	15.9	14.7	14.4	14.7	15.3
業務用機械	18.4	18.4	19.6	18.5	16.2	17.0	17.5	17.0	17.0	18.0
電気機械	14.3	17.7	17.2	17.3	14.5	16.3	15.3	14.6	13.3	19.2
情報通信機械	28.3	30.4	30.7	29.4	27.3	29.3	27.8	28.7	30.3	27.4
輸送機械	40.2	43.7	46.9	48.8	46.1	47.2	46.9	44.2	44.4	47.0
その他の製造業	12.8	14.8	12.0	14.3	12.6	12.9	13.4	12.5	13.0	13.9

注　各業種の最大値に濃い青色を、最小値に薄い青色を付している。
資料　図20.5.2と同じ。

20.6　新型コロナウイルス感染症拡大後の変化

回復が遅れる製造業

新型コロナウイルス感染症拡大後の回復状況をみるために、最新のデータが公表されている鉱工業指数を用いて生産指数の変化をみたところ、2020年から21年にかけて製造業全体の国内生産は5.4％増加したものの、21年から22年にかけては0.2％減少しており、19年から20年にかけての大幅な落ち込み（－10.4％）を取り戻すには至っていない。

また2021年から22年にかけての産業別の寄与度をみれば、生産用・汎用・業務用機械工業のみ増加方向に寄与しているが、その寄与分をその他の部門が相殺する結果となっている（図20.6.1）。

機械関連の品目で大きな変化

2021年から22年にかけての生産指数の変化率上位10品目をみれば、うち９品目が生産用機械、汎用・業務用機械、輸送機械、精密機械といった機械関連の品目であった。一方下位10品目にも、電子部品、無線通信機器、電子計算機など、機械関連の品目が５品目含まれていた。また20年から21年にかけての変化率をみても、上位10品目中８品目、下位10品目中７品目が機械関連であり、新型コロナウイルス感染症拡大以降のグローバルサプライチェーン分断の影響などにより、国際分業が進む機械関連品目において生産の変動が大きかったことがわかる（表20.6）。

業種によって大きく異なる回復度合い

新型コロナウイルス感染症拡大前後の詳細な変化を明らかにするために、推移が特徴的な３つの業種について、2020年１月以降23年７月までの月次の生産指数をみたところ、生産用機械工業では20年７月から９月にかけて生産が落ち込んでいるものの、21年１月には感染症拡大前を上回る水準まで回復しており、その後も堅調に推移していた。これに対して輸送機械工業では、20年４月～６月および21年８月～10月に大きな落ち込みがみられ、その後も拡大前を下回る水準が続いたが、23年４月には感染症拡大前を上回る水準まで回復している。一方電子部品・デバイス工業では、感染症拡大の影響が他の２業種に比較して小さく、回復までの期間も短かったが、22年以降は指数が下落傾向にあり、直近では感染症の影響を受けた20年前半と同水準まで生産が落ち込んでいる。このように感染症拡大の影響や時期、およびその後の回復状況は業種によって大きく異なっていることがわかる（図20.6.2）。

図20.6.1　生産指数の変化および産業別寄与度

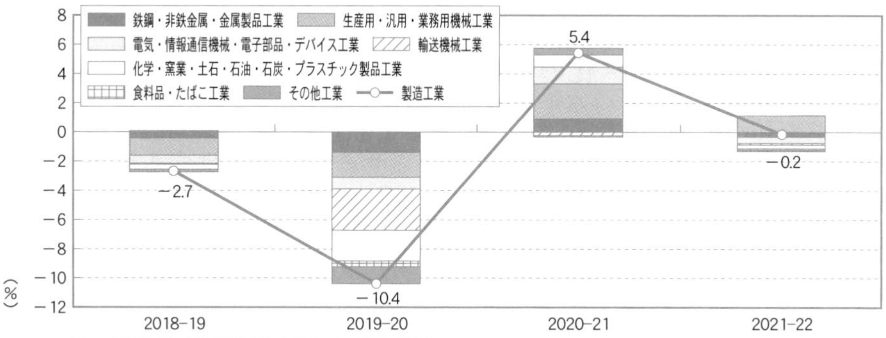

注　総合原指数【年】付加価値額生産（2020＝100.0）を使用。
資料　経済産業省「鉱工業指数」

表20.6　2021年から2022年にかけての生産指数変化率上位・下位10品目

変化率上位10品目			変化率下位10品目		
順位	品目	変化率	順位	品目	変化率
1	航空機部品	34.4%	1	電子部品	−21.2%
2	事務用機器	32.8%	2	無線通信機器	−16.2%
3	時計	21.4%	3	電子計算機	−14.4%
4	金属加工機械	19.6%	4	めっき鋼材	−14.0%
5	暖房・調理等装置	19.4%	5	陶磁器・同関連製品	−11.7%
6	半導体・フラットパネルディスプレイ製造装置	17.3%	6	冷間仕上鋼材	−11.0%
7	サービス用機器	14.5%	7	石油化学系基礎製品	−11.0%
8	分析機器・試験機	11.7%	8	脂肪族系中間物	−10.7%
9	その他の生産用機械	10.8%	9	電子デバイス	−10.5%
10	運搬装置	9.5%	10	有線通信機器	−9.1%

注　総合原指数【年】付加価値額生産（2020＝100.0）を使用。
資料　図20.6.1と同じ。

図20.6.2　主な業種の月次生産指数推移

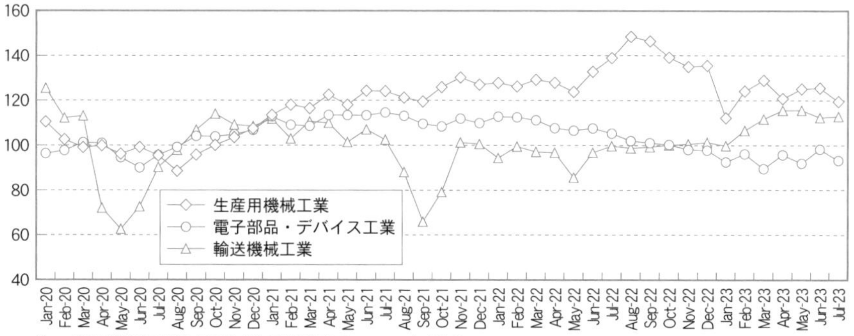

注　総合季節調整済指数【月次】付加価値額生産（2020＝100.0）を使用。
資料　図20.6.1と同じ。

第21章　サービス業

21.1　産業のサービス化の進展

一国の産業構造は所得水準と密接に関係している。これを経験的に明らかにした「ペティ＝クラークの法則」によると、経済の発展に伴い、労働力人口は物の採取や製造をする部門からサービスを提供する部門に移動し、それとともに産業構造が変化していく。我が国の産業も、この法則に従って、伝統的な第１次産業から第２次産業へ、さらに第３次産業（サービス業）へとウェイトが移っている。

就業者の７割超が第３次産業

労働力調査から就業者の産業構成割合の変化をみると、1960年には第１次産業が30％、第２次産業が28％、第３次産業が42％であったが、2022年には第３次産業が74％にまで上昇している。この間、高度経済成長期に急速に拡大した製造業は、1973年の石油危機以降、石油化学、鉄鋼などを中心に成長が鈍化した。就業者数をみると、バブル崩壊以降の約20年間減少傾向にあったが、近年は女性や高齢者の労働参加の拡大により増加している。産業別に就業者数の変化をみると、第１次産業の就業者数は一貫して減少し、2022年には205万人にまで落ち込んだ一方、商業やサービス業等を含む第３次産業の就業者数は一貫して増加し、4881万人となった。また、第２次産業の就業者数は1525万人と、1965年とほぼ同水準となった（図21.1.1）。

国内総生産を経済活動別にみると、第３次産業の割合が1970年以降一貫して上昇し、2010年に73％に達した後、ほぼ横ばいで推移している（図21.1.2）。

ライフスタイルの変化とソフト化がサービス化を促進

サービス化の主な要因は、消費者の需要の変化である。特に1970年代後半以降、所得水準の向上、余暇時間の増大、共働き夫婦の増加などに伴い、消費者のライフスタイルが大きく変化し、サービスに対する需要が高まった。家計調査から家計消費に占めるサービス支出の割合をみると、1970年の26.9％から一貫して上昇し、2005年には42.4％となった。その後15年までほぼ横ばいで推移したが、20年は新型コロナウイルス感染症の影響により外食や旅行、行楽が控えられ、1990年代前半の水準となる38.7％にまで低下した。2022年はやや回復し、40.1％となっている（図21.1.3）。

1970年代から長期的にサービス化が進展したもう１つの要因として、経済活動の「ソフト化」が挙げられる。1970年代以降、電子技術やロボット技術の進歩により企業経営の省力化と高付加価値化が進み、売上高に占める販売費、研究開発費等の間接的な経費が増加し（図21.1.4）、その結果としてソフトウェアや情報を提供する産業が伸びた。さらに、近年ではICT技術やビッグデータ、AIを活用した様々なサービスが登場し、社会の情報化、サービス化が一段と加速している。

注：本章では産業分類の表記は、紛れのないよう、「○、○」を「○・○」としている。

図21.1.1　産業別就業者数

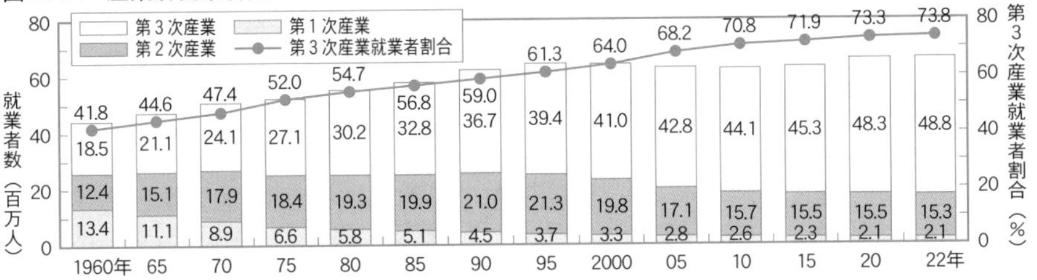

注１　第１次産業：「農業、林業」「漁業」
　　　第２次産業：「鉱業、採石業、砂利採取業」「建設業」「製造業」
　　　第３次産業：「電気・ガス・熱供給・水道業」「情報通信業」「運輸業、郵便業」「卸売業、小売業」「金融業、保険業」「不動産業、物品賃貸業」「学術研究、専門・技術サービス業」「宿泊業、飲食サービス業」「生活関連サービス業、娯楽業」「教育、学習支援業」「医療、福祉」「複合サービス事業」「サービス業（他に分類されないもの）」「公務（他に分類されるものを除く）」
注２　第３次産業就業者割合は、第３次産業就業者数を、第１次産業、第２次産業、第３次産業の就業者数の合計で割って算出した。
資料　総務省「労働力調査年報」

図21.1.2　経済活動別国内総生産の構成

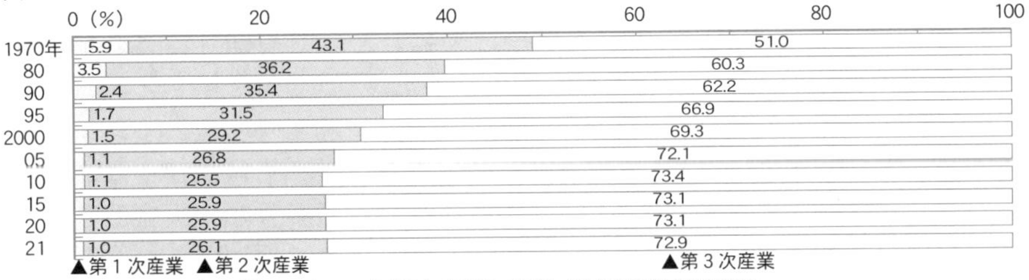

注１　1970年は平成２年基準、1980年～1990年は平成12年基準、1995年～2021年は平成27年基準による。
注２　第１次産業：「農林水産業」
　　　第２次産業：「鉱業」「製造業」「建設業」
　　　第３次産業：「電気・ガス・水道・廃棄物処理業」「卸売・小売業」「運輸・郵便業」「宿泊・飲食サービス業」「情報通信業」「金融・保険業」「不動産業」「専門・科学技術、業務支援サービス業」「公務」「教育」「保健衛生・社会事業」「その他のサービス」
資料　内閣府「国民経済計算年報」

図21.1.3　財・サービス別家計消費支出の内訳（２人以上の世帯）

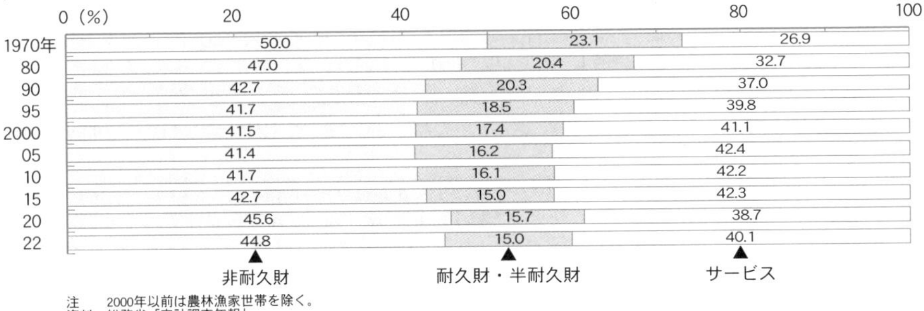

注　　2000年以前は農林漁家世帯を除く。
資料　総務省「家計調査年報」

図21.1.4　売上高販売管理費比率（全産業）

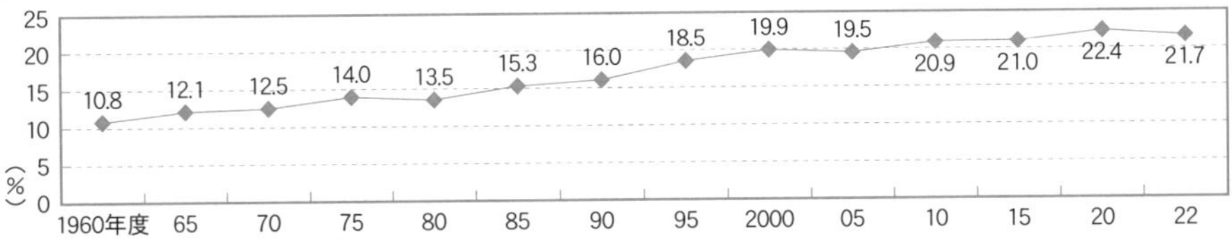

注　　金融業、保険業を除く全産業
資料　財務省「法人企業統計年報」

21.2　サービス業（第３次産業）の範囲

　産業分類については、コーリン・クラークが提唱した分類が有名である。そこでは、第３次産業は、物を採取・生産する産業に含まれない残余の産業から構成される。

　現在の我が国の標準産業分類では、第３次産業には、電気・ガス・熱供給・水道業、情報通信業、運輸業・郵便業、卸売業・小売業、金融業・保険業、不動産業・物品賃貸業、学術研究・専門・技術サービス業、宿泊業・飲食サービス業、生活関連サービス業・娯楽業、教育・学習支援業、医療・福祉、複合サービス事業、サービス業（他に分類されないもの）および公務が含まれる。

サービス業の変遷と産業分類の改定

　2002年３月および07年11月に、サービス業を中心に日本標準産業分類が大幅に改定（第11回、第12回改定）された（表21.2)。それまでは、多岐にわたるサービス業が大分類「Lサービス業」として一括りにされていたが、この２回の改定により、「Lサービス業」をベースとして多くの大分類が再編・新設された。

　第11回改定以前は、電気・ガス、運輸・通信、商業、金融、不動産、公務を除いた、いわば「その他の第３次産業」である「Lサービス業」を狭義のサービス業として捉えていた。２回にわたる産業分類の大幅改定において、情報通信業、医療・福祉、教育・学習支援業、宿泊業・飲食サービス業、複合サービス事業、学術研究・専門・技術サービス業、生活関連サービス業・娯楽業の大分類が新設され、「Lサービス業」がサービス活動を代表するとの従来の捉え方は大きく見直された。

　また、2013年10月の第13回改定では、子ども・子育て関連三法の施行に伴い、小分類に「幼保連携型認定こども園」を新設するとともに、ネイルサービス業等６つの細分類の新設等を行った。さらに、23年７月の第14回改定では、コロナ禍を背景に市場拡大が見込まれることから、害獣や害虫の防除や駆除、細菌やウイルスの消毒、衛生管理を行う「ペストコントロール業」を小分類に新設するなど、計７つの小分類と19の細分類の新設等を行っている。

　サービス業のデータを中長期の時系列で利用する際には、特に、サービス業を中心とした大幅な改定となった第11回と第12回の改定の内容を理解し、産業分類改定に伴う産業の再編成等に十分な注意を払うことが必要である。

　現在、産業連関表の供給・使用表（Supply Use Table）体系への移行に向け、各種統計調査を念頭に、生産物の定義を統一化するための生産物分類の整備が進められている。サービス分野については、産業大分類のうち「Ｉ卸売業・小売業」を除く「Ｆ電気・ガス・熱供給・水道業」から「Ｒサービス業（他に分類されないもの）」までの12 大分類の生産の成果として産出された生産物が、サービス分野の生産物分類（統合分類（394分類）および詳細分類（782分類））として2019年４月に設定され（表21.2)、経済センサス－活動調査（2021）においてその導入が図られた。21年５月に設定された財分野の生産物分類と併せ、産業分類の第14回改定内容も踏まえ、23年度末までに生産物分類全体が整備される予定となっている。

表21.2　日本標準産業分類の第11回改定以降におけるサービス業大・中分類項目の対照表および生産物分類の統合分類数、詳細分類数

第11回改定（2002年３月）	第12回改定（2007年11月）・第13回改定（2013年10月）・第14回改定（2023年７月）	生産物分類	
		統合分類数	詳細分類数
G　電気・ガス・熱供給・水道業	F　電気・ガス・熱供給・水道業	13	17
H　情報通信業	G　情報通信業	71	98
37通信業	37通信業		
I　運輸業	H　運輸業、郵便業	51	93
	49郵便業（信書便事業を含む）		
J　卸売・小売業	I　卸売業、小売業	—	—
58自動車・自転車小売業	59機械器具小売業		
59家具・じゅう器・機械器具小売業	60その他の小売業		
60その他の小売業	61無店舗小売業		
K　金融・保険業	J　金融業、保険業	38	79
61銀行業	62銀行業		
63郵便貯金取扱機関、政府関係金融機関	63協同組織金融業		
64貸金業、投資業等非預金信用機関	64貸金業、クレジットカード業等非預金信用機関		
65証券業、商品先物取引業	65金融商品取引業、商品先物取引業		
L　不動産業	K　不動産業、物品賃貸業	33	80
	70物品賃貸業		
	L　学術研究、専門・技術サービス業	53	140
	71学術・開発研究機関		
	72専門サービス業（他に分類されないもの）		
	73広告業		
	74技術サービス業（他に分類されないもの）		
M　飲食店、宿泊業	M　宿泊業、飲食サービス業	4	12
70一般飲食店	76飲食店		
71遊興飲食店	77持ち帰り・配達飲食サービス業		
	N　生活関連サービス業、娯楽業	45	94
	78洗濯・理容・美容・浴場業		
	79その他の生活関連サービス業		
	80娯楽業		
N　医療、福祉	O　教育、学習支援業	21	43
O　教育、学習支援業	P　医療、福祉	25	46
P　複合サービス事業	Q　複合サービス事業	—	—
Q　サービス業（他に分類されないもの）	R　サービス業（他に分類されないもの）	32	69
80専門サービス業（他に分類されないもの）	91職業紹介・労働者派遣業		
81学術・開発研究機関	92その他の事業サービス業		
82洗濯・理容・美容・浴場業			
83その他の生活関連サービス業			
84娯楽業			
88物品賃貸業			
89広告業			
90その他の事業サービス業			
R　公務（他に分類されないもの）	S　公務（他に分類されるものを除く）	—	—
S　分類不能の産業	T　分類不能の産業	—	—

注１　第11回および第12回改定の中分類は、変更があったもののみ掲載。第13回および第14回改定では、中分類の変更はない。

注２　生産物の分類数には、主たる産業が特定されない生産物に該当する統合分類８分類、詳細分類11分類は含まれない。

21.3　サービス業の概況

全産業の企業のうち約８割がサービス業

我が国で活動している企業※、事業所に対する全数調査である「経済センサス－活動調査（2021）」の結果によると、産業全体の企業数は368.4万企業となっており、そのうちサービス業は288.1万企業と産業全体の78.2％を占めている。内訳をみると、卸売業・小売業が74.1万企業と最も多く、次いで宿泊業・飲食サービス業の42.7万企業、生活関連サービス業・娯楽業の33.5万企業となっている（表21.3.1）。

民営の事業所数では８割超がサービス業

民営の事業所数は515.6万事業所（事業内容が不明なものを除く）となっており、そのうちサービス業は421.4万事業所と産業全体の81.7％を占めている。

民営の事業所の従業者数は5795.0万人となっており、このうちサービス業の従業者数は4493.5万人と、産業全体の77.5％を占めている。サービス業の中で従業者数が最も多い産業は卸売業・小売業で1161.2万人となっており、次いで医療・福祉が816.2万人となっている。

なお、公務を含めた場合、事業所数は528.9万事業所（事業内容が不明なものを除く）となっており、そのうちサービス業は434.6万事業所と産業全体の82.2％を占めている。また、事業所の従業者数は6242.8万人となっており、このうちサービス業の従業者数は4940.5万人と、産業全体の79.1％を占めている（表21.3.2）。

企業の売上高は約７割がサービス業

企業の売上高は1693.3兆円で、そのうちサービス業は1178.8兆円と産業全体の69.6％を占めている。サービス業の中でも卸売業・小売業が480.2兆円と最も多く、次いで医療・福祉の173.3兆円、金融業・保険業の117.8兆円となっている。

なお、最も売上高が大きい卸売業・小売業の産業全体に占める割合は28.4％となっている。ちなみに、第２位の製造業と第３位の医療・福祉の売上高を合わせた上位３業種の企業の売上高の産業全体に占める割合は61.5％となっている。

企業の純付加価値額については、産業全体で336.3兆円となっており、そのうちサービス業は245.9兆円で、産業全体の73.1％を占めている。サービス業の中でも医療・福祉が71.1兆円と最も多く、次いで卸売業・小売業が47.6兆円となっている。ちなみに、製造業は64.8兆円となっている（表21.3.3）。

※事業・活動を行う法人（外国の会社を除く。）および個人経営の事業所をいう。

表21.3.1　産業大分類別企業等数

産業大分類	企業等数（2021年）	合計に占める割合（%）
合計	3 684 049	100.0
第一次産業（A～B）	35 301	1.0
第二次産業（C～E）	767 321	20.8
第三次産業（F～R）	2 881 427	78.2
A～B 農林漁業（個人経営を除く）	35 301	1.0
C 鉱業、採石業、砂利採取業	1 428	0.0
D 建設業	426 155	11.6
E 製造業	339 738	9.2
F 電気・ガス・熱供給・水道業	5 496	0.1
G 情報通信業	56 599	1.5
H 運輸業、郵便業	66 831	1.8
I 卸売業、小売業	741 239	20.1
J 金融業、保険業	30 995	0.8
K 不動産業、物品賃貸業	328 329	8.9
L 学術研究、専門・技術サービス業	214 724	5.8
M 宿泊業、飲食サービス業	426 575	11.6
N 生活関連サービス業、娯楽業	334 668	9.1
O 教育、学習支援業	109 004	3.0
P 医療、福祉	298 517	8.1
Q 複合サービス事業	5 445	0.1
R サービス業（他に分類されないもの）	263 005	7.1

資料　総務省・経済産業省「令和３年経済センサス－活動調査」

表21.3.2　産業大分類別事業所数および従業者数（公務含む）

産業大分類	民営及び国、地方公共団体				民営のみ			
	事業所数（2021年）	合計に占める割合（%）	従業者数（2021年）	合計に占める割合（%）	事業所数（2021年）	合計に占める割合（%）	従業者数（2021年）	合計に占める割合（%）
合計	5 288 891	100.0	62 427 908	100.0	5 156 063	100.0	57 949 915	100.0
第一次産業（A～B）	43 623	0.8	461 376	0.7	42 458	0.8	453 703	0.8
第二次産業（C～E）	899 689	17.0	12 561 357	20.1	899 617	17.4	12 560 755	21.7
第三次産業（F～S）	4 345 579	82.2	49 405 175	79.1	4 213 988	81.7	44 935 457	77.5
A～B 農林漁業（個人経営を除く）	43 623	0.8	461 376	0.7	42 458	0.8	453 703	0.8
C 鉱業、採石業、砂利採取業	1 868	0.0	19 716	0.0	1 865	0.0	19 697	0.0
D 建設業	485 139	9.2	3 737 447	6.0	485 135	9.4	3 737 415	6.4
E 製造業	412 682	7.8	8 804 194	14.1	412 617	8.0	8 803 643	15.2
F 電気・ガス・熱供給・水道業	12 605	0.2	280 696	0.4	9 139	0.2	202 149	0.3
G 情報通信業	76 604	1.4	1 987 138	3.2	76 559	1.5	1 986 839	3.4
H 運輸業、郵便業	128 861	2.4	3 293 955	5.3	128 224	2.5	3 264 734	5.6
I 卸売業、小売業	1 228 968	23.2	11 612 174	18.6	1 228 920	23.8	11 611 924	20.0
J 金融業、保険業	83 871	1.6	1 494 577	2.4	83 852	1.6	1 494 436	2.6
K 不動産業、物品賃貸業	375 097	7.1	1 622 094	2.6	374 456	7.3	1 618 138	2.8
L 学術研究、専門・技術サービス業	256 079	4.8	2 218 223	3.6	252 340	4.9	2 118 920	3.7
M 宿泊業、飲食サービス業	601 300	11.4	4 701 797	7.5	599 058	11.6	4 678 739	8.1
N 生活関連サービス業、娯楽業	436 687	8.3	2 195 981	3.5	434 209	8.4	2 176 139	3.8
O 教育、学習支援業	213 536	4.0	3 347 777	5.4	163 357	3.2	1 950 734	3.4
P 医療、福祉	485 925	9.2	8 886 182	14.2	462 531	9.0	8 162 398	14.1
Q 複合サービス事業	32 161	0.6	436 032	0.7	32 131	0.6	435 970	0.8
R サービス業（他に分類されないもの）	375 073	7.1	5 303 693	8.5	369 212	7.2	5 234 337	9.0
S 公務（他に分類されるものを除く）	38 812	0.7	2 024 856	3.2	—	—	—	—
事業内容等不詳を含む事業所数	5 976 916	—	—	—	5 844 088	—	—	—

資料　表21.3.1に同じ。

表21.3.3　産業大分類別の売上高および純付加価値額

産業大分類	売上高		純付加価値額	
	2020年（百万円）	合計に占める割合(%)	2020年（百万円）	合計に占める割合(%)
合計	1 693 312 591	100.0	336 259 518	100.0
第一次産業（A～B）	5 933 071	0.4	1 141 913	0.3
第二次産業（C～E）	508 594 792	30.0	89 188 403	26.5
第三次産業（F～R）	1 178 784 727	69.6	245 929 202	73.1
A～B 農林漁業（個人経営を除く）	5 933 071	0.4	1 141 913	0.3
C 鉱業、採石業、砂利採取業	1 503 162	0.1	399 782	0.1
D 建設業	120 030 992	7.1	23 983 076	7.1
E 製造業	387 060 638	22.9	64 805 545	19.3
F 電気・ガス・熱供給・水道業	36 232 504	2.1	4 092 563	1.2
G 情報通信業	75 499 894	4.5	19 496 961	5.8
H 運輸業、郵便業	62 199 305	3.7	12 537 448	3.7
I 卸売業、小売業	480 167 887	28.4	47 563 871	14.1
J 金融業、保険業	117 768 068	7.0	18 758 856	5.6
K 不動産業、物品賃貸業	59 532 063	3.5	12 217 776	3.6
L 学術研究、専門・技術サービス業	48 029 003	2.8	20 295 871	6.0
M 宿泊業、飲食サービス業	20 783 408	1.2	6 112 465	1.8
N 生活関連サービス業、娯楽業	30 461 302	1.8	4 906 239	1.5
O 教育、学習支援業	17 390 454	1.0	8 019 736	2.4
P 医療、福祉	173 336 912	10.2	71 114 352	21.1
Q 複合サービス事業	8 923 555	0.5	3 680 451	1.1
R サービス業（他に分類されないもの）	48 460 372	2.9	17 132 613	5.1

資料　表21.3.1に同じ。

21.4　サービス業の特徴

有期雇用者割合が最も高いのは宿泊業・飲食サービス業で５割超

サービス業における民営の事業所の従業者について、無期雇用者・有期雇用者別にみてみよう。無期雇用者とは、正社員、正職員、パート、アルバイト、嘱託等の呼称に関わらず、雇用期間を定めずに雇用している者を指し、それ以外の雇用者を有期雇用者としている。

サービス業で働く無期雇用者は2683.3万人、産業全体の66.1％を占めている。一方、有期雇用者は1374.8万人、33.9％となっている。

産業別にみると、サービス業の中で無期雇用者数が最も多い産業は卸売業・小売業で679.0万人となっている。また、無期雇用者の割合が最も高い産業は電気・ガス・熱供給・水道業で90.5％を占めており、次いで金融業・保険業が88.3％、情報通信業が88.1％となっている。一方、有期雇用者の割合が最も高い産業は宿泊業・飲食サービス業で57.7％と、唯一50％を超えている（表21.4.1）。

一極集中の度合いが高い

サービス業は三大都市圏、特に東京圏（東京都、神奈川県、埼玉県、千葉県）への集中度が高い。事業所数でみると、49.7％が三大都市圏に立地しており、中でも東京圏に26.5％が立地している。

従業者数をみると、サービス業では、57.0％が三大都市圏に集中しており、特に東京圏には33.7％が集中している。参考までに製造業をみると、三大都市圏は48.5％、東京圏は19.2％となっている。

事業所の売上高をみると、サービス業では三大都市圏が実に67.6％を占めており、中でも東京圏は46.6％と、全体の５割近くを占めている。これに対し製造業は、三大都市圏で50.7％、うち東京圏で17.9％となっている。サービス業の内訳をみると、東京圏への集中度は情報通信業が72.8％と最も高く、次いで学術研究・専門・技術サービス業が64.3％、不動産業・物品賃貸業が54.7％となっている。

東京都への集中度をみると、サービス業で東京都に立地している事業所数で13.0％、従業者数で19.0％、事業所の売上高で35.8％となっており、特に事業所の売上高の集中度が高くなっている（表21.4.2）。

女性従業者の比率が高い

民営の事業所の従業者数に占める女性の比率は全体で44.6％となっており、このうちサービス業は49.8％となっている。サービス業の中でも、医療・福祉は71.9％と特に高く、このほか、宿泊業・飲食サービス業、生活関連サービス業・娯楽業、金融業・保険業および教育・学習支援業で女性従業者比率が５割を超えている（図21.4）。

表21.4.1　産業大分類別雇用者数

	雇用者数		割合	
	無期雇用者[1)]	有期雇用者[2)]	無期雇用者	有期雇用者
合計	36 311 553	15 783 708	69.7	30.3
第一次産業（A～B）	215 400	142 883	60.1	39.9
第二次産業（C～E）	9 263 156	1 892 762	83.0	17.0
第三次産業（F～R）	26 832 997	13 748 063	66.1	33.9
A～B 農林漁業（個人経営を除く）	215 400	142 883	60.1	39.9
C 鉱業、採石業、砂利採取業	14 565	2 292	86.4	13.6
D 建設業	2 548 503	431 463	85.5	14.5
E 製造業	6 700 088	1 459 007	82.1	17.9
F 電気・ガス・熱供給・水道業	174 975	18 382	90.5	9.5
G 情報通信業	1 663 891	224 619	88.1	11.9
H 運輸業、郵便業	2 451 990	682 408	78.2	21.8
I 卸売業、小売業	6 790 299	3 599 375	65.4	34.6
J 金融業、保険業	1 266 339	167 987	88.3	11.7
K 不動産業、物品賃貸業	804 289	280 214	74.2	25.8
L 学術研究、専門・技術サービス業	1 500 649	302 895	83.2	16.8
M 宿泊業、飲食サービス業	1 729 572	2 362 377	42.3	57.7
N 生活関連サービス業、娯楽業	1 033 577	714 618	59.1	40.9
O 教育、学習支援業	909 863	906 271	50.1	49.9
P 医療、福祉	5 473 623	2 231 046	71.0	29.0
Q 複合サービス事業	346 562	76 080	82.0	18.0
R サービス業（他に分類されないもの）	2 687 368	2 181 791	55.2	44.8

注1）正社員、パート、アルバイト等の呼称に関わらず、常用雇用者のうち雇用期間を定めずに雇用している人
注2）期間を定めて雇用している人（無期雇用者以外の人）
資料　総務省・経済産業省「令和3年経済センサス－活動調査」

表21.4.2　産業大分類別事業所、従業者数および事業所の売上高の集中度

（%）

	事業所数			従業者数			事業所の売上高		
	三大都市圏[注]	東京圏	東京都	三大都市圏[注]	東京圏	東京都	三大都市圏[注]	東京圏	東京都
合計	49.1	25.7	12.2	54.7	30.8	16.6	63.4	40.0	28.6
第一次産業（A～B）	19.4	7.8	1.4	18.7	7.2	1.1	16.3	7.1	1.2
第二次産業（C～E）	47.8	22.9	8.9	48.1	21.5	8.3	51.8	21.6	8.4
第三次産業（F～R）	49.7	26.5	13.0	57.0	33.7	19.0	67.6	46.6	35.8
A～B 農林漁業（個人経営を除く）	19.4	7.8	1.4	18.7	7.2	1.1	16.3	7.1	1.2
C 鉱業、採石業、砂利採取業	24.1	9.7	3.1	27.8	16.4	8.7	21.6	11.9	2.0
D 建設業	44.6	23.9	8.5	47.0	26.9	13.0	55.4	32.7	20.0
E 製造業	51.7	21.9	9.4	48.5	19.2	6.4	50.7	17.9	4.5
F 電気・ガス・熱供給・水道業	36.1	19.3	10.3	46.9	24.3	16.5	45.6	25.9	9.8
G 情報通信業	68.8	49.0	37.2	80.5	63.8	54.7	86.9	72.8	66.1
H 運輸業、郵便業	49.6	26.5	10.4	56.6	32.7	14.0	62.9	38.3	19.3
I 卸売業、小売業	47.3	24.1	11.5	55.2	31.2	17.0	66.6	42.7	32.7
J 金融業、保険業	47.7	25.8	14.4	60.6	39.8	29.0	69.5	51.9	43.0
K 不動産業、物品賃貸業	57.4	33.0	17.2	64.4	40.2	25.0	76.7	54.7	42.0
L 学術研究、専門・技術サービス業	56.7	33.3	20.2	65.2	43.6	29.5	79.9	64.3	52.3
M 宿泊業、飲食サービス業	49.1	25.5	12.7	55.2	30.9	15.7	56.4	31.5	17.4
N 生活関連サービス業、娯楽業	45.7	24.1	10.1	53.9	31.0	14.7	59.1	38.0	24.2
O 教育、学習支援業	53.1	27.9	11.9	60.2	34.4	18.9	64.3	40.8	26.1
P 医療、福祉	50.7	26.8	11.4	50.4	27.0	11.2	65.5	49.3	39.3
Q 複合サービス事業	33.6	14.4	5.4	38.8	18.9	7.3	37.7	18.1	6.9
R サービス業(他に分類されないもの)	46.6	23.5	11.6	59.4	36.0	22.2	66.3	44.9	30.9

注　三大都市圏：東京圏（東京都、神奈川県、埼玉県、千葉県）、名古屋圏（岐阜県、愛知県、三重県）、大阪圏（京都府、大阪府、兵庫県、奈良県）を指す。
資料　総務省・経済産業省「令和3年経済センサス-活動調査」および同参考表（全産業の事業所の売上（収入）金額に関する試算値）から作成

図21.4　産業大分類別女性従業者比率

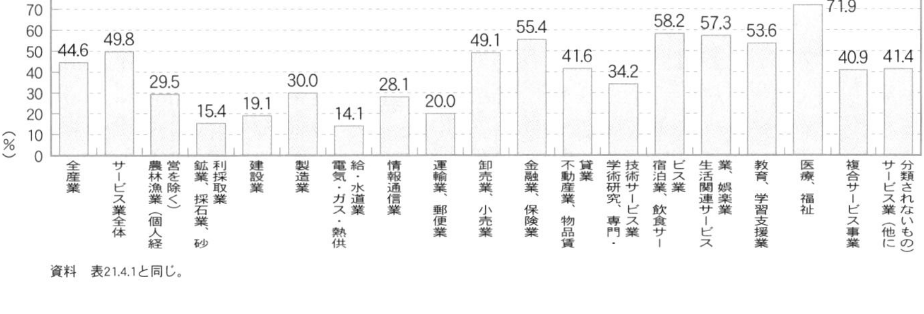

資料　表21.4.1と同じ。

21.5　近年のサービス業の動向
新型コロナウイルス感染症の影響

新型コロナウイルス感染症は、国内感染が確認された2020年１月以降、我が国において数次の感染拡大と収束を繰り返し、日本経済、特にサービス産業は大きな影響を受けた。しかし、2022年10月に水際対策が緩和されたことや、2023年５月に新型コロナウイルス感染症の感染症法上の位置付けが５類感染症になったことなどを背景に、経済活動は徐々にコロナ禍前の状況に回復しつつある。ここでは、サービス産業動向調査の結果から、2019年１月～2023年８月の売上高の動向をみてみる。

（「サービス産業計」の売上高の動向）

「サービス産業計」の売上高の前年同月比をみると、新型コロナウイルス感染者の増加が顕著となった2020年３月に7.4％の減少となった後、緊急事態宣言が発出された４月から５月にかけて急減し、５月には調査開始以来最低となる23.2％の減少を記録した。2021年４・５月の売上高の前年同月比は前年の反動もあって２桁の増加となったものの、数次に渡る感染拡大もあり、売上高の水準はコロナ禍前と比較して低水準で推移した。2021年11月以降は売上高の前年同月比の増加が続いており、23年６月の売上高は2019年同月の水準を上回るなど、経済活動がコロナ禍前の状況に回復しつつあることが分かる（図21.5.1）。

（産業中分類別の売上高の動向）

産業中分類別に売上高の動向をみると、鉄道業、航空運輸業・郵便業（信書便事業を含む）、宿泊業、飲食店、旅行業を含むその他の生活関連サービス業、娯楽業などの産業で、新型コロナウイルス感染症の影響により2020年３月頃から大きく減少し、21年にかけてコロナ禍前の19年を下回る水準で推移した。しかし、22年以降は、水際対策の緩和による訪日外客数の増加、全国旅行支援による観光需要の増加、新型コロナウイルス感染症の５類移行などを背景に、上記産業の売上高の前年同月比は総じて増加している。

2023年の各産業の売上高の動向をみると、鉄道業は、19年同月比で約９割の水準にまで回復している。航空運輸業・郵便業（信書便事業を含む）は、23年６・７月の売上高が19年同月の水準を上回るなど、コロナ禍前と同程度の水準にまで回復している。宿泊業は、22年12月以降の売上高が19年を上回る水準で推移している。飲食店は、外食需要の増加等により19年同月比で約８割の水準にまで回復している。その他の生活関連サービス業は、旅行業の回復等により23年各月の前年同月比が30％を超える高い増加幅で推移しており、19年同月比では約８割の水準にまで回復している。娯楽業は、21年12月以降、売上高の前年同月比の増加が続いており、23年各月の売上高は19年と比較して約９割の水準にまで回復している（図21.5.2）。

図21.5.1　サービス産業動向調査「サービス産業計」の売上高および前年同月比の推移

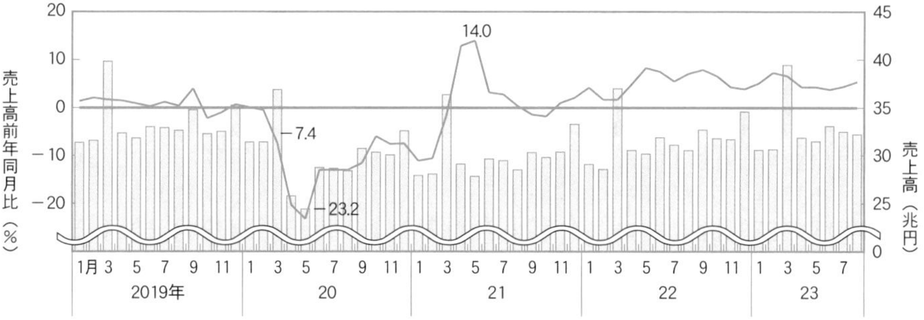

資料　総務省「サービス産業動向調査」

図21.5.2　産業中分類別月間売上高の推移（2019年～）

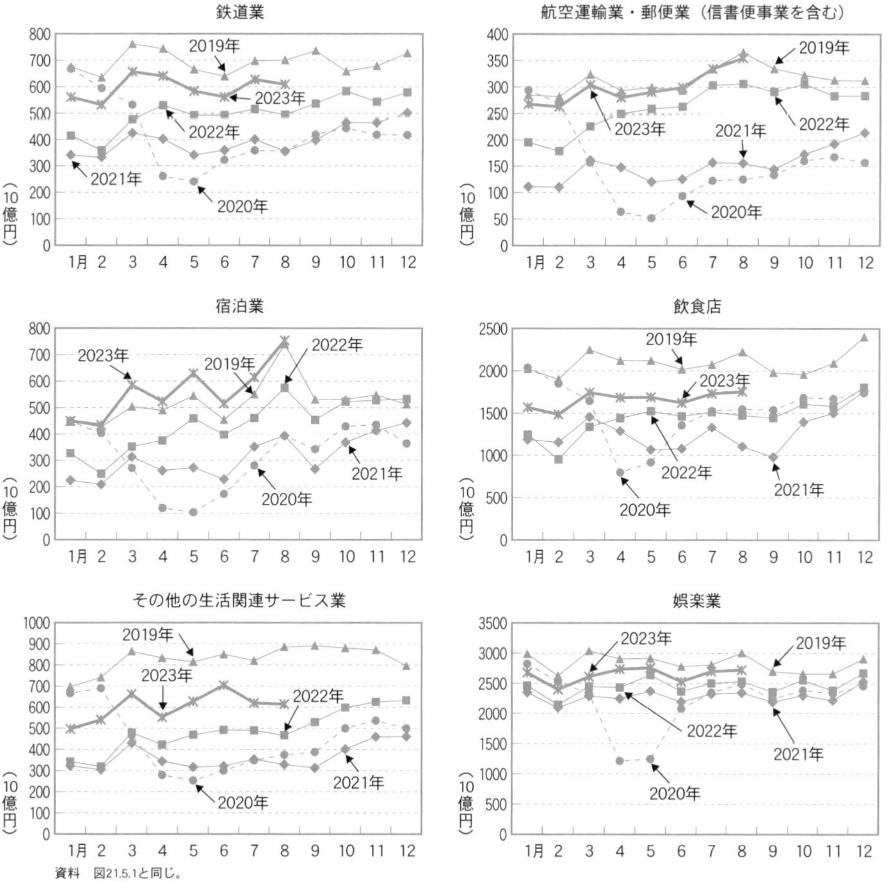

資料　図21.5.1と同じ。

第22章　交通・運輸

22.1　国内輸送の動向

旅客輸送量はコロナ禍で大幅減

国内旅客輸送量（自家用自動車、軽自動車および旅客船を含まない）を輸送人キロ（１人が１キロ移動することで１単位とする指標）でみると、1960年度の2330億人キロ（自家用自動車および軽自動車を含まない）から90年度の5321億人キロへと急激に増加した。その後は若干の増減はあるものの5000億人キロ台で推移し、2018年度に6026億人キロと最も高くなった。20年度はコロナ禍の影響を受けピーク時の約半分となる3203億人キロまで急激に減少し、1960年代と同水準まで落ち込んだ（図22.1.1）。

コロナ禍で旅客輸送における鉄道の分担率が上昇

1960年度における人キロベースの分担率をみると、鉄道が79.1％、自動車が20.6％と、この両者でほとんどを占めており、航空はわずか0.3％であった。その後、自動車は70年度にかけて25.4％まで上昇した後は低下し、2020年度は8.0％となった。これに対して、航空の分担率は急上昇して19年度には15.9％に達するも、コロナ禍の影響で20年度は9.8％に落ち込んだ。対照的に、70％台前半で推移していた鉄道の分担率は、20年度以降は80％程度にまで上昇した（図22.1.2）。

なお、自動車輸送については自家用自動車による輸送の割合が非常に高いにもかかわらず、2010年度以降は、自家用自動車が自動車輸送統計の対象から除かれている。09年度の結果でみると、営業用自動車による輸送量814億人キロに対して、自家用自動車は約10倍の8174億人キロを運んでおり、それを含めれば、自動車の分担率は65.7％にも及ぶ。

貨物輸送は自動車と内航海運が大部分を担う

貨物輸送をトンキロベースでみると、1990年度ごろまでは急激に増加し、その後は緩やかな増加傾向で推移した。しかし、2007年度の5822億トンキロをピークに減少傾向にあり、09年度は5236億トンキロとなった。輸送分担率をみると、1960年度には内航海運が46.0％、鉄道が39.0％、自動車が15.0％であったのに対し、2009年度では自動車が63.9％、内航海運が32.0％、鉄道が3.9％と、自動車が６割を占めた。10年度より、「自動車輸送統計年報」の調査方法などが変更されたため、09年度以前の数値とは連続しないものの、21年度は、総輸送量4045億トンキロのうち自動車が55.4％、内航海運が40.0％、鉄道が4.5％、航空が0.2％となっており、自動車と内航海運で約95％を占めている（図22.1.3）。

図22.1.1　輸送機関別国内旅客輸送人キロ

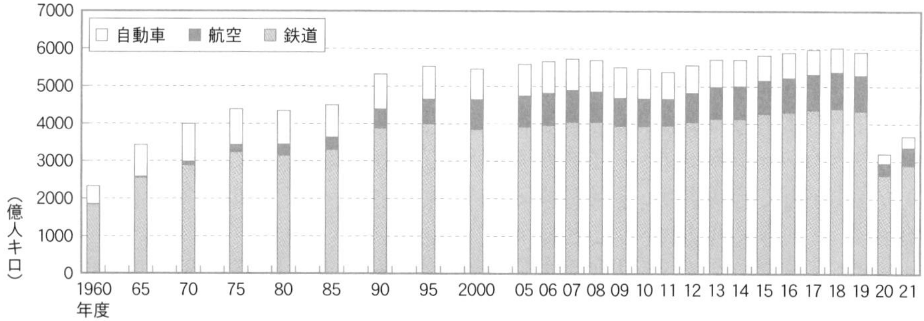

注　自動車輸送統計調査の調査方法および集計方法が2010年度より変更されたため、2009年度以前とは連続しない。
2010年度以降の自動車の数値は2020年度に変更された調査方法および集計方法に基づき旧統計から推計している。
資料　国土交通省ホームページ「交通関連統計資料集」「自動車輸送統計年報」「鉄道輸送統計年報」「航空輸送統計年報」、（一財）運輸総合研究所「交通経済統計要覧」

図22.1.2　国内旅客輸送の分担率

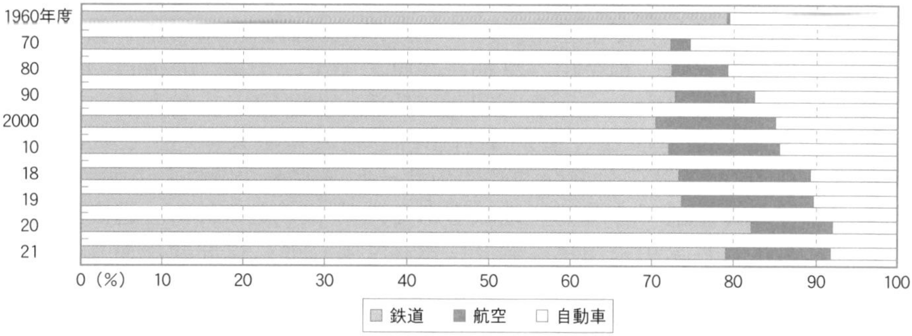

資料　図22.1.1と同じ。

図22.1.3　輸送機関別国内貨物輸送トンキロ

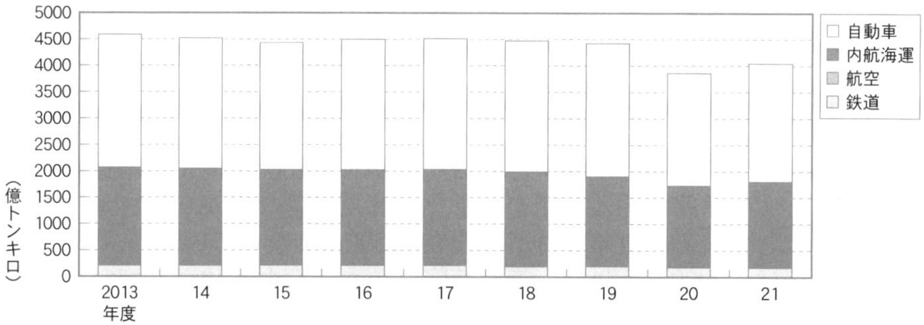

資料　国土交通省ホームページ「交通関連統計資料集」「自動車輸送統計年報」「鉄道輸送統計年報」「内航船舶輸送統計年報」「航空輸送統計年報」、（一財）運輸総合研究所「交通経済統計要覧」

22.2　自動車・道路

自家用乗用車保有台数は再び微増

これまで一貫して増え続けてきた我が国の自家用乗用車（主に個人、世帯、企業が利用）の保有台数は、2022年３月末に初めて減少した。2023年３月末には再び微増に転じ過去最高を記録したものの、カーシェアやサブスクリプション等のサービスが普及するなかで日常的に自動車を利用しない大都市圏で自家用車を保有する必要性が弱まっており、今後自家用車保有台数が大きく増加することは考えにくい。

１世帯当たりの自家用乗用車保有台数をみると、1975年３月末には0.475台であったが、96年に1.000台に達し、2006年には1.112台とピークを迎えた。その後は保有台数の増加が世帯数の増加を下回り、23年には1.025台となっている（図22.2.1）。

１世帯当たりの保有台数は地域差が大きい

１世帯当たりの自家用乗用車保有台数を都道府県別にみると、2023年３月末時点で39県において１世帯当たり１台以上の自家用乗用車を保有しているが、東京、大阪、神奈川、京都、兵庫、埼玉、千葉、北海道の８都道府県では、１世帯当たり１台を下回っている（図22.2.2）。最も多い福井の1.698台に対し、最も少ない東京は0.416台と地域差が大きい。これには人口密度や鉄道、バス等の公共交通機関のサービス水準が関係しており、「自動車がなければ生活できない」地域もあるためと考えられる。超高齢社会を目前にして、自家用乗用車に過度に依存することには問題があり、地域公共交通の活性化および再生への取り組みが課題となっている。

2000年以降、道路整備は鈍化

戦後、モータリゼーションを支える道路の整備は急速に進められてきた。1970年以降の安定成長期においても、道路特定財源制度の下で一般道路（一般国道、都道府県道、市町村道）の整備がされるとともに、有料道路制度の下で高速自動車国道が着実に整備されてきた。

高速自動車国道は、2000年の道路実延長（6,617km）と比較すると、35年前の1965年は189kmで３％という低水準であった。このことから、いかに急速に建設が進められたかがわかる。しかし、2005年度に日本道路公団をはじめとする道路関係４公団が民営化された影響などから、実延長の伸びは安定化している。21年３月31日現在9,100kmとなっている。

一般道路は、2009年度以降、道路特定財源が一般財源化されている。21年の実延長は、一般国道（56,111km）、都道府県道（129,827km）、市町村道（1,034,201km）と、2000年以降ほとんど変化がない（図22.2.3）。

図22.2.1　自家用乗用車保有状況の推移（各年３月末）

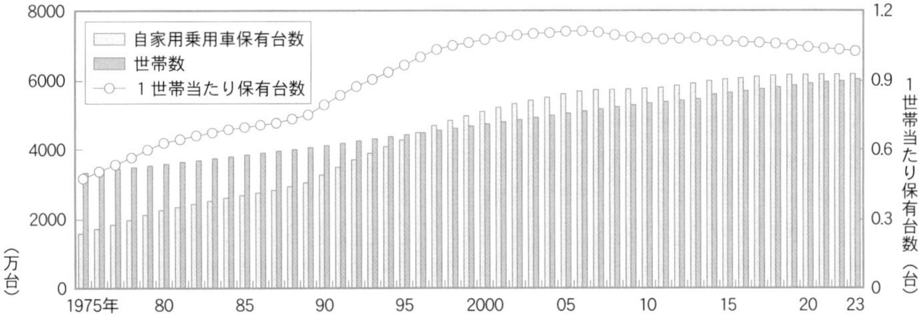

注　自家用乗用車とは、タクシーなど事業用を除く白色や黄色のナンバーの乗用車。
資料　（財）自動車検査登録情報協会ホームページ

図22.2.2　１世帯当たり自家用乗用車の保有台数（2023年３月末）

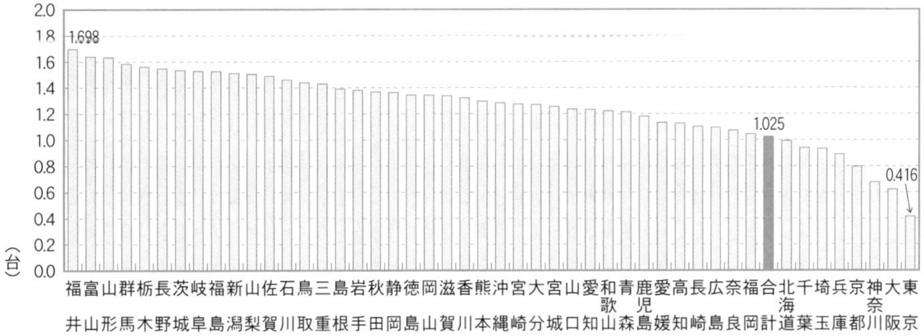

資料　図22.2.1と同じ。

図22.2.3　道路延長の推移

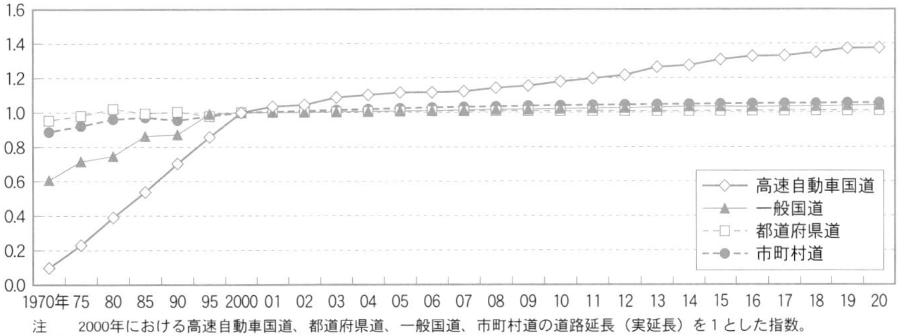

注　2000年における高速自動車国道、都道府県道、一般国道、市町村道の道路延長（実延長）を１とした指数。
資料　国土交通省「道路統計年報2022」

22.3　鉄道

コロナ禍で輸送人員は大幅減

1987年４月に国鉄が分割民営化されてJR各社が発足した。当時の好景気の影響もあり、85～90年度にかけて鉄道全体では年間200億人を輸送するまでに拡大した。その後、リーマンショック後の景気後退や東日本大震災などの影響を受けた2009～11年度を除いて概ね増加傾向で推移した。しかし、20年度以降はコロナ禍で大幅に減少している（図22.3.1）。

2000年度以降の定期旅客と定期外旅客を比較すると、19年度までは定期外旅客の増加が大きかったが、コロナ禍でその傾向は逆転した。また、旅客１人当たりの輸送距離は、1980年度以降17km台でほとんど変化は見られなかったが、コロナ禍で15km前後まで減少した。コロナ禍で通勤流動を除いた不要不急の移動が抑制されたためと考えられる。

新幹線の延伸はあるものの人キロは低水準

東海道新幹線が1964年に開業して以来、列車キロ（列車の運行本数と運行距離を示す指標）と輸送人キロ（旅客数とその移動距離を示す指標）は順調に増加してきた。2019年度に至るまで我が国では北海道（新青森～新函館北斗）、東北（東京～新青森）、上越（大宮～新潟）、北陸（高崎～金沢）、東海道（東京～新大阪）、山陽（新大阪～博多）、九州（博多～鹿児島中央）の７路線のフル規格新幹線が整備され、その列車キロは１億6204万キロに達した。しかし、20年度以降のコロナ禍で輸送人キロが大幅に減少し、輸送量減に対応して減便がなされた結果、列車キロも19年度をピークに減少している。21年度は輸送人キロが若干の回復を見せたものの、依然として1980年以来の低水準となっている（図22.3.2）。なお、2022年９月23日に西九州新幹線の武雄温泉～長崎間が開業し、新幹線営業キロはそれまでの2997.1kmから3066.7kmに増加した。

鉄道貨物輸送の主役はコンテナ輸送

鉄道貨物輸送は、道路網整備に伴いトラック輸送が著しく伸びたため、1970年度には634億トンキロあったものが、急速に減少し、85年度には221億トンキロと15年間で３分の１になった。東日本大震災のあった2011年度以降、17年度には217億トンキロまで回復したものの、18年度に頻発した自然災害や20年度以降のコロナ禍の影響で再び減少傾向で推移しており、21年度は180億トンキロまで落ち込んだ。なお、かつては貨車により石油、石炭、セメントなどを運ぶ「車扱（しゃあつかい）」が主流であったが、近年ではコンテナの割合が上昇し、21年度は車扱が8.3％、コンテナが91.7％となっている（図22.3.3）。

図22.3.1　鉄道旅客輸送人員

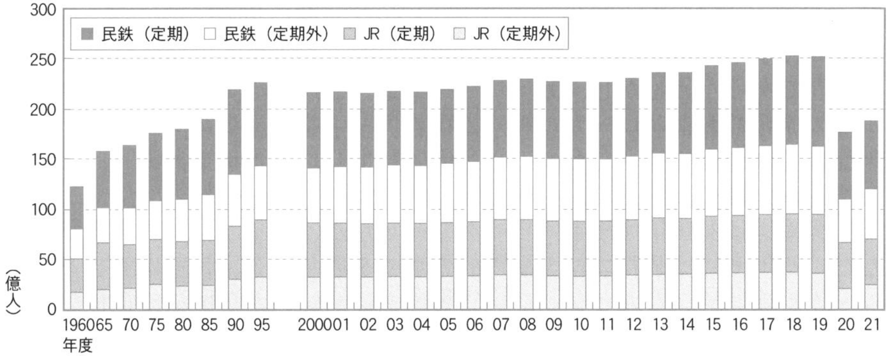

注１　定期とは、通勤・通学定期乗車券で一定区間を往復する旅客。
　２　定期外とは、定期券以外の券種を用いて利用する旅客。
　３　JRは1986年度までは国鉄の値。
資料　国土交通省「鉄道輸送統計年報」

図22.3.2　新幹線の列車キロと輸送人キロの推移

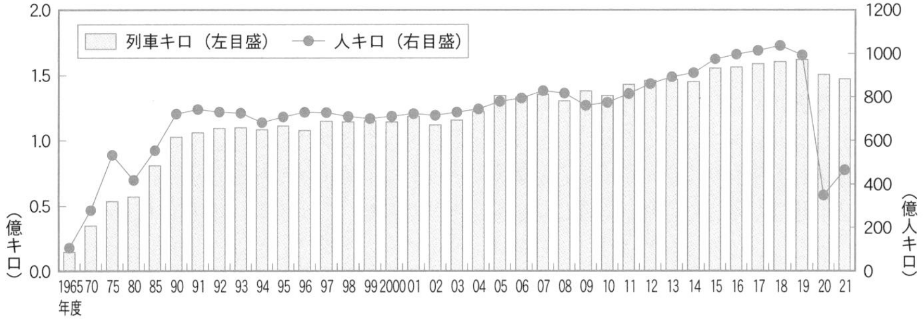

注　新幹線は北海道、東北、上越、東海道、北陸、山陽、九州の各線の合計であり、重複は除く。
資料　図22.3.1と同じ。

図22.3.3　鉄道貨物輸送トンキロ

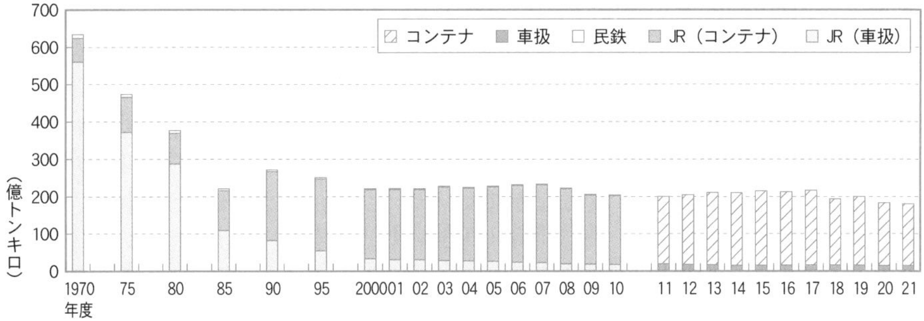

注１　1970年度のコンテナは、小口扱いである。
　２　JRは1986年は国鉄であり、有賃、無賃を含む。それ以降は有賃のみ。
　３　2011年度より、JRと民鉄の数値の公表を取り止めたため、コンテナ及び車扱の計の数値を表示する。
資料　図22.3.1と同じ。

22.4　航空

国内航空旅客輸送は概ねコロナ禍以前の水準に回復

国内の航空旅客は2002年度頃まで増加し、その後は07年度まで概ね横ばい傾向であった。しかし、08年のリーマンショック以降は、幹線とローカル線の旅客数およびローカル線の貨物重量を中心に減少傾向が続いた。11年度以降は回復を見せたものの、20年に発生したコロナ禍により、国内航空輸送は大幅に落ち込んだ。

旅客輸送は2010年代後半にピークを迎えたが、20年度はコロナ禍で急減した。22年度には概ねコロナ禍以前の水準を取り戻し、幹線は3942万人、ローカル線は5124万人となった。貨物輸送は横ばいから微減で推移していたものがコロナ禍でその重量を大幅に減少させ、21年度以降は僅かに上向いたものの、22年度実績は幹線で43万トン、ローカル線で12万トンと低水準にとどまっている（図22.4.1)。

国際航空旅客輸送の回復は道半ば

我が国の航空会社による国際航空旅客輸送は、2001年の米国同時多発テロ、08年のリーマンショックなどのイベントの影響により、11年度は1259万人まで減少した。一方、貨物輸送は09年度以降回復傾向にあったが、11年３月の東日本大震災の影響を受けて11年度は減少した。このように国際航空輸送は、イベントから直接影響を受ける傾向がある。

2012年度以降､国際輸送量は旅客と貨物のいずれも増加傾向に転じたが、コロナ禍により20年度はともに落ち込んだ。旅客数は回復傾向にあるとはいえ、22年度も951万人とコロナ禍以前の半数にも満たない。21年度に過去最高を記録した貨物輸送は、コンテナ船の供給制約の緩和を受け147万トンに減少した（図22.4.2)。

国際航空旅客輸送の動向はアジアとの流動に依存

我が国の航空会社が輸送する国際旅客を方面別にみると、アジア（中国、韓国を除く）の割合が大きい。その割合は2003年度の26.9％から17年度の44.2％へと14年間で約17ポイント拡大している。中国、韓国を含めれば、18年度のシェアは71.3％に達する。とくに、中国は18年度には457万人とこれまでに最も多い旅客数となっている。ただし、シェアをみると、中国向けは11年度（22.1％)、韓国向けは08年度（15.1％）をピークとして低下傾向にあった。20年度以降はコロナ禍の影響で全体としての旅客数が減ったため、その内訳も大幅に変化した。22年度は中国向けが3.0％と過去最低を記録する一方で、中国、韓国を除いたアジア向けは47.1％と過去最高を記録した（図22.4.3)。

図22.4.1　国内定期航空輸送実績

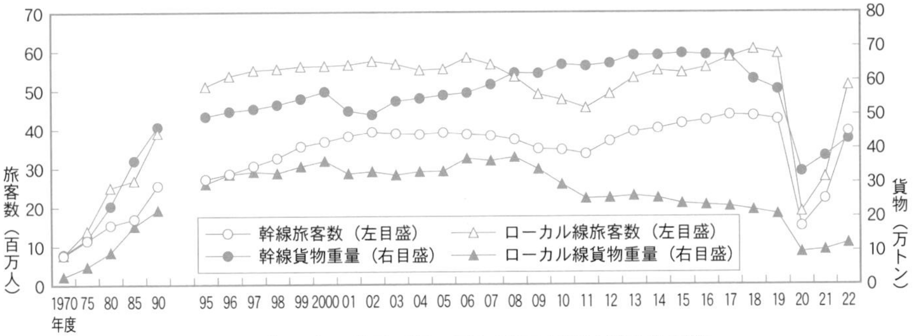

注１　幹線とは新千歳、羽田、成田、大阪（伊丹）、関空、福岡、那覇の７空港を相互に結ぶ路線。
　２　ローカル線とは、幹線以外の路線。
　３　貨物重量は超過手荷物・郵便を含まない。
資料　国土交通省「航空輸送統計年報」

図22.4.2　国際航空輸送実績

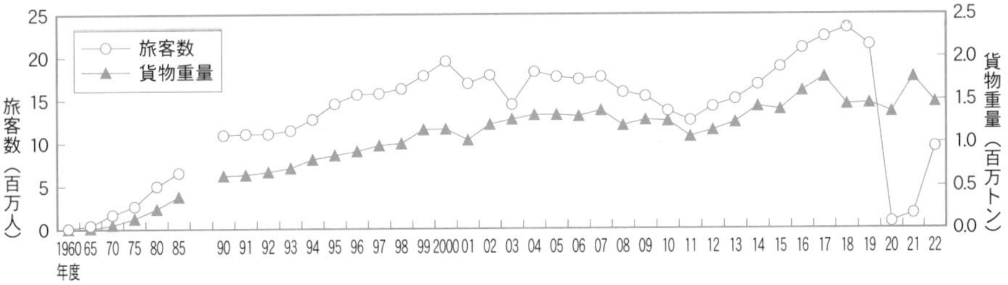

注１　本邦国際航空運送事業者８社の実績。
　２　貨物重量は超過手荷物・郵便物を含まない。
資料　図22.4.1と同じ。

図22.4.3　我が国航空企業の国際航空・方面別輸送実績

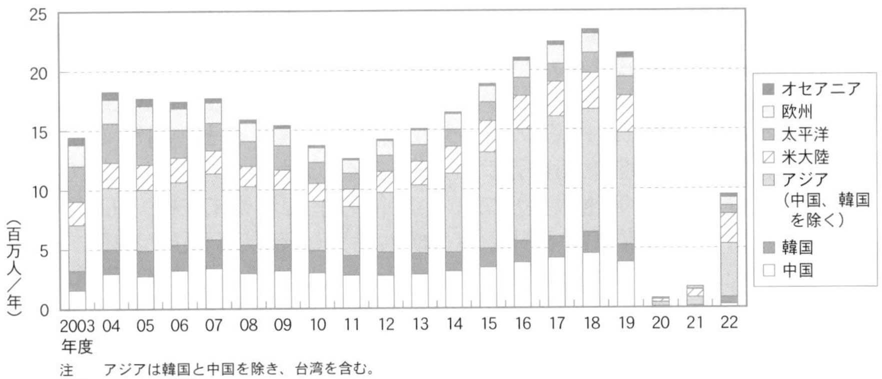

注　　アジアは韓国と中国を除き、台湾を含む。
資料　図22.4.1と同じ。

22.5　海運・港湾

人々の生活を支える海運

四面を海に囲まれ、資源をほとんど持たない我が国は、食料やエネルギーの多くを海外諸国との貿易に依存し、産業活動や日常生活を成り立たせており、海運による外国貿易量は堅調に増加してきた。一方、内国貿易にともなう海運輸送量は2000年以降、減少ののち横ばい傾向にある。09年には、前年のリーマンショックの影響により海運輸送量は急激に減少した。21年はコロナ禍で落ち込んだ前年に比べ増加し、外国貿易量は11億4337万トン（対前年比5.3％増）、内国貿易量は14億2871万トン（対前年比3.2％増）であった（図22.5.1）。

我が国の貿易においては、輸出よりも輸入の方が重量は大きい。これは、我が国では重量が大きな食料品や原材料を外国から仕入れ、それを加工し、付加価値をつけて再び外国へ輸出するという貿易構造であることが要因である。

長距離フェリーの輸送台数はコロナ禍以前の水準に回復

長距離フェリー（片道航路300km以上のもの）は2000年度には21の航路があり、普通トラックを147万台、「乗用車・その他」を95万台運んでいたが、その後は航路数の減少もあって、輸送台数は減少してきた。10年度以降、「乗用車・その他」は増減を繰り返しているが、普通トラックはやや増加傾向にある。22年度（12航路）の輸送台数は、普通トラックが127万台、「乗用車・その他」は79万台であった（図22.5.2）。

コンテナ船の大型化とコンテナ取扱量

近年、増加するコンテナ海上輸送量に効率的に対応するため、海運業界は船舶の大型化を進めてきた。2016年にパナマ運河の拡張工事が完成したこともあり、ネオパナマックス船は21年現在651隻と、フルコンテナ船全体の33％を占めるに至った。パナマ運河を通過できない超大型のポストパナマックス船も、12年の１隻から198隻へと急増している（図22.5.3）。

一方、世界の港湾におけるコンテナ取扱量を比較すると、国別（2020年）では、１位の中国が２億4510万TEUであるのに対し、日本は６位で2139万TEU、港湾別（21年速報値）では、１位の上海港が4703万TEUであるのに対し、京浜港（東京港・川崎港・横浜港）は787万TEUである。

現在、我が国では、大型船舶に対応する水深と設備を有する国際コンテナ戦略港湾（京浜港、阪神港）の整備を進めるとともに、港湾の中長期政策「PORT 2030」のもと、グローバルバリューチェーンを支える輸送網の構築やICTを活用した港湾のスマート化・強靭化などに取り組んでいる。

図22.5.1　全国港湾取扱貨物量

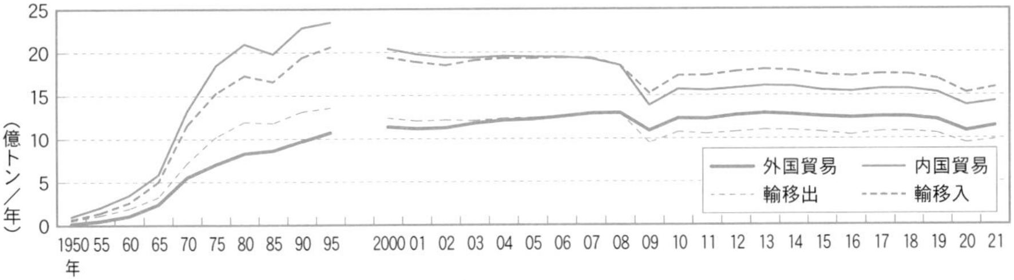

注１　自動車航送船を含む。
　２　内国貿易には鉄道連絡線を含む。
資料　国土交通省「港湾統計年報」

図22.5.2　長距離フェリー輸送の推移

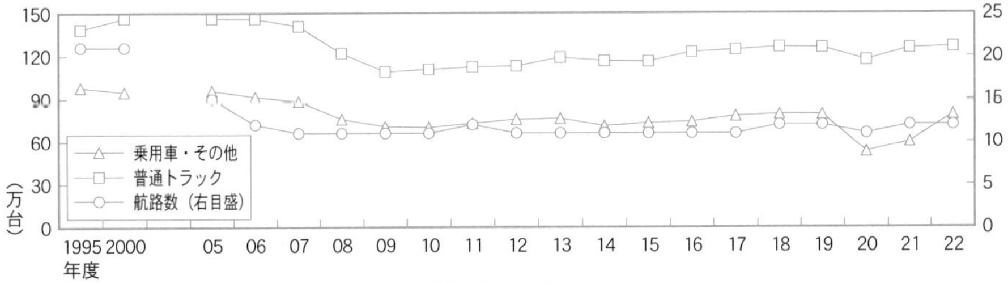

注　「長距離フェリー」とは、片道300km以上の航路のものをいう。
資料　国土交通省「海事レポート」、（一財）運輸総合研究所「交通経済統計要覧」

図22.5.3　世界のコンテナ船の船型の動向

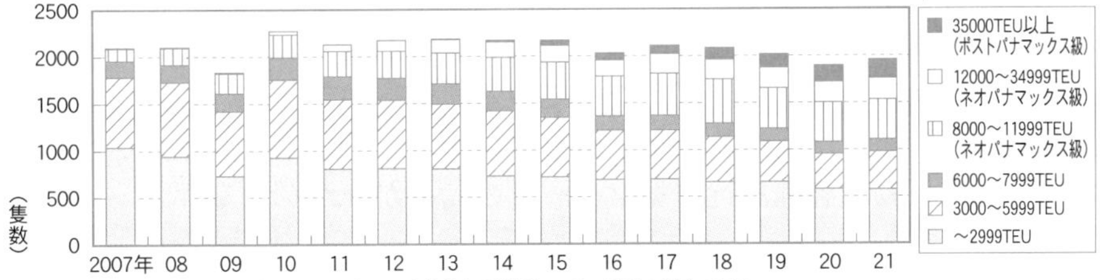

注１　フルコンテナ船（コンテナのみを積載する船舶）のみ。隻数の割合で示す。
　２　TEU（twenty-foot equivalent unit）とは、コンテナ船の積載能力などを表す単位で、長さ20フィートのコンテナ１個分を１TEUとする。
資料　（社）日本港湾協会「数字でみる港湾2022」

第23章　観　　光

23.1　日本人の旅行・観光消費動向

国内旅行は回復傾向

2022年の日本人１人当たりの観光・レクリエーション目的の国内宿泊旅行の回数は1.2回、日帰り旅行の回数は1.1回、宿泊数は1.9泊であり、いずれも前年を上回る結果となった。新型コロナウイルス感染症の影響により２年連続で減少していたが22年は増加に転じ、コロナ禍前の水準には達していないもののV字回復を見せている（図23.1.1）。出張や帰省を含めた延べ宿泊旅行者数は２億3247万人で前年比64.0％増、国内日帰り旅行者数は延べ１億8539万人で前年比46.6％増と、こちらも大きく増加した（図23.1.2）。

宿泊、日帰り別に旅行消費額をみると、宿泊旅行消費額は13兆7559億円で前年比96.7％増、日帰り旅行消費額は３兆4370億円で前年比56.9％増となった（図23.1.3）。また、日本人の国内旅行全体の消費額を延べ旅行者数で除した日本人国内旅行の１人１回当たり旅行支出は41,146円で、前年比20.2％増であった。これを宿泊、日帰り別にみると、宿泊旅行では59,174円で前年比20.0％増、日帰り旅行では18,540円で前年比7.0％増となり、いずれもコロナ禍前の2019年を上回る結果となっている。

2022年は日本人の旅行・観光消費動向において、新型コロナウイルス感染症の影響による落ち込みからの回復が見られる年となった。特に宿泊の回復が顕著であり、旅行回数、延べ人数、旅行消費額のいずれも日帰りに比べて前年からの増加率が高くなっている。旅行回数においては、コロナ禍前は日帰り旅行が宿泊旅行を上回っていたが、22年は宿泊の方が多く、コロナ禍の反動や各種旅行キャンペーンの効果がうかがえる。

海外旅行者数はコロナ禍前に比べて大きく落ち込んだまま

2022年の日本人の海外旅行者（出国者）数は277万人で前年比441.1％増となった。前年からは大きく増加しているものの、20年の317万人を下回っており、コロナ禍前の19年と比べると86.2%減となっている（図23.1.4）。日本を含む各国での水際対策の影響もあり、海外旅行については、本格的な回復には至っていない。

図23.1.1　日本人１人当たりの観光・レクリエーション目的の国内宿泊旅行、日帰り旅行の回数および宿泊数の推移

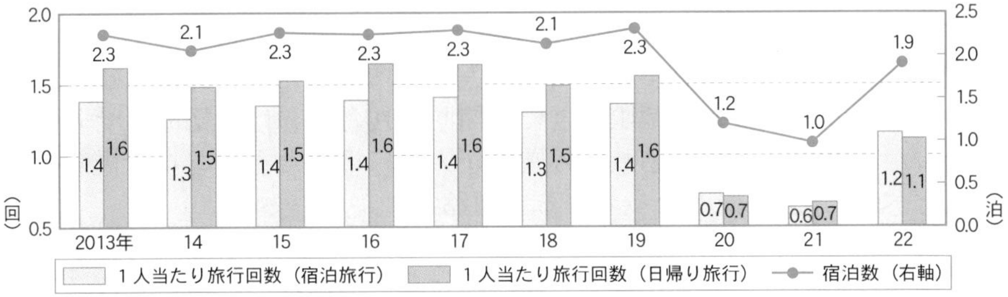

資料　観光庁「旅行・観光消費動向調査」

図23.1.2　国内旅行 延べ旅行者数

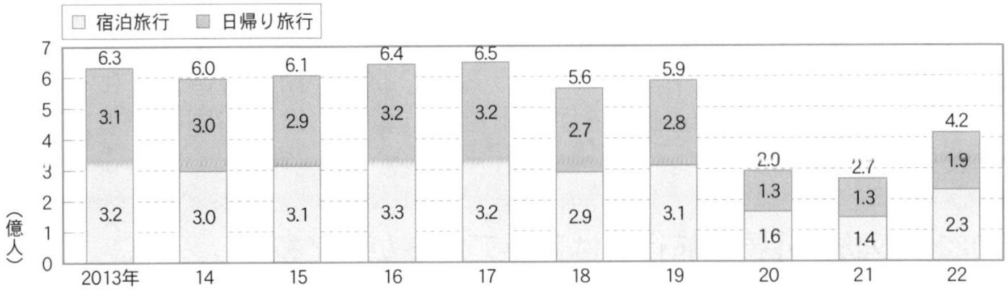

資料　図23.1.1と同じ。

図23.1.3 国内旅行　旅行消費額

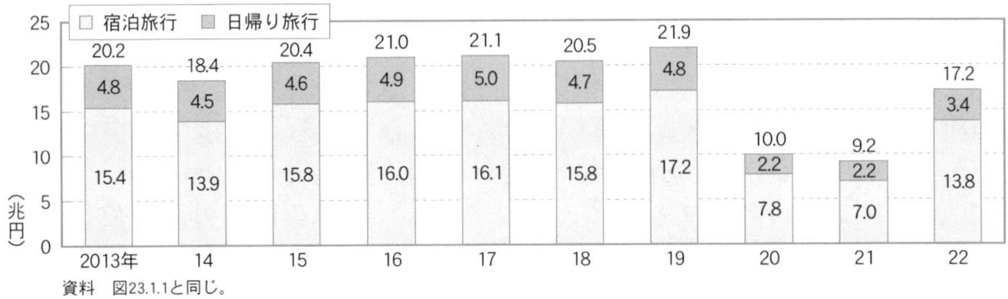

資料　図23.1.1と同じ。

図23.1.4　日本人海外旅行者（出国者）数の推移

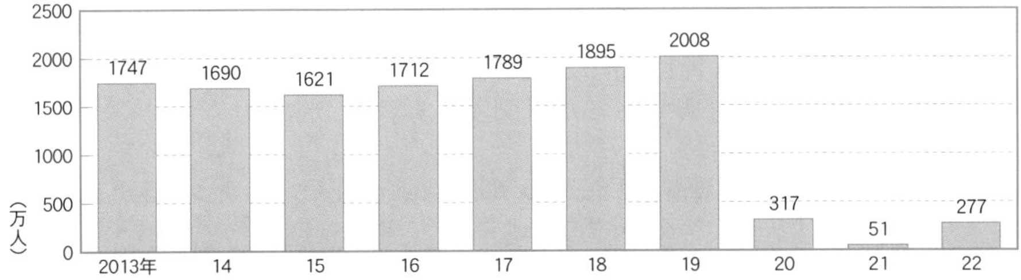

資料　出入国在留管理庁「出入国管理統計」

23.2　訪日外国人旅行者の動向

訪日外国人旅行者数は入国制限の緩和により増加

2022年の訪日外国人旅行者数は、383万人（対前年比1458.6%増）となり、過去最低値を記録した21年に比べると大きく増加した。６月から観光目的での日本への入国受入が制限付きで再開し、10月からは本格的に受入再開となったことで、日本を訪れる外国人が大幅に増えたが、コロナ禍前の19年と比べると88.0%減となっている（図23.2.1）。

外国人旅行者受入数については、各国・地域ごとに異なる統計基準により算出されているため、比較する際には統計基準の違いに注意する必要があるが、2021年の外国人旅行者受入数は、１位がフランスで4840万人、２位がメキシコで3190万人、３位スペインで3120万人であった。ランキングに入っているアジアの国・地域はインドとマカオの２つのみであり、日本は25万人でランキング外となっている。仮に22年の訪日外国人旅行者数を当てはめると日本は23位となるが、上位に位置する欧米諸国との差は非常に大きい（図23.2.2）。

2022年の訪日外国人旅行者はアジアからが約７割

2022年の訪日外国人旅行者数を国・地域別にみると、アジアからの訪日外国人旅行者数は279.1万人で、訪日外国人旅行者数全体に占める割合は72.8%となった。21年はアジアからの来訪は５割に満たなかったが、22年はアジアの占める割合が大きく増加した。東アジアでは、韓国が101.3万人と主要22市場[注1]のうちで最も多く、台湾（33.1万人）、香港（26.9万人）、中国（18.9万人）と続き、全体の47.0%を占めている。東南アジアでは、ASEAN(東南アジア諸国連合）の主要６か国（タイ、シンガポール、マレーシア、インドネシア、フィリピン、ベトナム）からの訪日外国人旅行者数が93.5万人となった。

北米からの訪日外国人旅行者数は37.9万人となり、このうち米国は32.4万人となった。欧州主要５か国（英国、フランス、ドイツ、イタリア、スペイン）からの訪日外国人旅行者数は19.6万人となった。オーストラリアからの訪日外国人旅行者数は8.9万人となり、その他の地域では、南米が1.8万人、アフリカが1.5万人であった（図23.2.3）。

注１　韓国、中国、台湾、香港、タイ、シンガポール、マレーシア、インドネシア、フィリピン、ベトナム、インド、オーストラリア、米国、カナダ、メキシコ、英国、フランス、ドイツ、イタリア、ロシア、スペイン、中東地域の計22か国・地域のことを指す。

図23.2.1　訪日外客数の推移

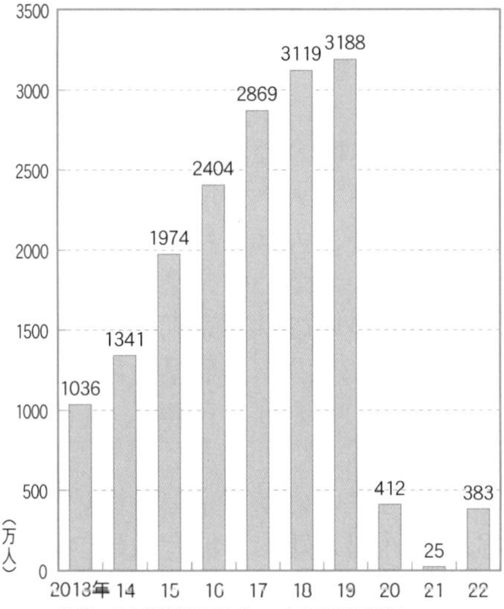

資料　日本政府観光局（JNTO）「訪日外客数」

図23.2.2　外国人旅行者数受入数ランキング（2021年）

資料　観光庁「2023（令和５）年版　観光白書」UNWTO（国連世界観光機関）資料に基づき観光庁作成。

注１　外国人旅行者数は、国・地域ごとに異なる統計基準から算出・公表されているため、これを比較する際には注意を要する。（例：外国籍乗員数（クルー数））について、フランス、イタリア等の統計には含まれている。）

注２　本表の数値は2023年１月時点の暫定値である。

注３　中国、ロシア、チェコ、エジプト、アイルランド、スウェーデン及びチュニジアは、2021年の数値が未発表であるが、新型コロナウイルス感染症の影響により、2019年以前の数値と大きく異なることが想定されるため、過去の数値を採用しないこととする。

注４　本表で採用した値は、日本及びウクライナを除き、原則的に１泊以上した外国人訪問者数である。

注５　本表の白のグラフは、アジア地域に属する国・地域である。

注６　外国人旅行者数は、数値が追って新たに発表されることや、遡って更新されることがあるため、数値の採用時期によって、そのつど順位が変わり得る。

図23.2.3　訪日外国人旅行者の内訳（2022年）

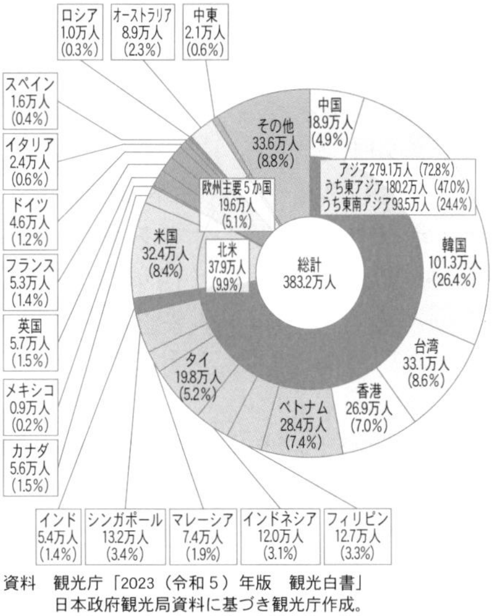

資料　観光庁「2023（令和５）年版　観光白書」日本政府観光局資料に基づき観光庁作成。

注１　（ ）内は、訪日外国人旅行者数全体に対するシェア。

注２　「その他」には、アジア、欧州等各地域の国であっても記載のない国・地域が含まれる。

注３　数値は、それぞれ四捨五入しているため、端数において合計とは合致しない場合がある。

23.3　国内での宿泊状況

2022年の国内の延べ宿泊者数は日本人、外国人ともに増加

2022年の日本国内のホテル・旅館等における延べ宿泊者数は、前年比41.8%増の４億5046万人泊であった。内訳をみると、日本人延べ宿泊者数は４億3396万人泊で前年比38.4%増、外国人延べ宿泊者数は1650万人で前年比282.3%増となっており、どちらも前年に比べて大きく増加した。外国人は依然として新型コロナウイルス感染症の影響が大きく残っているが、日本人においては16、17年の値を上回る結果となっている（図23.3.1）。

日本人の宿泊先を都道府県別にみると、最も多いのは東京都、次いで大阪府、北海道、千葉県、神奈川県であった（図23.3.2）。鳥取県を除くすべての県で前年よりも日本人延べ宿泊者数が増加しており、千葉県、京都府、大阪府で60％以上の増加率となっている。

外国人の宿泊先を都道府県別にみると、最も多いのは東京都、次いで大阪府、京都府、北海道であった（図23.3.3）。外国人延べ宿泊者数については、島根県、愛媛県、長崎県を除くすべての都道府県において、前年よりも増加している。

客室稼働率はすべての宿泊施設タイプで前年よりも10ポイント以上増加

2022年の宿泊施設の客室稼働率は、調査開始以降最も低い値となった前年から10ポイント以上増加し全国平均で46.6％であった。コロナ禍の19年からは依然として10ポイント以上の大きな差がある。

宿泊施設のタイプ別にみると、旅館で33.1％、リゾートホテルで43.4％、ビジネスホテルで56.7％、シティホテルでは50.1％であり、いずれのタイプにおいても前年よりも10ポイント以上増加した。19年との差をみると、旅館が最も小さく、シティホテルが最も大きい（表23.3）。

月別の延べ宿泊者数は増加傾向が続く

2021年１月から23年７月までの延べ宿泊者数および客室稼働率の推移をみると、21年初頭は新型コロナウイルス感染症の拡大により、宿泊者数、稼働率ともに抑え込まれていたが､感染者数が落ち着いた10月以降は増加。22年初頭もコロナの影響で再び落ち込んだが、行動制限のないゴールデンウィークや夏休みを迎え宿泊者数、客室稼働率ともに増加。22年10月からは外国人延べ宿泊者数も増加し始め、季節的な増減はあるものの、延べ宿泊者数、客室稼働率ともに増加傾向が続いている（図23.3.4）。

図23.3.1　延べ宿泊者数の推移

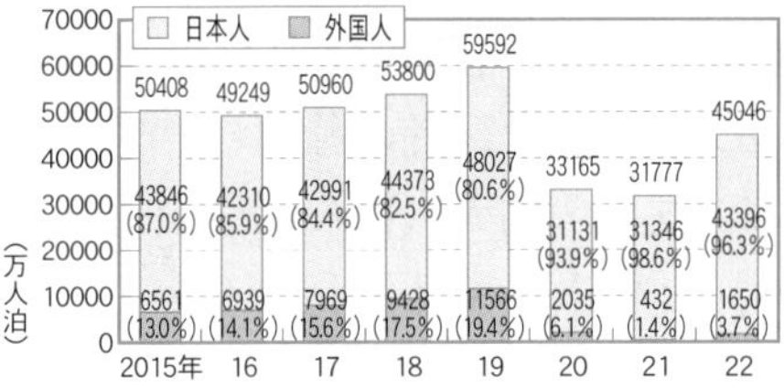

注　（　）内は構成比を表している。
資料　観光庁「宿泊旅行統計調査」

表23.3　宿泊施設タイプ別客室稼働率の推移（%）

	全体	旅館	リゾートホテル	ビジネスホテル	シティホテル
2013年	55.2	33.4	52.3	69.5	75.7
14	57.4	35.2	54.0	72.1	77.3
15	60.3	37.0	56.0	74.2	79.2
16	59.7	37.1	56.9	74.4	78.7
17	60.5	37.5	57.5	75.3	79.5
18	61.2	38.8	58.3	75.5	80.2
19	62.7	39.6	58.5	75.8	79.5
20	34.3	25.0	30.0	42.8	34.1
21	34.3	22.8	27.3	44.3	33.6
22	46.6	33.1	43.4	56.7	50.1

資料　図23.3.1と同じ。

図23.3.2 都道府県別日本人延べ宿泊者数（2022年）

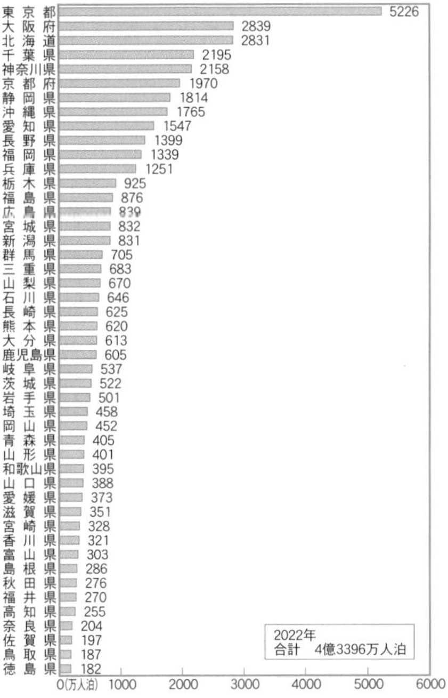

資料　図23.3.1と同じ。

図23.3.3 都道府県別外国人延べ宿泊者数（2022年）

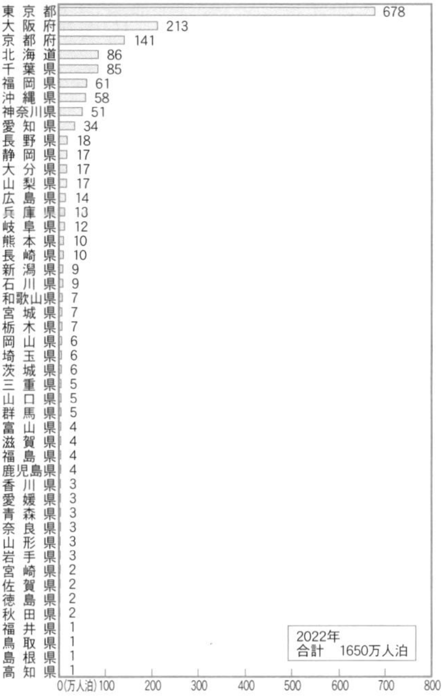

資料　図23.3.1と同じ。

図23.3.4　月別延べ宿泊者数・客室稼働率の推移

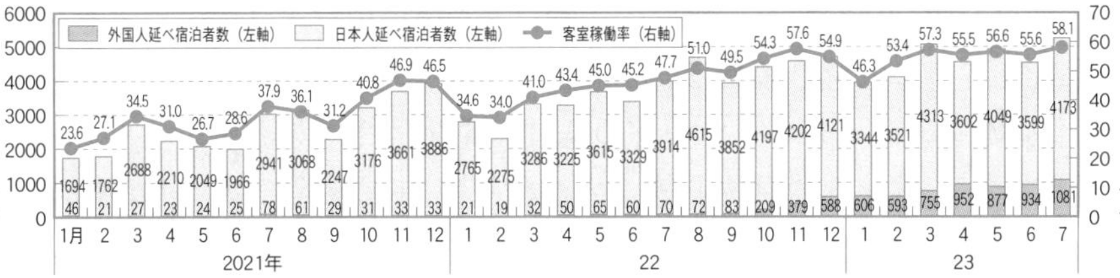

資料　図23.3.1と同じ。
2023年1月～7月は第2次速報値。

23.4　国内宿泊観光旅行の実態

例年と変わらず家族との旅行が過半数を占め、自分ひとりは微増

2022年度に国内宿泊観光旅行に参加した人の同行者の種類は、家族が55.8%で最も多く、過半数を占めている。友人・知人（19.6%）、自分ひとり（17.7%）、家族と友人・知人（2.9%）と続き、団体旅行については、職場・学校の団体が1.2%、地域などの団体が0.3%といずれも少ない（図23.4.1）。国内宿泊観光旅行における同行者は長期にわたり家族が過半数を占めており、他に圧倒的な差をつけている。一方で、自分ひとりの割合が伸びてきたことにより、10年前は10ポイント以上あった友人・知人との差は22年度では1.9ポイントとなっている（図23.4.2）。

観光旅行での移動手段はコロナ禍前の傾向に戻りつつある

2022年度の国内宿泊観光旅行において利用した交通機関（複数回答）をみると、自家用車が46.6%で最も多く、JR鉄道（38.1%）、その他の私鉄（16.5%）と続く（図23.4.3）。新型コロナウイルス感染症の影響で他者との接触を避けるために自家用車の利用が増加したが、22年度は過半数を切り、コロナ禍前に近い割合となっている。一方20年度に落ち込んだJR鉄道、私鉄、飛行機については、21年度に続き22年度も増加傾向にあるが、引き続き私鉄が飛行機を上回る状態が続いている（図23.4.4）。

人が集まる場所での旅行行動が増加

2022年度の国内宿泊観光旅行先での行動（複数回答）で最も多かったのは、「自然の風景をみる」で49.1%であった。次に多いのは、「温泉浴」(37.3%)で、「名所・旧跡をみる」（31.3%）、「特産品の買物・飲食」（18.7%）と続く（図23.4.5）。21年度から順位の変動はないものの、「自然の風景をみる」と「温泉浴」の上位２項目は、21年度よりも割合が低くなっている。一方で、「演劇・音楽・スポーツなどの鑑賞・見物」や「祭りや行事をみる」、「博覧会・イベントの見物」等、人が多く集まる場所での行動が増加しており、旅行先での行動からも、新型コロナウイルス感染症の影響からの回復をうかがえる結果となっている。

図23.4.1　同行者の種類（2022年度）

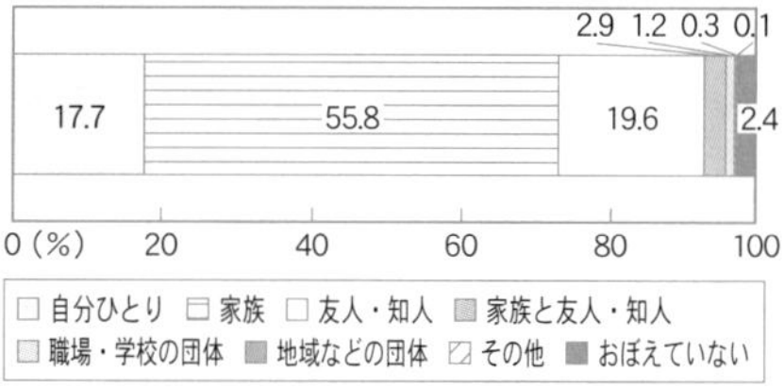

資料　（公社）日本観光振興協会「観光の実態と志向」

図23.4.2　同行者の種類の推移

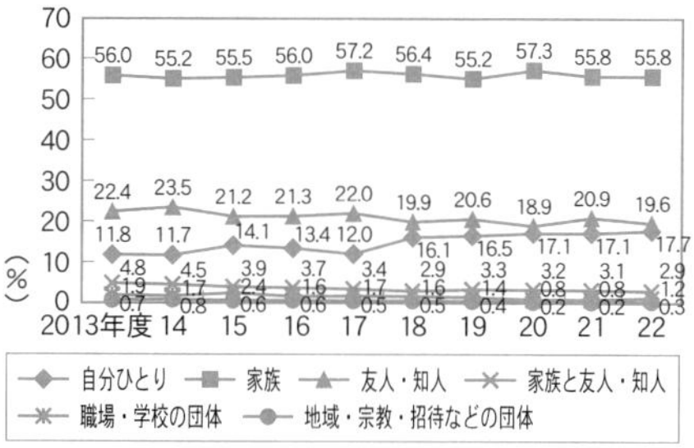

資料　図23.4.1と同じ。

図23.4.3　利用交通機関（2022年度）

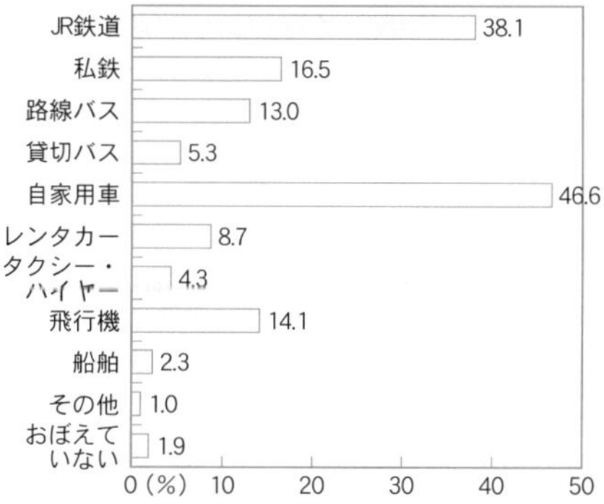

資料　図23.4.1と同じ。

図23.4.4　利用交通機関の推移

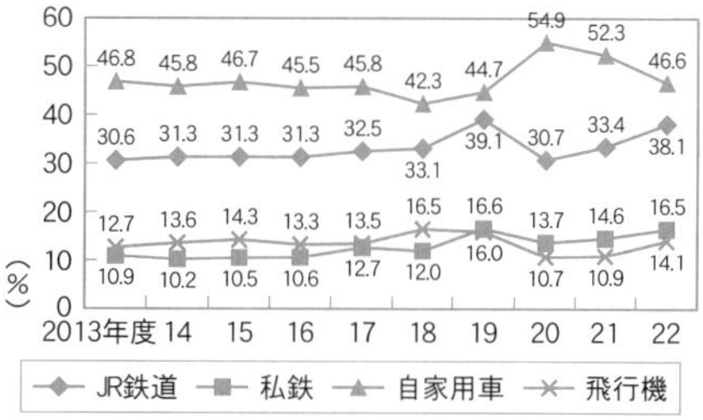

資料　図23.4.1と同じ。

図23.4.5　宿泊観光旅行先での行動（2021年度と2022年度の比較）

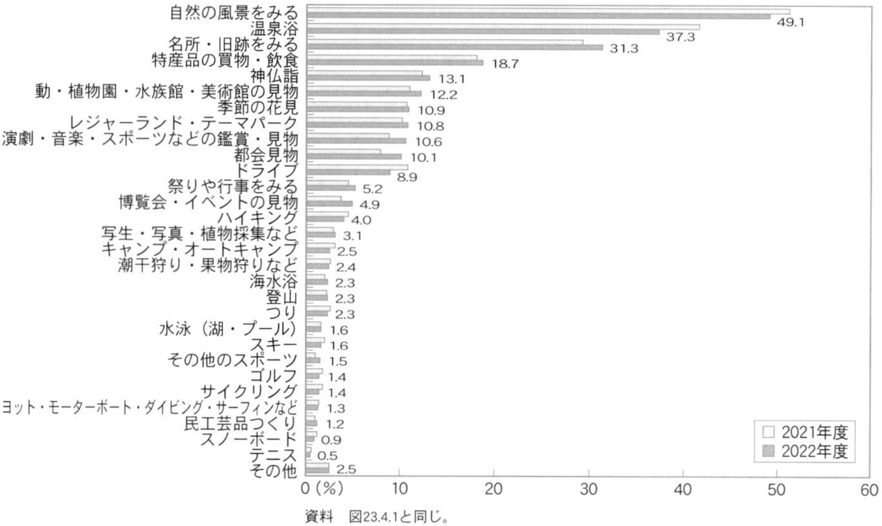

資料　図23.4.1と同じ。

第24章　情報・通信

24.1　インターネットと情報通信機器

個人のインターネット利用率は85％

我が国の個人のインターネット利用率（６歳以上人口に占める利用者の割合）は、2000年以降急速に増加し、02年には５割を超え、05年には７割を超えた。2013年以降は概ね８割を超える水準で推移しており、22年の利用率は84.9％であった（図24.1.1）。

2022年の端末別の利用率をみると、スマートフォンが71.2％で利用率が７割を超えた。次いでパソコンが48.5％、インターネットに接続できるテレビが27.1％、タブレット型端末が26.4％であった（図24.1.2）。

縮小してきた世代間のデジタル・ディバイド

インターネット利用率を年齢階級別にみると、2022年では13歳から59歳までの各年齢階級で利用率が約95～99％となっているが、60歳以上では高年齢になるほど利用率が低く、60歳代は86.8％、70歳代は65.5％、80歳以上は33.2％となっている。これを５年前の2017年と比べると、60歳以上の各年齢階級で、利用率が10ポイントを超える上昇幅となっている。インターネット利用に関する世代間格差（デジタル・ディバイド）は、次第に縮小してきている（図24.1.3）。

９割の世帯がスマートフォンを保有

世帯における情報通信機器の保有状況をみると、2022年は、モバイル端末の保有率（保有する世帯の割合）は97.5％で、このうちスマートフォンが90.1％、スマートフォン以外の携帯電話・PHSが33.8％であった。このほかの機器は、パソコンが69.0％、固定電話が63.9％、タブレット型端末が40.0％となっている。

世帯の保有状況の推移をみると、スマートフォンは、2010年の保有率は約１割（9.7％）であったが、その後急速に普及し、22年には保有率が９割に達した。一方、携帯電話・PHSは、2011年は約９割（89.4％）の世帯が保有していたが、その後スマートフォンに置き換わり、22年には保有率が３割台まで低下している。また、タブレット型端末の保有率は、2010年は7.2％であったが、その後上昇して22年には４割となり、携帯電話・PHSを上回っている（図24.1.4）。

図24.1.1　インターネット利用率（個人）の推移

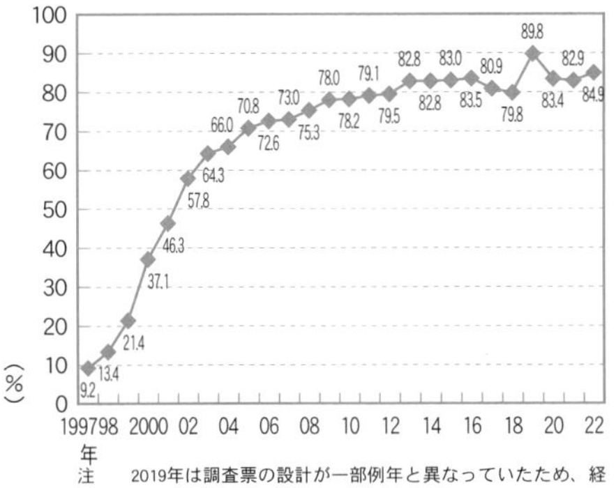

注　2019年は調査票の設計が一部例年と異なっていたため、経年比較に際しては注意が必要。
資料　総務省「通信利用動向調査」、「情報通信白書」

図24.1.2　インターネットの端末別利用率（2022年）

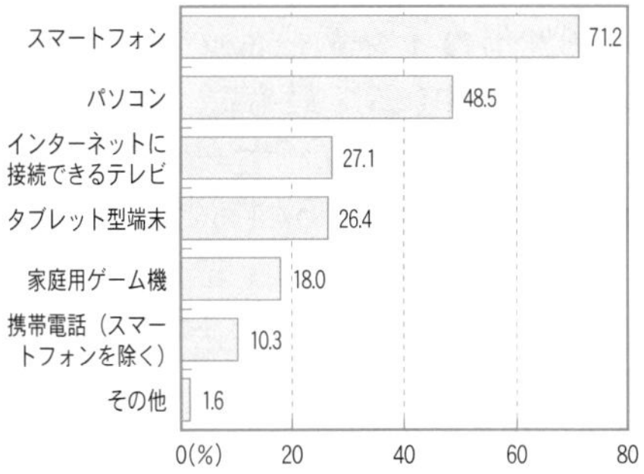

資料　図24.1.1と同じ。

図24.1.3　年齢階級別インターネット利用者の割合

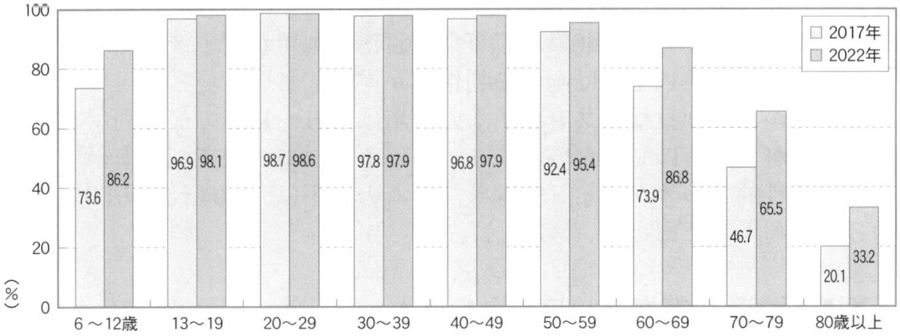

資料　図24.1.1と同じ。

図24.1.4　世帯の情報通信機器の保有状況

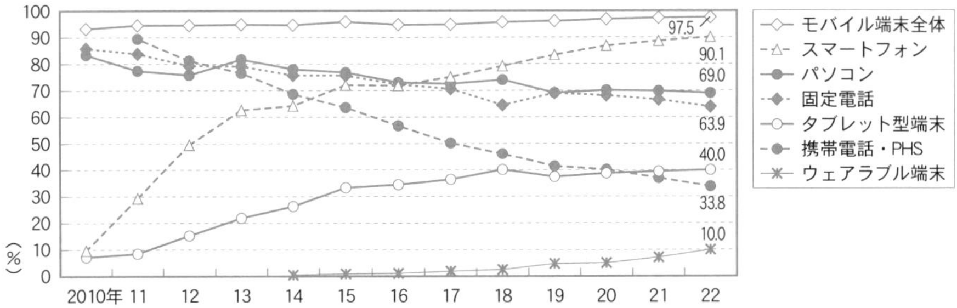

注　モバイル端末全体は、スマートフォンと携帯電話・PHSのどちらか又は両方を保有する率
資料　図24.1.1と同じ。

24.2　インターネットの利用

インターネット利用者の８割がSNSを利用

2022年のインターネット利用者の利用目的・用途をみると、SNSの利用の割合が80.0％で最も高く、次いで電子メールの送受信が78.5％、情報検索が73.7％、商品・サービスの購入・取引（計）が62.5％、動画投稿・共有サイトの利用が57.4％となっている。

前年と比較すると、電子政府・電子自治体の利用（電子申請、電子申告、電子届出）が21.6ポイント増で利用率が35.1％と大幅に増加した。このほか、商品・サービスの購入・取引（計）が3.9ポイント増加、電子メールの送受信が2.7ポイント増加している（表24.2）。

SNSの利用は13歳から30歳代で９割を超える

SNSの利用と電子メールの送受信について、年齢階級別の利用率をみると、SNSは13～19歳の92.0％をピークに13歳以上から30歳代までで９割を超えており、電子メールは50歳代の88.1％をピークに20歳代から60歳代までで８割を超えている。40歳代以下ではSNSの利用が電子メールの送受信を上回り、50歳代以上では両者の利用率が逆転している。

このほか、動画投稿・共有サイトの利用は、６～12歳で最も利用率が高く、年齢が上がるにしたがい低くなっている。コロナ禍で利用率が上昇した、業務目的でのオンライン会議システムの利用は、20歳代から50歳代で約３割の利用率であった（図24.2.1）。

５割を超える企業がテレワークを導入

テレワークを導入している企業の割合は、新型コロナウイルス感染症の影響により、2020年には47.5％と、19年（20.2％）の２倍以上に拡大し、21年と22年は５割を超える水準となっている。一方、導入していないが、今後導入予定があると回答した企業の割合は、2022年は3.5％となり、20年の10.7％、21年の5.5％から減少傾向にある（図24.2.2）。

テレワーク導入企業について、テレワークを利用する従業員の割合（利用率）をみると、利用率８割以上の企業の割合は、2022年は13.5％で前年の14.8％より減少し、利用率５％未満の企業の割合は、22年は34.1％で前年の26.9％より増加しており、利用率は低下傾向にある（図24.2.3）。

また、産業別にテレワークを導入している企業の割合をみると、2022年では、情報通信業が97.6％、金融・保険業が84.3％で、特に高い水準にある（図24.2.4）。

表24.2　インターネット利用者の 利用目的・用途別利用率（複数回答）

（%）

	2022年	対前年増減
電子メールの送受信	78.5	2.7
ホームページやブログの閲覧、書き込み、または開設・更新	58.3	1.3
SNS（無料通話機能を含む）の利用	80.0	1.3
業務目的でのオンライン会議システムの利用	23.0	1.6
動画投稿・共有サイトの利用	57.4	−0.1
オンラインゲームの利用	31.4	1.6
情報検索（天気情報、ニュースサイト、地図・交通情報などの利用）	73.7	−1.4
eラーニング	19.3	0.6
オンライン診療の利用	1.9	0.3
商品・サービスの購入・取引（計）	62.5	3.9
金融取引	24.3	2.7
商品・サービスの購入・取引（デジタルコンテンツを除く）	50.2	−0.5
デジタルコンテンツの購入・取引	25.0	2.5
インターネットオークション・フリーマーケットアプリによる購入・取引	25.5	2.8
電子政府・電子自治体の利用	35.1	21.6
その他	6.0	0.4

注　数値は無回答を除いて算出している。
資料　総務省「通信利用動向調査」

図24.2.1　インターネット利用者の年齢階級別主な目的・用途の利用率（2022年）

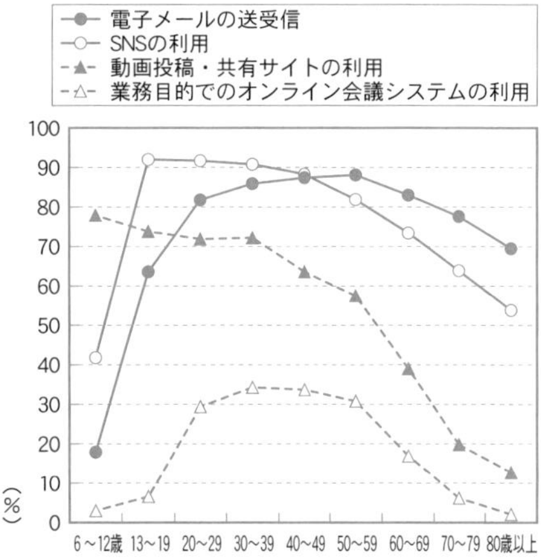

資料　表24.2と同じ

図24.2.2　企業のテレワーク導入状況

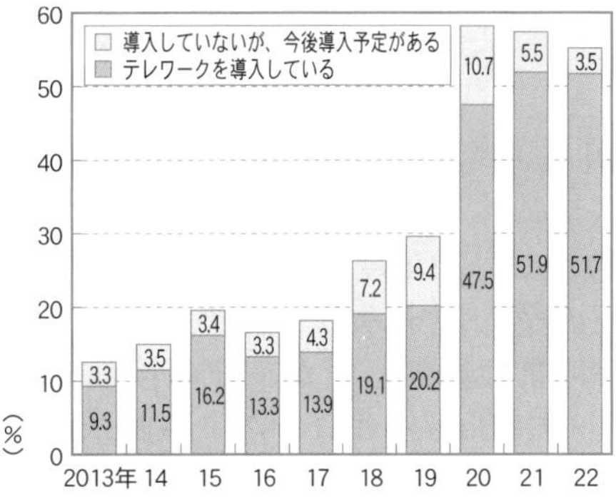

資料　表24.2と同じ。

図24.2.4　産業別テレワーク導入状況（2022年）

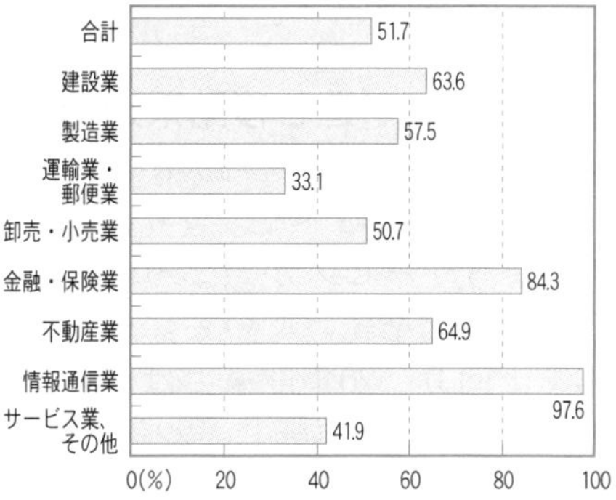

注　無回答を除いて算出した数値。
資料　表24.2と同じ。

図24.2.3　テレワークを利用する従業員の割合（利用率）別の企業の構成比

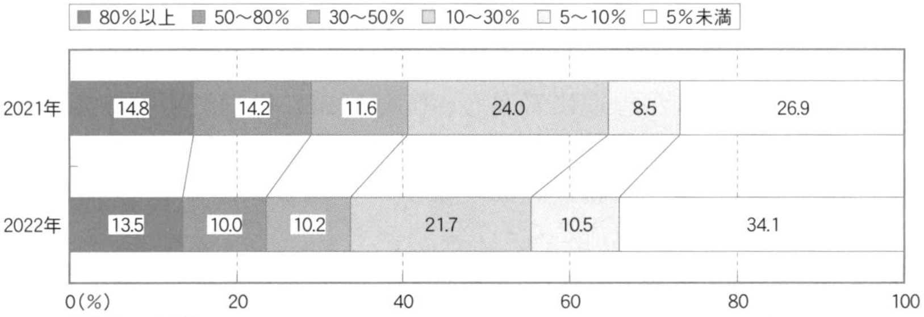

資料　表24.2と同じ。

24.3　電話・データ通信

2億件を超えた携帯電話の契約数

1979年にサービスを開始した携帯電話は、90年代に通信方式がアナログからデジタルに移行して以来、契約数は増加を続け、2001年度末に固定電話の契約数を上回り、その後も長期的に増加を続けている。2007年度末に1億件を超え、21年度末に2億件を超え、22年度末には2億1063万件となっている（図24.3.1）。

緩やかな減少が続く固定電話の契約数

一方、固定電話の契約数は、2022年度末は全体で5080万件となっており、1996年度末を境に緩やかな減少で推移している。

内訳をみると、2003年のIP電話サービスの開始以降、従来の固定電話と同等品質で通常の市外局番が割り当てられる「OABJ型」IP電話（「ひかり電話」など）の契約が増加し、これに伴いNTT東西加入電話の契約数は減少を続けている。2022年度末には、NTT東西加入電話が1343万件、OABJ型IP電話が3612万件となっている（図24.3.1）。

5Gへの交代が進む移動系通信

携帯電話などの移動系通信の内訳をみると、この10年で、3GからLTE、さらに5Gへと、より高速のシステムへの交代が進んでいる。2019年度からサービスが始まった5Gの契約数は、22年度末には6981万件と、急速に増加を続けている。一方、LTEの契約数をみると、2015年度末に3Gを上回り、20年度末には1億5437万件まで増加したが、その後は5Gの影響もあり減少に転じ、22年度末には1億2735万件となった。移動系通信においては、LTEから5Gへの交代が進んでいる（図24.3.2）。

固定系ブロードバンドの85％が光回線接続（FTTH）

固定系ブロードバンドサービスについては、当初は1996年から始まったCATV接続であったが、2000年以降、既存の電話回線を利用して高速通信を実現するDSLサービスが急速に普及し、05年度末には1452万件まで増加した。一方、光回線による接続サービス（FTTH）は、2001年度から提供が始まると、契約数が増加を続け、08年度末にはDSLを上回り、以後は固定系ブロードバンド接続の主流となった。

2022年度末の契約数は、CATVが628万件、DSLが36万件、FTTHが3807万件で、FTTHが全体の85.1％を占めている。（図24.3.3）。

図24.3.1　電話契約数の推移

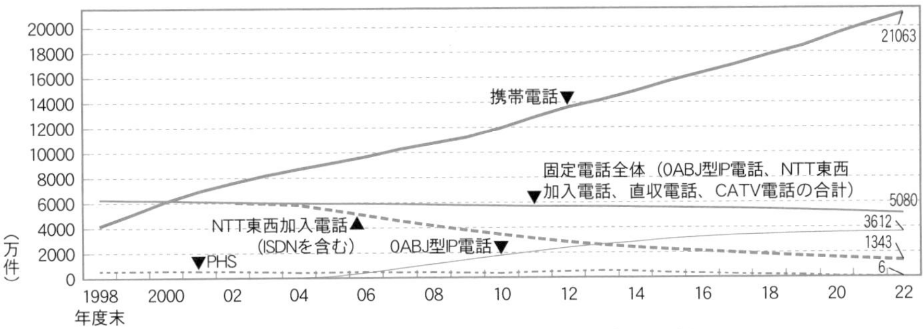

資料　総務省「情報通信白書」、「電気通信サービスの契約数及びシェアに関する四半期データの公表」

図24.3.2　移動系通信のシステム別契約数の推移

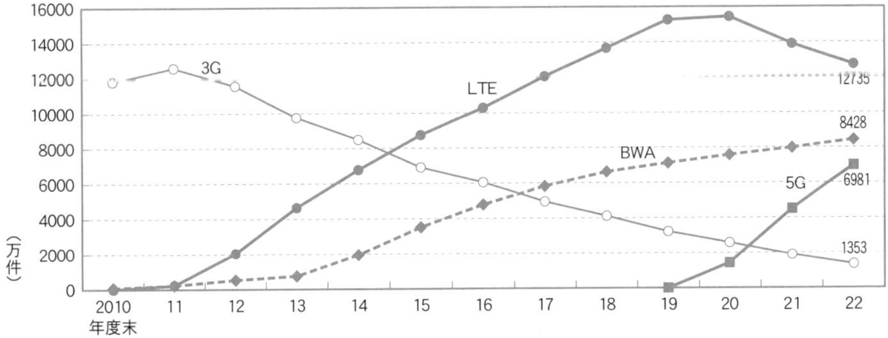

注１　LTEの契約数には、3GおよびLTEのどちらも利用可能である携帯電話の契約数が含まれる。
注２　5Gの契約数には、LTEおよび5Gのどちらも利用可能である携帯電話の契約数が含まれる。
資料　図24.3.1と同じ。

図24.3.3　固定系ブロードバンドサービスの契約数の推移

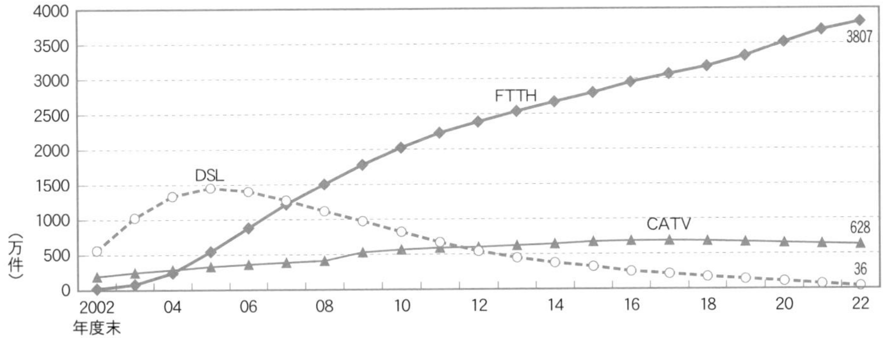

資料　図24.3.1と同じ。

24.4　放送サービス

2020年度から減少に転じたNHK受信契約

NHKの受信契約数は、2022年度末は4448万件となり、前年度より13万件減少し、20年度から３年連続で減少した。内訳は、衛星契約（衛星及び地上波による放送の受信契約）が2268万件（前年度より４万件減少)、地上契約（地上波による放送のみの受信契約）が2180万件（同10万件減少）であった。衛星契約は1989年の新設以来増加を続け、2019年度以降は地上契約を上回っているが、20年度からは減少に転じた（図24.4.1)。

減少傾向にある衛星放送契約

衛星放送には、放送衛星を使用するBS放送と、通信衛星を使用するCS放送がある。さらにCS放送は、BS放送と同じ軌道の通信衛星を使用する東経110度CS放送と、軌道位置の異なる東経124/128度CS放送に分かれる。BS放送と東経110度CS放送は、共通の受信環境で視聴できる。

NHKを除く衛星放送の契約数をみると、2022年度末では、WOWOWの契約数は256万件で４年連続の減少、スカパー！の契約数（東経110度CSと東経124/128度CSの合計）は277万件となった。スカパー！の内訳をみると、東経124/128度CSは長期減少が続き、近年微増で推移していた東経110度CSも、この２年間は減少に転じている（図24.4.2)。

一方、動画配信については、市場規模が2022年は前年より15.0％増加するなど、拡大を続けている（24.5　情報通信業　を参照)。

4K・8K放送の受信環境が拡大

4K・8K衛星放送は、2015年度から東経124/128度CSで、18年度からBSと東経110度CSで実用放送が始まったが、受信機能を有するテレビ等の出荷台数は、22年は320万台で、累計1281万台となり（JEITA「民生用電子機器国内出荷統計｣)、受信環境は拡大している。

ケーブルテレビの普及率は５割強で推移

ケーブルテレビの加入世帯数は増加を続けてきており、2009年度末には2541万件とNHKの地上契約数（2418万件）を上回ったが、近年は緩やかな増加となり、21年度末の加入世帯数は3139万世帯となった。また、ケーブルテレビの普及率は、2010年以降、50％を上回る水準で推移しており、21年度末は52.5％となっている（図24.4.3)。

図24.4.1　NHK放送受信契約数

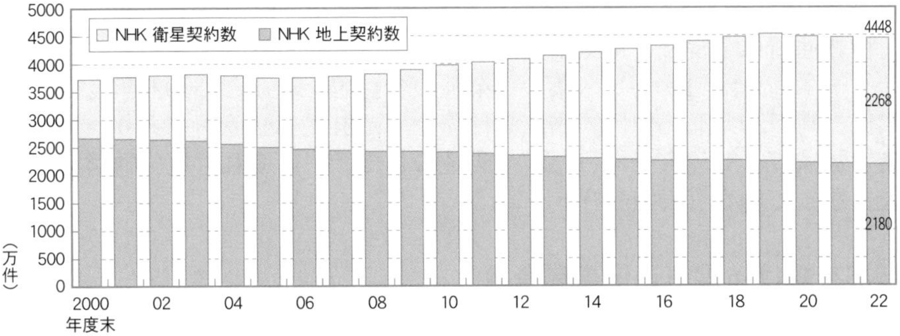

注　衛星契約数には特別契約（2022年度末で約２万件）を含む。
資料　総務省「情報通信白書」、NHK「放送受信契約数統計要覧」

図24.4.2　衛星放送契約数（NHKを除く）

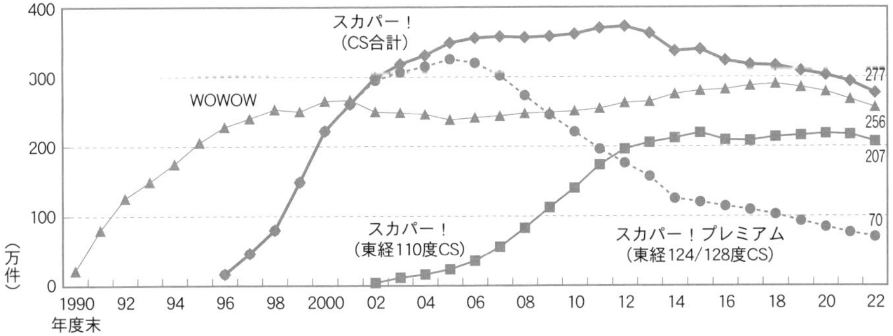

注　「CS合計」は東経124/128度CSと東経110度CSを合わせた契約件数。
2022年度は２月末時点の数値。
資料　総務省「情報通信白書」、「衛星放送の現状」

図24.4.3　ケーブルテレビの加入世帯数と普及率

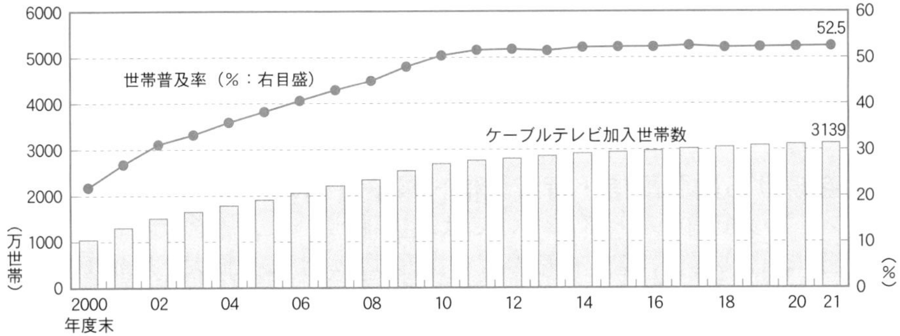

注　ケーブルテレビの契約数は、自主放送を行う許可施設のケーブルテレビのみ。
2007年度末からはIPマルチキャスト方式による放送にかかる契約数も含まれる。
資料　総務省「情報通信白書」、「ケーブルテレビの現状」

24.5　情報通信業

情報通信業を営む４業種の当該業種売上高は約21兆円

情報通信業を営む、電気通信業、放送業、テレビジョン番組制作業、インターネット附随サービス業の４業種の合計値をみると、2021年度は、企業売上高が29兆3505億円、当該業種売上高は21兆4344億円であり、また従業者数は37万3852人であった。４業種の中では、いずれも電気通信業が最大となっている（表24.5.1）。

増加を続ける電気通信事業者数

固定電話、携帯電話、プロバイダなど、総務省に登録又は届出をして電気通信サービスを提供している電気通信事業者の数は、増加が続いており、2022年度末には24,272社（登録事業者が334社、届出事業者が23,938社）となり前年より5.0%増加した（図24.5.1）。

電気通信業（届出不要の事業者も含む）に係る2021年度の売上高は、合計14兆7256億円であった。サービス別に売上高の内訳をみると、データ伝送が９兆5676億円で全体の65.0％、音声伝送が２兆8270億円で全体の19.2%を占めている（表24.5.2）。

放送業の売上高の６割強が地上テレビ放送

放送業に係る2021年度の売上高は、合計２兆8614億円であった。内訳をみると、地上テレビジョン放送が１億8239億円で全体の63.7％を占め、次いで、有線テレビジョン放送が4996億円で17.5％、衛星放送が3493億円で12.2%となっている（表24.5.3）。

また、インターネット附随サービス業に係る2021年度の売上高は３兆5071億円であった。内訳をみると、ウェブコンテンツ配信業が5476億円で構成比は15.6%、クラウドコンピューティングサービスが3127億円で8.9%、インターネット・ショッピングサイトおよびオークションサイト運営業が2979億円で8.5%などとなっている（表24.5.4）。

拡大を続ける動画配信・音楽配信・電子書籍の市場

コンテンツ配信サービスについては、定額制サービスの普及などに伴い、動画配信、音楽配信、電子書籍の市場規模は、いずれも拡大を続けている。2022年の市場規模は、動画配信が5305億円（前年より15.0%増）、音楽配信が1050億円（同17.3％増）、電子書籍が5013億円（同7.5％増）となっている（図24.5.2）。

表24.5.1　情報通信業の従業者数、売上高等の状況（2021年度）

（単位：人、億円）

	従業者数	企業売上高	当該業種売上高	営業利益	経常利益
合計	373 852	293 505	214 344	36 346	39 364
電気通信業	159 265	200 211	147 256	26 149	29 553
放送業	43 981	38 628	28 614	3 664	3 747
テレビジョン番組制作業	20 711	7 542	3 403	1 472	611
インターネット附随サービス業	149 895	47 124	35 071	5 061	5 454

注　「企業売上高」とは、企業全体の売上高をいう。
「当該業種売上高」とは企業売上高（全体）のうち当該業種に係る売上高をいう。
調査方法が変更されたため、前年度までの「情報通信業基本調査」との直接比較は困難。
資料　総務省「情報通信業基本調査」

図24.5.1　電気通信事業者数の推移

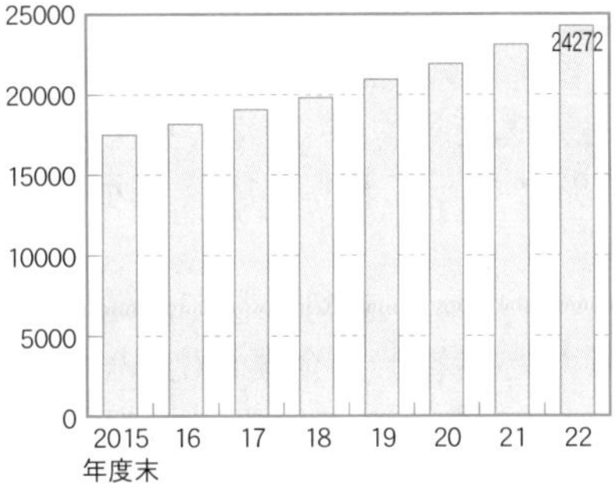

資料　総務省「情報通信白書」

図24.5.2　動画配信・音楽配信・電子書籍の市場規模の推移

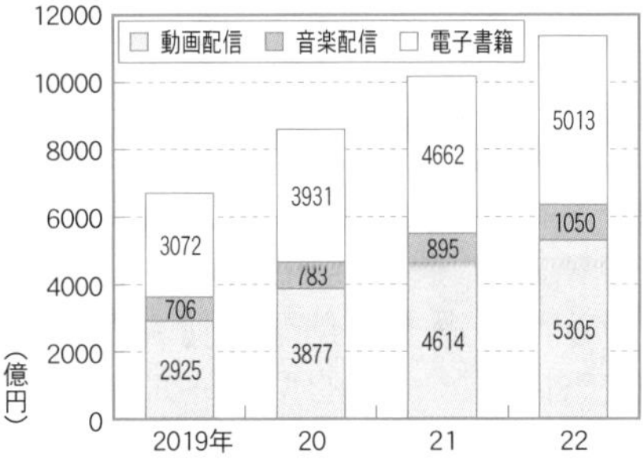

資料　図24.5.1と同じ。

表24.5.2　電気通信業のサービス別売上高(2021年度)

（単位：億円、％）

	売上高	構成比
電気通信業　計	147 256	100.0
音声伝送	28 270	19.2
固定音声伝送	12 614	8.6
移動音声伝送	15 656	10.6
データ伝送	95 676	65.0
固定データ伝送	36 999	25.1
移動データ伝送	58 677	39.8
専用	6 290	4.3
公衆無線LAN	540	0.4
IDC（インターネットデータセンター）	2 108	1.4
その他の電気通信サービス	14 372	9.8

資料　表24.5.1と同じ。

表24.5.3　放送業のサービス別売上高(2021年度)

（単位：億円、％）

	売上高	構成比
放送業　計	28 614	100.0
民間放送	23 618	82.5
地上テレビジョン放送	18 239	63.7
地上ラジオ放送	1 258	4.4
衛星放送（BS、CS）	3 493	12.2
その他の放送サービス	628	2.2
有線テレビジョン放送	4 996	17.5

資料　表24.5.1と同じ。

表24.5.4　インターネット附随サービス業のサービス別売上高（2021年度）

（単位：億円、％）

	売上高	構成比
インターネット附随サービス業　計	35 071	100.0
ウェブ情報検索サービス業	2 656	7.6
インターネット・ショッピングサイト運営業 インターネット・オークションサイト運営業	2 979	8.5
電子掲示板・ブログサービス・SNS運営業	919	2.6
ウェブコンテンツ配信業	5 476	15.6
クラウドコンピューティングサービス	3 127	8.9
電子認証業	145	0.4
情報ネットワーク・セキュリティサービス業	1 544	4.4
課金・決済代行業	198	0.6
サーバ管理受託業	465	1.3
その他のインターネット附随サービス	17 563	50.1

資料　表24.5.1と同じ。

24.6　情報セキュリティ

インターネット利用で最大の不安は個人情報の漏えい等

2022年の総務省「通信利用動向調査」では、12歳以上のインターネット利用者の69.9％が、インターネットを利用する際に不安を感じる（「不安を感じる」又は「どちらかといえば不安を感じる」）と回答している。不安の内容は、個人情報やインターネット利用履歴の漏えいが88.7％で最も多く、次いで、コンピュータウイルスへの感染が64.3％、架空請求やインターネットを利用した詐欺が53.8％となっている（図24.6.1）。

利用者の約３分の２が迷惑メール・架空請求メールを受信

さらに、個人のインターネット利用時の被害等の状況（2022年）をみると、迷惑メール・架空請求メールの受信が65.7％で最も多く、次いで、ウェブ閲覧履歴などに関連する広告表示が34.7％となっており、広告表示に不安を抱く割合も多い（図24.6.2）。

一方、「通信利用動向調査」では、インターネットを利用している企業のうち、過去１年間に何らかの被害を受けたと回答した企業は62.4％で、被害内容は、標的型メールの送付が44.4％で最多となっている。

コンピュータ不正アクセスの届出件数は高水準で推移

2022年に情報処理推進機構（IPA）に届出のあった、コンピュータ不正アクセスの件数は226件で、このうち被害件数は187件となっており、前年に比べ減少したが、依然として高い水準にある（図24.6.3）。

過去最多となったサイバー犯罪の検挙件数

コンピュータやネットワークを利用して行われる犯罪（サイバー犯罪）の検挙件数は、2022年は１万2369件となり過去最多を更新した。内訳は、不正アクセス禁止法違反が522件（識別符号（パスワード）窃用型482件を含む）、不正指令電磁的記録（コンピュータウイルス）に関する罪及びコンピュータ・電磁的記録対象犯罪が948件であった（図24.6.4）。

また、2022年のインターネットバンキングに係る不正送金事犯は、発生件数1136件、被害総額約15億2000万円となり、前年に比べて件数、被害額ともに増加した（図24.6.5）。

一方、フィッシングについては大幅な増加が続いており、フィッシング対策協議会に報告のあった2022年のフィッシングの件数は約97万件で、前年（約53万件）の２倍近くの増加となっている（図24.6.6）。

図24.6.1　インターネット利用時に感じる不安の内容（複数回答）（2022年）

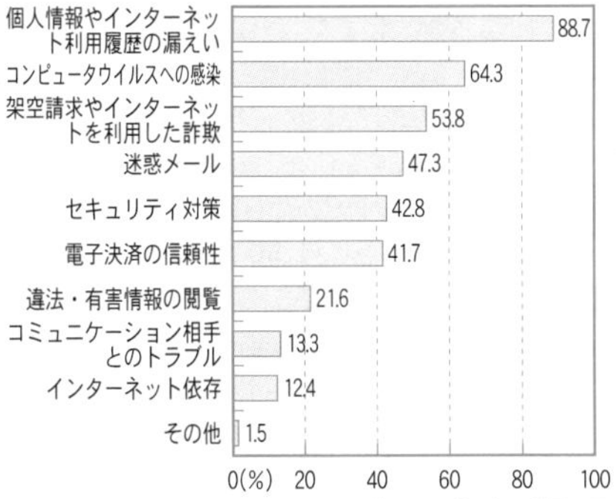

注　インターネットの利用者で利用に不安を感じている者（無回答を除く）に対する割合。
資料　総務省「通信利用動向調査」

図24.6.2　個人のインターネット利用時の被害等の状況（複数回答）（2022年）

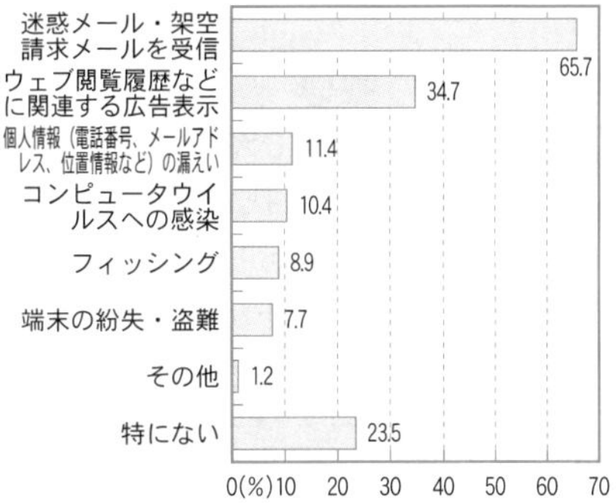

注　インターネット利用者（無回答を除く）に対する割合。
資料　図24.6.1と同じ。

図24.6.3　コンピュータ不正アクセス届出状況

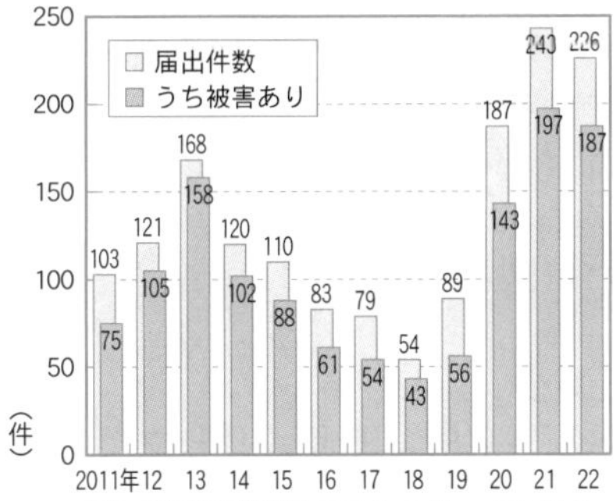

資料　情報処理推進機構（IPA）「コンピュータウイルス・不正アクセスの届出状況」

図24.6.4　サイバー犯罪の検挙件数

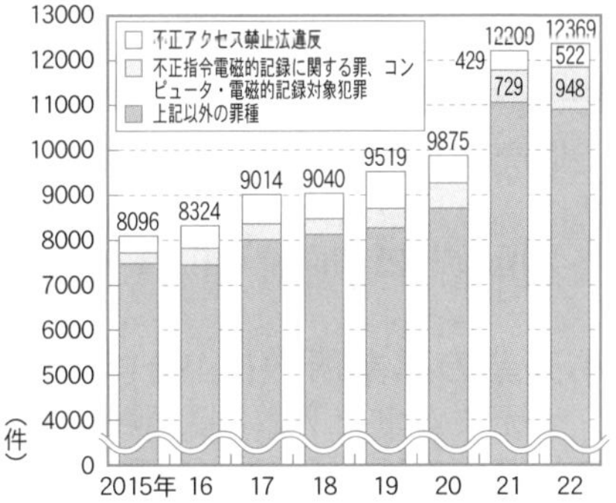

資料　警察庁「サイバー空間をめぐる脅威の情勢について」

図24.6.5　インターネットバンキングに係る不正送金事犯の件数及び被害額

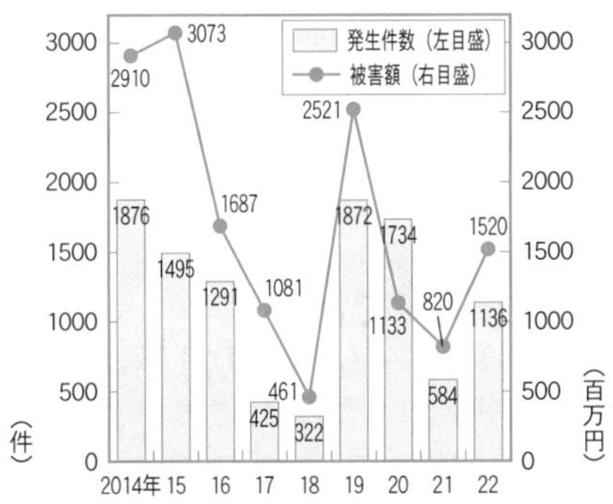

資料　図24.6.4と同じ。

図24.6.6　国内のフィッシング情報の届け出件数

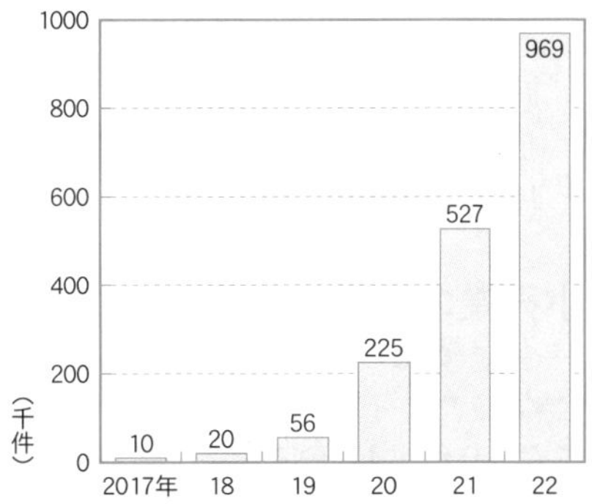

資料　図24.6.4と同じ。

第25章　商　　業

25.1 商業の概要

国内総生産の13.6％を占める商業

2021年における我が国の名目国内総生産（GDP）は549兆円であるが、このうち、商業（卸売業、小売業）は74.9兆円で全体の13.6％を占め、製造業の112.5兆円（構成比20.5％）に次ぐ割合となっている。

卸売業、小売業の別にみると、卸売業が41.4兆円（商業構成比55.2％）、小売業が33.6兆円（同44.8％）と、卸売業の割合が高い。21年は前年に比べ、小売業の割合が縮小したのに対し、卸売業は拡大した（図25.1.1）。

卸売業の事業所数、従業者数は横ばい基調で推移

総務省、経済産業省の「令和３年経済センサス－活動調査」によれば、卸売業の事業所数は、2021年において34万９千事業所であり、1986年のピーク時に比べ26.7％の減少となった。また、産業全体に占める事業所数の割合は6.8％であり、このところ横ばい基調で推移している。

卸売業に携わる従業者数は390万人で、最も多かった1996年の506万人に比べ、20％強の減少となった。また、産業全体に占める従業者数の割合は、事業所数とほぼ同様の6.7％の割合であった（図25.1.2）。

小売業の事業所数は1981年をピークに減少

小売業の事業所数は、2021年において88万事業所であり、ピークであった1981年の178万１千と比較すると、50.6％減となり、この40年で半減した。この結果、産業全体に占める割合は、17.1％と過去最低の割合となった。

小売業に携わる従業者数は771万１千人で、1996年以降、ゆるやかな減少傾向で推移している。また、産業全体に占める従業者数の割合は13.3％で、このところ横ばい基調で推移している。

近年、小売業においては、事業所数の大幅減少に対し、従業者数の減少はわずかであり、小売業の業態変化等に伴う雇用形態の多様化傾向が見てとれる（図25.1.3）。

小売業の１事業所当たりの従業者数は増加傾向で推移

小売業について、１事業所当たりの従業者数をみると、2021年は8.8人となった。1970年代は3.7人程度であったが、80年代は4.5人程度、2006年には6.9人、12年には7.6人、16年には7.7人と増加傾向で推移しており、中小零細小売店の廃業に伴い、事業所規模が拡大している（図25.1.4）。

図25.1.1　卸売業・小売業の付加価値額および国内総生産に対する構成比

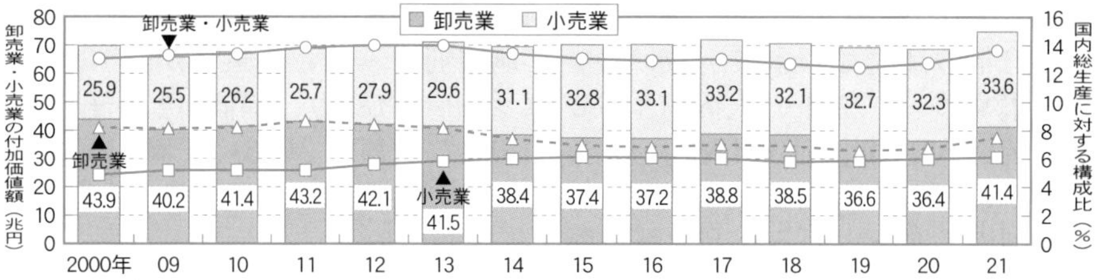

注　　平成27年基準
資料　内閣府「国民経済計算確報」、「国民経済計算年次推計」

図25.1.2　卸売業の事業所数・従業者数および全産業に対する構成比

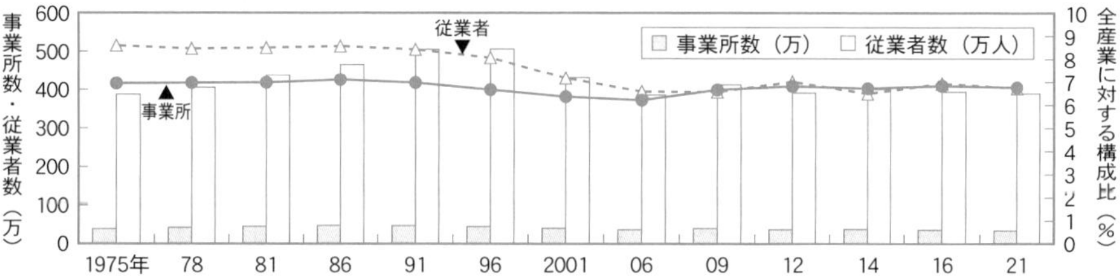

注　　1975～91年は「事業所統計調査」、1996～2006年は「事業所・企業統計調査」、2009年・2014年は「経済センサス-基礎調査」、2012年・2016年・2021年は「経済センサス-活動調査」
資料　総務省「事業所統計調査」、「事業所・企業統計調査」、「経済センサス-基礎調査」、総務省、経済産業省「経済センサス-活動調査」

図25.1.3　小売業の事業所数・従業者数および全産業に対する構成比

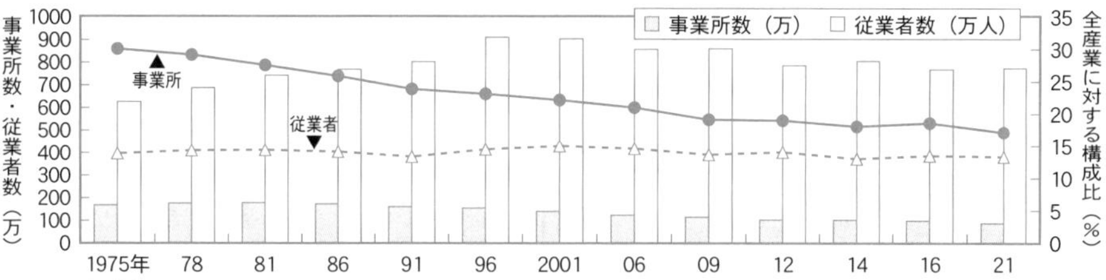

注　資料　図25.1.2と同じ。

図25.1.4　小売業の１事業所当たりの従業者数の推移

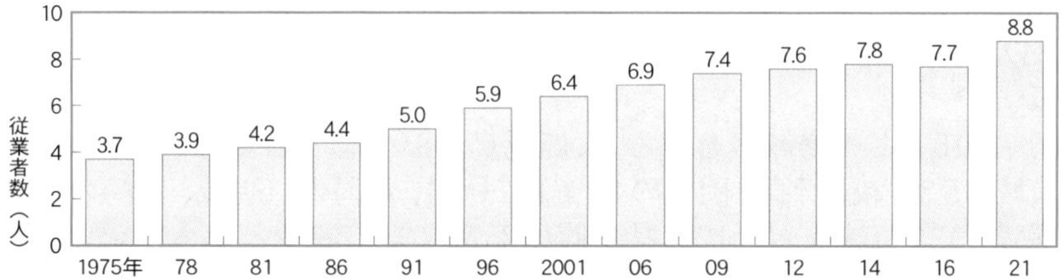

注　資料　図25.1.2と同じ。

25.2　事業所数、従業者数の地域分布

大都市圏に集中する卸売事業所、全都道府県で2016年比が減少

2021年の卸売業の事業所数について地域別にみると、東京が53,160事業所と最も多く、以下、大阪（34,657）、愛知（23,824）、福岡（17,156）、神奈川（15,283）、北海道（14,636）、埼玉（14,004）、兵庫（12,086）、千葉（10,593）、静岡（10,300）の順となり、東京都および政令指定都市が所在する道府県で全国の７割を占めるなど大都市圏に集中している。

また、2016年との増減率をみると、鳥取の12.7％減を筆頭に、以下、山形の11.8％減、山口の11.2％減、和歌山の9.9％減などとなっており、すべての都道府県で減少となっている（図25.2.1）。

次に、卸売業に携わる従業者数について地域別にみると、東京が103万人と最も多く、全体の27％を占めている。次いで、大阪の44万人、愛知の28万人、神奈川の17万人、福岡の16万人と続き、これら上位の５都府県で全体の54％を占めている。

また、2016年との増減率をみると、山形の12.2％減を筆頭に、鳥取の9.9％減、山口の8.9％減、香川の8.6％減、長崎の7.6％減、長野の7.1％減など、40都道府県で減少となっている（図25.2.2）。

東京の小売事業所数が全国の１割を占める、2016年比は減少

2021年の小売業の事業所数について地域別にみると、卸売業同様、人口の多い大都市圏に集中しており、なかでも東京が87,895事業所で全体の１割を占め最も多く、以下、大阪（55,351）、愛知（46,535）、神奈川（45,729）、埼玉（37,716）、福岡（37,411）、北海道（36,771）、兵庫（35,887）、千葉（32,259）、静岡（28,344）の順となっている。

また、2016年との増減率をみると、山口の15.4％減をはじめ、秋田の14.1％減、島根の13.9％減、富山の13.5％減、新潟の13.4％減、長崎の13.3％減、兵庫の13.1％減、三重の12.6％減など、すべての都道府県で減少となっている（図25.2.3）。

次に、小売業に携わる従業者数について地域別にみると、東京が91万人と最も多く、以下、大阪52万人、神奈川49万人、愛知44万人、埼玉38万人、千葉34万人、北海道、兵庫33万人、福岡31万人と続き、大都市圏で多くなっている。

また、2016年との増減率をみると、鹿児島の8.0％減を筆頭に、大分の7.3％減、茨城の5.3％減、青森、岡山の4.9％減、秋田、新潟の4.6%減、長崎の3.8％減、徳島の3.7％減など、12都県を除く35道府県で減少となっている（図25.2.4）。

図25.2.1　卸売業の都道府県別の事業所数、前回比伸び率

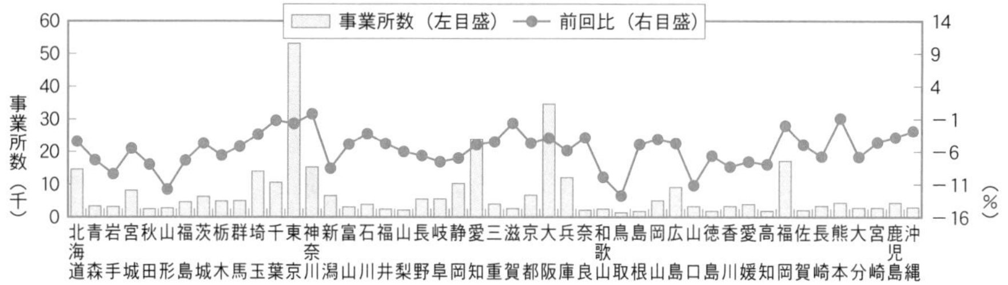

資料　総務省、経済産業省「平成28年経済センサス-活動調査」、「令和３年経済センサス-活動調査」

図25.2.2　卸売業の都道府県別の従業者数、前回比伸び率

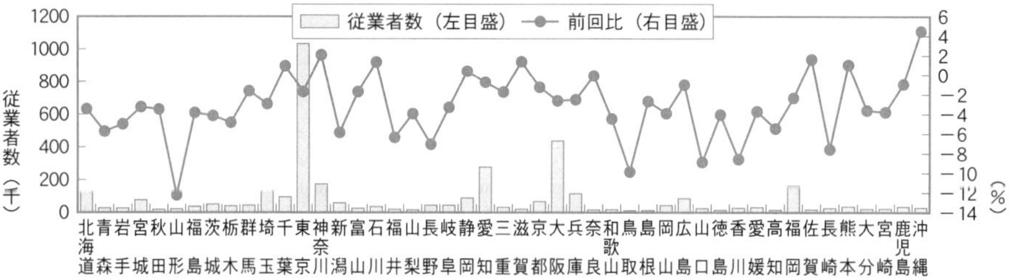

資料　図25.2.1と同じ。

図25.2.3　小売業の都道府県別の事業所数、前回比伸び率

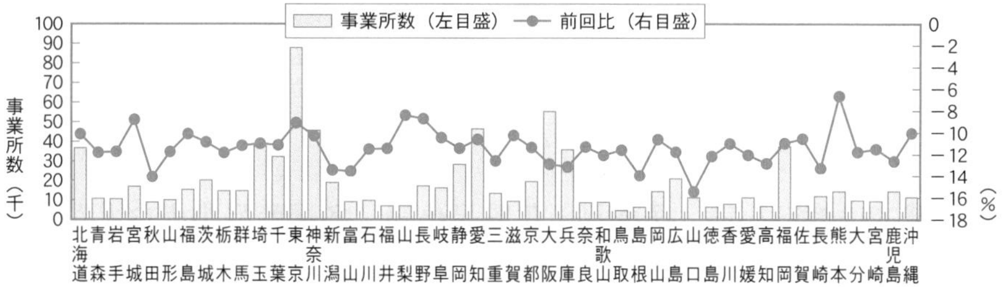

資料　図25.2.1と同じ。

図25.2.4　小売業の都道府県別の従業者数、前回比伸び率

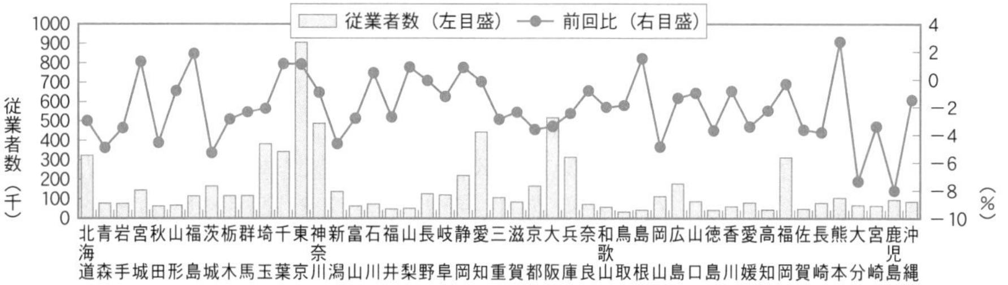

資料　図25.2.1と同じ。

25.3　業種別の販売動向

２年連続の増加となった商業販売額

経済産業省の「商業動態統計」によると、2022年における商業販売額は585.0兆円、前年比6.0％増と２年連続の増加となった。

このうち、卸売業販売額は430.6兆円、前年比7.3％増と２年連続の増加、小売業販売額は154.4兆円で、同2.6％増と卸売業同様２年連続の増加となった。

小売業販売額は、2020年に新型コロナウィルス感染症の影響などから大幅な販売額減となったが、当年は燃料小売、医薬品・化粧品小売などの伸長により増加となった（表25.3）。

卸売業では鉱物・金属材料卸、食料・飲料卸などの業種で増加

2022年の卸売業について業種別にみると、全体の18％強の割合を占める鉱物・金属材料卸が、原油、液化天然ガス、石炭の価格上昇などにより、前年比27.9％増と大幅な増加となった。

また、食料・飲料卸が57.2兆円で前年比7.0％増、農畜産物・水産物卸が37.7兆円で同8.4％増とそれぞれ２年ぶりの増加となり、このほか、化学製品卸が26.5兆円（同7.6％増）、その他卸（紙・紙製品卸、スポーツ用品卸、娯楽・玩具卸、たばこ卸など）が37.7兆円（同5.9％増）、各種商品卸（総合商社など）が22.3兆円（同0.1％増）などとなっている。

他方、建築材料卸が21.1兆円で前年比1.7％減、産業機械器具卸が20.2兆円（同1.8％減）、自動車卸が16.1兆円（同1.5％減）となるなど、これら４業種で減少となった（表25.3、図25.3.1）。

小売業では燃料小売、医薬品・化粧品小売、各種商品小売などが増加

2022年の小売業について業種別にみると、全体の約３割を占める飲食料品小売は、45.5兆円で前年比0.4％の増加となった。

また、医薬品・化粧品小売が16.3兆円（前年比8.2％増）、燃料小売が15.2兆円（同10.2％増）、その他の小売（書籍、スポーツ用品、たばこ、ホームセンターなど）が31.7兆円（同4.6％増）となり、特に燃料小売は、資源価格の高騰を受け２年連続２桁の増加となった。このほか、各種商品小売（百貨店など）が11.0兆円（同6.0％増）、「織物・衣服・身の回り品小売が8.7兆円（同1.1％増）と、コロナウィルス感染状況の改善を受けて外出機会が増加し、客足が回復したこともあり、それぞれ２年連続の増加となった。

他方、自動車小売は16.3兆円で部材調達難に伴う生産調整の影響を受け、前年比4.2％減と２年ぶりの減少となった（表25.3、図25.3.2）。

表25.3　業種別商業販売額の推移

年	商業計	卸売業	各種商品卸売業	繊維品卸売業	衣服・身の回り品卸売業	農畜産物・水産物卸売業	食料・飲料卸売業	建築材料卸売業	化学製品卸売業
				販売額（10億円）					
2018年	471 550	326 585	38 100	3 027	4 147	23 654	50 561	17 307	16 547
19	459 975	314 928	33 037	2 909	3 803	23 663	49 275	18 200	15 676
20	503 116	356 658	21 790	2 117	3 985	33 386	52 895	20 902	21 176
21	551 910	401 448	22 324	2 069	3 990	34 773	53 433	21 465	24 654
22	584 982	430 580	22 340	2 229	4 126	37 681	57 185	21 108	26 534
				前年比増減率（%）					
2018年	3.4	4.2	3.0	2.4	−7.7	4.0	5.3	6.2	4.0
19	−2.5	−3.6	−13.3	−3.9	−8.3	0.0	−2.5	5.2	−5.3
20	−9.5	−12.2	−19.2	−22.4	−20.7	−3.6	−4.0	−10.3	−12.1
21	6.0	7.7	8.0	−0.8	−4.5	−1.7	−0.8	−1.8	8.7
22	6.0	7.3	0.1	7.7	3.4	8.4	7.0	−1.7	7.6

年	鉱物・金属材料卸売業	機械器具卸売業	産業機械器具卸売業	自動車卸売業	電気機械器具卸売業	その他の機械器具卸売業	家具・建具・じゅう器卸売業	医薬品・化粧品卸売業	その他の卸売業（注1）
				販売額（10億円）					
2018年	47 709	68 010	11 774	13 072	37 946	5 218	2 259	24 877	30 388
19	43 616	68 415	11 072	12 674	39 496	5 173	2 172	25 626	28 537
20	46 167	90 541	18 449	14 493	49 634	7 966	4 122	28 193	31 384
21	61 510	106 414	20 576	16 385	60 323	9 131	4 460	30 698	35 658
22	78 680	106 769	20 204	16 143	61 173	9 248	4 329	31 850	37 749
				前年比増減率（%）					
2018年	9.3	2.8	5.4	1.5	3.5	−4.3	−4.5	−1.3	6.1
19	−8.6	0.6	−6.0	−3.0	4.1	−0.9	−3.9	3.0	−6.1
20	−21.8	−16.4	−20.8	−21.9	−11.5	−24.0	−9.0	−6.0	−6.0
21	25.2	9.3	0.1	5.5	15.0	3.4	−2.3	6.0	10.5
22	27.9	0.3	−1.8	−1.5	1.4	1.3	−2.9	3.8	5.9

年	小売業	各種商品小売業	織物・衣服・身の回り品小売業	飲食料品小売業	自動車小売業	機械器具小売業	燃料小売業	医薬品・化粧品小売業	その他小売業（注2）
				販売額（10億円）					
2018年	144 965	12 141	11 039	45 181	18 062	6 136	13 246	10 115	29 047
19	145 047	11 795	10 988	45 362	18 204	6 256	12 905	10 538	28 999
20	146 457	10 207	8 638	45 145	16 592	9 429	11 893	14 259	30 294
21	150 462	10 346	8 610	45 328	17 001	10 035	13 839	15 026	30 278
22	154 402	10 968	8 707	45 521	16 285	9 745	15 248	16 256	31 673
				前年比増減率（%）					
2018年	1.7	−1.3	−0.2	1.4	−0.1	1.9	11.9	3.6	0.5
19	0.1	−2.8	−0.5	0.4	0.8	2.0	−2.6	4.2	−0.2
20	−3.2	−15.5	−16.8	1.3	−8.8	2.6	−9.5	1.3	0.5
21	1.9	0.8	0.9	0.7	2.5	0.7	15.8	0.5	−0.0
22	2.6	6.0	1.1	0.4	−4.2	−2.9	10.2	8.2	4.6

注1　その他の卸売業は、日本標準産業分類の536、553、559（5598を除く）。
注2　その他の小売業は、日本標準産業分類の5914、592、60（603、605を除く）。
注3　前年比増減率は、ギャップを調整するリンク係数で処理した数値で計算している。
資料　経済産業省「商業動態統計調査」

図25.3.1　卸売業の販売額の構成比（%）

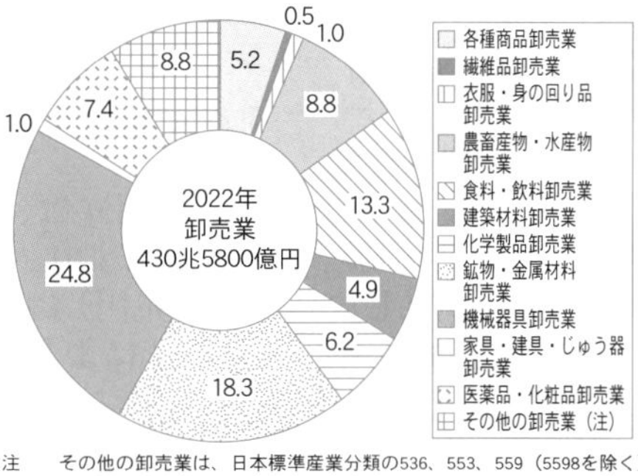

注　その他の卸売業は、日本標準産業分類の536、553、559（5598を除く）。
資料　表25.3と同じ。

図25.3.2　小売業の販売額の構成比（%）

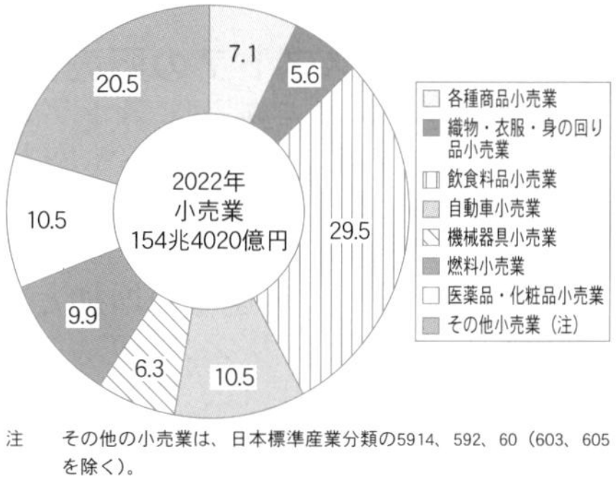

注　その他の小売業は、日本標準産業分類の5914、592、60（603、605を除く）。
資料　表25.3と同じ。

25.4　業態別（百貨店、スーパー、コンビニエンスストア）の販売動向

百貨店の販売額は前年比２桁の増加

経済産業省の「商業動態統計」によると、2022年の百貨店の販売額は、5.5兆円、前年比12.3％増と２年連続の増加となった。これは、天候要因に加え、感染状況の改善を受けて、人流が回復傾向となり来店客数が増加したことで、主力の衣料品が大幅な増加となったことなどによる。

商品別にみると、衣料品は2.3兆円（前年比17.8％増）で、婦人・子供服・洋品、紳士服・洋品ともに、同13.3％増、14.8％増とそれぞれ２桁の増加となったほか、身の回り品も同25.9％増と高い伸びとなった。

そのほか、その他の商品（医薬品・化粧品、貴金属、宝石、時計、美術工芸品など）が、医薬品・化粧品、高級腕時計や宝飾品などの高額商品に動きがみられたことなどにより、前年比13.1％増と２年連続の増加となった。

なお、事業所数は192で、前年に比べ４店舗減となった（表25.4.1、図25.4.1）。

スーパーの販売額は２年振りの増加

2022年のスーパーの販売額は、15.2兆円、前年比1.0％増と２年振りの増加となった。これは、主力の飲食料品が、内食需要が引き続き堅調であったほか、飲食料品を中心とした価格の上昇が名目販売額を押し上げたと推測される。

商品別にみると、売上げの８割を占める飲食料品は12.1兆円で前年比1.0％の増加となり、そのほか、その他の商品（医薬品・化粧品、書籍、文房具、ゲームソフト、燃料、トイレットペーパー等）が1.8兆円、同2.1％の増加となった。

一方、衣料品は、専門店、通販との競合による減少などから、衣料品販売額の半数を占める婦人・子供服が振るわず、前年比0.9％の減少となった。

なお、事業所数は5911で、前年に比べ62店舗の増加となった（表25.4.2、図25.4.2）。

コンビニエンスストアの販売額は２年連続の増加

2022年のコンビニエンスストアの商品販売額およびサービス売上高の合計は、12.2兆円で、前年比3.8％増と２年連続の増加となった。

商品別にみると、ファーストフード及び日配食品（販売額4.4兆円）は、おにぎり、弁当、調理麺、カウンター商材などが好調だったことにより、前年比3.3％増と２年連続の増加となった。また、加工食品（同3.1兆円）は、冷凍食品、ソフトドリンク、アイスクリームなどが好調だったことにより、非食品（同4.0兆円）は、たばこ関連商品などが堅調だったことにより、同2.7％増、同5.0％増とそれぞれ増加となった。

なお、店舗数は56,232で、前年比120店舗減となった（表25.4.3、図25.4.3）。

表25.4.1　百貨店の商品別販売額等および前年比増減率

年	事業所数	合　計	衣料品	紳士服・洋品	婦人・子供服・洋品	その他の衣料品	身の回り品	飲食料品
				販売額（百万円）				
2019年	213	6 297 864	2 669 933	389 609	1 326 047	124 536	829 741	1 775 570
20	201	4 693 751	1 868 676	269 276	905 341	91 546	602 513	1 489 871
21	196	4 902 989	1 957 063	264 845	938 754	89 596	663 868	1 535 276
22	192	5 507 040	2 304 916	299 999	1 077 560	91 679	835 678	1 614 793
				前年比増減率（%）				
2019年	−5.3	−2.3	−4.0	−5.3	−4.6	−5.6	−2.0	−2.0
20	−5.6	−25.5	−30.0	−30.9	−31.7	−26.5	−27.4	−16.1
21	−2.5	4.5	4.7	−1.6	3.7	−2.1	10.2	3.0
22	−2.0	12.3	17.8	13.3	14.8	2.3	25.9	5.2

年	その他	家　具	家庭用電気機械器具	家庭用品	その他の商品	食堂・喫茶	商品券販売額	従業者数（人）
				販売額（百万円）				
2019年	1 852 361	65 986	20 707	167 044	1 446 576	152 049	131 083	68 774
20	1 335 205	51 322	19 643	130 656	1 045 290	88 293	103 373	64 156
21	1 410 650	51 879	20 064	132 463	1 118 713	87 532	100 987	61 699
22	1 587 330	53 670	20 950	134 106	1 265 203	113 402	97 609	58 208
				前年比増減率（%）				
2019年	0.1	−4.8	12.0	−7.3	1.5	−3.3	−10.3	−5.7
20	−27.9	−22.2	−5.1	−21.8	−27.7	−41.9	−21.1	−6.7
21	5.7	1.1	2.1	1.4	7.0	−0.9	−2.3	−3.8
22	12.5	3.5	4.4	1.2	13.1	29.6	−3.3	−5.7

注　　前年比増減率は、ギャップを調整するリンク係数で処理した数値で計算している。
資料　経済産業省　商業動態統計調査

表25.4.2　スーパーの商品別販売額等および前年比増減率

年	事業所数	合　計	衣料品	紳士服・洋品	婦人・子供服・洋品	その他の衣料品	身の回り品	飲食料品
				販売額（百万円）				
2019年	5 036	13 098 313	1 084 171	253 739	545 631	85 118	199 683	9 846 929
20	5 806	14 811 200	893 908	202 586	432 583	79 809	178 930	11 626 774
21	5 849	15 004 147	825 126	184 775	413 291	73 487	153 574	11 940 545
22	5 911	15 153 289	819 282	186 950	409 394	67 271	155 667	12 063 505
				前年比増減率（%）				
2019年	0.8	−0.5	−4.5	−5.3	−4.5	−1.6	−4.7	0.2
20	1.1	3.4	−18.5	−20.6	−21.2	−10.2	−11.9	6.8
21	0.7	−0.3	−7.9	−8.9	−4.6	−8.6	−14.5	0.9
22	1.1	1.0	−0.7	1.2	−0.9	−8.5	1.4	1.0

年	その他	家　具	家庭用電気機械器具	家庭用品	その他の商品	食堂・喫茶	商品券販売額	従業者数（人）
				販売額（百万円）				
2019年	2 167 213	30 059	157 462	263 100	1 699 524	17 069	64 568	495 883
20	2 290 518	30 354	169 078	301 390	1 778 345	11 351	55 719	565 905
21	2 238 476	29 943	160 433	271 198	1 765 672	11 232	54 109	568 105
22	2 270 502	31 451	153 838	268 442	1 803 364	13 406	54 904	562 487
				前年比増減率（%）				
2019年	−1.3	−4.9	2.6	−2.6	−1.4	0.2	−3.9	0.6
20	−1.8	−4.0	−3.1	3.3	−2.2	−34.2	−18.6	1.9
21	−3.6	−2.1	−6.9	−11.6	−2.0	−1.3	−4.0	0.4
22	1.4	5.0	−4.1	−1.0	2.1	19.4	1.5	−1.0

資料　表25.4.1と同じ

表25.4.3　コンビニエンスストアの商品別販売額および前年比増減率

（商品販売額等）　　　　　（単位　百万円、店）

年	合　計	商品販売額	ファーストフード及び日配食品	加工食品	非食品	サービス売上高	店舗数
2019年	12 184 143	11 503 444	4 602 770	3 249 417	3 651 257	680 699	56 502
20	11 642 288	11 029 129	4 308 070	3 088 332	3 632 727	613 159	56 542
21	11 760 089	11 153 594	4 300 520	3 076 506	3 776 568	606 495	56 352
22	12 199 648	11 548 174	4 441 569	3 143 668	3 962 937	651 474	56 232

（前年比増減率）　　　　　（単位　%）

	合　計	商品販売額	ファーストフード及び日配食品	加工食品	非食品	サービス売上高	店舗数
2019年	2.0	2.0	2.6	1.9	1.4	0.9	0.4
20	−4.4	−4.1	−6.4	−5.0	−0.5	−9.9	0.1
21	1.3	1.4	0.0	−0.1	4.2	−0.7	0.4
22	3.8	3.6	3.3	2.2	5.0	7.5	−0.2

資料　表25.4.1と同じ

図25.4.1　百貨店の商品別販売額の構成比（%）

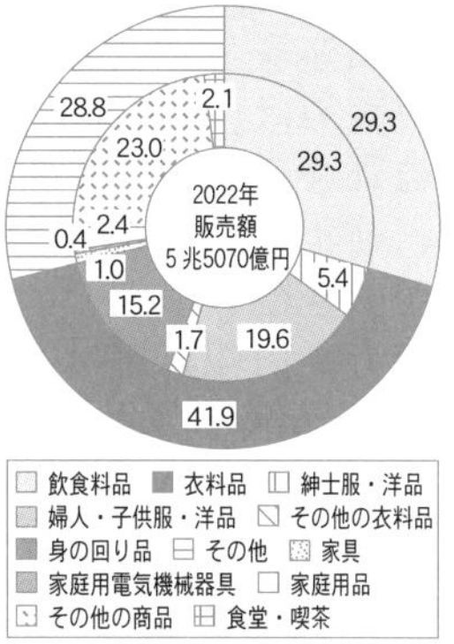

資料　表25.4.1と同じ。

図25.4.2　スーパーの商品別販売額の構成比（%）

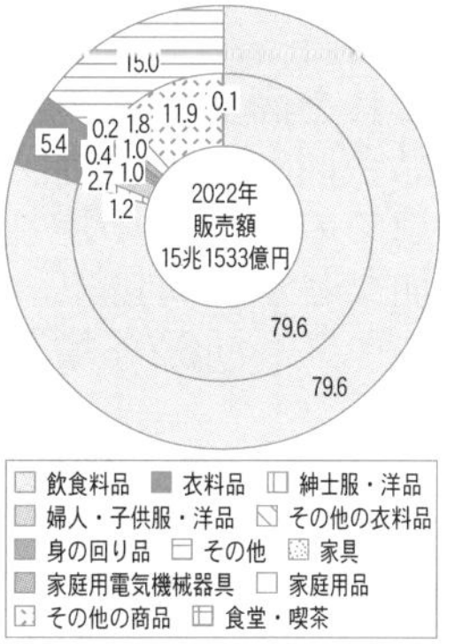

資料　表25.4.1と同じ。

図25.4.3　コンビニエンスストアの商品別販売額の構成比（%）

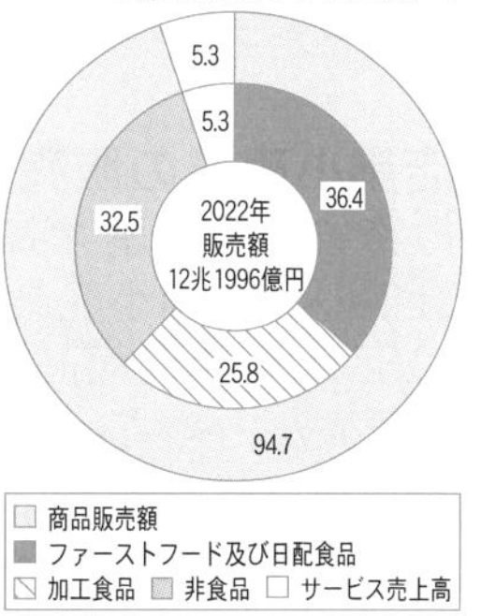

資料　表25.4.1と同じ。

25.5　業態別（専門量販店）の販売動向

家電大型専門店の販売額は4.7 兆円、前年比は横ばい

経済産業省の「商業動態統計」によると、2022年の家電大型専門店[注1]の販売額は、4.7兆円（店舗数2,670）、前年比0.0％の横ばいとなった。

これを商品別にみると、通信家電がスマートフォンの需要好調などにより、前年比11.8％の増加、また、販売額の43％を占める生活家電はエアコンが引き続き堅調だったことなどから、同0.3％の増加となった。

他方、情報家電はパソコン、パソコン周辺機器の需要減などにより、前年比1.8％減と２年連続の減少となった（表25.5.1、図25.5.1）。

ドラッグストアの販売額は7.7兆円、前年比5.5％の増加

2022年のドラッグストア[注2]の販売額は、7.7兆円（店舗数18,429）、前年比5.5％増と８年連続の増加となった。これは夏期のコロナ感染再拡大に伴い解熱剤や検査キット、除菌ジェルといった感染関連の医薬品需要が高まったほか、外出機会の増加によりUVケア商品や制汗剤などの季節商品が堅調だったことなどによる。

これを商品別にみると、OTC医薬品が前年比4.9％の増加、ヘルスケア用品が同6.6％の増加となった。このほか、売上げの31％を占める食品が店舗での取扱いの増加などから、同7.1％の増加、調剤医薬品は併設店の増加などから同14.3％の増加となった。また、新店効果に支えられ、ビューティケアも同6.2％増と前年を上回った。（表25.5.2、図25.5.2）。

ホームセンターの販売額は3.3兆円、前年比1.4％の減少

2022年のホームセンター[注3]の販売額は、3.3兆円（店舗数4,437）、前年比1.4％減と２年連続の減少となった。

これを商品別にみると、カー用品・アウトドアを除く大半の商品群で軒並み動きが鈍かったことから減少しており、主力商品のDIY用具・素材が前年比1.7％減、家庭用品・日用品が同1.2％減、園芸・エクステリアが同0.2％減などとなった（表25.5.3、図25.5.3）。

無店舗小売業の販売額は15.1兆円

総務省・経済産業省の「令和３年経済センサス-活動調査」によると、2021年の無店舗小売業（インターネット販売、カタログ販売等）（事業所数32,885）の年間商品販売額は15.1兆円で、このうち、８割強を通信販売・訪問販売が占めている（表25.5.4、図25.5.4）。

注１　売場面積500㎡以上の家電大型専門店を10店舗以上有する企業
　２　ドラッグストアを50店舗以上有する企業もしくは年販100億円以上の企業
　３　ホームセンターを10店舗以上有する企業もしくは年販200億円以上の企業

表25.5.1　家電大型専門店の商品別販売額（2022年）

		合計	AV家電	情報家電	通信家電	カメラ類	生活家電	その他	店舗数
商品販売額（百万円）	2021年	4 686 672	668 014	1 052 817	328 306	110 646	2 019 291	507 598	2 633
	2022年	4 684 361	606 814	1 033 810	367 149	118 044	2 024 800	533 744	2 670
前年比増減率（%）（2022年/2021年）		0.0	−9.2	−1.8	11.8	6.7	0.3	5.2	37店

資料　経済産業省「商業動態統計調査」

図25.5.1　家電大型専門店の商品別構成比（2022年）

資料　表25.5.1と同じ。

表25.5.2　ドラッグストアの商品別販売額（2022年）

		合計	調剤医薬品	OTC医薬品	ヘルスケア用品（衛生用品）・介護・ベビー	健康食品	ビューティケア（化粧品・小物）	トイレタリー	家庭用品・日用消耗品・ペット用品	食品	その他	店舗数
商品販売額（百万円）	2021年	7 306 578	629 166	868 192	506 220	231 004	905 749	654 044	1 139 957	2 233 844	138 402	17 622
	2022年	7 708 656	719 248	910 403	539 482	256 041	961 869	638 504	1 131 935	2 392 122	159 052	18 429
前年比増減率（%）（2022年/2021年）		5.5	14.3	4.9	6.6	10.8	6.2	−2.4	−0.7	7.1	14.9	807店

資料　表25.5.1と同じ。

図25.5.2　ドラッグストアの商品別構成比（2022年）

資料　表25.5.1と同じ。

表25.5.3　ホームセンターの商品別販売額（2022年）

		合計	DIY用具・素材	電気	インテリア	家庭用品・日用品	園芸・エクステリア	ペット・ペット用品	カー用品・アウトドア	オフィス・カルチャー	その他	店舗数
商品販売額（百万円）	2021年	3 390 495	783 731	231 078	225 878	714 633	537 256	284 676	164 741	144 421	304 081	4 377
	2022年	3 342 006	770 236	226 791	209 819	705 926	536 069	278 992	165 428	138 634	310 111	4 437
前年比増減率（%）（2022年/2021年）		−1.4	−1.7	−1.9	−7.1	−1.2	−0.2	−2.0	0.4	−4.0	2.0	60店

資料　表25.5.1と同じ。

図25.5.3　ホームセンターの商品別構成比（2022年）

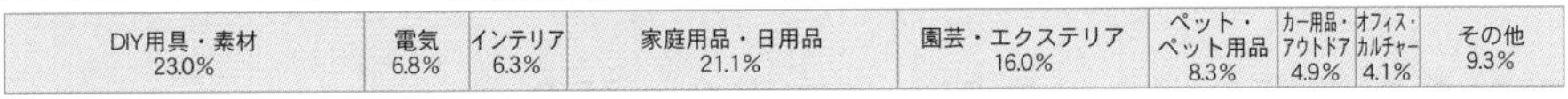

資料　表25.5.1と同じ。

表25.5.4　無店舗小売業のの商品別販売額（2021年）

		合計	通信販売・訪問販売小売業	自動販売機による小売業	その他の無店舗小売業
商品販売額（百万円）	2021年	15 085 559	12 112 380	1 230 143	1 743 036

資料　令和３年経済センサス－活動調査

図25.5.4　無店舗小売業の商品別構成比（2021年）

資料　表25.5.4と同じ。

第26章　金融・保険

26.1　部門別資金過不足と金融仲介構造の変化

コロナ禍の影響は一段落、企業部門の資金余剰、政府部門の不足は続く

金融の基本的機能は資金の余剰主体と不足主体を結びつけることである。伝統的な金融仲介の議論では、代表的な資金不足主体は設備投資を行う企業部門とされてきたが、近年の日本の部門別資金過不足をみると（図26.1.1）、1998年度以降、企業部門（非金融法人企業）は一貫して資金余剰である。一方で、恒常的な資金不足主体となったのは、政府部門（一般政府）である。政府部門の資金不足幅は、いわゆるリーマンショックが生じた2008年度以降大きく拡大した後、13～19年度にかけては、景気回復に伴う税収増等から再度縮小していたが、20、21年度は新型コロナウイルス対策による政府支出の急増で、再び大幅に拡大した。また、コロナ禍での消費支出減少等を受けて、2020、21年度は家計部門の資金余剰が急拡大した。22年度は、こうしたコロナ禍の影響はとりあえず一段落した模様であるが、企業部門の資金余剰、政府部門の資金不足という状況は継続しており、それが日本の金融仲介構造に様々な影響をもたらしている。

企業の資金調達に占める銀行のシェアは、緩やかに上昇傾向

企業部門は全体では資金余剰であるが、企業の資金調達は行われる。個々にみれば資金不足の企業は多数存在し、収入・支出の時間差を埋める資金繰りのためにも資金調達は必要となる。企業部門の資金調達状況をみると（図26.1.2）、いわゆるリーマンショック以降は、景気回復や金利低下の影響等から基調的には増加傾向にある。こうした中で、長期的に低下傾向を辿ってきた資金調達に占める銀行等の貸出のシェアが、ここ数年は緩やかながらも再び上昇傾向となってきており、今後の動向が注目される。

家計保有資産の中心は依然として現金・預金

家計部門は、一貫して資金余剰主体である。家計保有の金融資産は増加傾向を続け、2022年度末には残高が約2055兆円に達した（図26.1.3）。その内訳をみると、平均すれば半分以上が現金・預金の形で保有されている。近年、家計に、よりリスクのある株式などの資産を保有させる試みがなされてきたが、その効果はあまりみられていない。銀行・郵便局での販売拡大等により投資信託ブームとなった04～06年頃には一時的に現金・預金の割合が低下したが、いわゆるリーマンショック以降は、以前より上昇しており、家計のリスク回避姿勢が強まったようにうかがわれる。

図26.1.1　部門別資金過不足（年度中フロー、兆円）

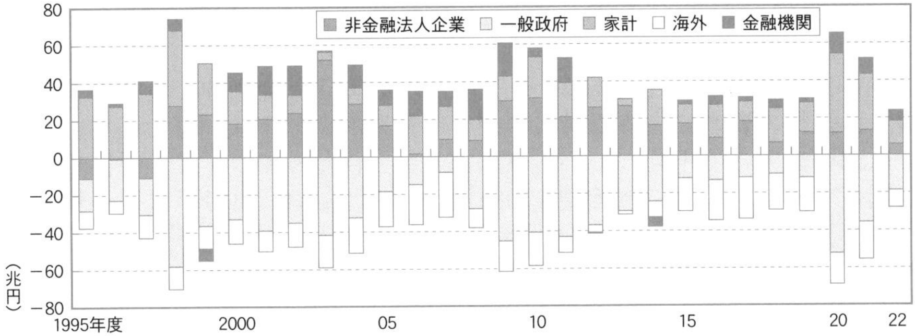

資料　日本銀行「資金循環統計」

図26.1.2　民間非金融法人企業の資金調達（年度末残高、兆円、％）

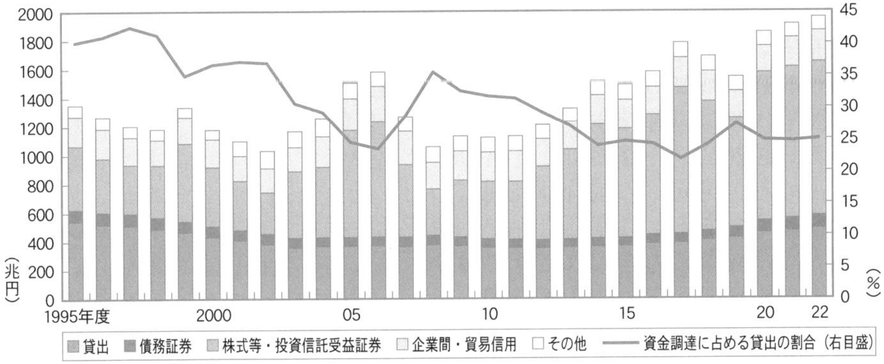

資料　図26.1.1と同じ。

図26.1.3　家計の金融資産構成（年度末残高、兆円、％）

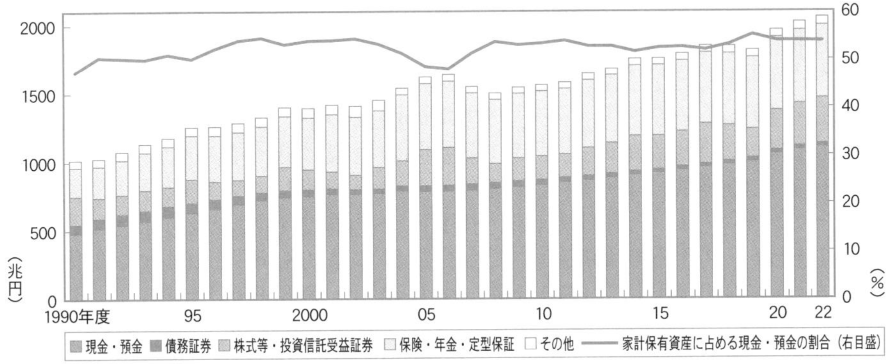

資料　図26.1.1と同じ。

26.2　銀行部門への影響

銀行部門の金融仲介を通した財政赤字のファイナンスが続く

銀行部門の本来の役割は、資金余剰主体から預金を集め、それを資金不足主体に貸し出すことであるが、26.1でみたような金融仲介構造の変化の中で、銀行の資産に占める貸出の割合は長期的に低下傾向をたどり、足元では50%を大きく下回っている（図26.2.1)。代わってウェイトを高めたのが国債である。家計の預金選好が根強い（図26.1.3）中で、銀行が集まった預金を国債に差し向けることで、巨額の財政赤字が維持されている。なお、2013年度以降は、国債の割合が急速に低下し、現金預け金の割合が上昇しているが、これは「異次元の金融緩和政策」(26.3）により、日本銀行が銀行保有の国債を大量に買い取った結果、銀行が保有する日銀当座預金が急増したためで、日本銀行を含む金融部門全体でみれば、家計の預金が銀行を通して国債に振り向けられているという構造に変わりはない。

企業向け・個人向けの貸出割合はほぼ横ばいに

銀行の貸出残高は、バブル崩壊後の不良債権問題や金融危機が表面化した1990年代半ば以降減少を続けていたが、2005年頃からは増加傾向に転じている（図26.2.2)。企業向け貸出の伸びも少しずつ高まっており、銀行貸出に占める企業向けの割合は長期にわたり低下傾向をたどった後、近年はほぼ横ばいである。こうした中で、銀行は、採算性が高い住宅ローンなどの個人向け融資に力を入れてきており、個人向け貸出残高の割合は、1993年度末の約16%から、約10年で10ポイント程度増加したが、その後は27%前後でほぼ横ばいである。なお、グラフからは見えにくいが、地方財政の赤字拡大を受けて、地方公共団体向け貸出の伸びが大きくなっている。

経営統合で金融機関数の減少が進む

日本の金融機関には、普通銀行、信託銀行、信用金庫、信用協同組合、農業協同組合、公的金融機関、証券会社、保険会社等があり、かつては、法律等で明確に区分された業態ごとの業務範囲（表26.2）の中で、安定した構造を保っていた。しかし、バブル崩壊後の不良債権問題や金融危機、金融自由化・制度改革の過程で、業態間の垣根は低くなった。特に、銀行持ち株会社の解禁により銀行の統合・再編が加速し、大手銀行は３大金融グループ（みずほ、三井住友、三菱UFJ）へ再編された。地方銀行は、様々な経営統合・グループ形成の中でも行数自体は1984年以来64行で変化がなかったが、2020年度に２件の合併（十八親和、第四北越）があり、62行となった。また、1990年３月末から2023年３月末までに第二地方銀行は68行から37行、信用金庫は 454金庫から254金庫へと大きく減少した。

図26.2.1　国内銀行の銀行勘定の資産構成（年度末、兆円、％）

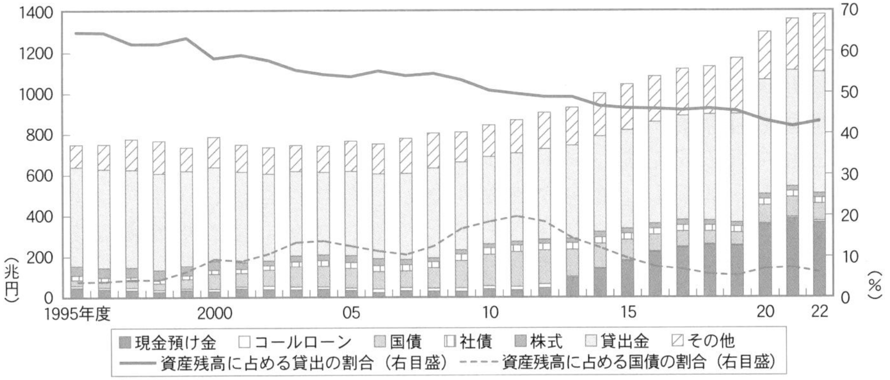

資料　日本銀行「民間金融機関の資産・負債」

図26.2.2　貸出先別の貸出金残高（年度末、兆円、％）

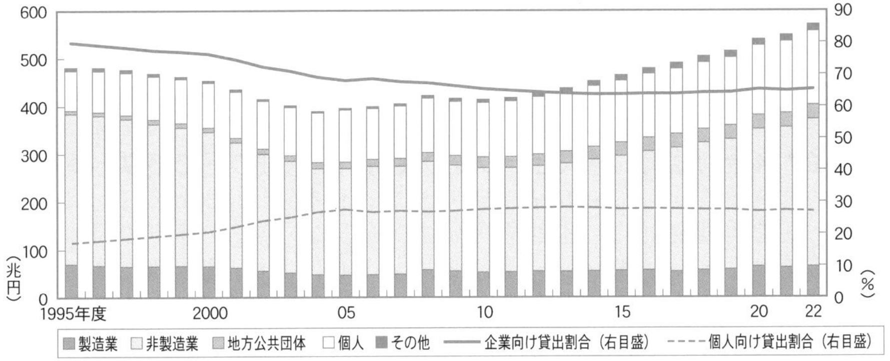

資料　日本銀行「預金・貸出関連統計」

表26.2　主な金融機関の根拠法

種　類	根拠となる法律	制定時期	備　　　考
普通銀行	銀行法	1927年	1981年に全面改正。郵便局は2007年に民営化してゆうちょ銀行
信託銀行	金融機関の信託業務の兼営等に関する法律	1943	2004年の改正信託業法により、信託業務が信託兼営金融機関（信託銀行等）のほか、一般の事業会社にまで拡大
信用金庫	信用金庫法	1951	
信用協同組合	中小企業等協同組合法	1949	従来の市街地信用組合、産業組合、商工協同組合に関する法律を再編
農業協同組合	農業協同組合法	1947	
証券会社	金融商品取引法	1948	2007年以前の法律名は証券取引法
保険会社	保険業法	1939	1996年に改正法施行

26.3　行き詰まり状態の金融政策

「異次元の金融緩和政策」とマネタリーベース

日本銀行は、「消費者物価指数の前年比上昇率２％」という物価安定目標の早期実現のため、2013年４月にマネタリーベース（現金+日銀当座預金）の増加額に目標値を設定して大幅に増加させる「量的・質的金融緩和政策」を導入した。この結果、マネタリーベース残高は急増した（図26.3.1）。増加幅は、01～06年の「量的金融緩和政策」採用時に比べてもはるかに大きく、まさに「異次元の金融緩和政策」が実施されたことがわかる。

マネーストックの伸びは、むしろ低下

マネタリーベースの急増にもかかわらず、経済に流通する通貨の総量であるマネーストックの伸びは高まらず、2018～19年度にかけてはむしろ低下していた（図26.3.2）。マネタリーベース供給が増加すると、銀行が貸出を積極化させ、その結果マネーストックも増加するという、想定された金融緩和メカニズムは働かなかったのである。実際、マネタリーベースの増加がどの程度のマネーストックの増加に繋がったかを示す信用乗数は、大幅に低下している（図26.3.3）。なお、20～21年度はマネーストックの伸びが急上昇したが、これは、新型コロナウイルス対策の各種給付金等による一時的なもので、22年度以降は、伸びが再び低下している。

「マイナス金利政策」導入とその後の展開─新総裁の下で出口を模索か

マネタリーベース増加の効果がない中で、日本銀行は2016年１月に政策運営方式を再度変更し、日銀当座預金の一部に－0.1％の金利を付す、いわゆる「マイナス金利政策」を導入した。これにより、銀行間の資金貸借市場（コール市場）の金利がマイナスに転じた（図26.3.4）。しかし、預金金利低下には限界がある（下限は、基本的にゼロ）中で、国債等の長期金利が低下すれば、銀行収益の圧迫が却って貸出の伸びを阻害するという副作用への懸念が強まり、同年９月には運営方式を再々度変更し、10年物国債金利に０％程度という誘導目標を追加した。

「マイナス金利政策」の効果も限定的であり、その後６年以上が経過しても物価安定目標は達成されなかった。そうした中で、ウクライナ情勢等による原油や穀物価格上昇をきっかけに、世界的にインフレ傾向が強まり、わが国でも形式的には消費者物価指数上昇率は目標に達している。さらに、金融引締めに転じた米国等との金利差の拡大から１ドル＝150円を超えるような急激な円安に見舞われ、物価上昇に拍車をかけている。景気回復を反映した物価上昇ではないため、金融緩和の解除にはまだ慎重な姿勢であるが、日本銀行は新総裁の下で出口を模索しているようにうかがわれる。

図26.3.1　マネタリーベース残高の推移（年度平均残高、兆円）

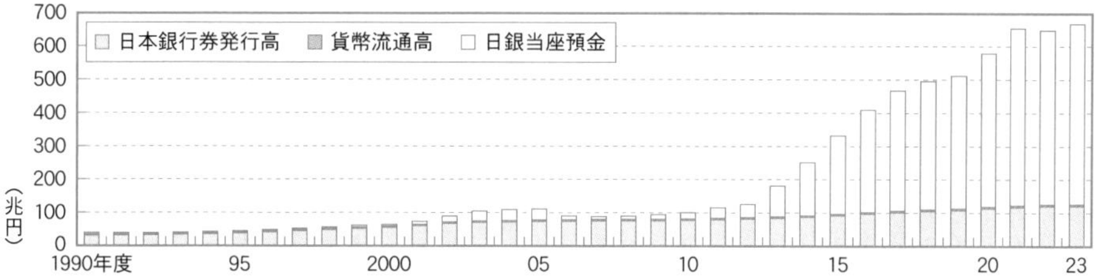

注　2023年度は4－8月の平均残高
資料　日本銀行「日本銀行関連統計」

図26.3.2　マネーストック伸び率の推移（平均残高前年度比、％）

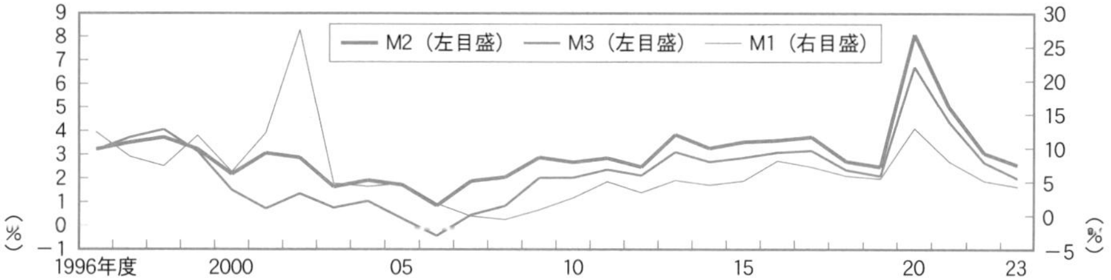

注　2022年度は4－9月の平均
資料　日本銀行「マネーストック統計」（2004年8月以前は「マネーサプライ統計」）

図26.3.3　信用乗数（M3平残／マネタリーベース平残）

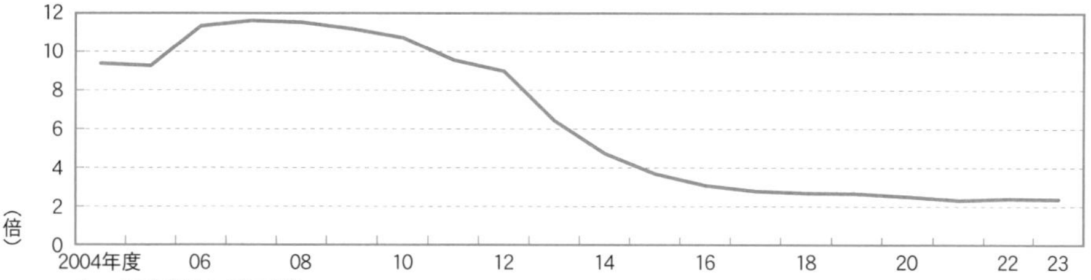

注　2022年度は4－9月の平均
資料　日本銀行「日本銀行関連統計」、「マネーストック統計」

図26.3.4　コール市場金利（無担保・O／N）

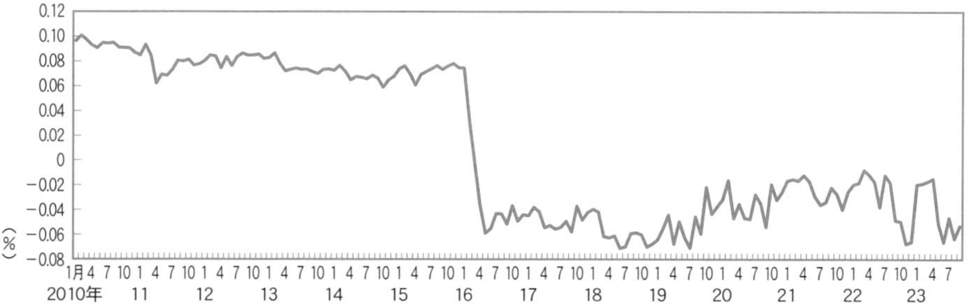

資料　日本銀行「各種マーケット関連統計」

26.4　債券・株式市場の動向

累増を続ける政府債務残高

わが国の財政収支は、1970年代半ば以降赤字を続けており、特に近年は、高齢化の進展に伴う社会保障費の増加を主因に、赤字幅は拡大傾向にある。このため一般政府の債務残高（国債・借入金、地方債、政府保証債務の合計）は増加を続け、2019年度末には約1209兆円まで膨らんだ（図26.4.1）。さらに、20-21年度は新型コロナウイルス対策で財政支出が大幅に増加したため、債務残高は国債を中心に一段と増加し、22年度末で約1366兆円となった。一般政府債務残高の名目GDP比は、11年度末に204.4％と２倍を超え、22年度末には242.7％まで上昇した。うち、国債の発行残高は、03年度末に名目GDP比104.3％とGDPを上回った。その後も、上昇を続け、22年度末には203.7％に達している（ちなみに、比較でしばしば引き合いに出されるユーロへの加入基準は、「GDP比60％以下」）。

社債市場は再び増加傾向、発行の大半は普通社債に

社債の発行残高をみると、資本市場の発達を反映して2000年代初頃までは急速な増加を続けていた。その後一旦減少に転じたが、07年度頃から再び増加、10年度頃からはまた減少と推移していたが、ここ数年は景気回復や金利低下の影響等から増加に転じ、増加が加速しつつあるようにうかがわれる（図26.4.2）。内訳をみると、転換社債や新株予約権付社債（ワラント債）、資産担保型社債等は大幅に減少し、近年は、発行残高の大半が普通社債である。

株価はピークの1/4まで落ち込み、その後回復

株価は1980年代後半の資産価格バブルの中で急上昇したが、90年に地価に先駆けて下落した。東証株価指数は80年末の494から89年末には2881まで急上昇した後、92年末までの３年間に1/2以下へと急激に下落した。その後若干反発したが、98年には銀行の不良債権問題等から1087まで下落した。99年以降は反発・下落を繰り返したが、いわゆるリーマンショック、東日本大震災等が企業収益に大打撃を与えたため、2011年末には729と、1989年末の約1/4の水準まで落ち込んだ。2012年以降は、「アベノミクス」の効果等から、大幅な上昇に転じた。上場株式の時価総額も株価指数とほぼ同様に推移しており、12年以降は株価と同様に急回復した（図26.4.3）。18年末には海外経済情勢の不透明感等から、株価、時価総額ともに一時的に低下したが、19年以降は再び上昇に転じた。もっとも、株価指数はまだバブル期のピークを超えてはいない。こうした中で、22年末はウクライナ情勢の影響などから、小反落している。

図26.4.1　国債・地方債・政府保証債の発行残高（年度末、兆円）と名目GDP比率（%）

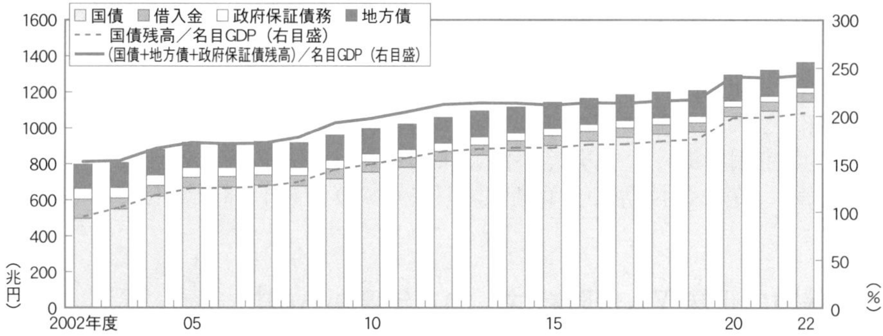

注１）地方債は、普通会計発行分
　２）2018年度末の地方債発行残高は、総務省「地方財政計画」による見込み額
資料　財務省「国債統計年報」、「債務管理レポート」、総務省「地方財政統計年報」

図26.4.2　社債の発行残高（年度末、兆円）

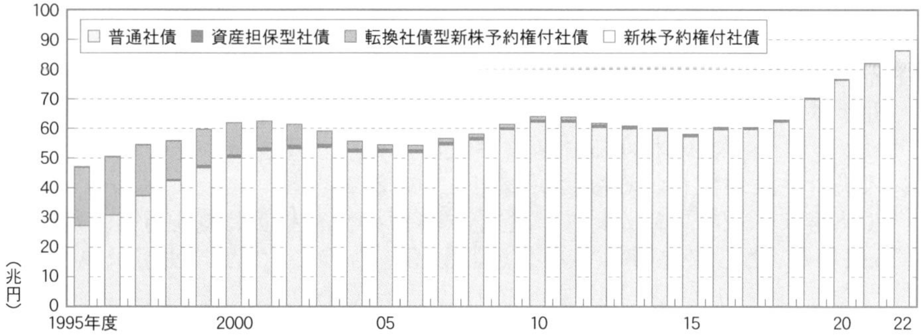

注１）1996年度までは、普通社債に資産担保型社債を含む。
　２）2001年度までは、転換社債、新株引受権付社債の計数。
　３）普通社債には私募社債を含まない。
資料　日本証券業協会調

図26.4.3　東証株価指数と上場株式時価総額（年末）

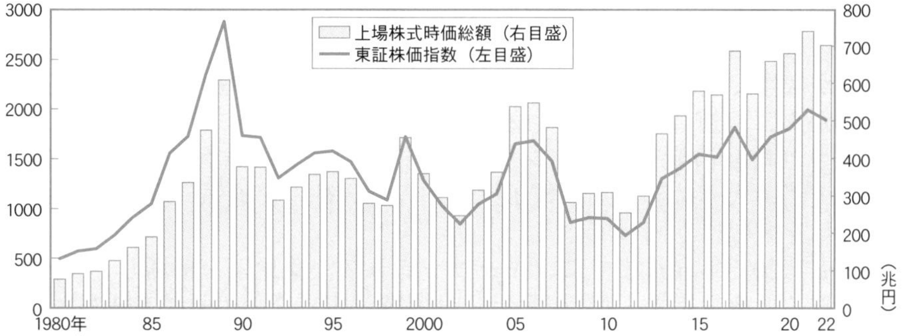

注１）時価総額は第１部・第２部・マザース市場の合計。
　２）左軸は1968年１月４日を100とした指数。
資料　日本取引所グループ

26.5　保険、電子マネー

ほぼ横ばいとなった生命保険の契約額

生命保険の保有契約額は、2000年代に入って減少傾向を続けた後、ここ数年はほぼ横ばいであるが、それでも、2000年度の1802兆円が22年度には1306兆円と大幅な減少である。主力の個人保険の減少（同1312兆円→794兆円）が主因である。長引く不況による解約・契約内容の縮小に加えて、医療保険、がん保険等の生前給付型保険へのシフトも影響している（図26.5.1）。

損害保険の正味収入保険料は、2011年度から増加

損害保険の正味収入保険料は、2011年度に減少傾向に歯止めがかかり、22年度は、10年度比約31％増の約9.1兆円となった。10年度と比べると、自動車、傷害等の任意保険の保険料がいずれも増加したことによる（図26.5.2）。

キャッシュレス化が一段と進展

近年は、消費者等の店頭での支払いに、現金だけでなく、電子マネーやデビットカード、いわゆる「スマホ決済」（コード決済）、等のキャッシュレス決済手段が使われる機会が増加している。

2008年末～22年末にかけて、電子マネーの発行枚数は約5.06倍、残高は約5.11倍と、ともに急増している（図26.5.3）。むろん、少額の使用が中心（1件当たりの平均支払金額は22年で1,034円）であり、残高も22年末で4249億円と、現金に比べればごく僅か（例えば、22年末の現金残高は約117兆円）であるが、硬貨流通量の伸び鈍化などに影響が出ていると言われる。また、日本銀行「決済動向」によれば、デビットカードによる決済金額も、17年の1兆1327億円から22年には3兆3388億円と急増しており、こちらは1件当たりの平均支払金額も22年で4,333円と電子マネーより高額である。いわゆる「スマホ決済」に関しては、まだ網羅的な統計が存在しないため決済額等が数字では確認できないが、運営各社の様々なキャンペーン実施の効果等から、急速に拡大している模様である。ちなみに、2021年1-3月に実施された経済産業省のアンケート調査結果によれば、販売事業者のコード決済導入率は55％と、電子マネーの導入率（交通系、非交通系ともに25％）を大幅に上回っている。

政府も「2025年6月までに、キャッシュレス決済比率を倍増し、4割程度とすることを目指す」（令和元年6月閣議決定）などの目標を掲げ、「マイナポイント」の配布等で、キャッシュレス化推進を図っており、キャッシュレス決済は今後も一段と増加していくものと見込まれる。

図26.5.1　生命保険の保有契約の推移（年度末、兆円）

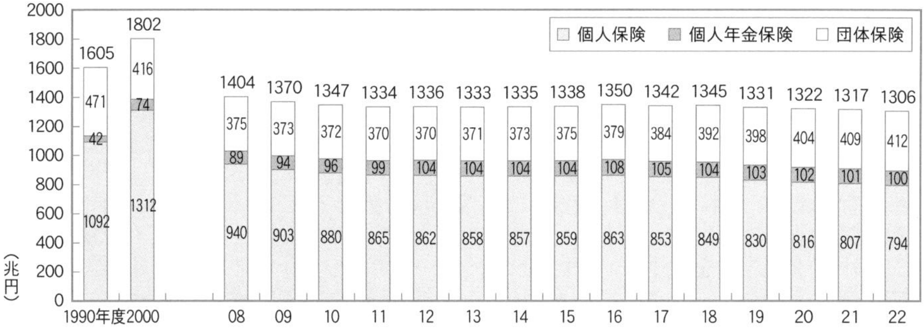

注　2008年度以降は、かんぽ生命を含む。
資料　生命保険協会「生命保険事業概況」

図26.5.2　損害保険の種目別正味保険料の推移（年度、兆円、％）

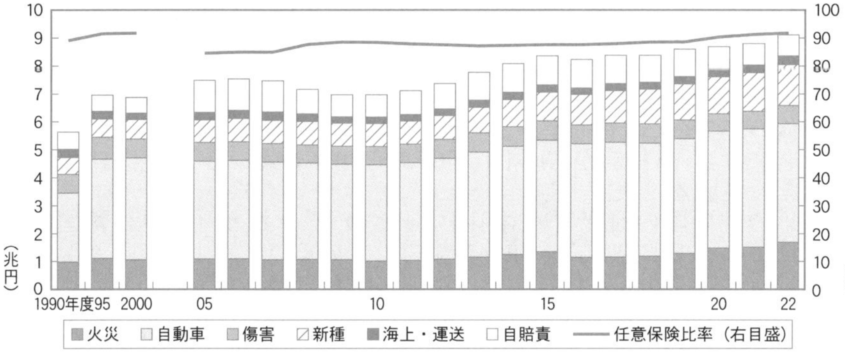

注１）正味収入保険料とは、元受正味保険料に受再正味保険料を加え支払再保険料および収入積立保険料を控除したもの。
２）火災保険料には火災相互保険、建物更新保険および満期戻長期保険の保険料を含み、傷害保険料には傷害相互保険の保険料を含む。
資料　日本損害保険協会ホームページ「保険種目別データ」

図26.5.3　電子マネーの発行枚数、残高（年末）

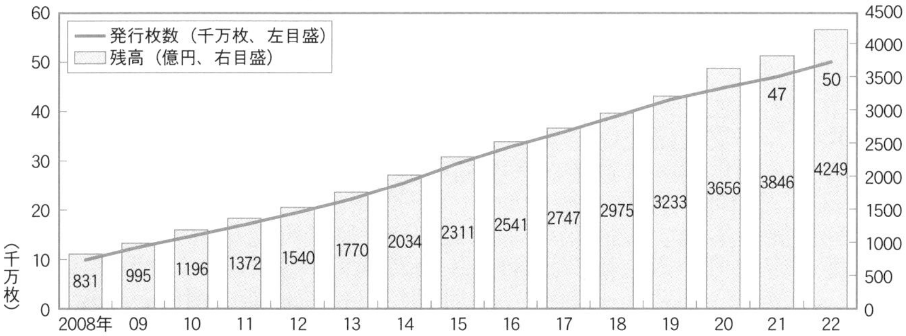

注　専業系（楽天Edy）、交通系（ICOCA、Kitaca、PASMO、SUGOCA、Suica）、流通系（nanaco、WAON）の３種８つの電子マネーの合計
資料　日本銀行決済機構局「決済動向」

第27章　研究・開発

27.1　研究開発費

2021年度の研究開発費は対前年度比2.6％増の19.7兆円、GDPの3.59％

2021年度の科学技術研究費の支出は、19.7兆円と、前年度と比較して2.6％増加した（表27.1.1）。21年度は企業、非営利団体・公的機関、大学の研究開発費はそれぞれ2.6％増、1.9％増、2.9％増となっている。1990年代半ば以降、概ね国内総生産（GDP）の動きに同調しつつ少し遅れて変動し当初はGDPの伸び率を上回っていたが、リーマンショックに続く世界的な金融危機と円高によって、2009年度には研究費は8.3％減というかつてない縮小を示した。その後の回復によって2000年代の後半から研究費の対GDP比率は長期的にほぼ一定である。21年度の増加は前年度の新型コロナウイルスまん延による影響からの回復が寄与しているものと考えられる。

部門別シェアでは、産業が72.1％、大学等が19.2％、非営利団体・公的機関が8.8％となっている。製造業が日本全体の61.9％のシェアを占めており、産業の研究開発の中心的な担い手である（表27.1.2）。自然科学に要した研究費の中で15.3％が基礎研究、20.6％が応用研究、64.1％が開発研究である。また研究費を特定目的別にみると、ライフサイエンスが3.3兆円（研究費全体の16.7％）、情報通信が2.8兆円（同14.0％）、環境が1.4兆円（同7.0％）、ナノテクノロジー・材料が1.3兆円（同6.7％）、エネルギーが1.0兆円（同5.0％）などとなっている（表27.1.3）。

2020年の主要国の研究費の対GDP比についてみると、日本は韓国に次ぎ第２位となっており、高い順位を維持している（表27.1.4）。しかしながら中国の研究費は2000年代に急速に増加し現在も増加している。米国はじめ欧米主要国も研究費の大幅増加を目標に掲げており、我が国においても科学技術・イノベーション基本計画に基づく研究開発投資（2021-26年度で官民合わせた総額120兆円）が強く期待されている。

企業の研究開発費の動向

2021年度における主要業種の社内研究開発費は１社当たりの平均値が26億9319万であり、また外部支出研究費は平均４億7484万円となっている（表27.1.5）。１社当たりの平均社内研究開発費が最も大きい業種は、自動車・同付属品製造業、次いで電子部品・デバイス・電子回路製造業、医薬品製造業、その他の電気機械器具製造業の順となっている。また１社当たりの平均総外部支出研究開発費が大きい業種は、自動車・同付属品製造業、電気・ガス・熱供給・水道業、医薬品製造業である。また近年特に注目されている人工知能（AI）技術やサイバー空間とフィジカル空間の融合技術の研究開発を実施する企業の割合は24.9％、持続可能な開発目標（SDGs）への対応を定めている企業の割合は63.4％である。SDGsのうち目標９（インフラ、産業化、イノベーション）、目標12（持続可能な消費と生産）、目標７（エネルギー）、目標13（気候変動）を実施している企業がいずれも50％を超えている（図27.1）。

表27.1.1　科学技術研究費の推移

年度	研究費 (a)(億円)	対前年度比 (%)	国内総生産 (b)(兆円)	対国内総生産比率 (a/b)(%)
1994	135 960	－0.8	512.0	2.66
1995	144 082	6.0	525.3	2.74
1996	150 793	4.7	538.7	2.80
1997	157 415	4.4	542.5	2.90
1998	161 399	2.5	534.6	3.02
1999	160 106	－0.8	530.3	3.02
2000	162 893	1.7	537.6	3.03
2001	165 280	1.5	527.4	3.13
2002	166 751	0.9	523.5	3.19
2003	168 042	0.8	526.2	3.19
2004	169 376	0.8	529.6	3.20
2005	178 452	5.4	534.1	3.34
2006	184 631	3.5	537.3	3.44
2007	189 438	2.6	538.5	3.52
2008	188 001	－0.8	516.2	3.64
2009	172 463	－8.3	497.4	3.47
2010	171 100	－0.8	504.9	3.39
2011	173 791	1.6	500.0	3.48
2012	173 246	－0.3	499.4	3.47
2013	181 336	4.7	512.7	3.54
2014	189 713	4.6	523.4	3.62
2015	189 391	－0.2	540.7	3.50
2016	184 326	－2.7	544.8	3.38
2017	190 504	3.4	555.7	3.43
2018	195 260	2.5	556.8	3.51
2019	195 757	0.3	556.8	3.52
2020	192 365	－1.7	537.6	3.58
2021	197 408	2.6	550.5	3.59

注　1996年度以降はソフトウェア業を含む。
2001年度は新規調査対象産業を含む。
国民経済計算の改定により、国内総生産及び国内総生産比は、既公表値と異なる年度がある。

資料　総務省統計局統計調査部経済統計課「令和４年科学技術研究調査」

表27.1.3　特定目的別研究費（2021年度）

	研究費（億円）	割合（%）
ライフサイエンス	32 994	16.7
情報通信	27 655	14.0
環境	13 807	7.0
ナノテクノロジー・材料	13 184	6.7
エネルギー	9 904	5.0
宇宙開発	2 969	1.5
海洋開発	1 217	0.6

資料　表27.1.1と同じ。

表27.1.4　主要国の研究費対GDP比（2020年）

国名	GDP比
日本	3.59
日本（自然科学のみ）	3.33
米国	3.45
英国	1.71
ドイツ	3.13
フランス	2.35
中国	2.40
韓国	4.81
ロシア	1.10

資料　科学技術要覧2022、科学技術研究調査報告、国民経済計算確報、国民経済計算年次推計
OECD, Main Science and Techno;ogy Indicators, Vol.2023/2

図27.1　AI技術、SDGsへの企業の取り組み

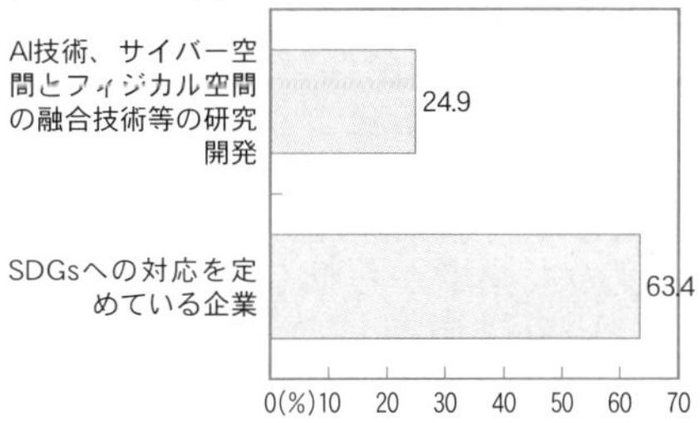

出典：表27.1.5と同じ

表27.1.2　研究主体別および性格別研究費（2021年度）

	研究費（億円）	構成比（%）	各研究費の部門別構成 産業	非営利団体・公的機関	大学等
産業	142 244	72.1			
製造業	122 108	61.9			
情報通信業	4 853	2.5			
学術研究・専門・技術サービス業	8 295	4.2			
その他	6 988	3.5			
非営利団体・公的機関	17 324	8.8			
大学等	37 839	19.2			
総額	197 408	100.0			
基礎研究費	28 101	15.3	38.1	13.6	48.3
応用研究費	37 791	20.6	60.5	14.8	24.8
開発研究費	117 517	64.1	92.2	6.0	1.9

注　性格別研究費は自然科学のみが対象。
資料　表27.1.1と同じ。

表27.1.5　主要業種における１社当たりの研究開発費（2021年度）

（単位：万円）

資本金階級	社内研究開発費（主要業種） N	平均値	中央値	うち、受入研究費（主要業種） N	平均値	総外部支出研究開発費（主要業種） N	平均値
１億円以上10億円未満	853	34 997.2	10 223.0	839	3 555.5	805	7 974.6
10億円以上100億円未満	602	85 628.1	30 638.5	589	7 738.9	587	7 693.8
100億円以上	254	1 491 596.9	291 513.5	238	36 370.0	248	269 913.6
全体	1 709	269 319.1	21 724.0	1 666	9 722.3	1 640	47 484.4

資料　文部科学省科学技術・学術政策研究所「民間企業の研究活動に関する調査報告2022」P34

27.2　研究開発人材

2021年度の研究者は3.3％増、女性研究者も増加

2021年度末（2022年３月末）の、研究者は98万3600人であり、前年度末から3.3％増となった（表27.2.1）。女性研究者は持続的に増加し、21年度末に過去最高の17万5400人となった。研究者全体に占める女性の割合も、17.8％と過去最高を記録した。我が国の研究者は2010年代以降多くの主要国が増加する中、微増となっている。また大学の本務教員については、40歳未満の若手の割合が一貫して低下している。研究者、特に若手研究者や女性研究者の確保が今後の重要な課題になっている。

企業による研究開発者の採用も増加傾向

研究開発活動における重要な投入資源のひとつである研究開発者の数は、１社当たりの平均値でみると145.7人であった（表27.2.2）。資本金階級別に研究開発者の年齢階級別内訳をみると、資本金１億円以上10億円未満と資本金10億円以上100億円未満の企業については、概して年齢が上がるほど研究開発者比率は小さくなっていく傾向が見られる。また、資本金100億円以上の企業については、35歳以上39歳以下の年齢階級が、それらの前後の年齢階級より高くなっている。

採用企業割合の推移を学歴・属性別にみると、学士号取得者（新卒）と修士号取得者（新卒）を採用した企業の割合は、新卒全体と同様に、2020年度の大幅増から転じて21年度は減少した。一方、ポストドクター経験者については微増した。女性研究開発者（新卒）の採用企業割合は6.3ポイントの顕著な減少を見せた（図27.2.1）。

女性研究者の飛躍的増加が期待されている

主要国の女性研究者の割合をみると、日本の女性研究者割合は近年増加しているものの極めて低い水準にある。欧米先進国の女性研究者割合はほとんどの国で20%を超えており、OECDトップグループは35％を超えている（図27.2.2）。大学等の研究者（講師以上）の男女別割合をみても工学、理学で10％以下、農学で10％台、保健（医学、歯学等）では20％台となっている（図27.2.3）。

我が国において女性研究者の割合が低いのは、育児と仕事の両立が困難、育児期間後の復帰が困難、評価者が男性を優先する意識があること等が、大きな理由になっている。特に他の職業と違い、研究職の場合、研究の進展のスピードが速いため、一旦職場を数ケ月以上はなれると研究室への復帰はかなり難しくなる。一方で公的保育所等の受け入れは、経済的に苦しい家庭の乳幼児が優先され、研究者をもつ家庭の場合は、育児が難しい状況になっている。このような状況下で、研究者になる資質をもった若い女性が研究職になるのを躊躇することになっている。科学技術立国を目指している日本としては、貴重な人材を著しく無駄にしている状況であり、早急な改善を行っていく必要がある。

表27.2.1　研究者数の推移（実数）

年次（3月末）	実　数（100人）計	男	女	構成比（%）男	女
2012	8 927	7 680	1 247	86.0	14.0
2013	8 870	7 592	1 278	85.6	14.4
2014	8 924	7 618	1 306	85.4	14.6
2015	9 267	7 905	1 362	85.3	14.7
2016	9 074	7 690	1 384	84.7	15.3
2017	9 177	7 736	1 441	84.3	15.7
2018	9 307	7 802	1 505	83.8	16.2
2019	9 357	7 807	1 550	83.4	16.6
2020	9 422	7 833	1 589	83.1	16.9
2021	9 517	7 854	1 663	82.5	17.5
2022	9 836	8 082	1 754	82.2	17.8

注　各年の３月31日現在。
例えば2018年は平成30年３月31日現在の研究者数
資料　総務省統計局統計調査部経済統計課「令和４年科学技術研究調査」

表27.2.2　研究開発者を雇用している企業割合および研究開発者数

資本金	N	研究開発者を雇用している企業の割合（%）	N	研究開発者数（人）平均値	中央値
１億円以上10億円未満	898	97.0	871	38.9	13.0
10億円以上100億円未満	655	98.3	644	59.1	29.0
100億円以上	305	99.0	302	638.0	182.0
全体	1 858	97.8	1 817	145.7	24.0

資料　文部科学省科学技術・学術政策研究所「民間企業の研究活動に関する調査報告2022」

図27.2.1　学歴・属性別　研究開発者の採用を行った企業の割合

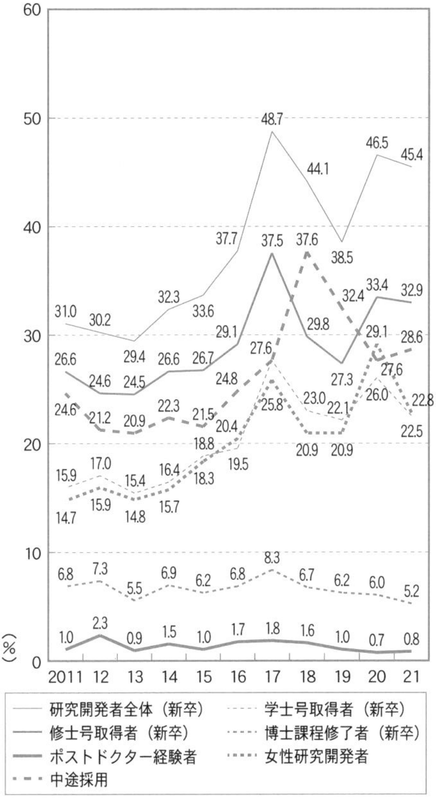

資料　表27.2.2と同じ。

図27.2.2　主要国の女性研究者割合（%）

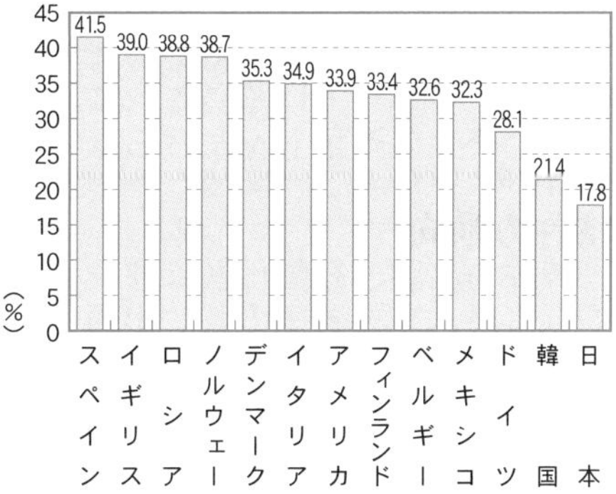

注　日本は2021年、イギリス、デンマーク、アメリカ、ベルギー、ドイツは2019年、その他は2020年の数値。
資料　表27.2.1と同じ

図27.2.3　大学等の研究者の男女別割合（講師以上）（専門分野別、2019年度）

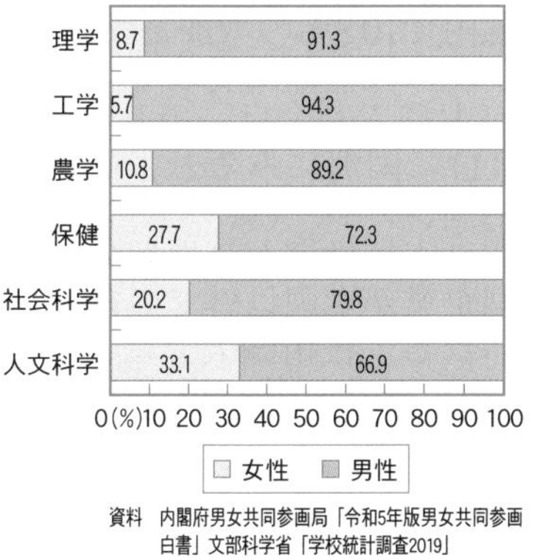

資料　内閣府男女共同参画局「令和5年版男女共同参画白書」文部科学省「学校統計調査2019」

27.3　イノベーション、特許、技術貿易

イノベーションの実施と阻害要因

イノベーションの種類はプロダクトイノベーション（新しい又は改善された製品又はサービスであって市場に導入されたもの）とビジネスプロセスイノベーション（新しい又は改善されたビジネスプロセスであって当該企業内において利用に付されているもの）に分けられる。2017年から19年までの３年間に、44万2,978社を対象にした調査では、27％の企業がイノベーションを実現している。企業規模別では、規模が大きくなるほど実現企業率が高く、大規模企業では26％の企業がプロダクトイノベーションを実現した（表27.3.1）。小規模企業と中規模企業とのイノベーション実現企業率の差は小さく、小・中規模企業と大規模企業との差が大きい。製造業のイノベーション実現企業率は全体よりも高く、サービス業のイノベーション実現企業率は全体と同水準であった。

一方、2017年から19年の間にイノベーション活動を阻害した要因については、最も多くの割合である50％の企業が「自社における能力のある人材の不足」を挙げている。これに次いで「自社における異なる優先事項」や「自己資金の不足」を挙げる企業が多い（表27.3.2）。

特許の動向

特許の出願、登録件数は研究開発活動の活発さを表わす指標と考えられているが、主要各国の特許出願件数と登録件数をみると、日本は中国、アメリカに次いで第３位の位置にある（表27.3.3）。近年中国からの出願件数が特に増加している。日本では世界全体と比べて、電気工学、一般機器、機械工学の比率が高くなっている。他方、バイオテクノロジー・医薬品、バイオ・医療機器の割合は世界全体と比べて低くなっている。

技術貿易の動向

2021年度の技術貿易（国内で研究開発を行っている企業による外国企業との特許、ノウハウなどの技術取引）についてみると、技術輸出の受取額は３兆6206億円と、前年度に比べ16.8%の増加となり、技術輸入の支払額は6201億円で10.8％の増加となった。

2021年度の技術輸出受取では、アジアと北米からの受取額が最も多く、これらが占める割合は、それぞれ40.4％と40.1％とほぼ同額となっている（図27.3.1）。国別にみると、受取額は、米国からの受取が35.6％を占め、次いで中国、タイ、イギリスの順となっている。米国のシェアが高いのは、日本企業の直接投資が高水準で行われていることに加え、ライセンスを受けた米国企業が米国以外での市場でも技術を活用している場合が多いからと考えられる。技術輸入では、北米への支払額が70.9％、欧州への支払額が25.3％と、輸出に比べ欧米の割合が圧倒的に高い（図27.3.2）。これらの地域では、先端産業で高い水準の研究開発を行っている（あるいはそうした企業の本社が存在している）ためである。国別の支払額は米国への支払が70.8％を占め、次いでスイス、イギリスの順となっている。

表27.3.1　イノベーション実現企業率（2017-2019年）

	全企業 442 978社	小規模 355 545社	中規模 71 621社	大規模 15 821社	製造業 104 886社	サービス業 253 683社
イノベーション実行企業率	49%	46%	59%	69%	57%	47%
イノベーション実現企業率	27%	25%	34%	51%	35%	27%
プロダクトイノベーション実現企業率	10%	9%	11%	26%	16%	10%
ビジネスプロセスノベーション実現企業率	23%	21%	31%	45%	30%	23%

資料　文部科学省科学技術・学術政策研究所「全国イノベーション調査2020年調査統計報告」

表27.3.2　イノベーションの主な阻害要因（2017年-2019年）

	企業の割合
自社内における能力のある人材の不足	50%
自社内における異なる優先事項	39%
自己資金の不足	34%
イノベーション活動に係る高すぎるコスト	31%
自社のアイデアに対する需要の不確実性	31%
市場における過度に激烈な競争	29%

資料　表27.3.1と同じ。

表27.3.3　特許の登録件数と出願件数(2021年)

（単位：万件）

国名	登録件数	出願件数
日本	27.8	41.3
アメリカ	29.9	51.0
英国	2.9	5.4
ドイツ	9.7	16.6
フランス	4.9	6.6
中国	63.9	153.9
韓国	15.9	26.8

注　出願人の国籍別に、自国及び他国に出願した件数とPCT国際出願に基づく国内以降段階件数と登録件数を合計したものである。

資料　文部科学省「科学技術要覧令和4年度版」、WIPO statistics database, Feb 2023

図27.3.1　主な国別技術交流（技術貿易）の構成比（2021年度）（技術輸出）

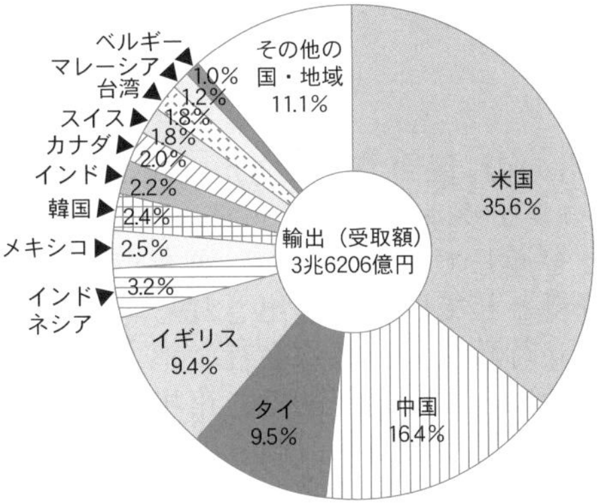

資料　総務省統計局「令和４年科学技術研究調査」

図27.3.2　主な国別技術交流（技術貿易）の構成比（2021年度）（技術輸入）

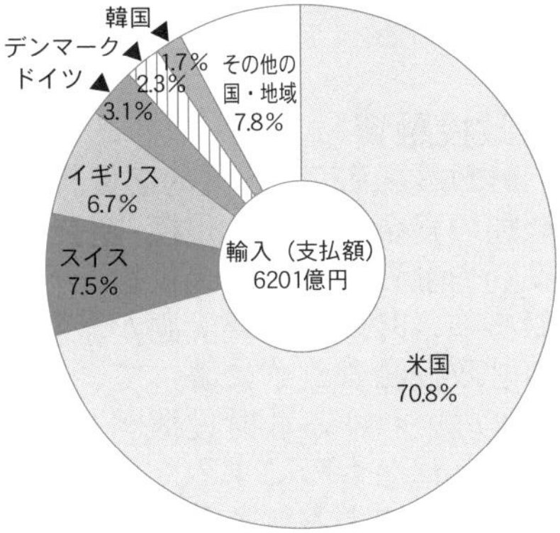

資料　図27.3.1と同じ

第28章　財　　政

28.1　国の財政

中央政府・地方政府の財政

一国の行政主体には「中央政府」と「地方政府」があり、国民に対して行政サービスを提供している。広義の「国の財政」とは、そうした行政サービスに係る資金の出入り（支出とそのための資金調達）を指し、その全体像は表28.1の通りである。

一般財政（一般会計・特別会計・政府関係機関）

中央政府の財政は、純粋な財政活動である「一般財政」と、政府による投融資活動である「財政投融資」との２つに分けられる。一般財政は、「一般会計」、「特別会計」および「政府関係機関」の３つから成り、それぞれ予算が編成されて国会審議にかけられる。

一般会計は、租税収入や公債金収入等を財源として、社会保障、文教・科学振興、公共事業、防衛などの国の基本的な活動を賄うものである（図28.1.1、図28.1.2）。特別会計（2023年度現在13会計）は、国が特定の事業や資金運用を行ったり、特定の業務の収支を区分して経理したりするために設けられ、23年度当初予算における歳出総額は444兆5979億円となっている。政府関係機関は、特別の法律によって設立された全額政府出資の法人で、累次の改革の結果、現在では（株）日本政策金融公庫、沖縄振興開発金融公庫、（株）国際協力銀行および（独）国際協力機構有償資金協力部門の４機関となっており、23年度当初予算における歳出総額は２兆2341億円である。

財政投融資

財政投融資は、政策的必要性はあるものの、民間では対応が困難な長期・低利の資金供給や大規模・超長期なプロジェクトの実施を可能とするため、投資や融資の形で資金供給を行うことを通じて財政政策の一翼を担うものであり、財政投融資計画が予算参考資料として国会に提出される。2001年の財政投融資改革によって、公庫・独立行政法人・特殊会社、地方公共団体等のいわゆる「財投機関」の事業資金は、より効率的で、市場原理と調和のとれたものにするため、財投機関債（23年度当初計画３兆9322億円）の発行等による自主調達に努めることとされ、さらに必要な場合に財政投融資特別会計が発行する財投債によって賄われている。財政投融資計画は、21年度当初に一時的に40兆超に膨れ上がったものの、23年度当初計画では16兆2687億円、一般会計予算の14.2%に戻っている（表28.1）。

表28.1　日本の財政の全体像

（単位　億円）

区　　分	歳　出　予　算（当初予算）				
	2010年度	2020	2021	2022	2023
一般会計予算総額	922 992	1 026 580	1 066 097	1 075 964	1 143 812
特別会計予算総額	3 813 656	3 944 594	4 957 255	4 705 331	4 445 979
政府関係機関予算総額	21 996	16 931	26 775	20 047	22 341
（以上の合計）	4 758 644	4 988 104	6 050 127	5 801 343	5 612 132
うち重複額	2 474 010	2 528 652	3 066 736	3 069 475	3 056 824
（差引純計額）	2 284 634	2 459 452	2 983 391	2 731 868	2 555 308
地方財政計画額	821 268	917 473	902 478	909 928	923 584
（国の純計額と地方財政計画額との計）	3 105 902	3 376 925	3 885 869	3 641 796	3 478 892
うち重複額	315 628	362 407	353 897	366 844	370 560
差引純計額	2 790 274	3 014 518	3 531 972	3 274 952	3 108 332
（参考）財政投融資計画額	183 569	132 195	409 056	188 855	162 687

資料　財務省ホームページ

図28.1.1　一般会計の歳入内訳の推移（当初予算）

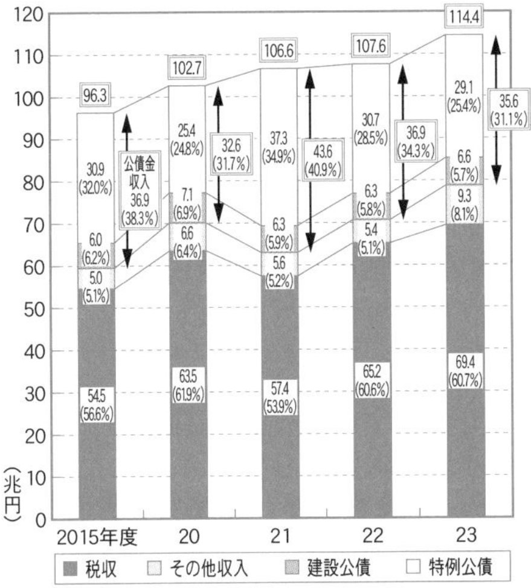

資料　表28.1と同じ。2020年度は「通常分＋臨時・特別の措置」の数値である。

図28.1.2　一般会計の歳出内訳の推移（当初予算）

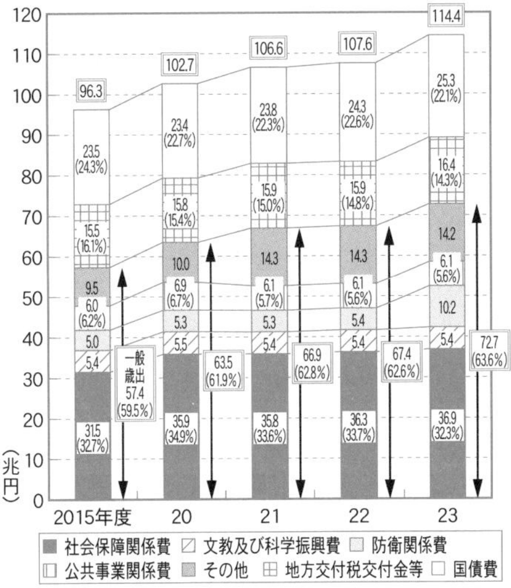

資料　表28.1と同じ。

28.2　地方の財政

地方政府（地方自治体）の財政

地方政府（地方自治体）は47都道府県、1,718市町村、23特別区（東京都）に加え、地方行政サービスの一部を共同・広域処理する一部事務組合等を合わせた3,061団体（2021年度時点）を指す。地方財政は、国の予算とともに国会に提出される地方財政計画（22年度における通常収支分として92兆350億円、東日本大震災分として復旧・復興事業2647億円、全国防災事業587億円を計上：計92兆3584億円）（表28.1）によってその大まかな姿は把握できるものの、これはあくまで標準的な行政水準を前提とした歳入歳出総額の見込額であり、通常は決算ベースで把握する。2021年度の地方政府の普通会計（一般行政部門の会計）の純計決算額は、歳入128兆2911億円、歳出123兆3677億円となっている。2000年の地方自治法改正に伴い道府県から市町村に権限移譲が行われたことを反映して、20年度までは市町村の財政規模は都道府県のものと比べた比率が高まったが、21年度についてはその差が縮小している（表28.2）。

地方政府の歳入

地方政府の歳入については、自ら徴税する地方税などの自主財源が３割程度しかなく、それに地方交付税等と地方譲与税等を加えた一般財源（使途が特定されず、どのような経費にも使用できる財源）でも半分程度で、使途に制限のある特定財源等が半分程度も占めている。なお、借金に当たる地方債が１割前後にも達している（図28.2.1）。

次に、税収の内訳をみると、道府県と市町村ではかなり異なる。道府県では、地方消費税が税収全体の31％を占め、道府県民税（28％）、事業税（25％）がそれに次いでいるが、市町村では、市町村民税（46％）と固定資産税（41％）を合わせると税収全体の９割近くを占めている（図28.2.2）。

地方政府の歳出

歳出の内訳をみると、都道府県で最も多いのは教育費（歳出全体の15％）で、民生費（14％）、公債費（11％）、土木費（９％）がこれに次いでいる。一方、市町村では、民生費（38％）が最も多く、総務費、教育費、土木費、衛生費、公債費の順となっている（図28.2.3）。

☆☆☆　根拠法に基づく国債の種類：建設国債と赤字国債　☆☆☆

国債には、その発行根拠法により、「国の資産を形成するものとして公共事業費、出資金及び貸付金の財源に充てるために財政法第４条第１項ただし書きに基づき発行される建設国債」、「税収及び税外収入等に加えて、建設国債を発行してもなお不足する歳出財源を補うため特別の法律に基づき発行される特例国債（赤字国債）」などがある。

表28.2　地方政府の財政規模（普通会計、決算）

（単位　億円）

	2010年度	2015	2020	2021
歳入総額	1 039 201	1 107 786	1 399 282	1 388 270
純計額	975 115	1 019 175	1 300 472	1 282 911
都道府県	500 661	520 499	618 941	683 243
市町村	538 540	587 287	780 341	705 026
歳出総額	1 011 837	1 072 663	1 353 398	1 339 036
純計額	947 750	984 052	1 254 588	1 233 677
都道府県	490 595	507 312	597 063	663 242
市町村	521 241	565 351	756 335	675 794

資料　総務省「地方財政白書」（平成24・29・令和４・５年度版）

図28.2.1　地方政府の歳入内訳（2021年度決算）

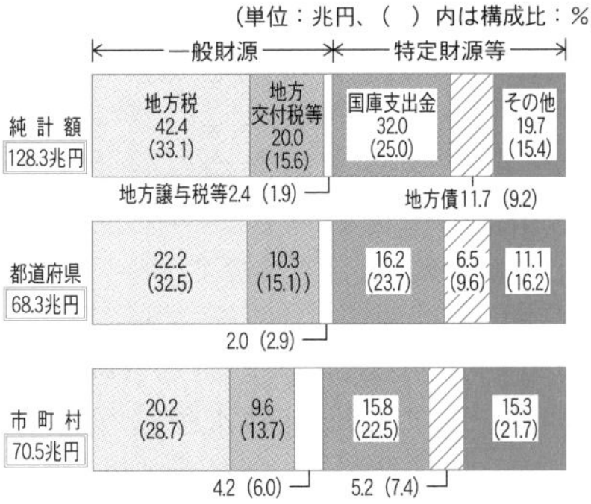

資料　総務省「地方財政白書（令和５年度版）」

図28.2.2　地方政府の税収内訳（2021年度決算）

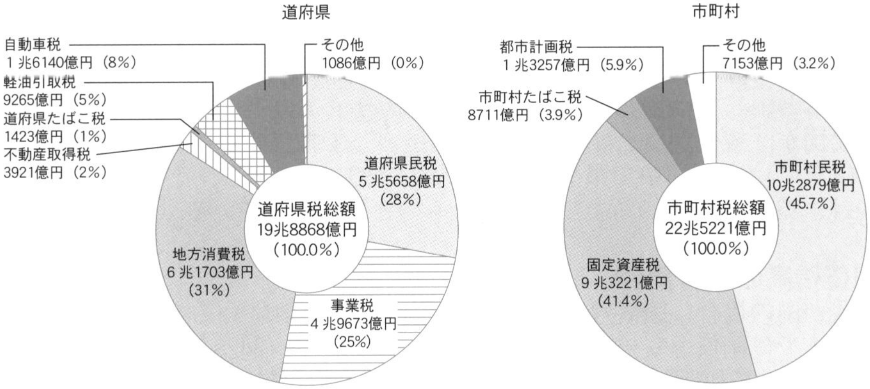

資料　図28.2.1と同じ。

図28.2.3　地方政府の歳出内訳（2021年度決算）

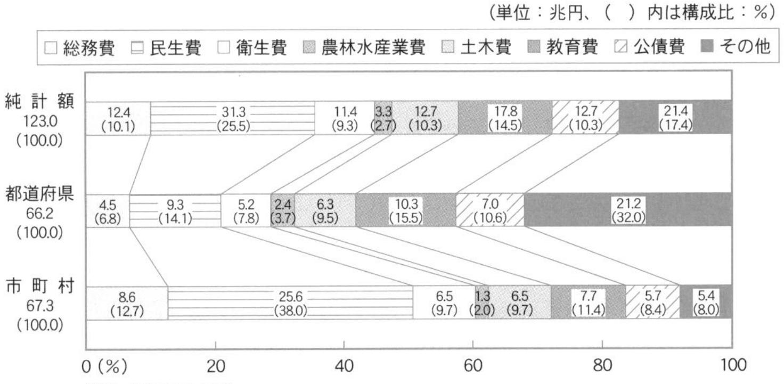

資料　図28.2.1と同じ。

28.3　国・地方の債務残高

公債発行額・残高の推移

1965年に初めて国債を発行して以降、毎年度、公債発行が続き、90年初頭のバブル経済崩壊以降は景気の低迷などにより税収が落ち込んだことから景気を下支えするために種々の経済対策が講じられた。これに加え、近年の高齢化の進展等に伴い社会保障関連費が増加したことなどにより、公債発行額が増加してきた。特に、2020年度には新型コロナウイルス感染症が流行したため、国債を大量に発行して補正予算を組んだ結果、公債発行額は当初予算規模を上回る109兆円に達したものの、23年度当初は36兆円となり、コロナ禍前の水準まで下がっている（図28.3.1）。

また、国・地方を合わせた長期債務残高は2014年度末には1000兆円を超え、23年度末の対GDP比は224％まで上昇するものと見込まれている（図28.3.2）。

債務残高の国際比較

社会保障基金も含めた一般政府の債務残高（対GDP比）を主要国と比較すると、日本は1995年ではイタリア、カナダより低かったものの、他の主要国が「緩やかな上昇」または「横這い」で推移する中、急上昇して、2000年には主要国中で最悪の水準である130.7％に達し、その後も上昇し続け、23年には246.9％まで上昇するものと見込まれている（図28.3.3）。

国債残高の保有割合

我が国の場合、国債残高の93％が国内で保有されていることなどから、これまでは国債を安定的に発行することができた（図28.3.4）。しかしながら、国債の国内消化を支えてきた国内貯蓄は高齢化等により伸び悩む一方、政府の債務残高が増加の一途をたどるなど、国債発行を巡る状況が変化してきていることを踏まえれば、国債金利がゼロ・パーセント近傍で安定している今のうちに、財政健全化を着実に進める必要がある。

歳出に占める国債費の割合

上述したように公債残高が急増した結果、ゼロ金利政策の下、予算計上のための10年国債の積算金利が1.1％という低金利の状況であるにもかかわらず、国債などの償還のための債務償還費が16.8兆円（国の一般会計歳出の14.6％）に、利払費等が8.5兆円（同7.4％）に達し、両方を合わせた「国債費」が25.3兆円となり、歳出総額の22.1％を占めている。これに「社会保障関係費」や「地方交付税交付金等」を加えると全体の約７割に達しており、他の支出を圧迫していることから、財政健全化のための取組みが急務となっている（図28.1.2）。

図28.3.1　一般会計の公債発行額の推移

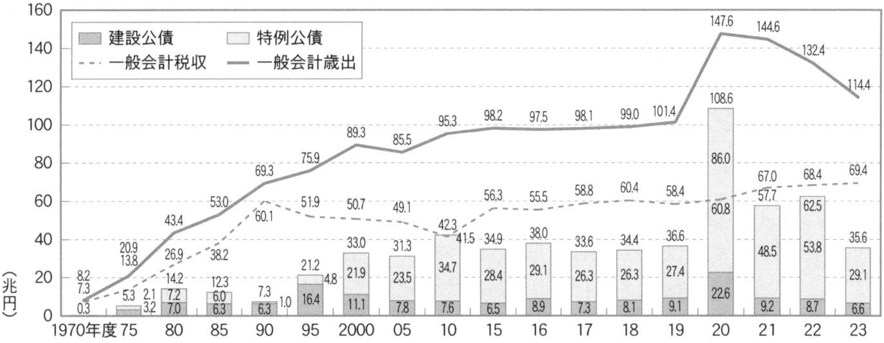

注　　2021年度までは実績、22年度は２次補正後予算、23年度は当初予算。
資料　財務省ホームページ

図28.3.2　国・地方の長期債務残高の推移

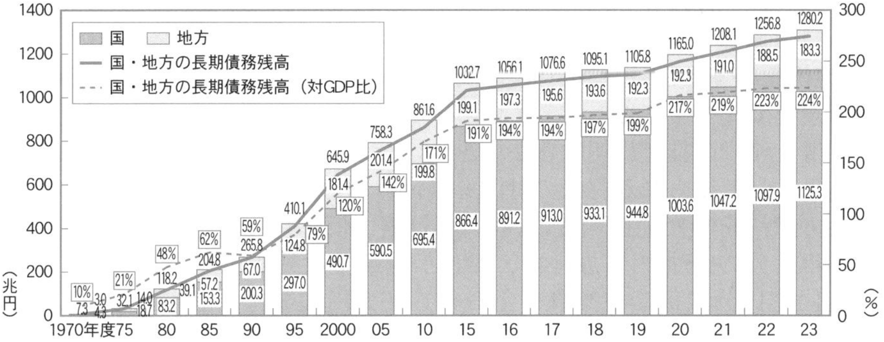

注　　2021年度までは実績値、22年度は２次補正後、23年度は当初。
「国・地方の合計額」は重複分を差し引いた金額である。
資料　図28.3.1と同じ。

図28.3.3　主要国の債務残高の国際比較（対GDP比）

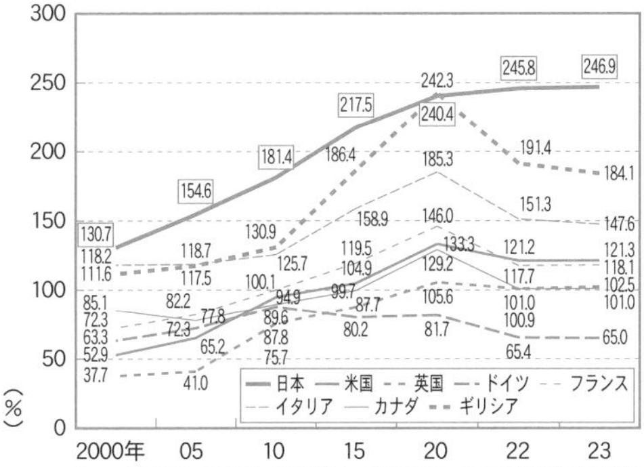

注　　計数は一般政府（中央政府・地方政府・社会保障基金を合算したもの）ベース。
資料　OECD Economic Outlook 113号（2023年６月）

図28.3.4　国債の所有者別内訳（2023年３月末）

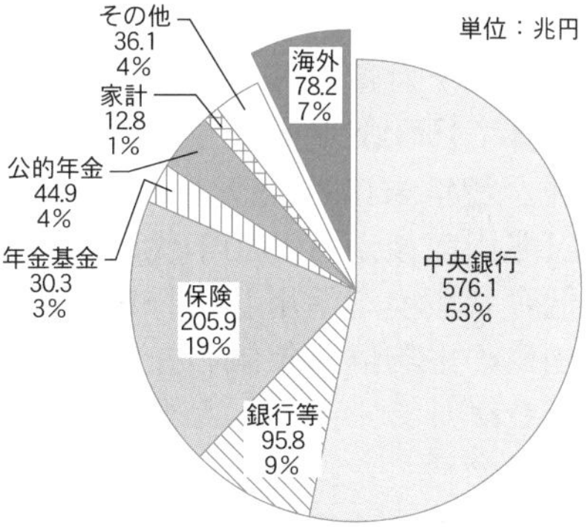

資料　日本銀行「資金循環統計」

28.4　DX経済移行債発行を含む国債発行計画と国債管理政策

60年償還ルールと借換債を含む国債発行計画

国債は、減価償却と同様の考え方に基づき60年間で償還することとしており、毎年、国債残高の60分の1に相当する額を償還する仕組み（減債制度）となっている。このため、2023年度当初予算に基づく国債発行計画では157.6兆円の借換債を発行する予定である。この結果、一般会計予算に盛り込まれる新規国債発行額（35.6兆円）に借換債、財投債等を加えた国債発行額は合計205.8兆円となっている（図28.4.1)。特に、20年度は新型コロナウイルス感染症対策（コロナ対策）に伴い109兆円の新規国債を消化する必要が生じたことから、短期国債を大量に発行し、その結果、21年度以降の借換債発行額は1.5倍程度に急増している。

DX経済移行債の発行

脱炭素成長型経済構造への円滑な移行を推進するため、今後10年間で150兆円を超えるGX投資を官民協調で実現していくこととし、政府も約20兆円規模で支援することとしている。このため、脱炭素成長型経済構造への円滑な移行の推進に関する法律を制定し、カーボンプライシングの導入の結果として得られる将来の財源を裏付けとして、2023年度から10年間、国会の議決を経た範囲内でGX経済移行債（仮称）を発行することとし、2023年度分の0.5兆円に加えて、2022年度第２次補正予算で先行的に措置した1.1兆円分に係る借換債を合わせて1.6兆円の発行を予定している。具体的な発行方法については、国際標準に準拠した新たな形での発行も目指して、６月には関係府省連絡会議を開催し、検討を始めている。

国債管理政策：低金利下での利払費と平均償還年限の長期化

コロナ対策に伴う国債の大量発行の結果、普通国債残高は2023年度当初予算では1068兆円まで膨らむものと見込まれているものの、国債の平均金利が22年末には0.8％まで大幅に低下したことから、利払費は1990年代の11兆円前後から2020年代には７兆円強まで低下している（図28.4.2)。また、低金利環境を活用して将来に渡る利払費を抑制する観点から19年度までは国債の平均償還年限の長期化を図っており、同年度にはフローベースで９年０ケ月まで上昇したものの、20年度にはコロナ対策のため短期国債を大量に発行したことから、フローベースで６年８ケ月まで低下した。ただし、残高ベースでの落ち込みは少なく、23年度にはコロナ前の水準を上回る９年６ケ月まで上昇する見込みである（図28.4.3)。

図28.4.1　国債発行額（発行根拠法別）の推移　（1975～2023年度）

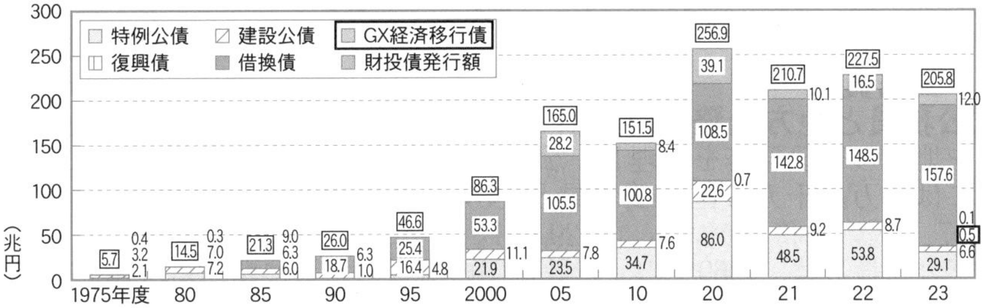

注１　国債発行額は収入金ベース。
　２　2021年度までは実績、2022年度は国債発行計画（２次補正後）、2023年度は国債発行計画（当初）。
　３　1990年度は臨時特例債（0.97億円）、1995年度は減税特例債（2.85億円）を含む。
資料　財務省

図28.4.2　利払費と普通国債残高・金利の推移

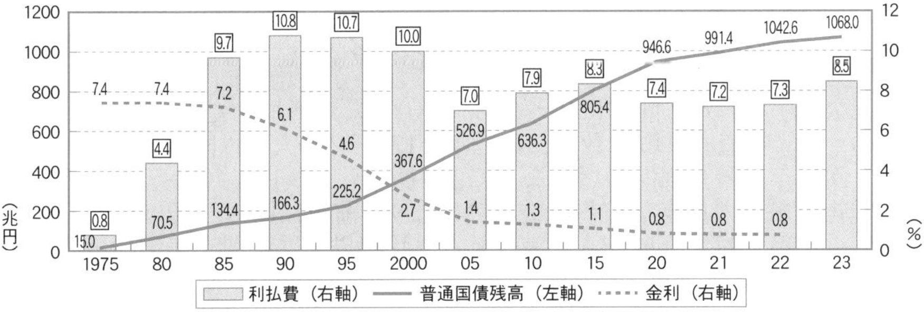

注１　利払費は、2021年度までは決算、2022年度は２次補正後予算、2023年度は予算による。
　２　金利は、普通国債の利率加重平均の値を使用。
　３　普通国債残高は各年度３月末現在高。ただし、令和４年度は２次補正後予算、令和５年度は予算に基づく見込み。
資料　財務省ホームページ

図28.4.3　普通国債の平均償還年限の推移

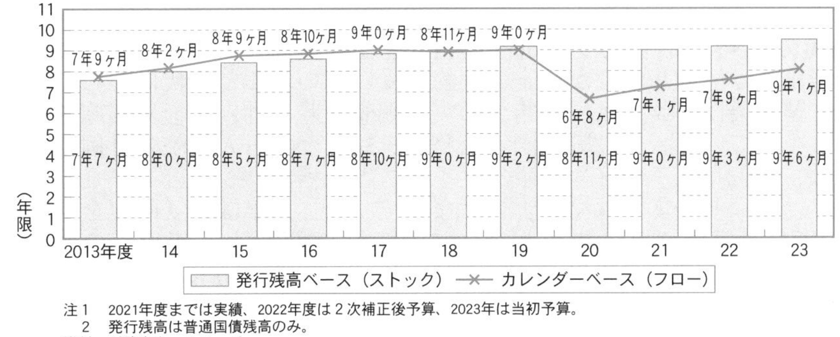

注１　2021年度までは実績、2022年度は２次補正後予算、2023年は当初予算。
　２　発行残高は普通国債残高のみ。
資料　財務省ホームページ

第29章　公　　務

29.1　公務員

国家公務員と地方公務員は合計338万７千人

国や地方の行政事務を処理し、公的サービスなどを提供するために、我が国には58万３千人の国家公務員と280万４千人の地方公務員、合わせて338万７千人の公務員がいる（表29.1.1）。

国家公務員数は、1969年の「行政機関の職員の定員に関する法律」（昭和44年法律第33号）により自衛官、大臣、委員等を除き、上限（定員）が定められている。また、政府は定員管理に関する方針を閣議決定して各府省等ごとに合理化目標数を定めている。自衛官を除く行政部門の国家公務員数は、1970年度（89万６千人）以降減少を続けていたが、2017年度（29万７千人）から23年度30万５千人と感染症対策などにより、わずかずつではあるが６年連続で増加した（図29.1.1）。

地方自治体においても、行財政改革の一環として公務員数の抑制が図られている。地方公務員数は、1994年（328万２千人）以降減少を続けていたが、2016年（273万７千人）以降はほぼ横ばいか微増傾向で推移しており、22年は280万４千人と前年に比べ0.1％（3,003人）増加した。

このうち、都道府県職員数は、1992年（174万２千人）以降減少を続けていたが、2016年は警察部門の増員などにより微増した。17年（138万８千人）は県費負担教職員の指定都市への委譲等により、前年に比べ7.5％（113,075人）減少し、18年も0.1％（1,198人）減少した。19年以降は特別支援学校・学級の体制強化や感染症対策の体制強化等により増加し、22年（143万５千人）は前年に比べ0.2％（2,768人）増加した。市町村職員数は1996年（155万５千人）以降減少を続けていたが、2017年は県費負担教職員の都道府県からの委譲等により、前年に比べ9.6％（118,408人）増加した。18年は0.3％（4,538人）、19年は交通事業の民営化等により0.1％（689人）減少した。20年以降は感染症対策等により増加し、22年（136万９千人）は前年に比べ＋0.0％（235人）とほぼ横ばいであった（図29.1.2）。

公務員の給与の改善は人事院勧告に基づき実施

公務員には労働基本権が一定の制約を受けていることの代償として、給与など勤務条件の改善は民間給与の実態調査を基に勧告を経て実施されることになっている。一般職の国家公務員を対象とする人事院の月例給の勧告率は、2002年に－2.03％と初のマイナスとなった後、07年に＋0.35％となって以降はゼロまたはマイナスとなっていた。14年は景気回復を反映して＋0.27％と７年ぶりの増額となり、19年も＋0.09％と６年連続の増額。20年、21年は感染症の影響で据え置き、22年は３年ぶりに＋0.23％、23年は＋0.96％の増額勧告となっている。また、23年のボーナスの支給月数は0.1カ月引上げ勧告となっている（表29.1.2）。

表29.1.1　公務員の数

（単位　人）

区　　分	公務員数	備　　考
公務員数合計	3 387 079	国家公務員及び地方公務員
国家公務員	583 415	
国の行政機関	304 687	
自衛官	247 154	
大臣、委員等の特別職	221	
特別機関	31 353	国会、裁判所、会計検査院、人事院
地方公務員	2 803 664	各自治体の職員
都道府県	1 434 909	
市町村	1 368 755	

注　国家公務員は、2023年度末定員
　　地方公務員は、2022年４月１日現在の定員
資料　内閣官房「国の行政機関の定員」
　　総務省「令和４年地方公共団体定員管理調査結果」

図29.1.1　国の行政機関の定員の推移

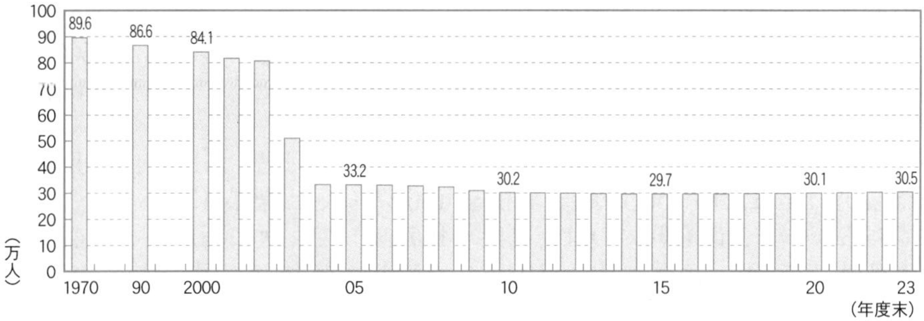

資料 内閣官房「国の行政機関の定員」

図29.1.2　地方公務員数の推移

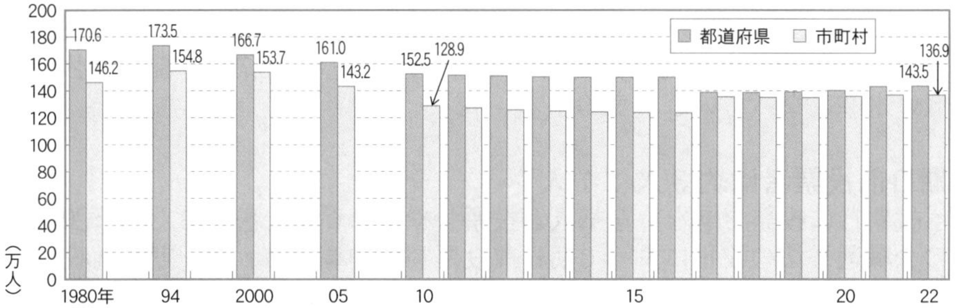

資料　総務省「令和４年地方公共団体定員管理調査結果」

表29.1.2　国家公務員給与の推移

	2002年	07	10	13	14	15	17	18	19	20	21	22	23
月例給勧告率（%）	−2.03	0.35	−0.19	—	0.27	0.36	0.15	0.16	0.09	—	—	0.23	0.96
特別給(ボーナス)年間支給月数(月)	4.65	4.50	3.95	3.95	4.10	4.20	4.40	4.45	4.50	4.45	4.30	4.40	4.50

注　「—」は据え置きを示す。
資料　人事院「令和５年人事院勧告」

29.2　選挙

改憲勢力は参議院全体の３分の２を超える

直近の2022年７月参議院議員通常選挙は、円安、物価高、賃金など経済政策を主な争点として実施され、自由民主党63議席、公明党13議席の与党に、改憲に前向きな日本維新の会12議席、国民民主党５議席を加えた４つの党・会で93議席を獲得した。これに非改選の84議席を合わせると、この勢力全体で177議席となり、参議院の全議席の３分の２（166議席）以上となった。

一方、2021年10月の衆議院議員総選挙では、自民党は259議席を獲得して単独で過半数（233議席）を超えた。これに与党の公明党を加え、さらに日本維新の会を合わせると332議席となり、衆議院の全議席の３分の２（310議席）を超え、改憲発議に必要な議席を確保している（図29.2.1、図29.2.2）。

投票率は前回を若干上回る

直近の2022年７月参議院議員通常選挙の投票率（選挙区）は52.05％で、19年の前回参院選の48.80％より3.25ポイント上回った。この投票率は、16年の54.70％以来の50％台となっている（図29.2.3）。

この投票率を都道府県別に高い順にみると、山形県（61.87％）、長野県（57.70％）、東京都（56.55％）、島根県（56.37％）、山梨県（56.23％）となっている。一方、最も低いのは徳島県（45.72％）で、次に石川県（46.41％）、広島県（46.79％）、栃木県（46.98％）、茨城県（47.22％）と続いている。

当選者に占める女性の割合は低い

当選者に占める女性の割合は、直近の2022年７月参議院議員通常選挙では、27.4％となっており、上昇傾向であるが、低い水準となっている。また、直近の21年10月衆議院議員総選挙では女性の割合は9.7％となっており、低い水準になっている（表29.2）。

期日前投票者は約３人に１人

投票日に投票できない選挙人が投票しやすい環境を整えるため、2003年の公職選挙法の改正によって期日前投票制度が導入された。期日前投票者数の推移をみると、直近の22年７月の参議院議員通常選挙では、1961万人となり、前回19年の1706万人を約255万人上回った。有権者数に占める割合は18.6％で、投票者数に占める割合は35.9％と投票者約３人のうち１人が期日前投票を行っている（図29.2.4）。

期日前投票者数の増加は、投票に便利な公共施設やショッピングセンター等への投票所の設置の増加など利便性が進んだことなどによる。

図29.2.1　最近の参議院議員通常選挙における政党別当選者数

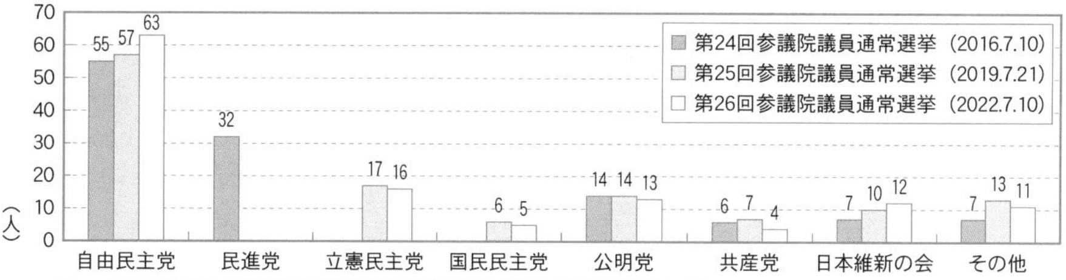

注　「日本維新の会」の第24回参議院議員通常選挙の結果は「おおさか日本維新の会」の数
資料　総務省ホームページ「選挙関連資料」など

図29.2.2　最近の衆議院議員総選挙における政党別当選者数

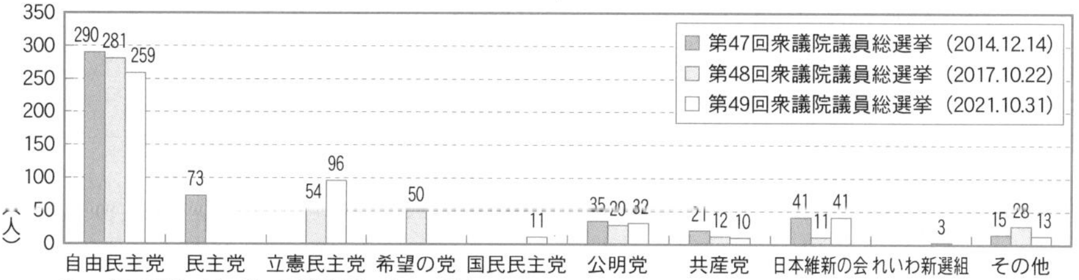

注　「日本維新の会」の第47回衆議院選挙の結果は「維新の党」の数
資料　総務省「衆議院議員総選挙・最高裁判所裁判官国民審査結果調」追加公認は含まず。

図29.2.3　国政選挙の投票率

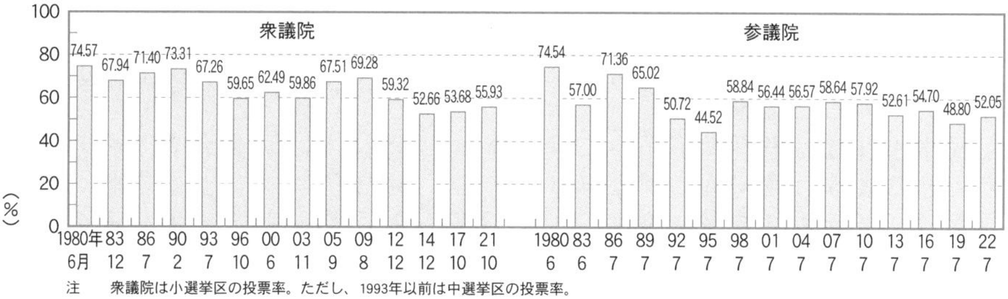

注　衆議院は小選挙区の投票率。ただし、1993年以前は中選挙区の投票率。
参議院は選挙区の投票率。ただし、1980年は地方区の投票率。
資料　総務省「衆議院議員総選挙・最高裁判所裁判官国民審査結果調」、「参議院議員通常選挙結果調」

図29.2.4　期日前投票者数

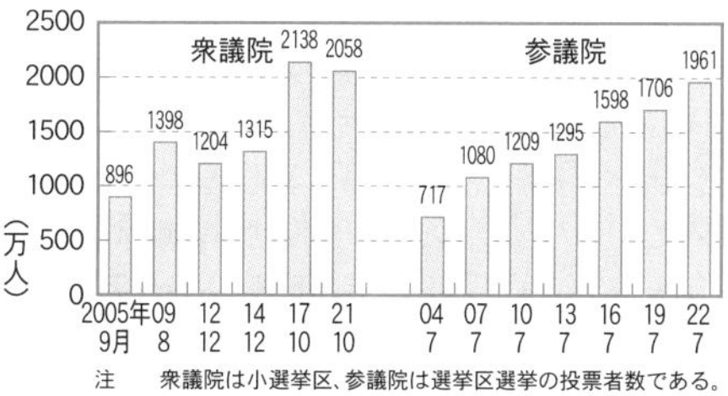

注　衆議院は小選挙区、参議院は選挙区選挙の投票者数である。
資料　図29.2.3と同じ。

表29.2　当選者に占める女性の割合

衆議院	女性の割合（%）
第44回（2005年９月）	9.0
第45回（2009年８月）	11.3
第46回（2012年12月）	7.9
第47回（2014年12月）	9.5
第48回（2017年10月）	10.1
第49回（2021年10月）	9.7

参議院	女性の割合（%）
第21回（2007年７月）	21.5
第22回（2010年７月）	14.0
第23回（2013年７月）	18.2
第24回（2016年７月）	23.1
第25回（2019年７月）	22.6
第26回（2022年７月）	27.4

資料　図29.2.3と同じ

29.3　司法

弁護士は前年から減少

法曹人口のうち、裁判官は裁判所職員定員法、検察官は行政機関職員定員令に定員が定められ、2023年度はそれぞれ3,826人、2,766人である。一方、弁護士は44,961人で、22年から2,024人増加している（図29.3.1）。

弁護士白書によると都道府県別弁護士１人当たり人口が最も多いのは秋田県（12,434人）、次いで岩手県（11,612人）、青森県（11,000人）、最も少ないのが東京都（651人）、次いで大阪府（1,814人）、京都府（3,060人）となっている。

事件数は近年減少傾向

全裁判所の新受全事件数を1995年以降についてみると、2003年の612万件から22年は338万件と、全体として大きく減少している（図29.3.2）。件数の最も多い民事・行政事件は2000～04年は300万件を超えていたが、その後、「調停」や過払金返還請求を含む「通常訴訟」、「督促」の減少などにより減少傾向にあった。また、15年（143万件）から18年（155万件）は、やや増加が続いていたが、19年（152万件）から20年（135万件）、22年（137万件）と減少傾向となっている（図29.3.3）。

民事調停の減少続く

2022年に簡易裁判所および地方裁判所で第１審として受け付けられた民事・行政事件45.3万件の内訳をみると、金銭関係の39.8万件（87.8％）が圧倒的に多く、これに建物関係3.5万件（7.6％）、土地関係0.8万件（1.7％）が続いている（図29.3.4）。

民事事件は、当事者が互いに譲り合って実情に応じた解決策を得ることができるよう、裁判所に調停を申し立てることができる。民事調停の新受件数は1990年以降急激に増加し、2003年は61.5万件に達したが、その後10年は8.8万件と10万件を下回り、22年は3.4万件と減少した。これは、国民の権利意識が強くなり、話し合いの調停による解決ではなく訴訟をすることが多くなってきたことなどが考えられる（図29.3.5）。

家事審判事件は増加傾向

家庭裁判所における家庭に関する事件（家事事件）の新受件数についてみると、2016年は102.3万件となり、初めて100万件を超え、22年は114.8万件と更に増加した。これは、国民の法意識や権利意識の高まりなどから家族間の紛争、成年後見人関係、相続関係などの家事審判事件が増加傾向にあるためで、この家事審判事件は、22年には97.6万件と前年から0.9万件増加している。他方、家事調停が12.4万件、その他が4.8万件で、ほぼ横ばいで推移している（図29.3.6）。

図29.3.1　法曹人口の推移

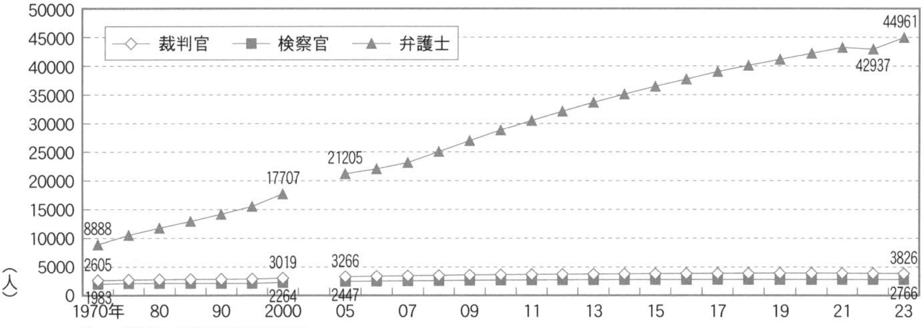

注　　裁判官、検察官は各年度の定員
資料　最高裁判所「裁判所データブック2023」

図29.3.2　新受全事件数の推移

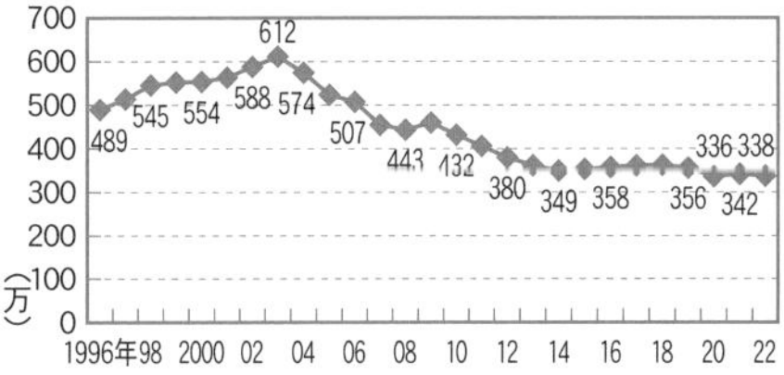

資料　図29.3.1と同じ。

図29.3.3　各新受事件の推移（全裁判所）

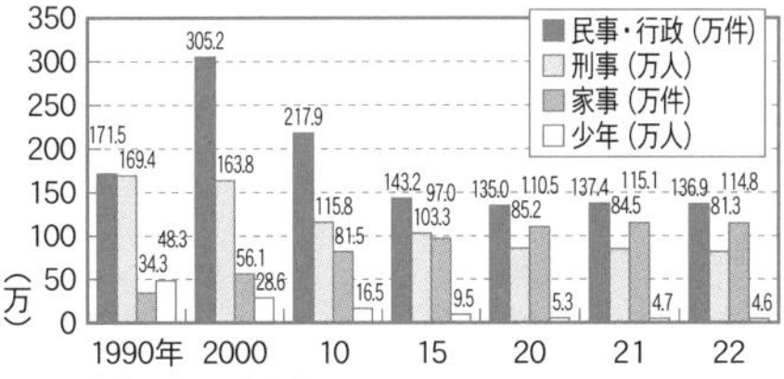

資料　図29.3.1と同じ。

図29.3.5　民事調停事件新受件数の推移

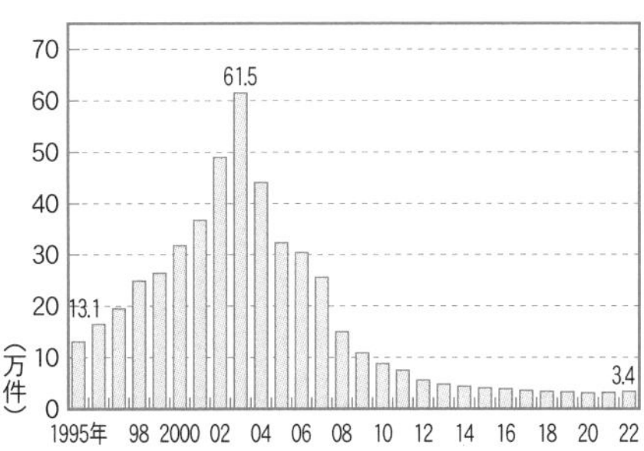

資料　図29.3.1と同じ。

図29.3.4　民事事件（第一審通常）新受件数（2022年）

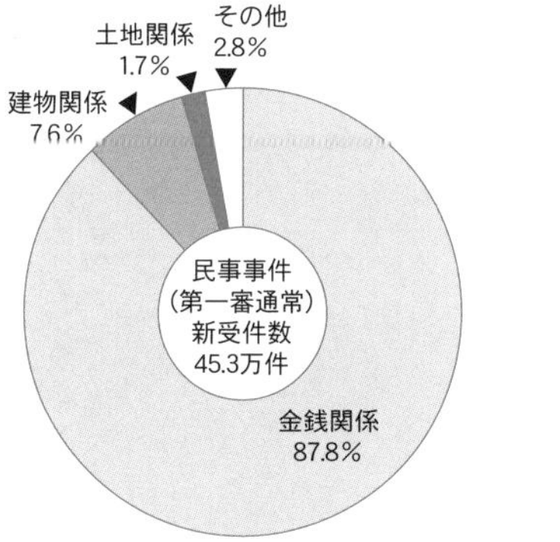

注　　簡易裁判所と地方裁判所の合計
資料　最高裁判所「司法統計」

図29.3.6　家事事件新受件数の推移

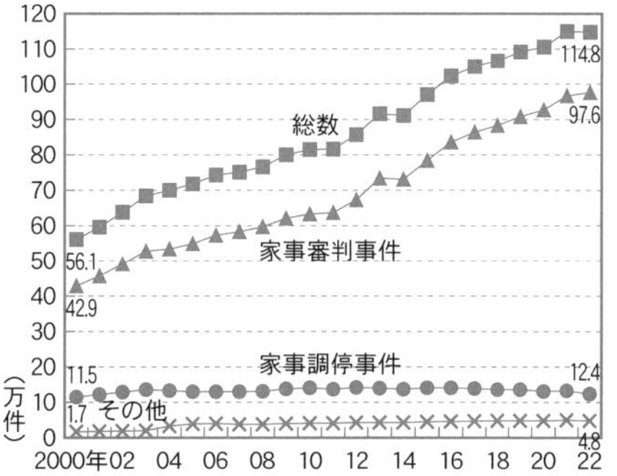

資料　最高裁判所「司法統計」

付　録

我が国の主要統計行政機構（概略図）

（2023年４月現在）

統計の作成、調査の実施

		〈主な統計組織〉	〈統計・調査の例〉
中央（各府省）	内閣府	経済社会総合研究所	国民経済計算、機械受注統計調査、消費動向調査 など
	総務省	統計局	国勢調査、経済センサス、労働力調査、家計調査 など
	法務省	大臣官房司法法制部	登記統計、出入国管理統計 など
	財務省	財務総合政策研究所	法人企業統計調査、貿易統計、国際収支統計 など
	文部科学省	総合教育政策局	学校基本調査、学校保健統計、社会教育統計 など
	厚生労働省	政策統括官	人口動態調査、国民生活基礎調査、毎月勤労統計調査 など
	農林水産省	大臣官房統計部	農林業センサス、漁業センサス、作物統計 など
	経済産業省	大臣官房調査統計グループ	鉱工業指数、商業動態統計調査、中小企業実態基本調査 など
	国土交通省	総合政策局	建築着工統計調査、自動車輸送統計調査、港湾統計 など
	環境省	大臣官房総合政策課	環境保健サーベイランス調査 など
地方	各府省の地方統計部局	地方農政局、経済産業局 など	
	都道府県 市区町村	統計主管課、教育委員会 など	

統計の調整

統計委員会

総務省　政策統括官（統計制度担当）

統計の研修

総務省統計研究研修所

【備考】・図に掲げていない省庁でも、統計の作成や調査の実施を行っている。
・統計関係機関（法人）の主なものとして、統計センター、統計数理研究所、日本銀行がある。

基　幹　統　計　一　覧

〈2023年11月現在〉

内閣府《1》
国民経済計算（注１）

総務省《14》
国勢統計
住宅・土地統計
労働力統計
小売物価統計
家計統計
個人企業経済統計
科学技術研究統計
地方公務員給与実態統計
就業構造基本統計
全国家計構造統計
社会生活基本統計
経済構造統計　（注２）
産業連関表　（注１、注３）
人口推計　（注１）

財務省《1》
法人企業統計

国税庁《1》
民間給与実態統計

文部科学省《4》
学校基本統計
学校保健統計
学校教員統計
社会教育統計

厚生労働省《9》
人口動態統計
毎月勤労統計
薬事工業生産動態統計
医療施設統計
患者統計
賃金構造基本統計
国民生活基礎統計
生命表　（注１）
社会保障費用統計　（注１）

農林水産省《7》
農林業構造統計
牛乳乳製品統計
作物統計
海面漁業生産統計
漁業構造統計
木材統計
農業経営統計

経済産業省《7》
経済産業省生産動態統計
ガス事業生産動態統計
石油製品需給動態統計
商業動態統計
経済産業省特定業種石油等消費統計
経済産業省企業活動基本統計
鉱工業指数　（注１）

国土交通省《9》
港湾統計
造船造機統計
建築着工統計
鉄道車両等生産動態統計
建設工事統計
船員労働統計
自動車輸送統計
内航船舶輸送統計
法人土地・建物基本統計

合　　計《53》

注１　国民経済計算、産業連関表、生命表、社会保障費用統計、鉱工業指数及び人口推計は、他の統計を加工することによって作成される「加工統計」であり、その他の統計は統計調査によって作成される。
注２　経済構造統計は、総務省のほか、経済産業省も作成者となっている。
注３　産業連関表は、総務省のほか、内閣府、金融庁、財務省、文部科学省、厚生労働省、農林水産省、経済産業省、国土交通省及び環境省も作成者となっている。

2021年（令和３年）日本経済の循環（「第13章　国民経済」関連図）

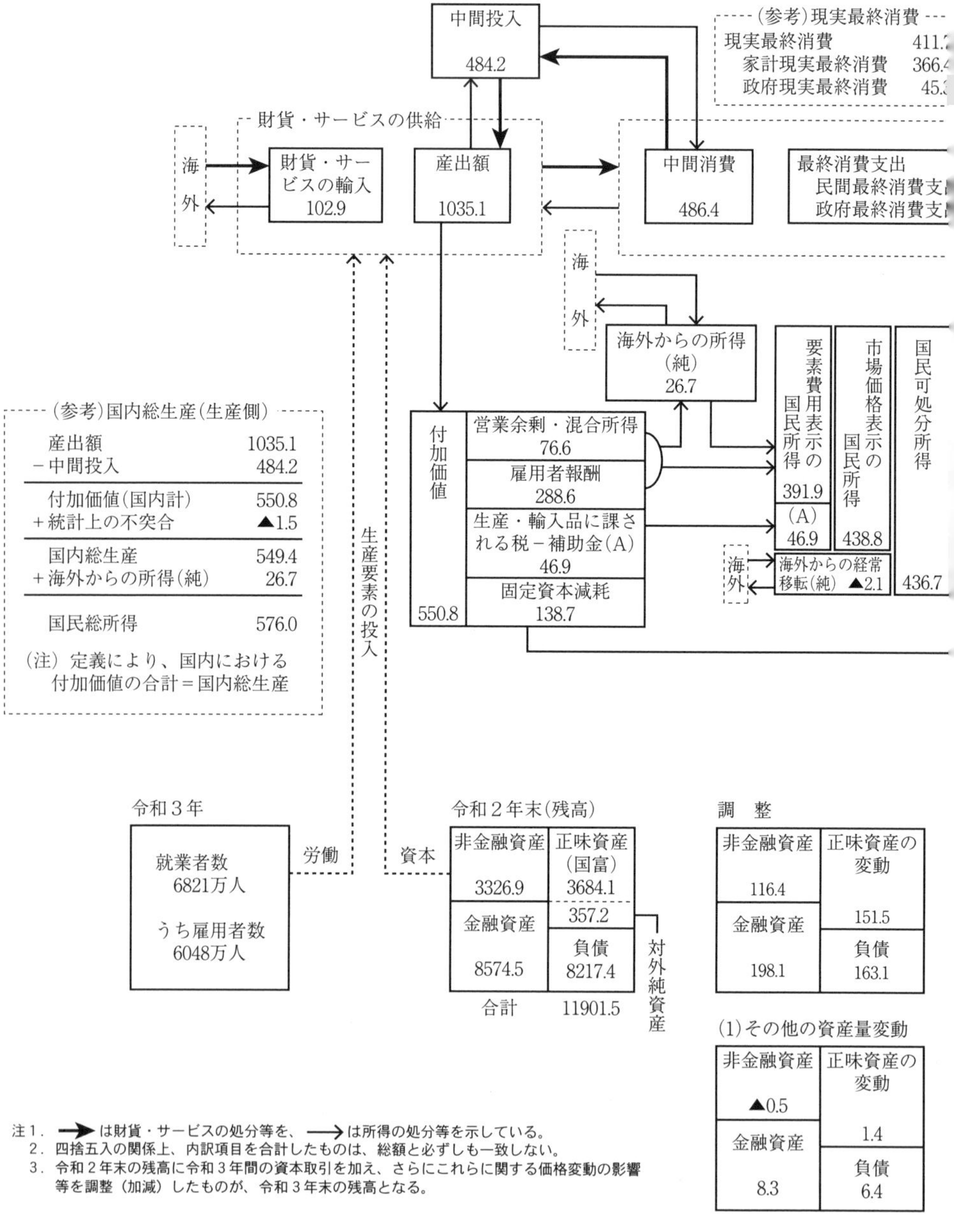

注１．➡は財貨・サービスの処分等を、⟶は所得の処分等を示している。
２．四捨五入の関係上、内訳項目を合計したものは、総額と必ずしも一致しない。
３．令和２年末の残高に令和３年間の資本取引を加え、さらにこれらに関する価格変動の影響等を調整（加減）したものが、令和３年末の残高となる。

（単位：兆円）

（参考）国内総生産（支出側）

最終消費支出	411.7
＋総資本形成	140.6
＋財貨・サービスの輸出	100.0
－財貨・サービスの輸入	102.9
国内総生産	549.4
＋海外からの所得（純）	26.7
国民総所得	576.0

（参考）海外との取引

財貨・サービスの輸出	100.0
－財貨・サービスの輸入	102.9
＋海外からの所得（純）	26.7
＋海外からの経常移転（純）	▲2.1
＋海外からの資本移転（純）	▲0.4
純貸出（＋）／純借入（－）	21.2

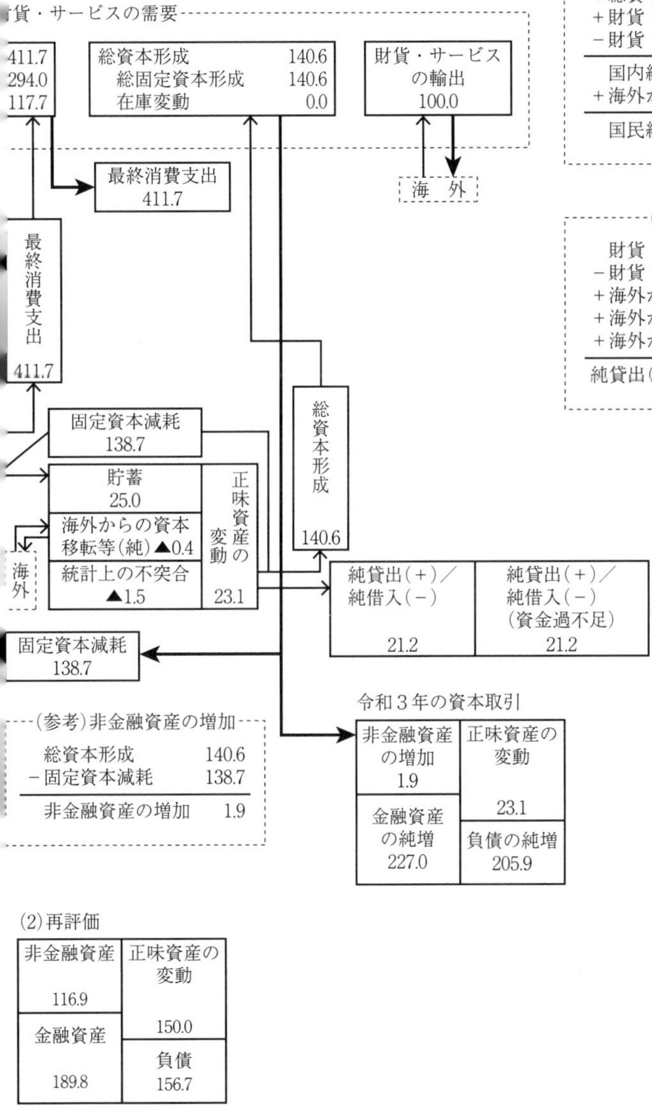

令和３年末（残高）

非金融資産 3445.3	正味資産（国富） 3858.7
	413.4（対外純資産）
金融資産 8999.7	負債 8586.3
合計	12445.0

都道府県別人口（明治21年～令和４年）（１）
1888　2022

地域	明治21年[1] 1888	明治41年[1] 1908	大正９年 1920	大正14年 1925	昭和５年 1930	昭和10年 1935
全国	39,626,600	49,318,300	55,963,053	59,736,822	64,450,005	69,254,148
北海道	308,600	1,322,400	2,359,183	2,498,679	2,812,335	3,068,282
青森県	527,600	698,900	756,454	812,977	879,914	967,129
岩手県	655,400	760,800	845,540	900,984	975,771	1,046,111
宮城県	735,100	854,100	961,768	1,044,036	1,142,784	1,234,801
秋田県	684,300	869,800	898,537	936,408	987,706	1,037,744
山形県	742,600	892,100	968,925	1,027,297	1,080,034	1,116,822
福島県	913,800	1,183,300	1,362,750	1,437,596	1,508,150	1,581,563
茨城県	992,100	1,216,400	1,350,400	1,409,092	1,487,097	1,548,991
栃木県	673,900	926,700	1,046,479	1,090,428	1,141,737	1,195,057
群馬県	692,600	906,700	1,052,610	1,118,858	1,186,080	1,242,453
埼玉県	1,042,400	1,229,500	1,319,533	1,394,461	1,459,172	1,528,854
千葉県	1,158,800	1,312,200	1,336,155	1,399,257	1,470,121	1,546,394
東京都	1,354,400	2,681,400	3,699,428	4,485,144	5,408,678	6,369,919
神奈川県	919,100	1,092,100	1,323,390	1,416,792	1,619,606	1,840,005
新潟県	1,662,900	1,765,500	1,776,474	1,849,807	1,933,326	1,995,777
富山県	748,500	748,700	724,276	749,243	778,953	798,890
石川県	743,000	752,000	747,360	750,854	756,835	768,416
福井県	594,700	612,100	599,155	597,899	618,144	646,659
山梨県	443,400	550,000	583,453	600,675	631,042	646,727
長野県	1,107,500	1,352,200	1,562,722	1,629,217	1,717,118	1,714,000
岐阜県	904,500	995,100	1,070,407	1,132,557	1,178,405	1,225,799
静岡県	1,048,400	1,323,100	1,550,387	1,671,217	1,797,805	1,939,860
愛知県	1,436,100	1,786,500	2,089,762	2,319,494	2,567,413	2,862,701
三重県	908,300	1,031,200	1,069,270	1,107,692	1,157,407	1,174,595
滋賀県	655,800	657,400	651,050	662,412	691,631	711,436
京都府	865,500	1,099,800	1,287,147	1,406,382	1,552,832	1,702,508
大阪府	1,242,400	1,948,200	2,587,847	3,059,502	3,540,017	4,297,174
兵庫県	1,510,500	1,891,000	2,301,799	2,454,679	2,646,301	2,923,249
奈良県	493,000	548,600	564,607	583,828	596,225	620,471
和歌山県	621,400	700,400	750,411	787,511	830,748	864,087
鳥取県	393,700	426,300	454,675	472,230	489,266	490,461
島根県	691,500	721,800	714,712	722,402	739,507	747,119
岡山県	1,059,400	1,174,700	1,217,698	1,238,447	1,283,962	1,332,647
広島県	1,291,400	1,533,900	1,541,905	1,617,680	1,692,136	1,804,916
山口県	910,800	1,012,000	1,041,013	1,094,544	1,135,637	1,190,542
徳島県	676,100	698,800	670,212	689,814	716,544	728,748
香川県	659,600	704,500	677,852	700,308	732,816	748,656
愛媛県	905,100	1,024,300	1,046,720	1,096,366	1,142,122	1,164,898
高知県	565,600	647,800	670,895	687,478	718,152	714,980
福岡県	1,209,600	1,635,400	2,188,249	2,301,668	2,527,119	2,755,804
佐賀県	551,900	650,700	673,895	684,831	691,565	686,117
長崎県	744,600	1,048,900	1,136,182	1,163,945	1,233,362	1,296,883
熊本県	1,041,500	1,204,100	1,233,233	1,296,086	1,353,993	1,387,054
大分県	780,000	856,200	860,282	915,136	945,771	980,458
宮崎県	404,300	528,600	651,097	691,094	760,467	824,431
鹿児島県	981,200	1,246,100	1,415,582	1,472,193	1,556,690	1,591,466
沖縄県	373,700	496,000	571,572	557,622	577,509	592,494

１）明治21年、41年は乙種現住人口
２）沖縄県は調査されなかったため、含まれていない。
３）沖縄県に奄美群島の人口を含む。
４）長野県西筑摩群山口村と岐阜県中津川市の境界紛争地域人口（男39人、女34人）は全国に含まれているが、長野県及び岐阜県のいずれにも含まれていない。
５）令和4年は人口推計
明治21年、41年、令和４年以外は国勢調査

都道府県別人口（明治21年～令和４年）（２）
1888　2022

地域	昭和15年 1940	昭和22年[2)] 1947	昭和25年[3)] 1950	昭和30年 1955	昭和35年[4)] 1960	昭和40年 1965
全国	73,114,308	78,101,473	84,114,574	90,076,594	94,301,623	99,209,137
北海道	3,272,718	3,852,821	4,295,567	4,773,087	5,039,206	5,171,800
青森県	1,000,509	1,180,245	1,282,867	1,382,523	1,426,606	1,416,591
岩手県	1,095,793	1,262,743	1,346,728	1,427,097	1,448,517	1,411,118
宮城県	1,271,238	1,566,831	1,663,442	1,727,065	1,743,195	1,753,126
秋田県	1,052,275	1,257,398	1,309,031	1,348,871	1,335,580	1,279,835
山形県	1,119,338	1,335,653	1,357,347	1,353,649	1,320,664	1,263,103
福島県	1,625,521	1,992,460	2,062,394	2,095,237	2,051,137	1,983,754
茨城県	1,620,000	2,013,735	2,039,418	2,064,037	2,047,024	2,056,154
栃木県	1,206,657	1,534,311	1,550,462	1,547,580	1,513,624	1,521,656
群馬県	1,299,027	1,572,787	1,601,380	1,613,549	1,578,476	1,605,584
埼玉県	1,608,039	2,100,453	2,146,445	2,262,623	2,430,871	3,014,983
千葉県	1,588,425	2,112,917	2,139,037	2,205,060	2,306,010	2,701,770
東京都	7,354,971	5,000,777	6,277,500	8,037,084	9,683,802	10,869,244
神奈川県	2,188,974	2,218,120	2,487,665	2,919,497	3,443,176	4,430,743
新潟県	2,064,402	2,418,271	2,460,997	2,473,492	2,442,037	2,398,931
富山県	822,569	979,229	1,008,790	1,021,121	1,032,614	1,025,465
石川県	757,676	927,743	957,279	966,187	973,418	980,499
福井県	643,904	726,264	752,374	754,055	752,696	750,557
山梨県	663,026	807,251	811,369	807,044	782,062	763,194
長野県	1,710,729	2,060,010	2,060,831	2,021,292	1,981,433	1,958,007
岐阜県	1,265,024	1,493,644	1,544,538	1,583,605	1,638,399	1,700,365
静岡県	2,017,860	2,353,005	2,471,472	2,650,435	2,756,271	2,912,521
愛知県	3,166,592	3,122,902	3,390,585	3,769,209	4,206,313	4,798,653
三重県	1,198,783	1,416,494	1,461,197	1,485,582	1,485,054	1,514,467
滋賀県	703,679	858,367	861,180	853,734	842,695	853,385
京都府	1,729,993	1,739,084	1,832,934	1,935,161	1,993,403	2,102,808
大阪府	4,792,966	3,334,659	3,857,047	4,618,308	5,504,746	6,657,189
兵庫県	3,221,232	3,057,444	3,309,935	3,620,947	3,906,487	4,309,944
奈良県	620,509	779,935	763,883	776,861	781,058	825,965
和歌山県	865,074	959,999	982,113	1,006,819	1,002,191	1,026,975
鳥取県	484,390	587,606	600,177	614,259	599,135	579,853
島根県	740,940	894,267	912,551	929,066	888,886	821,620
岡山県	1,329,358	1,619,622	1,661,099	1,689,800	1,670,454	1,645,135
広島県	1,869,504	2,011,498	2,081,967	2,149,044	2,184,043	2,281,146
山口県	1,294,242	1,479,244	1,540,882	1,609,839	1,602,207	1,543,573
徳島県	718,717	854,811	878,511	878,109	847,274	815,115
香川県	730,394	917,673	946,022	943,823	918,867	900,845
愛媛県	1,178,705	1,453,887	1,521,878	1,540,628	1,500,687	1,446,384
高知県	709,286	848,337	873,874	882,683	854,595	812,714
福岡県	3,094,132	3,178,134	3,530,169	3,859,764	4,006,679	3,964,611
佐賀県	701,517	917,797	945,082	973,749	942,874	871,885
長崎県	1,370,063	1,531,674	1,645,492	1,747,596	1,760,421	1,641,245
熊本県	1,368,179	1,765,726	1,827,582	1,895,663	1,856,192	1,770,736
大分県	972,975	1,233,651	1,252,999	1,277,199	1,239,655	1,187,480
宮崎県	840,357	1,025,689	1,091,427	1,139,384	1,134,590	1,080,692
鹿児島県	1,589,467	1,746,305	1,804,118	2,044,112	1,963,104	1,853,541
沖縄県	574,579	-	914,937	801,065	883,122	934,176

都道府県別人口（明治21年～令和４年）（３）
1888　2022

地域	昭和45年 1970	昭和50年 1975	昭和55年 1980	昭和60年 1985	平成２年 1990	平成７年 1995
全国	104,665,171	111,939,643	117,060,396	121,048,923	123,611,167	125,570,246
北海道	5,184,287	5,338,206	5,575,989	5,679,439	5,643,647	5,692,321
青森県	1,427,520	1,468,646	1,523,907	1,524,448	1,482,873	1,481,663
岩手県	1,371,383	1,385,563	1,421,927	1,433,611	1,416,928	1,419,505
宮城県	1,819,223	1,955,267	2,082,320	2,176,295	2,248,558	2,328,739
秋田県	1,241,376	1,232,481	1,256,745	1,254,032	1,227,478	1,213,667
山形県	1,225,618	1,220,302	1,251,917	1,261,662	1,258,390	1,256,958
福島県	1,946,077	1,970,616	2,035,272	2,080,304	2,104,058	2,133,592
茨城県	2,143,551	2,342,198	2,558,007	2,725,005	2,845,382	2,955,530
栃木県	1,580,021	1,698,003	1,792,201	1,866,066	1,935,168	1,984,390
群馬県	1,658,909	1,756,480	1,848,562	1,921,259	1,966,265	2,003,540
埼玉県	3,866,472	4,821,340	5,420,480	5,863,678	6,405,319	6,759,311
千葉県	3,366,624	4,149,147	4,735,424	5,148,163	5,555,429	5,797,782
東京都	11,408,071	11,673,554	11,618,281	11,829,363	11,855,563	11,773,605
神奈川県	5,472,247	6,397,748	6,924,348	7,431,974	7,980,391	8,245,900
新潟県	2,360,982	2,391,938	2,451,357	2,478,470	2,474,583	2,488,364
富山県	1,029,695	1,070,791	1,103,459	1,118,369	1,120,161	1,123,125
石川県	1,002,420	1,069,872	1,119,304	1,152,325	1,164,628	1,180,068
福井県	744,230	773,599	794,354	817,633	823,585	826,996
山梨県	762,029	783,050	804,256	832,832	852,966	881,996
長野県	1,956,917	2,017,564	2,083,934	2,136,927	2,156,627	2,193,984
岐阜県	1,758,954	1,867,978	1,960,107	2,028,536	2,066,569	2,100,315
静岡県	3,089,895	3,308,799	3,446,804	3,574,692	3,670,840	3,737,689
愛知県	5,386,163	5,923,569	6,221,638	6,455,172	6,690,603	6,868,336
三重県	1,543,083	1,626,002	1,686,936	1,747,311	1,792,514	1,841,358
滋賀県	889,768	985,621	1,079,898	1,155,844	1,222,411	1,287,005
京都府	2,250,087	2,424,856	2,527,330	2,586,574	2,602,460	2,629,592
大阪府	7,620,480	8,278,925	8,473,446	8,668,095	8,734,516	8,797,268
兵庫県	4,667,928	4,992,140	5,144,892	5,278,050	5,405,040	5,401,877
奈良県	930,160	1,077,491	1,209,365	1,304,866	1,375,481	1,430,862
和歌山県	1,042,736	1,072,118	1,087,012	1,087,206	1,074,325	1,080,435
鳥取県	568,777	581,311	604,221	616,024	615,722	614,929
島根県	773,575	768,886	784,795	794,629	781,021	771,441
岡山県	1,707,026	1,814,305	1,871,023	1,916,906	1,925,877	1,950,750
広島県	2,436,135	2,646,324	2,739,161	2,819,200	2,849,847	2,881,748
山口県	1,511,448	1,555,218	1,587,079	1,601,627	1,572,616	1,555,543
徳島県	791,111	805,166	825,261	834,889	831,598	832,427
香川県	907,897	961,292	999,864	1,022,569	1,023,412	1,027,006
愛媛県	1,418,124	1,465,215	1,506,637	1,529,983	1,515,025	1,506,700
高知県	786,882	808,397	831,275	839,784	825,034	816,704
福岡県	4,027,416	4,292,963	4,553,461	4,719,259	4,811,050	4,933,393
佐賀県	838,468	837,674	865,574	880,013	877,851	884,316
長崎県	1,570,245	1,571,912	1,590,564	1,593,968	1,562,959	1,544,934
熊本県	1,700,229	1,715,273	1,790,327	1,837,747	1,840,326	1,859,793
大分県	1,155,566	1,190,314	1,228,913	1,250,214	1,236,942	1,231,306
宮崎県	1,051,105	1,085,055	1,151,587	1,175,543	1,168,907	1,175,819
鹿児島県	1,729,150	1,723,902	1,784,623	1,819,270	1,797,824	1,794,224
沖縄県	945,111	1,042,572	1,106,559	1,179,097	1,222,398	1,273,440

都道府県別人口（明治21年～令和４年）（４）
1888　2022

地域	平成12年 2000	平成17年 2005	平成22年 2010	平成27年 2015	令和２年 2020	令和４年[5)] 2022
全国	126,925,843	127,767,994	128,057,352	127,094,745	126,146,099	124,947,000
北海道	5,683,062	5,627,737	5,506,419	5,381,733	5,224,614	5,140,000
青森県	1,475,728	1,436,657	1,373,339	1,308,265	1,237,984	1,204,000
岩手県	1,416,180	1,385,041	1,330,147	1,279,594	1,210,534	1,181,000
宮城県	2,365,320	2,360,218	2,348,165	2,333,899	2,301,996	2,280,000
秋田県	1,189,279	1,145,501	1,085,997	1,023,119	959,502	930,000
山形県	1,244,147	1,216,181	1,168,924	1,123,891	1,068,027	1,041,000
福島県	2,126,935	2,091,319	2,029,064	1,914,039	1,833,152	1,790,000
茨城県	2,985,676	2,975,167	2,969,770	2,916,976	2,867,009	2,840,000
栃木県	2,004,817	2,016,631	2,007,683	1,974,255	1,933,146	1,909,000
群馬県	2,024,852	2,024,135	2,008,068	1,973,115	1,939,110	1,913,000
埼玉県	6,938,006	7,054,243	7,194,556	7,266,534	7,344,765	7,337,000
千葉県	5,926,285	6,056,462	6,216,289	6,222,666	6,284,480	6,266,000
東京都	12,064,101	12,576,601	13,159,388	13,515,271	14,047,594	14,038,000
神奈川県	8,489,974	8,791,597	9,048,331	9,126,214	9,237,337	9,232,000
新潟県	2,475,733	2,431,459	2,374,450	2,304,264	2,201,272	2,153,000
富山県	1,120,851	1,111,729	1,093,247	1,066,328	1,034,814	1,017,000
石川県	1,180,977	1,174,026	1,169,788	1,154,008	1,132,526	1,118,000
福井県	828,944	821,592	806,314	786,740	766,863	753,000
山梨県	888,172	884,515	863,075	834,930	809,974	802,000
長野県	2,215,168	2,196,114	2,152,449	2,098,804	2,048,011	2,020,000
岐阜県	2,107,700	2,107,226	2,080,773	2,031,903	1,978,742	1,946,000
静岡県	3,767,393	3,792,377	3,765,007	3,700,305	3,633,202	3,582,000
愛知県	7,043,300	7,254,704	7,410,719	7,483,128	7,542,415	7,495,000
三重県	1,857,339	1,866,963	1,854,724	1,815,865	1,770,254	1,742,000
滋賀県	1,342,832	1,380,361	1,410,777	1,412,916	1,413,610	1,409,000
京都府	2,644,391	2,647,660	2,636,092	2,610,353	2,578,087	2,550,000
大阪府	8,805,081	8,817,166	8,865,245	8,839,469	8,837,685	8,782,000
兵庫県	5,550,574	5,590,601	5,588,133	5,534,800	5,465,002	5,402,000
奈良県	1,442,795	1,421,310	1,400,728	1,364,316	1,324,473	1,306,000
和歌山県	1,069,912	1,035,969	1,002,198	963,579	922,584	903,000
鳥取県	613,289	607,012	588,667	573,441	553,407	544,000
島根県	761,503	742,223	717,397	694,352	671,126	658,000
岡山県	1,950,828	1,957,264	1,945,276	1,921,525	1,888,432	1,862,000
広島県	2,878,915	2,876,642	2,860,750	2,843,990	2,799,702	2,760,000
山口県	1,527,964	1,492,606	1,451,338	1,404,729	1,342,059	1,313,000
徳島県	824,108	809,950	785,491	755,733	719,559	704,000
香川県	1,022,890	1,012,400	995,842	976,263	950,244	934,000
愛媛県	1,493,092	1,467,815	1,431,493	1,385,262	1,334,841	1,306,000
高知県	813,949	796,292	764,456	728,276	691,527	676,000
福岡県	5,015,699	5,049,908	5,071,968	5,101,556	5,135,214	5,116,000
佐賀県	876,654	866,369	849,788	832,832	811,442	801,000
長崎県	1,516,523	1,478,632	1,426,779	1,377,187	1,312,317	1,283,000
熊本県	1,859,344	1,842,233	1,817,426	1,786,170	1,738,301	1,718,000
大分県	1,221,140	1,209,571	1,196,529	1,166,338	1,123,852	1,107,000
宮崎県	1,170,007	1,153,042	1,135,233	1,104,069	1,069,576	1,052,000
鹿児島県	1,786,194	1,753,179	1,706,242	1,648,177	1,588,256	1,563,000
沖縄県	1,318,220	1,361,594	1,392,818	1,433,566	1,467,480	1,468,000

統計でみる日本 2024

2024年１月 発行

編集・発行　一般財団法人 日本統計協会
〒169-0073
東京都新宿区百人町２－４－６
メイト新宿ビル６Ｆ
電　話　（０３）５３３２－３１５１
ＦＡＸ　（０３）５３８９－０６９１
E-mail jsa@jstat.or.jp
URL https://www.jstat.or.jp

印　刷　勝美印刷株式会社

ISBN978-4-8223-4215-9 C0033 ¥2500E